READER'S DIGEST
KÜCHEN-ABC

READER'S DIGEST
KÜCHEN-ABC
1000 Fragen rund ums Kochen

Reader's Digest
DEUTSCHLAND · SCHWEIZ · ÖSTERREICH

Avocados in origineller Begleitung, Seite 16

Inhalt

Alle Rezepte auf einen Blick

Salate

Ananas-Reis-Salat, Seite 10

Vorspeisen und Dips

Suppen und Eintöpfe

Fischfilets mit buntem Pfeffer, Seite 237

Fisch und Meeresfrüchte

Fleisch

Wild und Geflügel

Gemüsegerichte und Beilagen

Pasta und Reis

Pasta mit Tomatensauce und anderen Saucen, Seite 221

Aufläufe, Gratins, Eierspeisen

Pizza, Quiche und anderes

Saucen, Brühen, Fonds

Pissaladière, Seite 248

Desserts und Süßspeisen

Himbeer-Bavaroise, Seite 23

Konfitüren und Eingelegtes

Brote – süß und herzhaft

Kuchen, Torten, Kleingebäck

Getränke

Kirschlikör, Seite 301

Dies und das

Ananas

? ***Wie kann ich mit Sicherheit feststellen, ob eine Ananas ausreichend reif ist?***

Am einfachsten lässt sich der Reifegrad einer Ananas feststellen, indem man an ihr schnuppert – eine reife Ananas hat einen süßen, unverwechselbaren Duft.

? ***Wie bereitet man eine frische Ananas am besten zu?***

Zuerst den Schopf, also das obere Ende mit den stachligen Blättern, dann eine dünne Scheibe unten abschneiden; die Frucht aufrecht hinstellen.

Mit einem langen Messer die Schale von oben nach unten in breiten Streifen abschälen. Danach mit der Messerspitze die harten braunen Augen aus dem Fruchtfleisch lösen.

Für Ananasringe die Frucht in Scheiben schneiden und den Strunk kreisförmig herausschneiden. Für Spalten oder Würfel die Ananas längs vierteln, den Strunk entfernen und das Fruchtfleisch in die gewünschte Form schneiden.

Sie können die Ananas auch aushöhlen und z. B. mit Eiscreme oder Obstsalat füllen. Zuerst den Schopf, dann unten eine dünne Scheibe abschneiden und die Frucht aufrecht hinstellen. Mit einem Messer mit spitzer Edelstahlklinge das Fruchtfleisch von der Schale schneiden. Das Messer dazu einmal rundherum führen. Nun das Fruchtfleisch mehrmals einschneiden und herauslösen.

? ***Können Sie mir ein Rezept für einen herzhaften Ananassalat nennen, der sich auch am Vortag zubereiten lässt?***

Rechts finden Sie ein Rezept für einen Salat, den Sie prima im Voraus zubereiten können. Mit grünem Salat und knusprigen warmen Brötchen oder frischem Baguette ist er ein erfrischendes und sättigendes Hauptgericht, er macht sich aber auch auf einem Buffet sehr gut.

Gut zu wissen

Wenn Sie gelatinehaltige Cremes, Gelees oder Mousses mit frischer Ananas herstellen wollen, sollten Sie die Fruchtstücke vorher in etwas Zuckersirup sanft pochieren. Ansonsten verhindern die in der Ananas enthaltenen Enzyme das Erstarren der Gelatine.

Kontrastierende Aromen von süßer Ananas und herzhaftem Schinken, dazu knackige Gurken und Radieschen, treffen sich in dem Ananas-Reis-Salat.

Ananas-Reis-Salat

Für 6–8 Portionen
Zubereitungszeit: 20 Minuten, wenn Sie vorgegarten Reis verwenden
Garzeit: 10 Minuten (für den Reis)

150 g Reis
1/2 Ananas, gewürfelt
1 Salatgurke, entkernt und gewürfelt
8 Frühlingszwiebeln, in dünne Ringe geschnitten
6 Radieschen, in dünne Scheiben geschnitten
250 g gekochter Schinken, in 5 mm dicke Streifen geschnitten
Für das Dressing:
250 g Joghurt
100 g saure Sahne
1 EL körniger Senf
2 TL Zitronensaft
1 EL gehackte Minze
Zum Garnieren:
ganze Radieschen und ein paar Minzezweige

1. Den Reis in einen Topf geben. Mit 300 ml Wasser aufgießen, salzen und zum Kochen bringen. So lange zugedeckt bei schwacher Hitze garen, bis die Körner alles Wasser aufgesogen haben. Man kann den Reis auch in Wasser 15–20 Minuten sprudelnd kochen. Dann abgießen und gut abtropfen lassen. Den gekochten Reis für mindestens 30 Minuten, am besten aber über Nacht, in den Kühlschrank stellen.

2. In einer großen Schüssel Reis, Ananas, Gurke, Frühlingszwiebeln, Radieschen und Schinken mischen.

3. Für das Dressing Joghurt, saure Sahne, Senf, Zitronensaft und gehackte Minze in einer Schüssel verrühren. Salzen und pfeffern.

4. Das Dressing über die Ananas-Reis-Mischung gießen und alles miteinander gut mischen. Den Salat in eine Servierschüssel umfüllen, zudecken und für 30 Minuten in den Kühlschrank stellen.

5. Vor dem Servieren den Salat nach Belieben mit in Scheiben geschnittenen Radieschen und Minzezweigen garnieren.

Anissamen

Was sind eigentlich Anissamen?

Dabei handelt es sich um die Samen der mediterranen Anispflanze. Dieses einjährige Kraut – es gehört zur Familie der Petersiliengewächse – wird etwa 45 cm hoch. Es hat gefiederte Blätter und winzige, sternförmige weiße Blüten. Die Pflanze ähnelt sowohl dem Dill als auch dem Fenchel, hat jedoch ein anderes Aroma. Trotz ihres Namens ist sie nicht verwandt mit dem asiatischen Sternanis.

Das lakritzartige Aroma steckt in den Samen. Diese sehen fast so aus wie unser heimischer Kümmel: klein, länglich oval, grau und gerippt. Wenn Sie mit gemahlenem Anis würzen möchten, sollten Sie das Pulver kaufen (fast jeder Supermarkt führt es) – Anissamen selbst zu mahlen oder fein zu zerstoßen ist recht schwierig. Da dieses Gewürz (ganz oder gemahlen) sein Aroma schnell verliert, kaufen Sie es am besten nur in kleinen Mengen ein.

Wofür kann ich Anissamen verwenden?

Gemahlene oder ganze Anissamen können Sie in den Teig für Gewürzkuchen, aber auch an Roggen- oder Vollkornbrotteig geben. Anis ist Bestandteil von Lebkuchengewürz und würzt solo Plätzchen. Ganze Samen sind eine wichtige Zutat in der mediterranen Fischsuppe. Im Orient ist ein Tee aus einer Mischung von Schwarztee und Anissamen beliebt.

Im Mittelalter waren Anissamen ein geschätztes Heil- und Würzmittel, und auch heute noch ist das Gewürz vor allem in Europa sehr beliebt. Tee aus Anissamen fördert die Verdauung und entkrampft die Atemwege. In vielen Mittelmeerländern aromatisiert man mit Anis hauptsächlich Spirituosen, z.B. Anisette, Pastis, Arrak, Ouzo, Pernod und Raki. In Indien und Südostasien wiederum sind Anissamen Bestandteil von Gewürzmischungen und Currys; nach einer Mahlzeit kaut man die ganzen Samen als Verdauungshilfe.

Äpfel

Warum werden Apfelstücke braun, wenn man sie vor der Weiterverarbeitung nicht mit Zitronensaft beträufelt?

Das Fruchtfleisch eines Apfels wird durch die Schale vor Oxidation geschützt. Schneidet man den Apfel an, gelangt jedoch Sauerstoff an das Fruchtfleisch und reagiert mit bestimmten Enzymen (Polyphenoloxidasen). Zitronensaft, genauer gesagt, das Vitamin C darin, verhindert als Antioxidans diesen Prozess.

Kann ich Äpfel auch für etwas anderes als Kuchen und Süßspeisen nehmen?

Ja, natürlich! Ein Klassiker ist Apfelrotkohl – einfach Äpfel in Stücke schneiden und mitgaren oder mit Zwiebeln andünsten und dann den gehobelten Kohl zugeben.

Ausgehöhlte Äpfel kann man mit einer Hackfleischmasse (wie für Paprikaschoten oder für Kohlrouladen) füllen und dann im Ofen garen – wer mag, bestreut das Ganze noch mit geriebenem Käse.

Wenn Sie gern Linsen essen, gefällt Ihnen vielleicht dieser Salat: 250 g Linsen in reichlich Wasser bissfest garen, dann kalt abspülen; abtropfen lassen. Einen säuerlichen Apfel vierteln und vom Kerngehäuse befreien, die Viertel fein würfeln. Eine kleine Stange Lauch und eine rote Zwiebel ebenfalls fein würfeln und mit den Apfelwürfeln unter die Linsen mischen. Mit einer Vinaigrette aus Rotweinessig, Sonnenblumenöl, Salz, Pfeffer und etwas Zucker anmachen.

Gewusst wie

Äpfel schält man am besten mit dem Sparschäler. Soll der Apfel im Ganzen weiterverarbeitet werden, schneidet man die Schale spiralförmig ab. Für die Weiterverarbeitung in Spalten sollte er erst zerteilt, dann geschält werden. Schrumplige Äpfel lassen sich leichter schälen, wenn man sie zuvor einige Minuten in heißes Wasser legt.

Wir essen gern Bratäpfel. Erleichtert ein Ausstecher wirklich die Zubereitung?

Leichter geht das Ausstechen auf jeden Fall: Man drückt den gezahnten Ring am Ende des Ausstechers oben oder unten in die Frucht und schiebt ihn mit einer leichten Drehbewegung, bis zum anderen Ende durch. Beim anschließenden Herausziehen sitzt das Kerngehäuse im Ausstecher, kann entnommen und entsorgt werden. Der Vorteil für Bratäpfel ist, dass der Apfel bei dieser Methode kaum auseinander brechen kann – was beim Aushöhlen mit dem Messer ja durchaus passieren kann. Der Nachteil ist, dass das Loch recht eng ist und die Füllung unten herausquellen kann.

Wichtig: Den Ausstecher gerade durch den Apfel führen, damit man kein Loch in die Seite sticht.

Ich habe im Herbst ganze Äpfel eingefroren. Nach dem Auftauen waren sie aufgeplatzt und matschig. Was habe ich falsch gemacht?

Ganze Äpfel lassen sich leider nicht einfrieren – wenn ihr Saft gefriert, platzt die Schale, und das Fruchtfleisch wird matschig. Schälen, entkernen und würfeln Sie die Äpfel beim nächsten Mal vor dem Einfrieren, oder schneiden Sie sie in dünne Schnitze. Die Stücke tiefgefroren auf den Teig geben und den Kuchen sofort backen, damit sie nicht zu weich werden. Alternative: Die geschälten Äpfel vor dem Tiefkühlen zu Apfelmus oder -kompott verarbeiten; oder mit frischen Äpfeln Apfelkuchen backen und diesen einfrieren.

Apfelkuchen mit Gitter

Für 1 Springform (26 cm Ø)
Vorbereitungszeit: 45 Minuten
Backzeit: 30 Minuten

Für den Teig:
250 g Mehl
1/2 TL Backpulver
1/2 TL Salz
150 g Butter
2 EL Honig, 2 Eigelb
Butter für die Form
Zum Blindbacken:
Backpapier und Trockenerbsen
Für den Belag:
6 Äpfel
1 TL Zitronensaft
100 g Schlagsahne
2 Eier, 3 Eigelb
2 TL Vanillezucker
2 EL Zucker
75 g gemahlene Mandeln
1 Eiweiß

1 Für den Teig alle Zutaten sowie 2 EL Wasser verkneten. Den Teig in Frischhaltefolie wickeln; für 30 Minuten in den Kühlschrank legen.

2 Den Teig ausrollen. Etwa 1/5 davon beiseitelegen, mit dem restlichen Teig den Boden der Form auskleiden, dabei einen 3 cm hohen Rand formen. Den Teigboden mit einer Gabel mehrmals einstechen, dann 20 Minuten kalt stellen

3 Backofen auf 180 °C vorheizen. Den Teigboden mit Backpapier bedecken, darauf zum Beschweren die Trockenerbsen geben. Teigboden 10 Minuten blindbacken.

4 Die Äpfel schälen, von den Kerngehäusen befreien, in Scheiben schneiden. Mit Zitronensaft mischen.

5 Von der Sahne 1 EL abnehmen; beiseitestellen. Restliche Sahne, die Eier, 2 Eigelb, Vanillezucker und Zucker mischen. Mandeln zufügen.

6 Beiseitegelegten Teig in Streifen schneiden; gitterförmig auf den Kuchen legen. Restliches Eigelb und restliche Sahne verrühren. Das Gitter damit bepinseln. Kuchen bei 200 °C etwa 20 Minuten backen.

Die Gitterdecke ist ein Klassiker für gefüllte Mürbeteigkuchen. Sie eignet sich auch für Kuchen mit anderem Obst und für solche mit Mohn oder Konfitüre.

Kochen, braten, backen – welcher Apfel eignet sich am besten wofür?

Die Apfelsorten (in Deutschland werden etwa 1600 angebaut) unterscheiden sich nicht nur in den Farben ihrer Schalen, sondern auch in Konsistenz und Farbe des Fruchtfleischs, im Säuregehalt, in der Süße und in der Hitzebeständigkeit. Daher kann man nicht jeden Apfel für jede Zubereitungsart nehmen. Hier ein Überblick über die gängigsten Sorten. Äpfel, die weder zerfallen noch zu saftig sind – Boskoop, Elstar, Jonagold –, sind für Kuchen ideal.

Kompott gelingt gut mit saftigen, bissfesten Äpfeln (Idared, Elstar).

Für Apfelmus nehmen Sie am besten Berlepsch oder Braeburn wegen ihres lockeren Fruchtfleisches.

Für Bratäpfel sollten Sie möglichst Äpfel wie Boskoop, Gloster und Berlepsch/Goldrenette wählen.

Tafeläpfel wie Braeburn, Alkmene oder Golden Delicious machen sich besonders gut in Obstsalaten. Etwas Zitronensaft oder ein paar Stückchen Ananas im Salat sorgen dafür, dass die Apfelstücke nicht braun werden. Wenn Sie Äpfel dörren möchten, sollten Sie Idared, Berlepsch/Goldrenette oder Goldparmäne nehmen.

Aprikosen

Wie gelingt es am besten, aus frischen Aprikosen feine Konfitüre zu kochen?

Das Kochen einer Konfitüre ist eine gute Möglichkeit, leicht beschädigte oder noch etwas unreife Früchte zu verwerten. Aprikosen enthalten nur wenig Pektin, also sollten Sie für gute Konsistenz, kräftiges Aroma und eine schöne Farbe Zucker mit zugesetztem Pektin (z. B. Gelierzucker) oder flüssiges Pektin verwenden. Halten Sie sich an die jeweilige Packungsanleitung.

Wenn Sie kein Geliermittel verwenden möchten, geben Sie etwas Zitronensaft oder -säure zu, und lassen Sie die Aprikosen ziemlich lange kochen, bis die gewünschte Konsistenz entstanden ist. Dadurch kann die Farbe der Konfitüre jedoch etwas dunkler ausfallen, und auch das Aroma wird beeinträchtigt.

Welche Aprikosen eignen sich am besten zum Rohverzehr und welche zum Kochen?

Süße, rohe Aprikosen schmecken am besten frisch. Es gibt allerdings auch spezielle Kochsorten.

In Frankreich heißen sie Abricots à confiture. Wegen ihres herben Aromas sind diese Früchte besser zum Kochen als zum Rohessen geeignet.

Zum Kochen sollten Sie leicht rötliche Aprikosen ohne schadhafte Stellen wie braune Flecken oder Risse wählen. Lassen Sie grünliche Exemplare liegen – sie reifen mit ziemlicher Sicherheit nicht mehr nach.

Die meisten Aprikosen kann man zu Kompott kochen; einige größere Sorten zerfallen dabei recht schnell.

Zum Kochen und Backen eignen sich auch leicht beschädigte und festere Früchte. Pochierte Aprikosen schmecken besonders gut mit Schlagsahne oder Crème fraîche. Man kann sie auch zu Sauce pürieren oder für Kuchen verwenden.

Probieren Sie einmal das Aprikosensoufflé mit Angosturasahne (siehe unten). Für dieses heiße, leichte und würzige Dessert können die Aprikosen ein paar Stunden zuvor oder am Vortag gegart werden.

Aprikosensoufflé mit Angosturasahne

Für 4 Portionen
Vorbereitungszeit: 30 Minuten
Garzeit: 50 Minuten

Für die Soufflémasse:
125 g Zucker
in feine Streifen geschnittene Schale und Saft von 1 Zitrone
7,5 cm Zimtstange
4 Gewürznelken
8 Pimentbeeren
1 kg Aprikosen, halbiert und entsteint
Für den Belag:
3 große Eigelb
in feine Streifen geschnittene Schale und Saft von 1 Zitrone
30 g Mehl
4 große Eiweiß
60 g Zucker
1 EL Puderzucker zum Bestäuben
Für die Angosturasahne:
250 g Sahne oder Crème double
1 TL gemahlener Zimt
1 EL Angostura Bitter
1 EL Zucker

1 Für die Soufflémasse 250 ml Wasser in einen großen Topf geben. Zucker, Zitronenschale und -saft sowie sämtliche Gewürze zufügen und alles zum Kochen bringen. Dabei häufig umrühren, bis sich der Zucker aufgelöst hat. Aprikosen zugeben; zugedeckt 5 Minuten leicht köcheln lassen.

2 Die Aprikosen mit dem Schaumlöffel herausheben und in eine gebutterte, flache ofenfeste Form (1,25 l Inhalt) geben. Den Zuckersirup durch ein Sieb gießen und auf die Hälfte einkochen lassen. Den heißen Sirup über die Aprikosen gießen; beiseitestellen. Den Backofen auf 190 °C vorheizen.

3 Für den Belag die Eigelbe mit der Zitronenschale in einer großen Schüssel hell und cremig aufschlagen. Den Zitronensaft unterrühren, dann vorsichtig das Mehl unterziehen. Falls nötig, kurz durchschlagen.

4 Das Eiweiß zuerst nur halbsteif schlagen, dann nach und nach unter ständigem Schlagen den Zucker einrieseln lassen. Die Eischneemasse soll steif sein und glänzen. Ein Viertel der Masse zum Auflockern unter die Eigelbcreme ziehen, dann erst die restliche Masse vorsichtig unterheben.

5 Diese Soufflémasse nun mit dem Löffel über die Aprikosen geben und dabei zu Spitzen ziehen. Auf der mittleren Schiene im heißen Ofen 25–30 Minuten fest und goldgelb backen. Falls das Aprikosensoufflé zu dunkel wird, dieses mit Alufolie abdecken.

6 Für die Angosturasahne die Sahne mit den restlichen Zutaten steif schlagen. In eine Schüssel füllen und kalt stellen.

7 Das Aprikosensoufflé aus dem Ofen nehmen. Den Puderzucker darüberstäuben. Mit der Angosturasahne servieren. Das Soufflé sofort servieren, nachdem es aus dem Ofen genommen wurde. Es könnte sonst zusammenfallen.

Artischocken

An frische Artischocken habe ich mich bisher nicht herangewagt. Können Sie mir sagen, wie man mit den Stachelkugeln umgeht?

Artischocken gehören botanisch zur Familie der Disteln, daher auch das faserige „Heu“ in der Mitte. In der Regel werden sie als Vorspeise serviert.

Am einfachsten kocht man Artischocken in Salzwasser und serviert sie im Ganzen. Perfektionisten stutzen dafür die oberen harten Blätter und den Stiel und binden Zitronenscheiben auf die Schnittflächen oder geben welche ins Wasser, um Verfärbungen zu vermeiden. Am Tisch zupft man dann die einzelnen Blätter ab, taucht das untere Ende in Sauce und zieht das zarte Fruchtfleisch mit den Zähnen ab. Das restliche harte Blatt wird weggeworfen.

Wenn Sie zu den papierartigen purpurfarbenen Blättern in der Mitte gelangen, ziehen Sie diese heraus und werfen sie weg. Dann das faserige Heu entfernen und den köstliche Artischockenboden mit Messer und Gabel essen.

Wer nur die Böden zubereiten möchte, dreht vor dem Garen die Stiele von den Artischocken ab und entfernt Blätter und Heu. Damit die Artischocken sich nicht verfärben, die vorbereiteten Stücke sofort in eine Schüssel mit Wasser und Zitronensaft legen. Die Artischockenböden können Sie pur kochen oder für Gemüseeintöpfe oder andere Gerichte verwenden.

Bei meinem italienischen Gemüsehändler habe ich winzige Artischocken gesehen. Wie bereitet man sie zu?

Überwiegend im April sind Baby-Artischocken aus Italien auch bei uns erhältlich. Sie haben ein köstliches Aroma und benötigen beinahe keine Vorbereitung, denn ihre Blätter sind jung und zart, das Heu hat sich noch nicht gebildet. Ihre Zubereitung dauert nur ein paar Minuten: einfach längs halbieren oder vierteln und in etwas Olivenöl mit ein paar Scheiben Knoblauch 3–4 Minuten anbraten. Mit Meersalz und einem Spritzer Zitronensaft würzen, mit knusprigem Brot servieren.

Sie können Baby-Artischocken auch mit anderem Gemüse (vorzugsweise Fruchtgemüse wie Auberginen, Zucchini und Tomaten), Zwiebeln, Knoblauch und Kräutern schmoren. In Italien werden Baby-Artischocken manchmal halbiert und in gewürztem Ausbackteig frittiert. Und besonders delikat schmecken sie roh. Dafür schneidet man sie längs in dünne Scheiben und beträufelt diese mit Zitronensaft. Nach Belieben auf einem Bett aus Rucola anrichten und mit zerbröckeltem Ziegenkäse und gerösteten Pinienkernen bestreuen.

Ich habe gelesen, Artischocken vertrügen sich nicht mit Wein. Stimmt das, und wenn ja, warum?

Das stimmt nicht ganz. Artischocken enthalten eine (gesundheits- und verdauungsfördernde) Substanz namens Cynarin, die das Geschmacksempfinden so verändert, dass Wein süßlich oder bittermetallisch schmeckt.

Wenn man aber reichlich Zitronensaft über Artischocken gibt, wird der Einfluss des Cynarins auf das Geschmacksempfinden gestoppt. Weine wie Chardonnay oder Sauvignon und leichte Rote wie Pinot Noir passen dann gut zu Artischockengerichten.

Im Sommer sind frische Artischocken, heiß oder kalt mit einer guten Vinaigrette serviert, eine einfache und edle Vorspeise.

Artischocken kochen und servieren

Eine Artischocke wird meistens im Ganzen gekocht oder gedämpft. Dann zupft man die einzelnen Blätter heraus und genießt das weiche Fruchtfleisch.

1 Die Artischocken gründlich waschen und die blass gefärbten Blätter unten entfernen.

2 Stiele knapp unterhalb des Blütenbodens abbrechen, Fasern entfernen. Artischocken nebeneinander in einen Edelstahltopf legen. Salz und Zitronensaft zugeben; bis zur Hälfte mit Wasser aufgießen.

3 Zum Kochen bringen. Die Artischocken im geschlossenen Topf 40–45 Minuten garen, bis sich die Blätter in der Mitte leicht herausziehen lassen. Umgedreht in ein Sieb geben, 5 Minuten abtropfen lassen.

4 Für ein Buffet die äußeren Blätter dekorativ umschlagen, die purpurfarbenen Mittelblätter entfernen, das „Heu“ mit einem Löffel entfernen.

Auberginen

Auberginen saugen beim Garen sehr viel Öl auf. Lässt sich das vermeiden?

Anstatt Auberginenscheiben zu braten, kann man die Scheiben mit Öl bestreichen und auf beiden Seiten grillen (wie in dem Rezept für Auberginen mit Knoblauchjoghurt auf dieser Seite); oder Sie backen sie im Ofen auf einem mit Backpapier belegten Backblech.

Warum verlangen die meisten Rezepte, dass Auberginenscheiben eine halbe Stunde vor dem Garen gesalzen werden sollen? Ist das denn wirklich immer nötig?

Auberginen, die in warmen Gegenden im Freien wachsen, entwickeln Bitterstoffe, die durch das Salzen herausgezogen werden. Diesen Vorgang nennt man auch Degorgieren. Die meisten im Handel angebotenen Auberginen sind noch jung und daher wahrscheinlich nicht bitter. Durch das Degorgieren verbessert sich jedoch auch die Struktur des gegarten Gemüses. Spülen Sie gesalzene Auberginen vor der Weiterverwendung unbedingt ab, damit das Gericht nicht zu salzig wird.

Meine Kinder mögen die dicke Auberginenschale überhaupt nicht. Kann ich Auberginen vor dem Garen schälen?

Auberginenscheiben ohne Schale zerfallen beim Grillen meist, aber für Gemüsegerichte oder Eintöpfe kann man sie beispielsweise vor der Zubereitung schälen (das geht prima mit einem Sparschäler) und in Würfel schneiden. Geschälte Scheiben eignen sich hervorragend zum Frittieren, wenn man das weiche Fruchtfleisch vorher in einen Ausbackteig taucht.

Für einen mediterranen Dip das ungeschälte Gemüse im Ofen garen, bis die Schale Blasen wirft und sich leicht abziehen lässt. Das Fruchtfleisch mit reichlich Olivenöl, Zitronensaft und Knoblauch zu einer Creme pürieren und mit Salz und Pfeffer abschmecken. Mit türkischem Fladenbrot oder Baguette servieren.

Ich habe schon Auberginen in vielen Formen und Farben gesehen. Bereitet man diese genauso zu wie die dunkelviolette Sorte?

Ja, das ist möglich. Weltweit findet man Auberginen in einer Vielzahl von Formen, Größen und Farben. Es gibt sogar erbsengroße weiße Exemplare, größere runde in Grün, Gelb, Weiß oder Lila sowie schlanke, längliche und gekrümmte Formen in Violetttönen, oft auch mit dünnen cremefarbenen oder blassgrünen Streifen.

Achten Sie beim Kauf von Auberginen (egal welche) immer auf eine intakte Schale, feste Konsistenz und einen frischen grünen Stielansatz.

Auberginen mit Knoblauchjoghurt

Für 2 Portionen
Vorbereitungszeit: 40 Minuten
Garzeit: 8–10 Minuten

1 große Aubergine
Salz
1 Knoblauchzehe, zerdrückt
150 g Joghurt
schwarzer Pfeffer
2 EL Olivenöl
gehackte Minze (nach Belieben)

1 Die Aubergine längs in bleistiftdicke Scheiben schneiden, diese mit etwas Salz bestreuen und in einen Durchschlag legen. In der Spüle 30 Minuten abtropfen lassen. Inzwischen den Knoblauch unter den Joghurt rühren und diesen mit Salz und Pfeffer abschmecken.

2 Den Grill auf mittlerer Stufe vorheizen. Die Auberginenscheiben abspülen und mit Küchenpapier trockentupfen. Die Auberginenscheiben jeweils auf einer Seite mit Öl bestreichen und unter dem Grill leicht bräunen, dann wenden. Auf der anderen Seite ebenfalls mit Öl bestreichen und grillen.

3 Die Scheiben heiß oder kalt, aber nicht eiskalt mit dem Knoblauchjoghurt servieren. Nach Belieben mit gehackten frischen Minzeblättchen garnieren.

Austern

Ich habe mir beim Versuch, eine Auster zu öffnen, ziemlich wehgetan. Wie macht man es richtig?

Nehmen Sie die Auster mit der gewölbten Seite nach unten in die Hand. Benutzen Sie dazu ein doppelt gefaltetes Küchentuch oder eine zusammengelegte Serviette – eine Auster nie in der nackten Hand halten: Verletzungsgefahr.

Stechen Sie mit einem Austernmesser (kurze Klinge, kräftiger Griff) oder einem stabilen, spitzen Messer in das Scharnier zwischen die beiden Schalenhälften. Das Messer vorsichtig hineinschieben, die Schale mit einer kurzen Drehbewegung öffnen.

Mit dem Messer an den Rändern der Schalen entlangfahren und so den Muskel durchtrennen, der sie zusammenhält. Die Schale dabei gerade halten, damit das darin befindliche Meerwasser nicht ausläuft.

Entfernen Sie die flache Schale, und schneiden Sie die Auster von der gewölbten Schale los. Nun noch die Auster von Sand befreien, und schon kann sie verspeist werden.

Wie lange halten sich frische Austern?

Ungeöffnete Austern bleiben im Kühlschrank 5–9 Tage frisch. Am besten lassen Sie sie in der Originalverpackung (meist ein Holzkorb mit Tang darin), damit sie feucht bleiben. Wenn Sie nur einige aus der Verpackung nehmen und verbrauchen möchten, sollten Sie die restlichen mit einem Gewicht (z.B. einer Konservendose) beschweren, damit das Meerwasser in den Schalen bleibt.

Kann man Austern auch anders als roh servieren?

Selbstverständlich – vom Grill schmecken sie besonders gut. Dafür die Austern öffnen, das Fleisch mit einer Mischung aus Olivenöl, Zitronensaft, Currypulver, Salz und Pfeffer beträufeln. Die oberen Schalen wieder aufsetzen und die Austern je nach Größe bei mittlerer Hitze für 10–15 Minuten auf den Grillrost geben. Mit grobem Meersalz, Zitronensaft und Baguette servieren.

Avocado

Ich esse sehr gern Avocados, aber mehr, als sie mit Vinaigrette zu servieren, fällt mir nicht ein. Haben Sie eine Idee für mich?

Es bringt schon Abwechslung, mit verschiedenen Ölen und Essigen in der Vinaigrette zu experimentieren. Kombinieren Sie doch einmal Balsamico-Essig mit Olivenöl mit Zitronennote.

Eine erfrischende Sommersuppe erhält man, wenn man Avocados roh püriert und mit Hühnerfond und Sahne vermischt. Außerdem sind Avocados so cremig, dass man sie auf Brot oder Brötchen streichen kann (Avocados wurden früher in einigen Ländern Armeleutebutter genannt). Nicht zu vergessen: Avocados lassen sich auch süß zubereiten, beispielsweise mit Zucker, Orangensaft und Joghurt oder Sahne.

Lässt sich das Nachreifen einer Avocado beschleunigen?

Es ist sinnvoll, feste Avocados zu kaufen, denn sobald das Fruchtfleisch weich ist (die Avocado also reif ist), treten rasch Druckstellen auf.

In der Obstschale reifen Avocados in wenigen Tagen bei Raumtemperatur nach. Der Prozess lässt sich noch beschleunigen, wenn man die Frucht zusammen mit einer Banane in eine Papiertüte gibt und an einen warmen Ort legt. Die Banane gibt Ethylen ab, ein Gas, das die Reifung fördert. Reif sind Avocados, wenn sie auf leichten Druck nachgeben – am Stielende sind sie besonders weich. Wer reife Avocados nicht sofort verarbeiten kann und sie einige Tage aufbewahren möchte, lagert sie am besten im Gemüsefach des Kühlschranks.

Ich habe eine aufgeschnittene Avocado in den Kühlschrank gelegt und den Stein dabei dringelassen. Sie wurde trotzdem braun. Warum?

Dass das Belassen des Steins in der aufgeschnittenen Frucht vor dem Verfärben schützt, ist ein Gerücht. Die einzige Methode, das Hellgrün des Fruchtfleischs zu bewahren, ist das Bestreichen der Schnittflächen einer Avocado mit Zitrussaft, Essig oder in Wasser aufgelöster Ascorbinsäure (Vitamin C). Doch die Wirkung ist nicht von Dauer: Die Farbe hält sich nur wenige Stunden, danach verfärbt sich das Fruchtfleisch doch. Der würzige Avocado-Dip Guacamole behält sein frisches, appetitliches Aussehen etwa einen Tag lang, wenn man die Oberfläche mit Frischhaltefolie belegt.

Avocados in origineller Begleitung

Avocados mit Rhabarberdressing können Sie als raffinierte Vorspeise servieren: Für 4 Portionen 4 dicke Rhabarberstangen mit 2 EL Zucker und etwas Wasser garen; pürieren. Mit 2 EL Walnussöl und einem Spritzer Zitronensaft mischen. Abschmecken und in Avocadohälften füllen.

Auch als Beilagensalat machen Avocados etwas her, z. B. in Scheiben geschnitten und mit Ananaswürfeln angerichtet (exzellent zu rohem oder gekochtem Schinken). Man kann die Avocadoscheiben auch mit den ausgelösten Filets einer rosa Grapefruit und etwas Koriandergrün mischen – toll zu Brathuhn.

Sehr fein: mit Waldorfsalat gefüllte Avocados. Mischen Sie dafür einen gewürfelten Apfel, 2 fein gewürfelte Selleriestangen und einige klein gehackte Walnusskerne mit einem Dressing aus 3 EL Walnussöl und 1 EL Zitronensaft. Den Salat in 4 Avocadohälften füllen.

Fruchtige Begleiter wie Rhabarberdressing (oben) oder Ananaswürfel (unten) vertragen sich hervorragend mit der reichhaltigen Avocado.

Babynahrung

Ich finde das Hantieren mit Mini-Breiportionen mühsam. Lässt sich Gemüse-Fleisch-Brei nicht im Voraus kochen?

Das kann man sogar sehr gut, und zwar so: 500 g Gemüse und 200 g Kartoffeln ohne Salz garen; pürieren. Für kleine Babys in Eiswürfelbehältern (Eiswürfel in Gefrierbeutel umfüllen; je Mahlzeit 1–2 Eiswürfel auftauen), für größere in Babygläschen einfrieren. Etwa 250–300 g Rindfleisch (möglichst Bio-Qualität) ohne Salz garen, dann durch den Wolf drehen oder pürieren; ebenfalls in Würfeln einfrieren. Ein Würfel entspricht einer Fleischportion (20–30 g). Nach Bedarf Gemüse und Fleisch in der Mikrowelle auftauen und erwärmen. Getreideflocken, Öl oder Butter und Orangensaft oder Wasser unterrühren. Oder Gemüse auftauen und erwärmen und Fleisch aus dem Gläschen zugeben, das Gläschen mit dem restlichen Fleisch gut verschließen und bis zum nächsten Tag im Kühlschrank aufbewahren.

Mein Mann und ich sind sehr figurbewusst. Dürfen wir auch unser Baby fettarm ernähren?

Auf keinen Fall. Für ein Baby oder Kleinkind sollen etwa 50 % der aufgenommenen Kalorien aus Fett stammen. Der Grund: Der Magen eines kleinen Kindes ist winzig, das Kind hat aber einen hohen Energiebedarf. Schließlich muss es wachsen und wird außerdem körperlich zunehmend aktiver. Bis zum ersten Geburtstag sollte ein Baby Muttermilch oder eine entsprechende Säuglingsmilchnahrung bekommen, bis zum fünften Monat ausschließlich. Vollmilch sollte erst ab dem zweiten Lebensjahr Hauptgetränk sein. Fettarme Milch darf normalerweise erst ab dem dritten, Magermilch ab dem sechsten Lebensjahr gegeben werden, aber nur, wenn das Kind gut wächst und gedeiht.

Fett ist wichtiger Bestandteil der Ernährung, zu der außerdem viel Obst, Gemüse und stärke-, aber auch eiweißhaltige Lebensmittel gehören.

Kann man ein Baby vegetarisch ernähren?

Sein Kind streng vegetarisch, also vegan (ohne tierische Produkte) zu ernähren ist nicht empfehlenswert. Vertretbar ist eine ovo-lacto-vegetabile Ernährungsform (mit Ei und Milchprodukten), vorausgesetzt, man beachtet diese Regeln:

- Fünfmal am Tag frisches Obst und/oder Gemüse.
- Ab dem zweiten Lebensjahr täglich Milch und Milchprodukte.
- Für ältere Babys und Kleinkinder sehr viel Vollkornprodukte, vor allem eisenhaltiges Getreide (Hafer, Hirse); stets mit Vitamin-C-haltigem wie Orangen(saft) kombinieren, es verbessert die Eisenaufnahme.
- Gut kombinierte eiweißreiche Lebensmittel pro Mahlzeit, z. B. Milch und Kartoffel, Milch und Getreide, Kartoffel und Ei.

Das Forschungsinstitut für Kinderernährung in Dortmund empfiehlt für ältere Babys und Kleinkinder im Rahmen einer vegetarischen Ernährung den Gemüse-Kartoffel-Getreide-Brei mit Orangensaft (oder einem anderen Vitamin-C-reichen Saft). Wichtig: Keine Milch in den Brei geben, sie würde die Eisenaufnahme behindern.

Gemüse-Kartoffel-Getreide-Brei

Für 1 Baby-Portion
Zubereitungszeit: 10 Minuten
Garzeit: etwa 20 Minuten

100 g Gemüse, geputzt und klein geschnitten
50 g Kartoffeln, geschält und gewürfelt
10 g Getreideflocken (z. B. Hafer- oder Reisflocken)
30 ml Orangensaft
2 EL Wasser
8 ml Keimöl (1 knapper EL)

1 Gemüse und Kartoffeln zusammen in wenig Wasser (bitte kein Salz zufügen) garen.

2 Getreideflocken, Orangensaft und Wasser zugeben, alles pürieren. Öl unterrühren.

Backen

Wie unterscheidet sich das Backen von anderen Garmethoden im Ofen?

Der Hauptunterschied ist, dass im Ofen Gebackenes wie Brot, Kekse, Kuchen, Ofenkartoffeln und Soufflés trockener Hitze ausgesetzt sind. Die Speisen sind also nicht – wie beispielsweise beim Schmoren – von Fett oder Flüssigkeit umgeben.

Backen ist eine der ältesten Gartechniken. Die ersten Öfen waren aus Stein oder Ziegeln und wurden mit Holz gefüllt. Dieses wurde angezündet, man ließ es brennen und erlöschen. Anschließend kehrte man die Asche heraus, um Brot oder andere Gerichte in der gespeicherten Hitze zu backen. Auch heute noch werden Speisen nach demselben Prinzip gebacken, die Hitze kommt dabei von allen Seiten.

Ist es unbedingt notwendig, beim Backen die exakte Temperatur einzustellen?

Da Backgut nicht durch Fett oder Flüssigkeit vor der direkten Hitze geschützt ist, kann es schnell verbrennen. Sie brauchen daher ziemlich genau eingestellte Temperaturen. Leider sind die Thermostate in vielen gängigen Backöfen nicht sehr exakt. Die besten Ergebnisse erzielt man, wenn man ein paar Wochen lang ein Ofenthermometer verwendet (siehe *Backöfen*). So können Sie die Ofeneinstellungen genauer regulieren.

Welche Vorteile haben Backformen aus Silikon?

Vergleicht man Silikonformen mit ihren Vorläufern aus Metall, kann man durchaus diverse Vorteile feststellen.

- Sie brauchen nicht oder nur sehr dünn eingefettet zu werden.
- Die Hitzeverteilung ist bei Silikonformen hervorragend.
- Weil die Formen biegsam sind, lässt sich Gebäck leicht herauslösen.
- Gute Silikonformen sind bis etwa –50 °C kältebeständig, man kann sie also auch gut für die Herstellung von Speiseeis verwenden.

Herd und Backofen sind die zentralen Geräte in einer Küche. Unterschiede in Design, Technik und Größe bieten für jeden Anspruch eine passende Lösung.

Backöfen & Herde

? ***Ich kann mich nicht entscheiden, ob ich in meiner neuen Küche elektrisch oder mit Gas kochen möchte. Welche Kriterien sollte ich bei der Wahl berücksichtigen?***

• Gasherde entwickeln die Hitze am schnellsten und lassen sich am einfachsten regulieren: Sobald Sie die Gasflamme herunterdrehen, sinkt die Temperatur. Im Innenraum eines Gasbackofens ist es oben heißer als unten – das können Sie nutzen, indem Sie verschiedene Gerichte gleichzeitig im Ofen garen, die leicht unterschiedliche Temperaturen benötigen. Die Temperatur in der Mitte des Ofens entspricht meist der Ofeneinstellung, weshalb Sie ein Gericht immer in der Mitte des Backofens garen sollten, es sei denn, es ist im Rezept anders angegeben.

• Elektroherde erzeugen keine Abgase. Wie Gasbacköfen produzieren konventionelle Elektrobacköfen keine gleichmäßige Hitze. Das Temperaturgefälle ist jedoch geringer als im Gasbackofen. Einige Elektrobacköfen haben eine integrierte Zeitschaltuhr. Sie schalten sich auch während Ihrer Abwesenheit ein oder aus.

• Umluftbacköfen bieten wegen eines Ventilators an der Rückwand völlig gleichmäßige Hitze – leider eignet sich die Methode nicht für Gasbacköfen. Durch den Ventilator wird die Hitze effizienter ausgenutzt, und die Speisen garen bei höherer Temperatur als im konventionellen Ofen. Berücksichtigen Sie dies beim Einstellen der Temperatur.

? ***Worauf sollte ich beim Kauf eines neuen Herdes achten?***

Nach der Entscheidung für Gas oder Elektro müssen Sie zwischen einem Standherd (gibt es von extrem günstig bis sehr exklusiv und teuer) oder einem Einbauherd (untere bis gehobene Preisklasse) wählen. Bei Einbauherden haben Sie dann noch die Wahl zwischen einem Kompaktgerät oder einem, bei dem Backofen und Kochfeld oder -mulde getrennt voneinander eingebaut werden. Der Backofen könnte beispielsweise in Augenhöhe eingebaut werden, damit Sie sich nicht bücken müssen; und Sie können verschiedene Energiequellen nutzen, z. B. Strom zum Backen und Gas zum Kochen.

In Sachen Backofenausstattung gibt es viele Extras, darunter Selbstreinigungsfunktion (Pyrolyse), Drehspieß mit Motor oder eingebautes Bratenthermometer. Manche Systeme bieten einen speziellen Pizza- oder Brotstein, der genau in den Backofen passt.

Für den Kochbereich gibt es z. B. Wok-Mulden mit einer extra heißen Hitzequelle. Vielleicht ist Ihnen ja aber eine Fritteuse wichtiger, die ihre Dünste über die Dunstabzugshaube direkt nach außen entsorgt.

? ***Seit kurzem sind Speisen und Gebäck nicht gar, wenn ich sie nach der gewohnten Zeit aus dem Backofen nehme. Kann das daran liegen, dass mein Herd recht alt ist?***

Bei einem alten Herd kann es vorkommen, dass die Temperaturregelung mit den Jahren ungenau geworden ist. Wenn Sie Sicherheit gewinnen wollen, verwenden Sie am besten ein Ofenthermometer, um nachzumessen, welche Hitze bei einer bestimmten Einstellung im Backofen tatsächlich herrscht. So können Sie Garzeit oder Einstellung für jedes Rezept anpassen.

Sie benötigen ein Thermometer, das Temperaturen bis zu mindestens 260 °C verträgt. Legen Sie das Thermometer auf die mittlere Schiene, und heizen Sie den Backofen vor. Lesen Sie die Temperatur ab, sobald der Ofen die eingestellte Temperatur erreicht hat. Bei Abweichungen können Sie in Zukunft die Temperatur entsprechend einstellen.

? ***Was ist Glaskeramik, und wie wird sie gepflegt?***

Glaskeramik ist ein glasähnliches Material, das sich bei Wärme kaum ausdehnt, bei Kälte nicht oder kaum zusammenzieht und Temperaturschwanken von -50 bis 300 °C aushält, ohne zu brechen.

Beheizt werden Kochfelder aus Glaskeramik elektrisch (zum Teil mit Halogen, was die Ankochzeit verkürzt) oder mit Gas; bei neueren Modellen wird die Wärme durch Induktion (siehe nächste Seite) erzeugt.

Zum Säubern, Pflegen und Versiegeln sollten Sie unbedingt ein Spezialmittel und nur weiche Tücher oder Küchenpapier verwenden.

Nie mit Spülmittel oder Fensterreiniger säubern. Bestimmte Substanzen darin verursachen auf Dauer einen unschönen blausilbrigen Film.

Töpfe aus Aluminium und Kupfer nicht auf der Oberfläche hin- und herschieben, um Metallspuren auf der Keramik zu vermeiden.

Übergekochtes sofort wegwischen, Festgebranntes (bis auf Zucker) nach dem Abkühlen mit einem Schaber entfernen. Zucker(haltiges) nicht abkühlen lassen, sondern noch heiß abnehmen: Eingebrannter Zucker kann Löcher in die Glaskeramik „fressen“.

? ***Wie unterscheiden sich Dampfgarer und Dampfdruckgarer?***

Der drucklose Dampfgarer ist ein Kombigerät mit den üblichen Backofenfunktionen sowie Grill und Dampf. Er verfügt über einen Wasserbehälter, der nach Bedarf gefüllt wird. Man kann nur mit Dampf garen oder die Dampffunktion zu-

oder zwischenschalten. Die Kombination von Dampf und Standardhitze ist fürs Braten und Backen hervorragend geeignet, das Ergebnis ist knusprig und saftig zugleich.

Für den Einbau eines Dampfdruckgarers wird ein Wasseranschluss benötigt. Speisen garen bei maximal 120 °C. Die Tür schließt ähnlich wie ein Schnellkochtopf, Dünste gelangen daher nicht nach außen.

Wie funktioniert das Kochen mit Induktion?

Beim Kochen mit Induktion wird nicht der Herd heiß und wärmt dann die Töpfe, sondern die Wärme wird direkt im Topfboden erzeugt und sofort auf das Gargut übertragen. Die Kochstelle bleibt (bis auf die vom Topfboden abgegebene Wärme) kalt, das Aufheizen entfällt, die Energie steht sofort zur Verfügung. Das bedeutet viel kürzere Ankochzeiten, gefolgt allerdings von üblichen Fortkochzeiten.

Zum Kochen mit Induktion eignen sich nur Töpfe aus magnetisierbarem Material.

Achtung: Menschen mit einem Herzschrittmacher sollten einem Induktionsherd nicht zu nahe kommen. Das Magnetfeld kann dem Schrittmacher falsche Impulse geben.
Siehe auch: *Mikrowellengeräte*

Baisers

Obwohl ich Baisers stets nach demselben Rezept backe, „schwitzen“ sie manchmal. Warum?

Vermutlich haben Sie die Baisermasse vor dem Backen zu lange stehen lassen. Dabei kann sie flüssig werden oder gerinnen, und beim Backen entstehen Tröpfchen an der Oberfläche und am Rand. Sobald die Baisermasse also fertig ist, vor allem, wenn sie nur aus Eiweiß und Zucker besteht, sollten Sie sie sofort backen.

Auch bei zu hohen Temperaturen kann Flüssigkeit austreten. Achten Sie also darauf, dass die Baisers bei sehr schwacher Hitze und auch nicht zu lange gebacken werden. Am besten, Sie folgen den Anweisungen im jeweiligen Rezept.

So gelingen Baisers

Verwenden Sie nur kühlschrankkalte Eiweiße und möglichst auch eine kalte Schüssel. Die Schüssel, in der Sie die Baisermasse herstellen, muss außerdem absolut fettfrei sein. Fett in der Schüssel und Eigelbspuren im Eiweiß verhindern, dass das Eiweiß steif wird. Achten Sie beim Aufspritzen der Masse darauf, dass sich keine langen Spitzen formen – sie werden beim Backen braun. Die fertig gebackenen Baisers auf ein Kuchengitter setzen und abkühlen lassen. Für Baiserschalen müssen Sie das Gebäck 1 Stunde früher aus dem Backofen nehmen und unten leicht eindrücken. Anschließend die Schalen im Ofen nachtrocknen lassen. Die fertigen Schalen nach Belieben mit aromatisierter Sahne füllen.

1 4 Eiweiß mit einer Prise Salz in der Maschine oder mit dem Handrührgerät erst bei geringer, dann bei höherer Geschwindigkeit schlagen.

2 1 TL Ascorbinsäure (Vitamin C) und 120 g Zucker zugeben; weiterschlagen, bis die Masse glänzt und der Zucker nicht mehr knirscht.

3 120 g Puderzucker und 1 EL Speisestärke mischen, auf die Schaummasse sieben und mit einem Teigspatel unterheben. Nicht rühren!

4 Die Baisermasse in einen Spritzbeutel füllen. Die Masse in 12 großen oder 35 kleinen Portionen auf ein mit Backpapier belegtes Blech dressieren.

5 Blech mit den Schaumhäufchen auf der mittleren Schiene in den 100–120 °C heißen Backofen schieben; die Ofentür sofort schließen. Die Baisers 2–3 Stunden backen, Backofentür in dieser Zeit möglichst nicht öffnen.

6 Für Baiserschalen die noch leicht feuchten gebackenen Baisers unten vorsichtig mit dem Daumen etwas eindrücken. So entsteht eine Mulde, in die später die Sahnefüllung gegeben werden kann.

Haselnuss-Baisers

Für 20 einzelne oder
10 doppelte Baisers
Vorbereitungszeit: 30 Minuten
Backzeit: 2–3 Stunden

50 g Haselnusskerne, geröstet
3 große Eiweiß
180 g Zucker
150 g Sahne

1 Die gerösteten Nüsse mit dem Messer hacken – in der Küchenmaschine werden sie leicht zu fein gemahlen, was die Konsistenz des Baisers beeinträchtigen würde. Den Backofen auf 110 °C vorheizen.

2 In einer großen fettfreien Schüssel die Eiweiße steif schlagen, dabei nach und nach die Hälfte des Zuckers (90 g) einrieseln lassen. Die restlichen 90 g Zucker und die gehackten Haselnüsse vorsichtig mit einem Löffel unterziehen.

3 Mit dem Spritzbeutel auf ein mit Backpapier ausgelegtes Backblech 20 Häufchen Baisermasse dressieren. Im Backofen 2 1/2–3 Stunden mehr trocknen als backen.

4 Die Baisers auf einem Kuchengitter abkühlen lassen, dann die Sahne steif schlagen. Die Hälfte der Baisers mit Sahne bestreichen, je ein unbestrichenes daraufsetzen. Sofort servieren.

VARIANTEN

Sie können auch andere Nüsse oder Mandeln statt der gerösteten Haselnüsse verwenden.

Statt des weißen Zuckers können Sie braunen Zucker nehmen.

Weniger kalorienreich werden die Baisers, wenn Sie die Sahne durch Quark-Joghurt-Creme ersetzen.

Gehackte Haselnüsse verleihen diesen köstlichen Baisers den richtigen Biss.

Gut zu wissen

Eiweiß, das schon ein paar Tage alt ist, lässt sich besser steif schlagen als ganz frisches Eiweiß, da mit der Zeit schon etwas Wasser aus dem Eiweiß verdunstet ist. Durch das Trocknen wird das Eiweiß fester. Auch eingefrorenes Eiweiß lässt sich sehr gut steif schlagen.

Bananen

Sollte man Bananen kaufen, wenn sie noch grün sind, oder besser nur die gelben?

Das kommt darauf an, was Sie mit den Bananen vorhaben. Bananen sind ausgereift, wenn die Schale tiefgelb ist und braune Punkte bekommt. Das Fruchtfleisch wird mit zunehmender Reife süßer und voller im Geschmack, also kaufen Sie reife Bananen, wenn Sie sie am selben Tag essen möchten. Wenn Sie die Bananen erst später essen wollen, sollten Sie grüne oder nur leicht gelbliche Früchte wählen, denn sie reifen zu Hause recht schnell nach.

Zum Kochen, vor allem für herzhafte Gerichte, verwenden Sie Früchte mit grünlich-gelber Farbe, die noch nicht ausgereift sind. Sie lassen sich besser schneiden, und ihr Aroma ist nicht so dominant. Für das saftige, ballaststoffreiche Bananen-Teebrot (siehe S. 22) verwenden Sie jedoch am besten reife Früchte.

Stimmt es, dass man Bananen nicht in einer Schale neben anderen Früchten lagern soll?

Bananen sondern das Gas Ethylen ab, das dafür sorgt, dass alle Früchte in der Nähe schneller reifen – und schneller verderben. Wenn Sie Bananen getrennt von anderem Obst lagern, können die anderen Früchte im natürlichen Tempo reifen. Möchten Sie den Reifungsprozess einer Frucht (z.B. eines harten Pfirsichs) beschleunigen, legen Sie eine reife Banane dazu. Bananen vertragen keine Kälte, am besten lagert man sie daher bei Raumtemperatur, auf keinen Fall im Kühlschrank.

Wenn ich Bananenscheiben für Desserts verwende, werden diese schnell braun. Gibt es eine Möglichkeit, das zu verhindern?

Je reifer die Banane, desto schneller wird sie braun. Wenn Sie hübsche Scheiben benötigen, verwenden Sie nicht zu reife Bananen und schneiden diese mit einem Edelstahlmesser. Zum Dekorieren eines Kuchens oder Desserts die Scheiben mit frisch gepresstem Zitronen- oder Limettensaft bestreichen. Die Scheiben aber bitte nicht in einer Schüssel mit Zitronensaft wenden, dabei werden sie glitschig.

Beim Pürieren von Bananen jedoch konserviert das Wenden in Zitronensaft nicht nur die schöne helle Farbe des Fruchtfleischs, es sorgt auch für die weiche, cremige Konsistenz des Pürees.

Auf dem Markt habe ich neulich lange grüngelbliche und rötliche Bananen gesehen. Man sagte mir, das seien Kochbananen. Was macht man damit?

Kochbananen, auch Gemüsebananen genannt, sind sehr stärkereich, aber zuckerarm. In Südamerika, Afrika und Asien sind sie Grundnahrungsmittel. Zum Schälen muss die Schale wie die einer Orange eingeschnitten werden. Das Fruchtfleisch wird in Scheiben, Würfel oder beliebige Formen geschnitten und kann dann gebraten (grüne Früchte müssen zuvor gekocht werden) oder gedünstet werden. Kochbananen passen in viele Gerichte, für die das Rezept Kartoffeln vorsieht, in indische oder Thai-Currys und in Wokgerichte. Besonders in afrikanischen Ländern mag man gebratene Kochbananenscheiben mit Salz als Knabberei zu Drinks.

Gut zu wissen

Bananen enthalten wertvolle Mineralstoffe, darunter Magnesium und Eisen, reichlich Kalium und viele wichtige Vitamine. Eine perfekte Zwischenmahlzeit, die von Natur aus verpackt ist.

Wie friert man Bananen am besten ein?

Zum Einfrieren eignen sich nur vollreife Bananen. Die Früchte schälen und mit Zitronensaft bestreichen, dann einzeln luftdicht verpacken. Bananen können Sie etwa 6 Monate im Gefrierfach lagern. Sie können sie anschließend beispielsweise für eine Blitz-Eiscreme verwenden: 2 große gefrorene Bananen in Stücke schneiden, mit 250 g Erdbeeren und 2 EL Grand Marnier in den Mixer geben und cremig pürieren.

Kleine Bananen-Reis-Aufläufe

Für 6 Portionen
Vorbereitungszeit: 10 Minuten
Garzeit: 30–40 Minuten für den Reis, plus 10–12 bzw. 25–30 Minuten für die Aufläufe

1 Vanilleschote, längs aufgeschlitzt
60 g Milchreis, 600 ml Milch
3 EL flüssiger Honig
2 reife Bananen
abgeriebene Schale von 1/2 Zitrone
2 Eiweiß
geriebene Muskatnuss

1 Das Mark aus der Vanilleschote herausschaben. Den Reis und die Milch in einen Topf geben. Den Honig einrühren, Vanilleschote und -mark zufügen. Das Ganze zum Kochen bringen.

2 Zugedeckt bei schwacher Hitze 30–40 Minuten köcheln lassen, bis der Reis weich und die Flüssigkeit angedickt ist.

3 Inzwischen den Backofen auf 200 °C vorheizen. Die Vanilleschote aus dem Reis nehmen. Die Bananen in dünne Scheiben schneiden und mit der Zitronenschale unter den Reis heben.

4 In einer absolut fettfreien Schüssel die Eiweiße zu Schnee schlagen, diesen unter den Milchreis heben. Die Masse auf sechs Auflaufförmchen (je etwa 200 ml Inhalt) verteilen oder in eine große Auflaufform (etwa 1,2 l Inhalt) geben und nach Belieben mit frisch geriebener Muskatnuss bestreuen.

5 Förmchen oder Form auf ein Backblech stellen und den Auflauf 10–12 Minuten (Förmchen) oder 25–30 Minuten (Form) backen. Warm servieren.

Bei diesen duftigen Aufläufen ist Zucker überflüssig – Bananen und Honig steuern ihre natürliche Süße bei.

Passen Bananen in einen Obstsalat?

Bananen haben ein sehr kräftiges Aroma, man kombiniert sie also besser nicht mit dezent aromatischen Früchten wie Melonen, Pfirsichen oder Trauben. Sie schmecken aber hervorragend in einem stark gewürzten Zuckersirup, vielleicht mit etwas Rum und ein oder zwei anderen Obstsorten, die ebenfalls ein starkes Aroma haben, z. B. Orangen oder Ananas.

Ein ausgesprochener Klassiker ist ein Salat aus Äpfeln, Orangen und Bananen sowie nach Belieben Weintrauben – ein toller Vitamin-C-Lieferant im Winter, wenn diese Früchte alle im Handel sind.

Mischt man Bananen in einen Salat mit roten Früchten, z. B. mit Himbeeren und Pflaumen, verfärbt deren Saft das Fruchtfleisch der Bananen rosa, ein Effekt, der oft gar nicht erwünscht ist.

Sehr gut vertragen sich Bananen mit so genanntem Fruchtgemüse. Dazu zählen Tomaten, Paprikaschoten und Avocados. Als Dressing passt zu diesem etwas anderen Obstsalat eine Mischung aus Zitrussaft und -schale, Sonnenblumen- oder Walnussöl, Salz Pfeffer und etwas Piment.

Bananen-Teebrot

Für 12 Scheiben
Vorbereitungszeit: 40 Minuten
Backzeit: 1 1/4 – 1 1/2 Stunden

500 g reife Bananen
2 EL Zitronensaft
125 g Butter
125 g brauner Zucker
abgeriebene Schale von 1 Zitrone
1 TL Vanilleextrakt
1 großes Ei
125 g Mehl
125 g Vollkornmehl
6 g Backpulver
1 TL gemahlener Zimt
125 g kernlose Rosinen
175 g frische Datteln, entkernt und grob gehackt
30 g Mandelblättchen
1 EL Puderzucker

1 Den Backofen auf 180 °C vorheizen. Eine Kastenbrotform (20 cm lang) so mit Backpapier auslegen, dass das Papier am Rand 2 cm übersteht.

2 Die Bananen schälen, in Scheiben schneiden, mit dem Zitronensaft in eine Schüssel geben und mit einer Gabel zerdrücken.

3 Butter, Zucker und Zitronenschale in einer großen Schüssel hell und cremig rühren, dann die Vanille untermischen.

4 Ei zufügen und unterarbeiten; Bananenpüree untermischen.

5 Mehle, Backpulver und Zimt über die Bananenmischung sieben, die groben Anteile aus dem Sieb dazuschütten. Vorsichtig verrühren; Trauben und Datteln untermischen.

6 Den Teig in die Form geben, glatt streichen und mit den Mandeln bestreuen. 1 1/4 – 1 1/2 Stunden backen, bis der Laib gut aufgegangen und goldbraun ist.

7 Den Laib 30 Minuten ruhen lassen, dann aus der Form lösen und auf einem Kuchengitter abkühlen lassen. Wenn er ganz ausgekühlt ist, das Backpapier vorsichtig abziehen. Das Brot lässt sich in einem geschlossenen Behälter bis zu 3 Tage lang aufbewahren.

8 Das Teebrot mit Puderzucker bestäuben, in Scheiben schneiden und pur oder mit Butter servieren.

Mandelblättchen sind eine knusprige Dekoration für das saftige Bananen-Teebrot mit Datteln und Trauben.

Bayerische Creme

? *Ist Bavaroise dasselbe wie Bayerische Creme?*

Ja. Und ein weiterer Name dieser wohl beliebtesten kalten Süßspeise ist Bayerische Rahmsulz. Sie geht vermutlich zurück auf die Herzogin Elisabeth von Bayern, die im Jahr 1385 den französischen König Karl VI. heiratete und als Isabeau de Bavière Königin von Frankreich wurde. Wie auch immer der Name: Es handelt sich stets um eine Eier-Sahne-Creme, die mit Eischnee gelockert und mit Gelatine gefestigt wird.

? *Ich habe auf einer Speisekarte eine Bayerische Creme mit Räucherlachs gesehen. Ich dachte, eine Bavaroise sei immer süß!*

Üblicherweise ist die Bayerische Creme eine Süßspeise. Wenn man aber den Zucker weglässt, herzhafte Zutaten wie Spargel, Frisch- oder Räucherfisch oder Käse und Zwiebeln (alles püriert) verwendet und die Masse mit Salz und Pfeffer abschmeckt, erhält man eine pikante Bavaroise, die als elegante Vorspeise dienen kann. Verwendet man für die pikante Bayerische Creme anstelle der süßen Sahne eine Mischung aus süßer oder saurer Sahne und Joghurt oder aber Joghurt allein, wird die Creme zusätzlich aromatisiert. Einfach unter die abgekühlte Creme ziehen, bevor sie vollständig erstarrt.

? *Gelingt eine Bayerische Creme auch, wenn man Milch statt Sahne dafür nimmt?*

Es handelt sich dann zwar nicht mehr um eine klassische Bavaroise, aber das Ergebnis ist ebenso wohlschmeckend. Und Sie können auf diese Weise den Fettgehalt und damit den Kaloriengehalt reduzieren. Es ist Ihnen überlassen, ob Sie entrahmte Milch (Magermilch), fettarme Milch (1,5 % Fett) oder Vollmilch (mindestens 3,5 % Fett) nehmen. Auch Crème légère (15 % Fett) eignet sich, schmeckt allerdings leicht säuerlich. Beim folgenden Rezept für eine sahnige Himbeer-Bavaroise können Sie ausprobieren, welche Alternative Ihnen am meisten zusagt.

Diese herrlich üppige Bayerische Creme wird mit Minze und Himbeeren aromatisiert und verziert.

Himbeer-Bavaroise

Für 6 Portionen
Zubereitungszeit: 1 Stunde, plus 3–4 Stunden Kühlzeit

250 g Himbeeren, 500 g Sahne
3 große Eier, getrennt
125 g Zucker
15 g gemahlene Gelatine
150 g Crème double
Sonnenblumenöl für die Form
Zum Garnieren:
Puderzucker, Himbeeren, Minze

1 Die Himbeeren im Mixer oder in der Küchenmaschine pürieren. Sahne in einem Topf aufkochen. In einer Schüssel die Eigelbe mit dem Zucker hell und schaumig aufschlagen. Die heiße Sahne über die Eimischung gießen, dann die Masse durch ein Sieb in einen schweren Topf streichen. Bei schwacher Hitze unter ständigem Rühren erwärmen, bis die Mischung den Löffelrücken überzieht. Nicht aufkochen lassen.

2 Die Gelatine nach Packungsanleitung einweichen und auflösen. Gelatine und Himbeerpüree in die Eier-Sahne-Mischung rühren. Den Topf in eine mit Eiswürfeln gefüllte Schüssel stellen und behutsam rühren, bis die Masse andickt.

3 Crème double leicht aufschlagen und unter die Mischung heben. Die Eiweiße zu Schnee schlagen, diesen ebenfalls unterheben. Eine Puddingform fetten, die Mischung hineinfüllen und für 3–4 Stunden in den Kühlschrank stellen, bis die Creme erstarrt ist.

4 Wenn die Creme fest ist, die Puddingform für ein paar Sekunden in heißes Wasser stellen. So lässt sich die Creme besser aus der Form lösen. Die Bayerische Creme auf eine Servierplatte stürzen, mit Puderzucker bestäuben und mit Himbeeren und Minze garnieren.

Beeren

Muss man Beeren vor dem Essen waschen?

Sicherheitshalber ja. Allerdings hängt das Wie von der Art und der Herkunft der Beeren ab. Waldbeeren sollten Sie stets so gründlich wie möglich waschen, weil die Gefahr besteht, dass sie mit dem Fuchsbandwurm infiziert sind.

Für Zuchtbeeren gilt: Feste Beeren wie Johannisbeeren, Stachelbeeren oder Cranberrys in einen Durchschlag geben und unter fließendem kaltem Wasser abbrausen. Anschließend trockentupfen.

Brombeeren, Erdbeeren und Heidelbeeren können Sie kurz in der Spüle oder in einer Schüssel mit kaltem Wasser vorsichtig säubern.

Himbeeren nur ganz kurz und sehr behutsam waschen. Stammen die Früchte aus Ihrem Garten und sind ungespritzt, können Sie sie auch nur einzeln kontrollieren und jeweils in die Öffnung pusten, um unliebsame Bewohner an die Luft zu befördern.

Was kann ich tun, wenn Erdbeeren nach nichts schmecken?

Wenn Sie diese Erdbeeren mit Sahne oder Eiscreme servieren wollen, können Sie ihr Aroma verbessern, indem Sie die Früchte mit Zucker bestreuen und etwa 1 Stunde ziehen lassen. Größere Exemplare zuvor halbieren, vierteln oder in Scheiben schneiden. Auch das Beträufeln mit etwas Kirschwasser oder Orangenlikör verbessert das Aroma. Sind die Erdbeeren für einen Flan oder einen Kuchen bestimmt, kann man etwas Erdbeerkonfitüre erwärmen, durch ein Sieb streichen und mit den Erdbeeren/Erdbeerstücken mischen oder ganze Früchte damit glasieren. So wird ihr Geschmack entschieden aufgewertet.

Bei australischen Bekannten habe ich einen Sommerpudding gegessen. Ich habe das Rezept zu Hause ausprobiert, warum ist mein Sommerpudding zusammengefallen?

Dafür kann es verschiedene Gründe geben. Vielleicht war das verwendete Brot nicht trocken

Sommerpudding

Für 12 Portionen
Zubereitungszeit: 30 Minuten, plus 8 Stunden Kühlzeit
Garzeit: 7 Minuten

250 g Rote Johannisbeeren, entstielt
250 g Schwarze Johannisbeeren, entstielt
250 g Erdbeeren, große Exemplare halbiert
125 g Zucker
4 EL Kirschwasser oder Orangenlikör
250 g Himbeeren
1 kleines Weißbrot, möglichst der Länge nach in dünne Scheiben geschnitten
Zum Garnieren:
Himbeeren, Rote Johannisbeeren

1 Johannisbeeren, Erdbeeren Zucker und Kirschwasser oder Orangenlikör in einen großen Topf (nicht aus Aluminium) geben.

2 Zugedeckt bei schwacher Hitze etwa 5 Minuten köcheln, bis sich der Zucker aufgelöst hat und aus den Beeren viel Saft ausgetreten ist. Die Himbeeren unterrühren und alles noch 2 Minuten köcheln lassen; zum Abkühlen beiseitestellen.

3 Die Brotscheiben entrinden. Für eine Puddingform (etwa 850 ml Inhalt) je eine Brotscheibe als Boden und Deckel rund zurechtschneiden. Die übrigen Scheiben in breite Streifen schneiden. Die kleinere Scheibe auf den Boden der Form legen. Die Wand der Form leicht überlappend mit den Brotstreifen auskleiden, die Streifen dabei etwas über den Formrand herausragen lassen.

4 Beeren und Saft in die ausgekleidete Form schöpfen; dabei darf der Brotrand nicht verrutschen. Bleiben Früchte übrig, diese beiseitestellen. Das überstehende Brot über die Beeren klappen, die Deckelscheibe darauflegen.

5 Die Form in eine flache Schale stellen und einen in der Größe passenden Teller als Deckel auflegen. Beschweren und für mindestens 8 Stunden oder über Nacht in den Kühlschrank stellen. Übrig gebliebene Früchte und Saft zudecken und ebenfalls kalt stellen.

6 Gewichte und Frischhaltefolie vom Pudding abnehmen. Mit einem Palettenmesser einmal rundherum schneiden, um den Pudding aus der Form zu lösen, dann auf eine Servierplatte stürzen.

7 Vor dem Servieren vorsichtig das Brot mit einem Messer vom Rand der Form lösen. Pudding auf einen Teller stürzen, mit dem restlichen Saft begießen und mit den restlichen Beeren garnieren. Dazu schmeckt mit Rosen- oder Orangenblütenwasser aromatisierte Schlagsahne.

Klassiker aus England, in der ganzen Welt beliebt: süß-saftiger Sommerpudding.

genug, oder der Sirup war zu schwach. Es könnte auch sein, dass die Form nur lückenhaft mit Brot ausgelegt war. Möglicherweise haben Sie den Pudding nicht kräftig genug in die Form gepresst oder ihn nicht richtig gekühlt.

Hier sind ein paar Tricks, damit Ihr Sommerpudding beim nächsten Mal gelingt.

• Kein frisches Brot verwenden. Trockenes nimmt die Flüssigkeit besser auf und quillt auf, zu frisches Brot wird eher matschig und zerfällt.

• Die Früchte nur so lange garen, dass sie weich werden, aber noch ganz bleiben. So erhalten Sie einen kräftigen, sirupartigen Saft.

• Am Schluss darauf achten, dass der Pudding gut festgedrückt wird.

Frische Johannisbeeren haben nur eine sehr kurze Saison. Kann ich sie durch andere Früchte ersetzen?

Rote, Schwarze und Weiße Johannisbeeren gibt es frisch nur ungefähr 4 Wochen im Jahr. Allerdings werden die Beeren das ganze Jahr über tiefgefroren angeboten. Die TK-Beeren eignen sich bestens für Rote Grütze, Obstsalat, Fruchtsaucen oder einen Sommerpudding (siehe links). Himbeeren und Brombeeren sind eine gute Alternative, aber nur, wenn sie frisch verarbeitet werden.

Können Sie mir sagen, was das Besondere an der norddeutschen Roten Grütze ist?

Selbstverständlich. Im Gegensatz zur allgemein bekannten Grützenversion, die ganze Beeren sowie oft auch Kirschen enthält, werden für die norddeutsche Variante ausschließlich Beeren (Himbeeren, Rote und Schwarze Johannisbeeren, Erdbeeren, Brombeeren) genommen. Die Früchte werden mit Zucker in wenig Wasser gegart, bis sie auseinanderfallen, und anschließend durch ein Sieb gestrichen. Das Püree wird mit Speisestärke angedickt. Geheimtipp: Das Binden funktioniert auch sehr gut mit Vanillepuddingpulver! Die Rote Grütze sollte nach dem Abkühlen stichfest sein. Dazu reicht man flüssige Sahne oder kalte Milch. Auf dieselbe Art und Weise stellt man im Norden auch Grüne Grütze (aus Stachelbeeren) und Gelbe Grütze (aus Aprikosen) her.

Erdbeeren putzen

Ziehen Sie sanft, aber kräftig den Stiel mitsamt der grünen Blätter von der Beere ab; damit drehen Sie in der Regel auch gleichzeitig den weißen Stielansatz im Inneren der Frucht heraus. Bei manchen Sorten oder auch bei unreifen Früchten ist es jedoch notwendig, den Stielansatz mit der Messerspitze zu entfernen.

Gibt es Rezepte für herzhafte Gerichte mit Brombeeren?

Brombeeren passen sehr gut zu Federwild. Die im Rezept auf der nächsten Seite verwendeten Perlhühner sind zwar Zuchtgeflügel, haben aber einen leichten Wildgeschmack. Wenn Sie keine Perlhühner erhalten, nehmen Sie stattdessen Stubenküken. Durch die Brombeerfüllung bekommt das Geflügel ein köstliches Aroma.

Was sind eigentlich Jostabeeren?

Bei Jostabeeren handelt es sich um eine Kreuzung aus Schwarzer Johannisbeere und Stachelbeere. Die Früchte ähneln im Aussehen unbehaarten Stachelbeeren, allerdings sind sie fast schwarz. Ihre gutes Aroma und ihre feine Säure machen sie zu einer beliebten Beere, die allerdings nicht so oft im Handel angeboten wird.

Hobbygärtner können sie leicht selbst anbauen, da Jostabeerensträucher einfach zu pflegen und die Beeren widerstandsfähig sind.

In unserem Garten ist eine Heckenrose, an der sich im Herbst wunderschöne Hagebutten bilden. Was muss ich bei der Verarbeitung der Beeren beachten?

Hagebutten sind botanisch betrachtet die Scheinfrüchte bestimmter Rosen. Im Kelchbecher stecken die Samen. Die kleinen Härchen (Borsten) innerhalb der Hagebutte sind mit feinen Widerhaken besetzt. Manch einer erinnert sich vielleicht an Juckpulver, für das das Innere der Hagebutten verwendet wurde (und wird). Damit beim Verzehr von Hagebuttenprodukten kein Juckreiz entstehen kann, müssen die Früchte vor der Verarbeitung entkernt oder durch die Flotte Lotte gedreht werden.

Sind Fliederbeeren die Früchte des Fliederstrauches? Wie kocht man Fliederbeersuppe?

Fliederbeeren heißen in Norddeutschland die Holunderbeeren. Fliederbeersuppe ist ein traditionelles norddeutsches Gericht. Die Suppe wird meist mit Eischneeklößchen serviert und zum Aufwärmen und zur Vorbeugung von Erkältungen serviert. Hier das Rezept:

Wiegen Sie 500 g Fliederbeeren (Holunderbeeren) ab, und streifen Sie die Beeren mit einer Gabel von den Dolden. Die Beeren und die in Streifen geschnittene Schale von 1/2 Zitrone in einen Topf geben. Mit 1 l Wasser kochen, bis die Beeren halb gar sind. Anschließend das Ganze durch ein feinmaschiges Sieb streichen oder durch ein Passiertuch drücken. Mit etwa 50 g Zucker süßen. Die Suppe mit in Milch angerührter Speisestärke binden. Mit etwas Zitrone und Zucker abschmecken. Eischneeklößchen daraufsetzen und die Suppe heiß servieren.

Gut zu wissen

Zum Abstreifen der Holunderbeeren von den Dolden sollten Sie Haushaltshandschuhe tragen. Holunderbeersaft färbt intensiv und lässt sich nur sehr schwer wieder entfernen.

Perlhühner mit Brombeerfüllung und Brombeersauce

Für 4 Portionen
Vorbereitungszeit 50–55 Minuten
Garzeit: 65–70 Minuten

60 g Wildreis, Salz
85 g weiche Butter
1 Zwiebel, fein gehackt
2 Äpfel, geschält und grob gehackt
2 küchenfertige Perlhühner (je 1 kg)
125 g Brombeeren
4 EL gehackte Petersilie
schwarzer Pfeffer
Zum Garnieren:
Brombeeren und Brombeerblätter
Für die Sauce:
250 g Brombeeren
100 ml Rotwein
1 EL Mehl
250 ml Geflügelfond
1 EL brauner Zucker
2 EL Brombeer- oder Himbeeressig
Salz und schwarzer Pfeffer

1 Wildreis nach Packungsanleitung in Salzwasser garen. Inzwischen 25 g Butter in einer Pfanne erhitzen. Die Zwiebeln darin bei schwacher Hitze in 5 Minuten glasig dünsten.

2 Die Äpfel zu den Zwiebeln geben und 5–10 Minuten mitbraten. Die Pfanne vom Herd nehmen; abkühlen lassen. Backofen auf 200 °C vorheizen. Gegarten Reis in ein Sieb geben. Mit kaltem Wasser abspülen; gut abtropfen lassen. Reis, Beeren und Petersilie zur Apfel-Zwiebel-Mischung geben. Mit Salz und Pfeffer würzen und gut verrühren.

3 Die Perlhühner mit der Brombeermischung füllen. Dann die Haut am Hals über die Öffnung ziehen und mit den Flügeln hinter dem Rumpf fixieren. Die Keulen mit Küchengarn zusammenbinden.

4 Die Perlhühner in einen Bräter legen, mit der restlichen Butter bestreichen. Mit Salz und Pfeffer würzen. Im heißen Ofen 1 Stunde braten, dabei alle 15 Minuten mit Bratensaft begießen. Das Geflügel ist gar, wenn nach dem Einstechen in den dicksten Teil einer Keule klare Flüssigkeit austritt. Falls nötig, noch etwas länger garen.

5 Die Brombeeren für die Sauce mit 50 ml Rotwein in einen Topf geben. Zugedeckt in 10–15 Minuten sehr weich garen. Durch ein feines Sieb passieren, beiseitestellen.

6 Gegarte Perlhühner aus dem Bräter heben, auf eine vorgewärmte Servierplatte legen, locker mit Alufolie bedecken; ruhen lassen.

7 Bratfett bis auf 2 EL aus dem Bräter schöpfen. Mehl, die restlichen 50 ml Wein und den Fond in den Bräter geben; alles verrühren. Aufkochen, Bratensatz losschaben.

8 Die Sauce in einen Topf geben. Brombeerpüree, braunen Zucker und Essig unterrühren. Kräftig mit Salz und Pfeffer würzen. Die Sauce noch 10 Minuten unter häufigem Rühren köcheln lassen.

9 Sauce abschmecken. Falls nötig, noch etwas Zucker zufügen. Küchengarn entfernen. Perlhühner mit Brombeeren und Brombeerblättern garnieren; mit der Sauce servieren.

Die Füllung aus Wildreis, Brombeeren und Petersilie harmoniert wunderbar mit dem Wildgeschmack der Perlhühner.

Bier

Was ist eigentlich der Unterschied zwischen obergärigem und untergärigem Bier?

Obergäriges Bier vergärt durch eine spezielle Hefe bei Temperaturen zwischen 15 und 20 °C. Die Hefe steigt nach oben und wird dann abgeschöpft – deshalb heißt dieses Bier „obergärig". Zu diesen Bieren gehören Kölsch und Alt, aber auch Berliner Weiße, Weizen- und Malzbier. Ebenso Starkbiere wie Weizenbock oder Weizendoppelbock.

Untergäriges Bier vergärt bei Temperaturen von unter 10 °C, die Hefe setzt sich nach 8 Tagen unten ab. Untergärige Biere sind Pils, Export, Märzen-, Stark- und Bockbier.

Welches Bier eignet sich am besten zum Kochen?

Jede Biersorte lässt sich zum Kochen verwenden. Stark- und Dunkelbier sind am besten für Schmorgerichte, Eintöpfe und zum Marinieren von dunklem Fleisch und Wild geeignet; Dunkelbier sorgt zusätzlich für eine kräftige Farbe. Das leicht bittere Aroma harmonisiert den starken Wildgeschmack, gleicht aber auch die Süße mancher Gemüsesorten wie Möhren, Zwiebeln und Pastinaken aus.

Helles Bier passt gut zu Hähnchen, Fisch oder Kaninchen. Es eignet sich aber auch für Desserts, zum Pochieren von Früchten, als Zutat für Kuchen und Puddings und als Grundlage eines heißen Bierpunsches. Ein Rezept für eine klassische, würzigsüßliche Biersuppe finden Sie rechts.

Kürzlich habe ich in Bierteig ausgebackene Muscheln gegessen. Wie wird ein solcher Teig zubereitet, und wie verwendet man ihn?

Einen Bierteig kann man mit hellem, aber auch mit dunklem Bier herstellen. Für einen herzhaften Bierteig – er eignet sich für Meeresfrüchte, Fisch und Geflügel – rühren Sie 150 g gesiebtes Mehl und eine Prise Salz mit 250 ml Bier glatt. Unter diese Mischung ziehen Sie 25 g zerlassene Butter. Der Teig muss etwa 1 Stunde quellen. Süßer Bierteig entsteht so: 150 g Mehl, 125 ml helles Bier, eine Prise Salz und 1 Päckchen Vanillezucker verrühren; quellen lassen. 2 Eiweiß zu Schnee schlagen, unterziehen. Dieser Teig eignet sich für Obst (z. B. Apfelringe).

Wichtig: Das Frittiergut erst in Mehl wenden, dann durch den Bierteig ziehen; portionsweise ausbacken: Gibt man zu viel auf einmal in das heiße Fett, sinkt dessen Temperatur, und der Teigmantel wird matschig statt knusprig.

Altdeutscher Bierbraten gerät mir immer recht bitter, und das Fleisch ist trocken. Warum?

Vermutlich haben Sie Pils verwendet. Dessen bittere Note harmoniert nicht so gut mit Schweinefleisch. Für einen altdeutschen Bierbraten sollten Sie unbedingt dunkles Bier, z. B. Altbier oder Schwarzbier verwenden. Etwa 1,5 kg Schweinerollbraten – am besten eignet sich Schweinenacken, er bleibt wegen des höheren Fettanteils saftig – etwa 1 Stunde in 500 ml dunklem Bier marinieren. Danach das Fleisch würzen und im heißen Backofen braten, dabei gelegentlich mit der Biermarinade begießen. Wenn man den Braten gegen Ende der Garzeit mit etwas flüssigem Honig bestreicht, tut das ihm und der Sauce gut.

Biersuppe

Für 3 Portionen
Zubereitungszeit: 20 Minuten

250 ml helles Bier
100 g Zucker
4 Eigelb
125 g saure Sahne
je 1 Prise Salz, Pfeffer, Zimt
1 Messerspitze Kardamom (nach Belieben)
3 Scheiben Weißbrot
2 TL Butter

1 Das Bier in einen Topf geben und erhitzen. Den Zucker unter ständigem Rühren darin auflösen, dann den Topf vom Herd nehmen.

2 Die Eigelbe, die Sahne und etwas Wasser oder alternativ etwas Bier verquirlen. Die Eigelbmischung unter das gesüßte Bier rühren.

3 Die Suppe mit Salz, Pfeffer und Zimt sowie Kardamom nach Belieben abschmecken. Nochmals erhitzen, aber nicht aufkochen lassen, dann warm stellen.

4 Das Brot würfeln. Die Butter erhitzen und die Brotwürfel darin goldbraun braten. Die Suppe in Suppenteller füllen und mit den Croûtons bestreuen.

Die Biersuppe (im Bild hinten) schmeckt leicht süßlich und wird mit Eigelb und saurer Sahne legiert. Tüpfelchen auf dem i sind knusprige Croûtons.

Birnen

Welche Birnensorte eignet sich am besten zum Kochen?

Im Prinzip kann man jede Birnensorte zum Kochen verwenden, vorausgesetzt, die Früchte sind fest und nicht überreif. Zum Rohverzehr kauft man am besten Birnen, die nicht zu reif sind – außer, Sie wollen sie sofort essen –, denn reife Birnen verderben recht schnell. Bewahren Sie unreife Birnen an einem warmen Ort auf, dann sollten sie innerhalb von 2–3 Tagen genießbar sein. Für die beschwipsten Birnen im Rezept unten brauchen Sie große Früchte mit festem Fruchtfleisch.

Wie konserviert man vollreife Birnen am besten?

Die Früchte im Ganzen weiterzuverarbeiten empfiehlt sich nicht, sie fallen sehr schnell auseinander. Kochen Sie lieber Kompott – dieses mit Zitronensaft oder Ascorbinsäure anreichern, damit die Fruchtstücke hell bleiben –, und füllen Sie es in sterilisierte Einmachgläser. Durch Erhitzen im Einmachtopf oder im Wasserbad im Backofen pasteurisieren. Natürlich können Sie das Kompott auch einfrieren. Rohe Birnen nicht einfrieren: Ihr Fruchtfleisch wird beim Auftauen matschig.

Orangen- und Zitronenschale in dünnen Streifen verleihen dem Sirup aus Wein und Orangenlikör zusätzlich Aroma und sind zudem eine hübsche Garnitur.

Birnen in Wein-Orangen-Sirup

Für 8 Portionen
Zubereitungszeit: 30 Minuten
Garzeit: 30–40 Minuten, plus Ziehenlassen über Nacht; am nächsten Tag: 15 Minuten, plus 2–3 Stunden Kühlzeit

je 1 große Orange und Zitrone
185 g Zucker
750 ml lieblicher Weißwein
8 große, reife Birnen (z. B. Comice)
2–3 EL Orangenlikör
1 EL gehackte Pistazienkerne

1 Zitrusfrüchte waschen, die Schale in dünnen Streifen abziehen und in einen großen Topf geben. Zucker und Wein zufügen. Alles bei mittlerer Hitze erwärmen, bis der Zucker sich aufgelöst hat. Aufkochen lassen, vom Herd nehmen. Orange und Zitrone auspressen, den Saft in den Topf geben.

2 Birnen schälen, Stiele nicht abschneiden. Birnen in den Sirup legen. Topf erneut auf den Herd stellen. Aufkochen lassen, dann die Hitze reduzieren. Birnen zugedeckt 30–40 Minuten köcheln lassen, dabei häufig wenden, damit sie rundum mit Sirup überzogen sind.

3 Wenn die Birnen gar sind, vom Herd nehmen und über Nacht bei Raumtemperatur abkühlen lassen. Am nächsten Tag mit dem Schaumlöffel aus dem Sirup heben und aufrecht in eine Servierschale stellen. Zudecken und beiseitestellen.

4 Den Weinsirup aufkochen lassen und in 15–20 Minuten auf die Hälfte einkochen lassen. Topf vom Herd nehmen, Sirup abkühlen lassen. Orangenlikör in den abgekühlten Sirup rühren, diesen über die Birnen gießen. Mit Frischhaltefolie bedecken; für 2–3 Stunden in den Kühlschrank stellen.

5 Vor dem Servieren die Birnen auf Tellern anrichten, mit Sirup begießen. Mit Pistazien garnieren.

Wie kann ich verhindern, dass sich Birnen bei der Zubereitung braun verfärben?

Verwenden Sie einen Sparschäler aus Edelstahl, und legen Sie die geschälten Birnen in eine Schüssel mit kaltem Wasser, das Sie mit dem Saft einer großen Zitrone oder 2–3 EL Zitronensaft aus der Flasche gesäuert haben.

Je nach Rezept können die Birnen auch direkt nach dem Schälen in einen vorbereiteten Wein- oder Zuckersirup gelegt werden, damit sie nicht braun werden. Für eine besonders ansprechende Präsentation wählen Sie am besten Birnen, die Standardgröße und eine klassische Birnenform haben – dazu gehören die Sorte Comice sowie weiße und rote Williamsbirnen.

Geschälte Birnen kann man pochieren, schmoren, backen oder in Sirup (vielleicht mit Ingwer aromatisiert) einlegen. Es gibt eine große Vielfalt an Rezepten. Fein schmecken Birnen auch zu Fisch oder Geflügel.

Biskuitroulade

Wie bereitet man eine Biskuitroulade zu, und wie rollt man sie auf, ohne dass sie dabei einreißt?

Biskuitrouladen bestehen aus einem leichten Biskuitteig, der je nach Rezept mehr oder weniger Mehl enthält.

Die auf Backpapier gebackene, noch warme Biskuitplatte wird auf ein passend zurechtgeschnittenes, mit Zucker bestreutes Stück Backpapier gestürzt. Damit die Biskuitplatte beim Aufrollen nicht einreißt, schneidet man die knusprig gebackenen Teigränder ab. Nun mitsamt dem Papier locker rollen und abkühlen lassen, dann auseinanderrollen. Papier abziehen, die Teigplatte mit Konfitüre, Zitronen- oder Limettenquark oder Sahne bestreichen und mit Hilfe des unteren Papiers wieder aufrollen.

Biskuitrouladen, deren Teig wenig Mehl enthält, können vor dem Aufrollen gefüllt werden, so wie im Rezept rechts beschrieben. Mit Puderzucker bestreut und hübsch garniert, sind sie eine wahre Augenweide.

Schokoladen-Kaffee-Roulade

Für 8 Portionen
Vorbereitungszeit: 20 Minuten, plus Kühlzeit über Nacht
Backzeit: 20 Minuten

1 TL Instant-Kaffeepulver
100 g Zartbitterkuvertüre
4 große Eier, getrennt
125 g Zucker
Für die Füllung:
300 g Sahne
Zum Garnieren:
1 EL Orangenlikör oder Weinbrand
Beeren oder dünne Orangenscheiben

1 Den Backofen auf 180 °C vorheizen. Ein Backblech mit Backpapier belegen. Das Instant-Kaffeepulver mit 1 EL kochendem Wasser glatt verrühren. Abkühlen lassen.

2 Die Kuvertüre grob zerkleinern. Auf dem Wasserbad oder im Mikrowellengerät bei niedriger Leistung schmelzen.

3 Eigelbe mit Zucker in einer großen Schüssel hell und schaumig schlagen (mit den Quirlen des elektrischen Handrührgeräts). Kalten Kaffee und geschmolzene Schokolade untermischen.

4 Die Eiweiße zu Schnee schlagen. Zum Auflockern 2 EL Eiweiß unter die Schokoladenmischung heben, dann den restlichen Eischnee untermischen.

5 Den Teig als 25 × 35 cm großes Rechteck auf das Blech streichen. Etwa 20 Minuten backen, bis der Teig nach leichtem Druck mit dem Finger zurückfedert.

6 Biskuit aus dem Backofen nehmen und auf ein mit Zucker bestreutes Stück Backpapier stürzen. Mit einem sauberen Küchentuch bedecken und ein paar Stunden oder über Nacht abkühlen lassen.

7 Vom abgekühlten Biskuit das Backpapier vorsichtig abziehen, knusprige Ränder abschneiden.

8 Für die Füllung die Sahne steif schlagen, den Orangenlikör oder den Weinbrand vorsichtig untermischen und die aromatisierte Sahne auf die Biskuitplatte streichen. Die Teigplatte mithilfe des Backpapiers aufrollen. Mit Puderzucker bestreuen und die Roulade mit Beeren oder dünnen Orangenscheiben garnieren.

Kühle Schlagsahne, dezent aromatisiert mit ein wenig Likör, wird in einen leichten, saftigen, mit Kaffee gewürzten Schokoladenbiskuit gerollt.

Blanchieren

Muss man sich wirklich die Mühe machen, Gemüse zu blanchieren? Was ist der Vorteil?

Blanchieren bedeutet, Gemüse für kurze Zeit in kochendes Wasser zu geben und anschließend schnell mit eiskaltem Wasser abzukühlen. Dies dient in erster Linie der Erhaltung der Farbe, bevor das Gemüse weiterverarbeitet wird. Die Methode eignet sich besonders gut für grünes Gemüse wie grüne Bohnen, Brokkoli oder Spinat – deren Farbe wird dadurch noch intensiver.

Blanchieren ist auch eine gute Methode, um Gemüse vorzugaren. So kann man das Gemüse schon am Vortag fast fertiggaren. Es wird dann abgeschreckt und gekühlt und kann später schnell und schonend wieder aufgewärmt werden.

Der Begriff Blanchieren stammt aus dem Französischen und bedeutet „weiß machen". Die Technik wurde ursprünglich eingesetzt, um Hirn oder Bries von Blutspuren zu reinigen und somit hell zu machen oder um die braunen Häute von Mandelkernen zu erweichen, damit sie sich besser abziehen lassen.

Verliert Gemüse durch Blanchieren und anschließendes Aufwärmen viele Vitamine?

Wenn Sie Gemüse nur kurz in sprudelnd kochendes Wasser geben und dann rasch eiskalt abschrecken und es wirklich nur sehr kurze Zeit aufwärmen, ist der Vitaminverlust äußerst gering. Bei einigen Gemüsesorten wie Mangold oder Spinat ist das Blanchieren sogar von Vorteil, weil bestimmte schädliche Stoffe aus dem Gemüse in das Kochwasser austreten oder durch die Hitze zerstört werden. Bei diesen Sorten also das Blanchierwasser nicht weiterverwenden.

Grüne Bohnen unbedingt blanchiern, roh sind sie giftig! Für die anderen Gemüse gilt, dass der Gehalt an wasserlöslichen Vitaminen (Vitamin C, B-Vitamine) beim Blanchieren abnimmt. Ein Teil von ihnen geht immer verloren, wenn Gemüse mit Wasser in Berührung kommt.

Blätterteig

Ich wollte Pastetchen aus TK-Blätterteig backen. Leider sind die Teile nicht aufgegangen. Woran kann das gelegen haben?

Möglicherweise ist beim Bestreichen der Oberflächen mit Eiweiß oder verquirltem Eigelb ein Teil des Eis an den Außen- und/oder Innenseiten der Pastetenringe heruntergelaufen. Beim Backen festigt sich das Ei und verhindert dadurch, dass die Teigschichten sich beim Backen voneinander trennen.

Wenn Sie beim nächsten Mal zu den Seiten hin jeweils einen schmalen Rand frei lassen, dürfte dem Aufgehen nichts mehr im Weg stehen. Sollte bei aller Vorsicht doch Eigelb auf die Seiten gelangt sein, dieses sofort gründlich entfernen.

Wie unterscheiden sich die einzelnen Blätterteigarten?

Bei der Herstellung von Blätterteig werden ein Fetteig und ein Mehlteig wiederholt so gefaltet und ausgerollt, dass viele einzelne Fett- und Mehlteigschichten entstehen.

Beim herkömmlichen Blätterteig, der auch Deutscher Blätterteig genannt wird, werden die Fettteigschichten von Mehlteigschichten umhüllt, die oberste und die unterste Schicht der fertigen Teigplatte besteht aus Mehlteig.

Beim Französischen Blätterteig ist es genau umgekehrt, bei ihm ist die Fettteigschicht außen.

Beim Holländischen Blätterteig wird auf das Schichten verzichtet, hier werden nur Butterstücke schnell in den Mehlteig eingearbeitet.

Meine Familie wünscht sich selbst gemachten Blätterteig, ich habe aber keine Lust, ewig in der Küche zu stehen. Wissen Sie ein schnelles Blätterteigrezept?

Probieren Sie doch einmal einen Quarkblätterteig (siehe rechts). Die Herstellung dauert knapp 30 Minuten, die Sie allerdings aber auf mehrere Stunden oder 3 Tage verteilen müssen. Quarkblätterteig eignet sich für süßes Gebäck, aber auch für herzhafte Teilchen.

Quarkblätterteig

Für 1 kg Teig benötigen Sie 350 g abgetropften Magerquark, 350 g Mehl, 1 TL Salz und 500 g Butter.

1 Mehl und Salz in einer Schüssel mischen. Butter in Stückchen und Quark in kleinen Brocken zugeben. Alles 1 Minute mit den Knethaken des Handrührgeräts oder der Küchenmaschine mischen.

2 Hände kalt abspülen; abtrocknen und einmehlen. Teig zu einem Kloß zusammendrücken, Butter- und Quarkstückchen dürfen sichtbar bleiben. Teig in Folie wickeln und 1 Stunde, besser über Nacht, kalt stellen.

3 Fläche und Teigrolle bemehlen. Teig 30 x 45 cm groß fingerdick ausrollen. Dreifach zusammenlegen; erneut ausrollen und zusammenlegen. In Folie verpacken, 3 Stunden oder über Nacht kühlen. Dann zweimal ausrollen und zusammenlegen, wieder über Nacht kühlen. Anschließend noch zweimal ausrollen und falten. Teig nach Rezept weiterverarbeiten.

Schinkenkipferln

Für 8–12 Stück
Backzeit: 15–22 Minuten

250–300 g frischer, gekühlter oder TK-Blätterteig
Mehl zum Ausrollen
Für die Füllung:
50 g roher Schinken
50 g gekochter Schinken
1 kleine Gewürzgurke
Für den Guss:
2 EL Sahne
2 EL Wasser

1 TK-Blätterteig bei Raumtemperatur nebeneinanderliegend auftauen lassen. Ein Backblech mit kaltem Wasser abspülen. Den Teig auf einer bemehlten Arbeitsfläche zu einem 3–4 mm dicken Kreis ausrollen.

2 Die Teigplatte in 8–12 „Tortenstücke" schneiden. Die Teigstücke an den gerundeten Seiten etwa 2 cm zur Mitte hin einschneiden, die beiden seitlichen Spitzen etwas auseinanderziehen.

3 Für die Füllung den Schinken und die Gewürzgurke in sehr feine Streifen bzw. Stücke schneiden und diese gut mischen. Die Teigstücke an den eingeschnittenen Seiten mit etwas zusammengedrückter Füllung belegen. Von dort ausgehend aufrollen. Die Rollen zu Hörnchen (Kipferln) biegen und auf das Blech legen. Kühl stellen.

4 Den Backofen auf 220 °C vorheizen. Die Sahne mit dem Wasser verrühren und die Kipferln damit bepinseln. Kipferln im heißen Ofen in 10–15 Minuten goldbraun backen. Ofentemperatur auf 160 °C reduzieren; Kipferln weitere 5–7 Minuten backen. Lauwarm servieren.

VARIANTEN

Die Kipferln können Sie auch mit Quarkblätterteig backen.

Auch eine Mischung aus Schafskäse, Knoblauch und Mittelmeerkräutern ist eine leckere Füllung für die Blätterteighörnchen.

Die pikant gefüllten Hörnchen sind ein willkommener Snack zu Drinks. Zusammen mit einem grünen Salat ergeben sie eine köstliche kleine Mahlzeit.

Blumenkohl

Wie kann man einen Blumenkohl von Ungeziefer befreien, ohne ihn zu zerteilen?

Dafür muss man den Blumenkohl zunächst putzen, das heißt alle Blätter entfernen, das Strunkende kappen und verfärbte Stellen wegschneiden. In eine große Schüssel stark gesalzenes kaltes Wasser füllen und den Kohlkopf mit dem Strunk nach oben hineinlegen – das Gemüse muss komplett mit Wasser bedeckt sein. Den Blumenkohl für mindestens 1 Stunde im Wasser liegen lassen. In dieser Zeit steigen Raupen, Käfer, Fliegen und andere unerwünschte Lebewesen an die Wasseroberfläche und können abgeschöpft oder abgesammelt werden. Vor der Weiterverarbeitung den Blumenkohl mit klarem kaltem Wasser abspülen.

Wie kann ich verhindern, dass sich Blumenkohl beim Kochen unschön verfärbt?

Erfahrene Hausfrauen empfehlen, Blumenkohl nicht in Töpfen aus Aluminium zu garen, die innen nicht beschichtet sind. Ansonsten hilft ein kräftiger Schuss Milch im Kochwasser. Aber Vorsicht, die Mischung kocht schneller über als Wasser allein!

Ist Blumenkohl tatsächlich zum Rohessen geeignet?

Sehr gut sogar. Dafür den Kohlkopf gründlich putzen und von Ungeziefer befreien (siehe oben). Anschließend grob raspeln und mit der Salatsauce mischen. Falls Sie eine Vinaigrette verwenden, können Sie noch ein paar geviertelte Cocktailtomaten zufügen (die Vinaigrette dann etwas stärker salzen). Wenn Sie den Blumenkohl mit einer Joghurt- oder Sauerrahmsauce anmachen, können Sie diese mit etwas gemahlenem Piment abschmecken. Mit dem Kohl können Sie noch TK-Erbsen (müssen nicht vorher auftauen) untermischen, das sieht appetitlich aus. Erfrischend werden die Salate, wenn Sie sie auf einem Bett aus in feine Streifen geschnittenem Eisbergsalat anrichten.

Blumenkohl, der im Ganzen serviert werden soll, darf nicht zu lange gekocht werden – dann würde er nämlich zerfallen.

Gebackener Blumenkohl

Für 4 Portionen
Vorbereitungszeit: 15 Minuten
Garzeit: 50 Minuten

600 g Blumenkohl
Salz
60 g Butter
30 g Mehl
2 Brühwürfel
125 g Sahne
geriebene Muskatnuss
100 g Parmesan

1 Blumenkohl vom Strunkende befreien und waschen. In reichlich Salzwasser etwa 30 Minuten weich garen. Herausnehmen und 250 ml Blumenkohlwasser abmessen; den Rest für eine Suppe aufbewahren.

2 Aus 40 g Butter, dem Mehl und dem abgemessenen Blumenkohlwasser eine Mehlschwitze zubereiten. Die Brühwürfel darin auflösen und die Sahne zufügen. Sprudelnd kochen lassen, bis die Sauce andickt. Abschmecken.

3 Den Blumenkohl in eine ofenfeste Form setzen, die Sauce darauf verteilen. Den Parmesan darüberreiben. Den Kohl im Wasserbad im Backofen 20 Minuten backen.

VARIANTE

500 g kleine Tomaten mit kochendem Wasser überbrühen, dann abziehen und hacken. 300 g gemischtes Hackfleisch mit 1 EL Semmelbrösel, 1 Ei, Salz, Pfeffer und Paprikapulver verkneten. Die Fleischmasse um den Blumenkohl legen und die Tomaten darauf verteilen – wer gern scharf isst, kann eine entkernte, fein gehackte grüne Chilischote unter die Tomatenstücke mischen. Mit der Sauce begießen, mit dem Käse bestreuen und wie beschrieben backen.

? ***Unsere Familie mag gern überbackenen Blumenkohl. Welcher Käse eignet sich dafür am besten?***

Besonders würzig schmeckt der überbackene Blumenkohl, wenn Sie dafür Parmesan nehmen. Diesen sollten Sie aber nicht pur verwenden (Parmesan hat keine guten Schmelzeigenschaften), sondern entweder zusammen mit einer Sauce über den Blumenkohl geben (siehe Rezept rechts) oder mit etwas Olivenöl mischen, damit er nicht zu hart und zäh wird. Sehr mild wird das Gericht, wenn Sie zum Überbacken jungen Gouda verwenden. Er lässt sich allerdings schlecht reiben, deshalb legt man ihn am besten in nicht zu dünnen Scheiben auf den Kohl. Ebenfalls zurückhaltend im Aroma ist Emmentaler mit seinem nussigen Geschmack. Diesen Käse sollten sie grob raspeln, bevor Sie ihn auf dem Kohl verteilen. Aparte Würze bekommt das Blumenkohlgericht, wenn sie zum Überbacken einen weichen Blauschimmelkäse nehmen.

? ***Ich bin die klassischen Blumenkohlzubereitungen leid. Haben Sie vielleicht ein exotisches Rezept?***

Versuchen Sie einmal dieses Rezept aus Nordindien. Dort heißt das Gericht Alu Gobi: Einen kleinen Blumenkohl putzen und vom Strunk befreien, den restlichen Kohlkopf in kleine Röschen zerteilen. 2 große Kartoffeln schälen und würfeln. Öl in einer großen Pfanne erhitzen. 1/4 TL Bockshornkleesamen, je 1 TL Fenchel- und Kreuzkümmelsamen und eine getrocknete rote Chilischote hineingeben. Einmal umrühren, dann Kohl und Kartoffeln zufügen; alles verrühren. 1/2 TL gemahlene Kurkuma, 1 TL gemahlenen Koriander, 1 TL Salz und etwas schwarzen Pfeffer zufügen und alles bei mittlerer Hitze unter ständigem Rühren 8–10 Minuten braten. 150 ml Wasser zugießen und sofort den Deckel auflegen. Kohl und Kartoffeln bei sehr schwacher Hitze garen, bis sie weich sind. Vor dem Servieren 1 TL Garam masala unterrühren. Servieren Sie das Gericht mit indischem Fladenbrot oder Reis, Sie können noch Chutney dazu reichen.

Bohnensprossen

Kann ich alle getrockneten Bohnensorten keimen lassen?

Bohnen, Erbsen und Linsen sind Samen, die zum Keimen gebracht werden können. So lange sie nicht zu alt oder beschädigt sind, keimen sie in der Regel gut. Nur Hülsenfrüchte, die bei der Verarbeitung absichtlich gespalten wurden, eignen sich nicht zur Sprossengewinnung.

Sie können auch Getreidekörner wie Roggen, ganzen Hafer, Weizen und Hirse keimen lassen. Sehr beliebt sind Radieschenkeimlinge. Man kann die Sprossen in Salate und Sandwiches geben, kurz in Pfannengerichten mitbraten oder als knackige Garnitur verwenden. Übrig gebliebene Bohnensprossen lassen sich, locker in Frischhaltefolie gewickelt, im Gemüsefach im Kühlschrank aufbewahren.

Brandteig

Wie lange vor dem Servieren kann ich Eclairs, Windbeutel oder Profiteroles mit Sahne füllen, ohne dass der Teig aufweicht?

Sobald Eclairs mit Sahne gefüllt wurden, weicht der Teig auf, daher sollte man sie im Idealfall innerhalb einiger Stunden servieren, sonst werden sie zu matschig.

Ist es möglich, Brandteig auf Vorrat herzustellen?

Brandteig schmeckt am besten, wenn er am selben Tag zubereitet und gebacken wird, doch ist dies natürlich nicht immer möglich. Sie können den Teig aber auch am Vortag herstellen und in einer abgedeckten Schüssel über Nacht im Kühlschrank aufbewahren. Den Teig dann am nächsten Tag formen und backen. Alternativ können ungefüllte Eclairs und Profiteroles in Kunststoffbehältern eingefroren werden. Zum Auftauen das Gebäck entweder auf ein Backblech legen und für 5 Minuten in den heißen Backofen stellen oder bei Raumtemperatur etwa 1 Stunde auftauen lassen.

Direkt aus dem Ofen sehen meine Eclairs meist gut aus. Doch nach dem Abkühlen sind sie innen immer feucht. Was muss ich beim nächsten Mal berücksichtigen?

Brandteig muss bei hohen Temperaturen gebacken werden. Den Backofen also vorheizen und darauf achten, dass er die Temperatur erreicht hat, bevor Sie die Eclairs hineinschieben. Um sicherzugehen, dass die Eclairs wirklich gar sind, prüfen Sie die Seiten oder entstandene Risse im gebackenen Teig; sie sollten braun und nicht zu blass sein.

Die fertigen Eclairs sofort zum Abkühlen auf ein Kuchengitter legen, den Backofen aber nicht ausschalten. Meistens werden Eclairs eingeschnitten, damit die Feuchtigkeit von innen entweichen kann (siehe Rezept auf S. 34). Lassen Sie die Eclairs also nach dem Backen im heißen Ofen noch etwas trocknen, bevor Sie sie füllen.

Kann ich Brandteig zur Abwechslung statt mit süßen auch mit herzhaften Zutaten füllen?

Knusprig gebackener Brandteig ist vielseitig verwendbar und lässt sich natürlich auch hervorragend herzhaft zubereiten. Für eine pikante Note geben Sie vor dem Backen etwas Salz und Pfeffer oder geriebenen Käse in den Brandteig.

Heiße Windbeutel, herzhaft mit Käse, Schinken oder einem hellen Pilzragout gefüllt, sind tolle Vorspeisen oder machen sich gut auf Partybuffets. Hühnchenfleisch, Krabben, Eier oder Garnelen, gemischt mit Kräutermayonnaise, eignen sich dagegen hervorragend zum Füllen von kalten Windbeuteln.

Sehr schön sind auch Gougères – kleine oder große Brandteigkringel, die nach dem Backen mit pikanten Cremes, Käse oder dicken Saucen gefüllt werden können.

Bohnensprossen keimen lassen

Mit Bohnensprossen haben Sie stets eine frische, knackige und eiweißreiche Salatzutat zur Hand. Die Sprossen machen sich auch gut in Wokgerichten oder auf Sandwichs. Weichen Sie eine Handvoll Bohnen (im Bild Mungobohnen) über Nacht in kaltem Wasser ein. Sie werden am nächsten Morgen doppelt so groß sein. In einem Sieb mit kaltem Wasser abspülen und in ein Glas füllen. Ungefähr drei Viertel des Gefäßes sollten frei bleiben.

1 Legen Sie ein Stück Mull oder ein anderes lockeres Gewebe auf die Glasöffnung, und befestigen Sie diese mit einem Gummiring. Anschließend das Glas auf die Seite legen.

2 Das Glas an einen warmen, gut belüfteten Ort legen, direkte Sonneneinstrahlung vermeiden. Zweimal täglich das Glas öffnen. Mit kaltem Wasser füllen und schütteln, dann wieder verschließen und das Wasser durch den Stoff abfließen lassen.

3 Die Keimlinge entwickeln sich normalerweise am zweiten Tag. Nach einigen Tagen sind sie 1–2 cm lang. In diesem Stadium enthalten sie die meisten Nährstoffe.

Gefüllte Eclairs

Für etwa 30 kleine Eclairs
Vorbereitungszeit: 50 Minuten, plus ein paar Stunden Kühl- und Ruhezeit
Backzeit: 25–30 Minuten

Für den Brandteig:
60 g Mehl
1 Prise Salz
60 g Butter, gewürfelt, mehr Butter für das Backblech
2 große Eier, verquirlt
Für die Füllung:
300 g Sahne
1 EL Zucker (nach Belieben)

1 Backofen auf 220 °C vorheizen. 2 Backbleche mit Backpapier belegen (siehe Kasten rechts). Mehl und Salz auf ein großes Stück Butterbrotpapier sieben.

2 125 ml Wasser mit der Butter in einem Topf mit schwerem Boden bei schwacher Hitze aufkochen. Sobald die Flüssigkeit sprudelnd kocht, den Topf vom Herd nehmen. Nun zügig arbeiten: Das Mehl auf einmal in die Flüssigkeit schütten, dabei mit einem Holzlöffel kräftig rühren, bis ein dicker Brei entstanden ist. Den Topf zurück auf den Herd stellen und rühren, bis sich ein Kloß gebildet hat und der Topf innen von einem weißen Film überzogen ist.

3 Topf vom Herd nehmen, Teigkloß etwas abkühlen lassen. Dann nach und nach unter ständigem Rühren die verquirlten Eier hineingeben. Weiterrühren, bis der Teig glänzt und nach dem Herausziehen des Löffels Spitzen sichtbar bleiben. Teig in einen Spritzbeutel mit 1-cm-Tülle füllen. Streifen auf die Bleche spritzen.

4 Eclairs 20–25 Minuten backen. Aus dem Ofen nehmen, Ofen nicht ausschalten. Eclairs seitlich etwas aufschlitzen, damit die Feuchtigkeit entweichen kann, noch ein paar Minuten im Ofen trocknen lassen. Auf Kuchengittern abkühlen lassen.

5 Sahne mit Zucker steif schlagen. In einen Spritzbeutel geben. Eclairs längs aufschneiden, mit Sahne füllen. Sofort servieren.

Wenn Sie den Brandteig kräftig durchschlagen, während Sie die Eier zufügen, behält er seinen schönen Glanz.

Eclairs spritzen

Um gleichmäßig geformte Eclairs zu erhalten, nehmen Sie ein Blatt Backpapier und zeichnen darauf im Abstand von 2 cm gleichmäßige, 5–7 cm lange Linien. Dann drehen Sie das Backpapier um und legen es auf ein Backblech.

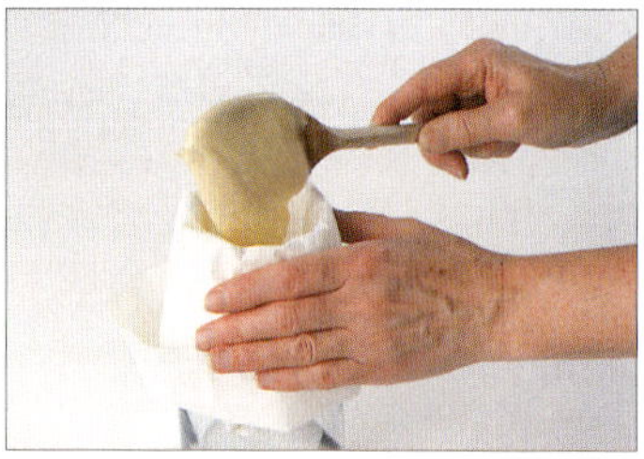

1 Den Spritzbeutel in ein großes Glas oder einen Krug stellen und den Stoff nach außen umschlagen. Den Brandteig mit einem Löffel hineingeben. Nehmen Sie nicht zu viel Teig auf einmal, es sollte noch reichlich Platz im Beutel bleiben.

2 Nun mit der Spritztülle kleine Eclairformen auf die vorgezeichneten Linien auf das Blech setzen. Den Brandteig direkt vor der Spritztülle sauber mit einem angefeuchteten Messer abschneiden.

Braten im Ofen

Warum soll man Fleisch und Geflügel nach dem Braten ruhen lassen, und wie lang sollte die Ruhezeit sein?

Wenn man Fleisch nach dem Braten im Backofen ruhen lässt, entspannen sich die Muskelfasern im Fleisch. Der Fleischsaft, der sich während des Bratens ausdehnt, zieht sich wieder zusammen, wenn das Fleisch abkühlt, und der Braten setzt sich. Dadurch wird das Fleisch fester und lässt sich besser in Scheiben schneiden, außerdem bleibt das Fleisch dann saftiger – der Bratensaft ist im Fleisch besser gebunden.

Wenn Sie den Braten sofort nach dem Herausnehmen aus dem Ofen schneiden, werden die Scheiben rissig und ungleichmäßig. Außerdem kann man sich am entweichenden Dampf des heißen Fleischsafts leicht verbrühen. Große Bratenstücke mit einem Gewicht von über 2 kg sollten, in Alufolie gewickelt, 20–30 Minuten ruhen. Kleinere Braten brauchen 10–15 Minuten und müssen nicht eingewickelt werden.

Ich liebe im Backofen gebratenes Fleisch, aber wir sind nur zu zweit. Lohnt sich der Aufwand auch für einen kleinen Braten?

Kleinere Bratenstücke und auch Geflügel unter 1,5 kg sind inzwischen fast überall erhältlich – auch dies ist ein deutliches Zeichen dafür, dass es immer mehr kleine Haushalte gibt. Diese Braten benötigen allerdings eine Sonderbehandlung im Backofen, damit sie gelingen. Obwohl sie recht klein sind, brauchen sie einige Zeit, um durchzugaren, und weil nicht besonders viel Fett und Bratensaft vorhanden ist, die das Fleisch schön saftig halten, besteht die Gefahr, dass der Braten zäh und trocken wird. Um dieses Problem zu lösen, muss man den Braten bardieren (siehe S. 35) und oft begießen.

Ein weiteres Problem bei kleinen Braten ist das Gewinnen einer kräftigen Sauce aus dem Bratensatz, denn es bildet sich während des Garprozesses nicht genug Bratensatz. Legen

Sie das Fleisch deshalb auf Zwiebel- und Möhrenscheiben oder klein geschnittenes Suppengrün (Möhre, Knollensellerie, Petersilienwurzel, Lauch), und gießen Sie von Anfang an 150 ml Fond, Wein oder Wasser in den Bräter; nach Belieben können Sie noch etwas Tomatenmark hineinrühren – so erhalten Sie eine gute Grundlage für eine köstliche Sauce.

? ***Was muss ich beachten, damit mein Braten immer gelingt?***

Hier sind einige Tipps, damit Ihr Braten im Backofen stets gut gelingt:

- Wiegen Sie das Fleisch ab, um die Garzeit zu berechnen (siehe unten), bedenken Sie jedoch, dass es sich bei den Angaben nur um Richtwerte handelt und dass ein langes, schlankes Fleischstück schneller durchgegart ist als ein großes, kompaktes, auch wenn es genauso schwer ist.
- Legen Sie das Fleisch im Bräter auf einen Rost. So liegt es nicht auf dem Bräterboden, wo sich das Fett sammelt. Die Hitze trifft von allen Seiten gleichmäßig auf das Fleisch.
- Rind- und Lammfleisch sollten in den ersten 20 Minuten bei 230 °C gebraten werden, damit es außen schön anbräunt. Dann wird die Temperatur reduziert und der Braten nach den Angaben in der Tabelle unten fertig gegart. Schweinebraten muss vorab nicht gebräunt werden, denn er wird ohnehin höheren Temperaturen ausgesetzt, damit eine knusprige Kruste entsteht.
- Nach der Hälfte der Bratzeit sollten Sie unbedingt nach Ihrem Braten sehen. Wenn das Fleisch oben schön braun ist, drehen Sie es um und begießen es mit dem ausgetretenen Fett und Bratensaft aus dem Bräter.
- Nach dem Garen lassen Sie den Braten vor dem Tranchieren auf einem vorgewärmten Teller an einem warmen Ort ruhen, oder Sie lassen ihn im halb geöffneten, ausgeschalteten Backofen ruhen, während Sie die Sauce zubereiten.

? ***Was ist die Kerntemperatur und wie kann ich sie ermitteln?***

Die Kerntemperatur gibt Auskunft über den Gargrad eines Bratens. Ist eine bestimmte Temperatur im Inneren des Fleisches erreicht, kann man sicher sein, dass bestimmte gesundheitsschädliche Keime unwirksam geworden sind. Besteht im Inneren des Fleisches für die Dauer von mindestens 10 Minuten eine Kerntemperatur von 70– 80 °C sind z. B. Salmonellen garantiert getötet. Deshalb sollte Geflügel immer völlig durchgebraten oder -gegart werden.

Die Kerntemperatur wird am genauesten mit einem Braten- oder Fleischthermometer ermittelt. (Preiswerte Exemplare gibt es im Fachhandel). Stechen Sie damit in eine magere Fleischstelle bis in die Mitte, ohne dabei Knochen zu berühren.

Man kann den Gargrad auch mit den Fingern erfühlen: Je besser ein Braten durchgegart ist, desto weniger gibt er auf Fingerdruck nach.

Lamm- und Rinderbraten müssen eine Kerntemperatur von 60 °C haben, wenn Sie das Fleisch blutig möchten; bei 71 °C ist es rosa und bei 80 °C durchgebraten.

Schweinebraten und Hähnchen müssen immer eine Kerntemperatur von 80–85 °C erreicht haben, bevor sie serviert werden.

? ***Welche Vorteile haben Bardieren und Spicken eines Bratens gegenüber dem Begießen?***

Beim Braten von mageren Stücken, z. B. Kalbsbraten oder Federwild, aber auch beim Braten von sehr kleinen Bratenstücken (z. B. Wachteln) benötigt man zusätzliches Fett, damit das Fleisch nicht zäh und trocken wird. Das ständige Begießen mit Bratensaft ist umständlich und zeitraubend, zudem sinkt bei jedem Öffnen der Backofentür die Temperatur. Die beste Lösung ist deshalb, den Braten so zu präparieren, dass er sich selbst „begießt", nämlich durch Bardieren oder Spicken.

Beim Bardieren wird der Braten mit einer Fettschicht umhüllt, die im Backofen nach und nach schmilzt. In Scheiben geschnittener Schweinerückenspeck ist hierfür besonders gut geeignet, da er wenig Eigenaroma hat. Manche Wildvögel bardiert man auch mit durchwachsenem Schweinebauchspeck, der mit Küchengarn am Braten fixiert wird.

Garzeiten für Braten im Backofen

Hier finden Sie Garzeiten sowie Ofen- und Kerntemperaturen für die beliebtesten Braten. Beachten Sie, dass lange, schlanke Braten eine kürzere Garzeit haben als große, kompakte. Fleisch am Knochen gart schneller als entbeinte Stücke.

Braten	Backofentemperatur/Garzeit	Kerntemperatur
Rinderbraten (z. B. Roastbeef)	180 °C	
blutig	30 Minuten pro kg + 15 Minuten	60 °C
medium	35 Minuten pro kg + 20 Minuten	71 °C
durchgebraten	40 Minuten pro kg + 30 Minuten	80 °C
Lamm (Keule, Rücken oder Schulter)	180 °C	
blutig	35 Minuten pro kg + 15 Minuten	60 °C
medium	40 Minuten pro kg + 20 Minuten	71 °C
durchgebraten	50 Minuten pro kg + 25 Minuten	80 °C
Schweinebraten (z. B. Kotelettstück)	200 °C 60 Minuten pro kg	85 °C
Hähnchen	200 °C 30–40 Minuten pro kg + 15–20 Minuten	85 °C
Pute, Ente	180 °C 45 Minuten pro kg + 20 Minuten	80 °C

Beim Spicken werden Speckstreifen mit einer Spicknadel in das Fleisch gezogen (man kann das Fleisch auch mit einem scharfen Messer einstechen und die Speckstreifen in diese Schlitze stecken). Es eignet sich besonders für sehr große Braten mit sehr langer Garzeit. Dabei löst sich das Speckfett auf, begießt das Fleisch sozusagen von innen und macht das Fleisch saftig und zart.

Mageres Fleisch und Geflügel wie z. B. Wachteln werden durch Bardieren mit Speck aromatisch und saftig.

Braten in der Pfanne

? *Was ist der Unterschied zwischen Braten und Sautieren?*

Bei beiden Methoden werden die Zutaten in etwas Fett bei mittlerer Hitze gebraten. Beim Braten wendet man das Gargut mit dem Palettenmesser oder dem Pfannenwender; beim Sautieren sind die Zutaten ständig in Bewegung, die Pfanne wird – manchmal auch mit Deckel verschlossen – geschwenkt, damit die Zutaten „springen" (das französische Verb sauter bedeutet springen). Beides sind schnelle Garmethoden, geeignet für kleine, empfindliche Fleischstücke oder Zutaten.

Speck und Eier, Steaks, Bratwürste und Kalbs-, Puten- oder Hähnchenschnitzel werden z. B. immer gebraten. Eine Mischung aus gewürfeltem Gemüse (Mirepoix) jedoch wird in der geschlossenen Pfanne sautiert, damit sich das Aroma entfaltet, und dient beispielsweise als Grundlage für eine Gemüsesuppe. Hähnchenbruststreifen kann man mit Zwiebeln in einer Sauteuse (einer speziellen Pfanne mit hohem Rand) sautieren, dann fügt man Wein, Fond und Sahne hinzu und lässt das Ganze noch eine Weile vor sich hinköcheln.

Das verwendete Fett spielt bei beiden Methoden eine wichtige Rolle, denn es beeinflusst das Aroma des fertigen Gerichts. Olivenöl, Butter, Schmalz oder ausgelassenes Speck- oder Schinkenfett haben ein ausgeprägtes Aroma; Rapsöl, Maiskeimöl, Erdnussöl, Distelöl und die meisten anderen Pflanzenöle haben relativ wenig Eigengeschmack. Bei der Auswahl des Bratfetts sollten Sie wissen, dass die verschiedenen Fette unterschiedlich stark erhitzt werden können, bevor sie sich zersetzen und verbrennen. Schmalz und Speckfett vertragen beispielsweise höhere Temperaturen als Butter oder Margarine, während geklärte Butter (siehe *Butter*) stärker erhitzt werden kann als normale Butter. Gehärtetes Kokosfett muss sehr langsam bei schwacher Hitze zerlassen werden, damit es nicht verbrennt.

Alle Fette zersetzen sich, wenn sie zu lange erhitzt werden. Dann beginnen sie, stark zu rauchen, und verleihen dem Bratgut einen unangenehmen Geschmack.

? *Wie bleibt Gebratenes schön knusprig?*

Verwenden Sie eine weite Pfanne ohne Deckel, denn in der geschlossenen Pfanne werden die Zutaten eher geschmort oder gedämpft statt knusprig gebraten. Erhitzen Sie in der Pfanne zuerst das Fett, damit die Oberflächen der Zutaten beim Hineingeben sofort durch Hitze versiegelt werden und das Fett nicht mehr aufsaugen können.

Braten Sie immer nur kleine Portionen (größere Mengen auf einmal senken die Fetttemperatur!), und braten Sie Fleisch kurz auf allen Seiten scharf an. Dann die Temperatur auf mittlere Hitze herunterschalten und das Gericht weitergaren. Manche Speisen mit empfindlicher Struktur wie Fischfrikadellen oder -kroketten werden mit einer Panade aus Eiern und Semmelbröseln umhüllt, damit sie nicht matschig werden. Gebratenes bleibt knusprig, wenn Sie es gut auf Küchenpapier abtropfen lassen und so schnell wie möglich servieren. (Siehe auch *Frittieren*.)

? *Wie brate ich eine neue Pfanne am besten ein?*

Durch das Einbraten einer nicht beschichteten Pfanne entsteht eine Schicht, die das Ankleben von Zutaten relativ gut verhindert. Am einfachsten gelingt dies, wenn man die Pfanne gut wäscht und gründlich abtrocknet, dann mit 1 TL Salz und 1 TL Öl stark erhitzt. Sobald das Öl zu rauchen beginnt, die Pfanne mit reichlich zusammengeknülltem Küchenpapier auswischen, das Salz wirkt dabei als Scheuermittel. Wenn die Pfanne sauber ist, ist sie eingebraten.

Auch ein Wok profitiert stark von dieser Behandlung, sie sollte wiederholt werden, wenn die Zutaten anzukleben beginnen. Falls möglich, verwenden Sie eine Omelettpfanne nur für Omeletts, eine Crèpe-Pfanne nur für Crèpes und Pfannkuchen, und braten Sie die Pfanne nach jedem Gebrauch neu ein.

? *Kann man wirklich ohne Zugabe von Fett braten? Setzt da nicht alles am Pfannenboden an?*

Mit wachsendem Gesundheitsbewusstsein erfreut sich das Braten ohne Fett zunehmender Beliebtheit, vor allem bei Fisch, Fleisch und Geflügel. Zuerst wird eine schwere Pfanne stark erhitzt, in der Zwischenzeit bereitet man das Bratgut vor. Wenn es sehr mager ist, mit etwas Öl beträufeln und einreiben. Fettes Fleisch oder fettreichen Fisch einfach nur mit frisch gemahlenem schwarzem Pfeffer würzen.

Wenn die Pfanne heiß ist, Fleisch, Geflügel oder Fisch hineingeben und auf keinen Fall in der Pfanne bewegen, bevor sich nicht eine Kruste gebildet hat. Dann erst können Sie das Bratgut mit dem Pfannenwender oder Palettenmesser wenden, um es auf der anderen Seite zu garen.

Auch ganze Gewürze, Samen oder Nüsse kann man ohne Fett in der Pfanne rösten, damit sich ihr Aroma entfaltet. In einer schweren Pfanne bei starker Hitze rösten, die Pfanne ab und zu schütteln, damit nichts anbrennt. Wenn die Zutaten stark zu duften beginnen, diese zum Abkühlen auf einen Teller schütten.

Dieses originelle Pfannengericht wird mit Orangenschale und Senf gewürzt. Zarter Rosenkohl und knackige Kastanien bilden einen aparten Kontrast.

und immer bei mittlerer Hitze braten. Verwenden Sie keine Küchenwerkzeuge aus Metall zum Wenden oder Rühren, damit die Beschichtung nicht zerkratzt wird und dadurch ihre Wirkung verliert.

Die Pfanne innen nur mit einem Schwamm oder einem weichen Tuch, Spülmittel und Wasser säubern. Verwenden Sie auf keinen Fall Stahlwolle, Topfkratzer oder Scheuerpulver, das würde die Beschichtung beschädigen.

Wenn ich Frikadellen aus Fleisch oder Fisch mit der Küchenzange wenden will, zerbrechen sie oft und fallen auseinander. Was kann ich stattdessen nehmen?

Verwenden Sie für diesen Zweck lieber zwei Pfannenwender oder Palettenmesser. Mit einem können Sie die Frikadellen anheben, mit dem anderen halten Sie sie fest.

Rosenkohl mit Speck und Wasserkastanien

Für 4 Portionen
Zubereitungszeit: 25 Minuten

1 EL Maiskeimöl
75 g Räucherspeck ohne Schwarte
500 g junger Rosenkohl
1 unbehandelte Orange
50 g Butter
2 TL körniger Senf
120 g Wasserkastanien (Dose), abgetropft und geschält
Salz und schwarzer Pfeffer

1 Öl in einer Pfanne erhitzen, den Speck darin 2–3 Minuten braten. Rosenkohl putzen und waschen, große Exemplare halbieren. Orange waschen, die Schale fein abreiben und zum Speck geben. Butter, Senf und Rosenkohl dazugeben. Bei mittlerer Hitze etwa 5 Minuten unter Rühren bissfest braten.

2 Wasserkastanien grob zerteilen. Zum Rosenkohl geben und 3–4 Minuten mitbraten, bis der Kohl goldbraun ist und die Kastanien heiß sind. Mit Salz und Pfeffer abschmecken; warm servieren.

Warum wird in vielen Rezepten eine Mischung aus Olivenöl und Butter verwendet?

Butter verleiht Speisen ein herrlich vollen Geschmack, hat aber einen niedrigeren Rauchpunkt als Olivenöl. Wenn man beide zusammen erhitzt, verträgt die Butter höhere Temperaturen. Diese braucht man beim Anbraten und Braten mancher Speisen, um das Aroma zu erhalten oder zu entwickeln.

Was ist der Vorteil einer beschichteten Pfanne?

Für eine fettarme, gesunde Ernährung ist eine Pfanne mit Antihaftbeschichtung ideal. Der Fettgehalt der meisten traditionellen Gerichte, bei denen die Zutaten zuerst gebraten werden – beispielsweise Zwiebeln oder Fleisch für ein Pfannen- oder Eintopfgericht –, lässt sich zumindest halbieren, wenn Sie eine beschichtete Pfanne verwenden. Für manche Rezepte müssen Sie die Pfanne lediglich mit etwas Öl auspinseln oder mit ein wenig Olivenöl oder Rapsöl einsprühen.

Bei beschichteten Pfannen müssen Sie unbedingt darauf achten, dass die leere Pfanne nicht überhitzt wird,

Bratensauce

Wie mache ich am besten eine wirklich köstliche Bratensauce?

Eine kräftige, aromatische Bratensauce enthält sowohl den Bratensaft und den Bratensatz des gebratenen Fleisches und wird direkt im Bräter angerührt, während der Braten auf einer Servierplatte ruht.

Wenn Sie den Braten herausgenommen haben, schöpfen Sie das Fett bis auf 1–2 EL ab.

Rühren Sie 1–2 EL Mehl ein und lassen Sie es langsam nach Belieben bräunen. Dann nach und nach mit Fleischfond oder Gemüsebrühe ablöschen und rühren, bis die Sauce sprudelnd kocht und andickt.

Wenn noch Fett an der Oberfläche der Sauce schwimmt, können Sie es mit Küchenpapier aufsaugen.

Eine dünnflüssigere Bratensauce enthalten Sie, wenn Sie nur 1 TL Mehl nehmen. Wird die Sauce zu dünn, zum Reduzieren ein paar Minuten kräftig kochen lassen. Nach Geschmack würzen, in eine Sauciere geben und heiß servieren.

Samtiger wird die Sauce, wenn Sie sie statt mit Weizenmehl mit Maisstärke oder Pfeilwurzelmehl binden.

Welche Zutaten kann ich in eine Bratensauce geben, damit sie etwas interessanter schmeckt?

Die beste Grundlage für eine gute Bratensauce ist ein kräftig gewürzter Fond. Es gibt aber noch andere Zutaten, die der Bratensauce ebenfalls eine intensive Farbe und ein schönes Aroma verleihen.

Rot- oder Weißwein, Sherry, Weinbrand oder ein Schuss Portwein oder Likör sind eine prima Möglichkeit.

Auch säuerliche oder süße Aromazutaten verbessern den Geschmack einer Bratensauce. Versuchen Sie es einmal mit einem Spritzer Zitronen- oder Orangensaft, Essig (am besten Balsamico- oder Sherry-Essig) oder auch mit Johannisbeer-, Quitten- oder Apfelgelee. Wenn Sie die Sauce zu Pute oder Schweinebraten servieren, passt eine süßliche Note besonders gut, z.B. ungefähr 1 TL Pflaumenmus, Preiselbeeren oder Johannisbeergelee. Das Gelee schmilzt beim Umrühren sehr schnell und macht die Sauce schön glatt.

Frische oder getrocknete Kräuter und Gewürze wie Piment, Cayennepfeffer, Meerrettich, Senf, Muskatnuss und Thymian verleihen der Bratensauce ebenfalls ein eigenes Aroma.

Wenn Sie Wein oder Spirituosen verwenden möchten, lassen Sie die Sauce zunächst ein wenig einkochen und ersetzen dann etwas Wasser oder Brühe durch die Zutat Ihrer Wahl.

Eine hervorragende Bratensauce erhalten Sie, wenn Sie ungefähr nach der halben Garzeit ein oder zwei Gläser Rotwein über den Braten gießen. Der Alkohol verdunstet zum größten Teil im Ofen, aber das Fleisch bekommt ein feines Aroma, und der Wein verbindet sich sehr gut mit dem Bratensatz. Bei Schweinebraten empfiehlt sich auch die Verwendung von dunklem oder hellem Bier zum Begießen und zum Ablöschen des Bratensatzes (siehe S. 27).

Mit welchem Fond gelingt die Bratensauce am besten?

Ein selbst gemachter Fond schmeckt am besten. Im Idealfall sollten Sie den Fond verwenden, der der Fleischsorte des Bratens entspricht, aber ein Geflügelfond oder eine Gemüsebrühe als Basis ist für fast jede Fleischsorte geeignet.

Ein Fond aus Hühner-Innereien ist schnell gemacht, indem Sie die Innereien (Hals, Herz, Magen, Leber) 30 Minuten lang in Wasser köcheln. Für eine üppigere Bratensauce die Leber nicht für den Fond verwenden, sondern fein hacken und vor der Zugabe des Mehls im Bräter anbraten. Im Supermarkt gibt es inzwischen auch flüssigen Fond im Glas oder Tetrapak – eine gute Alternative zu selbst gemachtem. Auch Rindfleisch- oder Hühnerbrühe aus dem Glas ist geeignet, allerdings stark gesalzen. Dies gilt auch für Brühe aus Würfeln oder Granulat – sie sollte wirklich nur im Notfall verwendet werden. Wenn Sie Instantbrühe auflösen oder Brühwürfel verwenden, nehmen Sie lieber nur die halbe Menge, um den Salzgehalt zu reduzieren.

Bratensatz für eine Jus ablöschen

Jus ist eine nicht angedickte Fleischsauce, die nach dem Braten des Fleisches durch Ablöschen des Bratensatzes im Bräter oder in der Pfanne gewonnen wird. Wenn der Bratensatz nach der Garzeit nicht dunkel genug ist, so lange einkochen, bis er braun ist.

1 Das Bratenfett abgießen. Eine Trennkanne ist ideal, denn damit können Sie den Bratensaft unter dem Fett abgießen.

2 Mit einem Holzlöffel den festen Bratensatz an der Seite und am Boden des Bräters abschaben. Mit etwas Fond, Gemüsebrühe oder Wein ablöschen und bei mittlerer Hitze rühren. Den Bratensaft, der sich vom Fett abgesetzt hat (siehe Schritt 1), zugeben und köcheln lassen, bis die Jus eine kräftige braune Farbe hat.

Wie kann ich eine Bratensauce zubereiten, wenn ich nur wenig Zeit habe?

Die schnellste selbst gemachte Bratensauce ist eine Jus (siehe Kasten links), die aus Fond und dem Bratensatz des Fleisches hergestellt wird. Im Gegensatz zu einer Bratensauce wird sie nicht mit Mehl gebunden. Nehmen Sie den Braten aus dem Bräter und gießen Sie das Fett in eine Trennkanne. Dann den Bratensatz mit Fond ablöschen und zum Kochen bringen, dabei den Bratensatz vom Boden abschaben. Bratensaft, der sich unter dem Fett in der Kanne gesammelt hat (siehe links), zugießen.

Bratlinge & Kroketten

Was ist der Unterschied zwischen Frikadellen, Kroketten und Bratlingen?

Bei allen drei Zubereitungen handelt es sich um mehr oder weniger fein zerkleinerte Zutaten, die entweder mit Eiern, mit einer gut gewürzten weißen Sauce, einer dicken braunen Sauce oder mit Kartoffelpüree gebunden werden. Zum Schluss wird die Mischung in kleinen Portionen (Klößchen oder Rollen) geformt und eventuell noch in verquirltem Ei und Paniermehl gewendet und in heißem Fett gebraten.

Frikadellen enthalten generell Fisch, Fleisch oder Geflügel, während Bratlinge meistens aus Gemüse und Getreide bestehen. Kroketten basieren in der Regel auf Kartoffelpüree, unter das nach Belieben fein gehackte Zuatten wie Krabbenfleisch oder Kräuter gemishct werden.

Ob nun Bratlinge, Kroketten oder Frikadellen, sie sollten außen schön knusprig und goldbraun gebraten sein, innen jedoch eine zarte Konsistenz bewahren. Die Mischung sollte so fest sein, dass sie beim Braten nicht zerfällt, allerdings auch nicht zu fest, damit sie nach dem Braten nicht trocken wird. Kühlen Sie weiche Massen wie für Kroketten vor dem Braten, damit sie fester wird.

Welche Zutaten eignen sich für Bratlinge, Frikadellen und Kroketten?

Bratlinge, Frikadellen und Kroketten sind eine gute Möglichkeit, Fleisch- oder Gemüsereste zu verwerten, doch es lohnt sich durchaus, extra dafür einzukaufen. Serviert auf einem Salatbett oder mit einer würzigen Sauce, ergeben sie eine köstliche Vorspeise oder ein leichtes Mittagessen.

Hier ein paar einfache Vorschläge für interessante Kroketten: gehackter Schinken, geriebener Käse und fein gehackter Salbei; gekochtes, gewürfeltes Wurzelgemüse, bestreut mit zerkrümeltem Ziegenkäse und fein gehacktem Stangensellerie; oder knusprig gebratene Speckwürfel mit Blauschimmelkäse.

Die Mischung abschmecken, mit heller Sauce mischen und kleine Laibe oder Rollen daraus formen (siehe Kasten rechts). Alternativ können Sie die Mischung auch teelöffelweise formen und mit dickem Kartoffelpüree bestreichen; zuerst in Mehl, dann in verquirltem Ei und in Semmelbröseln wenden. Langsam braten, damit sie innen gar werden.

Welchen Fisch nimmt man am besten für Fischfrikadellen?

Jeder Fisch mit festem weißem Fleisch ist geeignet. Sie können entweder rohen oder gegarten Fisch verwenden, wobei man Frikadellen aus rohem Fisch etwas länger braten muss. Den Fisch zerkleinern und mit gegarten zerdrückten festkochenden Kartoffeln und viel gehackter Petersilie mischen. Daraus Frikadellen formen, diese panieren und braten.

Für eine asiatische Geschmacksnote können Sie gehackten Knoblauch und Ingwer, fein gehacktes Zitronengras und fein zerkleinerte Frühlingszwiebeln untermischen.

Kroketten formen

Kroketten werden mit der Hand geformt, mit Mehl bestäubt, in verquirltem Ei und Semmelbröseln paniert und dann knusprig gebraten.

1 Auf 500 g gehackte Zutaten (gehacktes Hähnchenfleisch hier im Bild) 200 ml weiße Sauce untermischen.

2 Die Mischung mit nassen Händen zu flachen Laibchen formen. Mit Mehl bestäuben, dann in verquirltem Ei, anschließend in Semmelbröseln wenden. Kalt stellen, bis die Laibchen fest sind, dann goldbraun braten.

Brokkoli

Ist es möglich, Brokkoli so zu garen, dass die Stiele weich, die Röschen aber nicht matschig sind?

Dazu den Brokkolikopf in Röschen teilen und deren Stiele keilförmig zuschneiden. Den Hauptstrunk in dünne Scheiben schneiden. Das Gemüse kurz dämpfen oder kochen. Die Röschen bleiben auch knackig, wenn man sie pfannenrührt.

Grüner Brokkoli stammt aus Italien – dort nennt man ihn Calabrese. Die Röschen mischt man vorzugsweise mit Pasta, Sardellensauce und süßen Rosinen (siehe Rezept auf S. 40). Zum Schluss wird alles mit knusprigen Brotkrumen gekrönt.

Wie lassen sich große Brokkolistiele verwenden? Zum Wegwerfen sind sie zu schade.

Schneidet man die größeren Brokkolistiele schräg in Scheiben, erhält man attraktive Stücke, die separat gegart werden können. Man kann sie aber auch mit den Röschen garen. Sie können gegarte Stielstücke auch abkühlen lassen und an eine Suppe, ein Wokgericht, ein Curry- oder auch ein Schmorgericht geben. Sogar dicke Stiele kann man gut verwenden, wenn sie in ganz dünne Scheiben geschnitten werden. Danach einfach mit dem restlichen Brokkoli garen.

Woran erkenne ich, dass Brokkoli wirklich frisch ist?

Sehr wichtig ist natürlich die Farbe der Brokkoliköpfe. Sie dürfen keine braunen Stellen aufweisen. Haben sich die Köpfe gelb verfärbt, ist der Kohl entweder verwelkt, oder die Knospen sind aufgeblüht. Beides beeinträchtigt den Geschmack erheblich.

Auch Strunk und Stiele sollten Sie kritisch unter die Lupe nehmen. Sie dürfen nicht aufgerissen oder gar gespalten und holzig sein. Eine gelbliche Färbung deutet auf Fäule hin oder darauf, dass die Brokkolipflanze schon vor der Ernte zu welken begonnen hat. Stiele von frischem Brokkoli müssen fest und dürfen nicht biegsam sein.

Kann man Brokkoli in Rezepten durch ein anderes Gemüse ersetzen?

Da Brokkoli ein Mitglied der großen Kohlfamilie ist, können viele seiner Verwandten für ihn einspringen. In fast allen Fällen können Sie statt Brokkoli Blumenkohl verwenden. Attraktiv, weil ebenfalls grün und außerdem bizzar geformt, ist der hellgrüne Romanesco (Minarettkohl). Er ist eine Variante des Blumenkohls. Oft eignet sich auch frischer junger Weiß- oder Spitzkohl als Brokkoliersatz.

Grünkohl eignet sich weniger, die Stelle des Brokkolis einzunehmen: Seine Blätter sind recht hart, und seine Garzeit ist um einiges länger.

Kalabrische Pasta

Für 4 Portionen
Vorbereitungszeit: 15 Minuten
Garzeit: 12–15 Minuten

50 g Sultaninen
250 g grüner Brokkoli
Salz
350 g Tagliatelle oder Spaghetti
100 ml Olivenöl
75 g frische Weißbrotkrumen
2 Knoblauchzehen, fein gehackt
2 EL Pinienkerne
2 TL Sardellenpaste
schwarzer Pfeffer
3 EL gehackte Petersilie
Cayennepfeffer

1 Sultaninen in 200 ml kochend heißem Wasser einweichen.

2 In einem Topf Salzwasser zum Kochen bringen. Den Brokkoli zerteilen und in das kochende Wasser geben. Das Wasser erneut aufkochen lassen, 30 Sekunden später den Brokkoli herausnehmen und kalt abspülen; abtropfen lassen.

3 In einem Topf Salzwasser zum Kochen bringen und die Nudeln darin in 12–15 Minuten bissfest garen. Eine Schüssel im Ofen vorwärmen. Die Nudeln in ein Sieb abgießen, das Sieb auf den Topf setzen.

4 Das Öl erhitzen, die Brotkrumen darin knusprig rösten. Knoblauch und Pinienkerne mit anbraten. Den Brokkoli zugeben und erhitzen.

5 Die Nudeln in den Topf zurückgeben, die Sardellenpaste und die Sultaninen unterrühren. Mit schwarzem Pfeffer und der Hälfte der Petersilie würzen. Nudeln in die vorgewärmte Schüssel füllen.

6 Die restliche Petersilie über die Brot- und Brokkolimischung streuen. Unterrühren und das Gemüse über die Nudeln geben. Die Brokkoli-Nudel-Mischung mit Cayennepfeffer bestreuen und auf vier Tellern anrichten.

VARIANTE
Statt der Sardellenpaste können Sie auch gehackte grüne Oliven verwenden.

Schöner Kontrast: dunkelgrüner Brokkoli mit weißer Pasta.

Brot

? ***Warum verwendet man für Brotpudding oder Brotauflauf ein paar Tage altes Brot?***

Frisches Brot weicht auf und zerfällt, wenn es mit einer Sauce in Berührung kommt. Brot, das ein oder zwei Tage alt ist, nimmt die Flüssigkeit auf und bleibt dennoch in Form. Auch für die Zubereitung von Armen Rittern ist altbackenes Brot am besten geeignet, es saugt die Eimischung gut auf und wird beim Braten schön knusprig.

? ***Was bedeutet der Ausdruck „Brotteig abschlagen?“***

So bezeichnet man das kräftige Schlagen des Brotteigs mit der Faust, nachdem er aufgegangen ist und sein Volumen sich verdoppelt hat. Durch das Abschlagen entweichen die durch die Hefe entstandenen Luftblasen aus dem Teig. Nach dem Abschlagen wird der Teig geknetet.

? ***Kann man das Aufgehen des Brotteigs in der Mikrowelle beschleunigen?***

Ja, Teig kann man auch im Mikrowellengerät gehen lassen. Sobald Sie ihn geknetet haben, geben Sie den Teig in eine ungefettete Schüssel und bedecken ihn mit leicht geölter Frischhaltefolie. Die Schüssel in das Mikrowellengerät stellen und 10 Sekunden lang auf hoher Stufe erwärmen, dann die Schüssel 20 Minuten im Gerät oder an einem warmen Ort stehen lassen. Danach sollte der Teig sein Volumen verdoppelt haben. Falls nicht, erhitzen Sie ihn noch einmal 10 Sekunden auf hoher Stufe und lassen ihn weitere 10 Minuten gehen.

Wichtig: Backformen aus Metall gehören nicht in die Mikrowelle. Falls Sie eine mikrowellengeeignete Backform besitzen, können Sie den Teig nach dem Formen nochmals auf hoher Stufe 10 Sekunden erhitzen und 5 Minuten gehen lassen.

Macht es einen Unterschied, ob ich beim Brotbacken frische Backhefe oder Trockenbackhefe verwendet?

Es gibt kaum einen Unterschied zwischen Trocken- und frischer Hefe. Allerdings ist getrocknete Hefe beinahe doppelt so stark konzentriert wie frische Hefe. Wenn in einem Rezept also 30 g Frischhefe verlangt werden, nehmen Sie auf keinen Fall mehr als 15 g Trockenhefe.

Sie werden feststellen, dass Brot besser schmeckt und haltbarer ist, wenn Sie etwas weniger Hefe verwendet haben und der Teig dafür eine längere Gehzeit hatte. Für das folgende Weißbrotrezept auf Seite 42 können Sie frische oder Trockenbackhefe verwenden.

Wie lange kann man Hefe aufbewahren?

Frische Backhefe hält sich in Alufolie verpackt 2–3 Wochen im Kühlschrank. Man kann sie sogar etwa 4 Monate einfrieren. Aufgetaute Backhefe ist zwar breiig, hat aber nichts an Triebkraft verloren.

Die Frische von Hefe können Sie nach ihrem Aussehen und ihrem Geruch beurteilen: Frische Hefe riecht und schmeckt angenehm säuerlich und bricht blättrig, darf aber nicht schmieren (Ausnahme: aufgetaute Hefe).

Trockenhefe ist mindestens 1 Jahr haltbar. Beachten Sie das Mindesthaltbarkeistdatum auf der Packung. Wenn die Hefe bereits abgelaufen ist, heißt das nicht, dass sie ihre Triebkraft verloren hat. Machen Sie den Test: Wenn sie beim Auflösen schäumt, ist sie noch in Ordnung.

Gibt es eine zeitsparende Methode, einen Brotteig zuzubereiten, wenn man kein Handrührgerät mit Knethaken besitzt?

Sie können die Zutaten für den Brotteig auch in der Küchenmaschine mischen. Der Teig formt sich von selbst zu einer Kugel. Brot aus Vollkornmehl macht um einiges weniger Knet-Arbeit, denn es hat einen niedrigen Glutenanteil. Man muss es kaum kneten, und es muss vor dem Backen nur einmal in der Backform aufgehen.

Wer oft Brot selber backt, für den lohnt sich die Anschaffung eines Brotbackautomaten. Darin wird der Teig automatisch geknetet, geformt und gebacken.

Kann ich französisches Baguette selber backen?

Es ist schwierig, ein wirklich gutes Baguette selbst herzustellen, denn man benötigt dafür einen speziellen Dampfofen.

Warum wird Broten, für die als Triebmittel Backpulver oder Natron zugegeben wird, Buttermilch zugesetzt?

Buttermilch enthält Milchsäure. Trifft sie mit Backpulver oder Natron zusammen, entsteht eine chemische Reaktion, bei der Kohlendioxid frei wird. Dieses Gas treibt den Teig hoch, es entstehen Luftlöcher, wodurch sich eine lockere Krume bildet – das Brot wird luftig und locker. Statt Buttermilch kann man auch saure Sahne oder Joghurt verwenden. Beides enthält ebenfalls Milchsäure.

Was ist ein Sauerteigansatz und wofür benötigt man ihn?

Sauerteig kann man selbst ansetzen, aber auch in getrockneter oder flüssiger Form kaufen. Er ist zum Backen von Roggenbrot nötig. Aufgrund der spezifischen Backeigenschaften von Roggen, würde sich sonst keine Krume bilden.

Für einen Sauerteigansatz 100 g Roggenmehl mit 100 ml lauwarmem Wasser in einer Schüssel verrühren. Mit einem Tuch bedecken. 1–2 Tage bei 25 °C stehen lassen, bis der Teig säuerlich riecht (in dieser Zeit beginnen Milch- und Essigsäurebakterien in der Luft und im Mehl spontan mit der Gärung). Anschließend den ganzen Vorgang wiederholen: also den Ansatz mit 100 g Roggenmehl und 100 ml lauwarmem Wasser verühren. Wieder bedeckt 1–2 Tage bei 25 °C stehen lassen. Nun den Ansatz noch einmal gehen lassen, dann jedoch 200 g Mehl und 200 ml Wasser zugeben, wieder bedecken und wieder ruhen lassen. Riecht der Teig säuerlich, aber nicht nach Essig, ist der Ansatz fertig.

Was ist der Unterschied zwischen Bruschetta und Crostini?

Bruschetta ist die italienische Version von Knoblauchbrot. Brotscheiben werden dafür gegrillt, mit Knoblauch eingerieben, mit Olivenöl beträufelt und mit Salz bestreut. Man kann Bruschetta mit Tomaten, Käse oder Fleisch belegen.

Crostini sind gegrillte Weißbrotscheiben, die je nach italienischer Region mit verschiedenen Aufstrichen serviert werden. Sehr bekannt ist eine toskanische Hühnerlebercreme, die auf Crostini gestrichen und als kleine Vorspeise serviert wird.

Backhefe

Frische Backhefe lässt sich schnell und einfach anwenden. Trockenbackhefe ebenso. Die Mengenangaben unten beziehen sich auf 500 g Mehl.

Frische Hefe

Zum Auflösen 15 g Hefe mit der im Rezept angegebenen Wassermenge (lauwarm, nicht zu heiß) mischen. Mit einer Gabel zerdrücken, bis eine weiche Paste entstanden ist.

Trockenhefe

Zum Aktivieren getrockneter Hefe 1 TL Zucker in der im Rezept angegebenen Wassermenge (lauwarm, nicht zu heiß) auflösen und 2 TL Trockenhefe einstreuen. 10–15 Minuten stehen lassen, bis die Mischung schäumt, zu einer glatten Paste verrühren.

Klassisches Weißbrot

Für 2 kleine Brote
Vorbereitungszeit: 25 Minuten, plus 2–4 Stunden Gehenlassen
Backzeit: 40 Minuten

15 g frische Hefe oder
2 TL Trockenhefe plus 1 TL Zucker
300 ml lauwarmes Wasser
500 g Mehl, 1 TL Salz
15 g Butter
Zum Glasieren:
1 Prise Salz, mit etwas Wasser gemischt

1 Frische Hefe mit dem Wasser verrühren. Bei der Verwendung von Trockenhefe zuerst den Zucker im Wasser auflösen, dann die Hefe einstreuen und 15 Minuten beiseitestellen, bis die Hefe schäumt.

2 Mehl und Salz in eine große Schüssel sieben, Butter in Stückchen zufügen. In die Mitte eine Mulde drücken. Hefewasser hineingießen, alles zu einem Teig verrühren. Den Teig mit den Händen kneten, bis er sich zu einer Kugel formt und vom Schüsselrand löst.

3 Teig auf einer bemehlten Arbeitsfläche 10 Minuten kneten, bis er geschmeidig ist und nicht mehr klebt.

4 Teig wieder in die Schüssel legen. Mit einem Tuch bedecken und an einem warmen Ort 1–2 Stunden gehen lassen, bis er sein Volumen verdoppelt hat.

5 Den aufgegangenen Teig abschlagen und gut kneten. 2 Brotformen (für je 500 g) fetten. Teig halbieren und zu 2 Laiben formen.

6 Laibe mit den Nahtstellen nach unten in die vorbereiteten Backformen legen; locker mit einem Tuch bedecken und 40 Minuten bei Raumtemperatur gehen lassen.

7 Backofen auf 230 °C vorheizen. Wenn der Teig ausreichend aufgegangen ist, die Oberflächen mit Salzwasser bepinseln und die Brote im heißen Ofen 35 Minuten backen.

8 Die Brote sollten sich von den Seiten der Backform abgelöst haben. Lösen Sie eines vorsichtig aus der Form und schlagen Sie mit einem Löffel von unten dagegen. Es sollte hohl klingen. Falls nicht, noch ein paar Minuten länger backen. Die fertig gebackenen Brote aus den Formen lösen und auf einem Kuchengitter abkühlen lassen.

Unwiderstehlich: Selbst gebackenes Weißbrot schmeckt am besten ofenfrisch.

In Rezepten taucht als Zutat häufig „frische Brotkrumen" auf. Wofür verwendet man Semmelbrösel und wofür frische Krumen?

Semmelbrösel werden zum Panieren verwendet. Man kann sie selber machen oder fertig kaufen. Getrocknetes hartes Brot und Brötchen sind die beste Grundlage für Semmelbrösel und gleichzeitig eine gute Verwertung. Kleine Mengen an Semmelbröseln kann man im Blitzhacker zubereiten, größere in der Küchenmaschine. Gut verschlossen können Sie sie lange aufbewahren.

Frische Brotkrumen aus Weißbrot sind ideal zum Andicken von Saucen, für Füllungen und Brotsauce. Verwenden Sie am besten Brot vom Vortag, kein ganz frisch gebackenes, und schneiden Sie die Rinden ab. Das Brot entweder mit der Hand durch ein Sieb drücken oder in der Küchenmaschine zerkleinern. Frische Brotkrumen lassen sich auch einfrieren; vor Gebrauch auftauen.

Wie gelingt eine knusprige schöne Brotkuste?

Da gibt es mehrere Möglichkeiten. Bestreichen Sie beispielsweise das Brot während des Backens immer wieder mit Wasser (wenn Sie es mit Milch oder mit Sahne bestreichen statt mit Wasser, wird das Brot weicher). Man kann das Brot auch dünn mit Öl einpinseln, um eine knusprige Kruste zu bekommen.

Ein alter Trick besteht darin, eine Tasse mit Wasser während des Backens auf den Boden des Backofens zu stellen. Dadurch wird eine hohe Luftfeuchtigkeit erzeugt, was die Krustenbildung fördert.

In unserer Familie wird relativ häufig Brot trocken oder sogar schimmlig. Wie soll ich Brot richtig lagern?

Sie können Brot gut verpackt im Kühlschrank aufbewahren, dadurch hält es länger, trocknet allerdings auch schneller aus. Wenn Sie das Brot vor dem Verzehr mit Wasser besprenkeln und im heißen Ofen kurz aufbacken, wird es fast wieder wie frisch. Gut aufbewahren lässt sich Brot auch luftdicht verpackt an einem dunklen, kühlen Platz (z.B. im Keller oder in einer kühlen Vorratskammer).

Unterschiedliche Brotarten wie Schwarzbrot und Weißbrot sollten nicht zusammen in einem Brotkasten gelagert werden. Ebenso Zwieback und Toast immer getrennt von anderen Brotsorten aufbewahren, da die Zwiebäcke sonst weich werden.

Mein selbst gebackenes Vollkornbrot ist oft trocken und schmeckt eher langweilig. Was kann ich verbessern?

Ein Teig aus Vollkornmehl ergibt meist ein schwereres Brot als einer aus weißem Mehl. Wenn Sie also etwas helles Weizenmehl unter das im Rezept vorgesehene Vollkornmehl mischen, wird das Brot leichter. Auch gemahlene Nüsse machen den Teig lockerer und gleichzeitig feuchter. In den Teig für das Walnussbrot (Rezept siehe rechts) wird reichlich Wasser und etwas Honig in den Teig gegeben. So entsteht ein sehr saftiges, appetitliches Brot, das vor allem mit Käse hervorragend mundet. Kaufen Sie am besten ganze Nüsse, die Sie selbst knacken und zerkleinern – das schmeckt am besten.

Meine Familie liebt italienische Brotsorten wie Ciabatta und Focaccia. Ich würde beides gerne einmal selbst backen. Haben Sie ein gutes Rezept dafür?

Ciabatta lässt sich nur schwer zu Hause backen, da der Teig sehr weich sein muss. Außerdem benötigt man eine speziellen Dampfofen, damit sie ihre luftige Struktur erhält. Focaccia, die ebenfalls mit Olivenöl zubereitet wird, ist dichter und lässt sich daher leichter selbst machen. Probieren Sie es doch einmal mit dem Rezept auf Seite 44.

Gewusst wie

Eine glänzende Oberfläche bekommen Brot und Brötchen, wenn man sie vor dem Backen mit etwas Eigelb bestreicht. Das bietet sich vor allem für süße Brötchen (wie Milchbrötchen) und Weißbrot an.

Grob gehackte Walnusskerne sorgen bei diesem einfachen Vollkornbrot für eine knackige Konsistenz, etwas Honig macht es locker und saftig.

Walnussbrot

Für 2 kleine Brote
Vorbereitungszeit: 20–30 Minuten, plus 2–3 Stunden Gehenlassen
Backzeit: 45 Minuten

15 g frische Hefe oder
2 TL Trockenhefe plus 1 TL Zucker
300 ml lauwarmes Wasser
1 EL Honig
375 g Vollkornmehl
185 g Weizenmehl Type 550
2 TL Salz
125 g Walnusskerne, gehackt
Zum Bestreichen:
1 Ei, verquirlt mit 1 Prise Salz

1 Frische Hefe oder Trockenhefe in Wasser mit Honig auflösen.

2 Mehle und Salz in eine große Schüssel sieben. Eine Mulde in die Mitte drücken und die angerührte Hefe hineingeben.

3 Mit einem Holzlöffel zu einem Teig rühren, etwas mehr Mehl zufügen, wenn der Teig zu feucht ist, aber er sollte so locker wie möglich sein, damit das Brot besonders leicht wird.

4 Den Teig auf einer bemehlten Arbeitsfläche 10 Minuten kneten, die Hände vorher eventuell ebenfalls bemehlen. Der Teig sollte weich und elastisch sein.

5 Eine Schüssel leicht ausfetten, den Teig hineinlegen, mit geölter Frischhaltefolie bedecken und an einem warmen Ort 1 1/2 –2 Stunden gehen lassen.

6 Zwei Backformen (18 cm Ø) fetten. Den Teig abschlagen, die Walnüsse unterkneten. Den Teig halbieren, die Hälften in die Backformen legen. Mit Folie bedecken, etwa 1 Stunde gehen lassen, bis der Teig sein Volumen verdoppelt hat.

7 Den Backofen auf 220 °C vorheizen. Die Oberflächen der Brote mehrmals mit einem scharfen Messer einschneiden, dann mit dem verquirlten Ei bepinseln.

8 Die Brote 15 Minuten backen, dann die Hitze auf 190 °C reduzieren und die Brote weitere 30 Minuten backen. Auf einem Kuchengitter abkühlen lassen.

Focaccia

Für 1 Brot
Vorbereitungszeit: 25–35 Minuten, plus 2–2 1/2 Stunden Gehenlassen
Backzeit: 35 Minuten

15 g frische Hefe oder
2 TL Trockenhefe plus 1 TL Zucker
300 ml lauwarmes Wasser
500 g Mehl
1 TL Salz
75 ml natives Olivenöl extra
12 Salbeiblätter, gehackt

1 Die Hefe mit dem Wasser verrühren. Falls Sie Trockenhefe verwenden, den Zucker zugeben.

2 Mehl und Salz in eine Schüssel sieben. Eine Mulde in die Mitte drücken, die Hefe hineingeben.

3 1 EL Olivenöl zufügen. Innen beginnend rühren, dabei immer wieder etwas Mehl unterrühren, bis ein grober Teig entstanden ist.

4 Auf einer bemehlten Arbeitsfläche den Teig 10 Minuten kneten, bis er weich und elastisch ist.

5 Den Teig in eine leicht ausgefettete Schüssel legen, mit geölter Frischhaltefolie bedecken und an einem warmen Ort 1 1/2–2 Stunden gehen lassen, bis er sein Volumen verdoppelt hat.

6 Ein Backblech in den Ofen schieben, diesen auf 200 °C vorheizen.

7 Den Teig abschlagen und wieder gut kneten, dann den Salbei unterarbeiten.

8 Auf einer leicht bemehlten Arbeitsfläche den Teig zu einem 30 cm großen Kreis ausrollen; etwa 30 Minuten gehen lassen. Dann den Teigfladen mehrmals mit einer Gabel einstechen und mit dem restlichen Olivenöl beträufeln.

9 Den Teigfladen auf das vorgewärmte Backblech heben. Die Form des Brotes darf durchaus etwas unregelmäßig sein. Focaccia in etwa 35 Minuten schön goldgelb backen. Aus dem Ofen nehmen und auf einem Kuchengitter abkühlen lassen; sofort servieren.

Natives Olivenöl verleiht der Focaccia ihren köstlichen Geschmack, der durch würzigen frischen Salbei noch verstärkt wird.

Brötchen

Die Brötchen, die es zum Aufbacken im Supermarkt gibt, finde ich ungemein praktisch. Kann ich so etwas auch selber machen?

Halbfertig gebackene Brötchen zum Aufbacken sind sehr leicht herzustellen. Backen Sie einfach ein beliebiges Brötchenrezept nach, aber nehmen Sie die Brötchen 15 Minuten früher aus dem Backofen. Sie können zum Beispiel morgens vorgebacken und am Abend desselben Tages fertig gebacken werden. Man kann sie auch einfrieren und später verwenden, indem man sie noch tiefgefroren zum Aufbacken in den Backofen gibt.

Das originelle Rezept für herzhafte Brötchen (nächste Seite) hat den Vorteil, dass es diese Variante wohl in keinem Supermarkt gibt.

Kann ich beim Brötchenbacken Mehl der Type 405 einfach mit Type-550-Mehl ersetzen?

Mehl der Type 405 gegen Mehl der Type 550 auszutauschen dürfte kein Problem sein. Wenn Sie jedoch Mehl der Type 1050 oder gar Vollkornmehl anstelle des weißen Mehls verwenden wollen, ändert sich die benötigte Flüssigkeitsmenge, weil diese Mehle weniger Gluten enthalten und ein anderes Quellverhalten aufweisen. Besser ist es dann, Sie halten sich an ein erprobtes Rezept mit diesen Mehlsorten.

Weizen- durch Roggenmehl zu ersetzen ist riskant: Roggenmehl braucht mehr Backtriebmittel, wenn der Teig schön aufgehen soll, und Brötchen aus reinem Roggenmehl kommen nicht ohne Sauerteig aus. Hier heißt es ausprobieren – was nur geübten Hobbybäckern zu empfehlen ist.

Tomaten-Oliven-Brötchen

Für 8 Stück
Vorbereitungszeit: 20 Minuten
Gehenlassen und Backzeit:
3 Stunden

500 g Weizenmehl, mehr Mehl zum Bearbeiten
1 Päckchen Trockenhefe
1 TL Salz
250 ml lauwarmes Wasser
6 in Olivenöl eingelegte getrocknete Tomaten, fein gehackt
12 schwarze Oliven, entsteint und fein gehackt
40 g Butter, zerlassen

1 Mehl, Hefe und Salz in einer Schüssel mischen. Eine Mulde in die Mitte drücken und das Wasser zuerst mit dem Löffel einrühren, dann mit der Hand einen weichen Teig formen, aber noch nicht kneten. Mit einem Tuch bedecken und an einem warmen Ort 1–2 Stunden gehen lassen, bis der Teig sein Volumen verdoppelt hat.

2 Wenn der Teig aufgegangen ist, diesen abschlagen und kräftig kneten, bis er nicht mehr klebt und elastisch ist. Tomaten und Oliven in den Teig kneten; falls er zu klebrig ist, etwas Mehl unterkneten.

3 Den Teig zu einer langen Rolle formen. Diese in acht gleich große Stücke schneiden. Zum Formen der Brötchen den Teig in den gewölbten Handflächen zu einer flachen Kugel drehen.

4 Eine runde Backform (23 cm Ø) fetten und bemehlen. Brötchen dicht nebeneinander hineinsetzen und zugedeckt 30–40 Minuten gehen lassen, bis sich ihr Volumen verdoppelt hat. Inzwischen den Backofen auf 230 °C vorheizen.

5 Die aufgegangenen Brötchen mit zerlassener Butter bepinseln und ca. 15 Minuten vorbacken, bis sie leicht gebräunt sind. Aus dem Ofen nehmen; abkühlen lassen. Wenn Sie die Brötchen erst später fertig backen möchten, diese mit einem Tuch bedecken; zum Einfrieren luftdicht verpacken.

6 Erst kurz vor dem Servieren die Brötchen im 230 °C heißen Ofen in nochmals 15 Minuten goldbraun und knusprig fertigbacken.

7 Brötchen auf einem Kuchengitter abkühlen lassen; voneinander trennen und servieren.

Getrocknete Tomaten und gehackte schwarze Oliven verleihen diesen doppelt gebackenen Brötchen eine mediterrane Note – eine prima Beilage zur Käseplatte.

Brunnenkresse

? ***Wie behält Brunnenkresse auch in einer Suppe ihre leuchtend grüne Farbe?***

Ganz einfach – indem man sie nicht zu lange gart. Auf Seite 46 finden Sie ein Rezept für eine tolle Suppe, die auf jeden Fall elegant genug ist für ein festliches Menü, aber genauso gut für eine hungrige Familie im Nu zubereitet werden kann. Sie lässt sich auch kalt servieren, und man benötigt keinen Fond. Die Brunnenkresse wird gehackt und erst zum Schluss über die warme Kartoffelsuppe gestreut. So behält sie ihre schöne Farbe und den frischen Geschmack.

? ***Kann man Brunnenkresse auch kochen?***

Ja, aber nur ganz kurz. Brunnenkresse wird für eine leicht würzige Note oft in heiße Saucen und Suppen gegeben. Sie fällt sofort zusammen, sobald sie mit heißer Flüssigkeit in Berührung kommt. Mehr ist nicht nötig.

Brunnenkresse passt besonders gut zu Spinat oder in Kartoffelsuppen, die man sowohl heiß als auch kalt servieren kann (siehe S. 46). Gehackte Brunnenkresse in heiße Butter rühren und diese mit Salz und Pfeffer würzen – das ergibt eine einfache Sauce für Fisch und harmoniert optisch sowohl mit weißfleischigem Fisch als auch mit dem rosafarbenen Fleisch von Lachs und Lachsforelle. Die feine Schärfe gehackter Brunnenkresse ist köstlich in Pürees aus winterlichem Wurzelgemüse. Und sie passt hervorragend in Soufflés, vor allem in Kombination mit Käse.

? ***Ist Brunnenkresse dasselbe wie die Kresse, die oft auf Brote oder Salate gestreut wird?***

Nein, es gibt verschiedene scharf schmeckende Pflanzen mit dem Namen Kresse. Die größeren, dunkelgrünen Blätter der Brunnenkresse haben ein stärkeres Aroma. Sie eignen sich zwar auch gut für Brote, aber meistens wird hierfür die kleinblättrige Gartenkresse verwendet.

Brunnenkressesuppe

Für 4–6 Portionen
Vorbereitungszeit: 10 Minuten
Garzeit: 15–20 Minuten
(plus mehrere Stunden Kühlzeit, wenn die Suppe kalt serviert werden soll)

750 g mehligkochende Kartoffeln
250 g kleine festkochende Kartoffeln, gewaschen, ungeschält
Salz und schwarzer Pfeffer
2 Knoblauchzehen
3 Frühlingszwiebeln, fein gehackt
150 g Brunnenkresse
Zum Garnieren:
2 getrocknete Tomaten, gehackt
4 EL natives Olivenöl extra

1 Die mehligkochenden Kartoffeln schälen und dann in gleich große Stücke schneiden, die etwas kleiner sind als die ganzen festkochenden Kartoffeln.

2 Die Kartoffeln getrennt in zwei Töpfe geben und je 600 ml kaltes Wasser hinzufügen; das Wasser in beiden Töpfen zur gleichen Zeit zum Kochen bringen. 1 TL Salz und den Knoblauch zu den mehligkochenden Kartoffeln geben; alles zugedeckt köcheln lassen.

3 Sobald die festkochenden Kartoffeln knapp gar sind, die Garflüssigkeit in den Topf mit den mehligkochenden gießen; die festkochenden Kartoffeln beiseite stellen. Sobald die mehligkochenden Kartoffeln gar sind, diese und den Knoblauch in der Garflüssigkeit mit dem Kartoffelstampfer fein zerdrücken, bis eine sämige Suppe entstanden ist.

4 Brunnenkresse hacken. Die inzwischen abgekühlten festkochenden Kartoffeln pellen und in kleine Würfel schneiden. Beides mit den Frühlingszwiebeln in die Suppe geben. Gut unterrühren, dann die Suppe mit Salz und Pfeffer abschmecken.

5 Zum Servieren die Suppe gut kühlen oder bis kurz vor dem Siedepunkt erhitzen. Mit gehackten getrockneten Tomaten und einer Zickzack-Linie Olivenöl garnieren.

Das Rot der getrockneten Tomaten kontrastiert mit der hellgrünen gehackten Brunnenkresse in dieser köstlichen Suppe, die durch einen Schuss fruchtiges Olivenöl abgerundet ist.

? *Welche Zutaten harmonieren gut mit dem Brunnenkresse?*

Brunnenkresse harmoniert gut mit anderen knackigen Zutaten. Versuchen Sie es doch einmal mit Walnusskernen, Zwiebeln und würzigem Käse, am besten Blauschimmelkäse. Ebenso bildet die dunkelgrüne Brunnenkresse nicht nur geschmacklich, sondern auch optisch einen schönen Kontrast zum Rot von Wassermelonen und zu weißem, salzigem Feta.

Servieren Sie doch einmal im Sommer Wassermelonenspalten mit Brunnekresse und Schafskäse bestreut. Darüber träufeln Sie ein erfrischendes Dressing aus fruchtigem Olivenöl und Zitronensaft. Genauso gut passen Zucker- und Honigmelonen.

? *Ich möchte Brunnenkresse in meinem Garten anbauen, was muss ich beachten?*

Wichtig ist, die Kresse immer feucht zu halten – von der Aussaat bis zur Ernte. Wer einen Gartenteich mit sauberem, klarem Wasser hat, kann im Uferbereich Brunnenkresse wachsen lassen. Ernten kann man sie von Oktober bis Mai.

Bulgur

? *Was ist Bulgur, und warum gart er so schnell?*

Bulgur sind gedämpfte, getrocknete und geschrotete Weizenkörner. Sie saugen Flüssigkeit sofort auf. Bulgur ist weit schneller gar als unbehandelte Weizenkörner oder andere Getreidekörner.

Wenn Bulgur als Salatzutat, wie beispielsweise im berühmten orientalischen Tabbouleh, verwendet wird oder als Beilage gereicht werden soll, weicht man die Körner etwa 30 Minuten ein, ohne sie weiter zu garen. Es gibt allerdings auch vorgegarten Bulgur, der in heißem Wasser in kurzer Zeit aufquillt. Halten Sie sich bei der Zubereitung an die Packungsanleitung. Im folgenden Rezept (siehe rechts) wird der Bulgur erst eingeweicht, dann als Zutat in den Hähnchenfleischbällchen gebraten.

Bulgur kann anstelle von Reis nicht nur als Beilage, sondern auch als Bestandteil von Füllungen eingesetzt werden. Mit Kräutern und fein gehacktem Gemüse gemischt, ist das bearbeitete Getreide eine gute Alternative zu Reis und Nudeln.

Kibbeh: Hähnchenfleischbällchen

Für 24 Bällchen
Vorbereitungszeit: 30 Minuten, plus 30 Minuten Einweichzeit
Garzeit: 10–12 Minuten

40 g Bulgur
500 g Hähnchenbrustfilet, fein gehackt
2 Frühlingszwiebeln, in dünne Ringe geschnitten
1 EL gehackte Petersilie
abgeriebene Schale von 1 Zitrone
60 g Cheddar, gerieben
1 Ei, verquirlt
$^1/_2$ TL weißer Pfeffer
Sesamsamen und etwas Bulgur zum Wenden
Olivenöl zum Braten

1 Den Bulgur in eine Schüssel geben und mit Wasser nach Packungsanleitung quellen lassen. Abgießen und abtropfen lassen, dann mit den Fingern das restliche Wasser herausdrücken.

2 Bulgur in einer Schüssel mit Hähnchenfleisch, Frühlingszwiebeln, Zitronenschale, Käse, Ei und Pfeffer mit einer Gabel gut mischen. Die Mischung glatt streichen und wie eine Torte in 12 gleiche Portionen teilen. Die einzelnen Portionen mit einem Löffel herausheben und jeweils halbieren, alle Hälften zu Kugeln formen.

3 Sesam und Bulgur zu gleichen Teilen mischen und auf ein Stück Backpapier streuen. Die Kugeln in der Sesammischung wälzen. 30 Minuten kalt stellen.

4 In eine große Pfanne 5 mm hoch Olivenöl geben und dieses bei mittlerer Hitze heiß werden lassen. Die Hähnchenbällchen darin 1–2 Minuten anbraten, nach 1 Minute wenden. Die Hitze herunterschalten und die Bällchen weitere 8–10 Minuten braten, dabei ab und zu wenden, bis sie goldbraun und durchgegart sind. Auf Küchenpapier abtropfen lassen. Heiß servieren, dazu griechischen Joghurt und Bauernsalat reichen.

Butter

Warum steht in vielen Rezepten, dass man zum Braten Butter mit Öl mischen soll?

Butter enthält neben dem Butterfett auch Wasser, Milcheiweiß und Kohlenhydrate – deshalb verbrennt sie schon bei niedrigeren Temperaturen als die meisten Pflanzenöle. Gibt man aber etwas Öl in die Pfanne, zerlässt die Butter darin und brät die Zutaten dann darin bei schwacher Hitze, verhindert man das Verbrennen der Butter.

Sie können das Problem umgehen und geklärte Butter verwenden (siehe Kasten S. 48).

Wann sollte ich beim Kochen und Backen Butter nehmen und nicht Margarine oder Öl?

Immer dann, wenn Speisen mit dem typischen Butteraroma verfeinert werden sollen. Butter passt gut zu Kartoffeln, Möhren und/oder Erbsen sowie (gebräunt) zu Blumenkohl und Wirsing. Mittelmeergemüse wie Auberginen oder Zucchini vertragen sich besser mit Olivenöl. Butter ist zudem ideal für Kleingebäck, z. B. Butterplätzchen (rechts).

BUTTERGARNITUREN HERSTELLEN

Butter kann man attraktiv portionieren, indem man sie in Form bringt.

LÖCKCHEN FORMEN

Das geriffelte Buttermesser in warmes Wasser tauchen, damit es etwas angewärmt ist. Dann mit sanftem Druck über die Oberfläche des gut gekühlten Butterstücks ziehen. Butterlocken bis zum Servieren in eine Schüssel mit Eiswasser geben.

Butterplätzchen

Für 14–16 Stück
Vorbereitungszeit: 25 Minuten
Backzeit: 15–20 Minuten

175 g weiche Butter, mehr fürs Blech
1 Prise Salz
60 g Puderzucker, gesiebt
1 Messerspitze gemahlene Vanille
185 g Mehl, gesiebt
7–8 Cocktailkirschen, halbiert

1 Backofen auf 180 °C vorheizen, zwei Backbleche dünn fetten.

2 Butter, Salz und Puderzucker hell und cremig aufschlagen. Vanille zufügen, dann das Mehl einrühren und alles gut mischen.

3 Die Masse in einen Spritzbeutel mit 1-cm-Sterntülle füllen. Spiralförmig 14–16 Plätzchen auf das Backblech spritzen, in die Mitte je eine halbe Kirsche setzen.

4 Die Plätzchen in 15–20 Minuten goldgelb backen. Auf dem Backblech ein paar Minuten abkühlen lassen, dann auf ein Kuchengitter geben. Luftdicht verpackt, halten sich die Plätzchen 1 Woche frisch.

Was ist geklärte Butter, und wozu verwendet man sie?

Geklärte Butter ist geschmolzene Butter, die von Wasser, Milcheiweiß und Kohlenhydraten befreit wurde. Übrig bleibt reines Butterfett (siehe Kasten S. 48). Geklärte Butter verbrennt beim Erhitzen nicht so schnell und eignet sich daher gut zum Sautieren und Kurzbraten.

Sind Ghee und geklärte Butter dasselbe?

Nein. Ghee ist die indische Version von geklärter Butter. Dafür lässt man den gesamten Flüssigkeitsanteil verdampfen und das Butterfett ein wenig bräunen. Dadurch entsteht ein stärkeres, süßeres und leicht nussiges Aroma. Ghee wird oft aus Büffel- oder Kuhmilch hergestellt, es gibt aber auch Ghee aus Pflanzenfett.

Wie kann ich Kräuter- und Knoblauchbutter noch verwenden, außer als Garnitur für Steaks? Und haben Sie noch einige Tipps für Buttermischungen?

Kräuter- und andere Würzbutter schmecken hervorragend zu Pasta, auf Brot, in Suppen oder Saucen oder zu Pellkartoffeln. Sie passen auch sehr gut zu gegrilltem Hähnchen, zu Fisch und zu Gemüse.

Sardellen, Currypulver, Zitronenschale, Senf, Zwiebeln, Paprikapulver und Tomatenmark sind weitere interessante Zutaten für eine würzige Buttermischung.

Für süße Buttermischungen, zum Beispiel zu Pfannkuchen, mischt man Zucker mit gemahlenen Mandel- oder Haselnusskernen, Zitronen- oder Orangenscheiben, verschiedenen Gewürzen, Weinbrand, Rum oder Likör.

Hält sich selbst gemachte Kräuterbutter genauso lange wie normale Butter?

Nein, leider nicht. Butter hält sich im Kühlschrank mehrere Wochen, Kräuterbutter hält sich nur 2 Tage, da die Butter wegen der in den Kräutern enthaltenen ätherischen Öle schnell ranzig wird. Tiefgekühlt hält sie sich jedoch 1 Monat.

Auf Speisekarten habe ich öfter Beurre blanc, Beurre monté und Beurre noir gesehen. Was ist das eigentlich genau?

Beurre blanc oder weiße Buttersauce ist eine helle, cremige Sauce, ähnlich wie die Hollandaise. Falls Sie sie selbst machen möchten: 74 g Butter würfeln. 3 EL Weißweinessig und 75 ml Weißwein oder Wasser in einem Topf mit einer fein gehackten Schalotte bei schwacher Hitze auf etwa 2 EL einkochen lassen. Nach Belieben 1 EL Sahne zugeben und zum Kochen bringen. Hitze reduzieren, die Butterwürfel nacheinander mit dem Schneebesen einrühren, bis die Sauce dick, hellgelb und cremig ist. Köstlich zu Hähnchen, Ei, Fisch und Gemüse!

Beurre monté ist ähnlich wie Beurre blanc, wird aber auf der Basis einer etwas dickeren Flüssigkeit wie einer reduzierten Sauce, einer mit Mehl angedickten Sauce oder einem reduzierten Fond hergestellt. Man rührt genauso wie bei der weißen Buttersauce kalte Butter nach und nach mit dem Schneebesen ein.

Beurre noir oder dunkelbraune Butter ist eine Sauce, bei der Butter so lange erhitzt wird, bis sie dunkelbraun wird. Etwas Essig oder Zitronensaft zugeben und die Mischung z. B. mit Kapern oder Petersilie würzen. Beurre noir passt am besten zu gegrilltem oder gebratenem Fisch, Eiern und Gemüsegerichten. Beurre noisette oder braune Butter wird genauso hergestellt wie Beurre noir, aber die Butter wird dafür nur so lange erhitzt, bis sie mittelbraun ist. Dann fügt man Aromazutaten zu.

Kräuterbutter

Für etwa 125 g
Zubereitungszeit: 15 Minuten

Salz
Eiswürfel
1 Handvoll frische Kräuter, (z. B. Petersilie, Basilikum, Estragon, Schnittlauch, Oregano)
125 g weiche Butter
schwarzer Pfeffer

1 In einem kleinen Topf Salzwasser zum Kochen bringen. Eine Schüssel mit Wasser und Eiswürfeln füllen.

2 Die Kräuter mit einer Küchenzange in das kochende Wasser, anschließend sofort in das Eiswasser tauchen. Überschüssiges Wasser mit der Hand aus den Kräutern drücken. Die Kräuter grob hacken.

3 Die Kräuter in den Mixer oder die Küchenmaschine geben, die Butter zufügen. Alles gut durchmixen, bis eine homogene Masse entstanden ist. Die Kräuterbutter zum Schluss mit Salz und schwarzem Pfeffer abschmecken.

4 Die Kräuterbutter auf Frischhaltefolie geben. Zu einer Rolle formen und fest einwickeln. Bis zur Verwendung im Kühlschrank aufbewahren oder einfrieren.

Butter klären

Durch das Klären von Butter wird das reine Butterfett von den anderen Bestandteilen wie Wasser, Milcheiweiß und Kohlenhydraten getrennt. So kann man sie hoch erhitzen, ohne dass sie verbrennt. Geklärte Butter hält sich im Kühlschrank bis zu 2 Monate, im Tiefkühlfach bis zu 3 Monate.

1 Bei schwacher Hitze 175 g Butter heiß werden lassen, bis sie geschmolzen ist und schäumt.

2 Den Topf vom Herd nehmen. Einige Minuten stehen lassen, bis sich eine milchige Schicht am Topfboden abgesetzt hat.

3 Ein Sieb mit Musselintuch auslegen, die Butter durch das Sieb in eine Schüssel gießen. Den Bodensatz im Topf belassen und später wegwerfen.

Cannelloni

Ich mache meist Cannelloni mit Spinatfüllung. Können Sie mir zur Abwechslung einmal ein anderes Rezept vorschlagen?

Cannelloni, Röhren aus gerollten Pastablättern, werden meist mit Spinat- oder Hackfleischmasse gefüllt. Experimentieren Sie mit der Füllung für mehr Abwechslung. Wichtig ist, dass die Masse cremig ist, damit sich die Cannelloni gut füllen lassen. Probieren Sie die Füllung aus Schinken, Mozzarella, Ricotta und Gemüse im folgenden Rezept.

Wie lassen sich Cannelloniröhren am leichtesten füllen?

Nehmen Sie einfach den Spritzbeutel. Versehen Sie ihn mit der großen Lochtülle und füllen Sie die Füllung in den Beutel. Anschließend die Masse in jede Röhre spritzen.

Das Füllen können Sie sich auch sparen, indem Sie selbst gemachten Nudelteig in etwa 30 × 15 cm große Platten schneiden. Mit der Füllung bestreichen; aufrollen. Jede Rolle in 3–5 cm breite Stücke schneiden, mit den Schnittflächen nach oben bzw. unten in eine gefettete Form setzen; nach Rezept fertigstellen.

Ricotta-Cannelloni

Für 4–6 Portionen
Vorbereitungszeit: 30 Minuten
Garzeit: 50 Minuten

Für die Sauce:
2 EL Olivenöl, mehr für das Kochwasser
1 Zwiebel, gewürfelt
1 Möhre, fein gehackt
1 Stange Sellerie, gehackt
1 Dose Pizzatomaten (400 g)
getrockneter Thymian
Zucker
Salz und schwarzer Pfeffer
40 g Parmesan, frisch gerieben
Für die Füllung:
250 g Mozzarella, gehackt
175 g Kochschinken, gehackt
250 g Ricotta
2 EL gehackte Petersilie
2 große Eier
geriebene Muskatnuss
Salz, schwarzer Pfeffer
Außerdem:
12 Cannelloniröhren oder 12 frische oder getrocknete Lasagneplatten
Butter für die Form und zum Belegen

1 Für die Sauce das Olivenöl erhitzen. Zwiebel, Möhre und Sellerie zugeben und kurz dünsten. Pizzatomaten, Thymian und Zucker zufügen; salzen und pfeffern. Topf nicht ganz schließen; Sauce mindestens 30 Minuten köcheln lassen.

2 Für die Füllung Mozzarella, Schinken, Ricotta, Petersilie und Eier mit einem Holzlöffel gründlich vermischen, bis eine geschmeidige Masse entstanden ist. Großzügig mit Muskatnuss, Salz und Pfeffer würzen.

3 Den Backofen auf 190 °C vorheizen. In einem großen Topf Wasser zum Kochen bringen. 2 TL Salz und etwas Öl zufügen. Je 3 Lasagneblätter oder Cannelloniröhren darin weich garen; getrocknete Pasta braucht normalerweise 4, frische 1–2 Minuten.

4 Die Pasta mit einem Schaumlöffel aus dem Wasser heben und sofort in eine Schüssel mit kaltem Wasser geben. Auf einem sauberen Geschirrtuch abtropfen lassen.

5 Eine ofenfeste Form buttern. Wenn die Pasta etwas abgekühlt ist, die Ricottafüllung in die Cannelloni geben oder auf jeweils ein schmales Ende der Lasagneblätter verteilen; Blätter aufrollen.

6 Etwas Sauce in die Form geben, die Pastaröhren (mit der Naht nach unten) hineinlegen. Die restliche Sauce darüber verteilen. Mit Butterflöckchen belegen und mit Parmesan bestreuen. Die Cannelloni etwa 20 Minuten im Ofen garen. Heiß servieren. Dazu einen Salat reichen.

Champignons

Wie sollte man frische Champignons am besten aufbewahren und vorbereiten?

Champignons saugen Flüssigkeit auf und geben sie auch wieder ab, dabei nehmen sie eine schwammartige Konsistenz an. Die Pilze müssen deshalb stets trocken gelagert werden. Verpacken Sie Champignons in Küchenpapier oder Papiertüten, wie es sie beim Gemüsehändler gibt, und lagern Sie sie im Gemüsefach des Kühlschranks.

Waschen Sie Pilze nur, wenn sie stark verschmutzt sind, ansonsten genügt es, sie mit einem Back- oder speziellen Pilzpinsel abzubürsten oder mit Küchenpapier abzuwischen.

Kann man Wiesenchampignons statt Zuchtchampignons nehmen, und ist die Größe von Pilzen für das Gelingen mancher Rezepte entscheidend?

Wiesenchampignons findet man nur selten. Sie können wie alle anderen Champignons verwendet werden. Aufgrund ihres kräftigen Aromas schmecken große Exemplare mit flachem Hut am besten, wenn man sie zerkleinert und mit gewürfelten Schalotten in Butter oder mit gehacktem Knoblauch in Olivenöl kurz anbrät.

Kleine Wiesenchampignons eignen sich dagegen zum Garnieren und als Zutat in Salaten. Aufgrund ihrer festeren Struktur lassen sie sich gut in sehr feine Scheiben schneiden. Man kann sie aber auch im Ganzen in Suppen, Saucen und Gemüse garen.

Egal ob groß oder klein, Wiesenchampignons passen zu Fleischgerichten oder in Saucen wie die Champignon-Paprika-Sauce auf Seite 50. Man kann sie aber auch auf geröstetem Toast (evtl. mit Rührei) servieren oder als Beilage zu Reis, zu gegrilltem Fleisch oder Fisch.

Kann ich Champignons selbst trocknen, und wie muss ich sie dann aufbewahren?

Champignons können Sie gut trocknen. In getrockneter Form sind sie eine wunderbare Bereicherung für Ihre Vorratskammer. Lassen Sie frische Champignons im Backofen für mehrere Stunden bei sehr schwacher Hitze auf dem Rost langsam trocknen. Große, fleischige, flache Exemplare sollten Sie vorher in Scheiben schneiden. Die Pilze sind ausreichend getrocknet, wenn sie noch ein wenig biegsam und nicht zu knusprig sind. Dunkel und luftdicht aufbewahrt, halten sie sich bis zu 12 Monate.

Champignon-Paprika-Sauce

Für 4 Portionen
Vorbereitungszeit: 10 Minuten
Garzeit: 20 Minuten

3 EL Olivenöl
1 große weiße Zwiebel, fein gewürfelt
1 kräftige Prise Thymian
2 TL edelsüßes Paprikapulver
250 g Wiesenchampignons oder große Champignons, in Scheiben geschnitten
Salz und schwarzer Pfeffer
300 g saure Sahne oder griechischer Joghurt

1 In einer hohen Pfanne das Olivenöl erhitzen. Die Zwiebel mit dem Thymian zufügen und unter Rühren bei schwacher Hitze mehrere Minuten braten, bis die Zwiebel sehr weich und goldbraun ist, Paprikapulver, Champignons, Salz und 200 ml Wasser zufügen.

2 Die Sauce zum Kochen bringen. Zugedeckt bei mittlerer Hitze 2–3 Minuten kochen, bis die Pilze Wasser ziehen.

3 Den Deckel von der Pfanne nehmen und die Pilze bei starker Hitze 5–6 Minuten garen. Die Pfanne währenddessen regelmäßig schwenken (beim Rühren werden die Pilze leicht beschädigt), bis eine schön sämige Sauce entstanden ist.

4 Nun die saure Sahne oder den Joghurt untermischen. Die Sauce mit Salz und Pfeffer herzhaft abschmecken. Servieren Sie die Sauce einfach nur mit frisch geröstetem Toast und eventuell einem Tomatensalat. Gut schmeckt die Sauce auch zu Semmelknödeln oder gebratenen Schweineschnitzeln und -koteletts.

Sanft gebratene, mit Paprika gewürzte Pilze sind ein köstlicher Belag für Toast.

Chilischoten

Kann man an der Farbe einer frischen Chilischote erkennen, wie scharf sie ist?

Nein. Die meisten Chilischoten sind grün, solange sie unreif sind, und werden dann gelb, orange, rot, rötlichbraun oder dunkelviolett bis fast schwarz. Das fruchtige Aroma nimmt mit dem Reifegrad zu, nicht aber unbedingt die Schärfe.

Als grober Anhaltspunkt dient die Größe: Die kleinsten, schlanksten Chilischoten sind am schärfsten (dazu gehören z. B. die Thai-Chilis); es gibt jedoch auch hier Ausnahmen. Am besten machen Sie sich einfach mit den gängigen Sorten vertraut.

Manchmal ist in Rezepten die Rede von Peperoni bzw. Peperoncini. Sind das Chilischoten?

Im Prinzip ja. Peperoni oder Peperoncini sind scharfe kleine Pfefferschoten, die in Südeuropa wachsen. Die Bezeichnung Chilischoten bezieht sich hingegen auf die kleinen Schoten, die aus Südamerika, Mexiko und Asien stammen.

Gibt es bei den vielen verschiedenen Chilischoten Unterschiede in der Verwendung?

Es gibt schätzungsweise mehr als 350 Sorten Chilischoten weltweit. Sie alle gehören botanisch zur Capsicum-Familie, zu der auch alle Paprikapflanzen zählen.

Für Gerichte der Mittelmeerküche sollten Sie Peperoni verwenden, die aus südeuropäischen Ländern stammen. Finden Sie heraus, wie scharf die Schoten sind, indem Sie eine kleine Ecke probieren. Verwenden Sie dann so viel für das Gericht, bis die gewünschte Schärfe erreicht ist. Übrigens: Es gibt auch zahlreiche milde Peperonisorten; sie steuern eine dezente Schärfe bei.

Für asiatische und mexikanische Gerichte sollten Sie entsprechende Chilischoten nehmen. Häufig werden bei uns inzwischen die kleinen Thai-Chilischoten im Supermarkt angeboten. Meist reicht eine einzige Schote zum Schärfen eines Gerichts. Gelegentlich findet man auch die etwas

GEWUSST WIE

Falls Sie auf ein so scharfes Stückchen Chili beißen, dass es Ihnen die Tränen in die Augen treibt, sollten Sie ganz schnell ein paar Körnchen Salz auf die Zunge legen und lutschen. Ganz falsch ist es, Wasser zu trinken, das würde die Schärfe nur mehr verteilen – keinesfalls aber lindern.

dickeren, grünen Jalapeno-Chilis, die oft zum Würzen mexikanischer Gerichte verwendet werden.

Kann ich frische Chilischoten für den Vorrat trocknen?

Auf jeden Fall. Frische Chilischoten sind bei uns nicht immer erhältlich. Falls Sie beim Einkauf welche entdecken, sollten Sie sie mitnehmen, um sie für den Vorrat zu trocknen. Sie können sie dafür mit einer Nadel auf einen Faden aufziehen und in der Sonne trocknen lassen. Anschließend die Schoten kühl und dunkel lagern. Bedenken Sie: Getrocknete Chilis sind meist noch schärfer als frische.

Chiliöl

Für etwa 300 ml
Zubereitungszeit: 30 Minuten, plus einige Tage Marinierzeit
Garzeit: 11–12 Minuten

6 frische Chilischoten
300 ml mildes Olivenöl

1 Die Chilischoten längs halbieren. Mit 150 ml Olivenöl in einem kleinen Topf bei mittlerer Hitze zum Kochen bringen. Hitze reduzieren und das Öl noch ein wenig köcheln lassen. Die Chilis dürfen nicht zu dunkel werden und nicht zerfallen.

2 Das heiße Chiliöl in eine saubere, hitzebeständige Glasflasche (etwa 400 ml Inhalt) oder ein Glas füllen und abkühlen lassen. Die restlichen 150 ml Öl zugießen. Fest verschließen, mehrere Tage durchziehen lassen. Kühl und dunkel aufbewahren.

Wird Chilipulver aus getrockneten Chilischoten hergestellt?

Gemahlene getrocknete Chilischoten werden bei uns als Cayennepfeffer verkauft. Was als Chilipulver angeboten wird, ist in Wahrheit eine scharfe Gewürzmischung, die meist aus verschiedenen Chilisorten sowie Salz, Gewürznelke, Knoblauch und Piment hergestellt wird.

Reines echtes Chilipulver bzw. Chiliflocken können Sie am besten selbst herstellen, indem Sie getrocknete Schoten fein im Mörser zermahlen. Anschließend dunkel und kühl aufbewahren.

Was hat Tabascosauce mit Chilischoten zu tun, und kann man diese Würzsauce anstelle von Cayennepfeffer verwenden?

Tabascosauce ist eine sehr scharfe Würzsauce, die aus zerstoßenen Chilischoten, Salz und Essig hergestellt wird. Nach dem Mischen der Zutaten reift die Sauce 3 Jahre in Eichenfässern. In dieser Zeit werden die Chilis fermentiert, und es entwickelt sich der typische Tabascogeschmack. Ihr Name leitet sich von der Region Tabasco in Mexiko ab. Dosieren Sie Tabascosauce nur tropfenweise, und halten Sie sie von Kindern fern.

Cayennepfeffer ist das Pulver gemahlener Chilischoten, was im Prinzip die Ausgangszutat zur Herstellung von Tabascosauce ist. Entscheiden Sie nach Ihrem Geschmack, was Sie zum Würzen verwenden möchten. Egal, ob Tabasco oder Cayennepfeffer: Beides sollten Sie in kleinsten Dosen an Speisen geben.

Ist es wirklich so wichtig, Samen und Trennwände aus Chilischoten zu entfernen, bevor man sie verwendet?

Ja und nein. Das hängt zum einen davon ab, wie scharf die Schoten sind, zum anderen davon, wie viel Schärfe Sie mögen. Die Schärfe der kleinen Schoten (die Substanz Capsaicin) sitzt in den Trennwänden und in den Samen, weniger im Fruchtfleisch. Für unseren mitteleuropäischen Geschmack reicht es deshalb meist aus, nur das Fruchtfleisch zu verwenden.

Die Schärfe von Samen und Trennwänden ist manchmal so stark, dass sie zu Verbrennungen führen kann. Deshalb sollten Sie unbedingt nach dem Berühren der scharfen Kernchen und Häutchen Ihre Hände gründlich waschen und keinesfalls Ihre Hände mit Augen, Nase oder Mund in Kontakt bringen. Schleimhäute reagieren äußerst empfindlich auf die Schärfe von Chilischoten.

Chinesische Küche

Welche Zutaten sollte ich im Vorrat haben, wenn ich öfter mal chinesisch kochen möchte?

Mit den folgenden Zutaten lassen sich fast alle gängigen Gerichte zubereiten.

- Würzsaucen: Hoisinsauce, Austernsauce, dunkle Sojasauce, helle Sojasauce, gelbe oder schwarze Bohnensauce und geröstetes Sesamöl.
- Gemüse in Dosen: je eine Dose Bambussprossen, schwarze Bohnen, Strohpilze und Wasserkastanien.
- Gewürze: Fünfgewürzpulver, Ingwer, Knoblauch und Sesamsaat.
- Nudeln und Reis: Eiernudeln, Reis- und Glasnudeln, duftender Thai- oder Basmatireis oder Klebreis.

Dauert es lange, ein chinesisches Wokgericht zu kochen?

Beim Kochen – unabhängig davon, was Sie kochen – ist Planung alles. Das gilt auch für ein einfaches Wokgericht. Schneiden Sie z.B. Fleisch vorher und marinieren Sie es bis zum Braten. Gemüse können Sie ebenfalls einige Zeit vor dem Braten zerkleinern und bis zum Gebrauch in einer verschlossenen Frischhaltedose im Kühlschrank aufbewahren. Dann können Sie sich entspannen, denn das Pfannenrühren dauert nur ein paar Minuten.

Lohnt sich die Anschaffung eines Reiskochers?

Wenn Sie häufig größere Reismengen kochen und Platz in Ihrer Küche haben, ist ein elektrischer Reiskocher sinnvoll.

Welche Gerichte gehören zu einer chinesischen Mahlzeit?

Eine traditionelle chinesische Mahlzeit besteht aus vier verschiedenen „festen“ Gerichten und einer Suppe, die während des Mahls und zwischen den verschiedenen Gerichten getrunken wird.

Die Aromen sollten nach dem Yin-und-Yang-Konzept aufeinander abgestimmt sein. Ein typisches Mahl kann beispielsweise aus frittiertem Hähnchen (= saftig), gedämpftem Fisch (= leicht), Schweinefleisch süß-sauer (= reichhaltig und weich) und Wasserkastanien (= knackig) zusammengestellt werden. Das ideale Mahl besteht aus einem Gericht pro Person. Für 4 Essensteilnehmer sollten also vier Gerichte zubereitet werden; möglichst eines mit Hähnchen, eines mit Fisch, eines mit Schweinefleisch und eines mit Gemüse. Dazu Reis oder Nudeln reichen.

Vorspeisen gehören eigentlich nicht zu einem traditionellen chinesischen Mahl. Wenn Sie dennoch eine Vorspeise servieren möchten, wählen Sie etwas Leichtes wie z. B. eine scharf-saure Suppe (Rezept rechts). Diese können Sie auf unterschiedlichste Weise variieren, die Grundgewürze bleiben jedoch immer gleich. Sie können sie als leichte, würzige Gemüsesuppe servieren, aber für eine herzhaftere Variante noch mit Hähnchen, Schweinefleisch oder Meeresfrüchten anreichern.

Scharf-saure Suppe

Für 4 Portionen als Vorspeise
Vorbereitungszeit: 10 Minuten
Garzeit: 15 Minuten

250 g Hähnchen, Schweinefleisch oder Garnelen, gewürfelt (falls Sie Garnelen verwenden, ein paar ganze Garnelen zum Garnieren aufheben)
1 l Hühnerfond oder Wasser
75 g Szechuan-Gemüse (Dose)
1 Eiweiß, leicht verquirlt
1 TL Speisestärke, in 3 EL Wasser angerührt
1–2 rote Chilischoten, von den Samen befreit und fein gehackt
1 TL schwarzer Pfeffer
2 EL Sesamöl
Zum Garnieren:
gehackte Frühlingszwiebeln oder knusprig gebratene Schalotten

1 In einem großen Topf die ersten drei Zutaten zum Kochen bringen; 10 Minuten köcheln lassen, wenn Sie Hähnchen oder Schweinefleisch verwenden, nur 5 Minuten bei Garnelen.

2 Die restlichen Zutaten zufügen. Die Suppe bei schwacher Hitze unter ständigem vorsichtigem Rühren etwa 5 Minuten köcheln lassen. Sobald sie leicht gebunden ist, vom Herd nehmen. Garnieren und in Schalen servieren.

Die scharf-saure Suppe, hier mit Garnelen, verdankt ihre feurige Würze dem Szechuan-Gemüse und fein gehackten roten Chilischoten.

Warum wird in der chinesischen Küche oft mit Glutamat gewürzt?

Glutamat wird in der chinesischen Küche anstelle von Salz verwendet, um das Aroma der Zutaten hervorzuheben, es dient als Geschmacksverstärker.

Wenn man es richtig dosiert anwendet, unterstreicht Glutamat den Geschmack eines Gerichts. In großen Mengen kann es starken Durst verursachen, sogar Drüsenschwellungen, Erröten und Kopfschmerzen.

An sich genügt es, ein Gericht mit Salz, etwas Zucker oder Essig zu würzen, um seine Aromen zu unterstreichen. Sie können auch 1–2 EL Sesamöl oder Austernsauce verwenden. Beide betonen auf natürliche Weise den Geschmack der Zutaten und machen zusätzliches Salzen, das Würzen mit Instant-Brühe und auch Glutamat überflüssig.

Können Sie mir sagen, was Dim Sum sind?

Dim Sum sind kleine Köstlichkeiten, die in China zum Tee gegessen werden. Doch sie sind nicht nur als Häppchen, sondern auch als Hauptmahlzeit begehrt. Dabei werden möglichst viele unterschiedliche Sorten von Dim Sum auf einmal serviert.

Sie werden meist in Bambuskörbchen gedämpft, aber auch gekocht und in heißem Öl gebacken.

Bei uns sind die bekanntesten Dim Sum gefüllte Teigtäschchen wie Wan-Tans, aber auch knusprig frittierte Frühlingsrollen. Reichen Sie Dim Sum als Vorspeise oder Snack.

Ich möchte Wan-Tans gern einmal selbst machen. Wie gelingen sie mir?

Gefüllte Wan Tans können Sie aus fertigen Wan-Tan-Blättern, die Sie im Asienladen bekommen, leicht selbst machen.

Für die Füllung müssen Sie Schweinefleisch und Garnelen durch den Fleischwolf drehen oder sehr fein hacken. Servieren Sie die gedämpften Täschchen mit Sojasauce oder Hoisinsauce, in die man die Täschchen dippen kann.

Wan-Tans

Für 30 Stück
Vorbereitungszeit: 20–30 Minuten
Garzeit: 10 Minuten (Dämpfen);
15–20 Minuten (Frittieren)

Für die Füllung:
1 Frühlingszwiebel, fein gehackt
5 Wasserkastanien, fein gehackt
125 g ausgelöste Garnelen, durchgedreht oder sehr fein gehackt
250 g Schweinefleisch, durchgedreht oder sehr fein gehackt
1 Ei, leicht verquirlt
1 Prise schwarzer Pfeffer
1 EL helle Sojasauce
1 EL Sesamöl
2 TL Speisestärke
Außerdem:
30 quadratische Wan-Tan-Blätter, je 5 cm groß

1 Alle Zutaten für die Füllung mit den Händen zu einem geschmeidigen Teig verkneten. Abschmecken, falls nötig nachwürzen.

2 Die Teigblätter auf einer Arbeitsfläche ausbreiten. In die Mitte jedes Teigblatts 1 gehäuften TL der Masse setzen. Die vier Ecken jedes Teigblatts anfeuchten, hochbiegen und leicht miteinander verdrehen.

3 Die Wan-Tans auf einen leicht geölten Teller oder in ein Bambuskörbchen setzen, Die Teigtaschen dürfen sich nicht berühren. Im fest verschlossenen Wok 10 Minuten dämpfen. Alternativ zum Frittieren reichlich Öl im Wok erhitzen und die Wan- Tans darin in 15–20 Minuten knusprig ausbacken.

Die Wan-Tan-Blätter jeweils an den Ecken anfeuchten, dann verdrehen.

Chinesische Würzsaucen

Würzige Saucen ersetzen in der chinesischen Küche nicht nur das Salz, sie verleihen einem Gericht auch eine besondere Geschmacksnote. Hier ist ein Überblick über die wichtigsten Würzsaucen.

1 Bohnensauce wird aus fermentierten schwarzen oder gelben Sojabohnen sowie Mehl und Salz hergestellt; schwarze ist die salzigste.

2 Hoisinsauce wird aus pürierten Sojabohnen, Zucker, Mehl, Maltose, Salz und Gewürzen gemacht; ideal zum Marinieren von Fleisch und Geflügel.

3 Chilipaste ist ein Produkt aus Chilischoten, Sojabohnenextrakt, Salz, Zucker und Mehl.

4 Geröstetes Sesamöl ist dickflüssig. Als Würzöl verleiht es Suppen und Wokgerichten eine nussige Note.

5 Zitronensauce enthält Zitronenextrakt, Maissirup, Zucker, Reisessig, Gewürze und Speisestärke; passt gut zu Geflügel und Meeresfrüchten.

6 Austernsauce wird aus fermentierten Austern oder anderen Muscheln, Salz und Wasser hergestellt.

7 Pflaumensauce besteht aus chinesischen Pflaumen, Maissirup, Zucker, Reisessig, Ingwer, Chilischoten, Gewürzen und Speisestärke. Passt in süßsaure Gerichte, auch zu gegrilltem Fleisch oder Geflügel, zu Vorspeisen.

8 Sojasauce gibt es in zahlreichen Varianten. Sojasauce guter Qualität besteht nur aus Sojabohnen, Weizen, Wasser und Salz. Man unterscheidet zwischen der chinesischen (helle) und der japanischen Sojasauce (dunkle). Die chinesische Sojasauce enthält meist mehr Salz als die japanische. Dunkle Sojasauce ist etwas süßer im Geschmack. Sie wird meist als Dip und zum Färben von Suppen und Eintöpfen verwendet. Welche Sojasauce Sie verwenden, ist Geschmackssache.

9 Dickflüssige Austernpilze bietet sich zum Würzen süß-sauerer chinesischer Gerichte an.

Couscous

? *In einem marokkanischen Restaurant wurde mir Couscous zu einem geschmorten Lammgericht serviert. Was ist das genau?*

Couscous ist Hartweizengrieß, der mit einer dünnen Schicht aus extrafeinem Mehl umhüllt ist. Die kleinen Kügelchen saugen Flüssigkeit sehr gut auf. In Nordafrika dämpft man die Körnchen über dem Eintopfgericht, zu dem sie später serviert werden. Dabei quellen sie über dem aufsteigenden Dampf und nehmen das Aroma der Speise auf.

Die Hähnchen-Tajine ist ein marokkanisches Gericht. Seinen Namen verdankt es dem traditionellen kegelförmigen Tongefäß, der Tajine, in der es gegart und serviert wird. Couscous gelingt aber auch in einen Topf mit Dämpfeinsatz oder in einem Metallsieb, das in den Topf gehängt wird.

? *Kann ich Couscous auch für Desserts verwenden?*

Ja. Dämpfen Sie den Couscous über kochendem Wasser, geben Sie ein Stück Butter und ein paar Rosinen hinein, und bestreuen Sie alles mit Zucker. Nach Belieben etwas Milch zugeben. Alternativ können Sie den Couscous auch mit dem Saft von einer Orange sowie gehackten Datteln und Nüssen oder Pistazienkernen anreichern.

? *Passt Couscous auch zu anderen Gerichten als Beilage?*

Couscous ist eine schnell gemachte kohlenhydratreiche Beilage, die zu vielen Speisen passt – durchaus auch zu mitteleuropäischen Klassikern wie Gulasch, Kohlrouladen oder Frikadellen.

Reste verwerten

Aus übrigem gegartem Couscous können Sie am nächsten Tag einen Salat zubereiten. Nehmen Sie einfach ein Reis- oder Nudelsalatrezept, und ersetzen Sie den Reis oder die Nudeln durch Couscous.

Die nordafrikanische Hähnchen-Tajine besticht durch ihre Aromenvielfalt.

Hähnchen-Tajine mit Couscous

Für 4–6 Portionen
Vorbereitungszeit: 30 Minuten, plus 1 Stunde Marinierzeit
Garzeit: 40 Minuten

4 EL Olivenöl
2 Knoblauchzehen, zerdrückt
1/2 TL Cayennepfeffer
je 2 TL gemahlener Koriander und edelsüßes Paprikapulver
je 1 TL Kreuzkümmel-, Kurkuma- und Zimtpulver
750 g Hühnerbrustfilet, in 2,5 cm dicke Streifen geschnitten
1 Zwiebel, gewürfelt
2 Kartoffeln, in Würfel geschnitten
2 Möhren, in dicke Scheiben geschnitten
300 ml Hühnerbrühe
300 ml Tomatensaft
2 EL Tomatenmark
1 EL Chilisauce
125 g Sultaninen
2 EL gehacktes Koriandergrün
Salz und schwarzer Pfeffer
350 g Couscous
Zum Garnieren:
Zitronenspalten und Koriandergrün

1 2 EL Öl, Knoblauch und Gewürze in einer Schüssel verrühren. Hähnchenbrust zugeben, zugedeckt mindestens 1 Stunde marinieren.

2 2 EL Öl in einer Pfanne erhitzen. Zwiebel darin 5 Minuten dünsten; Kartoffeln und Möhren zugeben; alles weitere 5 Minuten braten. In einen Topf füllen.

3 Hähnchenfleisch aus der Marinade nehmen, etwas abtropfen lassen. 3–4 Minuten in der Pfanne braten. Zum Gemüse in den Topf geben, Brühe und Tomatensaft zugießen, Tomatenmark und Chilisauce untermischen. Aufkochen, zugedeckt 15 Minuten köcheln lassen. Sultaninen, Koriander, Salz und Pfeffer zufügen.

4 Couscous in einem Sieb abbrausen. Sieb oder Dämpfeinsatz mit einem Tuch auslegen, Couscous hineinfüllen, auf den Topf setzen. Zugedeckt 8–10 Minuten dämpfen. Couscous und Tajine auf Teller geben. Mit Koriander und Zitronen garnieren.

Cranberrys

Sind Cranberrys große Preiselbeeren oder nicht?

Cranberrys und Preiselbeeren sind miteinander verwandt, sie gehören genau wie Heidelbeeren botanisch zur Familie der Heidegewächse. Cranberrys sind großfrüchtige Moosbeeren, die in Kanada und den nördlichen Gebieten der USA angebaut werden. Ihren Namen verdanken die roten Beeren ihrer Blütenform – sie erinnert an den Kopf eines Kranichs (engl. crane).

Im Vergleich zu Preiselbeeren haben Cranberrys einen fruchtigeren und intensiveren Geschmack. Spezielle gesundheitsfördernde Inhaltsstoffe der Cranberry machen sie einzigartig.

Im Supermarkt habe ich einen Beutel frische Cranberrys gekauft. Jetzt weiß ich nicht, was ich mit den Beeren machen soll. Können Sie mir weiterhelfen?

Cranberrys werden, genau wie Preiselbeeren, hauptsächlich zum Backen, zum Kochen von Kompott, für die Zubereitung von Fruchtsaft oder Saucen (zu Geflügel und Wild) verwendet. Frisch sind sie zwar genießbar, aber aufgrund ihres hohen Säuregehalts gewöhnungsbedürftig.

Falls Sie im Moment keine Zeit zum Verarbeiten der frischen Beeren haben, können Sie sie auch einfrieren (vorher nicht waschen!) oder etwa 1 Monat im Kühlschrank lagern. Gefrorene Cranberrys zur Verarbeitung nicht auftauen lassen, sondern nur mit kaltem Wasser abspülen und dann wie frische Beeren weiterverwenden. Frische Cranberrys bekommt man bei uns zwischen Oktober und Dezember.

Gut zu wissen

Getrocknete Cranberrys bekommen Sie das ganze Jahr über im Supermarkt, im Reformhaus und im Bioladen. Die Trockenbeeren können wie Rosinen verwendet werden; z. B. als Zutat für Müsli, Obstsalat oder Kuchen.

Rucolasalat mit Cranberrys und Ziegenkäse

Für 4 Portionen
Vorbereitungszeit: 20 Minuten
Garzeit: 10 Minuten

150 g Rucola, geputzt
1 Radicchio, in Stücke geschnitten
100 g Feldsalat, geputzt
4 frische Feigen
50 g getrocknete Cranberrys
2 EL Balsamico-Essig
2 EL Walnussöl
Salz
grob geschroteter schwarzer Pfeffer
1 Messerspitze Dijonsenf
4 kleine Ziegenfrischkäse (z. B. Crottin)

1 Rucola, Radicchio und Feldsalat auf einer großen Servierplatte oder auf vier Tellern anrichten.

2 Die Feigen vorsichtig waschen, die Stielansätze abschneiden und die Früchte in Achtel schneiden. Die Feigenachtel dekorativ um den Salat herum anrichten.

3 Die getrockneten Cranberrys grob hacken. Aus Essig, Öl, Salz, Pfeffer und Senf eine cremige Marinade rühren. Die Cranberrys und 2 EL Wasser zugeben und unterrühren. Die Marinade gleichmäßig über den Salat verteilen.

4 Eine beschichtete Pfanne erhitzen und die Ziegenkäse darin auf beiden Seiten (ohne Zugabe von Öl) braten, bis sich eine goldbraune Kruste gebildet hat.

5 Die heißen Käse auf der Salatplatte anrichten und mit Salz und Pfeffer bestreuen. Sofort servieren. Dazu frisches knuspriges Weißbrot reichen.

VARIANTE

Wenn Sie keine getrockneten Cranberrys bekommen sollten, rühren Sie 2 EL Orangensaft unter das Dressing, um ihm eine süßliche Note zu geben.

Der Salat mit gebratenen Ziegenkäsen und frischen Feigen bekommt eine süßliche und raffinierte Note durch ein Dressing mit Cranberrys.

Crème Brûlée

? ***Kann ich Crème Brûlée auch ohne Grill zubereiten?***

Ja. Anstatt den Zucker unter dem Grill zu karamellisieren, kann das Dessert im Backofen bei 200 °C etwa 15 Minuten bräunen, bis der Zucker Blasen wirft.

Sehr praktisch ist auch ein spezieller Bunsenbrenner, mit dem Sie den Zucker auf der Creme karamellisieren können – vor allem für kleine Mengen. Alternativ können Sie den Karamellüberzug auch separat zubereiten, indem Sie 125 g Zucker in 125 ml Wasser leicht erhitzen, bis er sich auflöst, und dann kochen lassen, bis sich eine schöne Karamellfarbe bildet. Den Karamell über die Vanillecreme gießen. Ein paar Minuten stehen lassen, bis das Karamell hart wird, dann servieren.

Sie können den Karamell auch dünn auf ein gefettetes Backblech gießen. Fest werden lassen, in kleine Stücke brechen und über das Dessert streuen.

? ***Ich liebe Crème Brûlée, bin aber sehr kalorienbewusst. Gibt es auch eine leichtere Version?***

Ja, wenn Sie die Vanillecreme aus Joghurt oder Quark und entrahmter Milch zubereiten und mit Gelatine andicken wie im Rezept auf der nächsten Seite.

Crème Brûlée mit Bananen und Ingwer

Für 6 Portionen
Vorbereitungszeit: 45 Minuten, plus einige Stunden Kühlzeit
Garzeit: 1 Stunde

600 g Sahne
1 Vanilleschote, längs aufgeschlitzt
4 große Eigelb
120 g Zucker
2 TL gemahlener Ingwer
2 Bananen, in Scheiben geschnitten und mit Zitronensaft beträufelt

1 Den Backofen auf 150 °C vorheizen. Sahne und Vanilleschote in einen Topf geben und bei sehr schwacher Hitze bis kurz vor dem Aufkochen erhitzen. Topf vom Herd nehmen und die Vanilleschote herausfischen.

2 Die Eigelbe mit 60 g Zucker in einer Schüssel mit dem elektrischen Handrührgerät hell und cremig rühren, dann die heiße Vanillesahne langsam zugießen, dabei ständig rühren.

3 Den Ingwer über die Bananenscheiben streuen. Die gewürzten Bananenscheiben gleichmäßig auf 6 ofenfeste Förmchen (z. B. Souffléförmchen) verteilen. Die Vanillecreme vorsichtig über die Bananen gießen oder löffeln.

4 Die gefüllten Förmchen in eine ofenfeste Form stellen (z. B. das tiefe Backblech). Form mit so viel Wasser füllen, dass die Förmchen zur Hälfte darin stehen. 1 Stunde im Ofen garen, bis die Creme fest geworden ist (zur Probe mit einer Messerspitze in die Creme stechen).

5 Die Förmchen aus dem Wasserbad nehmen und abkühlen lassen, dann für mehrere Stunden in den Kühlschrank stellen, am besten über Nacht.

6 Den Grill auf höchster Stufe vorheizen. Die restlichen 60 g Zucker gleichmäßig dünn über die Creme streuen. 2–3 Minuten übergrillen, bis der Zucker karamellisiert ist. Abkühlen lassen. Die Cremes nochmals 2–3 Stunden kalt stellen. Erst servieren, wenn die Karamellschicht schön knusprig ist.

VARIANTEN

Sie können auch andere Früchte wie beispielsweise Aprikosen, Litschis oder Himbeeren statt der Bananen und andere Gewürze statt Ingwer verwenden. Gut passen auch Kardamom, Zimt, Lebkuchengewürz oder Muskatnuss. Die Creme schmeckt auch ohne Bananen und Ingwer.

Unter der Kruste aus Karamell verbirgt sich eine exotische Überraschung aus Bananen und würzigem Ingwer.

Gut zu wissen

Für Crème Brûlée können Sie auch einen braunen Zucker verwenden, Sehr gut eignet sich der körnige Demerarazucker. Beachten Sie jedoch, dass brauner Zucker schneller karamellisiert als weißer.

Crème Brûlée für Kalorienbewusste

Für 4 Portionen
Vorbereitungszeit: 15 Minuten, plus einige Stunden Kühlzeit
Garzeit: 10 Minuten

200 ml fettarme Milch
1 Messerspitze gemahlene Vanille
3 große Eigelb
40 g Zucker
1 TL gemahlene Gelatine oder 4 Blatt Gelatine, in Wasser eingeweicht
200 g griechischer Joghurt oder fettreduzierter Frischkäse
20 g Zucker

1 Die Milch mit der Vanille in einem Topf zum Kochen bringen; Topf vom Herd nehmen.

2 Eigelbe und Zucker hell und schaumig schlagen. In die heiße Milch gießen und unter ständigem Rühren langsam erhitzen, bis die Creme den Löffelrücken überzieht.

3 Vom Herd nehmen. Die eingeweichte Gelatine in die heiße Creme geben und rühren, bis sie sich aufgelöst hat. Anschließend die Creme in eine Schüssel gießen. Diese Schüssel In eine zweite, größere Schüssel mit Eiswasser stellen. Die Creme darin abkühlen lassen, bis sie zu gelieren beginnt.

4 Joghurt oder Frischkäse unterschlagen. Die Creme in 4 Förmchen füllen und abkühlen lassen, bis sie vollständig erstarrt ist.

5 Grill auf höchster Stufe vorheizen. Die Creme mit Zucker bestreuen; unter dem Grill karamellisieren lassen. 30–45 Minuten kalt stellen.

Crème Caramel

Warum bilden sich in Crème Caramel oft Luftblasen?

Crème Caramel wird im Wasserbad zubereitet, damit die Hitze nur langsam und vorsichtig auf die Eiermischung einwirken kann. Wenn Sie die Creme nicht im Wasserbad erhitzen, wirkt die Hitze direkt auf die Masse, die dadurch zu schnell gart. So entstehen Luftblasen, und die Creme wird etwas körnig. Wenn dies passiert ist, gibt es kein Zurück mehr. Um den Garprozess zu unterbrechen, kann man die Schüssel rasch in Eiswasser stellen, doch wahrscheinlich ist es schon zu spät, um die Creme zu retten.

Kleine Luftblasen können auch entstehen, wenn Sie die Creme mit kalter statt mit angewärmter Milch zubereitet haben. Luftblasen entstehen erst gar nicht, wenn Sie nach dem folgenden Rezept vorgehen. Die Creme wird mit etwas Zimt und Vanille köstlich gewürzt.

Crème Caramel mit Orangen

Für 4–6 Portionen
Vorbereitungszeit: 45 Minuten, plus 3–4 Stunden Kühlzeit
Garzeit: 1 Stunde 10 Minuten

125 g Zucker
2 unbehandelte Orangen
1 Zimtstange
600 ml Milch, 4 große Eier
1 Messerspitze gemahlene Vanille

1 90 g Zucker in einemTopf mit 150 ml Wasser langsam erhitzen, ab und zu rühren, bis der Zucker sich aufgelöst hat. Dann aufkochen und sprudelnd kochen lassen, bis der Karamell goldgelb ist.

2 In eine Souffléform (15 cm Ø) gießen, beiseitestellen. Orangen mit einem Sparschäler hauchdünn schälen. Schale in Streifen schneiden. Milch mit Zimt und Orangenschale bis kurz vor den Siedepunkt erhitzen. Vom Herd nehmen, 10 Minuten ziehen lassen.

3 Backofen auf 160 °C vorheizen. Eier mit 35 g Zucker schaumig schlagen. Milch durch ein Sieb zugießen. Dann unter Rühren zur Eiermasse geben. Vanille untermischen. Creme durch ein Sieb über den abgekühlten Karamell gießen.

4 Souffléform in das tiefe Backblech setzen. So viel heißes Wasser in das Blech gießen, bis sie halb hoch im Wasser steht. 1 Stunde im Ofen garen, bis die Creme stockt. Inzwischen die Orangen schälen, dabei die weiße Haut mitentfernen; die Filets aus den Häutchen lösen.

5 Creme aus dem Wasserbad nehmen; abkühlen lassen. Zugedeckt ein paar Stunden kalt stellen.

6 Vor dem Servieren die Creme an den Rändern vorsichtig von der Form lösen, dann vorsichtig auf eine Servierplatte stürzen. Karamellsauce dabei über der festen Creme verlaufen lassen. Souffléform in heißes Wasser stellen, um die noch anhaftende Karamellsauce zu lösen. Über die Crème Caramel gießen. Mit Orangenfilets servieren.

Croûtons

Wie kann ich fettarme, aber dennoch würzige Croûtons herstellen?

Für Croûtons werden normalerweise Brotwürfel in Butter oder Öl knusprig gebraten. Pro Scheibe Toastbrot kalkuliert man etwa 1 EL Öl oder 10 g Butter. So geröstet sind Croûtons köstlich, aber auch fettreich.

Die Brotwürfel können Sie auch mit weniger Fett rösten. Schwenken Sie sie dafür zuerst in etwas Olivenöl, dann mit Salz und Pfeffer bestreuen. Anschließend auf einem Backblech im vorgeheizten Ofen bei 190 °C etwa 10 Minuten knusprig rösten.

Croûtons können Sie auch auf Vorrat machen. Vollständig abkühlen lassen, dann in eine gut verschließbare Dose füllen und bis zu 1 Woche aufbewahren. Fettfreie Croûtons können Sie mehrere Wochen lagern.

Dämpfen

? *Wann ist Dämpfen besser als Kochen oder Braten?*

Beim Dämpfen werden Zutaten über heißem Dampf statt in Flüssigkeit gegart. Da die Zutaten nicht mit der Garflüssigkeit in Berührung kommen, wird der Vitaminverlust erheblich reduziert. Und weil beim Dämpfen kein Fett verwendet wird, sind die Speisen leicht verdaulich und daher als Schon- und Diätkost sehr gut geeignet.

Achten Sie unbedingt darauf, dass die Zutaten, die Sie dämpfen wollen, von allerbester Qualität sind – weder sind Butter oder Öl als Aromaträger vorhanden, noch karamellisieren die Zutaten beim Garen, das Ausgangsmaterial muss also ganz ohne Unterstützung gut schmecken.

? *Ich möchte Gemüse und Fisch häufiger dämpfen, weil ich das für gesünder halte. Brauche ich dazu eine spezielle Ausstattung?*

Wahrscheinlich können Sie aus Ihren vorhandenen Küchenutensilien leicht einen Dämpftopf improvisieren. Doch wenn Sie häufig etwas dämpfen möchten, lohnt sich die Anschaffung eines richtigen Dämpftopfs. Das sind meist runde oder ovale Doppeltöpfe, deren innere Wand Löcher hat, durch die der Wasserdampf aus dem unteren Topf nach oben steigt. Die Zutaten werden im gelochten Teil gegart; der Topf wird mit einem Deckel verschlossen, damit der Dampf nicht entweicht.

Eine andere gängige Methode ist das Dämpfen in einem Dämpfeinsatz aus Edelstahl, Kunststoff oder Aluminium, der sich wie ein Fächer öffnen und schließen lässt. Diesen Einsatz stellt man in einen großen Kochtopf mit Deckel. Der Dämpfeinsatz steht auf Füßen, damit er das kochende Wasser im Topf nicht berührt; er passt in die meisten Kochtöpfe und eignet sich vor allem für Zutaten, die schnell gar sind – ansonsten müsste man sehr häufig Wasser nachfüllen.

Wenn Sie einen großen Fisch im Ganzen dämpfen möchten, ist ein Fischkessel ideal: Legen Sie den Fisch vorsichtig auf das Gitter, und stellen Sie das Gitter auf umgedrehte Auflaufförmchen, damit der Fisch das Wasser am Kesselboden nicht berührt.

Kleine Fischstücke kann man auch auf einem Teller dämpfen: den Fisch auf einen leicht gebutterten Teller legen, würzen und den Teller auf einen Topf mit siedendem Wasser oder – auf einem Dreibein – in eine bis zur Hälfte mit Wasser gefüllte Pfanne setzen. Die Pfanne mit einem Deckel verschließen und den Fisch 8–10 Minuten garen.

Auch in der chinesischen Küche werden viele Zutaten gedämpft. Fisch, Meeresfrüchte und zartes Fleisch, oft in dünnen Teig oder in Gemüseblätter gehüllt, werden in Bambuskörbchen über einem Wok mit kochendem Wasser gegart. (Siehe auch *Wok*.)

? *In einem Prospekt sah ich einen Backofen, der als Dampfgarer bezeichnet wurde. Wie funktioniert so ein Gerät?*

Vermutlich handelt es sich bei dem Gerät, das Sie gesehen haben, um einen konventionellen Backofen mit Dampffunktion. Ein solches Gerät wird bei Bedarf mit Wasser befüllt. Dieses läuft in einen Dampfverteiler am Boden des Backofens. Das Gargut, z.B. Gemüse, Kartoffeln oder Fisch, kann roh auf Tellern oder in einer Schüssel angerichtet werden; alles gart gleichzeitig im Ofen in der feuchten Hitze und braucht anschließend nur noch mit etwas Butter oder mit Kräutern verfeinert zu werden.

Die Dampffunktion lässt sich auch zusätzlich zur Heißluft einsetzen. Dann wird in Intervallen Dampf abgegeben. Diese Methode eignet sich gut für Fisch und zum Aufwärmen bereits gegarter Speisen.

Datteln

? *In meinem Supermarkt gibt es das ganze Jahr lang frische Datteln. Wo kommen sie eigentlich her? Und was macht man damit?*

Frische Datteln gibt es tatsächlich fast das gesamte Jahr über. Sie sind nicht nur sehr gesund, sie enthalten außerdem nur halb so viel Zucker und doppelt so viel Ballaststoffe wie getrocknete Datteln.

> **GUT ZU WISSEN**
>
> Das Fruchtfleisch von Datteln besteht zu etwa 78% aus Zucker. Deshalb braucht man in der Regel für Gebäck, Müsliriegel, Dips und Desserts, die frische oder getrocknete Datteln enthalten, so gut wie gar keinen zusätzlichen Zucker bzw. Honig mehr.

Die meisten frischen Datteln stammen aus Kalifornien und aus Israel. Die Sorte Medjul – sie hat bemerkenswert weiches Fruchtfleisch – ist besonders beliebt. Datteln werden nach der Ernte bei −15 °C gelagert und transportiert. Weil sie von Natur aus viel Zucker enthalten, lassen sie sich auftauen, ohne dass sich ihre ursprüngliche Konsistenz verändert.

Achten Sie beim Kauf frischer Datteln darauf, dass die Früchte tiefbraun, fest und saftig sind. Sie halten sich im Kühlschrank bis zu 1 Woche lang. Sie können die Früchte waschen und anschließend roh essen oder auch halbieren und entsteinen und dann das Fruchtfleisch hacken und in einen Salat mischen.

Datteln eignen sich u.a. hervorragend zum Füllen, beispielsweise mit Frischkäse oder Mandeln. Sie können sie aber auch zum Kaffee servieren. Frische Datteln schmecken köstlich in Teegebäck, in Kuchen und in selbst gemachten Müsliriegeln.

? *Ich würde zum Aperitif gern pikant zubereitete Datteln anbieten. Haben Sie ein Rezept?*

Probieren sie doch einmal Dattelbonbons mit Schinken (die angegebenen Mengen reichen für 48 Stück): 24 getrocknete Datteln halbieren und entkernen. 100 g dünn aufgeschnittenen Parmaschinken in 48 etwa gleich große Streifen schneiden. Auf eine Schmalseite eines jeden Streifens eine Dattelhälfte legen und die Streifen aufrollen. 500 g Strudelteig dünn ausrollen und in 48 Rechtecke schneiden. Auf jeden Teigstreifen mittig längs eine Dattel legen und den Teig von einer Längsseite her aufrollen. Die Teigenden so fest zusammendrehen, dass die Päckchen aussehen wie eingepackte Bonbons. Die Datteln auf ein mit Backpapier belegtes Blech legen. 1 Ei und 2 EL Milch mit je einer Prise Salz und edelsüßem Paprikapulver verquirlen und die Dattelbonbons mit dieser Mischung bestreichen. Die Bonbons im vorgeheizten Ofen 30 Minuten bei 180 °C backen, dann herausnehmen und auf einem Kuchengitter abkühlen lassen.

? ***Kürzlich stellte ich fest, dass die getrockneten Datteln, die ich gerade gekauft hatte, mit einem weißlichen Belag überzogen waren. Sind die Früchte überlagert?***

Nein. Meist besteht solch ein Belag aus kristallisiertem Zucker, der sich ganz natürlich bildet und die Qualität der Früchte nicht beeinträchtigt. Nur im Ausnahmefall kann der Belag auf Schimmel oder Milbenbefall zurückzuführen sein.

Würziger Ricotta-Dip mit Datteln

Für 4 Portionen
Zubereitungszeit: 15–20 Minuten, plus Kühlzeit

3 grüne Kardamomkapseln
1 Apfel (z. B. Boskoop), geschält und grob gehackt
125 g entsteinte getrocknete Datteln, grob gehackt
1/2 TL gemahlener Zimt
250 g Ricotta
Zum Anrichten:
Rohkost (z. B. Apfelschnitze, Möhren-, Stangensellerie- und Gurkenstifte, Ananasstücke, kernlose Trauben)

1 Mit der flachen Seite einer großen Messerklinge kräftig auf die Kardamomkapseln drücken. Die Kapseln öffnen und die Samen herausnehmen. Leere Kapseln wegwerfen, die Samen mit der Messerklinge zerdrücken (oder im Mörser grob zerstoßen).

2 Apfel, Datteln, Kardamom und Zimt mit 200 ml Wasser in einen Topf geben. Bei mittlerer Hitze unter gelegentlichem Rühren aufkochen, dann bei schwacher Hitze 10 Minuten köcheln lassen, bis die Äpfel gar und die Dattelstücke aufgequollen sind.

3 Vom Herd nehmen und abkühlen lassen. Sobald die Apfelmischung kalt ist, den Ricotta mit einem Schneebesen unterziehen. Bis zur weiteren Verwendung im Kühlschrank aufbewahren. (Zugedeckt hält sich der Dip 3–4 Tage frisch.)

4 Den Dip zum Servieren in eine Schale füllen. Diese auf einen Teller stellen und mit der Rohkost umlegen.

VARIANTE

Für einen fruchtigen Dattel-Apfel-Dip mit Orangen den Ricotta weglassen. Stattdessen abgeriebene Schale und Saft von einer großen Orange mit dem Schneebesen unterheben. In eine Schale häufen und mit Apfel- und Birnenschnitzen sowie Stangensellerie- und Möhrenstiften anrichten.

Zum würzig-süßen Ricotta-Dip passt eine Vielfalt von Gemüse und Obst, das in Stifte, Spalten oder mundgerechte Stücke geschnitten ist.

Probieren Sie doch einmal eine Variante zum gekochten Frühstücksei: Servieren Sie pochierte Eier auf frisch geröstetem Brötchen oder Toastbrot am Morgen.

Eier

Wie kann man testen, ob ein Ei noch frisch ist?

Legen Sie das Ei einfach in eine Schüssel mit Wasser. Wenn es auf den Boden sinkt und sich auf die Seite legt, ist es frisch. Schwimmt es aber mit dem stumpfen Ende nach oben an der Wasseroberfläche, ist es zu alt. Wenn ein Ei mit der stumpfen Seite nach oben mittig zwischen Wasseroberfläche und Schüsselboden schwimmt, ist es zwar noch nicht verdorben, aber wahrscheinlich bereits 2–3 Wochen alt. Ein solches Ei muss durchgegart oder aber zum Backen verwendet werden, als weich gekochtes Frühstücksei eignet es sich nicht mehr. Nach dem Aufschlagen erkennen Sie ein frisches Ei am dickflüssigen Eiklar, das den Dotter an seinem Platz hält.

Ich liebe verlorene Eier, möchte sie aber nicht immer auf Toast servieren. Können Sie mir ein interessanteres Rezept nennen?

Pochierte Eier, auch verlorene Eier genannt, passen gut zu pikanten Zubereitungen wie Rahmspinat oder Räucherfisch. Rechts finden Sie ein Rezept für verlorene Eier mit einer würzigen Sauce. Servieren Sie dieses Gericht doch einmal Ihrer Familie als Sonntagsfrühstück.

Verlorene Eier mit pikanter Sauce

Für 4 Portionen
Zubereitungszeit: 25 Minuten

jeweils einige Basilikum-, Petersilien- und Thymianzweige
ein paar Schnittlauchhalme
125 g Crème double
125 g Mayonnaise
1 TL Tafelmeerrettich
2 Hamburgerbrötchen
4 dicke Scheiben gekochter Schinken
4 große Eier
Essig
Salz
schwarzer Pfeffer

1 Den Grill auf höchster Stufe vorheizen. Die Kräuter waschen, dann trockenschleudern oder tupfen. Die Kräuter fein hacken bzw. in Röllchen schneiden, etwas Petersilie beiseitelegen.

2 Die Kräuter mit der Crème double, der Mayonnaise und dem Meerrettich in einen Topf geben und bei mittlerer Hitze erwärmen, aber nicht aufkochen lassen. Vom Herd nehmen, einen Deckel auflegen; warm halten.

3 Die Brötchen waagerecht durchschneiden und unter dem Grill auf beiden Seiten toasten. Das Gerät ausschalten. Jedes Brötchen mit Schinken belegen und unter dem Grill stehen lassen.

4 In einer Bratpfanne Wasser mit einem Schuss Essig bis kurz unter dem Siedepunkt erhitzen, dann die Hitze so zurückschalten, dass die Flüssigkeit noch köchelt.

5 Jedes Ei in eine Teetasse aufschlagen und ins Wasser gleiten lassen. 3–5 Minuten pochieren, bis das Eiweiß fest geworden ist; auf Küchenpapier abtropfen lassen.

6 Auf jeden Teller ein halbes Brötchen mit Schinken legen und darauf jeweils ein pochiertes Ei setzen. Die Sauce darübergeben. Das Ganze mit wenig Salz und etwas Pfeffer würzen und mit der restlichen gehackten Petersilie garnieren.

VARIANTEN

Wenn Sie einen etwas kräftigeren Geschmack wünschen, können Sie den Schinken in einer Pfanne in etwas Olivenöl leicht anbraten.

Gut und etwas leichter schmeckt die Sauce auch, wenn Sie statt Crème double und Mayonnaise saure Sahne verwenden.

Eier trennen

Die Eierschalen sind sehr hilfreich beim Trennen von Eiern, denn sie schneiden das Eiweiß durch.

1 Halten Sie 2 oder 3 Schüsseln bereit. Das Ei kräftig an einem Schüsselrand aufschlagen. Mit den Daumen die Schale auseinanderbrechen, etwas Eiweiß über den Schalenrand in die Schüssel laufen lassen.

2 Das Eigelb von einer Schalenhälfte in die andere gleiten lassen und möglichst viel Eiweiß in die Schüssel laufen lassen. Wiederholen, bis das gesamte Eiweiß in der Schüssel ist.

Das Eigelb in eine zweite Schüssel geben. Werden mehrere Eier benötigt, jeweils 1 Ei über einer Schüssel trennen, dann das Eiweiß zu den anderen geben: Würde nur ein verdorbenes Ei zu den anderen geraten, müssten Sie alle wegwerfen. Und: Falls ein Eigelb zerläuft, ist nur ein Eiweiß unbrauchbar geworden.

3 Falls Eigelb in das Eiweiß rutscht, kann man es mit der Eierschale, einem Löffel oder einem Stück feuchtem Küchenpapier herausfischen.

? *Wie kann ich verhindern, dass Rührei am Boden der Bratpfanne ansetzt?*

Zerlassen Sie zuerst ein kleines Stück Butter in der Pfanne, damit der Pfannenboden gefettet ist. Dann die verquirlten Eier in die Pfanne gießen und bei sehr schwacher Hitze unter ständigem Rühren ganz langsam stocken lassen.

Wenn Sie zum Schluss etwas kalte Butter, Sahne oder Milch zum Rührei geben, sinkt die Temperatur der Eier, und sie bleiben weich und saftig. Die Eier vom Herd nehmen, solange sie noch leicht flüssig sind.

? *Wie schlägt man Eiweiß am besten zu Schnee?*

Es ist hilfreich, wenn die Eier etwa Raumtemperatur haben und frisch sind – allerdings sollten sie älter als ein Tag sein, vorher klappt das Steifschlagen nicht. Auch das Eiweiß älterer Eier lässt sich nicht richtig steif schlagen. Eiweiß sollte immer erst direkt vor der Verwendung zu Schnee geschlagen werden. Fügt man zu Beginn eine Prise Salz oder etwas Zitronensaft zu, wird der Eischnee besonders steif. Zitronensaft hilft auch, wenn der Eischnee zu lange gestanden hat und wässrig geworden ist. Dann einfach mit etwas Saft erneut steif schlagen.

Mit einem Ballonschneebesen und einer Kupferschüssel erhalten Sie das beste Ergebnis.

Wenn Sie keine Kupferschüssel besitzen, verwenden Sie eine Schüssel aus Edelstahl, Glas oder Porzellan und die Schneebesen des elektrischen Handrührgeräts. In jedem Fall ist es beim Steifschlagen von Eiweiß sehr wichtig, dass weder Fett noch Eigelb in die Schüssel gelangt.

? *Wie kann ich ein Ei kochen, ohne dass es im Topf platzt?*

Das Ei sollte nicht direkt aus dem Kühlschrank kommen, sondern etwa Raumtemperatur haben. Stechen Sie das Ei an der runden Seite mit einer Nadel oder einem Eier-Anstecher an, damit die Luft aus der darunterliegenden Luftblase entweichen kann. (Wird das Ei nicht angestochen, dehnt sich durch die Hitze die Luft aus, und die Schale des Eis kann platzen.) Geben Sie das Ei vorsichtig in kochendes Wasser, und schalten Sie dann sofort auf mittlere Hitze. Aufgeplatzte Eier lassen sich retten, indem man 1–2 EL Essig in das Kochwasser gibt. Dadurch wird die Schale versiegelt, und das Eiweiß läuft nicht mehr heraus.

? *Wie soll man Eier lagern, und wie lange kann man sie aufbewahren?*

Eier gehören in den Kühlschrank – bei Raumtemperatur verderben sie schneller. Lagern Sie sie mit der stumpfen Seite nach oben, am besten im Karton und mit ausreichend Abstand zu stark riechenden Lebensmitteln.

Eier, die das Mindesthaltbarkeitsdatum überschritten haben, dürfen nicht mehr roh oder weich gekocht verzehrt werden. Zum Backen und Kochen eignen sie sich noch – schlagen Sie die Eier vor der Verwendung einzeln in eine Schüssel auf, so kann nicht ein verdorbenes Ei die ganze Speise verderben.

Übrig gebliebenes Eigelb sollte man mit etwas Wasser bedecken, damit es nicht austrocknet. So lässt es sich im Kühlschrank bis zu 2 Tage lang aufbewahren. Eiweiß bleibt im Kühlschrank in einer fest verschlossenen Box oder einem Schraubglas ebenfalls bis zu 2 Tage lang frisch.

Eigelb kann man auch einfrieren, es muss aber vorher mit etwas Salz oder Zucker ($^1/_2$–1 TL Salz oder Zucker auf je 2 Eigelbe) leicht schaumig gerührt werden. In einer verschlossenen Gefrierdose kann man Eigelb bis zu 3 Monate im Tiefkühlgerät aufbewahren. Wegen der Zugabe von Salz oder Zucker wird das Eigelb nach dem Auftauen nicht hart.

Eiweiß können Sie in einer verschlossenen Gefrierdose bis zu 6 Monate lang im Tiefkühlgerät lagern. Man kann es auch in Eiswürfelbehälter füllen und mit Alufolie abdecken. Sobald die Würfel hart gefroren sind, in einen Gefrierbeutel umfüllen.

Aufgetautes Ei muss sofort verwendet werden. Wenn Sie tiefgefrorene Eiweiße haben und nicht mehr wissen, wie viele es sind, wiegen Sie die Menge ab: Ein Eiweiß wiegt 30 g.

Einfrieren

Warum soll man Lebensmittel schnell einfrieren, aber langsam auftauen?

Je niedriger die Temperatur ist, bei der Lebensmittel eingefroren werden, desto kleinere Eiskristalle bilden sich. Große Eiskristalle beschädigen die Zellwände des Gefrierguts. Beim Auftauen verliert es dann Flüssigkeit und somit auch wertvolle Nährstoffe. Besonders Fleisch verliert so viel Feuchtigkeit, dass es beim Garen zäh und trocken wird. Daher haben einige Tiefkühlgeräte Schockgefrierfächer.

Das Auftauen sollte jedoch so langsam wie möglich geschehen, denn auch zu schnelles Auftauen führt zu Flüssigkeitsverlust und zum Austrocknen, die Speisen verlieren außerdem an Geschmack.

Ist es ökonomischer, wenn das Tiefkühlfach immer voll ist?

Ja, ein volles Tiefkühlfach hält die Kälte besser, wenn die Tür geöffnet wird. Bei einem halbleeren Fach entweicht beim Öffnen viel kalte Luft, und es ist mehr Energie nötig, um die Ausgangstemperatur wieder zu erreichen.

Versuchen Sie, immer nur kleine Mengen einzeln abgepackt einzufrieren; dabei zeitlich etwas Abstand lassen. Bereits gefrorene Zutaten können Sie dicht nebeneinander lagern. Etikettieren Sie eingefrorene Nahrungsmittel, und achten Sie auf die entsprechenden Haltbarkeiten, ansonsten müssen Sie so viel wegwerfen, dass sich das Energiesparen nicht wirklich gelohnt hat.

Welche Behälter eignen sich am besten für das Einfrieren von Nahrungsmitteln?

Gefrierbeutel passen sich der Form der Zutaten an, ohne dass zu viele Luftblasen entstehen.

Das Klima im Tiefkühlfach wirkt stark austrocknend. Kommt das Gefriergut direkt in Kontakt mit der eisigen Luft, führt das zu Gefrierbrand – es entstehen trockene, farblose Stellen auf dem Gefriergut. Deshalb ist das Verpacken vor dem Einfrieren so wichtig. Das Verpackungsmaterial muss robust sein, damit es nicht platzt oder reißt. Verwenden Sie gefriergeeignete Materialien. Flüssigkeiten frieren Sie am besten in Gefrierbeuteln ein, die Sie in eine rechteckige Gefrierdose legen. Lassen Sie etwa 2,5 cm Platz nach oben, damit die Flüssigkeit sich noch ausdehnen kann. Wenn die Flüssigkeit gefroren ist, diese aus der Dose (die Sie nun für andere Zwecke verwenden können) herausnehmen; die Beutel dicht übereinanderstapeln.

Etikettieren Sie Gefriergut stets mit Inhalt und Datum. Am besten führen Sie eine Liste, auf der Sie notieren, was Sie wann eingefroren haben. Dann können Sie die Nahrungsmittel der Reihe nach verbrauchen, ohne dass etwas verdirbt.

Was sollte ich tun, wenn mein Tiefkühlgerät kaputtgeht oder es einen Stromausfall gibt?

Sehen Sie erst nach, ob der Stecker noch in der Steckdose ist, ob eine Sicherung durchgebrannt ist oder ob der Thermostat falsch eingestellt ist, bevor Sie den Kundendienst rufen. Und halten Sie währenddessen die Tür des Gefriergeräts geschlossen. Wenn es tatsächlich ein Stromausfall war, dann bleibt der Inhalt des Kühlfachs noch 16–24 Stunden tiefgefroren, vorausgesetzt, Sie haben die Tür nicht geöffnet.

Wenn Sie wissen, dass der Strom eine Zeit lang abgestellt werden soll, stopfen Sie alle Lücken im Tiefkühlgerät mit Zeitungspapier aus und öffnen die Tür erst 2 Stunden nachdem der Strom wieder läuft. Speisen und Zutaten, die jetzt noch gefroren sind, kann man problemlos noch essen. Angetaute Speisen können Sie garen und verbrauchen, aber Eiscreme oder sahnehaltige Gerichte wirft man besser weg, genauso wie Fertiggerichte, deren Verfallsdatum fast erreicht ist.

Gibt es eine Möglichkeit, unangenehme Gerüche im Tiefkühlgerät zu beseitigen?

Ja! Wischen Sie das Kühlfach mit warmem Essig- oder Natronwasser aus. Ein kleiner Teller mit Kaffeemehl, ins Gerät gestellt, hilft, starke Gerüche zu binden.

Wie friere ich Obst am besten ein?

Obst zum Einfrieren sollte gerade reif und von bester Qualität sein. Falls nötig, das Obst waschen und gut abtrocknen. Beim Einfrieren darf das Obst nicht direkt mit Metall in Berührung kommen – auch nicht mit Alufolie!

Weiche Früchte wie Brombeeren, Schwarze und Rote Johannisbeeren, Stachelbeeren und Himbeeren friert man am besten zuerst auf einem mit Backpapier belegten Backblech ein. Anschließend füllt man die gefrorenen Beeren in Gefrierbeutel oder -dosen.

Beeren können vor dem Einfrieren noch mit Zucker umhüllt werden, beim Auftauen verbindet sich dann der Fruchtsaft mit dem Zucker zu Sirup. Streuen Sie dazu 125 g Zucker über 500 g Beeren.

Äpfel, Pfirsiche, Birnen und Aprikosen werden beim Auftauen schnell braun. Das lässt sich vermeiden, indem Sie das Obst in einen Sirup aus 1 l Wasser, 500 g Zucker und dem Saft von 1 Zitrone legen. 300 ml von diesem Zucker-Zitronen-Sirup reichen für 500 g Obst.

Frische Himbeeren, auf einem mit Backpapier belegten Backblech angefroren und dann in Gefrierbeutel verpackt, verlängern die Sommersaison.

Warum soll man aufgetaute Speisen nicht wieder einfrieren?

Durch das Einfrieren vermehren sich Bakterien nicht weiter, werden aber auch nicht völlig zerstört. Sobald Lebensmittel aufgetaut sind, können sich die Bakterien mit neuer Energie vermehren. Wenn Speisen aufgetaut und wieder eingefroren werden, kann die Bakterienkonzentration ein gefährliches Niveau erreichen.

Lebensmittel, die nach dem Auftauen gegart wurden, lassen sich allerdings problemlos wieder einfrieren. Durch das Einfrieren verlieren die Zutaten jedoch Feuchtigkeit, wenn man sie also mehrmals einfriert und auftaut, trocknen sie stark aus. Bei faserigen Lebensmitteln wie Fleisch leidet beim Auftauen die Konsistenz. Friert man sie ein und taut sie wieder auf, werden sie matschig.

Ist es wirklich notwendig, Gemüse vor dem Einfrieren zu blanchieren?

Um Farbe, Geschmack, Konsistenz und Nährwert von Gemüse zu erhalten, müssen Sie es vor dem Einfrieren blanchieren (siehe Kasten unten). Frisches Gemüse enthält natürliche Enzyme, die Wachstums- und Reifeprozess regulieren. Beim Blanchieren von Gemüse – das heißt, man gibt es kurz in kochendes und anschließend in eiskaltes Wasser – wird die Wirkung dieser Enzyme gehemmt, und somit verdirbt das Gemüse beim Einfrieren nicht.

GEMÜSE BLANCHIEREN

Frisches Gemüse sollte vor dem Einfrieren immer geputzt und blanchiert werden. Nehmen Sie 2 TL Salz und 3 l kochendes Wasser für 500 g Gemüse.

Das geputzte Gemüse in einen Drahtkorb legen und in kochendes Salzwasser tauchen. Warten, bis das Wasser wieder aufkocht, dann nach den Angaben in der Tabelle rechts garen. Danach den Korb mit dem Gemüse in Eiswasser tauchen. Abkühlen und abtropfen lassen, das Gemüse zum Einfrieren in Gefrierbeutel packen.

GEMÜSE ZUM EINFRIEREN VORBEREITEN

GEMÜSE	VOBEREITUNG DES GEMÜSES	BLANCHIERZEIT
Blumenkohl 	Waschen, in Röschen teilen. 1 EL Zitronensaft ins Blanchierwasser geben.	3 Minuten
Brokkoli 	Die Köpfe in gleich große Röschen zerteilen. Grobe Stängel entfernen.	klein: 3 Minuten groß: 4 Minuten
Dicke Bohnen 	Nur junge Schoten wählen. Die Kerne aus den Schoten lösen.	2 Minuten
Erbsen 	Nur junge Schoten nehmen. Die Erbsen aus den Schoten lösen.	1 Minute
Grüne Bohnen 	Waschen. Buschbohnen ganz lassen, Stangenbohnen in Stücke schneiden.	2 Minuten
Knollensellerie 	Dick schälen; in Würfel schneiden.	4 Minuten
Lauch 	Die äußeren Blätter entfernen, die Stangen waschen. Dicke Exemplare in Scheiben schneiden.	2–4 Minuten, je nach Größe
Maiskolben 	Die Kolben von Hüllen und Fäden befreien. Die Enden stutzen.	klein: 4 Minuten groß: 8 Minuten
Möhren 	Junge Möhren ganz lassen, große Exemplare schälen und in Scheiben schneiden.	ganz – 3 Minuten Scheiben – 2 Minuten
Pastinaken 	Junge Pastinaken wählen. Schrappen oder schälen, dann waschen und in Scheiben schneiden.	2 Minuten
Rosenkohl 	Waschen, die äußeren Blätter entfernen.	3 Minuten
Spargel 	Stangen gleicher Länge und Dicke zu Bündeln zusammenfassen.	dünn: 2 Minuten mittel: 3 Minuten dick: 4 Minuten
Spinat 	Von harten Stielen und Blattrippen befreien und nur die zarten Blattanteile einfrieren.	1 Minute
Zucchini 	Die Enden abschneiden, dann die Früchte in 1 cm dicke Scheiben oder 1×1 cm große Würfel schneiden.	1 Minute

Kann man Sahne und Joghurt einfrieren?

Je höher der Fettgehalt von Sahne, desto besser lässt sie sich einfrieren. Sahne, Crème fraîche und Crème double halten sich im Gefrierfach etwa 3 Monate lang.

Schlagen Sie Sahne vor dem Einfrieren halbsteif. Mit 1 TL Zucker auf 150 g lässt sich die Schlagsahne stabilisieren. Die aufgetaute Sahne können Sie gut zum Kochen verwenden. Fruchtjoghurt und Naturjoghurt mit Honig können Sie ebenfalls problemlos einfrieren.

Ich habe ein halbes Lamm im Sonderangebot gesehen, aber ich weiß nicht, ob es in meine Kühltruhe passt. Was tun?

Hochwertiges Fleisch zu einem vernünftigen Preis ist immer eine gute Sache, und ein halbes Lamm passt auch in ein kleines Tiefkühlgerät. Bitten Sie ihren Fleischer, das Lamm zu zerlegen, überschüssiges Fett abzuschneiden und die Knochen möglichst zu entfernen, denn diese nehmen Platz weg.

Das Verpacken ist gerade bei Fleisch besonders wichtig, damit es nicht verdirbt. Geben Sie das Fleisch in mehr als einen Gefrierbeutel, trennen Sie einzelne Koteletts und Steaks mit Frischhaltefolie voneinander.

Ich habe eine ganze Forelle geschenkt bekommen. Soll ich sie vor dem Einfrieren ausnehmen und schuppen?

Es ist besser, Fisch vor dem Einfrieren auszunehmen. Zunächst waschen und schuppen, dann die Eingeweide herausnehmen und die Bauchhöhle mit Wasser gründlich auswaschen. Den Fisch trocken tupfen, in Folie wickeln und in einen Gefrierbeutel geben; einfrieren. Süßwasser- und Fettfisch hält sich 2 Monate im Tiefkühlgerät, weißfleischiger Meeresfisch 2–3 Monate.

Ganzer Fisch schmeckt am besten, wenn man ihn langsam auftaut, damit das Fleisch saftig bleibt. Fischsteaks und -filets können auch im gefrorenen Zustand in die Pfanne/den Topf gegeben werden, die Garzeit verlängert sich dann um ein Drittel.

Gut zu wissen

Gefrierbrand erkennt man an grau-weißen Flecken auf dem Gefriergut. Er entsteht, wenn Lebensmittel aufgrund mangelhafter Verpackung mit der eisigen Luft direkt in Berührung kommen. Durch Gefrierbrand trocknen Lebensmittel aus und verlieren an Farbe und Aroma, sie sind noch genießbar.

Gibt es Lebensmittel, die man nicht oder eher nicht einfrieren sollte?

Manche Nahrungsmittel eignen sich nicht zum Einfrieren, da sich ihre Konsistenz durch das Gefrieren stark verändert. Dies ist vor allem der Fall bei Obst und Gemüse mit hohem Wassergehalt, z. B. bei Bananen, Gurken und Blattsalaten. In pürierter Form lassen sich jedoch solche Obstsorten besser einfrieren.

Ganze Erdbeeren bewahren währedn des Gefrierprozesses zwar ihre Farbe und ihr Aroma, doch ihre Konsistenz leidet durch das Einfrieren – die Beeren werden nach dem Auftauen weich und lassen sich dann nicht mehr im Ganzen verwenden. Doch sie sind dann bestens für Mousses oder Desserts geeignet.

Vollmilch gerinnt nach dem Auftauen, fettarme und entrahmte H-Milch lässt sich jedoch einen Monat lang einfrieren.

Eier kann man nicht in der Schale einfrieren, aber Eigelb und Eiweiß lassen sich sowohl einzeln als auch miteinander verquirlt gut einfrieren.

Bei süßen und herzhaften Gelees leidet im Tiefkühlfach die Konsistenz, man müsste die Gelees nach dem Auftauen wieder aufkochen und erneut erstarren lassen.

Butter lässt sich hervorragend einfrieren, allerdings sollte man die Stücke in der Originalverpackung in Gefrierbeutel geben, damit die Butter keine Fremdaromen annimmt. Kräuterbutter kann man gut in Portionsstücke teilen. Diese auf einem Tablett einfrieren und die hart gefrorenen Teile in Gefrierbeutel umfüllen.

Gewürzmischungen sind zum Einfrieren gut geeignet, aber nach 3 Monaten verändern die Gewürze ihr Aroma. Bei Speisen mit reichlich Knoblauch wird der Geschmack beim Einfrieren verstärkt, sie können nach dem Auftauen unangenehm stark nach Knoblauch schmecken.

Frieren Sie Gefriergut in tiefkühlgeeigneten Dosen und Beuteln ein, so kommt es nicht direkt mit der eisigen Kälte in Kontakt und ist vor Gefrierbrand geschützt.

Einlegen in Essig

Ist es wirklich von Bedeutung, welchen Essig man zum Einlegen verwendet?

Sie sollten nur hochwertigen Essig mit einem Säuregehalt von mindestens 5 % verwenden. Dazu gehören Weinessige und viele andere Essigsorten. Branntweinessig ist am billigsten, schmeckt aber nicht jedem. Verdünnte Essigessenz sollten Sie nicht verwenden – Essigessenz ist ein Kunstprodukt, guter Essig wird durch Gärung gewonnen.

Heller Branntweinessig mit seiner kräftigen Säure ist gut geeignet zum Einlegen von wasserhaltigem Gemüse wie Gurken, aber es gibt auch mildere, weichere Alternativen, z. B. Apfelessig und Rot- oder Weißweinessig. Sherry- und Balsamico-Essig können zur Hälfte mit Wein- oder Apfelessig gemischt werden, um das kräftige Aroma etwas abzumildern.

Versuchen Sie, den passenden Essig für eine Gemüsesorte zu finden. Denken Sie über Farbe und Aroma nach, die Sie erzielen möchten. Weißweinessig beispielsweise lässt helles Gemüse wie Cornichons, Blumenkohl oder Gurken gut aussehen, dunkler Rotweinessig taugt hingegen am besten zum Einlegen von Roter Bete oder Rotkohl. Apfelessig mit seinem feinen Obstgeschmack ist besonders gut für süßsauer eingelegtes Gemüse. Sherryessig hat eine dunkle Karamellfarbe und ein interessantes Aroma. Er ist ideal zum Einlegen von Schalotten.

Wie kann ich sauer Eingelegtem ein noch interessanteres Aroma verleihen?

In den Essig können Zucker, Kräuter und Gewürze gemischt werden, um dem Ganzen eine besondere Note zu verleihen. Für süßsauer eingelegtes Gemüse gießt man gewürzten Zucker-Essig-Sirup über die Zutaten. Der Essig muss vor dem Sterilisieren 1–2,5 cm hoch über dem Gemüse stehen, da etwas Flüssigkeit verdampfen wird. Beim Einlegen von knackigem Gemüse wie Zwiebeln verwendet man kalten Essig. Für weicheres Einlegegut (Kürbis, Pfirsiche) sollte der Essig erhitzt werden.

Wachteleier in Essigsud

Für 1 Glas (500 ml Inhalt)
Vorbereitungszeit: 20 Minuten, plus 2 Stunden Ziehenlassen
Garzeit: 10 Minuten

1 TL ganze bunte Pfefferkörner
2 getrocknete rote Chilischoten
1 kleines Stück frischer Ingwer, geschält und fein gehackt
1 Stück Muskatblüte
1 Streifen Orangenschale
1 TL helle Senfkörner
1 TL Salz
600 ml Weißweinessig
24 Wachteleier

1 Alle Zutaten bis auf die Wachteleier in einen Topf füllen. Aufkochen lassen, dann vom Herd nehmen und mindestens 2 Stunden ziehen lassen, bis die Mischung kalt ist.

2 Wachteleier in 3 Minuten hart kochen. In kaltes Wasser tauchen, dann abkühlen lassen und schälen. In ein sterilisiertes Glas füllen.

3 Ein Sieb mit einem Passiertuch auslegen und auf eine Schüssel setzen. Den gewürzten Essig hineingießen. Danach über die Eier gießen, bis sie vollständig bedeckt sind.

4 Das Glas mit einem Deckel (nicht aus Metall) verschließen. Bis zum Verzehr der Eier für mindestens 1 Woche an einen kühlen, dunklen Ort stellen. Möglichst innerhalb von 1 Monat verbrauchen.

Ich will zu Weihnachten in Essig eingelegtes Gemüse verschenken. Haben Sie Tipps?

Selbst Eingelegtes ist ein schönes Weihnachtsgeschenk. Der beste Zeitpunkt für die Zubereitung ist die Saison, in der Sie das Gemüse am günstigsten kaufen können – meist also der Sommer.

Füllen Sie das Einlegegut in schöne Einmachgläser. Mit hübschen Etiketten dekorieren, darauf Inhalt und Herstellungsdatum sowie Tipps für die Lagerung und ein paar Serviervorschläge schreiben.

Würzig eingelegte Schalotten

Für 2 Gläser (je 1 l Inhalt)
Vorbereitungszeit: 30–40 Minuten, plus 2 Tage Einweichzeit und 2 Stunden Ziehenlassen
Garzeit: 10 Minuten

125 g Salz
1 kg Schalotten, geschält, Wurzelenden nicht abgeschnitten
600 ml Weißweinessig
300 ml Sherryessig
2 Stücke Muskatblüte
2 getrocknete rote Chilischoten
4 Pimentbeeren, grob zerdrückt
1 Zimtstange
6 schwarze Pfefferkörner
1 Lorbeerblatt

1 In einer großen Schüssel (nicht aus Metall) das Salz in 1,25 l Wasser auflösen. Die Schalotten hineingeben. Einen Teller mit Gewichten beschweren; auf die Schüssel stellen, damit die Schalotten unter Wasser bleiben. 2 Tage stehen lassen, die Schalotten ab und zu wenden.

2 Etwa 2 Stunden vor dem Einlegen der Schalotten den Essig mit allen Gewürzen in einem Topf langsam aufkochen. Vom Herd nehmen, mindestens 2 Stunden ziehen lassen, bis die Mischung kalt ist.

3 Die Schalotten unter fließendem kaltem Wasser abspülen; anschließend abtropfen lassen und mit Küchenpapier trockentupfen. Die Schalotten in die beiden sterilisierten Einmachgläser füllen.

4 Ein Sieb mit einem Passiertuch auslegen und auf eine Schüssel setzen. Den gewürzten Essig hineingießen. Über die Schalotten gießen, bis sie ganz bedeckt sind.

5 Die beiden Gläser mit passenden Deckeln (nicht aus Metall) verschließen und die Schalotten bis zum Verzehr für mindestens 1 Monat an einen kühlen, dunklen Ort stellen. Während dieser Ruhezeit entwickelt sich das Aroma. Die würzigen Schalotten möglichst innerhalb von 1 Jahr verbrauchen.

In hübsche Einmachgläser gefüllt, sind diese eingelegten Schalotten, Pfirsiche und Wachteleier ein wunderschönes Präsent, das der Beschenkte auf vielerlei Weise in der Küche einsetzen kann.

Süßsauer eingelegte Pfirsiche

Für 1 Glas (1 l Inhalt)
Vorbereitungszeit: 30 Minuten
Garzeit: 25 Minuten

375 g Zucker
2 TL Koriandersamen
1 TL ganze bunte Pfefferkörner
5 cm Zimtstange
8 Gewürznelken
4 grüne Kardamomkapseln, angedrückt
2 EL Limettensaft
600 ml Weißweinessig
10 reife, aber feste Pfirsiche

1 Alle Zutaten bis auf die Pfirsiche in einen großen Topf geben. Unter Rühren erhitzen, bis der Zucker sich aufgelöst hat.

2 Inzwischen in einem großen Topf reichlich Wasser zum Kochen bringen. Die Pfirsiche halbieren und entsteinen. Portionsweise je nach Reifegrad für 30–40 Sekunden in das kochende Wasser geben. Mit einem Schaumlöffel herausheben und die Haut abziehen, falls sie sich schwer lösen lässt, mit dem Sparschäler nachhelfen.

3 Die geschälten Pfirsichhälften in die Zucker-Essig-Mischung geben. Die Flüssigkeit bis kurz unter den Siedepunkt erhitzen. Die Pfirsiche 5–10 Minuten pochieren, bis sie weich sind (zum Testen mit einer Messerspitze hineinstechen). Die Pfirsiche in ein vorgewärmtes sterilisiertes Glas füllen.

4 Den Sirup bei starker Hitze zum Kochen bringen, dann auf die Hälfte einkochen lassen. Die Flüssigkeit durch ein Sieb gießen, anschließend so über die Pfirsiche gießen, dass sie vollständig damit bedeckt sind und keine Luftblasen entstehen.

5 Falls nötig, die Pfirsiche mit zusammengeknülltem Butterbrotpapier nach unten drücken – nach 1 Woche herausnehmen.

6 Das Glas mit einem Deckel (nicht aus Metall) verschließen und die Pfirsiche bis zum Verzehr an einem warmen, dunklen Ort 6 Wochen lagern Nach dem Öffnen im Kühlschrank aufbewahren.

? *Wie versiegelt man ein Einmachglas am besten?*

Schraubdeckelgläser oder spezielle Einmachgläser mit Glasdeckel und Gummiring sind ideal. Verwenden Sie kein Papier oder Zellophan, denn der Inhalt muss luftdicht verschlossen sein. Wenn die Gläser nicht richtig versiegelt werden, verdampft der Essig, und die Zutaten sind der Luft und schädlichen Bakterien ausgesetzt. Die Konserve schrumpft zusammen und trocknet an der Oberfläche aus.

Vermeiden Sie auch Deckel aus reinem Metall – der Essig führt zur Korrosion des Metalls, es entstehen Rost und Schadstoffe. Wenn Essig beim Lagern verdunstet, gießen Sie etwas Essig nach, denn die Zutaten müssen stets mit Flüssigkeit bedeckt sein.

? *Wie kann man Einmachgläser am besten sterilisieren?*

Eine sehr unkomplizierte Methode ist das Sterilisieren im Backofen. Dazu stellen Sie die Gläser 10–15 Minuten lang bei 180 °C in den vorgeheizten Backofen. Die Deckel legen Sie einfach neben die Gläser auf den Rost, auch sie müssen sterilisiert werden.

Einlegen in Öl

? ***Ich liebe in Öl eingelegte rote Paprika. Wie kann ich sie selbst herstellen?***

Auf mediterrane Art in Olivenöl eingelegtes Gemüse lässt sich durchaus selbst herstellen. Sie sollten jedoch einige Vorsichtsmaßnahmen treffen, denn beim Einlegen in Öl besteht die Gefahr von Botulismus. Botulismus wird durch Bakterien, die im Boden leben, verursacht. Diese dringen zwar nicht direkt in das Gemüse ein, können aber in Erdpartikeln vorhanden sein, die am Gemüse haften. Sie vermehren sich anaerob, also ohne Sauerstoff. Daher müssen die Zutaten vor dem Einlegen in Öl sorgfältig gewaschen werden. Alle unterirdisch wachsenden Gemüsesorten wie beispielsweise Knoblauch sind besonders anfällig.

Nach dem Waschen müssen die Zutaten entwässert werden, damit sie nicht schimmeln oder faulen. Baby-Artischocken kocht man in einer Essiglösung; Auberginen werden gesalzen und in einer Essiglösung gekocht, Pilze können getrocknet oder gegart werden; Oliven werden gesalzen, Paprikaschoten geröstet und Tomaten getrocknet.

Es ist wichtig, alles noch einmal zum Kochen zu bringen. Ein Spritzer Zitronensaft oder Essig mindert durch die enthaltene Säure ebenfalls das Bakterienrisiko. Im Handel erhältliche Produkte wie in Öl eingelegte Tomaten sind ultrahocherhitzt.

Verwenden Sie ausschließlich sterilisierte Gläser, und verschließen Sie diese luftdicht. Die Konserven halten sich im Kühlschrank höchstens 2 Monate. Durch die Kälte kann das Öl fest werden (ganz besonders Olivenöl), bei Raumtemperatur wird es aber schnell wieder flüssig. Wenn die festen Zutaten verbraucht sind, können Sie das aromatisierte Öl zum Beträufeln von Brot und Salaten oder beim Grillen zum Bestreichen von Fleisch und Fisch verwenden.

Im Gegensatz zu Gemüse muss Käse vor dem Einlegen in Öl nicht erhitzt werden; Feta und Ziegenkäse schmecken eingelegt wunderbar – das folgende Rezept beweist es.

Ziegenkäse mit Kräutern

Für 2 Gläser (je 750 ml Inhalt)
Vorbereitungszeit: 10–15 Minuten

750 g fester Ziegenfrischkäse
1/2 TL fein zerstoßener schwarzer Pfeffer
4 TL getrocknete gemischte Kräuter (italienische Kräuter oder Kräuter der Provence)
750 ml Olivenöl
150 ml Walnussöl
Nach Belieben:
bunter Pfeffer (ganz)
Kräuterzweige und
1–2 Lorbeerblätter

1 Den Ziegenfrischkäse mit einem scharfen Messer in 2,5 cm große Würfel schneiden. Die zerstoßenen Pfefferkörner und die getrockneten Kräuter darüberstreuen und beides leicht andrücken. Die gewürzten Käsewürfel in sterilisierte Einmachgläser füllen. Nach Belieben Pfefferkörner, Kräuterzweige und Lorbeerblätter zugeben.

2 Oliven- und Walnussöl gut mischen. Über den Käse gießen, bis dieser vollständig bedeckt ist. Die Gläser fest verschließen und in den Kühlschrank stellen.

3 So hält sich der eingelegte Käse mindestens 1 Monat. Ungefähr 1 Stunde vor dem Servieren sollte man ihn herausnehmen und Raumtemperatur annehmen lassen.

Mit Kräutern gewürzter Ziegenkäse in Olivenöl zaubert Sonnenschein auf den Tisch. Pfefferkörner in vielen Farben, Kräuterzweige und Lorbeerblätter sorgen für eine pikante Note.

Eintopf

? *Gibt es eine goldene Regel für den perfekten Eintopf?*

Für einen Eintopf ist bereits das Anfangsstadium der Zubereitung entscheidend. Bei vielen Fleischeintöpfen wird das Fleisch zuerst angebraten (oft zusammen mit Zwiebeln, Möhren, Lauch, ganzen oder zerkleinerten Pilzen, Paprika oder Schalotten), damit sich ein intensives Aroma entwickelt und die Sauce – die ja auf dem Bratensatz basiert – eine schöne Farbe bekommt.

Für eine nicht zu helle und aromatische Sauce müssen Sie das Fleisch zunächst rundum kräftig anbraten. Tun Sie dies portionsweise, damit Sie genügend Platz im Topf haben und die Temperatur des Bratfetts nicht zu rasch sinkt (das würde das Fleisch austrocknen und zäh machen). Braten Sie bei starker Hitze an, damit das Fleisch auch wirklich schön braun wird.

Wenn der Bratensatz gut dunkel ist, Gemüse und Gewürze nach Rezept zugeben, dann Fond, Brühe Wein oder Wasser zugießen; alles verrühren und aufkochen. Anschließend den Eintopf im geschlossenen Topf bei schwacher Hitze garen, bis alle Zutaten weich sind – je länger die Garzeit, desto besser schmeckt normalerweise der Eintopf. Eintöpfe lassen sich sehr gut vorkochen; aufgewärmt schmecken sie oft noch besser.

? *Das Fleisch in meinem Eintopf wird immer zäh. Was mache ich falsch?*

Für einen Schmortopf eignen sich durchwachsene, preiswerte Fleischstücke sehr gut. Durch langsames Garen bei schwacher Hitze wird das Fleisch zart und aromatisch. Gart man es jedoch zu lange, kann es zäh und faserig werden, vor allem, wenn es gekocht und nicht geköchelt wird – dadurch werden nämlich die Fleischfasern zerstört.

Die Gartemperatur für Eintöpfe sollte 150 °C nicht übersteigen, und man sollte sie mindestens 2 Stunden garen. Das Ziel ist ein sehr sanftes Köcheln, bei dem nur ab und zu eine Blase an die Oberfläche steigt.

Ein Eintopf aus zartem Lammfleisch, Bohnen, Zwiebeln und Tomaten ist ein wärmendes Mahl für kalte Wintertage.

Lamm-Navarin mit weißen Bohnen

Für 4–6 Portionen
Vorbereitungszeit: 20 Minuten, plus 30 Minuten Einweichzeit für die Bohnen
Garzeit: 3 3/4 Stunden

200 g Flageolet-Kerne
3 EL Oliven- oder Sonnenblumenöl
1 kg Lammfleisch, gewürfelt
500 g Zwiebeln, in Ringe geschnitten
je 20 g Zucker und Mehl
500 ml Fleischbrühe
500 g Tomaten, gehäutet, entkernt und grob gehackt
1 Kräutersträußchen (Petersilie, Thymian, Lorbeerblatt)
1 TL Salz
1/2 TL schwarzer Pfeffer
1 große Knoblauchzehe, zerdrückt
Thymian zum Garnieren

1 Bohnen 30 Minuten in Wasser einweichen. Abgießen. Mit frischem Wasser in einen Topf geben, 15 Minuten kochen lassen. Erneut abgießen. Mit frischem Wasser in den Topf geben, 1 1/4 Stunden köcheln lassen. Abgießen, beiseitestellen.

2 Öl in einem großen Topf erhitzen, das Fleisch darin rundherum anbraten. Herausnehmen und das Öl in den Topf zurücklaufen lassen. Die Zwiebeln im Öl unter gelegentlichem Rühren glasig werden lassen. Zucker zufügen. Bei mittlerer Hitze 5 Minuten rühren, bis die Zwiebeln braun sind. Das Mehl einrühren und 1 Minute mitgaren.

3 Die Fleischbrühe zugießen und aufkochen lassen, dabei umrühren, bis die Sauce andickt. Tomaten, Kräuterstrauß, Salz und Pfeffer zufügen. Fleisch mitsamt dem Saft hineingeben; aufkochen. Die Hitze reduzieren und das Gericht zugedeckt insgesamt noch 1–1 1/2 Stunden köcheln lassen.

4 Bohnen und Knoblauch zugeben, Eintopf aufkochen lassen. Zugedeckt unter gelegentlichem Rühren 1 Stunde köcheln lassen, bis die Zutaten gar, aber nicht zu weich sind.

5 Die Kräuter herausnehmen. Den Eintopf mit Thymian garnieren und heiß servieren. Dazu gedämpftes grünes Gemüse, z. B. Spinat oder Mangold, sowie Reis oder Salzkartoffeln reichen.

Verwenden Sie einen schweren Topf mit gut schließendem Deckel, der nicht zu viel Dampf entweichen lässt. Ist das Topfmaterial zu dünn oder ist der Boden des Topfes gewölbt, kann es dazu kommen, dass der Eintopf anbrennt. Der Topf sollte außerdem die richtige Größe haben; kleine Mengen Eintopf trocknen in einem großen Topf schnell aus, und in einem zu kleinen Topf kocht der Eintopf leicht über.

Wie viel Fleisch pro Person rechnet man üblicherweise für einen Eintopf?

Im Allgemeinen können Sie 100–150 g Fleisch pro Person rechnen, je nachdem, wie viele andere Zutaten noch im Eintopf enthalten sind. Falls Sie ein Essen für eine größere Gesellschaft planen, nehmen Sie eher weniger Fleisch, denn bei größeren Anlässen wird meist weniger gegessen.

Ein Fleischeintopf ist sehr reichhaltig und sollte nicht ohne kohlenhydratreiche Beilage (z.B. Nudeln, Brot, Kartoffeln oder Reis) und Gemüse oder Salat serviert werden. Ein Eintopf, der Fleisch, Gemüse und Kartoffeln, Reis oder Nudeln enthält, ist eine ausgewogene Mahlzeit für sich. Auf der linken Seite finden Sie ein Rezept für einen traditionellen französischen Eintopf aus Lammfleisch, weißen Bohnen und Tomaten – eine wunderbar herzhaftes, aromatisches Gericht.

Empfiehlt es sich, Knorpel und Fett vom Fleisch zu entfernen, wenn man es für einen Eintopf verwenden möchte?

Entfernen Sie stets sämtliche Knorpelteile, denn diese lösen sich beim Garen im Gegensatz zum Fett nicht auf. Wenn Sie etwas Fett am Fleisch lassen, wird der Eintopf saftiger und aromatischer.

Fleisch, das von feinen Fettadern durchzogen ist, eignet sich besonders gut für Eintöpfe – allerdings sollten Sie dann pro Portion etwas mehr Fleisch kaufen. Ein guter Kompromiss besteht darin, den Fettrand außen vom Fleisch abzuschneiden, die Marmorierung innerhalb der Fleischstücke jedoch nicht zu entfernen, denn das Fett zwischen den Fleischfasern schmilzt beim Garen und verbessert den Geschmack des Eintopfs. Wenn Sie das Gericht komplett entfetten möchten, bereiten Sie den Eintopf am Vortag zu und lassen ihn abkühlen. Am nächsten Tag können Sie dann das gesamte Fett von der Oberfläche abheben.

Wenn Sie das Fleisch am Knochen garen oder auslösen und die Knochen im Eintopf mitgaren, wird der Eintopf noch aromatischer und die Sauce sämiger. Auch ein paar Fleischknochen, im Gericht mitgegart, sorgen für einen angenehm kräftigen Fleischgeschmack. In diesem Fall die Knochen vor dem Garen anbraten.

Eiscremes & Sorbets

Braucht man für wirklich gute Eiscremes und Sorbets unbedingt eine Eismaschine?

Die Antwort lautet nein, obwohl eine Eismaschine die Aufgabe sehr erleichtert, denn die Mischung muss während des Gefrierens ständig gerührt werden, damit die Eiskristalle nicht zu groß werden und die Eiscreme eine luftige, cremige Konsistenz erhält.

Wenn Sie Eiscreme von Hand zubereiten möchten, gießen Sie die Mischung in einen Behälter aus Plastik oder Metall und stellen diesen 1 1/2 Stunden ins Gefrierfach. Wenn die Mischung am Rand gefroren ist, können Sie sie 20 Sekunden entweder in der Küchenmaschine oder in einer Schüssel mit dem Schneebesen oder dem Handrührgerät durchschlagen.

Füllen Sie die Creme nun wieder in den Behälter und stellen Sie diesen wieder ins Gefrierfach. Wiederholen Sie den Prozess noch 2- bis 3-mal, bis die richtige Konsistenz erreicht ist.

Wie mache ich am besten Eiscreme aus frischem Obst?

Eiscreme kann man aus Sahne, Vanillecreme oder einer Mischung aus beidem herstellen. Eiscremes mit hohem Sahneanteil lassen sich am besten von Hand zubereiten. Fruchteis hat meist eine Sahnebasis, denn Sahne unterstreicht das Aroma

Vanille-Eiscreme

Eiscreme lässt sich auch ohne Eismaschine einfach zubereiten. Nach dem folgenden Rezept wird zunächst eine Eiercreme hergestellt. Für 6 Portionen brauchen Sie: 4 Eigelb, 125 g Zucker, 300 ml Milch, 300 g halbsteif geschlagene Sahne und 1 TL gemahlene Vanille oder Vanilleextrakt.

1 Das Eigelb mit dem Zucker schaumig rühren. Die Milch bis kurz unter den Siedepunkt erhitzen und unter die Eiermischung rühren. Alles in einem Topf heiß werden, aber nicht kochen lassen.

2 Die Creme mit einem Holzkochlöffel so lange umrühren, bis die Mischung andickt und den Löffelrücken überzieht. Durch ein Sieb in eine Schüssel gießen; abkühlen lassen, dann in den Kühlschrank stellen.

3 Mit einem Metalllöffel die Sahne und die Vanille in die Creme rühren. Die Mischung in ein Metall- oder Kunststoffgefäß füllen. 1–2 Stunden tiefkühlen, bis sie am Rand gefroren ist, aber auf leichten Fingerdruck noch nachgibt.

4 Die Mischung in eine Schüssel füllen und mit einem Schneebesen oder in der Küchenmaschine gut durchschlagen. Wieder in den Behälter geben und zurück in das Tiefkühlgerät stellen. Den Kühl- und Rührvorgang noch zweimal wiederholen.

der Früchte am besten. Mit einer Basis aus Eiercreme werden die Eiskristalle jedoch kleiner, die Eiscreme wird glatter. Wenn Sie Erdbeeren verwenden, verlieren diese unter Umständen etwas an Aroma. Dies lässt sich jedoch ausgleichen, indem Sie etwas Erdbeerkonfitüre unter die Eismasse mischen. Nach dem Rezept für Beeren-Eiscreme (siehe rechts) können Sie jede Beerensorte verwenden, mit Himbeeren allein wird die Eiscreme jedoch etwas zu wässrig. Am besten mischen Sie Himbeeren mit anderen Beeren wie Erdbeeren oder Brombeeren. Weiche Beeren wie diese müssen vorher nicht gekocht werden.

Übrigens: Sie können nach diesem Rezept auch Eiscreme mit anderen Obstsorten, beispielsweise mit Äpfeln, Aprikosen, Birnen, Pflaumen oder Rhabarber zubereiten. Diese muss man allerdings vorgaren. Köcheln Sie dafür das Obst in etwas Wasser mit Zucker nach Geschmack, bis es gerade weich wird, oder etwas länger, wenn Sie eine sehr glatte Eiscreme wünschen. In dem Fall wird das Obst vor der Weiterverarbeitung fein püriert. Danach gehen Sie weiter nach Rezept vor.

Wie löst man eine fertige Eiscreme am besten aus einer Metallform?

Einfach ein Geschirrtuch in heißes Wasser tauchen, auswringen und für ein paar Sekunden um die Schüssel legen. Dann die Form umgekehrt auf einen Teller stürzen, dabei etwas rütteln, damit die Eiscreme herausgleiten kann. Metall ist das beste Material für Eisformen, da es Hitze und Kälte sehr gut leitet.

Ich möchte zu Eiscreme eine Fruchtsauce reichen. Wie wird so eine Sauce gemacht?

Heidel- und Himbeeren eignen sich besonders gut für eine solche Sauce. Auch eine Beerenmischung aus der Tiefkühltruhe eignet sich. Das Obst kurz mit 1–2 EL Wasser, Zucker und nach Belieben auch Likör erhitzen, bis der Saft austritt. Dann mit der Hand oder in der Küchenmaschine pürieren. Durch ein Sieb streichen, die Kerne wegwerfen. Warm oder kalt servieren.

Beeren-Eiscreme

Für 8 Portionen
Zubereitungszeit: 20 Minuten, plus mindestens 6 Stunden Kühlzeit

1 kg Beeren (z. B. Brombeeren, Himbeeren oder Erdbeeren)
2 TL Zitronensaft
350 g Puderzucker
600 g Sahne

1 Beeren mit Zitronensaft und Puderzucker in der Küchenmaschine oder mit dem Stabmixer pürieren. Mit einem Holzkochlöffel die Mischung durch ein Sieb (nicht aus Metall) drücken, die Kerne wegwerfen. Wenn Sie keine Küchenmaschine besitzen, können Sie die Beeren auch gleich durch das Sieb in eine große Schüssel passieren. Danach das Fruchtpüree mit Zitronensaft und Zucker glatt verrühren.

2 Die Sahne halbsteif schlagen und behutsam unter die Fruchtmischung ziehen.

3 Die Mischung in die Eismaschine geben und nach Anleitung des Geräteherstellers zu Eiscreme werden lassen.

4 Wenn Sie keine Eismaschine besitzen, die Creme in einen Metall- oder Kunststoffbehälter füllen und zugedeckt 1 1/2 Stunden tiefkühlen, bis sie an den Rändern gefroren, in der Mitte aber noch weich ist. Aus dem Tiefkühlgerät nehmen und mit dem Schneebesen gut durchschlagen, dann wieder einfrieren. Wiederholen Sie diesen Schritt noch mindestens zweimal. Am besten schmeckt die Eiscreme innerhalb von 2 Wochen.

Eine Eiscreme aus Sommerbeeren ist ein Fest für Augen und Gaumen.

Was ist der Unterschied zwischen Granita und Sorbet?

Beide basieren auf Zuckersirup, doch Granita ist grobkörnig und hat ungefähr die Konsistenz von Pulverschnee, während ein Sorbet weich und cremig ist. Granita enthält viel weniger Zucker als ein Sorbet und sollte am Tag der Zubereitung serviert werden, da sie ihre angenehme Konsistenz schnell verliert. In Italien wird insbesondere kräftig gesüßter Espresso als Granita serviert.

Ist es üblich, Eischnee in ein Sorbet zu geben?

Ein Sorbet enthält üblicherweise weder Milch noch Eier. Deshalb sehen viele Rezepte für selbst gemachtes Sorbet vor, dass leicht steif geschlagenes Eiweiß in die Masse gegeben wird, damit sie etwas lockerer wird. Dadurch bilden sich keine großen Eiskristalle, und das Sorbet sieht weniger transparent aus.

Generell bestehen Sorbets aus einer Mischung von Fruchtsaft oder Fruchtpüree und Zuckersirup. Je stärker der Zuckersirup, desto weicher und süßer wird das Sorbet.

Kann man Sorbetmasse mit Joghurt anreichern?

Das kann man durchaus. Allerdings handelt es sich dann nicht mehr um ein Sorbet, sondern um köstliche und sogar auch noch fettarme Eiscreme. Bereiten Sie dafür die Sorbetmasse nach Rezept zu, und rühren Sie vor dem Einfrieren Magermilchjoghurt hinein. Stichfester Vollmilchjoghurt eignet sich für diese Zubereitung besonders gut, hat allerdings einen etwas höheren Fettgehalt.

Ich wüsste gern, wie man ein herzhaftes Sorbet zubereitet.

Herzhafte Sorbets lassen sich aus Zutaten wie Avocados, Gurken, roten Paprikaschoten und Tomaten sehr einfach herstellen. Sie können eigentlich alle Zutaten verwenden, die mit Zuckersirup harmonieren, so wie in dem Rezept für Tomaten-Paprika-Sorbet beschrieben (siehe rechts). So ein herzhaftes Sorbet ist köstlich als Vorspeise oder als erfrischender Zwischengang.

Tomaten-Paprika-Sorbet

Für 8 Portionen
Zubereitungszeit: 40 Minuten, plus mindestens 5 Stunden Gefrierzeit
Garzeit: 10 Minuten

2 große rote Paprikaschoten, geviertelt und geputzt
2 EL Sonnenblumenöl
60 g Zucker
300 ml Wasser
500 g passierte Tomaten
1/2 TL Salz
Saft von 1/2 großen Zitrone
1 TL Worcestershiresauce
1 TL Sojasauce
ein paar Tropfen Tabascosauce
weißer Pfeffer

1 Den Grill auf mittlerer Stufe vorheizen. Die Paprikaviertel mit 1 TL Öl bepinseln. Mit den Rundungen nach oben grillen, bis die Schale verkohlt ist und Blasen wirft und das Fruchtfleisch weich ist. Abkühlen lassen, dann die Schale abziehen.

2 Zucker und Wasser in einem Topf unter Rühren erhitzen. Aufkochen, dann 4–5 Minuten köcheln lassen, bis der Sirup 115 °C erreicht hat. (Wenn Sie kein Zuckerthermometer besitzen, etwas Sirup in kaltes Wasser tropfen lassen. Zwischen Daumen und Zeigefinger nehmen: Er muss sich zu einer weichen Kugel formen lassen.) Auskühlen lassen.

3 Den kalten Sirup mit den Paprikaschoten, dem restlichen Öl und allen weiteren Zutaten in der Küchenmaschine glatt pürieren.

4 Die Mischung in ein flaches Gefriergefäß füllen und zugedeckt 1 1/2 Stunden einfrieren.

5 Das Sorbet aus dem Tiefkühlgerät nehmen und gut durchschlagen, dann wieder einfrieren. Diesen Arbeitsschritt zweimal wiederholen.

6 Etwa 30 Minuten vor dem Servieren das Sorbet in den Kühlschrank stellen, damit es weicher wird. Sorbet in ausgehöhlten Tomaten- oder in Avocadohälften oder mit Blattsalat und knusprigem Toast servieren.

Zitronen-Limetten-Sorbet

Sorbets werden aus Obst und Zuckersirup hergestellt. Gibt man Eiweiß dazu, wird das Sorbet noch lockerer. Für 6 Personen benötigen Sie 250 g Zucker, Schale und Saft von 2 Zitronen und 4 Limetten sowie 2 Eiweiß.

1 Zucker und 125 ml Wasser in einem Topf unter Rühren erhitzen, bis der Zucker sich aufgelöst hat. Aufkochen, dann sofort vom Herd nehmen.

2 Zitrusschale in den heißen Sirup geben, diesen anschließend auf Raumtemperatur abkühlen lassen.

3 Sirup durch ein Sieb in eine Schüssel gießen. Saft zugeben, die Mischung leicht anfrieren lassen.

4 Eiweiß zu Schnee schlagen. Das angefrorene Sorbet löffelweise zugeben und unterziehen. Die Mischung ins Tiefkühlfach stellen, bis sie eisig und halb gefroren ist. Herausnehmen und mit einer Gabel durchrühren, dann einfrieren, bis das Sorbet fest ist.

Ente

Was ist der Unterschied zwischen einer Flug- und einer Barbarie-Ente, und worauf muss ich beim Einkauf achten?

Flugente und Barbarie-Ente sind zwei verschiedene Namen für den gleichen Typ Ente. Diese Enten sind sehr fleischig und relativ fettarm. Ihr Geschmack ähnelt dem der Wildente. Weibliche Tiere werden im Alter von etwa 9 Wochen und mit einem Gewicht von etwa 2,5 kg geschlachtet, Erpel sind bei der Schlachtung ungefähr 10–11 Wochen alt und wiegen etwa 4 kg.
Flug- oder Barbarie-Enten haben zartes Fleisch und eignen sich daher auch für kurzes Garen, beispielsweise im Wok (im Gegensatz dazu sollten die fetteren Pekingenten besser langsam geschmort werden).

Achten Sie beim Einkauf darauf, dass die Vögel vollfleischig und nicht zu fett sind und eine helle, unverletze Haut haben. Im Handel sind ganze und halbe Enten sowie Entenbrüste und -keulen, alles sowohl frisch als auch tiefgefroren.

Was ist Entenklein, und was macht man damit?

Bei Entenklein handelt es sich um Magen, Herz, Hals und Flügel der Vögel. Entenklein eignet sich gut für Eintopf: kräftig anbraten, dann würzen und mit etwas Flüssigkeit (Hühnerbrühe, Entenfond) zugedeckt schmoren, bis sich alles leicht zerteilen lässt. Herausnehmen und, falls nötig, von Haut und Knochen befreien; zerkleinern. Mit dem Bratensatz Gemüse und Kartoffeln garen, dann das Fleisch zugeben.

Gewusst wie

Eine TK-Ente sollten Sie unbedingt im Kühlschrank – und nicht bei Raumtemperatur – auftauen. Eine Ente braucht zum Auftauen gut 24 Stunden. Geflügel sollte vor der Weiterverarbeitung immer komplett aufgetaut sein, sonst wird es nicht gleichmäßig gar.

In Frankreich habe ich Salat mit Gesier gegessen. Meine Französischkenntnisse reichten nicht aus, die Erklärung des Kellners zu verstehen. Sagen Sie mir, was ich da (mit Genuss) verspeist habe?

„Gesier de Canard Confit“ ist in Frankreich äußerst beliebt. Anatomisch gesehen, handelt es sich beim Fleisch um den Kaumagen der Ente. Diese Stücke werden in Entenfett gegart und eingemacht. Das Fleisch ist dunkelrot, hocharomatisch und sehr zart. Vor der Weiterverwendung sollten die Gesiers gründlich vom sie umgebenden Garfett befreit werden. Dann das Fleisch quer in dünne Scheiben schneiden und diese auf mit klassischer Vinaigrette angemachtem Blattsalat anrichten.

Ich möchte eine Ente füllen, mir fehlt nur das passende Rezept. Wissen Sie eines?

Selbstverständlich. Dieses ist für 2 Personen berechnet. Für die Füllung entrinden Sie 2 Brötchen vom Vortag und schneiden diese in kleine Würfel. Die Würfel in 30 g heißer Butter braten, dann mit 250 ml Geflügelfond begießen und 5 Minuten einweichen. Inzwischen eine Knoblauchzehe zerdrücken, eine Schalotte würfeln. Beides mit 250 g gehacktem Schweinefleisch, 1 TL fein abgeriebener Zitronenschale und etwa 3 EL gehackten Kräutern (Rosmarin, Salbei, Liebstöckel, Schnittlauch, Petersilie) und einem Ei zu den Brötchenwürfeln geben und alles gut verkneten. Die Masse herzhaft mit Salz und Pfeffer würzen. Nun die Ente innen und außen waschen und trockentupfen. Die Füllung in die Ente geben und diese im vorgeheizten Backofen bei 180 °C 2 Stunden braten. Die gegarte Ente sollte eine Kerntemperatur von 80 °C haben. Die Ente längs halbieren, anrichten, mit Bratensaft begießen und servieren.

Ich mag gern Entenbrust aus dem Wok. Leider wird das Gericht mit Haut immer recht fett, aber ohne Haut fehlt Aroma. Was tun?

Befreien Sie die Entenbrüste von der Haut – diese aber nicht wegwerfen, sondern in schmale Streifen schneiden. Die Entenbrust ebenfalls in Streifen schneiden und diese im Wok braten, wie im Rezept vorgesehen. Kurz bevor das Gericht fertig ist, die in Streifen geschnittene Haut ohne zusätzliches Fett in einer kleinen Pfanne knusprig ausbraten. Das Wokgericht mit Reis auf Tellern anrichten und alles mit den Krüstchen bestreuen. Das in der Pfanne verbliebene ausgebratene Fett können Sie im Kühlschrank aufbewahren und beispielsweise zum Abrunden von Rotkohl verwenden.

Wird eine Entenbrust im Backofen bei 80 °C gar?

Sehr gut sogar. Wird Entenbrust bei starker Hitze im Backofen gebraten, bleibt das Fleisch häufig etwas fest. Gibt man ihr mehr Zeit und gart sie bei sehr schwacher Hitze, ist das Ergebnis eine perfekt rosa gebratene Entenbrust, die zart und sehr aromatisch ist. So funktioniert diese Methode: Den Backofen auf 80 °C vorheizen – gut wäre, die Temperatur mit einem Backofenthermometer zu überprüfen. Haut und Fettschicht der Entenbrüste (pro Person eine Entenbrust rechnen) rautenförmig einschneiden, dabei das Fleisch unverletzt lassen. Die Entenbrüste mit Salz und Pfeffer einreiben. Eine Pfanne, die Sie auch in den Backofen stellen können, heiß werden lassen. Die Entenbrüste mit den Hautseiten nach unten hineinlegen und kräftig anbraten. Wenden und auch die Fleischseiten gut bräunen. Die Pfanne in den vorgeheizten Ofen geben und die Entenbrüste etwa 40 Minuten garen. Vom Ergebnis werden Sie begeistert sein!

Wenn ich Ente brate, ist oft die Brust gar, aber die Keulen sind innen noch ziemlich rot. Wie bekomme ich alles gleichzeitig gar?

Das Fleisch der Entenkeulen ist recht fest, und seine Garzeit ist tatsächlich länger. Das können Sie ausgleichen, indem Sie das Geflügel nicht – wie üblich – mit der Brust nach oben in den Bräter legen, sondern den Vogel auf die Seite legen. So bekommen die Keulen die starke Ober- und Unterhitze ab, und die Brust gart langsamer.

Unwiderstehlich: Die Entenbrust wird mit Rotwein, Knoblauch und Ingwer im Backofen gegart, ein bisschen Johannisbeergelee steuert aparte Süße bei. Dazu gibt es Obst und rohes Gemüse.

? *Ich mag Entenbrust am liebsten rosa, also nicht ganz durchgebraten. Besteht dadurch ein Infektionsrisiko mit Salmonellen? Meist wird davon nur in Verbindung mit Eiern und Hühnern gesprochen.*

Salmonellen kommen fast überall vor. Doch rohes Schlachtgeflügel (Huhn, Pute, Ente) und Eier sind besonders anfällig für diese Mikroorganismen.

Bei einer nicht ganz durchgebratenen Entenbrust kann man deshalb ein Gesundheitsrisiko nicht völlig ausschließen. Denn Salmonellen werden erst ab einer Temperatur von 70 °C unschädlich gemacht – Entenfleisch mit dieser Kerntemperatur ist durchgebraten.

Wie bei jedem TK-Geflügel, gilt auch bei TK-Ente und TK-Entenbrust: Tauen Sie das Fleisch in einer gut zu reinigenden Schale auf, und achten Sie darauf, dass der austretende Fleischsaft mit keinem anderen Lebensmittel in Berührung kommt. (siehe auch *Lebensmittelhygiene*).

Entenbrust auf Rotkohl-Orangen-Salat

Für 4 Portionen
Vorbereitungszeit: 10 Minuten,
Garzeit: 22–27 Minuten

3 Entenbrüste (etwa 500 g)
125 ml Rotwein
1 EL Gelee aus Roten Johannisbeeren
1 TL Knoblauchpaste
1 TL Ingwerpaste
2 EL Olivenöl
2 TL Balsamico-Essig
Salz, Pfeffer
2 Orangen
250 g Rotkohl, gehobelt
1/4 Chinakohl, gehobelt
150 g Bohnensprossen
75 g Brunnenkresse
1 Dose Wasserkastanien (etwa 220 g), der Inhalt abgetropft und in Scheiben geschnitten

1 Backofen auf 220 °C vorheizen. Entenbrüste von Haut und Fett befreien. Fleisch in eine ofenfeste Form legen und mit Rotwein begießen. Gelee, Knoblauch und Ingwer zufügen. Entenbrüste im heißen Ofen 20–25 Minuten garen.

2 Öl und Essig mit Salz und Pfeffer in einer großen Schüssel verrühren. Orangen so schälen, dass auch die weiße Haut enfernt wird. Filets über der Schüssel aus den Trennhäuten schneiden, damit der Saft in die Schüssel tropft. Filets, Kohl, Sprossen, Kresse (bis auf einige Blätter) und Kastanien in die Schüssel geben. Mit dem Dressing anmachen.

3 Entenbrüste aus dem Ofen nehmen. Auf eine vorgewärmte Servierplatte geben. Garflüssigkeit in einen Topf geben; 1–2 Minuten einkochen. Fleisch quer in Scheiben schneiden. Garsud zum Salat geben, untermischen. Fleischscheiben auf dem Salat anrichten, mit restlicher Brunnenkresse garnieren.

Erbsen

Sind Zuckerschoten und Zuckererbsen dasselbe wie normale Erbsen?

Alle gehören zur selben Erbsenfamilie; was sie jedoch unterscheidet, ist der Reifegrad. Zuckerschoten sind ganz flach, die Erbsen im Inneren noch winzig. Bei Zuckererbsen sind die Erbsen bereits größer, aber noch nicht so weit gereift wie bei den Gartenerbsen. Zuckerschoten und -erbsen erntet man wegen ihrer knackigen, süßen, essbaren Schale.

Bei Zuckerschoten sollte man mit etwa 125 g pro Person rechnen. Gartenerbsen ergeben nach dem Enthülsen etwa die Hälfte des ungeschälten Gewichts. Für 2 Personen sollten Sie etwa 500 g ungeschälte Erbsen kaufen, es sei denn, Sie möchten noch anderes Gemüse dazu servieren oder wollen aus den Erbsen einen Salat zubereiten, z.B. nach dem Rezept rechts. Dieser Salat ist ideal für ein sommerliches Buffet oder einen Grillabend, denn die Bohnen und Linsen bleiben trotz des Dressings schön fest. Beeren haben dieselbe Saison wie Erbsen, Sie können daher ein paar rote Johannisbeeren als bunte Dekoration über den Salat streuen. Ein Spritzer Himbeeressig verleiht ihm eine weitere sommerliche Note.

Im Vorrat habe ich Dosenerbsen, deren Mindesthaltbarkeitsdatum bald abläuft. Was tun?

Beispielsweise eine leckere Suppe kochen. Dafür schneiden Sie zunächst geräucherte Forellenfilets in Streifen; beiseitestellen. Dann geben Sie die Erbsen direkt aus der Dose mitsamt der Einlegflüssigkeit in den Mixer oder in die Küchenmaschine und pürieren sie fein. Das Püree in einen Topf füllen und mit Brühe zu supppenartiger Konsistenz auffüllen. Die Suppe kräftig mit Salz und (Zitronen-)Pfeffer würzen, dann aufkochen und köcheln lassen, bis beim Probieren keine harten Schalenteile mehr wahrnehmbar sind. Etwas Crème fraîche oder halbsteif geschlagene Sahne einrühren, dann die Suppe in tiefe Teller füllen. Forellenfiletstücke darübergeben; servieren.

Erbsen- und Puy-Linsen-Salat in Minzdressing

Für 6–8 Portionen
Vorbereitungszeit: 15 Minuten
Garzeit: 30–35 Minuten

350 g Puy-Linsen
2 Lorbeerblätter
750 g Erbsenschoten
1 TL Zucker
Salz und schwarzer Pfeffer
1 TL gemahlener Kreuzkümmel
4–6 Frühlingszwiebeln
3–4 Zweige Minze
2–3 Handvoll Rote Johannisbeeren, (nach Belieben)
Für das Dressing:
90 ml Olivenöl
1 EL Weißweinessig
1 TL Himbeeressig

1 Die Linsen mit den Lorbeerblättern in einen Topf geben. Mit reichlich kaltem Wasser bedecken. Aufkochen, abschäumen und die Linsen bei schwacher Hitze in 30 Minuten weich kochen. Kochwasser abgießen, Linsen abspülen und in einem Sieb abtropfen lassen.

2 Inzwischen die Erbsen enthülsen und in einen kleinen Topf füllen. Den Zucker zufügen und die Erbsen mit reichlich Wasser bedecken. 7–10 Minuten köcheln lassen, bis die Erbsen weich sind.

3 In der Zwischenzeit die Zutaten für das Dressing in ein kleines Glas mit Schraubverschluss geben und gut schütteln.

4 Wenn Erbsen und Linsen gar sind, beides in einer Schüssel vermischen. Mit Salz, Pfeffer und Kreuzkümmel würzen. Salatdressing darübergeben und ruhig ein paar Stunden durchziehen lassen.

5 Kurz vor dem Servieren die Frühlingszwiebeln waschen, putzen und in dünne Scheiben schneiden, dann die Minze fein hacken.

6 Zwiebel und Minze über den Salat streuen. Nach Belieben mit Roten Johannisbeeren und/oder mit Minze garnieren.

Das Hellrot der Johannisbeeren kontrastiert wunderschön mit dem Grün der Erbsen, Frühlingszwiebeln und Puy-Linsen in diesem exquisiten Salat. Frische Minze und Kreuzkümmel verleihen ihm einen Hauch von Exotik.

Ernährung

Ich möchte mich gern gesund ernähren, aber die vielen unterschiedlichen Empfehlungen verwirren mich. Gibt es Allgemeingültiges?

Am vernünftigsten ist wohl, sich ausgewogen zu ernähren. Das heißt, dass Lebensmittel aus verschiedenen Gruppen (z. B. Milchprodukte, Getreide, Gemüse, Fleisch usw.) in bestimmten Mengen am Tag gegessen werden sollten. Auf der nächsten Seite sehen Sie die Ernährungspyramide. Sie zeigt, welche Lebensmittel zu bevorzugen sind und welche eher in geringen Mengen verzehrt werden sollen.

Grundsätzlich wird von Experten empfohlen, dass kohlenhydratreichen Lebensmittel sowie Obst und Gemüse der Vorzug gegeben werden sollte, während fett- und zuckerreiche Nahrungsmittel eher eine Nebenrolle spielen sollten. Bei Fleisch, Fisch und Geflügel wird ein regelmäßiger Verzehr empfohlen, jedoch in Maßen. Zu bedenken ist, dass man Fertiggerichten nicht ansehen kann, was wirklich in ihnen steckt. Deshalb ist ein Blick auf die Zutatenliste empfehlenswert. Ähnlich verhält es sich mit Wurst.

Muss ich meinen Kindern Vitamintabletten oder -säfte geben?

Kinder brauchen im Verhältnis zu Größe und Gewicht mehr Vitamine und Mineralstoffe als Erwachsene, weil sie sich ständig im Wachstum befinden. Ihnen Vitaminpräparate zu verabreichen, könnte eine Art „Versicherung" gegen Mangelernährung sein. Doch dies ersetzt keinesfalls eine gesunde, ausgewogene Ernährung. Versuchen Sie Ihren Kinder zu vermitteln, dass es Spaß macht, Essen selbst zuzubereiten, und dass es einfach besser schmeckt als fertig gekauftes.

Wie kann ich beim Zubereiten von Lebensmitteln vermeiden, dass Nährstoffe verlorengehen?

Wenn Obst und Gemüse in Wasser gegart werden, ist ein Verlust an Vitaminen und Mineralstoffen nicht zu vermeiden. Wasserlösliche Vitamine (Vitamin C, Vitamine der B-Gruppe) und Mineralstoffe treten aus dem Gargut ins Kochwasser aus und werden meist mit diesem einfach weggeschüttet. Wurde Gemüse in viel Wasser gegart, kann der Vitamin-C-Verlust bis zu 80 % betragen.

Ein geringerer Nährstoffverlust entsteht, wenn Lebensmittel gedämpft werden. Auch Garen im Mikrowellengerät oder im Schnellkochtopf erhält Vitamine und Nährstoffe, weil weniger Flüssigkeit gebraucht wird.

Gewusst wie

Verwenden Sie Kochwasser von Gemüse als Flüssigkeit für Suppen, Eintöpfe und Saucen. Auf diese Weise „retten" Sie Nährstoffe, die vom Gemüse in das Kochwasser übergegangen sind. Hauptsächlich sind dies hitzebständige Vitamine und Mineralstoffe. Kochwasser von Spinat und Mangold sollte allerdings nicht weiterverwendet werden.

Am liebsten würde ich in meiner Küche gar kein Fett mehr verwenden. Wäre das schädlich?

Den Fettverzehr einzuschränken ist sicher eine gute Idee, aber Fett ganz aus dem Speiseplan zu streichen ist gefährlich. Der Körper braucht Fett, um neue Zellen zu bilden, um fettlösliche Vitamine (A, D, E und K) zu absorbieren und um Energie zu gewinnen.

Achten Sie darauf, welche Fette Sie verwenden: Pflanzliche Fette mit einem hohen Anteil an ungesättigten Fettsäuren sind solchen mit einem hohen Anteil an gesättigten Fettsäuren (das sind meist tierische Fette) vorzuziehen.

Insbesondere Kinder bis zum Alter von 5 Jahren haben einen hohen Fettbedarf. Sie brauchen Fett als Energielieferanten und dafür, schnell und gesund groß zu werden. Ernährt man Kinder mit fettarmen, ballaststoffreichen Lebensmitteln, sind die kleinen Mägen schnell überfordert und die Kinder unterernährt.

Ganz ohne Butter oder Margarine geht es bei uns nicht. Was aber ist besser für die Gesundheit?

Im Kaloriengehalt unterscheiden Butter und Margarine sich nicht – 10 g liefern etwa 80 kcal. Allerdings gibt es von Butter und Margarine kalorienreduzierte Versionen, bei denen Fett durch Wasser oder Joghurt ersetzt wurde. Butter enthält von Natur aus die Vitamine A und D. Margarine werden diese nachträglich zugesetzt. Butter enthält 54 % gesättigte, aber nur 5 % mehrfach ungesättigte Fettsäuren, gute Margarine bringt es auf 16–26 % gesättigte und mehr als 40 % mehrfach ungesättigte Fettsäuren. Weil es für die meisten Menschen empfehlenswert ist, den Konsum von gesättigten Fetten einzuschränken, ist Margarine die bessere Wahl. Achten Sie beim Kauf auf eine hochwertige Margarine, die aus nur pflanzlichen Ölen hergestellt wurde.

Die Unterschiede im Cholesteringehalt können für diejenigen wichtig sein, die sich um ihre Herzgesundheit sorgen. Rein pflanzliche Margarine ist praktisch cholesterinfrei.

Können Sie mir erklären, was Transfettsäuren sind?

Diese Fettsäuren entstehen, wenn weiche oder flüssige Fette, die aus einfach oder mehrfach ungesättigten Fettsäuren bestehen, gehärtet werden. Deshalb bilden sie sich vor allem bei der industriellen Fetthärtung. Butter enthält natürlicherweise 5 % Transfettsäuren, Margarine kann (je nach Qualität) bis zu 10 % Transfettsäuren enthalten. Inzwischen sind viele Margarinesorten auf dem Markt, die so gut wie keine Transfettsäuren enthalten.

Transfettsäuren werden mit bestimmten Herzerkrankungen in Verbindung gebracht, weil sie den Cholesterinspiegel im Blut signifikant ansteigen lassen. Wenn Sie oder jemand, für dessen Ernährung Sie verantwortlich sind, auf die Gesundheit Ihres Herzens und den Cholesterinspiegel achten müssen, sollten Sie deshalb zu Lebensmitteln greifen, die fast keine oder gar keine Transfettsäuren enthalten.

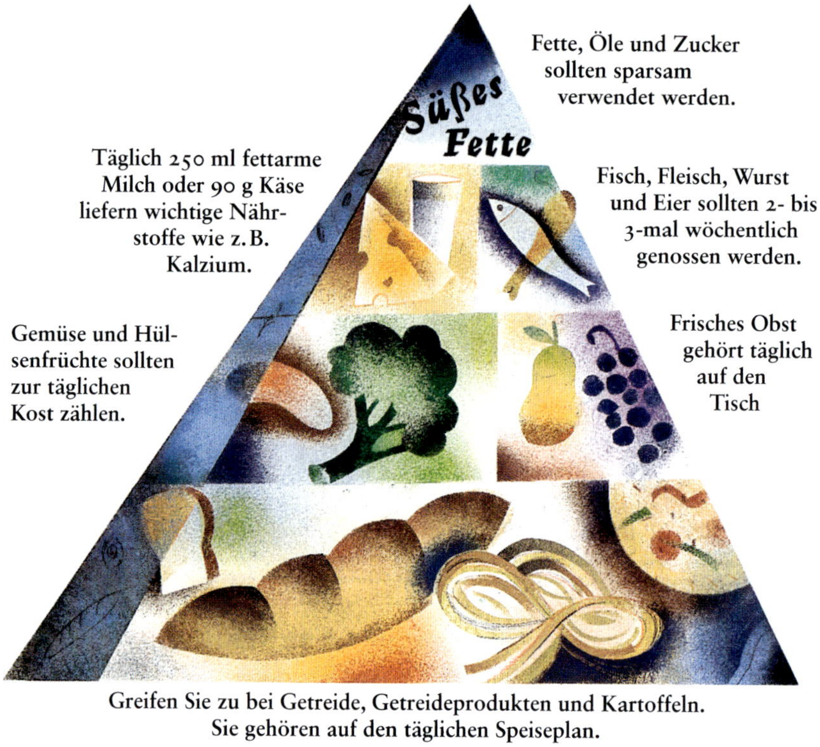

Die Ernährungspyramide veranschaulicht, wie viel Sie aus welcher Lebensmittelgruppe zu sich nehmen sollten. Je kleiner die Flächen auf der Pyramide sind, desto zurückhaltender sollten Sie Lebensmittel aus diesen Gruppen wählen.

Was sind Omega-3- und Omega-6-Fettsäuren?

Omega-3- und Omega-6-Fettsäuren werden allgemein als essenzielle Fettsäuren bezeichnet. Das bedeutet: Der Körper kann sie nicht selbst herstellen. Sie kommen in Lebensmitteln wie Fettfisch sowie Samen, Nüssen und Pflanzenöl vor.

Von Omega-3-Fettsäuren nimmt man an, dass sie für die Entwicklung von Gehirn und Augen unerlässlich sind und außerdem den Körper darin unterstützen, Entzündungen zu lindern und der Entstehung von Blutgerinnseln vorzubeugen.

Omega-6-Fettsäuren scheinen eine regulierende Wirkung auf den Blutdruck und den Wasserhaushalt des Körpers zu haben. Außerdem verbessern sie die Funktion von Nerven und Immunsystem.

Einiges deutet darauf hin, dass der Verzehr von Fettfisch wie Lachs, Makrele oder Sardinen das Risiko für Herzerkrankungen senkt – mit zwei Fischmahlzeiten in der Woche, nimmt man schon genügende Omega-3-Fettsäuren zu sich. Kürbis- und Sonnenblumenkerne sowie Sesamsamen sind dagegen gute Quellen für Omega-6-Fettsäuren.

Stimmt es, dass die Eisenaufnahme behindert wird, wenn man zum oder kurz vor dem Essen schwarzen Tee trinkt?

Ja, das stimmt. Der Körper kann ohnehin nur einen Bruchteil des Eisens aufnehmen, das in Lebensmitteln vorhanden ist. Außerdem sind nicht alle Lebensmittel gute Eisenlieferanten. Aus Fleisch kann 40 % des enthaltenen Eisens verwertet werden, aus einigen pflanzlichen Eisenlieferanten nur etwa 5 %.

Doch Vitamin C unterstützt die Eisenverwertung. Im Gegensatz dazu blockieren die in Tee (und in geringen Mengen auch in Kaffee) enthaltenen Tannine diese. Trinken Sie statt Tee oder Kaffee zum Essen Orangensaft.

Gerichte ohne Salz schmecken sehr fad. Warum heißt es, Salz sei schlecht für die Gesundheit?

Der hohe Salzkonsum in der westlichen Welt ist für viele Wissenschaftler Grund zur Beunruhigung. Schließlich gibt es einen Zusammenhang zwischen Natriumaufnahme (Salz ist Natriumchlorid) und hohem Blutdruck. Letzterer erhöht das Risiko, ein Nierenversagen zu erleiden oder am Herzen zu erkranken.

Der Körper braucht Natrium für das ordnungsgemäße Funktionieren von Zellen, Nerven und Muskeln. Es besteht jedoch immer das Risiko zu viel Natrium zu sich zu nehmen, weil Fertiggerichte und bearbeitete Lebensmittel oft sehr viel verstecktes Salz enthalten und oft bei Tisch noch großzügig nachgesalzen wird.

Die durchschnittliche tägliche Salzaufnahme eines gesunden Erwachsenen übersteigt die Empfehlung der Experten von 5 g (das entspricht 1 TL) deutlich.

Sie können Ihren Salzkonsum auf zweierlei Weise verringern: Schränken Sie den Verzehr von geräuchertem und gepökeltem bzw. gesalzenem Fleisch und Fisch sowie von Wurst, Fischkonserven, Käse, gesalzenen Knabbereien, Fertiggerichten und Instant-Brühe ein. Und verwenden Sie beim Kochen und auch bei Tisch einfach weniger Salz.

Ist Diätsalz eigentlich gesünder als normales Kochsalz?

Kochsalz durch Diätsalz zu ersetzen kann die Natriumaufnahme verringern. Wegen seines hohen Kaliumgehalts ist der Salzersatz aber für Diabetiker und Menschen, die an Nierenkrankheiten leiden, ungeeignet. Außerdem ist die Salzmenge, die wir aufnehmen, eine Frage der Gewohnheit. Die Verwendung von Salzersatz trägt nicht dazu bei, die Geschmacksnerven umzuerziehen.

Besser ist, gewöhnliches Salz durch angereichertes zu ersetzen: Jod kann Schilddrüsenerkrankungen vorbeugen, Fluorid stärkt die Zähne, und Folsäure kann vor und während einer Schwangerschaft Missbildungen des ungeborenen Kindes vorbeugen.

Essig

Welchen Essig soll ich verwenden, wenn in einem Rezept als Zutat einfach nur „Essig" steht?

Wenn ein Rezept einfach nur Essig vorsieht, werfen Sie am besten einen Blick auf die anderen Zutaten. Das hilft Ihnen, die passende Essigsorte auszuwählen.

- Balsamico-Essig hat einen süßlich-sauren Geschmack und passt gut zu Fleisch und Salaten, aber auch zu frischen Erdbeeren. Probieren Sie einmal die unterschiedlichen Balsamico-Typen: Sehr schmackhaft sind Balsamico-Essige aus Äpfeln und aus Schwarzen Johannisbeeren.
- Apfelessig hat ein mildes, leicht süßliches Aroma und kann zum Einlegen von Obst oder für Schweinefleischgerichte verwendet werden.
- Malzessig ist bei uns recht selten zu finden, wenn Sie Gelegenheit dazu haben, sollten Sie ihn aber unbedingt einmal probieren. Er wird aus Gerstenmalz hergestellt und ist für einen Salat zu stark. Er schmeckt aber hervorragend zu Backfisch und Pommes frites oder in Chutneys und eingelegtem Gemüse.
- Branntweinessig ist kräftig sauer. Er eignet sich gut zum Einlegen von Gurken. Um den Geschmack etwas zu mildern, können Sie ihn mit etwas Wasser oder Fruchtsaft mischen.
- Sherryessig ist sehr aromatisch und passt gut in Fleischeintöpfe, Tomatensuppen wie Gazpacho und Dressings für grünen Salat.
- Weißweinessig eignet sich am besten für die Zubereitung von Mayonnaise und für klassische Buttersaucen. Rot- und Weißweinessig sind unerlässlich für Salatdressings und Marinaden.
- Mit Obst aromatisierter Essig (siehe Rezept rechts) passt gut in einen Obstsalat. Mit Öl (beispielsweise Walnussöl) kann man daraus eine Vinaigrette zubereiten, die man zu Hühnchen, Salat oder Gemüse wie Spargel serviert.

Essigessenz sollten Sie in der Küche – außer zum Putzen – nicht verwenden. Sie ist ein reines Kunstprodukt, das außer Säure kein anderes Aroma beisteuert.

Farbe und Aroma erhält dieser Beerenessig, indem man kräftig gefärbte Beeren 2 Wochen lang in Essig mazerieren lässt.

Kann ich Kräuteressig auch selbst machen?

Mit Kräutern aromatisierter Essig lässt sich einfach zu Hause herstellen. Er verleiht Eintöpfen, Dressings, Marinaden, Saucen und Suppen einen pikanten Geschmack. Verwenden Sie Apfel-, Sherry- oder Weißweinessig und ein einziges Kraut oder mehrere Kräutersorten.

Bei der Kombination von verschiedenen Aromen sollten Sie die jeweilige Intensität berücksichtigen: Der feine Geschmack von Estragon beispielsweise wird von Chilischoten erdrückt, mit ein paar grünen Pfefferkörnern oder etwas Knoblauch lässt sich sein Aroma jedoch verstärken.

Voraussetzung für die Zubereitung eines Kräuteressigs sind frische Kräuter. Pflücken Sie sie vor der Blüte, dann ist das Aroma am intensivsten. Die Kräuter 2 Wochen in dem Essig mazerieren, dann herausnehmen; wenn sie zu lange in Essig bleiben, könnten sie verderben.

Kräuteressig hält etwa 1 Jahr an einem kühlen, dunklen Ort. So bleibt das Aroma erhalten, und eine Gärung wird verhindert.

Beerenessig

Für etwa 750 ml
Zubereitungszeit: 15 Minuten, plus 1–2 Wochen Ziehenlassen
Garzeit: 10 Minuten

500 g Beeren (z. B. Himbeeren, Rote und Schwarze Johannisbeeren)
600 ml Apfel- oder Weißweinessig
250 g Zucker (oder mehr)

1 Beeren putzen. In einer Schüssel mit einem Holzlöffel leicht zerdrücken, damit Saft austritt. In ein sterilisiertes Glas füllen, Essig zufügen.

2 Glas verschließen, kräftig schütteln. An einem kühlen, dunklen Ort 1–2 Wochen durchziehen lassen, das Glas ab und zu schütteln.

3 Beerenessig durch ein Tuch oder eine Filtertüte in einen kleinen Topf seihen, 250 g Zucker auf 600 ml Essig zufügen. 10 Minuten köcheln, dann abkühlen lassen. Den Essig in ein sterilisiertes Gefäß (Flasche oder Glas) füllen. Versiegeln (keinen Verschluss aus Metall nehmen). Der Essig kann nun verwendet werden.

EXOTISCHE FRÜCHTE

Obst ist gesund – das weiß jeder. Das Gute: Das Angebot, das der Handel feilhält, wird stetig größer. Mangos und Ananas sind inzwischen allseits bekannt. Doch darüber hinaus gibt es noch viel mehr exotische Früchte, die einem das Wasser im Mund zusammenlaufen lässt. Hier erfahren Sie, wie Sie die tropischen Leckerbissen am besten genießen.

Cherimoya

Die herzförmige grüne oder leicht violette Cherimoya gibt es mit glatter oder schuppiger Schale. Sie hat cremiges, süßliches Fruchtfleisch mit großen Kernen, die allerdings nicht essbar sind. Man kann das Fruchtfleisch direkt aus der Schale löffeln oder für Desserts verwenden.

Granatapfel

Der Granatapfel hat eine dicke Schale, in der sich das tiefrosa gefärbte Fruchtfleisch mit den Kernen verbirgt. Sein Aroma ist frisch und süß.

Bei Granatäpfeln entfernt man oben und unten ein Stück und schneidet die Schale von oben nach unten mit einem scharfen Messer viermal tief ein. Die Viertel nun vorsichtig mit der Schale auseinanderziehen, damit die Kerne zum Vorschein kommen, und Fruchtfleisch und Kerne auslöffeln.

Sie können die Kerne mitessen oder auch nicht, die innere weiße Membran, die das Fruchtfleisch in Segmente teilt, ist jedoch ungenießbar. Das rote Fruchtfleisch lässt sich auch zum Garnieren verwenden. Um den Saft zu erhalten, den ganzen Granatapfel in den Händen rollen, damit das Fruchtfleisch innen aufplatzt. Dann ein Loch in die Schale stechen und den Saft in ein Gefäß ausdrücken.

Kiwano

Guave

Die runde oder birnenförmige Guave ist ein hervorragender Lieferant von Vitamin C. Sie ist reif, wenn die Schale gelb ist und fein duftet. Die Frucht längs halbieren und das Fruchtfleisch zusammen mit den essbaren Kernen mit einem Teelöffel herausschaben. Man kann es roh essen oder für einen Kuchen verwenden, aber auch in Zuckersirup pochieren. Das Aroma unterstreicht man am besten mit etwas Zitronensaft.

Karambole

Das Fruchtfleisch der glänzenden, fünfeckigen Sternfrucht ist durchscheinend rosafarben bis gelb und hat ein herb-säuerliches Aroma.

Die Sternfrucht waschen und abtrocknen, die Schale an den Außenrändern mit dem Sparschäler entfernen. Dann die Frucht quer in dünne Scheiben schneiden. Die Sternfrucht schmeckt ziemlich sauer, daher sollten Sie die Scheiben etwa 30 Sekunden in Zuckersirup pochieren, bevor Sie sie in einen Obstsalat geben oder als Garnitur verwenden.

Kiwano

Der feine Geschmack dieser Frucht erinnert an eine Kreuzung aus Banane, Limette und Passionsfrucht. Reife Kiwanos haben eine orangegelbe Schale.

Zum Servieren die Kiwanos längs vierteln. Das Fruchtfleisch aus der Schale essen oder die Kiwano halbieren und das Fruchtfleisch mit einem Löffel auslösen. Die Kerne sind essbar. Das Fruchtfleisch der Kiwano enthält viel Saft, den man durch ein Sieb in eine Schüssel streichen kann.

Litschi und Rambutan

Die unebene Schale einer reifen Litschi ist je nach Sorte rötlich-braun, dunkelrosa oder weiß. Das aromatische weiße Fruchtfleisch schmeckt süß und leicht säuerlich. Rambutans haben weiße oder orangefarbene „Haare" und sind den Litschis sehr ähnlich, haben aber weniger Aroma.

Litschis lassen sich leicht mit den Fingern schälen. Wenn man den Stein herausnimmt, kann man sie wie Kirschen essen. Frische Litschis oder Rambutans können Sie mit Eiscreme und Sorbet servieren oder in einen exotischen Obstsalat geben. Oder Sie genießen das pürierte Fruchtfleisch mit Wasser als köstliches Getränk.

Mangostane

Sie ist eine der köstlichsten Tropenfrüchte. Die lederartige, rotbraune bis violette Schale verbirgt das fast weiße Fruchtfleisch, das in einzelne Segmente aufgeteilt ist. Die Mangostane ist reif, wenn ihre Schale dunkellila und fast schwarz ist. Mit einem Messer oben ein Stück abschneiden, dann auf beiden Seiten von oben nach unten tief einschneiden. Schale abziehen und Segmente essen, Kerne wegwerfen. Man kann Mangostanen auch halbieren und das Fruchtfleisch herauslöffen.

Granatapfel

Papaya

Die verschiedenen Papayasorten unterscheiden sich in Größe, Farbe und Geschmack. Das kräftige, feste Fruchtfleisch ist hocharomatisch, saftig und süß und liegt im Geschmack etwa zwischen Melone und Pfirsich. Das Frucht-

fleisch ist orange, orangegelb oder rot. Die reife Frucht hat eine gelbe Schale; grüne Früchte sind weniger aromatisch. Papayas werden zuerst längs halbiert und von den schwarzen Kernen befreit. Dann kann man das Fruchtfleisch direkt aus der Schale löffeln. Für ein feineres Aroma können Sie es mit Zitronen- oder Limettensaft beträufeln. Papaya lässt sich aber auch schälen und, in Scheiben oder Würfel geschnitten, in einen Obst- oder Gemüsesalat geben. Grüne Papaya passt in einen herzhaften Salat. Das pürierte Fruchtfleisch ergibt, mit Wasser vermischt, ein süßes Getränk. Papaya lässt sich auch gut zum Marinieren von Fleisch verwenden, denn sie enthält ein spezielles Zartmacher-Enzym.

Passionsfrucht und Granadilla

Beide Früchte gehören zur Familie der Passionsfrüchte. Die lilafarbene Passionsfrucht hat ein kräftiges Aroma, die gelbe Granadilla schmeckt etwas milder und süßer. Beide sind reif, wenn die Schale leicht runzlig wird.
Passionsfrucht und Granadilla werden zuerst halbiert. Danach kann man Fruchtfleisch

und Kerne mit einem Löffel herausschaben und sofort essen oder an Gerichte geben. Das süße und erfrischende Fruchtfleisch der Passionsfrucht wird häufig für Getränke, Eiscreme, Sorbet und andere Desserts verwendet. Um den Fruchtsaft zu gewinnen, das Fruchtfleisch mit einem Holzlöffel durch ein Sieb aus Edelstahl oder Kunststoff in eine Schüssel passieren. Die Kerne wegwerfen, denn sie schmecken zerdrückt ziemlich bitter und unangenehm.

Physalis

Die Früchte werden auch Kapstachelbeeren genannt. Ihre blasse, papierartige Hülle verbirgt glänzende Beeren mit einem süßlich-scharfen Aroma. Reife Beeren sind orangegelb. Wenn man die äußere Hülle entfernt, kann man die ganzen Beeren essen. Mit zurückgeschlagenen Hüllblättern sind sie eine tolle Garnitur für Kuchen und Desserts. Noch dekorativer und auch wohlschmeckender werden sie, wenn man sie zuvor in Karamell, Schokolade oder Zuckerguss taucht.

Tamarillo

Der glänzend rote oder goldene ovale Tamarillo hat gelbes Fruchtfleisch und violette essbare Kerne. Das süßsaure Aroma ist am besten, wenn die Frucht reif und weich ist.
Zum Essen die Frucht quer halbieren, Fruchtfleisch und Kerne mit einem Löffel herauslösen. Die Schale ist ungenießbar.

Fasan

Warum verwendet man für viele Fasangerichte eher die Hennen und nicht den Hahn?

Fasanenhennen sind etwas kleiner als die Hähne, haben aber eine größere Brust, zarteres Fleisch und ein feineres Aroma. Ein Fasan reicht für zwei Personen.

Eine klassische Zubereitung ist gebratener Fasan mit Sauerkraut. Man kann die Vögel sehr gut im Tontopf im Backofen garen. Braten Sie den Fasan 1 1/2 Stunden lang. Den Bräter in den kalten Ofen stellen, erst dann 230 °C Ofentemperatur einschalten. Junge, zarte Vögel brät man am besten im Ganzen, ältere Fasane kann man für Terrinen und Pasteten verwenden oder in einen Schmortopf geben (siehe Rezept rechts).

Wie kann ich beim Braten eines Fasans verhindern, dass das zarte Brustfleisch austrocknet?

Das Fleisch von Federwild ist sehr mager, daher muss die Brust eines solchen Vogels beim Garen vor dem Austrocknen geschützt werden. Belegen Sie die Brust mit Scheiben von fettem oder durchwachsenem Speck. Außerdem sollte Wildgeflügel beim Braten ab und zu mit Bratensaft und ausgebratenem Fett aus dem Bräter begossen werden. Den Speck 10 Minuten vor Ende der Garzeit abnehmen, damit auch die Brust des Vogels bräunen kann. Sollte die Haut nach Ende der Garzeit nicht ausreichend knusprig und braun sein, das Geflügel vor dem Servieren noch 1–2 Minuten unter den heißen Grill schieben.

Dem Austrocknen können Sie auch vorbeugen, indem Sie Wildgeflügel in Bratschlauch oder -beutel garen.

Woran erkenne ich, wie alt ein Fasan ist?

Je jünger ein Fasan ist, desto besser schmeckt er. Das Alter eines männlichen Vogels können Sie an einem spitzen Dorn, dem Sporn, an der Hinterseite des Beines erkennen. Bei einem sehr jungen Fasanenhahn ist der Sporn knapp so groß wie eine Warze, kurz und stumpf. Bei einem einjährigen Tier ist der Sporn knapp unter 1 cm lang. Je älter der Hahn wird, desto ausgeprägter wird der Sporn. Bei einem alten Fasan ist er lang und spitz. Ein weiteres Merkmal, das Rückschlüsse auf das Alter des Vogels zulässt, ist die Elastizität des Brustbeins. Ist der Brustbeinknorpel recht weich und biegsam, handelt es sich um ein junges Tier. Bei Hennen ist dies fast die einzige Möglichkeit der Altersbestimmung – eine Fasanenhenne hat keinen Sporn.

Die kräftigen Aromen von Fasanenfleisch und Rotwein vertragen sich bestens mit knackigen Walnusskernen und fruchtig-herben Äpfeln und Trauben.

Fasan mit Äpfeln und Walnüssen

Für 4 Portionen
Vorbereitungszeit: 25 Minuten
Garzeit: 1 Stunde 35 Minuten

6 Äpfel, grob gehackt
250 g kernlose dunkle Weintrauben
300 ml roter Traubensaft
1 EL Grünteeblätter
2 EL Olivenöl oder Butter
2 küchenfertige Fasane
1 EL Sojasauce
250 ml Rotwein, 2 TL Weißweinessig
Salz und schwarzer Pfeffer
200 g Walnusskerne
Trauben und gedünstete Apfelscheiben zum Garnieren

1 Äpfel in eine Schüssel geben. Trauben mit Traubensaft in der Küchenmaschine grob hacken; mit dem Saft zu den Äpfeln geben.

2 Teeblätter in einer Schüssel mit 300 ml heißem Wasser begießen, 5 Minuten ziehen lassen. Tee durch ein Sieb gießen; beiseitestellen.

3 Ofen auf 180 °C vorheizen. Fasane in einem Bräter in Öl oder Butter anbraten. Obstmischung, Tee, Sojasauce, Wein und Essig darübergeben. Salzen, pfeffern, aufkochen.

4 Die Fasane im geschlossenen Bräter 1 1/4 Stunden im Ofen braten. Mit einem Spieß in die dickste Stelle der Keule stechen. Tritt klarer Fleischsaft aus, ist das Geflügel gar.

5 Fasane auf eine vorgewärmte Servierplatte legen und im Backofen warm halten. Die Schmorflüssigkeit aufkochen und etwa 10 Minuten sprudelnd kochen lassen, dann durch ein Sieb in einen Topf streichen.

6 Nüsse einrühren, Sauce aufkochen, dann 10 Minuten auf 500 ml einkochen lassen, bis sie leicht sirupartig ist. Falls nicht, weiter einkochen lassen; die Sauce kräftig mit Salz und Pfeffer abschmecken. Fasane in je 4 Stücke zerteilen. Mit Walnusskernen, Äpfeln und Trauben anrichten. Die Sauce separat dazu reichen.

Feigen

Im Feinkostladen habe ich Feigen in verschiedenen Farben gesehen. Unterscheiden die Früchte sich auch im Geschmack?

Feigen gibt es grün, gelblich und dunkelrot bis -violett. Je dunkler die Schale von frischen Feigen ist, desto weicher und süßer ist das Fruchtfleisch. Die Früchte sollten bis zum Verzehr im Kühlschrank aufbewahrt werden – möglichst so, dass sie einander nicht berühren – und möglichst bald gegessen werden. Frische Feigen schmecken roh und gut gekühlt am besten. Die Früchte jeweils der Länge nach halbieren und dann auslöffeln oder vierteln und das Fruchtfleisch von der Schale lösen. Frische Feigen sind pur, im Obstsalat oder zu Käse, Schinken oder Salami ein Genuss. Ebenfalls köstlich: die Früchte oben tief kreuzweise einschneiden, dann mit Zitronensaft beträufeln, mit Zucker bestreuen und 10–15 Minuten im Backofen garen.

Interessante Variation zum Thema Risotto: Fenchel mit seinem lakritzähnlichen Geschmack wird mit Graupen, Lauch und Tomaten kombiniert.

Fenchel

Wie gart man Fenchel, und wozu passt er?

Fenchelknollen müssen nicht gegart werden – man kann sie auch in dünne Scheiben schneiden und roh, z. B. mit Remoulade (siehe *Mayonnaise*) oder mit Avocado, Brunnenkresse und Vinaigrette, essen. Damit die Scheiben nicht braun werden, diese bis zur Weiterverarbeitung in kaltes, mit etwas Zitronensaft gesäuertes Wasser legen.

Gegrillte Fenchelscheiben schmecken in einem warmen Salat aus mediterranem Gemüse. Fenchelknollen kann man vierteln und in einer Sauce gar ziehen lassen, aber auch dämpfen, pochieren oder schmoren. Fenchelgrün lässt sich als Garnitur verwenden oder in einen Salat mischen.

Das milde, anisartige Fencharoma harmoniert mit Fisch und Geflügel; ein Graupenrisotto mit Fenchel (siehe Rezept rechts) kann zu beidem serviert werden. Man kann ihn aber auch mit Parmesan bestreuen und als vegetarisches Gericht servieren.

Fenchel mit Perlgraupen und Lauch

Für 4 Portionen
Vorbereitungszeit: 20 Minuten
Garzeit: 40 Minuten

1 große Fenchelknolle
Saft von 1 Zitrone
125 g Perlgraupen
Salz
3 EL Olivenöl
2 dünne Lauchstangen, in Ringe geschnitten
2 Knoblauchzehen, gehackt
3 Tomaten, abgezogen und gehackt
schwarzer Pfeffer
1 EL gehackte Petersilie

1 Fenchelknolle grob hacken. Mit der Hälfte des Zitronensafts in eine Schüssel mit kaltem Wasser geben.

2 Die Perlgraupen in einem Sieb mit kaltem Wasser abspülen. In einen Topf füllen und mit reichlich kaltem Wasser bedecken. Zum Kochen bringen, dann die Graupen sofort abgießen.

3 Die Perlgraupen kurz abspülen; mit 1 l kaltem Wasser wieder in den Topf geben und aufkochen lassen, Salz zufügen und die Graupen 30 Minuten köcheln lassen, bis sie weich sind.

4 Die Graupen in ein Sieb schütten und abtropfen lassen, dann mit dem restlichen Zitronensaft in eine Servierschüssel geben und warm halten.

5 Den Fenchel aus dem Wasser nehmen und abtropfen lassen. Das Öl im Wok oder in einer großen Pfanne erhitzen. Den abgetropften Fenchel darin einige Minuten pfannenrühren. Lauch und Knoblauch zufügen. Alles weitere 2 Minuten braten, dann die Tomaten zugeben und 3–4 Minuten mitgaren.

6 Die heiße Gemüsemischung unter die Perlgraupen rühren. Gericht mit Salz und Pfeffer abschmecken, mit Petersilie bestreuen.

Festtagstorten

Auf die Kaffeetafel zu einem besonderen Anlass gehört unbedingt eine attraktive Torte. Dabei sind selbst gemachte Torten gekauften haushoch überlegen! Auf diesen Seiten finden Sie drei Torten, die garantiert jedem gefallen.

Obsttorte mit Vanillecreme

Für 12 oder 16 Stücke
Vorbereitungszeit: 1 Stunde
Backzeit: 30–35 Minuten

Für den Biskuitteig:
6 Eier
1 Prise Salz, 100 g Zucker
1/2 TL gemahlene Vanille
80 g Weizenvollkornmehl
40 g Speisestärke
1 TL Backpulver
Für Creme und Belag:
125 ml Milch
1 TL gemahlene Vanille
1 Prise Salz
2 Eier, 3 EL Zucker
2 TL Speisestärke
125 g Joghurt
2 EL Orangenmarmelade
300 g gemischtes Obst (z. B. Pfirsiche, Pflaumen, Bananen, Honigmelone, Aprikosen), in Stückchen
200 g Sahne
1 EL ungesalzene Pistazien

1 Backofen auf 180 °C vorheizen. Für den Biskuitteig die Eier trennen. Die Eiweiße mit 3 EL kaltem Wasser und Salz schaumig schlagen. Zucker und Vanille zugeben; ganz steif schlagen, bis der Eischnee glänzt. Nacheinander die Eigelbe unterrühren.

2 Mehl, Stärke und Backpulver mischen. Über die Eiercreme sieben; vorsichtig unterziehen. Eine Springform (26 cm Ø) mit Backpapier auskleiden. Den Teig hineinfüllen; glatt streichen.

3 Im vorgeheizten Ofen 30–35 Minuten backen. Herausnehmen. 10 Minuten in der Form ruhen lassen. Tortenboden aus der Form lösen, auf ein Kuchengitter setzen und erkalten lassen.

4 Für die Creme die Milch mit Vanille und Salz aufkochen. Eier trennen. Eigelbe und 2 EL Zucker in einem Topf schaumig schlagen. Speisestärke untermischen. Die heiße Milch unter Rühren zur Eiercreme gießen. Topf auf den Herd stellen. Die Creme unter ständigem Rühren erhitzen, bis sie dickflüssig ist.

5 Den Topf mit der Creme in eine Schüssel mit kaltem Wasser und einigen Eiswürfeln stellen. Creme kalt rühren. Eiweiße steif schlagen. Erst Joghurt und Orangenmarmelade, dann Eischnee darunterziehen.

6 Tortenboden zweimal quer durchschneiden. Den unteren Boden auf eine Tortenplatte setzen. Die Hälfte der Creme darauf verteilen, glatt streichen. Den zweiten Boden darauf setzen, die restliche Creme darauf verteilen. Mit dem dritten Boden bedecken.

7 Die Torte mit dem Obst belegen. Sahne steif schlagen, mit dem restlichen Zucker süßen und in einen Spritzbeutel füllen. Die Torte mit Sahnetupfen verzieren. Die Pistazien hacken und auf die Torte streuen.

Obsttorte mit Vanillecreme

Weincremetorte

Für 12 oder 16 Stücke
Vorbereitungszeit: 25 Minuten, plus 6 Stunden Kühlzeit
Backzeit: 15–20 Minuten

Für den Mürbeteig:
200 g Mehl, 100 g Butter
3 EL Zucker, 1 Ei, 1 Prise Salz
Für Belag und Garnitur:
3 EL Apfelgelee, 4 Eigelb
150 g Zucker
1 TL abgeriebene Zitronenschale
je 4 EL Zitronen- und Orangensaft
7 Blatt weiße Gelatine
375 ml Weißwein
500 g Schlagsahne
Puderzucker und Plätzchen

1 Teigzutaten verkneten. Teig 30 Minuten kühlen. 2 Backbleche mit Backpapier belegen. Ofen auf 180 °C vorheizen. Teig halbieren, jede Hälfte zu einem 26 cm großen Kreis ausrollen. Auf die Bleche legen, mehrmals einstechen, 15–20 Minuten backen. Abkühlen lassen. Einen Boden mit Gelee bestreichen, mit einem Tortenring umlegen.

2 Eigelbe mit 130 g Zucker, Zitronenschale und Zitrussaft auf dem heißen Wasserbad cremig schlagen. Gelatine in Wasser einweichen; in 3 EL heißem Wasser auflösen. Mit restlichem Wein unter die Creme rühren; zugedeckt kalt stellen.

3 Die Sahne steif schlagen. Drei Viertel davon unter die gelierende Creme ziehen. Creme auf den Tortenboden gießen. Kühl stellen.

4 Zweiten Boden in 16 Stücke schneiden und auf die Creme setzen. Torte 6 Stunden kühlen. Mit Puderzucker, restlicher Sahne und Plätzchen verzieren.

Schwarzwälder Kirschtorte

Für 12 oder 16 Stücke
Vorbereitungszeit: 1 1/2 Stunden
Backzeit: 30–35 Minuten, plus 10–12 Minuten

Für den Mürbeteig:
125 g Mehl
1/2 TL Backpulver
Salz
60 g Butter, 2 EL Zucker
2 Eigelb
Für den Biskuitteig:
7 Eier, 250 g Zucker
60 g Butter, 150 g Mehl
50 g Speisestärke
50 g Kakaopulver
Für die Füllung:
1 Glas entsteinte Sauerkirschen (etwa 800 g)
3 Blatt weiße Gelatine
1 Messerspitze gemahlene Gewürznelke
1 Zimtstange
100 g Sauerkirschkonfitüre
3–4 EL Kirschwasser
750 g Schlagsahne
1 Päckchen Vanillezucker
2 Päckchen Sahnefestiger
Für die Garnitur:
Zartbitterkuvertüre

1 Alle Zutaten für den Mürbeteig verkneten. Den Teig zur Kugel formen, in Folie wickeln und 30 Minuten kalt stellen. Für den Biskuitteig Eier und Zucker zu einer hellen Creme schlagen. Butter schmelzen; abkühlen lassen.

2 Den Backofen auf 190 °C vorheizen. Eine Springform (26 cm Ø) mit Backpapier auskleiden. Mehl, Stärke und Kakao über die Eiermasse sieben; unterheben. Butter unterziehen.

3 Teig in die Springform füllen; 30–35 Minuten backen. Aus dem Ofen nehmen. Biskuit 5 Minuten ruhen lassen; aus der Form lösen. Abkühlen lassen. Backofentemperatur auf 180 °C senken. Biskuit quer in 3 Böden teilen.

4 Mürbeteig ausrollen. Einen 26 cm großen Kreis aus schneiden. Ein Backblech mit Backpapier belegen. Den Teigboden mehrmals einstechen und auf das Blech legen. 10–12 Minuten backen. Herausnehmen, abkühlen lassen.

5 Kirschen abtropfen lassen, Saft auffangen. Gelatine 10 Minuten einweichen. 250 ml Kirschsaft mit Nelke und Zimt erhitzen. Nach einigen Minuten Zimt entfernen. Gelatine ausdrücken, im heißen Saft auflösen. Abkühlen lassen.

6 Mürbeteigboden mit Konfitüre bestreichen. Einen Biskuitboden darauflegen. Mit etwas Kirschwasser beträufeln, mit der Hälfte des angedickten Kirschsafts bestreichen. Die Hälfte der Kirschen daraufgeben. Sahne mit Vanillezucker und Sahnefestiger steif schlagen. Ein Viertel der Sahne auf die Kirschen streichen.

7 Zweiten Biskuitboden darauflegen. Mit Kirschwasser beträufeln, mit restlichem Kirschsaft bestreichen, mit restlichen Kirschen belegen (einige aufbewahren). Mit dem zweiten Viertel der Sahne bedecken. Darauf den letzten Boden legen; beträufeln.

8 Etwas Sahne in einen Spritzbeutel geben; mit der restlichen die Torte rundherum bestreichen. Kuvertüre über die Torte raspeln. Torte mit Sahnerosetten und den Kirschen verzieren. In Stücke schneiden.

Schwarzwälder Kirschtorte

Weincremetorte

Fettarme Küche

Kann fettreduzierte Butter oder Margarine zum Kochen und Braten verwendet werden?

Fettreduzierte Butter oder Margarine enthält weniger Fett als herkömmliche Butter oder Margarine, dafür aber mehr Wasser. Das bedeutet, dass sie zwar zum Bestreichen von Brot wie Butter oder Margarine verwendet werden kann, zum Kochen aber nicht immer geeignet ist. Sie eignet sich für die Zubereitung von Saucen (siehe rechts) und Kuchen, für Brandteig und, wenn man sie mit Butter oder Margarine mischt, auch für andere Teigarten. Für einen Bröselboden für eine No-Bake-Torte kan man fettreduzierte Butter oder Margarine bei schwacher Hitze zerlassen und anschließend mit Biskuit- oder Keksbröseln mischen.

Fettreduzierte Butter oder Margarine eignet sich grundsätzlich nicht zum Braten oder Frittieren, da ihr Wasseranteil zu hoch ist. Sie können jedoch bei sehr schwacher Hitze in einer beschichteten Pfanne Gemüse wie Zwiebeln oder Pilze darin anbraten. Für klassische Kuchen und Kekse eignet sich fettreduzierte Butter oder Margarine ebenfalls nicht.

Sehr fettarme Brotaufstriche mit weniger als 25 % Fett haben einen besonders hohen Wasseranteil und sind daher auch zum Braten und Sautieren nicht geeignet, denn sie spritzen, und sie verbrennen sehr schnell.

Wie kann ich den Fettgehalt von traditionellen Gerichten und klassischem Gebäck reduzieren?

Fettreduzierte Produkte wie fettarmen Käse und Sahne können Sie selbstverständlich in vielen Gerichten anstelle der im Rezept angegebenen herkömmlichen Zutaten verwenden. Was jedoch nicht jeder weiß, ist, dass man Fett-, Kalorien- und Cholesteringehalt von Kuchen und Gebäck stark verringern kann, indem man die gesamte Butter oder Margarine – oder einen Teil davon – durch pürierte Trockenfrüchte wie z. B. Dörrpflaumen oder -aprikosen ersetzt. So erzielt man eine gute Konsistenz und ein feines Aroma und kann zugleich den Fettgehalt erheblich reduzieren.

Für 300 g Püree 250 g getrocknete Aprikosen oder 250 g Dörrpflaumen in der Küchenmaschine oder im Mixer mit 100 ml Wasser glatt pürieren. Dieses Püree dann statt der im Rezept angegebenen Butter oder Margarine verwenden.

Bei vielen Gebäckarten können Sie mit dem Fruchtpüree das gesamte Fett ersetzen, richten Sie sich nach der Grammangabe für Butter oder Margarine, und verwenden Sie dieselbe Menge Püree. Sie können aber auch nur einen Teil der angegebenen Fettmenge durch das Püree ersetzen. Das Fett in Teigen wie Blätter- oder Mürbeteig kann Fruchtpüree allerdings nicht ersetzen.

Beim Kochen können Sie Fett sparen, wenn Sie beispielsweise in Suppen und Saucen Sahne durch Milch ersetzen und ansonsten statt Crème fraîche Crème légère oder saure Sahne oder Joghurt verwenden. Saure Sahne und Joghurt sollten Sie mit etwas Mehl oder Speisestärke verrühren, bevor Sie sie in heiße Gerichte geben, so gerinnen sie nicht.

Fettarme Sauce

Die Zubereitung dieser fettarmen Sauce dauert nur etwa 10 Minuten; 5 Minuten Vorbereitungs- und 5 Minuten Garzeit. Sie kann mit Zutaten wie geriebenem fettarmem Käse, fein gehackter Petersilie oder gehackten Kapern verfeinert werden. Rühren Sie die Aromazutaten erst direkt vor dem Servieren in die Sauce.

1 1 EL Halbfettmargarine oder -butter und 15 g (1 1/2 EL) Mehl mit 250 ml Milch in einem Topf unter ständigem Rühren aufkochen.

2 Die Sauce 2–3 Minuten unter ständigem Rühren köcheln lassen, bis sie angedickt ist und schön glänzt. Abschmecken, mit Aromazutaten verfeinern und in einer Sauciere servieren oder direkt über ein Gericht geben.

Welche Käsesorten haben eigentlich von Natur aus den geringsten Fettgehalt?

Im Allgemeinen enthalten weichere Käsesorten weniger Fett als Hartkäse, weil sie einen höheren Wasseranteil haben. Doppelrahmfrischkäse bildet hier eine Ausnahme, denn er hat einen besonders hohen Fettgehalt von ungefähr 47 %. Hartkäse aus Ziegen- und Schafmilch haben meist einen höheren Fettanteil als Hartkäse aus Kuhmilch, da sowohl Schaf- als auch Ziegenmilch von Natur aus fetthaltiger sind.

Wenn Ihnen fettarme Ernährung wichtig ist, essen Sie am besten Harzer, körnigen Frischkäse oder weiche Frischkäse wie Ricotta und Feta. Auch Magerquark ist eine gute Wahl. Von den Hartkäsesorten ist Edamer fettärmer als mittelalter Gouda. Viele traditionelle Käsesorten gibt es auch als fettarme Variante. Dazu gehören Edamer, Gouda, Emmentaler, Frischkäse, Feta und Mozzarella.

Der Fettgehalt von Käse wird meist als „Fett in Trockenmasse" angegeben. Dies bezeichnet den Fettgehalt im Käse, nachdem das Wasser entzogen wurde. Ein normaler Brie mit ungefähr 60 % F. i. Tr. ist gar nicht so gehaltvoll, wie man vielleicht denken könnte. Er enthält sogar nur halb so viel Fett wie ein Doppelrahmfrischkäse. Um den realen Fettgehalt zu ermitteln, multiplizieren Sie die F.-i.-Tr.-Zahl bei Frischkäse mit 0,3, bei Weichkäse mit 0,5, bei Schnittkäse mit 0,6 und bei Hartkäse mit 0,7 (das Ergebnis ist jeweils bezogen auf 100 g Käse).

Kann ich fettreduzierten Reibekäse für meine gewohnten Rezepte verwenden, ohne dass der Geschmack beeinträchtigt wird? Muss ich beim Zubereiten etwas beachten?

Die heutige Technik zur Herstellung von fettreduziertem Käse ist schon relativ ausgefeilt, doch trotz allem verhält sich dieser Käse beim Kochen nicht immer genauso wie die Vollfettvariante. Fettreduzierter Reibekäse zerläuft zwar im Backofen oder unter dem Grill, wird aber nicht richtig braun. Für ein überbackenes Gericht mit einer knusprigen Käsekruste müssen Sie Semmelbrösel unter den fettreduzierten Reibekäse mischen.

Bei den meisten Rezepten (z. B. Quiche oder Käsegebäck) können Sie den angegebenen Käse jedoch durch die fettärmere Version ersetzen.

Wenn Sie eine Käsesauce mit fettreduziertem Käse zubereiten, nehmen Sie den Topf zuerst vom Herd und rühren den Käse erst ganz am Schluss ein, damit er nicht zu heiß wird. Zusätzlich sollten Sie etwas Senf oder ein paar Kräuter dazugeben, um das schwächere Aroma des fettreduzierten Käse auszugleichen.

Kann ich bei Desserts und Kuchen immer Mager- statt Sahnequark oder Schichtkäse nehmen?

Leider funktioniert das nicht immer. Ein gebackener Käsekuchen, dessen Belag nur mit Magerquark hergestellt wurde, ist oft wässrig und oft auch etwas zu sauer. Theoretisch könnte man die Wässrigkeit reduzieren, indem man den Magerquark abtropfen lässt, aber die meisten Magerquarksorten sind inzwischen so behandelt, dass das Abtropfen nicht mehr funktioniert. Wenn Sie es trotzdem ausprobieren möchten, sollten Sie mit Bio-Magerquark experimentieren.

Nachspeisen wie Quarkcreme, aber auch den Belag für eine No-Bake-Quarktorte können Sie durchaus mit Magerquark zubereiten. Denken Sie aber daran, dass die Konsistenz weniger cremig und der Geschmack weniger sahnig ist. Eine angenehme Konsistenz erzielen Sie, indem sie Eischnee unterziehen.

Backen Sie diesen fettarmen Rhabarberkuchen am besten im Frühjahr, wenn die ersten zarten Rhabarberstangen angeboten werden.

Leichter Rhabarberkuchen

Für 12 Stücke
Vorbereitungszeit: 35 Minuten
Backzeit: 50 Minuten

200 g Rhabarber
50 g zerlassene Butter, mehr für die Form
Grieß für die Form
2 Eier
50 g Zucker
1 Päckchen Vanillezucker
100 g Magerquark
100 g Apfelmus
1/2 TL abgeriebene Zitronenschale
1/2 TL gemahlener Ingwer
250 g Mehl Type 550
1 1/2 TL Backpulver
Puderzucker zum Bestäuben

1 Rhabarberstangen waschen, putzen und in etwa 2 cm große Stücke schneiden. Den Backofen auf 180 °C vorheizen. Eine Springform (26 cm Ø) ausbuttern; mit Grieß ausstreuen.

2 Eier, Zucker und Vanillezucker in einer Schüssel schaumig schlagen. Zerlassene und etwas abgekühlte Butter sowie Quark, Apfelmus, Zitronenschale und Ingwer unter die Eiercreme rühren.

3 Mehl und Backpulver in einer Schüssel mischen, die Quark-Apfelmus-Mischung mit einem Holzlöffel nicht zu kräftig darunterrühren. Den Teig nur so lange rühren, bis alle Zutaten gründlich miteinander vermengt sind.

4 Den Teig in die vorbereitete Form füllen und die Rhabarberstücke darauf verteilen. Im heißen Ofen etwa 50 Minuten backen. Kuchen aus dem Ofen nehmen und in der Form abkühlen lassen. Vor dem Servieren mit Puderzucker bestreuen. Möglichst am Backtag servieren. Anstelle von Sahne cremig gerührten Quark oder Vanillejoghurt dazu servieren.

Fette

? ***Welches Fett hat Ihrer Meinung nach das feinste Aroma?***

Fett verleiht vielen Zutaten einen intensiven, üppigen Geschmack und eine angenehme Konsistenz und sorgt außerdem – wenn man immer wieder andere Fettarten verwendet – für Abwechslung. Enten- oder Gänsefett, das beim Braten des Geflügels austritt, passt sehr gut an Rotkohl, man kann es aber auch gut für die Zubereitung von Bratkartoffeln nehmen. Hühnerfett ist in der traditionellen jüdischen Küche, beispielsweise für Matzenklößchen, sehr beliebt. Fett, das beim Garen eines Rinderbratens ausgetreten ist, kann andere Braten, Bratensaucen und pikantes Gebäck aromatisieren. Aufgefangenes Fett vom Lammbraten schmeckt sehr kräftig und hinterlässt einen deutlichen und nicht bei allen beliebten Nachgeschmack, wenn man andere Zutaten darin brät.

Schweineschmalz wird durch das Ausbraten von Flomen oder Speck- bzw. Schinkenfett gewonnen und traditionell auf rustikales Brot gestrichen. Man kann es aber auch zum Braten verwenden. Ungeräucherter fetter Speck (grüner Speck) wird unausgelassen für Wurstwaren, Pasteten verwendet. Belegt man magere Fleischstücke und Geflügel vor dem Braten mit grünem Speck, verhindert man das Austrocknen.

Ob Sie Süßrahm- oder Sauerrahmbutter, gesalzene oder ungesalzene Butter, Butterschmalz oder Margarine verwenden, ist Ihrem persönlichen Geschmack überlassen.

? ***Warum verlangen die meisten Rezepte zum Einfetten von Backformen Butter? Ist Butter wirklich besser als Öl?***

Butter wird zum Fetten von Backformen empfohlen, weil sie sich bei den hohen Temperaturen im Backofen nicht zersetzt, sondern mit dem Gericht verschmilzt. Öle und manche Margarinesorten werden klebrig, wenn man sie dünn aufträgt, und die Zutaten können daran kleben bleiben. Außerdem sorgt Butter für ein feines Aroma.

? ***Wie lange kann ich ausgelassenes Fett von Fleisch oder Geflügel im Kühlschrank aufbewahren?***

Wie die meisten Fette, so werden auch ausgelassene Fette sowie Gänse- oder Schweineschmalz ranzig, wenn man sie zu lange aufhebt. Wenn Sie das Fett von einem Braten auffangen, sollten Sie dieses noch heiß in ein Glas- oder Porzellangefäß (nicht in einen Plastikbehälter) geben. Abkühlen lassen, das Gefäß verschließen und in den Kühlschrank stellen. Frisches Fett hält sich im Kühlschrank bis zu 2 Wochen, im Tiefkühlgerät ungefähr 6 Monate.

Vermischen Sie nicht das Fett von zwei verschiedenen Fleischsorten, das schmeckt nicht besonders gut. Füllen Sie die unterschiedlichen Fette besser separat in Gefäße. Empfehlenswert: auf jeden Behälter ein Etikett mit dem Datum kleben.

? ***Gibt es Fette, die gesünder sind als andere?***

Ja. In der westlichen Welt enthält die Nahrung etwa 40 % Fett. Ein Großteil davon besteht aus gesättigten Fettsäuren. Inzwischen wird jedoch empfohlen, nicht nur den Fettanteil in der Ernährung insgesamt zu reduzieren, sondern auch die gesättigten Fette durch einfach oder mehrfach ungesättigte Fettsäuren zu ersetzen. Eine gute Möglichkeit ist das Kochen und Braten mit Olivenöl, Rapsöl und Erdnussöl statt mit Butter.

Die meisten Pflanzenöle haben einen hohen Anteil an mehrfach ungesättigten Fettsäuren, Olivenöl, Rapsöl und Erdnussöl sind hingegen reich an einfach ungesättigten Fettsäuren. Beide Gruppen sind gesünder als gesättigte Fette. Kokosfett hat einen hohen Anteil an gesättigten Fettsäuren.

Margarine wird meist aus einfach oder mehrfach ungesättigten Pflanzenölen hergestellt und enthält daher weniger gesättigte Fettsäuren als Butter. Wenn Sie sich cholesterinarm und mit einem geringen Anteil an gesättigten Fettsäuren ernähren möchten, sollten Sie die Inhaltsangabe auf der Margarinepackung genau lesen. (Siehe auch *Ernährung*.)

Fett auslassen

Fett auslassen bedeutet, es aus dem Fleisch oder von Fleisch- und Knochenresten herauszuziehen. Das Fleisch oder die Reste in einen Bräter legen und bei 150 °C im Ofen erhitzen, bis es schmilzt und flüssig wird. Das ausgelassene Fett vorsichtig durch ein feines Metallsieb gießen. Das Fett zudecken und abkühlen lassen, dann in den Kühlschrank stellen.

? ***Ich brate gern mit Butter. Leider verbrennt sie dabei oft. Lässt sich das verhindern?***

Durchaus. Schuld daran, dass Butter in der Pfanne bei hohen Temperaturen dunkel oder gar schwarz wird und verbrennt, ist der Wassergehalt von immerhin gut 10 %. Außerdem enthält Butter Eiweißstoffe, die sich bei starker Hitze verfärben und dann unangenehm schmecken.

Verzichten Sie also besser auf das Braten mit reiner Butter, und verwenden Sie die Butter lieber zum Aromatisieren von Speisen und Saucen. Dafür einfach kurz vor dem Servieren ein kleines Stück Butter zufügen, schmelzen lassen und unterrühren. Zum Braten sollten sie besser geklärte Butter, also Butterschmalz, verwenden. Dieses ist praktisch wasserfrei und kann sehr hoch erhitzt werden. Deshalb eignet es sich sogar zum Frittieren.

Sollte kein Butterschmalz im Haus sein, können Sie sich eines Tricks von Profiköchen bedienen: die Pfanne erhitzen, dann ein geschmacksneutrales Öl hineingeben und heiß werden lassen. Nun etwas Butter zugeben und unter Rühren im heißen Öl schmelzen lassen – die Öl-Butter-Mischung enthält weniger Wasser als reine Butter, die Butter verbrennt nicht.

Filoteig

Was ist Filoteig genau, und kann man ihn selbst machen?

Filoteig stammt aus Griechenland. In der Türkei heißt dieser Teig „Yufka", in nordafrikanischen Ländern und in Frankreich „Brick". Egal, wie der Teig nun genannt wird, es handelt sich immer um einen dünnen Teig, von dem mehrere Schichten mit Fett bestrichen, übereinander gelegt und gebacken werden. Äußerlich ähnelt Filoteiggebäck Gebäck aus klassischem Blätterteig, es ist aber in Geschmack und Konsistenz ganz anders.

Filoteig gibt es fertig zu kaufen. Sie können ihn aber auch selbst herstellen, und zwar so: Verkneten Sie je 500 g Mehl und 1/2 EL Salz mit etwa 300 ml Wasser und 1/2 EL Olivenöl zu einem glatten Teig. Diesen zu einer Kugel formen und auf die Arbeitsfläche legen. Eine große Schüssel mit kochend heißem Wasser ausspülen, rasch abtrocknen und sofort über den Teig stülpen. Den Teig etwa 30 Minuten ruhen lassen, dann in kleine Portionen teilen und diese hauchdünn ausrollen.

Ich habe auf einem Buffet Filoteigschälchen gesehen, in denen Salat angerichtet war. Wie macht man die?

Filoteigschälchen eignen sich zum Anrichten von herzhaften und süßen Speisen – Geflügelsalat macht sich genauso gut darin wie ein schlichter Vanillepudding. Wenn Sie selbst solche Schälchen backen möchten, brauchen Sie ein Muffinblech oder mehrere flache, weite, ofenfeste Porzellantassen.

Schneiden Sie die Filoblätter in Quadrate, die groß genug sind, dass die Ränder über den Förmchen- bzw. Tassenrand hängen können. Je 4 Quadrate wie im Kasten rechts beschrieben buttern und aufeinanderschichten. Je ein ausgefettetes Förmchen mit einem Viererstapel auskleiden, die Zipfel nach außen über den Rand biegen.

Die Filoschälchen etwa 15 Minuten im vorgeheizten Ofen backen. In den Förmchen abkühlen lassen.

Knusprige Garnelentäschchen

Für 4 Portionen
Vorbereitungszeit: 20 Minuten
Garzeit: 20–25 Minuten

150 g Garnelen, gekocht und geschält (TK-Ware aufgetaut)
2 EL Schnittlauchröllchen
1 1/2 EL Crème fraîche
schwarzer Pfeffer
8 Blätter Filoteig, je etwa 20 × 30 cm
1 EL zerlassene Butter oder Olivenöl

1 Den Backofen auf 220 °C vorheizen. Garnelen, je nach Größe, in Stücke schneiden. In eine Schüssel geben und mit Schnittlauch und Crème fraîche verrühren. Mit reichlich Pfeffer würzen.

2 Ein Filoteigblatt mit Olivenöl bestreichen. Ein zweites Blatt darauflegen, ebenfalls mit Öl bestreichen. Die Blätter längs durchschneiden, so dass 2 Streifen entstehen.

3 Die Garnelenfüllung in 8 Portionen teilen. Eine Portion auf das Ende eines doppellagigen Teigstreifens legen und den Teig wie rechts in Schritt 2 beschrieben zusammenfalten, bis ein dreieckiges Paket entstanden ist.

4 Auf diese Weise 7 weitere Päckchen anfertigen. Dabei immer eine Portion Füllung und einen doppellagigen Teigstreifen verwenden.

5 Die gewickelten Päckchen auf ein Backblech legen und mit dem restlichen Öl oder der Butter bestreichen. Im heißen Ofen etwa 20–25 Minuten backen, bis der Teig knusprig und goldbraun ist. Die Päckchen sofort servieren.

Am besten einen Salat oder Gemüse der Saison zu den Päckchen reichen. Zum Dippen bietet sich etwas Sojasauce in einem Schälchen oder thailändische Chilisauce an. Gut schmeckt auch ein schnell gerührter Dip aus Crème fraîche, Schnittlauch, Zitronensaft, Salz und Pfeffer dazu.

Filoteigtäschchen füllen und wickeln

Der zarte Teig trocknet sehr schnell aus, deshalb sollten Sie immer nur ein Teigblatt zur Zeit bearbeiten. Die restlichen Blätter mit einem angefeuchteten Küchentuch bedecken. Auf diese Weise bleiben sie bis zur Weiterverwendung feucht und biegsam.

1 Zwei Filoblätter mit zerlassener Butter oder Öl bestreichen. Darauf ein zweites Blatt legen und ebenfalls mit Butter bepinseln. Das doppellagige Filoteigblatt längs in 2 Streifen schneiden.

2 Auf einen Doppelstreifen, etwa 2 cm vom unteren Rand entfernt, 1 EL von der Füllung setzen. Eine untere Ecke des Streifens behutsam greifen und dreiecksförmig über die Füllung falten, damit ein ordentliches dreieckiges Päckchen entsteht.

3 Das ganze Päckchen schräg nach oben auf den Streifen klappen. Weiterwickeln, bis der Teigstreifen komplett verarbeitet ist.

Fisch

Woran erkennt man beim Einkauf, ob Fisch frisch ist?

Wenn Sie einen ganzen Fisch kaufen möchten, sollten Sie ihn zuvor eingehend prüfen. An folgenden Merkmalen erkennen Sie einen frischen Fisch: klare Augen, glänzende Schuppen, rosa bis rote Kiemen und Fleisch, das sich beim Daraufdrücken fest anfühlt. Fischfilets und -steaks müssen ebenfalls fest und saftig sein, das Fleisch sollte eine frische Farbe haben und etwas glasig aussehen.

Ein frischer, klarer Geruch ist ebenfalls ein gutes Zeichen. Frischer Fisch darf auf keinen Fall „fischig" riechen, Meeresfische sollten nach Meer und nach nichts anderem duften.

Muss ich Fisch wirklich an dem Tag zubereiten, an dem ich ihn gekauft habe?

Fisch ist grundsätzlich ein schnell verderbliches Nahrungsmittel, vor allem, wenn er bereits portioniert wurde. Am besten kaufen Sie einen ganzen Fisch und bitten Ihren Fischhändler, ihn küchenfertig vorzubereiten. Sie können das natürlich auch selbst machen, allerdings sollte das direkt vor dem Zubereiten geschehen. Fisch isst man am besten innerhalb von 24 Stunden nach dem Kauf. Fettfische verderben schneller als Magerfische, da das Fett rasch oxidiert und ranzig wird. Fische, die noch nicht ausgenommen wurden, verderben ebenfalls rasch – Sie sollten sie nach dem Kauf auf jeden Fall gleich ausnehmen.

Zum Aufbewahren den Fisch auspacken, unter kaltem Wasser abspülen und dann trockentupfen. Locker in Alufolie oder in einen großen Gefrierbeutel packen und im kältesten Teil des Kühlschranks lagern.

Woran erkenne ich, wann ein Fisch fertig gegart ist?

Der größte Fehler, der Ihnen bei der Zubereitung von Fisch (egal ob im Ganzen oder portioniert) unterlaufen kann, ist das Übergaren. Da Fisch zudem sehr schnell gar ist, müssen Sie wirklich gut aufpassen.

Perfekt gegarter Fisch ist saftig, zart und aromatisch. Machen Sie die Garprobe, sobald das Fleisch nicht mehr glasig ist. Dazu stechen Sie vorsichtig mit einer Gabel hinein. Wenn das Fleisch in Flocken zerfällt, ist der Fisch fertig. Bei einem ganzen Fisch ziehen Sie an einer Rückenflosse: Löst sie sich leicht, ist der Fisch gar.

Das saftige, zarte Fischfleisch wird zäh und verliert sein feines Aroma, wenn es zu lange gegart wird. Prüfen Sie das Fleisch während des Garens. Der Fisch ist fertig, wenn er beim Einstechen zerfällt.

Meine Kinder essen nur Fischstäbchen, da sie bei „richtigem" Fisch Angst vor Gräten haben. Können Sie mir Fischsorten nennen, die wenig Gräten enthalten?

Filets von Leng und Rotbarsch haben keine kleinen Gräten, die für Kinder sehr unangenehm sein können. Ihre großen Gräten lassen sich gut erkennen und vor dem Garen leicht herausnehmen. Plattfischfilets, z. B. von Scholle oder Seezunge, sind ebenfalls frei von kleinen Gräten. Außerdem ist ihr Fleisch leicht süßlich, was von Kindern sehr geschätzt wird.

Sie können Kindern den Fisch auch als Auflauf mit einer Haube aus Kartoffelpüree servieren. Während des Häutens und Zerkleinerns den Fisch vor dem Garen auf Gräten untersuchen. Entgräteter Fisch in einer Teighülle ist ebenfalls sehr kinderfreundlich: Schneiden Sie eine Fischform aus dem Teig zu und ritzen Sie mit dem Messer ein Schuppenmuster ein. Geeignet zum Füllen sind Brassen- oder Schnapperfilets und vor allem Lachs, der mit seiner kräftigen Farbe einen schönen Kontrast zum hellen Teig bildet.

Ich möchte gern einmal Fisch dämpfen. Wie macht man das? Und gibt es Fische, die sich zum Dämpfen besonders gut eignen?

Fischfilets, -steaks und -koteletts sowie kleine ganze Fische sind zum Dämpfen sehr gut geeignet. Bei dieser Methode bleiben die wertvollen Inhaltsstoffe außerdem am besten erhalten. Für ein volleres Aroma können Sie den Fisch statt über Wasserdampf auch über einem kräftig gewürzten Fischfond oder über Weißwein dämpfen. Legen Sie den Fisch zusätzlich auf ein Bett aus Kräutern oder Algen.

Die Flüssigkeit kurz aufkochen, dann die Hitze reduzieren und die Flüssigkeit köcheln lassen. Legen Sie den Fisch in den Dämpfeinsatz, und achten Sie darauf, dass die Stücke nicht übereinanderliegen, denn dann werden sie nicht gleichmäßig gar. Nun über die dampfende Flüssigkeit setzen und abdecken. Die Garzeit hängt von Menge und Größe ab: Filets brauchen 5–8 Minuten, Steaks und ganze Fische 10–15 Minuten.

Meine Freundin schwärmt von Bacalao, den sie in Spanien gegessen hat. Was das genau ist, konnte sie aber nicht sagen. Können Sie's?

Bacalao, auch bekannt als Baccalà, ist meist getrockneter, gesalzener Kabeljau. Es können aber auch andere Fische zu Baccalà verarbeitet werden. In Deutschland heißt Baccalà Klippfisch – Stockfisch ist ebenfalls getrocknet, aber ungesalzen. Bacalao ist rund um das Mittelmeer und in der Karibik sehr beliebt. Da er sehr salzig ist, muss man ihn vor dem Garen lange in Wasser einweichen. Meist wird er mit scharfen, würzigen Zutaten wie Knoblauch serviert.

Klippfisch erhalten Sie in spanischen, portugiesischen, italienischen, griechischen und türkischen Feinkostgeschäften. Die grauen Filets sind hart und trocken und haben eine dünne Salzkruste. Schneiden Sie die Filets mit einem scharfen Messer auf, und weichen Sie sie je nach Dicke 1–2 Tage lang in kaltem Wasser ein. Das Wasser alle 8 Stunden erneuern. Nach dem Abtropfen kann Klippfisch genau wie frischer Fisch zubereitet werden. Nach 15–20 Minuten Garzeit ist er weich.

In Portugal heißt der Klippfisch Bacalhao und wird traditionell gekocht, dann gehäutet, zerteilt und mit gekochten Kartoffeln und Knoblauchmayonnaise serviert. Er passt auch gut zu Tomaten. In Frankreich wird der Klippfisch für „Brandade“ gekocht und dann mit Milch, Olivenöl und Knoblauch püriert. Er schmeckt auch köstlich zusammen mit frischem Fisch. Sie können ihn in Fischpasteten oder Eintöpfe mischen.

Was ist der Unterschied zwischen Seezunge und Flunder?

Es gibt verschiedene Seezungen- und Flunderarten. Bei allen handelt es sich um Plattfische mit winzigen Schuppen und weißem Bauch. Die frisch geschlüpften Fische haben auf beiden Seiten des Kopfes symmetrisch angeordnete Augen. Wenn die Tiere 2 cm groß sind, wandert das eine Auge nach oben und wechselt schließlich auf die andere Seite neben das zweite Auge. Während dieses Vorgangs werden die Pigmente auf der gegenüberliegenden Seite immer heller und schließlich fast weiß.

Seezunge und Flunder haben gegenüber vom Kiemendeckel einen zweiten Knochen. Bei der Seezunge sind beide miteinander verwachsen, bei der Flunder hingegen kann man den Fingernagel dazwischenschieben.

Beide Fischarten haben weißes, weiches Fleisch mit sehr feiner Struktur und ein zartes Skelett. In den meisten Rezepten kann man sowohl Seezunge als auch Flunder verwenden, entweder im Ganzen oder als Filet.

In Rezepten steht oft „küchenfertig“. Wie muss der Fisch dann vorbereitet sein?

Küchenfertig bedeutet, dass der Fisch bereits geschuppt, ausgenommen, entgrätet und filetiert ist und ohne weitere Vorbereitung für das Gericht Ihrer Wahl verwendet werden kann. Sie können das Ganze natürlich selbst machen. Doch in gu-

Fisch vorbereiten

Die meisten Fische müssen vor dem Garen vorbereitet werden, auch wenn sie ohne weitere Umstände in den Ofen geschoben werden sollen. Bei ganzen Fischen kürzt man die Flossen, damit die Fische sich leichter handhaben und servieren lassen. Wenn Sie schuppige Fische wie Meeräschen oder Rotbarben mit Haut servieren möchten, müssen Sie die Schuppen entfernen. Bei jedem Fisch, außer bei sehr kleinen Fischen, muss man vor dem Garen die Eingeweide entfernen. Plattfische werden meist vom Händler ausgenommen, Rundfische werden oft mit Eingeweiden verkauft. Ob Sie den Fisch mit oder ohne seinen Kopf zubereiten, ist eine Frage des Geschmacks – und eine Frage der Größe Ihres Kochgeschirrs.

Flossen und Schuppen entfernen

1 Mit der Küchenschere oder einem Messer die Flossen an beiden Seiten des Bauches abschneiden.

2 Rückenflossen abschneiden. Flossen nach dem Kürzen stets wegwerfen – nicht für einen Fond verwenden.

3 Fisch in einen aufgeschnittenen Gefrierbeutel legen. Fischschwanz festhalten. Mit einem Sägemesser die Schuppen zum Kopf hin abschaben. Gründlich abspülen. Mit den Fingerspitzen über die Haut streichen, um zu prüfen, ob alle Schuppen entfernt sind.

Einen Fisch ausnehmen

1 Den Fisch auf die Seite legen und von hinten nach vorn den Bauch bis zum Kopf einschneiden.

2 Die Eingeweide mit einem Messer oder einem Löffel aus der Bauchhöhle entfernen und wegwerfen.

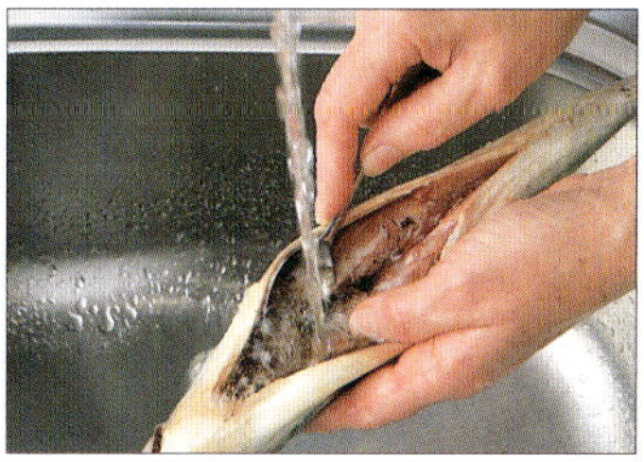

3 Fisch unter fließendem Wasser auswaschen, dabei mit einem kleinen Löffel von innen an der Mittelgräte entlangschaben. Alternativ den Fisch ausspülen und mit Salz ausreiben, um die schwarze Innenhaut zu entfernen. Das Salz abspülen.

ten Fischgeschäften und auf Fischmärkten ist es durchaus üblich, Fisch küchenfertig herzurichten.

Wenn Sie einen ganzen Fisch kaufen, bereitet der Händler ihn meist ohne Aufpreis für Sie vor, vor Feiertagen sollten Sie allerdings vorbestellen. Sagen Sie dem Händler, wie Sie den Fisch zubereiten möchten, da der Fisch für manche Gerichte gehäutet und filetiert werden muss. Soll der Fisch nach dem Garen gehäutet werden, muss der Händler ihn nicht schuppen. Wenn Sie Ihren Händler bitten, den Fisch zu entgräten, sollten Sie ihn auch bitten, Ihnen die Gräten für einen Fond mitzugeben (siehe *Fonds und Brühen*). Sonst verwendet der Händler die Gräten möglicherweise für den eigenen Fischfond.

? ***Was ist der Unterschied zwischen Fisch „en Papillote“ und „Fisch-Paupiettes“?***

Die beiden französischen Begriffe klingen recht ähnlich, man kann sie daher leicht verwechseln. Fisch en Papillote wird in einem Päckchen gegart. Meist wickelt man den Fisch in Butterbrotpapier, das sich beim Garen durch den entstehenden Dampf aufbläht. Inzwischen verwendet man allerdings auch häufig Alufolie. Eine Paupiette (siehe S. 91) ist ein aufgerolltes Fischfilet, meist Scholle oder Seezunge, das vor dem Garen gefüllt wird. Paupiettes gibt es nicht nur aus Fisch, man kann sie auch aus Rind- oder Kalbfleisch, Hähnchen oder Pute zubereiten.

Feine Fischfilets wurden hier pochiert, mit einer aromatischen Wein-Sahne-Sauce überzogen und auf einem Bett aus grünem Spargel angerichtet.

Fisch in Weinsauce

Für 4 Portionen
Vorbereitungszeit: 10 Minuten
Garzeit: 20 Minuten

4 Kabeljaufilets, je 200 g (oder andere helle Fischfilets)
500 ml Weißwein
1 kleine Zwiebel, in Scheiben geschnitten
1 kleine Möhre, in Scheiben geschnitten
2 Lorbeerblätter
4 Pfefferkörner
125 g Sahne
8 Frühlingszwiebeln, schräg in dünne Scheiben geschnitten
2 TL gehackte Dillspitzen
500 g grüner Spargel, geputzt
Zum Garnieren:
Paprikastreifen, Limettenscheiben und Dillspitzen

1 Fischfilets unter kaltem Wasser kurz waschen; mit Küchenpapier trockentupfen. Gräten entfernen.

2 Wein mit Zwiebel- und Möhrenscheiben, Lorbeerblättern und Pfefferkörnern in einer hohen Pfanne aufkochen. Den Fisch hineinlegen und zugedeckt bei schwacher Hitze 8–10 Minuten pochieren, bis er durchgegart ist.

3 Die Fischfilets mit einem Pfannenwender herausnehmen und nebeneinander auf eine vorgewärmte Platte legen. Zudecken und warm halten.

4 Den Weinsud bei stärkerer Hitze in 5 Minuten auf etwa die Hälfte einkochen. Durch ein Sieb gießen. Wieder in die Pfanne geben, Sahne, Frühlingszwiebelscheiben und Dill zugeben. Gut heiß werden lassen. Inzwischen den grünen Spargel bissfest garen.

5 Zum Servieren den Spargel auf 4 vorgewärmte Teller verteilen. Je ein Fischfilet darauflegen und die Sauce gleichmäßig darüber verteilen. Den Fisch mit Paprikastreifen, Limettenscheiben und Dill garnieren und sofort servieren. Dazu passt körnig gekochter Reis oder ofenfrisches Weißbrot.

Plattfisch häuten

Wenn Sie eine ganze Scholle oder Seezunge zubereiten möchten, wird die dunkle Haut zuvor meist abgezogen. Frischer Plattfisch lässt sich auch mit einem Messer häuten (siehe S. 92).

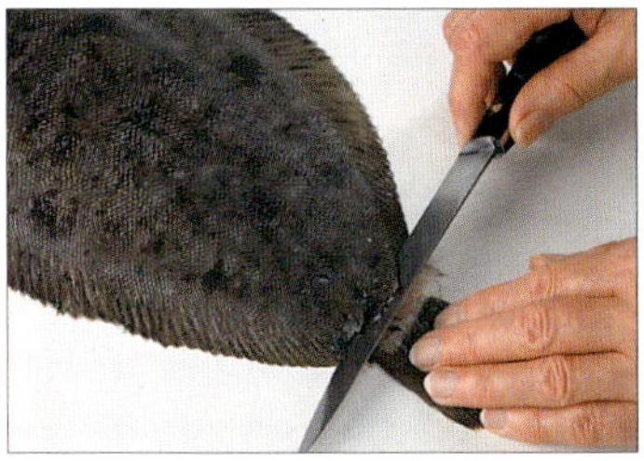

1 Die dunkle Haut am Schwanzende einschneiden. Mit der Messerspitze ein Stück Haut vom Fleisch ablösen, damit Sie die Haut mit der Hand gut greifen können.

2 Wenn Sie die Finger in Salz tauchen, kann die Haut nicht so schnell entgleiten. Mit einer Hand den Fischschwanz festhalten, mit der anderen die Haut abziehen.

Seezungen-Paupiettes

Für 4 Portionen
Vorbereitungszeit: 30 Minuten
Garzeit: 10–12 Minuten

125 g Champignons
50 g Butter
1 Schalotte, fein gehackt
1 Knoblauchzehe, zerdrückt
50 g frische Weißbrotkrumen
1 EL gehackter Oregano
Salz und schwarzer Pfeffer
8 Seezungenfilets, gehäutet (siehe Kasten oben)
noch 2 EL Butter
125 ml trockener Weißwein
125 g Crème fraîche
Zum Garnieren:
frische Oreganozweige

1 Den Backofen auf 200 °C vorheizen. Einen flachen Bräter einfetten. Die Hälfte der Champignons fein hacken. Die Hälfte der 50 g Butter in einer Pfanne zerlassen, dann die Schalotte und den Knoblauch darin glasig werden lassen. Die gehackten Champignons zugeben und bei schwacher Hitze unter Rühren weich dünsten.

2 Die Pilzmischung in eine große Schüssel füllen. Brotkrumen und die Hälfte des gehackten Oreganos unterheben. Salzen und pfeffern.

3 Die Seezungenfilets mit den Hautseiten nach oben auf die Arbeitsfläche legen. Längs halbieren und mit einem scharfen Messer schräg einritzen. Einen gehäuften Teelöffel Füllung auf das breite Ende der Filetstücke legen, dann die Filets von dort aus aufrollen.

4 Die Rollen aufrecht nebeneinander in den Bräter stellen, sie sollten aber nicht zu eng aneinanderstehen. Auf jede Rolle 1 TL Butter setzen, dann alles mit dem Wein beträufeln und mit Pfeffer würzen. Die Paupiettes 10–12 Minuten im Ofen backen.

5 Die Paupiettes aus der Form heben und warm halten. Garsud beiseitestellen.

6 Die 2 EL Butter in der Pfanne zerlassen und die ganzen Champignons darin 1–2 Minuten anbraten. Die Garflüssigkeit aus dem Bräter zugießen, dann die Crème fraîche hineingeben und bei starker Hitze 3–5 Minuten unter ständigem Rühren leicht einkochen lassen. Den restlichen Oregano zufügen und die Sauce mit Salz und Pfeffer abschmecken. Die Paupiettes mit der Sauce begießen und servieren.

Paupiettes zubereiten

Indem Sie Paupiettes formen, können Sie Fischfilets in ein beeindruckendes Gericht verwandeln. Die reichhaltige Füllung macht aus den kleinen Fischstücken eine sättigende Mahlzeit. Meist verwendet man für diese Art der Zubereitung Seezunge (hier im Bild), doch Sie können stattdessen jedes andere Fischfilet verwenden – vorausgesetzt, es ist dünn geschnitten.

1 Die gehäuteten Filets mit der Hautseite auf ein Schneidebrett legen und mit einem scharfen Messer leicht einritzen. 1 TL Füllung auf das breitere Ende setzen und das Filet von dieser Seite aus aufrollen.

2 Die gefüllten Röllchen in einen ausgebutterten Bräter stellen – so dicht nebeneinander, dass sie beim Garen nicht wieder aufgehen können. Alternativ die Rollen mit einem dünnen Streifen Butterbrotpapier zusammenbinden; er lässt sich nach dem Garen ganz leicht entfernen.

3 Wenn Sie viele Paupiettes zubereiten, können Sie die Filets ohne Füllung aufrollen und in den Bräter stellen. Die Füllung mit dem Spritzbeutel hineingeben. Paupiettes können auch zu einer großen langen Rolle aufgerollt werden. Dafür große, breite Fischstücke nehmen. Die Rolle nach dem Garen in Scheiben schneiden.

Ganzen Rundfisch entgräten

Einen ganzen Fisch vor dem Garen zu entgräten macht das Servieren leichter. Verwenden Sie ein Messer mit biegsamer Klinge. Bleibt der Kopf dran, behält der Fisch beim Garen die Form.

1 Das Messer in die Bauchhöhle einführen und auf beiden Seiten mit der Messerspitze das Fleisch bis zur Mittelgräte von den Gräten ablösen. Dabei darauf achten, dass die Haut nicht verletzt wird.

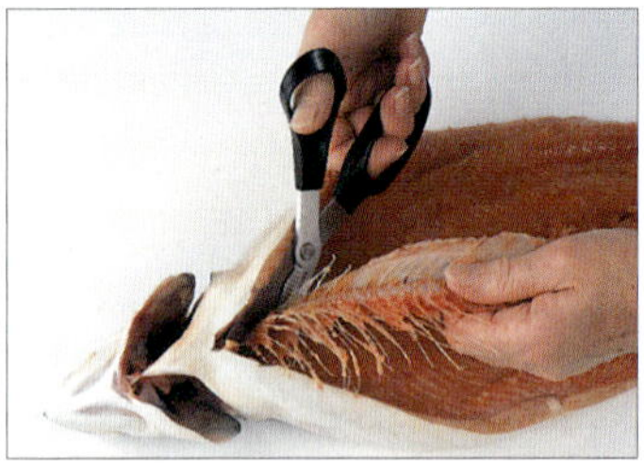

2 Mit der Küchenschere die Mittelgräte an beiden Enden durchtrennen. Dann vom Kopfende beginnend, die Mittelgräte vorsichtig herauslösen und aufbewahren, Sie können sie für einen Fischfond verwenden.

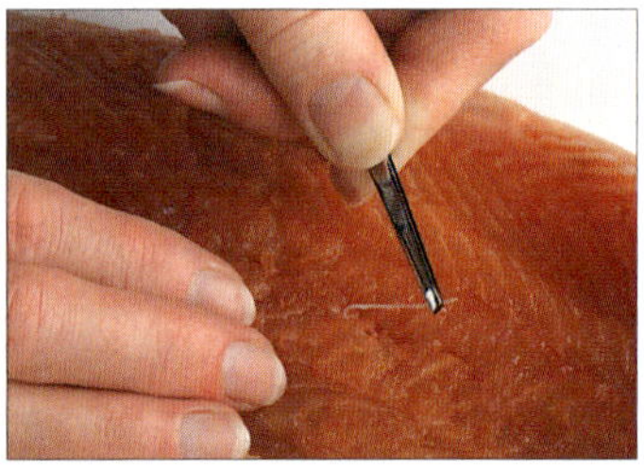

3 Prüfen Sie, ob alle Gräten aus dem Fleisch entfernt wurden, vor allem an den Rändern. Falls nötig, restliche Gräten mit einer Pinzette herausziehen. Je größer der Fisch, desto größer die Gräten. Bei kleinen Fischen müssen Sie also besonders genau schauen.

Ganzen Rundfisch filetieren

Ein Rundfisch hat rechts und links von der Mittelgräte je ein fleischiges Filet. Mit einem Filetiermesser gelingt das Ablösen am besten. Kopf und Kiemen vorher entfernen.

1 Den vorbereiteten Fisch so hinlegen, dass das Schwanzende zu Ihnen zeigt. Der Länge nach am Rücken aufschneiden. Das Messer parallel zur Arbeitsfläche führen und vom Kopf in Richtung Schwanzflosse schneiden.

2 Am Kopfende beginnend, das Fleisch auf der einen Seite von den feinen Gräten ablösen, das Messer dabei dicht an den Gräten entlangführen. Das Filet komplett abtrennen.

3 Die freigelegte Mittelgräte festhalten und das untere Filet ebenfalls abtrennen. Prüfen Sie die Filets auf einzelne Gräten, vor allem an den Rändern, und ziehen Sie diese mit einer Pinzette heraus. Die Mittelgräte aufbewahren, sie kann für einen Fond verwendet werden.

Rundfischfilets häuten

Fischfilets werden meist mit der Haut verkauft, aber vor dem Garen muss dunkle oder zähe Haut entfernt werden. Ausnahme: Filets, die „auf der Haut“ gebraten werden, beispielsweise Zanderfilet (in diesem Fall muss die Haut nur mit einem scharfen Messer mehrmals schräg eingeschnitten werden). Sie können Ihren Fischhändler bitten, die Filets für Sie zu häuten, aber wenn Sie im Supermarkt abgepackte Filets gekauft oder den Fisch selbst filetiert haben, müssen Sie die Haut selbst entfernen.
Am besten häuten Sie ein Fischfilet mit einem scharfen, biegsamen Filetiermesser.

1 Das Fischfilet mit der Hautseite nach unten so auf die Arbeitsfläche legen, dass die Schwanzflosse zu Ihnen zeigt. Die Fingerspitzen in Salz tauchen und anschließend die Schwanzflosse gut festhalten. Das Fischfilet möglichst nah über der Schwanzflosse bis zur Haut einschneiden, die Haut dabei aber unbedingt unversehrt lassen.

2 Die Klinge des Messers zwischen Haut und Fleisch schieben und das Fleisch flach am Brett entlang mit sägenden Bewegungen von der Haut trennen, bereits gehäutetes Fischfleisch zurückklappen.

Eine Salsa aus frischen Tomaten, dezent mit etwas Zucker gesüßt, damit das fruchtige Aroma aufs Beste zur Geltung kommt, bildet einen angenehm kühlen Kontrast zu gegrilltem Fisch.

? Gegrillter Fisch ist bekanntermaßen sehr gesund. Wie aber kriege ich es hin, dass er beim Grillen nicht austrocknet?

Gegrillter Fisch ist nicht nur sehr gesund, er lässt sich auch sehr schnell und einfach zubereiten. Gehackte frische Kräuter, ein paar Esslöffel gutes Olivenöl und reichlich frisch gemahlener schwarzer Pfeffer sorgen für ein perfektes Aroma – vor allem, wenn Sie den Fisch vor dem Grillen eine halbe Stunde in dieser Mischung marinieren. Ganze Fettfische wie Makrele, Sardine oder Forelle sind ideal zum Grillen, da ihr Fleisch durch den natürlichen Fettgehalt schön saftig bleibt (siehe Rezept rechts). Dicke, feste Fischfilets und Steaks von Fischen wie Lachs, Regenbogenforelle, Schwertfisch und Thunfisch können auch in einer Grillpfanne (Bratpfanne mit Rippen am Boden) zubereitet werden. Legen Sie sie nicht direkt auf den Grillrost, denn sie kleben schnell an und reißen ein. Besser ist, sie unter dem Grill des Backofens zu garen oder auf dem Rost auf geölte Alufolie zu legen. Es gibt auch spezielle Grillkörbe für ganze Fische.

Gegrillter Fisch mit süßer Tomatensalsa

Für 4 Portionen
Vorbereitungszeit: 5 Minuten
Garzeit: 8 Minuten

2 EL gehackte Kräuter
2 EL bestes Olivenöl
4 ganze küchenfertige Fettfische (je 375–500 g)
Salz und schwarzer Pfeffer
Zitronenspalten
Für die Salsa:
250 g reife Kirschtomaten
1/2 kleine Zwiebel
1 Knoblauchzehe
2 EL Olivenöl
1 EL Weißweinessig
1 TL Zucker
Salz und schwarzer Pfeffer

1 Den Grill mindestens 5 Minuten vorheizen. In einer kleinen Schüssel die Kräuter mit 1 EL Öl mischen. Mit einem scharfen Messer die Fische auf beiden Seiten in regelmäßigen Abständen dreimal tief einschneiden, damit die Hitze gut in das Fleisch eindringen kann und die Fische gleichmäßig gar werden. Den Grillrost mit Öl bestreichen.

2 Die Fische in die Grillpfanne legen, mit dem Kräuteröl bepinseln und mit Salz und Pfeffer würzen. Unter dem sehr heißen Grill 4–5 Minuten auf einer Seite grillen. Wenden, die andere Seite jeweils mit Kräuteröl bestreichen, würzen und noch einmal 4–5 Minuten grillen, bis das Fleisch nicht mehr glasig ist.

3 Für die Tomatensalsa Tomaten, Zwiebel und Knoblauch fein hacken und in eine Schüssel geben. Olivenöl, Essig und Zucker zugeben und alles gut mischen. Dio Salsa mit Salz und Pfeffer abschmecken.

4 Die Salsa mindestens 30 Minuten oder bis zum Servieren in den Kühlschrank stellen.

VARIANTEN

6 gehackte, entsteinte schwarze oder grüne Oliven untermischen. Alternativ die Salsa mit 1–2 EL gehackten frischen Kräutern würzen, am besten dieselbe Mischung verwenden, mit der Sie auch den Fisch gewürzt haben.

Ich habe gehört, dass man Fisch ganz einfach im Mikrowellengerät garen kann. Welche Fischstücke sind dafür am besten geeignet, und wie bereite ich sie zu?

Fisch lässt sich hervorragend im Mikrowellengerät garen, er behält Konsistenz und Form und bleibt saftig. Da er ohne oder nur mit wenig Flüssigkeit gegart wird, verliert er praktisch keine Nährstoffe, und der Geschmack ist schön herzhaft.

Fischsteaks oder -koteletts und Fischfilets sind für das Garen im Mikrowellengerät ideal, da sie schnell und gleichmäßig durchgaren. Aber auch ganzer Fisch wie Wittling und Forelle bis zu 500 g sind geeignet, ebenso Sardinen. Weißfleischiger Fisch, der im Mikrowellengerät gegart wurde, sieht ansprechender aus, wenn man ihn mit Sojasauce oder anderen aromatischen Saucen oder mit einer Marinade bestreicht.

Wenn Sie einen ganzen Fisch im Mikrowellengerät garen möchten, sollten Sie die Haut auf beiden Seiten 2- bis 3-mal einschneiden, damit sie nicht aufplatzt. Den Fisch in ein mikrowellengeeignetes Gargeschirr legen, den Kopf und die Schwanzflosse mit etwas Folie abdecken. Fischkoteletts sollten mit den dünneren Enden nach innen auf einen runden Teller gelegt werden. Filets nebeneinanderlegen und die dünneren Enden nach unten einfalten, damit sie nicht übergart werden. Ganzer Fisch und Fischstücke sollten stets abgedeckt werden. Nach der Hälfte der Garzeit wenden.

Fischkoteletts garen im Mikrowellengerät gleichmäßiger, wenn man sie im Kreis mit den offenen Seiten nach innen anordnet.

Können Sie mir ein raffiniertes, aber einfaches Rezept für Fisch aus der Mikrowelle empfehlen?

Probieren Sie einmal Lachskoteletts mit asiatischer Note. Dafür 4 Lachssteaks (je 175 g) auf einen mikrowellengeeigneten Teller legen; mit den dünneren Bauchlappen nach innen. 2,5 cm Ingwer, eine Knoblauchzehe , 6 schwarze Pfefferkörner, 2 EL Öl, 2 EL Sojasauce und 2 EL Sherry im Blitzhacker zu einer Paste mixen. Über den Fisch verteilen. Das Ganze bedecken und bis zu 1 Stunde marinieren lassen. Anschließend den Fisch bei höchster Stufe mit einer geeigneten Abdeckung 5–7 Minuten garen. Nach der Hälfte der Garzeit die Fischkoteletts wenden. 2 Minuten ruhen lassen; servieren.

Gibt es eine kalorienarme Variante für Fisch in knusprigem Ausbackteig?

Sie können einen leichteren Teig mit Eiweiß statt mit ganzen Eiern oder Eigelb herstellen, aber der Teig muss dennoch frittiert oder gebraten werden, damit er knusprig wird. Im Rezept rechts wird der Ausbackteig durch Semmelbrösel ersetzt, und die Fischsteaks werden als gesündere Alternative zum Frittieren im Ofen gebacken. Die Kruste wird knuspriger, wenn Sie den panierten Fisch bis zum Garen offen bis zu 4 Stunden stehen lassen.

Ich mache gern die französische Fischsuppe Bouillabaisse, aber Schellfisch und Kabeljau, die ich meistens verwende, zerfallen mir oft. Können Sie mir geeignetere Fischsorten vorschlagen?

Für eine klassische Bouillabaisse sollte man wirklich echte Mittelmeerfische verwenden. Sollten Sie diese Fische nicht bekommen, ist das aber auch kein Problem (siehe S. 97). Dann kommt es auf einen kräftigen Fischfond an, den Sie zuvor aus den Fischabfällen zubereiten. Geben Sie den Fisch erst in den letzten 5–8 Minuten dazu, damit er nicht übergart und zerfällt.

Festfleischige Fische wie Drachenkopf, Wolfsbarsch, Petersfisch, Rotbarbe oder Meeräsche sind am besten, aber Sie können auch ähnliche Fischsorten verwenden, wenn sie erhältlich sind. Traditionell werden die Fische vor dem Garen nicht entgrätet, damit sie ihre Form behalten; zudem wird dadurch das Aroma intensiver. Sie können auch Tintenfisch und Meeresfrüchte wie Miesmuscheln, Garnelen oder Jakobsmuscheln in die Bouillabaisse mischen.

In Südfrankreich habe ich einmal eine Fischsuppe gegessen, zu der Rouille serviert wurde. Woraus besteht die Rouille, und kann ich sie selbst zubereiten?

Rouille ist eine kalte Sauce, die aus Olivenöl, Brotkrumen, Knoblauch, Cayennepfeffer und Fischfond hergestellt wird. Man kann die Rouille zum Binden direkt in die Fischsuppe rühren oder auf Baguette gestrichen dazu reichen.

Fischsteaks aus dem Ofen

Für 4 Portionen
Vorbereitungszeit: 15–20 Minuten
Garzeit: 10 Minuten

2 EL Mehl
1 Prise Cayennepfeffer
Salz und Pfeffer
2 EL getrocknete Kräuter
90 g Semmelbrösel
1 großes Eiweiß
4 weiße Fischkoteletts (je175 g)
2 EL Erdnussöl
Zitronenspalten zum Servieren

1 Backofen auf 190 °C vorheizen, ein Backblech darin vorwärmen. Mehl mit Cayennepfeffer, Salz und Pfeffer mischen. Kräuter mit dem Paniermehl mischen. Eiweiß mit einer Gabel schaumig rühren.

2 Fischkoteletts trockentupfen. Erst im Mehl, dann im Eiweiß und zum Schluss in Semmelbröseln wenden.

3 Öl in einer großen beschichteten Pfanne erhitzen. Fischkoteletts auf jeder Seite etwa 1 Minute anbraten. Auf das heiße Backblech legen, im Ofen 8 Minuten garen. Mit Zitronenspalten servieren.

Pernod verleiht der Bouillabaisse aus gemischtem Fisch und Meeresfrüchten ihren typisch mediterranen Geschmack.

Wenn Sie Rouille selbst herstellen möchten, dünsten Sie 1–2 Knoblauchzehen in Olivenöl an. Dann eine Handvoll frische Weißbrotkrumen und 100 ml Fischfond zugeben; alles zu einer dicken, weichen Paste einkochen. Mit dem Schneebesen nach und nach 100 ml Olivenöl unterschlagen. Mit Salz, Pfeffer und Cayennepfeffer abschmecken.

? *Auf dem Fischmarkt werden die verschiedensten Fische im Ganzen verkauft. Was kann ich mit einem ganzen Fisch anfangen?*

Ganze Fische sind im Allgemeinen sehr wohlschmeckend und werden am besten einfach gegrillt oder im Ofen gegart. Sie haben jedoch oft viele Gräten, was für einige eher abschreckend wirkt – ebenso wie ihr zum Teil sehr hoher Preis.

Besonders köstlich ist ein Baby-Lachs (etwa 1 kg), innen und außen mit einer Paste aus Olivenöl, Petersilie, Zitronenschale und -saft, Salz und schwarzem Pfeffer eingerieben. Den Fisch in Alufolie wickeln und im auf 180 °C vorgeheizten Backofen etwa 45 Minuten garen.

Bouillabaisse

Für 4 Portionen
Vorbereitungszeit: 35 Minuten
Garzeit: 1 Stunde

3 EL Olivenöl
1 kleine Fenchelknolle, gehobelt oder in dünne Streifen geschnitten
1 Zwiebel, in dünne Ringe geschnitten
4 Knoblauchzehen, zerdrückt oder fein gehackt
2 Stangen Lauch, in dünne Scheiben geschnitten
4 Tomaten, gehäutet, entkernt und gehackt
1 EL Tomatenmark
300 ml trockener Weißwein
1 l Fischfond
1 Streifen Orangenschale
1 Kräuterstrauß (Bouquet garni; Thymian, Sellerie, Lorbeer, Petersilie)
1 gute Prise Safranfäden
Salz und schwarzer Pfeffer
1,5 kg gemischter Fisch, in Stücke geschnitten, plus küchenfertige Garnelen und Miesmuscheln
2 EL Pernod

1 Das Öl in einer Pfanne erhitzen. Fenchel, Zwiebel, Knoblauch und Lauch hineingeben. Unter Rühren bei schwacher Hitze etwa 10 Minuten garen, bis das Gemüse weich, aber nicht braun ist.

2 Gehackte Tomaten, Tomatenmark und Wein unterrühren. Fischfond zugießen und aufkochen, dann die Hitze reduzieren und Orangenschale, Kräuterstrauß und Safran zufügen. Die Suppe mit Salz und Pfeffer abschmecken.

3 Bei halb aufgelegtem Deckel unter gelegentlichem Rühren etwa 30 Minuten köcheln lassen, bis die Flüssigkeit leicht eingekocht ist.

4 Orangenschale und Kräuterstrauß herausnehmen. Die festfleischigen Fischstücke in die Suppe geben und 5 Minuten mitgaren, dann die empfindlicheren Stücke zugeben und 2–3 Minuten mitgaren. Pernod zugießen und unterrühren. Die Suppe abschmecken.

Flambieren

In meinem Lieblingsrestaurant gibt es ein köstliches Dessert mit flambierten Früchten. Wie gelingt das Flambieren von Obst?

Flambiertes Obst ist ein spektakuläres Dessert, das sich auch recht einfach zu Hause zubereiten lässt. Das Kirschwasser, mit dem die Kirschen nach dem Rezept rechts flambiert werden, intensiviert das Aroma der Früchte. Stattdessen können Sie Weinbrand, braunen Rum oder Whisky verwenden. Das Dessert gelingt auch mit anderen Obstsorten. Probieren Sie z. B. Apfelscheiben, Aprikosen, Bananen, Orangen oder Pfirsiche.

Wärmen Sie die Spirituose vor dem Anzünden an, allerdings nicht zu lange, damit der Alkohol nicht verdampft. Halten Sie Gesicht und Haare beim Anzünden von den Flammen in der Pfanne weg, und achten Sie darauf, dass in der direkten Umgebung nichts steht, das Feuer fangen könnte. Mit etwas Übung können Sie das Obst auch vor den Augen Ihrer Gäste flambieren.

Meine Kinder sind begeistert, wenn Sie mir beim Flambieren zuschauen. Dürfen kleine Kinder eigentlich flambiertes Obst essen?

Im Allgemeinen wird empfohlen, dass Kinder besser nichts verzehren sollten, das mit Alkohol zubereitet wurde oder das nach Alkohol schmeckt (beispielsweise Süßspeisen, die mit Rumaroma aromatisiert wurden). Beim Flambieren verbrennt zwar der meiste Alkohol, doch ein Rest bleibt im Gericht erhalten, und das Gericht schmeckt nach Alkohol.

Damit Kinder sich nicht an dieses Aroma gewöhnen, sollten sie besser keine flambierten Speisen essen. Wenn Sie eine flambierte Nachspeise servieren möchten, obwohl Kinder mitessen, können Sie einen Teil des Kompotts beiseitestellen und den Rest vor den Augen der Gäste (und der Kinder) flambieren. Die Kinder bekommen dann die unflambierte Speise, waren aber begeisterte Zeugen des Spektakels.

Flambierte Kirschen

Für 4 Portionen
Vorbereitungszeit: 25 Minuten
Garzeit: 6–8 Minuten

500 ml gutes Vanilleeis
25 g Butter
1 dünner Streifen Zitronenschale
3 EL Zitronensaft
60 g Zucker
500 g feste Kirschen, entsteint
4 EL Kirschwasser

1 Eiscreme auf 4 Schälchen verteilen; in den kältesten Bereich des Kühlschranks stellen.

2 Butter, Zitronenschale und -saft sowie Zucker in eine große Pfanne geben. Bei mittlerer Hitze rühren, bis die Butter geschmolzen, der Zucker vollständig aufgelöst ist. Den Sirup köcheln lassen, bis er angedickt ist.

3 Die Kirschen zufügen und bei mittlerer bis starker Hitze unter häufigem Rühren 2–3 Minuten garen.

4 Kirschsaft in ein Kännchen gießen; zum Abkühlen beiseite stellen. 2–3 EL Saft in der Pfanne lassen – nicht mehr, sonst wird der Alkohol zu stark verdünnt und brennt nicht.

5 Kirschwasser in die Pfanne gießen, anwärmen, dann anzünden. Die Pfanne hin- und herschwenken, bis die Flammen erlöschen. Kirschen über die Eiscreme geben; sofort servieren. Kirschsaft dazu reichen.

Tanzende Flammen über einer Pfanne mit duftenden Kirschen sind ein eindrucksvolles Finale für eine festliches Abendessen.

Fleisch

Woran erkenne ich ein gutes Stück Fleisch?

Zunächst muss ein Fleischstück frisch riechen. Unangenehmer Geruch ist immer ein Alarmzeichen. Das Fleisch muss eine frische Farbe aufweisen, schillernde und grünliche oder graue Stellen weisen auf Verderb hin. Je jünger das Schlachttier, desto heller soll die Farbe des Fleisches ein, Schweinefleisch ist immer etwas heller als Rindfleisch.

Wabbeliges Fett bei Schweinefleisch deutet auf schlechte Fütterung hin. Wenn Sie kein extrem mageres Fleisch suchen, sollten sie Fleisch wählen, das mit feinen Fettadern durchzogen ist. Das garantiert Geschmack, Zartheit und Saftigkeit. Fettränder sollten weiß oder cremefarben, nicht aber gelb sein. Achten Sie auch auf die Beschaffenheit der Fleischfasern: Je feiner sie sind, desto zarter ist das Fleisch und desto kürzer ist die Garzeit.

Warum schneidet man Fleisch immer quer – und nicht längs – zur Faser auf?

Weil dadurch die Fleischfasern gekürzt werden. Ein quer zur Faser geschnittenes Stück Fleisch ist leichter zu kauen und wirkt daher auch besonders zart.

Sind teure Fleischstücke reicher an Nährstoffen, und sind sie auch magerer als billiges Fleisch?

Die Nährwerte von billigem und teurem Fleisch unterscheiden sich, vorausgesetzt der Fettgehalt ist ungefähr gleich, nicht. Oft aber sind preiswerte Fleischstücke mit mehr Fett durchzogen und enthalten außerdem Schwarte und Knorpel. Ist der Preis sehr günstig, können Sie aber mehr Fleisch kaufen und die höhere Abfallmenge so wieder wettmachen. Günstiges Fleisch ist oft zäher als teure Stücke, doch wenn es mit Geduld und Sachkenntnis gegart wird, kann es wunderbar zart werden.

Orientieren Sie sich aber bitte beim Fleischeinkauf nicht nur am Preis. Wichtig ist, dass Sie Ihrem Fleischer oder Supermarkt vertrauen können.

Sagen Sie mir doch bitte: Welches Fleisch kann man wofür verwenden?

• Rindfleisch eignet sich gut für Schmorbraten, Steaks und Filets zum Kurzbraten. Als Faustregel für die Fleischqualität gilt: Je weniger die jeweilige Muskelpartie beansprucht wurde, desto zarter ist das Fleisch daraus.

• Schweinefleisch ergibt köstliche Braten, beliebt sind auch Hachse und Eisbein. Schnitzel, Kotelett (auch Nackenkotelett) kann man gut in der Pfanne braten, Lende und Filet ergeben mit einer Sahnesauce ein leckeres Geschnetzeltes.

• Kalbfleisch ist besonders fein im Geschmack. Es ergibt einen wunderbaren Sonntagsbraten, eine Kalbshaxe aus dem Ofen kommt immer gut an. Kalbskoteletts können Sie in der Pfanne braten oder im Ofen schmoren.

• Lammfleisch, insbesondere Schulter, Rücken und Keule, lässt sich gut im Backofen braten. Lammlachse eignen sich für Ofen und Pfanne, Lammkoteletts kann man prima grillen. Lammschulter und Brust, in Stücke geschnitten, sind ideal für Gulasch und Ragout.

Wie bewahre ich Fleisch am besten auf?

Hygiene ist bei der Aufbewahrung von Fleisch oberstes Gebot. Nehmen Sie das Fleisch zu Hause sofort aus der Packung, und legen Sie es auf einen Teller oder in eine Frischhaltedose. Nicht auf Holz legen, es entzieht dem Fleisch Feuchtigkeit. Falls Sie schon wissen, was Sie mit dem Fleisch zubereiten wollen, können Sie es jetzt bereits in eine Marinade aus Öl, Kräutern und Gewürzen legen. Lagern Sie das Fleisch bei 0–4 °C an der kältesten Stelle Ihres Kühlschranks. Rindfleisch hält sich gekühlt 3–4 Tage, Schweinefleisch 2–3 Tage.

Hackfleisch sollte möglichst direkt von der Packung in den Topf oder in die Pfanne wandern. Können Sie es nicht am selben Tag verarbeiten, frieren Sie es ein. Achtung: Das geht nur ab -18 °C, ein Dreisternefach erreicht diese Temperatur nicht.

Wodurch zeichnet sich Bio-Fleisch aus, und warum ist es teurer als anderes Fleisch?

Bio-Fleisch stammt aus Betrieben, die regelmäßig streng kontrolliert werden. Bevor ein Betrieb sich als Bio-Betrieb bezeichnen darf, muss eine bestimmte Umstellungszeit verstreichen.

Fleisch produzierende Betriebe sind verpflichtet, die Tiere artgerecht zu halten und mit Bio-Produkten, möglichst aus dem gleichen Betrieb, zu ernähren. Massen- und ausschließliche Stallhaltung sind untersagt, die Tiere müssen jederzeit freien Zugang zu Wasser und Futter haben.

Die Verabreichung von Medikamenten ist nur im akuten Krankheitsfall erlaubt. In diesem Fall muss bis zur Schlachtung länger abgewartet werden als bei herkömmlich erzeugtem Fleisch.

Kälber und Ferkel werden nicht von ihren Müttern getrennt und in den ersten Wochen ihres Lebens ausschließlich mit Muttermilch ernährt.

Bei den genannten Vorschriften handelt es sich um EU-Richtlinien. Biologische Erzeugerverbände sind oft sehr viel strenger und führen regelmäßig eigene Kontrollen durch.

Biologische Tieraufzucht ist kosten-, zeit- und personalintensiv. Deshalb ist Bio-Fleisch um Einiges teurer als herkömmlich erzeugtes Fleisch. Doch wenn Sie sich für den Kauf von Bio-Fleisch entscheiden, werden Sie mit guter Qualität – und einem guten Gewissen – belohnt.

Warum ist Hackfleisch mal heller, mal dunkler?

Die Farbe von Hackfleisch hängt vom Fettgehalt ab. Je höher dieser ist, desto heller ist das Hack. Mageres reines Schweinehack ist außerdem etwas heller als gehacktes mageres Rindfleisch, gehacktes Lammfleisch ist etwas dunkler.

Wenn Sie ein gutes Verhältnis zu Ihrem Fleischer haben, können Sie ihn sicher bitten, ein von Ihnen ausgesuchtes Stück Fleisch durch den Wolf zu drehen. Natürlich kann man auch Fleisch im Ganzen kaufen und zu Hause selbst ein-, zweimal durch den Wolf drehen.

Fett und Bindegewebe entfernen

Fleisch, das Sie für einen Eintopf, für Gulasch oder ein Wokgericht verwenden wollen, muss fast immer geputzt werden, obwohl der Fleischer es bereits zugerichtet hat. Dazu gehört, sichtbares Fett und Bindegewebe sauber wegzuschneiden.

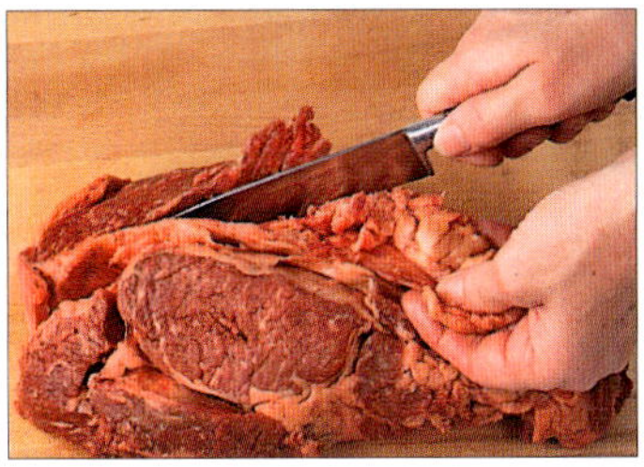

1 Mit einem scharfen Messer mit rutschfestem Griff das das Fleisch umgebende Fett abschneiden.

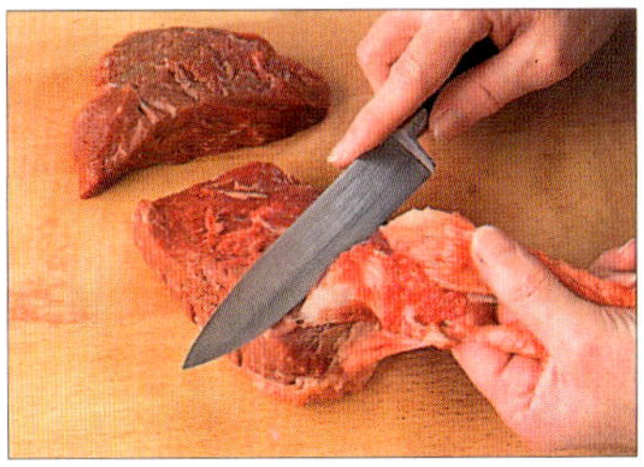

2 Das Fleischstück in Stücke schneiden, diese von Bindegewebe, Membranen und Knorpeln befreien.

3 Damit das Fleisch beim Kochen nicht zerfällt, muss es quer zur Faser in Scheiben geschnitten werden.

Das Zerkleinern im Blitzhacker oder in der Küchenmaschine empfiehlt sich nicht. Die Fleischfasern werden dabei zu fein geschnitten, und das Fleisch wird beim Zubereiten schnell trocken.

Woran erkenne ich, dass ein Braten wirklich gar ist?

Ganz genau können Sie das nur mit einem Bratenthermometer feststellen. Dieses Gerät wird kurz vor Ablauf der Garzeit in die dickste Stelle des Bratens gestochen und darf dabei keinen Knochen berühren.

Rind- und Lammfleisch sind innen noch blutig, wenn das Thermometer 60 °C anzeigt, medium bei 71 °C und durch bei 80 °C. Schweine- und Kalbfleisch sollten richtig durchgegart werden. Das ist bei Schweinefleisch bei 75 °C der Fall, bei Kalbfleisch bei 71 °C.

Wenn Sie kein Bratenthermometer besitzen, können Sie den Garzustand so testen: einen Metallspieß in die dickste Stelle des Bratens stechen und 30 Sekunden drinlassen. Fühlt sich der Spieß nach dem Herausziehen kalt an, ist das Fleisch innen roh. Ist der Spieß warm, ist der Braten innen noch blutig, ein heißer Spieß zeigt an, dass das Fleisch durchgebraten ist.

Bedenken Sie bei der Garprobe, dass das Fleisch während der Ruhezeit vor dem Aufschneiden noch nachgart. Das ist besonders wichtig, wenn beispielsweise ein Roastbeef innen noch rosa sein soll. Bei einem Braten, der ohnehin durchgegart verzehrt werden soll, spielt die Ruhezeit keine Rolle.

Kann man Fleisch in gefrorenem Zustand verarbeiten?

Nein, Fleisch sollte immer vollständig aufgetaut sein, bevor es gegart wird. Sonst ist möglicherweise das Innere noch roh, wenn das Fleisch außen bereits mehr als gar ist. Dies trifft besonders auf große Bratenstücke zu. Wenn möglich, sollten Sie Fleisch langsam im Kühlschrank auftauen lassen. Rechnen Sie bei Braten mit 6–8 Stunden Auftauzeit pro Kilogramm, bei Steaks und Schnitzeln mit 5–6 Stunden. Falls Sie das Fleisch im Mikrowellengerät auftauen möchten, halten Sie sich an die Anweisungen des Geräteherstellers.

Gefrorenens Fleisch zu garen hat noch einen weiteren Nachteil: Geschmack und Konsistenz des Fleisches sind, auch bei kleinen Stücken, nicht besonders ansprechend.

Wenn ich Hackfleisch brate, wird es oft grau und gummiartig. Was mache ich falsch?

Vermutlich braten Sie das Hackfleisch zu lange bei zu starker Hitze. Besser ist, das Fleisch in einer großen Pfanne zunächst bei mittlerer Hitze anzubraten. Ist die Pfanne zu klein, zieht das Fleisch Flüssigkeit und gart dann mehr im eigenen Saft, als dass es brät. Dadurch wird es weich statt fester. Während das Fleisch gart, drückt man mit einem Kochlöffel größere Fleischbrocken auseinander. Braten Sie das Hackfleisch nur so lange, dass es nicht mehr roh ist, aber noch keine Farbe angenommen hat. Dann die Hitze herunterschalten und, falls im Rezept vorgesehen, Flüssigkeit zugeben. Das Gericht bis zur Fertigstellung nur köcheln, nicht sprudelnd kochen lassen.

Stimmt es, dass ein Braten auch bei sehr niedriger Temperatur gar wird?

Ja, das stimmt. Allerdings braucht das Fleisch auch länger, um gar zu werden. Besonders gut lässt sich die Niedrigtemperaturmethode für Lammfleisch anwenden. Eine 2-kg-Lammkeule braucht bei einer Backofentemperatur von 130 °C etwa 4 Stunden, bei 120 °C etwa 7 Stunden und bei 80 °C ungefähr 12 Stunden.

Auch Schweinefleisch (Brust oder Schulter, aber auch Koteletts) lässt sich gut bei niedrigen Temperaturen garen. Soll ein Schweinebraten jedoch eine knusprige Kruste bekommen, müssen Sie in den letzten 15 Minuten die Backofentemperatur auf 230 °C hochschalten, sonst bleibt die Schwarte weich und kracht später nicht zwischen den Zähnen.

Gewusst wie

Wenn Sie Fleischwürfel marinieren möchten, geben Sie die Marinade in einen Gefrierbeutel und fügen das Fleisch hinzu. Beutel verschließen und gut durchkneten. Fleisch im Kühlschrank durchziehen lassen.

Wenn ich Eisbein koche, schmeckt es anschließend oft nach nichts. Wie kriege ich mehr Geschmack in das Fleisch?

Wenn Sie ein Eisbein nur in Wasser kochen, laugt es aus. Daher ist es empfehlenswert, den Garsud etwas zu aromatisieren. Am besten geht das mit reichlich Suppengemüse (Knollensellerie, Petersilienwurzel, Lauch, Möhre, Petersilienstängel), das Sie putzen, grob zerkleinern und von Anfang an mitkochen.

Damit die Schwarte nicht zu weich wird, können Sie einen kräftigen Schuss Essig ins Kochwasser geben.

Reste von gegartem Eisbein lassen sich gewürfelt gut zu einer pikanten Sülze verarbeiten.

Ich würde gern einmal Kängurufleisch zubereiten, habe mich bisher aber nicht getraut. Haben Sie ein Rezept für mich?

Kängurufleisch wird aus Australien importiert. Es hat einen ausgeprägten Wildgeschmack und ist sehr mager. Der Känguruschwanz lässt sich wunderbar füllen. Ganz einfach geht es, wenn Sie den Schwanz putzen und entbeinen und dann Bratwurstbrät hineingeben und das Fleisch mit Küchengarn binden. Salzen und pfeffern. Anbraten, dann Kalbsfond zugeben und den gefüllten Känguruschwanz zugedeckt 1 Stunde schmoren. Abkühlen lassen, dann das Garn entfernen und den gefüllten Känguruschwanz in Scheiben schneiden. Diese erst in Mehl, dann in verquirltem Ei und zum Schluss in Semmelbröseln wenden und anschließend in Butterschmalz knusprig braten. Dazu passen Mangold oder Spinat sowie eine würzige Tomatensauce.

Sauerbraten gerät mir oft zu sauer. Woran kann das liegen?

Sauerbraten wird dann zu sauer, wenn Sie zu viel Essig in die Marinade geben oder das Fleisch zu lange in der Marinade ruhen lassen. Sie können die Säure mildern, indem Sie Rübenkraut oder Lebkuchen zufügen. Auch Rosinen, wie sie beim Sauerbraten auf rheinische Art (siehe rechts) zugegeben werden, mildern die Säure.

Sauerbraten auf rheinische Art

Für 4–5 Portionen
Vorbereitungszeit: 10 Minuten
Marinierzeit: 2–3 Tage
Garzeit: 1 Stunde 5 Minuten

100 g Möhren
50 g Petersilienwurzel
50 g Knollensellerie
125 ml Essig, 3 Gewürznelken
5 Pfefferkörner, 3 Pimentbeeren
geriebene Muskatnuss
1 Thymianzweig
1 kleines Lorbeerblatt
1,2 kg Rindfleisch
Salz und Pfeffer
80 g Räucherspeck, gewürfelt
1 EL Öl
1 Zwiebel, in Scheiben geschnitten
1 TL Zucker
2 EL Mehl
125 ml Weißwein
30 g Rosinen
30 g Mandelkerne, gehackt
100 g Lebkuchen

1 Für die Beize Möhren, Petersilienwurzel und Sellerie schälen, waschen und in kleine Würfel schneiden. Gemüse, Essig, 500 ml Wasser, Nelken, Pfeffer, Piment, 1 Prise Muskat sowie Thymian und Lorbeer in einen Topf geben. 5 Minuten bei schwacher Hitze köcheln lassen. Beize über das Fleisch gießen. Fleisch 2–3 Tage an einem kühlen Ort durchziehen lassen.

2 Fleisch aus der Beize heben; abtropfen lassen. Rundum mit Salz und Pfeffer einreiben. Speck in einem Topf zerlassen. Öl zugeben. Fleisch und Zwiebel im Fett anbraten. Mit Wein ablöschen.

3 Beize zugießen. Den Braten etwa 1 Stunde zugedeckt bei schwacher Hitze schmoren. Herausnehmen und warm stellen. Die Sauce durch ein Sieb gießen. Mit Rosinen und Mandeln kurz aufkochen. Den Lebkuchen zerbröckeln, zur Sauce geben und unterrühren.

4 Zum Servieren das Fleisch in Scheiben schneiden und mit der Sauce servieren.

Bei diesem Sauerbraten auf rheinische Art sorgt Lebkuchen in der Sauce dafür, dass das Fleisch aromatisch, aber nicht zu sauer ist.

Wir essen gern Leber. Doch wenn ich sie selbst zubereite, wird sie hart und trocken. Wie erreiche ich eine angenehme Konsistenz?

Dass Leber – ganz egal, ob Schweine-, Rinder- oder Kalbsleber – beim Braten hart und trocken wird, liegt meist daran, dass sie lange vor dem Braten gesalzen wurde. Am besten bestreuen Sie die Leber erst nach dem Garen mit Salz.

Ein anderer Grund dafür, dass Leber hart wird, kann sein, dass das Bratfett nicht heiß genug war. Erhitzen Sie zuerst die Pfanne bei mittlerer Hitze, und geben Sie dann geschmacksneutrales Öl oder Butterschmalz hinein. Einen Wassertropfen hineingeben. Verdampft er sofort, ist das Fett heiß genug, dass Sie die Leber hineingeben können.

Wenn Sie Leber schnetzeln und in einer Sauce anrichten möchten, sollten Sie die Leberstreifen anbraten und dann aus der Pfanne nehmen und warm stellen. Dann die Sauce fertig stellen und zum Schluss die Leberstreifen darin heiß werden lassen.

Wie werden Königsberger Klopse besonders würzig?

Zwar werden Königsberger Klopse traditionell aus Kalbfleisch hergestellt, herzhafter werden sie jedoch, wenn man Sie aus halb Rind-, halb Schweinefleisch macht. Die Fleischmasse pikant mit Salz, Pfeffer und gehackten Sardellen oder Sardellenpaste abschmecken.

Garen Sie die Klopse in Salzwasser, in das sie Zwiebelscheiben, Pfefferkörner, Pimentbeeren und Lorbeerblatter gegeben haben.

Für die Sauce den Garsud durch ein Sieb geben. Eine helle Mehlschwitze herstellen und mit dem Sud ablöschen. Besonders pikant wird die Sauce, wenn Sie sie ebenfalls mit Sardellen oder Sardellenpaste abschmecken und außerdem etwas Zitronensaft hineingeben. Kapern runden diese klassische Sauce ab.

Zum Schluss die Klopse in die Sauce geben und heiß werden lassen. Die Sauce darf dabei aber nicht noch einmal aufkochen, denn dann würden die Klopse zerfallen.

Fonds & Brühen

Warum dauert es immer so lange, einen Fond herzustellen?

Für einen guten Fleisch- oder Geflügelfond müssen die Knochen lange und langsam ausgekocht werden, damit der Fond möglichst viel Aroma erhält. Gemüsebrühe lässt sich jedoch schnell, aber auch langsam zubereiten, und ein Fischfond geht immer schnell.

Für einen Fond kann man auch gekochte Knochen verwenden. Sie müssen zwar nicht blanchiert werden, sind aber auch nicht ganz so aromatisch, weshalb man rohe Knochen vorziehen sollte. Für einen Geflügel- oder Wildfond verwenden Sie die Knochen eines gebratenen Vogels. Lammknochen sind nicht zu empfehlen, da der Fond damit ein unangenehmes Aroma bekommt.

Vor der Zubereitung des Fonds sollten Sie die rohen Knochen in einen Topf mit kaltem Wasser geben, aufkochen, abgießen und abschrecken. So werden Verunreinigungen entfernt, der Fond schmeckt besser und erhält eine schönere Farbe. Lassen Sie den Fond während des Garens nicht mehr aufkochen, denn dan würde er trüb. Nachdem die Knochen und das Gemüse entfernt wurden, können Sie den Fond jedoch zum Reduzieren etwas einkochen.

Aus rohen Rinderknochen können Sie nach dem Rezept rechts einen Allzweck-Fond herstellen.

Können Sie mir ein gutes, schnelles Rezept für Hühnerfond nennen?

Hühnerfond lässt sich relativ einfach und schnell zubereiten und kann als kräftiger, aromatischer Fond für jedes Gericht verwendet werden. Das beste Aroma erhalten Sie, wenn Sie rohe Hühnerknochen mitsamt der Innereien verarbeiten. Wenn Sie ein Hähnchen gebraten haben, können Sie auch die Knochenreste des Bratens verwenden. Geben Sie auch übrig gebliebenes Fleisch von Flügeln oder Keulen in den Fond, so erhält er ein besonders kräftiges Aroma. Ein guter, kräftiger Hühnerfond geliert beim Abkühlen.

Wenn Sie Schaum und Verunreinigungen, die während des Kochens an die Oberfläche steigen, abschöpfen, erhalten Sie einen klaren, wohlschmeckenden Fond.

Fleischfond

Für 1 l Fond
Vorbereitungszeit: 5 Minuten
Garzeit: 3–4 Stunden

750–1000 g Rinderknochen, gehackt
1 Zwiebel, gewürfelt
1 Möhre, gehackt
1 Selleriestange, in dicke Scheiben geschnitten
1 Champignon, in Scheiben geschnitten
1 Kräuterstrauß (Bouquet garni; siehe Abbildung rechts unten)
6 Pfefferkörner

1 Die Knochen mit 2,5 l Wasser in einen großen Topf geben. Zum Kochen bringen und den Schaum von der Oberfläche abschöpfen. Gemüse, Kräuterstrauß und Pfefferkörner zugeben.

2 Den Deckel halb auflegen, die Hitze reduzieren und alles 3–4 Stunden leicht köcheln lassen, bis die Flüssigkeit um mehr als die Hälfte eingekocht ist.

3 Den Topf vom Herd nehmen und den Fond durch ein Sieb gießen. Knochen und Gemüse wegwerfen. Abkühlen lassen, dann das Fett abschöpfen, das sich an der Oberfläche abgesetzt hat. Den Fond sofort verwenden oder maximal 4 Tage im Kühlschrank aufbewahren. Er lässt sich auch einfrieren. Praktisch: Fond-Eiswürfel.

Hühnerfond

Für 1 l Fond
Vorbereitungszeit: 5 Minuten
Garzeit: 2 Stunden

1 Hühnerkarkasse (roh oder Reste von einem gebratenen Hähnchen)
Hühnerinnereien (ohne Leber; nach Belieben)
1 Zwiebel, grob gewürfelt oder in Scheiben geschnitten
1 Möhre, grob gehackt oder in Scheiben geschnitten
1 Selleriestange, in dicke Scheiben geschnitten (nach Belieben)
1 Lauchstange, in Scheiben geschnitten (nach Belieben)
1 Champignon oder mehrere Champignonstiele, grob gehackt (nach Belieben)
1 Kräuterstrauß (Bouquet garni; siehe Abbildung rechts unten)
6 Pfefferkörner

1 Die Karkasse zerteilen und in einen großen Topf geben. 2 l kaltes Wasser zugießen und zum Kochen bringen. Den Schaum von der Oberfläche abschöpfen, dann das Gemüse und die Aromazutaten in den Topf geben.

2 Den Deckel halb auflegen, die Hitze reduzieren. Alles 2 Stunden köcheln lassen, bis die Flüssigkeit auf die Hälfte eingekocht ist.

3 Den Topf vom Herd nehmen und den Fond durch ein Sieb gießen. Knochen und Gemüse wegwerfen. Falls nötig, den Fond noch etwas einkochen lassen. Abkühlen lassen, dann das Fett abschöpfen, das sich an der Oberfläche abgesetzt hat. Den Fond sofort verwenden oder maximal 4 Tage im Kühlschrank aufbewahren.

Mein Fond geliert nie, auch wenn ich ihn stundenlang köcheln lasse. Was mache ich falsch?

Fond soll während des Köchelns gar nicht andicken. Ein konzentrierter Fleischfond geliert erst beim Abkühlen, dann lässt sich das Fett an der Oberfläche mühelos abnehmen.

Das in den Knochen enthaltene Kollagen wird beim Kochen gelöst und bildet die Gelatine, die den Fond beim Abkühlen leicht erstarren lässt. Für einen schön gelierten Fleischfond benötigen Sie einen rohen Kalbsknöchel, Kalbsfuß oder Rindermarkknochen. Köcheln Sie ihn mit reichlich Wasser zusammen mit Gemüse und Aromazutaten ungefähr 4 Stunden lang. Anschließend durch ein Sieb gießen und abkühlen lassen. Wenn Sie diesen Fond weiter einkochen, erhält er eine sirupartige Konsistenz. Diese sogenannte Glace wird häufig für klassische französische Saucen verwendet. Die Glace kann man auch in Eiswürfelbehältern einfrieren.

Wie unterscheidet sich ein Fischfond von einem Fischfumet oder einer Court bouillon, und wie verwendet man diese?

Ein Fischfond wird genauso zubereitet wie Fleischfond. Die Gräten, Köpfe und Schwanzflossen (und die Schalen von Meeresfrüchten) werden mit Gemüse und Aromazutaten in Wasser geköchelt. Der Fischfond braucht jedoch nur 20–30 Minuten, wenn er zu lange gart, wird er bitter. Der durchgesiebte Fond kann aber durch weiteres Einkochen noch konzentriert werden. Ein Glas trockener Weißwein verbessert das Aroma erheblich.

Ein Bouquet garni aus Lorbeerblatt, Staudensellerie, Petersilie und Thymian verleiht Fleisch-, Hühner- und Fischfonds eine frische Note.

Fischfond

Für 1 l Fond
Vorbereitungszeit: 5 Minuten
Garzeit: 30 Minuten

500 g Fischabfälle (Köpfe, Gräten, Schwanzflossen usw.)
1 Zwiebel, grob gewürfelt oder in Scheiben geschnitten
oder geschnitten
125 ml trockener Weißwein
1 Kräuterstrauß (Bouquet garni; siehe Illustration links unten)
1 EL Zitronensaft

1 Fischabfälle in einen großen Topf füllen (falls nötig, etwas zerkleinern), Zwiebel zugeben. Alles bei schwacher Hitze 10 Minuten dünsten.

2 Mit 1 1/4 l kaltem Wasser und dem Wein begießen und alles zum Kochen bringen. Den Schaum von der Oberfläche abschöpfen, dann den Kräuterstrauß und den Zitronensaft zugeben.

3 Den Deckel halb auflegen, die Hitze reduzieren und alles nur 30 Minuten leicht köcheln lassen.

4 Topf vom Herd nehmen, den Fond durch ein Sieb gießen. Sofort verwenden oder abkühlen lassen und im Kühlschrank aufbewahren.

Nach dem Durchsieben kann der Fond zu einem etwas intensiver schmeckenden Fischfumet eingekocht werden. Ein Fumet verwendet man für Fischsaucen, -suppen und -eintöpfe.

Court bouillon ist die Flüssigkeit, in der frischer Fisch wie z. B. Lachs pochiert wird. Sie besteht aus Wasser, Weißwein (oder Zitronensaft oder Essig) und Aromazutaten, aber im Gegensatz zu Fischfond werden keine Fischabfälle wie Gräten verarbeitet. Court bouillon wird nur selten zu Speisen hinzugefügt.

Wie lange hält sich ein Fond?

Ein abgekühlter Fond lässt sich zugedeckt im Kühlschrank bis zu 4 Tage lang aufbewahren (Fischfond nur 2 Tage). Im Gefrierfach hält er bis zu 3 Monate (Fischfond 2 Monate). Am besten reduzieren Sie den Fond durch sprudelndes Kochen und frieren ihn ein. Er lässt sich aufgetaut oder noch tiefgekühlt sofort verwenden, sollte aber mindestens noch 10 Minuten köcheln. Er kann auch verdünnt werden.

Warum nimmt man für Fonds und Brühen Petersilienstängel?

Weil sie mehr Aroma haben als die Blätter, die zudem bitter werden, wenn man sie stundenlang kocht. Es ist auch wirtschaftlicher, denn die Blätter kann man zum Garnieren anderer Gerichte verwenden.

Gibt es ein Universalrezept für Gemüsebrühe?

Ja. Eine fleischlose Brühe kann in den verschiedensten Geschmacksstärken zubereitet werden. Je mehr verschiedene Gemüse und Kräuter Sie verwenden, desto besser schmeckt die Brühe. Da sie ohne Fleischknochen gekocht wird, geliert kalte Gemüsebrühe nicht.

Gemüsebrühe

Für 1 l Gemüsebrühe
Vorbereitungszeit: 5 Minuten
Garzeit: 1–1 1/2 Stunden

750–1000 g Gemüse (z. B. Bohnen, Brokkoli, Blumenkohl, Sellerie, Fenchel, Lauch, Pilze, Zwiebeln, Wurzelgemüse), grob gehackt
Kräuter (z. B. Lorbeerblätter, Dill, Majoran, Petersilienstängel, Rosmarin, Estragon, Thymian)
1 langer Streifen Zitronenschale
1 Muskatblüte (nach Belieben)
6 Pfefferkörner

1 Zutaten in einen Topf geben, 1,5 l kaltes Wasser zufügen. Aufkochen. Hitze reduzieren und alles bei halb aufgelegtem Deckel 1–1 1/2 Stunden köcheln lassen, bis die Brühe um die Hälfte reduziert ist.

2 Vom Herd nehmen, Brühe durch ein Sieb gießen. Abkühlen lassen. Kühl bis zu 4 Tage aufbewahren.

Forelle

Was ist der Unterschied zwischen Regenbogenforelle, Bachforelle und Lachsforelle?

Die Regenbogenforelle hat eine silbrig-bunte Haut, beim Männchen verläuft längs an beiden Seiten ein roter Streifen. Das zarte weiße Fleisch ist manchmal leicht rosa gefärbt. Normalerweise rechnet man eine Regenbogenforelle pro Portion, Zuchtforellen sind jedoch manchmal ziemlich groß.

Bachforellen haben eine grünlichbraun gefleckte Haut, weißes Fleisch und ein kräftigeres Aroma. Diese Forellenart findet man wild lebend in Flüssen und Bächen, sie wird aber auch gezüchtet.

Die Lachsforelle, auch Meerforelle genannt, ist eng verwandt mit der Bachforelle, aber sie wandert ins Meer und kommt nur zum Laichen in die Flüsse zurück. Sie erinnert mit ihrer silbrigen Haut und dem rosa Fleisch an Lachs – daher ihr Name.

Wie erkenne ich, ob eine Forelle frisch ist?

Achten Sie wie bei allen Fischsorten auf festes Fleisch (wenn Sie mit dem Finger auf den Fisch drücken, darf keine Delle zurückbleiben) und glänzende Haut, klare, blanke, vorstehende Augen und hellrote Kiemen. Die Forelle sollte frisch duften und sauber aussehen. Die meisten Experten sind sich einig, dass man Forelle vor der Zubereitung nicht waschen, sondern nur mit einem Tuch säubern sollte. Danach werden die Innereien und die Kiemen entfernt, und eventuell wird das Maul von Gras befreit.

Soll ich eine frisch gefangene Forelle einfrieren, wie sie ist, oder muss man sie zuerst ausnehmen? Und wie bereite ich sie zu?

Nehmen Sie die Forelle so schnell wie möglich aus, am besten schon am Wasser. Es ist ein Mythos, dass die Eingeweide den Fisch frisch halten. Im Gegenteil, wenn Sie zu lange warten, kann der Geschmack darunter leiden. Dann den Fisch gründlich säubern und trockentupfen, bevor Sie ihn in einen Gefrierbeutel geben. Forelle kann man bis zu 4 Monate lang einfrieren. Forelle lässt sich braten, grillen oder backen, aber die beste Methode, frisch gefangenen Fisch zu genießen, ist, ihn sofort zuzubereiten. Wie Sie im Rezept unten sehen können, brauchen Sie dazu weder Topf noch Pfanne, Backofen oder Besteck.

Alles, was Sie brauchen, um aus einer Forelle ein Festmahl zu zaubern, sind Alufolie und ein kleines Feuer. Ob Sie am Flussufer essen, bleibt Ihnen überlassen.

Forelle aus der Folie

Für 2 Portionen
Vorbereitungszeit: 5 Minuten
Garzeit: 20–30 Minuten

einige Stücke Alufolie
2 küchenfertige Forellen
Kräuterzweige bzw. Stängel (z. B. Schnittlauch, Dill, Petersilie oder Fenchelgrün)
50 g zerlassener Butter, gemischt mit 3 EL gehackten Kräutern (nach Belieben)

1 Einen Grill anfachen. Sobald die Glut heiß ist, jeden Fisch auf ein Stück Alufolie legen.

2 Die ganzen Kräuter in die Fische geben, Folie über den Fischen schließen, Enden einfalten. So kann keine Flüssigkeit austreten. Auf den Grillrost legen. Forellen 20–30 Minuten garen, Päckchen nach der Hälfte der Zeit einmal umdrehen. Wenn die Folie beginnt, schwarz zu werden, ist der Fisch fertig.

3 Die Päckchen vorsichtig öffnen, damit Sie sich nicht die Finger verbrennen. Den Fisch nach Belieben mit aromatisierter Butter bestreichen. Die Forellen mit den Fingern direkt aus der Folie essen.

Frittieren

Was für ein Kochgeschirr sollte ich mir zum Frittieren am besten zulegen?

Wenn Sie häufig frittieren, lohnt sich die Anschaffung einer elektrischen Fritteuse. Sie hat einen Thermostat und einen Filter, der keine Gerüche entweichen lässt. Wählen Sie eine Fritteuse, die sich selbst ausschaltet, falls Sie es einmal vergessen. Die Größe des Geräts hängt von der Größe Ihres Haushalts ab.

Wenn Sie nur ab und zu frittieren, verwenden Sie einen schweren, hohen Topf, in den eine größere Menge Öl hineinpasst. Sie brauchen außerdem einen relativ feinmaschigen Drahtkorb, damit das Öl nicht durch sich ablösende Zutaten verunreinigt wird. Ein gut schließender Deckel ist wichtig, um im Notfall die Luftzufuhr zu stoppen.

Warum wird Frittiergut meist in einer Hülle ausgebacken?

Das Gargut wird beim Frittieren sehr hohen Temperaturen ausgesetzt. Ein schützender Überzug verhindert, dass es außen hart wird, und sorgt dafür, dass das Frittiergut langsam durchgart, und wird selbst knusprig und goldbraun.

Wenn Sie beim Frittieren alles richtig machen, versiegelt der Überzug die Zutaten, sodass deren Aroma nicht in das Öl gelangt. Sie können das Öl also wiederverwenden. Durch das Versiegeln kann das heiße Öl außerdem nicht spritzen, was sonst schnell passiert, wenn Flüssigkeit aus den Zutaten austritt.

Manche Rezepte verlangen, dass man Zutaten vor dem Frittieren in Teig taucht, andere sehen vor, dass man sie in Semmelbröseln wendet. Was ist der Unterschied?

Ausbackteig eignet sich am besten für wasserhaltige Zutaten wie Gemüse oder Obst, denn er haftet gut an der Oberfläche, nachdem man die Zutaten in Mehl gewendet hat. Der Teig geht auf und sorgt dafür, dass keine Feuchtigkeit entweichen kann, die Zutaten trocknen also nicht aus und bleiben saftig.

Semmelbrösel sind etwas schwerer und eignen sich am besten für Zutaten, die eine längere Garzeit haben, z.B. Fisch und Hähnchen. Wenden Sie die Zutaten zuerst in Mehl, damit die Oberfläche trocknet. Dann in Ei tauchen und schließlich für die knusprige Panade in Bröseln wenden.

Woher weiß ich, ob das Öl die richtige Temperatur hat?

Die richtige Temperatur zum Frittieren beträgt 190 °C. Wenn Sie keine Fritteuse mit Thermostat haben, können Sie die Öltemperatur testen, indem Sie einen Brotwürfel hineinfallen lassen. Er sollte nach etwa 40 Sekunden braun sein.

Wenn er bereits nach 10 Sekunden bräunt, ist das Öl zu heiß und sollte ein wenig abgekühlt werden. Wenn es 1 Minute dauert, ist das Öl nicht heiß genug. Dann wird der Teig beim Frittieren nicht knusprig, und die Zutaten weichen auf.

Wie kann ich vermeiden, dass die Zutaten im Ausbackteig sich mit Fett vollsaugen?

Frittieren Sie alles nur in kleinen Portionen. Wenn Sie zu viel auf einmal in das heiße Fett geben, sinkt die Temperatur. Es entsteht keine knusprige Kruste, und die Zutaten saugen Fett auf.

Wie kann ich frittierte Speisen warm halten?

Wenn Sie die frittierten Lebensmittel nicht sofort servieren können, legen Sie diese nebeneinander auf ein heißes Backblech oder eine gut vorgewärmte Servierplatte. Im Ofen bei 60 °C warm halten, die Ofentür dabei leicht offen stehen lassen, damit Luft zirkulieren kann. Decken Sie die Zutaten nicht ab, denn dann weicht die Kruste auf und wird matschig.

> **GEWUSST WIE**
>
> Füllen Sie die Fritteuse höchstens zu einem Drittel mit Öl. Der Topf sollte maximal halb voll sein, nachdem sämtliche Zutaten hineingegeben wurden.

Fruchtsäfte & -sirup

Ist ein Fruchtnektar etwas anderes als Fruchtsaft?

Allerdings. Fruchtnektar enthält zwischen 25 und 50% reinen Fruchtsaft – wie viel genau, hängt von der verwendeten Obstsorte ab und wird durch ein Gesetz geregelt. Der Rest des Getränks besteht aus Wasser und Zucker/Fruchtzucker oder/und künstlichem Süßstoff.

Fruchtsaft ist der reine, direkt gewonnene Saft. Fruchtfleisch, das bei der Saftgewinnung abgetrennt wurde, darf zum Schluss wieder zum Saft gegeben werden.

Bei Fruchtsaft aus Konzentrat wird das beim Konzentrieren entzogene Wasser durch streng kontrolliertes Trinkwasser ersetzt. Auch hier darf fruchteigenes Fruchtfleisch am Ende wieder zugefügt werden.

Wie kann ich verhindern, dass frisch gepresster Apfelsaft sich braun verfärbt?

Dass frischer Apfelsaft sich verfärbt, kann nur aufgeschoben, leider aber nicht ganz verhindert werden. Vorübergehend gelingt es, indem Sie Zitronensaft oder eine Messerspitze Ascorbinsäure (Vitamin C) zum frisch gepressten Saft geben. Die Säure schiebt die Oxidation, also die Reaktion mit Sauerstoff, die den Saft sich verfärben lässt, eine Weile auf.

Meine Kinder lehnen Saftschorlen vehement ab. Sie finden, dass Mineralwasser den Geschmack des Fruchtsafts verändert. Ich merke das nicht. Was soll ich tun?

Ihre Kinder haben offensichtlich sehr feine Zungen! Tatsächlich haben viele Mineralwässer aufgrund ihres Gehalts an Natrium, Eisen, Kalzium und anderen Mineralstoffen einen merklichen Eigengeschmack. Probieren Sie doch einmal, den Fruchtsaft mit Sodawasser zu verdünnen. Es besteht aus normalem Trinkwasser, das mit Kohlensäure versetzt wird, und ist absolut geschmacksneutral. Vielleicht schmeckt es Ihren Kindern aber auch, wenn Sie den Saft ganz einfach mit gewöhnlichem Leitungswasser verdünnen.

Sirup aus roten Beeren

Für 750 ml
Vorbereitungszeit: 30 Minuten
Garzeit: 20–30 Minuten

750 g geputze Beeren (z. B. Brombeeren, Himbeeren, Erdbeeren, Rote oder Schwarze Johannisbeeren)
125–250 g Zucker

1 Die Beeren in eine hitzebeständige Schüssel füllen. Wenn Brombeeren, Himbeeren oder Erdbeeren verwendet werden, 100 ml kaltes Wasser zugeben. Zu Roten Johannisbeeren 200 ml Wasser geben, zu Schwarzen Johannisbeeren 600 ml.

2 Die Schüssel auf einen Topf mit köchelndem Wasser setzen und die Beeren in 20–30 Minuten Saft ziehen lassen.

3 Ein feinmaschiges Sieb und eine große Schüssel mit kochend heißem Wasser ausgießen, ein Passiertuch mit kochend heißem Wasser tränken. Sieb und Schüssel trockentupfen, das Tuch auswringen. Das Sieb über die Schüssel setzen. Das Tuch auswringen und das Sieb damit auslegen.

4 Beeren mitsamt dem Saft in das ausgelegte Sieb schütten. 20 Minuten abtropfen lassen. Das Tuch über den Beeren zusammenschlagen. Die Enden verdrehen, um den restlichen Saft aus den Beeren zu pressen.

5 Den Saft in einen Topf geben. Löffelweise Zucker zufügen, bis der gewünschte Süßegrad erreicht ist.

6 Den Saft bei schwacher Hitze unter Rühren erwärmen, bis der Zucker sich aufgelöst hat. Nicht zu heiß werden lassen!

7 Den fertigen Sirup in sterilisierte Flaschen füllen. Die Flaschen fest verschließen. Der Sirup hält sich im Kühlschrank 3 Monate. Zum Trinken den Sirup 1:2 oder 1:3 mit Trinkwasser aus der Leitung, Mineral-, Sodawasser oder Tonic verdünnen.

Fruchtsirup muss nicht klebesüß sein. Dieser belebende Durstlöscher mit Heidelbeeren, Himbeeren und Roten Johannisbeeren ist angenehm erfrischend.

? ***Ich würde meinen Entsafter gern auch für andere Zwecke verwenden als nur zum Gewinnen von frischem Orangensaft. Können Sie mir einige Ideen nennen?***

Mit einem Entsafter, der auch härteres Obst (z. B. Äpfel) und Gemüse (z. B. Möhren) auspressen kann, lassen sich gesunde Obst- und Gemüsesäfte herstellen, die zudem noch preiswert sind. Es gibt unendlich viele Kombinationsmöglichkeiten, hier ist also Ihre Fantasie gefragt. Aus Möhren, Sellerie und Tomaten, gewürzt mit Worcestersauce und Tabasco, erhält man einen besonders guten Tomatensaft, den man auch als perfekte Grundlage für eine Bloody Mary verwenden kann. Ein Saft aus Gurken und Melone mit etwas frischer Minze ist auf Eiswürfeln ein erfrischendes Sommergetränk.

Mit dem Entsafter können Sie auch gute Shakes herstellen: versuchen Sie einmal Mango und Banane, Erdbeere und Pfirsich oder Papaya und Kiwi, 1:1 gemischt mit Vanilleeis.

Wenn Sie Möhren ausgepresst haben, können Sie mit dem entsafteten Fruchtfleisch einen köstlichen Möhrenkuchen backen.

Gans

? ***Was ist der Unterschied zwischen einer jungen Gans und einer Frühmastgans?***

Eine junge Gans ist etwa 9 Monate alt und wiegt 4–6 kg. Eine Frühmastgans ist ungefähr 10–12 Wochen alt und hat ein Gewicht von 2–3,4 kg.

Bei beiden darf der Brustbeinfortsatz nicht verknöchert sein, und die Fettschicht, von der der Körper überzogen ist, muss noch recht dünn sein. Die Farbe des Fettes hängt auch vom Futter ab – bei mit Mais gefütterten Gänsen ist es beispielsweise gelblich. Hat eine Gans in den letzten 3 Wochen ihres Lebens täglich 500 g Hafer bekommen, spricht man von einer Hafermastgans.

? ***Wie lange muss eine Gans im Ofen braten?***

Man rechnet im Durchschnitt etwa 40 Minuten pro Kilogramm Gewicht bei 200 °C.

Falls Sie die Gans bei Niedertemperatur (120 °C) braten möchten, braucht sie etwa 2 Stunden pro Kilogramm plus einige Minuten bei 250 °C, damit die Haut schön knusprig wird. Vorsicht: Für eine gefüllte Gans eignet sich das Garen bei niedriger Temperatur nicht!

Wenn Sie ganz auf Nummer sicher gehen wollen, sollten Sie sich ein Bratenthermometer anschaffen. Es wird so in die dickste Stelle der Keule gestochen, dass es den Knochen nicht berührt. Nach Ablauf der Garzeit sollte das Thermometer 80–85 °C anzeigen.

? ***Wie bekommt man die Haut vom Gänsebraten knusprig?***

Da gibt es unterschiedliche Tricks. Viele schwören darauf, die Gans kurz vor Ende der Garzeit mit Salzwasser zu bestreichen. Andere verwenden für diesen Zweck stark gesalzenes Bier. Ist die Gans mit Äpfeln gefüllt, schmeckt sie auch gut, wenn man 3 EL zerlassene Butter mit 4 EL Honig verrührt und die fertig gebratene Gans damit bestreicht. Dann gibt man sie bei 250 °C kurz in den Ofen, um die Haut zu bräunen.

Gänsebraten

Für 6–8 Portionen
Vorbereitungszeit: 40 Minuten
Garzeit: 2 1/2–3 Stunden

1 Frühmastgans (etwa 3 kg)
Salz
300 g säuerliche Äpfel
100 g Schwarzbrot
1 Handvoll Beifuß
2 EL Sultaninen
2 EL Zucker
125 ml Fleischbrühe
1–2 EL Mehl
Pfeffer

1 Die Gans waschen, trockentupfen und innen und außen mit Salz einreiben. Die Äpfel schälen, achteln und von den Kerngehäusen befreien. Den Backofen auf 200 °C vorheizen. Das Brot toasten und reiben. Die Brotkrumen mit Beifuß, Sultaninen, Salz, Zucker und Apfelachteln mischen.

2 Die Gans mit der Apfelmischung füllen. Die Öffnungen mit Küchengarn zunähen. Die Flügel der Gans verschränken, die Keulen am Körper festbinden. Etwa 500 ml Wasser in das tiefe Backblech gießen, das Blech auf der untersten Schiene in den Ofen schieben.

3 Die Gans mit der Brust nach unten auf den Rost legen und auf der mittleren Schiene in den Backofen schieben. 1 Stunde braten; umdrehen und weitere 1 1/2–2 Stunden braten. Die Haut mehrmals einstechen und kurz vor Ende der Garzeit mit Salzwasser bepinseln.

4 Die Gans aus dem Bräter heben. Das Garn lösen, die Gans auf eine Servierplatte legen und warm stellen. So viel Fett wie möglich aus dem Blech schöpfen. Die Brühe in das Blech gießen und den Bratensatz durch Schaben lösen. Die Flüssigkeit in einen Topf schütten und aufkochen.

5 Mehl mit wenig Wasser verrühren; zur Bratensauce gießen. Aufkochen lassen, dann mit Salz und Pfeffer abschmecken. In eine Sauciere füllen und zur Gans servieren.

Garnelen

? ***Meine Freundin behauptet, Nordseekrabben seien gar keine Krabben. Hat sie Recht?***

Ja, das hat sie. Nordseekrabben, regional auch Granat genannt, gehören zur Familie der Garnelen. Diese zählen zu den Langschwanzkrebsen. Ihr Körper ist lang gestreckt. Krabben hingegen sind sogenannte Kurzschwanzkrebse. Ihr Fleisch ist bei uns überwiegend ausgelöst als Crabmeat im Handel.

Nordseekrabben werden nach dem Fang direkt an Bord gekocht. Im Handel sind sie gekühlt, in Dosen, in Gläsern oder tiefgefroren erhältlich.

? ***Welche Art von Garnelen nimmt man am besten zum Kochen: große oder kleinere?***

Das lässt sich pauschal nicht beantworten. Grundsätzlich könnte man sagen: Wenn es Ihnen auf den optischen Eindruck ankommt, dann sollten Sie zu Riesengarnelen (Prawns) greifen. Diese sehen spektakulär aus – ein Rezept finden Sie auf der nächsten Seite. Übrigens: Riesengarnelen lassen sich auch prima grillen.

Die kleineren Tiefseegarnelen (Shrimps) sind etwas delikater im Geschmack. Sie eignen sich gut für Eintopfgerichte und Currys.

? ***Wie bekomme ich Geschmack in eine Garnelensauce?***

Garnelen werden meist geschält zubereitet. Wenn Sie das Entfernen der Panzer selbst übernehmen, können Sie diese auskochen und den entstandenen Fond für die Sauce verwenden. Dafür die Panzer mit etwas Salz in einem Topf mit Wasser bedecken. Zum Kochen bringen, 15 Minuten köcheln lassen. Durch ein Sieb gießen. Garnelenfond können Sie unterschiedlich würzen, damit er den verschiedensten Gerichten Extraaroma verleihen kann. Vielseitig einsetzbar ist ein Fond, den Sie mit Safran, Salz und Fenchelsamen gewürzt haben. Er eignet sich gut für eine Sahnesauce: Knoblauch anschwitzen, mit Fond ablöschen, Sahne zugeben und alles einkochen lassen.

Pfannengerührte Garnelen mit Feta

Für 4 Portionen
Vorbereitungszeit: 10 Minuten
Garzeit: etwa 25 Minuten

2–3 cm frischer Ingwer, grob geraspelt
2 TL helle Sojasauce
150 g Feta, in 2 cm große Würfel geschnitten
1 1/2 EL Sonnenblumenöl
250 g Langkornreis
750 ml Gemüsebrühe
1 Bund Frühlingszwiebeln, schräg in Scheiben geschnitten
200 g kleine Champignons, halbiert
175 g Zuckerschoten, längs halbiert
12 große rohe Riesengarnelen oder andere große Garnelen, geschält
2 EL gehacktes Koriandergrün
1 EL gehackte Petersilie
2 EL Sesamsamen
Salz und Pfeffer
Koriandergrün zum Garnieren

1 Den Ingwer in einer Knoblauchpresse ausdrücken, den Saft auffangen. Ingwersaft und Sojasauce mischen. Fetawürfel darin wenden, beiseitestellen und ziehen lassen.

2 In einem Topf 1/2 EL Öl erhitzen. Reis hineingeben. Unter Rühren in 2–3 Minuten glasig werden lassen. Gemüsebrühe zugießen, den Reis zugedeckt bei schwacher Hitze quellen lassen, bis er die Flüssigkeit aufgenommen hat.

3 Inzwischen 1 EL Öl in einer beschichteten Pfanne erhitzen. Frühlingszwiebeln und Pilze hineingeben und unter Rühren 1 Minute dünsten. Zuckerschoten und Garnelen zufügen. 2–3 Minuten unter Rühren mitdünsten, bis die Garnelen rosa sind, das Gemüse aber noch bissfest ist.

4 Feta und Marinade unterrühren und in 30 Sekunden heiß werden lassen. Koriander, Petersilie, Sesam, Salz und Pfeffer unterrühren. Sauce auf 4 Teller verteilen und mit Koriander garnieren. Reis auflockern und dazu servieren.

Zu diesem schnellen Gericht mit Garnelen, Zuckerschoten, Champignons und Frühlingszwiebeln wird in Gemüsebrühe gegarter Reis gereicht.

Ich wüsste gern, wie man Garnelenbutter macht.

Garnelenbutter ist eine tolle Beigabe zu Pasta. Versuchen Sie einmal diese Variante: Zunächst spülen Sie gekochte kleine Garnelen mit Kopf und Schale kalt ab. Trockentupfen und abwiegen, dann mit der gleichen Menge weicher Butter in den Mixer geben und fein pürieren – es soll eine möglichst glatte Masse entstehen. Die Masse durch ein feines Sieb streichen. Die im Sieb verbliebenen Schalenreste wegwerfen. Die Garnelenbutter im Kühlschrank aufbewahren. Sie wird kalt zu den frisch gekochten Nudeln gereicht.

Was ist der schwarze Faden am Rücken einer Garnele?

Bei dem schwarzen „Faden“ handelt es sich um den Darm der Garnele. Er sieht nicht sehr appetitlich aus und kann außerdem bitter schmecken, deshalb sollte man ihn vor der Zubereitung der Garnelen entfernen. Sind die Garnelen sehr frisch, kann man den Darm mit den Fingern vorsichtig im Ganzen herausziehen. Man kann aber die Krustentiere auch am Rücken aufschlitzen und anschließend den Darm behutsam mit der Messerspitze herauslösen. Das klappt am besten unter fließendem kaltem Wasser.

Gelatine

Was ist leichter in der Handhabung: Blattgelatine oder gemahlene Gelatine?

Dies ist eigentlich eine Frage der persönlichen Vorliebe. Blattgelatine muss man in kaltem Wasser einweichen, bevor sie in heißer Flüssigkeit aufgelöst wird. Die erforderliche Anzahl Gelatineblätter in eine Schüssel mit kaltem Wasser legen und etwa 3 Minuten quellen lassen. Herausnehmen und überschüssiges Wasser ausdrücken. Direkt an die heiße Speise geben oder die Blätter in einen kleinen Topf füllen, diesen auf einen größeren Topf mit siedendem Wasser stellen und erhitzen, bis sich die Gelatine aufgelöst hat.

Auch Gelatinepulver muss vor der Verarbeitung quellen. Für ein Päckchen gemahlene Gelatine 6 EL kalte Flüssigkeit in eine kleine Schüssel geben und die Gelatine hineinrühren. 5 Minuten quellen lassen, bis die Gelatine die Flüssigkeit aufgesogen hat. Dann die Schüssel auf dem Wasserbad erhitzen, die Gelatine soll danach flüssig und klar sein.

Achten Sie grundsätzlich darauf, dass Sie Gelatine nicht zu stark erhitzen, sonst zieht sie Fäden und wird nicht mehr richtig fest.

Wie viele Blätter Gelatine entsprechen einem Päckchen gemahlener Gelatine?

Ein Päckchen gemahlene Gelatine reicht, um 500 ml Flüssigkeit zu gelieren. 6 Blatt Gelatine gelieren ebenfalls 500 ml. Zum Stabilisieren von Cremespeisen (mit Eigelb) benötigt man 4 Blatt Gelatine. Soll die Cremespeise nach dem Gelieren gestürzt werden, braucht man 8 Blatt Gelatine. Wenn die gelierte Speise längere Zeit bei Raumtemperatur stehen soll, benötigen Sie – gleich ob Pulver oder Blätter – mehr Gelatine.

Wichtig: Rohe Kiwi, Papaya, Ananas und Mango enthalten ein eiweißspaltendes Enzym, das das Erstarren von Gelatine verhindert. Diese Früchte sollten Sie deshalb mit heißem Wasser übergießen oder kurz dünsten, bevor sie mit Gelatine in Berührung kommen.

Ich habe gequollene Gelatine in heißer Flüssigkeit aufgelöst und dann unter die kalte Geliermasse gerührt. Sie ist nicht fest geworden. Warum nicht?

Möglicherweise haben Sie die gequollene Gelatine in der Flüssigkeit kurz aufgekocht. Das zerstört ihre Gelierkraft. Auf Nummer sicher gehen Sie, wenn Sie Gelatine, wie rechts gezeigt, in einer Suppenkelle im heißen Wasserbad auflösen. Oder Sie rühren sie rasch in wenig heiße (nicht kochende!) Flüssigkeit.

Ich bin Vegetarier. Gern würde ich ein Pilz- oder Gemüsegelee zubereiten. Gibt es pflanzliche Alternativen zu Gelatine?

Gelatine wird aus Tierknochen gewonnen. Agar-Agar dagegen ist ein Produkt aus Algen und wird auch in der Nahrungsmittelindustrie als Verdickungsmittel und Stabilisator verwendet. Man erhält Agar-Agar im Reformhaus und im Bioladen.

5 g Agar-Agar-Pulver reichen für 750 ml Flüssigkeit. Agar-Agar geliert allerdings keine säurehaltigen Flüssigkeiten, wie beispielsweise eine Mousse aus Zitrusfrüchten. Auch Schokolade oder Spinat verhindert das Erstarren. Lösen Sie Agar-Agar zuerst auf, und lassen Sie es dann 15 Minuten lang köcheln. Es erstarrt bei höheren Temperaturen als Gelatine. Die gelierte Masse (z. B. Aspik) schmilzt jedoch nicht ganz so angenehm auf der Zunge und hat eine andere Konsistenz als Gelatine. Übrigens: Der fischige Geruch von Agar-Agar verflüchtigt sich sofort!

Ein weiteres pflanzliches Produkt, das als Ersatz für Gelatine dienen kann, ist Pektin. Sie können es beispielsweise für Tortenguss und Eiscreme verwenden.

In der Lebensmittelindustrie kommt außerdem Karrageen (ebenfalls aus Algen) als Geliermittel zum Einsatz.

Wackelpudding aus Pulver schmeckt immer sehr künstlich. Kann man nicht auch aus frischem Obst ein leckeres Gelee kochen?

Ja, aus frischen Orangen und Zitronen sowie sämtlichen Beeren können Sie ganz einfach ein Fruchtgelee herstellen, dessen Aroma jeden Wackelpudding aus dem Supermarkt in den Schatten stellt.

Kinder, die frisches Obst ablehnen, mögen ein echtes Fruchtgelee oft gern. Wenn Sie das Gelee selbst zubereiten, können Sie sicher sein, dass noch einige Vitamine enthalten sind. Gelee aus frischem Obst sollte noch am selben Tag verzehrt werden.

Gelee aus Beeren enthält auch dann noch Kerne, wenn die pürierten Beeren durch ein Sieb passiert wurden. Nur das Streichen durch ein Passiertuch entfernt alle Kerne.

Süßen Sie möglichst sparsam, damit der Fruchtgeschmack gut zur Geltung kommt.

GELATINE EINWEICHEN UND SCHMELZEN

Damit sie ihre festigende Wirkung entfalten können, müssen Gelatineblätter zuerst eingeweicht und anschließend aufgelöst werden. So gelingt's:

Gelatineblätter sollten etwa 3 Minuten quellen. 6 Blätter nehmen dabei etwa 40 ml Flüssigkeit auf. Die Blätter einzeln in das Wasser geben, damit sie nicht zusammenkleben.

Sieht das Rezept nur wenig Gelatine vor, können Sie die ausgedrückten Blätter in eine Suppenkelle geben. Diese in siedendes Wasser halten, bis die Gelatine geschmolzen ist.

Dieses fruchtige Erdbeergelee wird nicht gekocht. Deshalb bleiben das Aroma und die wertvollen Inhaltsstoffe der frischen Früchte erhalten.

Gelee aus frischen Beeren

Für 4–6 Portionen
Vorbereitungszeit: 30 Minuten, plus 1 Stunde Ziehenlassen
Gelierzeit: etwa 3 Stunden für 1 große Form, 1–2 Stunden für Förmchen

500 g Beeren (z. B. Erdbeeren, Himbeeren oder Brombeeren)
Saft von 1 Zitrone
125 g Zucker
2 Päckchen gemahlene Gelatine

1 Beeren in eine Schüssel geben. Mit Zitronensaft und Zucker mischen. Gut umrühren, dann zudecken und 1 Stunde ziehen lassen.

2 Fruchtmischung mit 300 ml Wasser in die Küchenmaschine oder in den Mixer füllen. (Wenn nicht alles hineinpasst, können Sie das Wasser auch später zufügen.)

3 Pürieren. Beerenpüree durch ein feines Sieb streichen, um die Kerne zu entfernen. Falls das Wasser noch nicht zugegeben wurde, dieses nun unterrühren. Fruchtmischung abmessen – es sollen etwa 850 ml sein. Wenn die Beeren sehr saftig sind, können bis zu 1,25 l entstehen. Abschmecken, falls nötig, etwas nachzuckern.

4 Für 850 ml Fruchtmischung den Inhalt von 1 Päckchen plus 1 1/2 TL Gelatine nach Packungsanweisung quellen lassen. Für mehr Püree 2 Päckchen Gelatine verwenden.

5 Etwas Fruchtpüree erhitzen, die gequollene Gelatine darin auflösen. Zügig unter das Fruchtpüree mischen; in eine mit Wasser ausgespülte große Schüssel oder in Portionsförmchen füllen. Für 3 Stunden in den Kühlschrank stellen, bis das Gelee erstarrt ist.

6 Zum Stürzen die Formen bis zum Rand kurz in heißes Wasser stellen. Einen Teller umgedreht auf die Form setzen, alles gleichzeitig umdrehen. Form einmal kurz und kräftig rütteln, dann abheben. Falls sich das Gelee nicht sofort aus der Form lösen lässt, den gesamten Vorgang wiederholen. Mit Schlagsahne und Waffeln servieren.

Gemüse

? ***Ich möchte gern biologisch angebautes Gemüse kaufen, aber es ist oft ziemlich teuer und sieht etwas mitgenommen aus. Soll ich es trotzdem nehmen?***

Gemüse aus biologischem Anbau ist meist etwas teurer als das aus konventioneller Landwirtschaft, und manchmal sieht es in der Tat etwas traurig aus. Dafür besticht die Ware oft durch ein ausgeprägtes typisches Aroma – schließlich wurde das Wachstum nicht künstlich gefördert. Viele Bio-Betriebe liefern Gemüsesortimente frei Haus, und auch ab Hof kann man es kaufen. Ansonsten können Sie frisches Biogemüse in Bioläden und Reformhäusern erstehen. Es ist aber auch relativ günstig in fast jedem Supermarkt erhältlich. Achten Sie beim Einkauf auf das staatliche Bio-Siegel, die Verbandszeichen der Öko-Anbauverbände, Öko-Handelsmarken oder die Codenummer der Kontrollstelle.

? ***Sollte man Gemüse im Topf mit oder ohne Deckel garen?***

Wenn Sie Gemüse in sehr wenig Flüssigkeit garen möchten, müssen Sie den Topf fest mit dem passenden Deckel schließen, damit das Gargut nicht austrocknet und der Dampf nicht entweicht.

Gemüse wie Kohl oder grüne Bohnen sollten Sie in reichlich sprudelnd kochendem Wasser im offenen Topf garen. So können gesundheitsschädliche Substanzen, die sich während des Kochens entwickeln, mit dem Dampf entweichen – zudem bleiben Farbe und Aroma des Gemüses erhalten. Im geschlossenen Topf würden die Substanzen am Deckel kondensieren und in den Topf zurücktropfen.

Wurzelgemüse, wie Möhren, Sellerie und Rüben, gart man am besten im geschlossenen Topf. Dadurch wird nicht nur weniger Energie verbraucht, es geht auch keine Flüssigkeit verloren. Man kann den Topf auch halb geöffnet lassen, dafür den Deckel schräg auf den Topf setzen oder einen Holzlöffel quer über den Topfrand legen und dann den Deckel darauflegen.

Gemüse zum Füllen vorbereiten

Gemüse wird durch eine Füllung zu einem attraktiven Gericht. Lassen Sie beim Aushöhlen einen dickeren Rand stehen. Ist er zu dünn, würde das Gemüse beim Garen zusammenfallen.

Tomaten

Wählen Sie große Tomaten (gut geeignet sind Fleischtomaten), und schneiden Sie oben einen Deckel ab. Mit einem Teelöffel Samen und Fruchtfleisch vorsichtig herausschaben. Die Tomaten innen mit etwas Salz ausreiben, dann 20 Minuten umgedreht abtropfen lassen. Die Füllung vorbereiten und in die Tomaten geben, die Deckel wieder aufsetzen.

Paprikaschoten

Die Paprikaschoten (für welche Farbe Sie sich entscheiden ist egal, allerdings sind grüne Schoten etwas bitterer, gelbe und rote süßlicher) längs oder quer halbieren und die hellen Scheidewände mit einem kleinen scharfen Messer entfernen. Die restlichen Samen abschütteln oder herausschaben. Die Paprikahälften kalt abspülen, dann trockentupfen.

Kürbis

Den Kürbis halbieren und mit einem Löffel die Kerne und das Fruchtfleisch herausschaben. Das Fruchtfleisch lässt sich auch gut mit einem gebogenen Grapefruitmesser herausschneiden. Lassen Sie einen dicken Rand aus Fruchtfleisch stehen, wenn Sie den Kürbis als Suppenschale oder als Servierschüssel für einen Eintopf verwenden möchten.

? *Ist es immer notwendig, beim Garen von Gemüse Salz ins Kochwasser zu geben?*

Stärkehaltiges Gemüse wie Kartoffeln und Mais und Wurzelgemüse wie Möhren und Pastinaken werden am besten in Salzwasser gekocht, damit das Salz während des Garens in das Fruchtfleisch eindringen kann. Wenn Sie grünes Gemüse nur kurz garen, sollten Sie es erst am Schluss salzen; so benötigen Sie auch weniger Salz.

Gemüse, das zerstampft oder püriert werden soll, brauchen Sie vor dem Garen nicht zu salzen. Es ist leichter, Salz zu dosieren, wenn Sie das fertige Püree abschmecken.

? *Meine Familie isst gern Gemüsepuffer. Haben Sie ein Rezept?*

Aber sicher! Zuerst raspeln Sie 2 Möhren, schneiden 1 Stange Lauch in dünne Streifen und 1 große Zwiebel in feine Halbringe. Lauch und Zwiebel in 2 EL Öl glasig werden lassen, dann mit den Möhren in eine Schüssel geben. 100 g Haferflocken, je 1 EL Schnittlauch und Petersilie, 150 g Doppelrahmfrischkäse und 2 Eier zufügen und alles gut verkneten. Aus der Masse mit bemehlten Händen Laibchen formen und diese in 3 EL Öl goldbraun braten. Anstelle von Möhren können Sie anderes Wurzelgemüse wie Pastinaken oder Steckrüben verwenden.

Zu Gemüsepuffern passt eine fruchtige Tomaten- oder eine cremige Möhrensauce. Für letztere 5 Möhren putzen, schälen und raspeln. Die Raspel in 100 ml Gemüsebrühe garen, dann durch ein feines Sieb passieren, die Flüssigkeit dabei auffangen. Diesen Sud in einem Topf offen etwas einkochen lassen, dann einen Schuss Weißwein und 150 g Sahne einrühren und die Sauce cremig einkochen lassen. Mit Salz und Pfeffer, eventuell auch mit ein wenig Safran oder Currypulver abschmecken.

Ein Rezept für eine ausgefallene Puffervariante finden Sie rechts. Süßkartoffeln können Sie im Gegensatz zu normalen Kartoffeln in der Küchenmaschine pürieren. Die Cranberrys sollten Sie allerdings behutsam mit einer Gabel untermischen, damit sie nicht kaputt gehen. Der Teig lässt sich im Voraus zubereiten, bis zur Verwendung kühl aufbewahren.

Süßkartoffel-Cranberry-Küchlein

Für 4 Portionen
Vorbereitungszeit: 15 Minuten
Garzeit: 35 Minuten

1 kg rosaschalige Süßkartoffeln, geschält und gewürfelt
2 TL gemahlenes Piment
2 TL Selleriesalz
1 TL gemahlener Koriander
schwarzer Pfeffer
100 g TK-Cranberrys, aufgetaut
Mehl zum Wenden
Öl zum Frittieren

1 Die Süßkartoffeln mit Wasser bedecken; aufkochen, dann zugedeckt etwa 20 Minuten köcheln lassen, bis sie ziemlich weich sind. Abtropfen lassen, pürieren. Das Püree kräftig abschmecken, dann die Cranberrys hineinmischen.

2 Mehl auf die Arbeitsfläche streuen. Aus der Masse 12 Küchlein formen und im Mehl wenden. Die Küchlein portionsweise in heißem Öl ausbacken. Heiß servieren.

Wie soll ich Gemüse zum Pfannenrühren vorbereiten, und in welcher Reihenfolge gebe ich es in den Wok?

Gemüse muss zum Pfannenrühren möglichst klein geschnitten werden, damit ein Großteil seiner Oberfläche der Hitze ausgesetzt ist und das Gemüse schneller gar wird. Größeres Wurzelgemüse in dünne Streifen oder schräg in dünne Scheiben schneiden. Brokkoli und Blumenkohl am besten in kleine Röschen teilen, die dickeren Stiele schräg in Scheiben schneiden. Blattgemüse in feine Streifen schneiden.

In dieser Reihenfolge geben Sie das Gemüse am besten ins heiße Öl: erst Wurzelgemüse, dann im 1-Minuten-Abstand Röschen, geschnittene Zuckerschoten, Bohnensprossen und Blattgemüse.

Geben Sie Flüssigkeiten wie Soja- oder Fischsauce zusammen mit dem Blattgemüse in den Wok. Dann den Wok schließen, damit das Gemüse noch leicht gedämpft wird (siehe auch *Wok*).

Aus welchem Gemüse kann man ein besonders leckeres Gemüsegratin zubereiten?

Ein Gratin ist ein Gericht mit knuspriger Oberfläche, meist aus Käse oder Semmelbröseln, das im Ofen gebacken wird. Ist die Kruste danach nicht ausreichend gebräunt, kann man es zum Schluss kurz unter den heißen Grill stellen, damit die Kruste Farbe annimmt. Ein Gemüsegratin ist ein hervorragendes vegetarisches Gericht.

Wurzelgemüse, kombiniert mit Zwiebeln und Blumenkohl- oder Brokkoliröschen, Tomaten, Zucchini und Maiskörner, sind ideale Zutaten für Gratins. Zusätzliches Eiweiß liefern beispielsweise Käse und Nüsse, sowohl in der Mischung als auch in der Kruste.

Für das Gratin rechts wird jedes Gemüse separat gegart; erst zum Schluss werden alle gemsicht. Einiges lässt sich am Vortag vorbereiten, falls das besser in Ihren Zeitplan passt. Das Gemüse kann auch nacheinander im selben Topf gegart werden, dann fällt weniger Abwasch an.

Walnüsse sorgen auf diesem Gratin für Knusprigkeit, aber auch für extra Proteine. In der Sauce sind junger Gouda und Blauschimmelkäse.

Gemüsegratin mit Walnüssen und zweierlei Käse

Für 4–6 Portionen
Vorbereitungszeit: 20 Minuten
Garzeit: 1 Stunde

400 g Brokkoli oder Blumenkohl, in Röschen geteilt
je 500 g Kartoffeln und Pastinaken, geschält und in dicke Scheiben geschnitten
Salz
2 Stangen Lauch, in feinen Ringen
100 g Butter, 50 g Mehl
500 ml Milch
2 Lorbeerblätter
125 g junger Gouda, gerieben
50 g Blauschimmelkäse, zerkrümelt
schwarzer Pfeffer
2 EL grob gehackte Walnusskerne

1 Backofen auf 200 °C vorheizen. Kohlröschen in Scheiben schneiden. Dicke Stiele schräg in Scheiben schneiden. Röschen und Stiele in reichlich kochendem Salzwasser weich garen, dann abgießen.

2 Kartoffel- und Pastinakenscheiben getrennt in Salzwasser in 5–7 Minuten garen, bis sie gerade eben weich sind, dann abgießen und gut abtropfen lassen.

3 Den Lauch in der Hälfte der Butter anbraten, bis er zusammenfällt, dann auf dem Boden einer großen Gratinform verteilen. Die Seiten der Form dabei mit der zerlassenen Butter ausfetten.

4 Restliche Butter in der Pfanne zerlassen, das Mehl darin anschwitzen. Vom Herd nehmen und nach und nach etwa die Hälfte der Milch zugießen. Dabei kräftig rühren, damit keine Klümpchen entstehen und die Sauce glatt wird.

5 Den Topf bei schwacher Hitze wieder auf den Herd stellen. Unter ständigem Rühren die restliche Milch und die Lorbeerblätter hineingeben. Aufkochen, dann die Hitze reduzieren. Das Ganze unter gelegentlichem Rühren 5 Minuten köcheln lassen.

6 Die Hälfte vom Gouda und den gesamten Blauschimmelkäse in die Sauce geben. Großzügig pfeffern. Kartoffeln auf den Lauch in die Gratinform schichten. Dabei jede Schicht mit etwas Sauce begießen. Dann Pastinaken und zum Schluss Brokkoli oder Blumenkohl darüberschichten. Mit Nüssen bestreuen.

7 Restliche Sauce über das Gratin gießen, mit dem restlichen Käse bestreuen. Im Ofen 30–40 Minuten backen, bis das Gratin goldbraun ist.

Salat aus Ofengemüse

Für 6 Portionen
Vorbereitungszeit: 20 Minuten
Garzeit: etwa 35 Minuten

etwa 150 ml Olivenöl
3 Zwiebeln, geviertelt
6 Schalotten, geschält
6 feste Eiertomaten, geviertelt
3 gelbe, orange oder rote Paprikaschoten, in Viertel geschnitten
2 große Auberginen
1 EL Rotweinessig
2 große Knoblauchzehen, gehackt
grobes Meersalz
schwarzer Pfeffer
6–8 Basilikumblätter
Ciabattabrötchen oder italienisches Weißbrot zum Servieren

1 Den Backofen auf 230 °C vorheizen. Mit 4–5 EL Olivenöl 1–2 Backbleche fetten. Das Gemüse darauf geben und mit den Händen in dem Öl wenden, auch die ganzen Auberginen. Das Gemüse soll vollständig mit Öl überzogen sein.

2 Das Gemüse 20 Minuten im Ofen braten, dann alles bis auf die Auberginen vom Blech nehmen und beiseitestellen. Die Auberginen auf dem Blech noch einmal in dem Öl wenden, dann umdrehen und weitere 15–20 Minuten im Ofen garen. Wenn die Schale runzlig aussieht und das Fruchtfleisch sich beim Einstechen weich anfühlt. Die Auberginen aus dem Backofen nehmen, abkühlen lassen und ungeschält in Würfel schneiden.

3 Das Gemüse auf einer großen Platte anrichten. In einer kleinen Schüssel für das Dressing das restliche Öl mit dem Essig und dem Knoblauch mischen und über das Gemüse geben. Der Salat kann lauwarm oder mit Raumtemperatur gegessen werden.

4 Direkt vor dem Servieren Meersalz und schwarzen Pfeffer über den Gemüsesalat mahlen. Den Salat mit ein paar Basilikumblättern garnieren; zum Salat Ciabattabrötchen oder Weißbrot reichen.

Ich kenne bisher nur Kürbis, Möhren und Pastinaken aus dem Backofen. Kann ich auch anderes Gemüse im Ofen backen?

Gemüse karamellisiert beim Backen im Ofen und erhält dadurch ein sehr feines, leicht süßliches Aroma. Zuckerhaltiges Gemüse wie Zwiebeln, Paprika und Tomaten eignen sich besonders gut für diese Zubereitung.

Ofengemüse müssen Sie nicht unbedingt heiß servieren. Der mediterrane Salat aus gebratenem Gemüse (Rezept siehe links) ist beispielsweise eine herrliche Vorspeise für ein Sommermenü.

Gerste

Was ist der Unterschied zwischen Rollgerste und Graupen?

Hier handelt es sich um zwei Bezeichnungen für dieselbe Sache. Rollgerste ist ein Ausdruck, der regional, beispielsweise in Norddeutschland und in Österreich, gebraucht wird. Graupen sind die geschälten, polierten Körner der Getreidegerste. Die beste Graupenqualität wird Perlgraupen genannt, diese Körner sind besonders klein.

Für den Salat rechts können Sie nach Belieben die eine oder die andere Graupensorte nehmen.

Kann man Gerstenmehl zum Brotbacken verwenden?

Gerste enthält nur wenig Gluten (Klebereiweiß). Deshalb wird es heute in Nord- und Westeuropa kaum für Brotteig verwendet. In Russland wird allerdings nach wie vor Gerstenbrot gebacken. Das Mehl wird dafür üblicherweise mit Weizen- und/oder Roggenmehl gemischt, damit der Teig etwas aufgeht. Diese russischen Gerstenbrote ähneln Fladenbroten, sie haben einen grauen Farbton und schmecken etwas mehlig. Gerstenvollkornmehl und auch das (aus Perlgraupen gemahlene) feinere Gerstenmehl kann man für einen Brotteig in kleinen Mengen unter Weizenmehl mischen. Das verleiht dem gebackenen Brot einen herzhaften Geschmack.

Graupen & Bohnen mit Kräuterdressing

Für 6 Portionen
Vorbereitungszeit: 20 Minuten
Garzeit: etwa 30–40 Minuten

1,5 l Gemüsebrühe
1 Streifen Zitronenschale
1 Lorbeerblatt
250 g kleine Lauchstangen, 1 TL Öl
225 g Perlgraupen
1 Dose Augenbohnen (400 g)
6 feste, reife Eiertomaten (500 g), in schmale Spalten geschnitten
150 g junge Spinatblätter, in Streifen geschnitten
100 g Frühlingszwiebeln, in Ringe geschnitten
Minze zum Garnieren
Für das Dressing:
2 in Öl eingelegte getrocknete Tomaten, abgetropft und fein gehackt
1 EL Öl von den Tomaten
1 EL Rotweinessig
1 Knoblauchzehe, fein gehackt
2 EL gehackte Minze
1 EL gehackter Kerbel
Salz und Pfeffer

1 Brühe mit Zitronenschale und Lorbeer zum Kochen bringen. Lauch hineingeben und 2–3 Minuten kochen. Herausheben und kalt abschrecken. Schräg in 2–3 cm lange Stücke schneiden. Beiseitestellen.

2 Öl in die Brühe geben. Aufkochen lassen. Graupen hineingeben und zugedeckt 30–40 Minuten köcheln lassen, bis sie weich sind.

3 Von der Brühe 2 EL abnehmen; beiseitestellen. Graupen abgießen, Zitronenschale und Lorbeer wegwerfen. Die Graupen in eine Schüssel geben und abkühlen lassen. Lauch, abgetropfte Bohnen, Tomaten, Spinat und Frühlingszwiebeln mit den Graupen mischen.

4 Für das Dressing Tomaten, Öl, Essig, Knoblauch, Minze, Kerbel, die aufgehobene Brühe, Salz zu einem Dressing verrühren. Das Dressing mit Graupen und Gemüse mischen. Den Salat mit Minze garnieren und lauwarm servieren.

Gewürze

Ist es tatsächlich besser, Gewürze im Ganzen zu kaufen und selbst zu mahlen?

Ja, denn gemahlene Gewürze verlieren schnell ihr Aroma. Einige Gewürze, z. B. Bockshornklee, sind jedoch zu hart, um sie zu Hause zu mahlen. Am besten kauft man eine Auswahl verschiedener Gewürze in kleinen Mengen und mahlt immer nur ein bisschen auf einmal. Der Vorteil an ganzen Gewürzen ist, dass Sie diese vor dem Mahlen rösten können (siehe unten). Sie können die Gewürze in einem Steinmörser oder in einer elektrischen Kaffeemühle mahlen. Die Kaffeemühle jedoch nur für Gewürze verwenden, den Kaffee in einer separaten Mühle mahlen.

Indische Rezepte verlangen oft, dass die Gewürze zuerst geröstet werden. Wozu ist das notwendig?

Ganze Gewürze werden trocken 2–3 Minuten in einer schweren Pfanne ohne Öl geröstet. Ab und zu die Pfanne schütteln, bis die Gewürze sich etwas dunkler färben. Bei vielen Gewürzen, beispielsweise bei Kreuzkümmel, entfaltet sich dadurch das Aroma besonders gut. Mit den meisten Gewürzen in handelsüblichen Currypulvern und Gewürzmischungen wie Garam Masala wurde so verfahren. Für die indische Küche ist es wichtig, dass die Gewürze nicht roh schmecken.

Wie lange halten sich gemahlene Gewürze?

Das kommt darauf an, wie frisch Sie die Gewürze gekauft haben. Selbst gemahlene Gewürze halten in der Regel länger, sofern sie luftdicht verschlossen aufbewahrt werden. Alle gemahlenen Gewürze sollten nach 6 Monaten ersetzt werden. Sie verlieren sonst ihr Aroma und schmecken bald nach nichts.

Was ist der Unterschied zwischen Muskatnuss und -blüte?

Das Aroma ist mehr oder weniger gleich, wobei Muskatblüte etwas kräftiger schmeckt und üblicherweise eher für herzhafte Gerichte verwendet wird. Muskatnuss passt in süße und herzhafte Gerichte. Beide Gewürze stammen aus der Frucht des Muskatbaums. Die Muskatnuss ist von der Muskatblüte umgeben wie ein Pfirsichstein vom Fruchtfleisch.

Was, bitte, ist der Unterschied zwischen Allgewürz und Lebkuchengewürz?

Allgewürz ist, wie Nelkenpfeffer, Neugewürz oder Jamaicapfeffer, eine alte Bezeichnung für Piment. Die Pimentbeeren wachsen an einem immergrünen Baum in Südamerika und in der Karibik. Piment schmeckt wie eine Mischung aus vier Gewürzen: Zimt, Nelken, Muskatblüte und Pfeffer. Piment kann man als ganze Beeren, aber auch gemahlen an Speisen geben.

Lebkuchengewürz hingegen ist meist eine Mischung aus Zimt, Nelken, Piment, Koriander, Ingwer, Kardamom, Muskatnuss und manchmal Muskatblüte (Macis).

Ich habe in Indien ein hausgemachtes Garam Masala geschenkt bekommen, das wirklich hervorragend war. Können Sie mir ein Rezept nennen?

Garam Masala ist eine Mischung aromatischer Gewürze, die im Gegensatz zu Currypulver nicht erhitzt werden muss, um ihr Aroma zu entfalten. Man gibt Garam Masala erst kurz vor dem Servieren in ein Gericht. Es soll den Geschmack der Speise verfeinern und die mitgegarten Gewürze ergänzen.

Fast jeder Koch, jede Köchin in Indien hat seine eigene Rezeptur für Garam Masala, häufig wird sie von Generation zu Generation weitervererbt. Die Mischung kann 4–5, aber auch 10 und mehr verschiedene Gewürze enthalten. Klassisch ist dieses Rezept: Für 100 g Garam Masala in einer kleinen Pfanne 2 EL Koriandersamen, je 1 EL Gewürznelken und Kardamomsamen und ein 6 cm langes, zerkleinertes Stück Zimtstange rösten. Sobald die Gewürze zu duften beginnen, diese in einer Kaffeemühle mahlen oder im Mörser zerstoßen. In einem fest verschließbaren Glas kühl und dunkel aufbewahren.

Currypaste

Zubereitungszeit: 15 Minuten

8 getrocknete rote Chilischoten
1 EL Koriandersamen
1 TL Kreuzkümmelsamen
2 cm Galgant
1 Stängel Zitronengras
5 Schalotten
10 Knoblauchzehen
1/2 TL gemahlene Gewürznelke
1 TL gemahlener Zimt
1 TL gemahlener Sternanis

1 Chilischoten längs halbieren, von Stielen und Kernen befreien. Schoten 5 Minuten in lauwarmem Wasser einweichen; Wasser abgießen, Schoten gut ausdrücken.

2 Koriander und Kreuzkümmel in einer Pfanne ohne Öl etwa 3 Minuten braten, bis sie duften.

3 Galgant in dünne Scheiben, Zitronengras in feine Ringe schneiden. Knoblauch schälen und hacken. Alles ohne Öl etwa 5 Minuten braten, bis die Mischung Farbe angenommen hat.

4 Die vorbereiteten Zutaten im Mörser fein zerstoßen, dann Nelke, Zimt und Sternanis unterrühren.

Stimmt es, dass Sonnenlicht die ätherischen Öle in Gewürzen zerstört?

Sonnenlicht zerstört das Chlorophyll, das Farbpigment der Pflanzen. Kräuter und Gewürze sollten daher kühl und dunkel gelagert werden – der Kühlschrank oder eine dunkle kühle Vorratskammer ist dafür der ideale Ort. Achten Sie beim Kauf auf lichtundurchlässige Verpackungen wie dunkle Gläser.

Welche Gewürze kann ich auch zu Hause selbst anbauen?

Versuchen Sie es doch einmal mit Senf. Dafür einfach Senfkörner aussäen. Nach der Blüte die Schoten am Strauch trocknen lassen. Aus den getrockneten Schoten die Samen herauslösen und ganz oder gemahlen als Gewürz verwenden.

Die Vielfalt der Gewürze

Gewürze verleihen Speisen eine individuelle Note und unterstreichen ihren Charakter. Mit Salz Gewürztes schmeckt salzig – das weiß jeder. Mit Chili und Pfeffer Gewürztes scharf; Zucker süßt, viele andere Gewürze wie Zimt und Vanille geben Speisen ein interessantes Aroma. Die Kunst ist, Speisen mit den passenden Gewürzen abzuschmecken. Verwenden Sie zuerst wenig von einem Gewürz – nachwürzen können Sie immer.

1 Sternanis hat ein Aroma, das zwischen Anissamen und Lakritz liegt; Bestandteil des chinesischen Fünfgewürzpulvers.

2 Koriandersamen haben ein warmes, zitrusartiges Aroma; sie sind solo oder als Bestandteil einer Gewürzmischung zu verwenden. Gemahlener Koriander ist in Currypulver und Garam Masala enthalten.

3 Bockshornklee ist ein ungewöhnliches Gewürz; sein Geschmack erinnert an Currypulver. Er ist in der indischen Küche sehr beliebt zum Würzen von Fleisch, Fisch und Gemüse sowie Currys. Bockshornkleeblätter haben einen starken, leicht bitteren Geschmack. Sie werden frisch und getrocknet verwendet.

4 Kardamom verbirgt in seinen Kapseln winzige, aromatische schwarze Samen. Grüner Kardamom (im Bild) ist der beste, doch auch brauner und weißer sind gut. In Indien gibt man Kardamom in Currys, im Orient aromatisiert man damit Kaffee.

5 Kreuzkümmel schmeckt fein und mild und harmoniert besonders gut mit Koriander. Am besten kauft man ganze Samen und röstet sie leicht an. Dann ganz oder gemahlen in die Speisen mischen.

6 Kurkuma wird in der Regel als Pulver verkauft und ist an seiner gelben Farbe sehr leicht erkennen. Wegen der Farbe wird es oft als billiger Ersatz für Safran verwendet. Sein Aroma ist mild und leicht bitter.

7 Zimt ist die innere Rinde eines immergrünen Baumes. Er ist als gerollte, papierartige Stange oder in gemahlener Form als Pulver im Handel. Sein würzig-süßliches Aroma passt sowohl an herzhafte als auch süße Speisen. Mit Zimt-Zucker bestreut man bei uns Milchreis, in Mexiko würzt man damit z. B. Chili con carne.

8 Muskatnuss kauft man am besten immer ganz. Zum Würzen die gewünschte Menge auf einer speziellen Muskatreibe oder mit einer Muskatmühle frisch über das Gericht geben. Muskat passt gut zu Kartoffelpüree, Gemüsegerichten mit hellen Saucen wie Blumen- oder Rosenkohl sowie zu Sahne- und Käsesaucen. Rührei erhält durch Muskat eine feine Note.

Eine Panade aus Semmelbröseln ist praktisch, aber manchmal etwas langweilig. Kann ich sie mit Gewürzen aufpeppen?

Semmelbrösel oder Mehl für die Panade können Sie z.B. mit gemahlenen Gewürzen oder getrockneten Kräutern mischen. Würzen Sie z.B. Mehl mit Kurkuma, Currypulver oder gemahlenem Safran, und wenden Sie Fischfrikadellen, Gemüsebratlinge oder Kartoffelküchlein vor dem Braten darin.

Ebenfalls köstlich: Das Ei, in dem Sie das Paniergut wenden, bevor es in die Brösel kommt, mit reichlich frisch gemahlenem Pfeffer und eventuell etwas geriebener Muskatnuss würzen.

Mit Gewürzen können Sie auch Streusel für Kuchen passend zum Belag geschmacklich abstimmen. Geben Sie für einen Apfelkuchen z.B. etwas gemahlenen Ingwer und Zimt unter die Streusel.

Grieß

Was genau ist Grieß und wie wird er hergestellt?

Grieß ist grobes Weizen- oder Maismehl, das nach dem Absieben des feineren Mehls übrig bleibt. Hartweizengrieß verwendet man in Italien für die industrielle Herstellung von Pasta. Wenn Sie Pasta aus Hartweizengrieß selbst herstellen möchten, müssen Sie Weizenmehl im Verhältnis von 1:3 untermischen – Hartweizengrieß ist sehr hart.

In Italien ist Grieß auch Hauptzutat für Gnocchi.

Mit Grieß kann man übrigens prima einen Teil Mehl in Kuchen und Keksen ersetzen. Diese bekommen dadurch eine leicht körnige, knusprige Konsistenz.

Für Grießbrei, -pudding oder -klößchen nimmt man vorzugsweise Weichweizengrieß. Gegarter Weichweizengrieß ist cremiger als Hartweizengrieß.

Maisgrieß wird in Italien als dicker Brei als Beilage (Polenta) serviert. Polenta kann abgekühlt auch in Scheiben geschnitten und anschließend gebraten oder im Backofen überbacken werden.

Grillen

Ich möchte öfter grillen, weil ich glaube, dass Grillen gesünder ist als Braten. Was sollte ich dabei beachten?

Das Geheimnis beim Grillen ist starke Hitze. Die Garmethode erfordert zwar einige Aufmerksamkeit, der Vorteil ist jedoch, dass die Speisen schnell garen und durch die kräftig gebräunte Oberfläche ein exzellentes Aroma erhalten.

Für ein Steak, das außen knusprig braun und innen saftig und rosa ist, müssen Sie den Grill auf höchster Stufe vorheizen. Dies dauert beim normalen Haushaltsbackofen ungefähr 5–10 Minuten.

Auf bzw. unter einem Grill, der nicht heiß ist, bräunt das Fleisch nicht schnell genug; es verliert Saft, wird trocken, geschmacklos und unappetitlich. Braten Sie das Fleisch also besser in einer Pfanne.

Im Gegensatz zu langsamen Garmethoden wie Schmoren wird das Fleisch beim Grillen nicht zarter. Verwenden Sie also nur sehr zartes, hochwertiges Fleisch. Für das beste Ergebnis sollte es nicht dicker als 5 cm geschnitten sein, sonst verbrennt es außen und bleibt innen roh.

Bringen Sie das Fleisch vor dem Grillen auf Raumtemperatur, denn ein eiskaltes Steak ist innen noch kalt, während es außen schon brutzelt und bräunt.

Sobald sich die Poren auf beiden Seiten geschlossen haben, sollten Sie die Grillhitze etwas reduzieren. Dazu bringen Sie das Grillgut am besten in größere Entfernung von der Hitzequelle, anstatt die Grilltemperatur selbst zu reduzieren.

Grillen ist gesünder als Braten, da überschüssiges Fett beim Garen abtropft. Es ist daher die ideale Zubereitungsart für Frühstücksspeck, Fettfische, Koteletts, Fleischspieße, Würstchen und Steaks.

Sehr mageres Grillgut wie Hähnchenbrust und Putenschnitzel sollten Sie vor der Zubereitung in eine Marinade oder einfach nur in Joghurt oder Buttermilch einlegen und beim Grillen auch regelmäßig mit dieser Marinade bestreichen.

Wie wende ich die Zutaten beim Grillen?

Wenden Sie die Fleischstücke mit einer Grillzange oder mit zwei Löffeln; auf keinen Fall mit einem scharfen Gerät, damit die Oberfläche des Fleisches nicht verletzt wird und kein Saft austritt.

Warum steht in meinem Kochbuch, dass man Fleisch vor dem Grillen nicht salzen soll?

Salz entzieht dem Fleisch Flüssigkeit. Wenn man es also vor dem Grillen salzt, wird es zäh und trocken. Salzen Sie das Fleisch daher erst während des Grillens oder direkt danach.

Ich möchte einen Holzkohlengrill kaufen, bin mir aber nicht sicher, was für einen ich nehmen soll. Worauf soll ich achten?

Es gibt viele verschiedene Grillarten. Der einfachste lässt sich aus ein paar Ziegelsteinen und einem Eisenrost selbst bauen. Dies sieht im Garten zwar sehr schön aus, ist aber eine dauerhafte Einrichtung. Der Grill ist meist nicht verstellbar, daher lässt sich die Temperatur nur schwer kontrollieren.

Ein tragbarer Holzkohlengrill zum Zusammenklappen lässt sich leicht transportieren und ist ideal für Picknicks und für den Urlaub. Ein beliebtes Modell ist der Hibachi, auf Japanisch so viel wie Feuerschüssel, mit höhenverstellbaren Grillrosten und einem Belüftungsschieber, der die Luftzufuhr kontrolliert. Tragbare Grillgeräte sind meist recht klein, daher kann man nur eine begrenzte Menge Grillgut darauf garen.

Gewusst wie

Bestreichen Sie das Grillgut vor dem Grillen großzügig mit Öl oder einer Mischung aus Öl und Butter, damit es schön saftig bleibt und schneller bräunt. Dies ist besonders wichtig bei empfindlichen Lebensmitteln wie Fisch, damit sie nicht am Rost oder in der Grillpfanne hängenbleiben.

Gewusst wie

Lassen Sie Fisch (egal, ob Sie ihn im Ganzen oder zerteilt grillen möchten) nicht länger als 1 Stunde in Marinaden, die Zitronensaft enthalten, liegen. Die Säure in den Zitrusfrüchten „gart" den Fisch, beim Grillen würde er zerfallen.

Ein Standardgrill ist meist etwa 60 cm breit und hat einen eingebauten Windschutz. Manche Barbecue-Grills sind zusätzlich mit einer Kochfläche ausgestattet, sodass man verschiedene Speisen gleichzeitig darauf garen kann, z. B. Würstchen, die nur kurze Zeit brauchen, und Hähnchenschenkel, die etwas länger dauern.

Ein Kugelgrill mit Deckel ist wohl die effizienteste Lösung. Die Holzkohle brennt in Körben an beiden Seiten, die Zutaten werden auf den Rost in die Mitte gelegt und garen in der indirekten Hitze, die vom Deckel reflektiert wird.

Am teuersten ist ein Lavastein-Grill mit Deckel, der mit Gas oder Strom beheizt wird. Dies geht schneller, ist bequemer und sauberer als Holzkohle. Die Speisen werden dennoch ebenso gegart wie auf dem Holzkohlengrill. Auch auf das Raucharoma müssen Sie nicht verzichten. Es entsteht jedoch nicht durch brennende Holzkohle, sondern durch Fett und Bratensaft, der auf die Lavasteine tropft.

Welche Garzeiten sollte ich beim Grillen einhalten?

Die Garzeiten hängen zum Teil vom verwendeten Grillmodell ab. Mit etwas Erfahrung können Sie die Zeiten aber sehr genau einschätzen. Wichtig ist immer, dass die Holzkohle aschgrau und sehr heiß ist, aber nicht mehr brennt, wenn Sie die Zutaten auf den Rost legen. Dieses Stadium kann nach 40 Minuten, aber auch nach mehr als 1 Stunde erreicht sein, daher müssen Sie im Voraus planen. Wenn Sie die hier angegebenen Richtwerte beachten, sind Sie schon mal auf der sicheren Seite.

Manche Zutaten kann man im Backofen oder auf dem Herd vorgaren, damit sie am Schluss auch wirklich gut durchgegart sind. Dicke Hähnchenschenkel, große Würstchen und Schweinekoteletts kann man für die Hälfte der Garzeit im Backofen oder in der Bratpfanne vorgaren und anschließend für die restliche Garzeit auf den Grill legen.

Im Folgenden finden Sie ungefähre Richtwerte für die Garzeiten von unterschiedlichem Grillgut. Nach der Hälfte der Garzeit sollten Sie das Grillgut wenden.

- Hähnchen: Oberschenkel 40 Minuten, Unterschenkel 20–30 Minuten, Flügel 10–12 Minuten;
- Hamburger: 10–15 Minuten;
- Lammkoteletts: 10–20 Minuten, je nach Dicke;
- Lammkeule (mit Knochen): 30 Minuten je kg, wenn das Fleisch durchgegart sein soll;
- Schweinekoteletts: 30–40 Minuten, je nach Größe;
- Roastbeef (mit Knochen): 25 Minuten je kg, wenn das Fleisch innen noch rot sein soll;
- Würstchen: 10–16 Minuten
- Steaks: 6–10 Minuten (blutig), 10–16 Minuten (rosa) und 16–20 Minuten (durchgebraten);
- Ganze Fische: (klein) 12–16 Minuten; (groß) 20–30 Minuten.

Ich würde gern Fisch auf dem Holzkohlengrill zubereiten. Welcher Fisch ist am besten geeignet?

Fisch eignet sich hervorragend zum Grillen. Die intensive Hitze und das schnelle Garen verschließen die Poren, das Fleisch der Fische wird dadurch saftig und aromatisch. Fettfische, im Ganzen mit Haut gegrillt, sind ideal. Die Haut gibt das Fett in das Fischfleisch ab und schützt es zugleich vor der Hitze, das feste Fleisch zerfällt nicht.

Besonders gut zum Grillen geeignet sind Lachs, Makrele, Hering, Schwertfisch, Heilbutt und Thunfisch. Bei weichfleischigem Fisch riskieren Sie, dass Fischstückchen durch den Grillrost in die Glut fallen. Alufolie kann da Abhilfe schaffen.

Fisch (ganz oder in Stücken) lässt sich leichter wenden, wenn Sie ihn in einem speziellen Grillkorb aus Metall auf dem Grill (siehe Kasten rechts). Verschiedene Modelle sind im Handel erhältlich.

Welcher Fisch-Grillkorb soll es sein?

Fisch lässt sich leichter grillen, wenn Sie dafür einen speziellen Grillkorb verwenden. Den Fisch bzw. die Fischsteaks oder -koteletts mit Öl bepinseln und in den Grillkorb geben. Den Korb verschließen und auf den Grillrost legen. Den Grillkorb nach der Hälfte der Garzeit wenden, den Fisch mehrmals begießen, damit das Fleisch schön saftig bleibt.

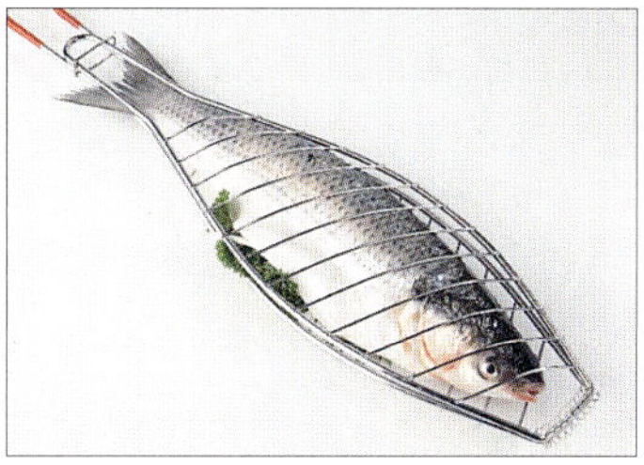

Ein großer fischförmiger Grillkorb ist ideal für einen großen ganzen Fisch, z. B. eine Lachsforelle. So lässt er sich auch auf dem Grill gut wenden.

In einen rechteckigen oder quadratischen Grillkorb können Sie Fischfilets, -steaks oder -koteletts nebeneinanderlegen. So werden alle Stücke gleichmäßig gar.

Kleine ganze Fische wie Sardinen grillt man am besten in einem Grillkorb mit getrennten Kammern. So können die Fische nicht wegrutschen.

Muss ich Fisch vor dem Grillen in Alufolie wickeln?

Fischkoteletts und -steaks sowie ganze Fische brauchen nicht in Alufolie gewickelt zu werden. Wählen Sie am besten festfleischigen Fisch wie Lachs, Schwert- oder Thunfisch, denn besonders zartes Fischfleisch zerfällt schnell.

Ein Fisch oder ein Fischstück kann zum Schutz in Speckscheiben gewickelt oder – für ein feines Aroma und enorme Saftigkeit – mariniert werden. Wenn die Marinade jedoch viel Limetten- oder Zitronensaft enthält, dürfen Sie ihn nicht zu lange darin ziehen lassen.

Was ist ein Kontaktgrill – kann man damit auch bei schlechtem Wetter drinnen grillen?

Ein sehr praktisches Gerät für diesen Zweck ist ein elektrischer Kontaktgrill. Ein solches Gerät gibt es in unterschiedlichen Preislagen. Ein Kontaktgrill hat zwei gerippte, meist beschichtete Flächen, die sich zum Reinigen herausnehmen lassen. Die Flächen können über dem Grillgut zusammengeklappt werden (daher der Name), sodass es von beiden Seiten gart. Das Gerät lässt sich aber auch wie ein Buch aufklappen. So entsteht eine doppelt so große Grillfläche, auf der Sie grillen können wie auf dem Holzkohlengrill im Garten. Auf das Raucharoma müssen Sie dabei allerdings verzichten.

Wenn es Ihnen weniger um die Atmosphäre und das gemeinsame Grillerlebnis, aber mehr um das Aussehen des Grillguts geht, wäre vielleicht eine Grillpfanne etwas fur Sie. Eine solche Pfanne – empfehlenswert wegen der hervorragenden Wärmespeicherung ist eine Grillpfanne aus Gusseisen – wird auf dem Herd benutzt. Im Inneren weist ihr Boden Rillen wie die des Kontaktgrills auf, das Grillgut bekommt also auch bei der Zubereitung in dieser Pfanne attraktive dunkle Streifen.

Sollten Sie sich für eine Grillpfanne entscheiden, nehmen Sie möglichst ein Modell mit abnehmbaren Griffen. Darin können Sie Zutaten anbraten und anschließend im Backofen weitergaren.

Die leichten Spieße werden mit Honig, Limettensaft und reichlich frischen Kräutern gewürzt – eine Bereicherung für die sommerliche Grillparty.

Puten-Pilz-Spieße mit Kräutern

Für 6–8 Portionen
Vorbereitungszeit: 20 Minuten, plus 1–2 Stunden Marinierzeit
Garzeit: 8–10 Minuten

500 g Putenbrustfilet
1 Knoblauchzehe, zerdrückt
2 EL flüssiger Honig
abgeriebene Schale und Saft von 1 Limette
3 EL gehackte Kräuter (z. B. Petersilie, Thymian, Salbei oder Estragon)
150 g Joghurt
300 g kleine Champignons
Salz und schwarzer Pfeffer
Limettenspalten zum Servieren

1 Das Putenfleisch in mundgerechte Stücke schneiden. Diese in einer Schüssel mit Knoblauch, Honig, Limettenschale und -saft, Kräutern und Joghurt gut vermischen. Zum Marinieren für 1–2 Stunden in den Kühlschrank stellen.

2 Den Grill vorheizen. Die Pilze zu Fleisch und Marinade geben und durch Wenden mit Marinade überziehen. Fleischstücke und Champignons abwechselnd auf Spieße stecken; anschließend alles salzen und pfeffern.

3 Die Putenspieße unter mehrmaligem Wenden 8–10 Minuten grillen, bis das Fleisch gar und braun ist. Mit Limettenspalten servieren. Dazu passen Fladenbrot, Tsatsiki und ein gemischter Salat.

VARIANTE

Die Putenspieße können Sie auch in einer Pfanne mit wenig Fett braten.

Wie kann ich große Fleischstücke, beispielsweise eine Lammkeule, grillen?

Auch größere Fleischstücke lassen sich gut auf einem Grill zubereiten, sogar eine ganze Pute. Das beste Ergebnis erhalten Sie auf einem Grill mit Deckel, der für indirekte, gut verteilte Hitze sorgt und dessen Temperatur sich gut kontrollieren lässt.

Die Lammkeule auf den Grillrost legen und eine Fettpfanne zum Auffangen des Bratensafts darunterschieben. Die Lüftungsschieber so einstellen, dass das Fleisch sehr langsam und gleichmäßig gegart wird. Ab und zu nach der Holzkohle sehen und, falls nötig, Kohle nachlegen. Die Garzeit entspricht in etwa der im Backofen, kann aber auch kürzer sein, weil die Temperatur im Grill möglicherweise deutlich höher ist als im Backofen. Wenn Sie sich nicht sicher sind (vor allem bei Geflügel), prüfen Sie die Kerntemperatur mit dem Bratenthermometer.

Eine ganze Lammkeule lässt sich auf dem Grill besonders gut zubereiten, wenn Sie die Keule zuvor längs aufschneiden, dann aufklappen und entbeinen: Das Fleisch ist dann dünner und gart schneller.

Warum mariniert man Fisch, Fleisch und Geflügel häufig vor dem Grillen?

Marinaden machen das Grillgut zart und verleihen ihm ein feines Aroma – beim Grillen ist dies besonders vorteilhaft, da das Fleisch durch die intensive Hitze schnell austrocknen kann. Grillmarinaden basieren meist auf Tomaten, Zwiebeln und Knoblauch, die den durch das Grillen entstehenden Rauchgeschmack besonders gut ergänzen. Tomaten machen das Fleisch schön zart, Sie können jedoch auch andere säurehaltigen Zutaten wie Essig oder Zitronensaft verwenden.

Beliebte Zutaten für Marinaden sind auch Knoblauch, frischer Ingwer, Zitronensaft, Olivenöl, Sherry, brauner Zucker und Sojasauce. Auch das Einreiben mit einer Gewürzpaste kann Grillgut ein interessantes Aroma verleihen.

Kann ich Fisch und Fleisch auch tiefgekühlt direkt auf den Grill legen?

Es empfiehlt sich nicht, Zutaten gefroren auf den Grill zu legen. Geflügel, große Fleischstücke und große ganze Fische werden durch die starke Hitze außen gar oder verbrennen womöglich, bleiben innen jedoch kalt und roh.

Kleine Fleischstücke, z. B. dünne Steaks und kleine Fische können tiefgekühlt auf den Grill gelegt werden. Sie brauchen zum Garen etwas länger als im aufgetauten Zustand, ihre Konsistenz leidet jedoch unter dem zu schnellen Auftauen.

Wie schneidet man Fleisch für Grillspieße am besten zurecht?

Entfernen Sie zuerst Fett und Bindegewebe. Danach schneiden Sie das Fleisch quer zur Faser in möglichst gleichmäßige Würfel, die nicht größer als 5 cm sind. Wenn Sie das Lamm- oder Rindfleisch rosa wünschen, sollten Sie die Würfel dicht zusammen aufspießen. Ansonsten lassen Sie auf den Spießen reichlich Abstand zwischen den Fleischstücken, damit sie durchgaren.

Für Fleischspieße können Sie jedes magere Fleisch oder Geflügel nehmen. Sehr fein werden die Spieße z. B. mit gewürfeltem Schweine-, Lamm- oder Rinderfilet sowie Hähnchen- oder Putenbrust.

Soll ich auch Gemüse vor dem Grillen marinieren?

Gemüse wird durch Marinieren nicht zarter, aber das Aroma lässt sich verstärken und verfeinern. Mariniertes Gemüse vom Grill schmeckt köstlich und überraschend anders als gewohnt.

Marinieren Sie beispielsweise einmal dicke Auberginen- und Zucchinischeiben, rote und gelbe Paprikastreifen und halbierte Eiertomaten in Olivenöl mit etwas zerdrücktem Knoblauch, Thymianzweigen und einem Spritzer Zitronensaft.

Grillen Sie das Gemüse auf dem Rost direkt über der heißen Holzkohle. Zuerst die Auberginen, die auf jeder Seite 6 Minuten brauchen, dann die Zucchini auf jeder Seite 4–5 Minuten, die Paprika 2–3 Minuten je Seite und die Tomaten, mit der Schale nach unten, 2–3 Minuten.

Gegrillter Spargel schmeckt wunderbar, wenn er vor dem Garen in eine Mischung aus Haselnussöl und Rot- bzw. Weißweinessig gelegt wurde. Mischen Sie drei Teile Öl mit einem Teil Essig und gießen Sie diese Marinade über den Spargel.

Sie können die Spargelstangen nun sofort auf den Grill legen oder noch etwa 1 Stunde ziehen lassen. Den Spargel auf den Rost direkt über die heiße Holzkohle legen und 4–6 Minuten grillen, dabei nach der Hälfte der Zeit einmal wenden.

Sehr beliebt sind auch gegrillte Maiskolben. Die Hüllblätter nach hinten biegen, aber nicht abreißen, dann die silbrigen Fäden entfernen. Die Kolben mit einer Barbecuesauce bestreichen und die Hüllblätter wieder um die Maiskörner falten. Jeden Maiskolben in Alufolie wickeln und 30 Minuten durchziehen lassen. Den Mais in den Päckchen an einer nicht zu heißen Stelle des Grills 15–20 Minuten garen, die Päckchen dabei häufig wenden.

Ich möchte bei einer Grillparty als Dessert gegrilltes Obst reichen? Wie wird das gemacht?

Besonders gut lässt sich frische Ananas grillen. Ein Nachtisch, der sicher Eindruck macht, geht so: Eine Ananas von Schopf und Boden befreien und anschließend schälen, dabei auch die „Augen" entfernen. Die Frucht vierteln, die Viertel längs jeweils in drei Stücke schneiden, die Strunkanteile entfernen. Die Ananasspalten längs auf gewässerte Holzspieße stecken und in eine Schale legen. Für die Sauce zwei Tafeln gute Zartbitterschokolade mit einem kräftigen Schuss Kokoslikör in einen Topf geben und unter Rühren schmelzen lassen, dann 125 g Sahne einrühren.

Die Ananasspieße dick mit braunem Zucker bestreuen, dann auf Alufolie auf den Grillrost legen und grillen, bis der Zucker karamellisiert.

Die Spieße auf einer Platte anrichten und mit der noch warmen Schokoladensauce servieren.

Grüne Bohnen

Wann ist die Hauptzeit für grüne Bohnen, und wie bereitet man sie zu? Und wann ist die beste Zeit für Dicke Bohnen?

Grüne Bohnen haben von Mitte Juni bis September Saison. Roh sind sie giftig, deshalb gart man sie mindestens 10 Minuten in Salzwasser. Stangenbohnen müssen im Gegensatz zu den meisten Buschbohnen zuvor abgefädelt werden. Grüne Bohnen kann man heiß servieren, in Butter geschwenkt oder in einer Sauce. Kalt eignen sie sich für Salate. Im nebenstehenden Vorspeisenrezept werden grüne Bohnen mit Omelettstreifen kombiniert – reichen Sie dazu geröstetes Brot.

Dicke Bohnen, auch Puff- oder Große Bohnen genannt, sind von Ende Mai bis Juli erhältlich – allerdings nur eingeschränkt, denn der größte Teil der Ernte wird gleich eingefroren (gegen TK-Ware ist nichts einzuwenden). Die Hülsen sind ungenießbar, nur die Kerne, die man überbrühen und häuten muss, kann man essen. Dicke Bohnen enthalten viel wertvolles Eiweiß und passen daher gut zu einer gesunden Ernährung; sie schmecken in Salaten und Eintöpfen.

Grüne Bohnen mit Omelettstreifen

Für 4 Portionen
Vorbereitungszeit: 15 Minuten
Garzeit: 8–9 Minuten

2 Eier
Salz und schwarzer Pfeffer
350 g grüne Bohnen
1 große Knoblauchzehe, gehackt
3 EL Olivenöl
je 1 TL Rotwein- und Chiliessig
2 getrocknete Tomaten in Öl, grob gehackt
2 TL Kapern

1 Die Eier verquirlen, salzen und pfeffern. In etwas Öl zwei dünne Omeletts braten. Auf Teller stürzen.

2 Bohnen putzen. Etwa 12 Minuten garen, dann abtropfen lassen. Den gehackten Knoblauch 30 Sekunden in 1 TL Öl andünsten, dann vom Herd nehmen. Öl, Essig und eingelegte Tomaten zugeben und alles gut vermischen. Zuletzt die grünen Bohnen zufügen.

3 Die Omeletts aufrollen und in feine Streifen schneiden. Die Streifen über den Salat geben und die Kapern darüberstreuen.

Buntes Allerlei: grüne Bohnen mit Omelettstreifen und getrockneten Tomaten.

Bohnen abfädeln

Die meisten Buschbohnen sind fadenlos und müssen daher nicht abgefädelt werden. Bei Stangenbohnen sollte man jedoch die Fäden entfernen. Hier die beste Technik dafür:

1 Mit einem kleinen scharfen Küchenmesser den Stielansatz der Bohne von außen nach innen schräg abschneiden, dabei den Faden nicht durchschneiden. Anschließend den Faden entlang der Bohne abziehen.

2 Reißt der Faden, schält man ihn dünn heraus. Gegebenenfalls die Spitze der Bohne einkerben und die Bohne auf der anderen Seite abfädeln.

Bohnen zerkleinern

Werden große Bohnen klein geschnitten, haben sie eine kürzere Kochzeit und ein intensiveres Aroma.

Bohnen schräg halbieren, längs in Streifen schneiden. Die Streifen sollen 7–10 cm lang und 0,5 cm breit sein.

Gurken, in Butter geschwenkt, mit frischem Dill und einem Spritzer Zitronensaft gewürzt, sind der perfekte Begleiter zu pochiertem oder gegrilltem Lachs.

Warmer Stangenbohnensalat

Für 4 Portionen
Vorbereitungszeit: 15 Minuten
Garzeit: 4–5 Minuten

500 g Stangenbohnen
1/2 rote Zwiebel
Salz und schwarzer Pfeffer
3 EL Olivenöl
1 EL Rotweinessig
150 g Kirschtomaten, einige Exemplare halbiert
50 g kleine schwarze Oliven
Basilikumblätter zum Garnieren

1 Die Bohnen abfädeln und schräg in dünne Scheiben schneiden. Die Zwiebelhälfte senkrecht in dünne Halbringe schneiden. Die Zwiebelscheiben in eine Salatschüssel füllen.

2 Die Bohnen in kochendes Salzwasser geben und nach dem erneuten Aufkochen etwa 4 Minuten garen. Die Bohnen abtropfen lassen und anschließend sofort über die Zwiebelscheiben geben, damit diese durch die Hitze etwas weicher werden.

3 In einer kleinen Schüssel Öl und Essig verrühren und zusammen mit den Tomaten, Oliven und dem Pfeffer über die Bohnen geben. Alles gut miteinander vermischen.

4 Direkt vor dem Servieren ein paar klein gerissene Basilikumblätter auf dem Salat verteilen. Er schmeckt am besten warm oder mit Raumtemperatur.

Gurken

? *Warum soll man für manche Rezepte die Gurken vor der Zubereitung einsalzen?*

Salz entzieht den Gurken das Wasser, sie werden weicher und aromatischer. Diese Methode verwendet man auch für den griechischen Dip Tsatsiki. Die Gurke wird dafür grob geraspelt und 30 Minuten eingesalzen. Dann spült man die Raspel ab, drückt das überschüssige Wasser heraus und mischt sie mit Joghurt, reichlich Knoblauch und einem Spritzer Olivenöl.

? *Kann ich Gurken kochen und als Gemüsebeilage servieren?*

Selbstverständlich. Gurkengemüse passt hervorragend zu Fisch und Geflügel. Gurken sind extrem wasserhaltig und verlieren durch das Einsalzen und Garen enorm an Größe und Gewicht. Rechnen Sie also eine ganze Gurke für zwei, höchstens drei Portionen.

Wählen Sie junge Gurken, z.B. Gärtnergurken oder Schmorgurken, die etwas kleiner sind und eine dünnere Schale haben als ältere Gurken. Sie enthalten weniger Kerne und haben ein weicheres Fruchtfleisch.

Heiße Gurken in Dillbutter nach dem folgenden Rezept sind eine interessante Beilage zu pochiertem oder gegrilltem Lachs.

Reste verwerten

Aus gekochten oder rohen Gurken lässt sich schnell eine erfrischende kalte Suppe zubereiten. Die Gurken mit 1 Knoblauchzehe, Joghurt, Sahne oder Crème fraîche und Minze oder Estragon im Mixer oder in der Küchenmaschine pürieren. Mit 1 EL gehackten Kräutern und schwarzem Pfeffer bestreuen und servieren. Ein paar gehackte Garnelen sorgen für Farbtupfer und zusätzlichen Geschmack.

Gurken in Dillbutter

Für 2–3 Portionen
Vorbereitungszeit: 15 Minuten, plus 30 Minuten Abtropfzeit
Garzeit: 5 Minuten

1 große Salatgurke
2 TL Salz
50 g Butter
ein Spritzer Zitronensaft
Schwarzer Pfeffer
2 EL fein gehackte Dillspitzen

1 Die Gurke schälen und längs halbieren. Die Kerne mit einem Teelöffel herausschaben und wegwerfen. Die Gurkenhälften quer in 2 cm große Stücke schneiden.

2 Die Gurkenstücke mit dem Salz in einen Durchschlag geben; gut durchschütteln. Die Gurkenstücke 30 Minuten in der Spüle abtropfen lassen, dann mit kaltem Wasser abspülen. Trockentupfen.

3 In einer großen Pfanne oder im Wok die Butter zerlassen und die Gurkenstücke darin unter ständigem Rühren dünsten, bis sie gut durchgewärmt sind.

4 Das Gurkengemüse mit dem Zitronensaft und reichlich schwarzem Pfeffer würzen, dann mit Dill bestreuen.

VARIANTE

Statt Dill können Sie auch Minze, Estragon, Petersiie oder Schnittlauch, nehmen; je nachdem, zu welchem Fisch Sie das Gemüse servieren.

Hacken & Schneiden

Gibt es eine ideale Methode, Zwiebeln zu würfeln?

Das Wichtigste ist, dass die Stücke gleich groß werden, damit sie gleichmäßig garen (siehe Kasten rechts). Wenn die Stücke zu unterschiedlich sind, kann es beispielsweise beim Braten passieren, dass die kleinen Stücke verbrennen, bevor die großen gar sind. Das Gericht schmeckt dann unangenehm bitter.

Schneidebrett aus Holz oder Schneidebrett aus Kunststoff – was ist hygienischer?

Darüber scheiden sich die Geister. Zwar ergab eine Studie in den 1990er-Jahren, dass Holz weniger anfällig für Bakterienbefall ist als Kunststoff. Als Ursache vermutete man Substanzen im Holz, die auch lebende Bäume vor Bakterienbefall schützen. Doch dieses Ergebnis konnte in Folgeuntersuchungen nicht eindeutig bestätigt werden. Einige Studien ergaben sogar, dass Kunststoffbretter hygienischer sind.

Grundsätzlich gilt, dass Bretter mit glatten Flächen seltener Bakterienbefall aufweisen. Verzichten Sie also besser auf Holzbretter, die aus einzelnen Stücken zusammengesetzt sind oder aus Weichholz bestehen. Weichholz, wie auch der preiswerte Kunststoff Polypropylen, bietet der Messerklinge zu wenig Widerstand, es treten schnell Schnittfurchen auf, in denen sich Bakterien vermehren können. Problematisch bei Holzbrettern und Schneidebrettern aus billigem Kunststoff ist, dass sie nur bedingt spülmaschinentauglich sind. Untersuchungen haben aber ergeben: In der Maschine gereinigte Bretter wiesen kaum Bakterien auf. Außerdem wurden durch das Reinigen in der Maschine Verfärbungen und Gerüche (wie sie z. B. beim Zwiebelschneiden entstehen) entfernt. Nach dem Abwaschen mit der Hand waren weiterhin Bakterien, Verfärbungen und Gerüche nachzuweisen.

Schaffen Sie sich am besten hochwertige Bretter aus Polyethylen an oder solche, die jeweils aus einem Stück Hartholz bestehen. Die Bretter sofort nach dem Gebrauch mit heißem Wasser und Spülmittel reinigen; für Geflügel, Fleisch und Gemüse oder Kräuter jeweils dasselbe Schneidebrett verwenden. Das fällt am leichtesten mit Polyethylenbrettern in verschiedenen Farben (z. B. Rot: Fleisch; Gelb: Geflügel; Grün: Gemüse; Blau: Fisch; Weiß: Zwiebeln/Knoblauch). So ist das Risiko für Bakterienbefall und Geruchsübertragung minimal.

Gemüse schneiden

Verwenden Sie ein sehr scharfes Küchenmesser mit einem rutschfesten Griff, der beim Schneiden nicht aus der Hand gleitet. Damit Sie beim Zwiebelschneiden nicht weinen müssen, spülen Sie die geschälten Zwiebeln vor dem Würfeln mit kaltem Wasser ab und nehmen dann beim Schneiden den Mund voll Wasser oder einer anderen Flüssigkeit.

Kartoffeln, Knollen- und Wurzelgemüse

1 Zum Würfeln von großen Exemplaren (hier einer Kartoffel) an einer Seite eine Scheibe abschneiden. Das Gemüse auf die Schnittfläche stellen und dann senkrecht in Scheiben schneiden. Das Messer dabei an den Fingerknöcheln entlangführen.

2 Die Scheiben stapeln und längs in Stifte schneiden. Dann die Stifte stapeln und im rechten Winkel zu den vorherigen Schnitten in Würfel schneiden. Beim Schneiden die Fingerkuppen zur Sicherheit in Richtung Handfläche biegen, das Messer leicht schräg halten.

Zwiebeln fein würfeln

1 Das Wurzelende nicht entfernen, es hält die Zwiebel beim Schneiden zusammen. Die Zwiebel längs halbieren. Für kleine Würfel noch ein oder zweimal horizontal einschneiden, dann die Hälften flach hinlegen.

2 Die Zwiebelhälften mehrmals längs von oben einschneiden, das Wurzelende dabei intakt lassen.

3 Die Zwiebelhälfte im rechten Winkel zu den vorherigen Schnitten wieder mehrmals einschneiden, das Gemüse dabei möglichst weit weg vom Messer greifen; gut festhalten. Wurzelende zum Schluss abschneiden.

Wie hackt man frische Kräuter am besten?

Am einfachsten mit einem großen Messer. Oder Sie nehmen ein Wiegemesser. Dieses hat zwei Griffe und eine runde Klinge (oder mehrere) und wird mit beiden Händen bewegt. Große Kräuterblätter (z. B. Basilikum) aufeinanderlegen, aufrollen und in Streifen schneiden.

Hafer

Ich möchte gern mehr Hafer essen, weil er ja den Cholesterinspiegel senken kann. Was für Produkte sind im Handel?

Die gängigsten Haferprodukte sind Haferflocken, Hafermark (vor allem in Österreich), Hafergrütze und Haferkleie.

- Für Haferflocken werden die Haferkörner gedämpft. Grobe Haferflocken entstehen, indem die ganzen Körner flach gewalzt werden. Für zarte Haferflocken werden die ganzen Körner in Scheiben geschnitten, die dann ebenfalls gewalzt werden.
- Bei Hafermark handelt es sich um sehr feine Haferflocken.
- Instant-Haferflocken werden aus Hafermehl hergestellt. Sie lösen sich in Flüssigkeit sofort auf.
- Hafergrütze wird aus ungedämpften Körnern gemacht. Es gibt sie in unterschiedlichen Mahlgraden.
- Haferkleie besteht aus den äußeren Schichten des Haferkorns. Sie ist in ihrer natürlichen Form und als gepresste, leicht lösliche Flocken erhältlich. Haferkleie wirkt besonders positiv auf den Cholesterinspiegel, weil sie extrem viele lösliche Ballaststoffe enthält. Diese binden das Cholesterin im Darm, sodass es den Körper ungenutzt verlassen kann.

Haferprodukte können süße und herzhafte Gerichte anreichern. Sie eignen sich zum Panieren; beim Backen kann ein Teil des Mehls durch sie ersetzt werden. Sehr beliebt sind Haferflockenkekse und -riegel (siehe Rezept rechts).

Ich habe Porridge bisher immer aus Haferflocken gemacht, aber in Schottland habe ich einmal einen köstlichen Porridge aus Hafergrütze gegessen. Welche Methode ist besser?

In seiner ursprünglichen Heimat Schottland wird Porridge traditionell aus Hafergrütze zubereitet. Die Garzeit ist zwar länger, doch in Aroma und Konsistenz ist ein Porridge aus Hafergrütze einem aus Haferflocken haushoch überlegen.

Schneller und leichter bereitet man Porridge jedoch aus Haferflocken zu. Das dauert nur 3–4 Minuten, Hafergrütze hingegen braucht 20 Minuten oder mehr. Für 2 Portionen 125 g Haferflocken in einen Topf geben. 500 ml kaltes Wasser (oder halb Wasser, halb Milch) zugießen und zum Kochen bringen. Das Ganze unter ständigem Rühren 3–4 Minuten köcheln lassen. Den Porridge leicht salzen, sobald er die gewünschte Konsistenz erreicht hat. Mit Milch, Butter oder Sahne sowie braunem Zucker, Honig oder Sirup servieren.

Wie wird ein echtes Bircher-Müsli gemacht?

Für eine Portion weichen Sie zunächst 1 EL Haferflocken 12 Stunden in 3 EL kaltem Wasser ein. Anschließend 1 EL Zitronensaft, 1 EL Milch oder Sahne sowie etwas Honig zugeben und unterrühren.

Nun einen Apfel waschen und kraftig trockenreiben. Erst unmittelbar vor dem Servieren ungeschält grob raspeln, die Raspel zur Haferflockenmischung geben. Wenn Sie den Apfel direkt über die Flockenmischung raffeln und die Raspel portionsweise unterrühren, können Sie verhindern, dass das Apfelfruchtfleisch sich unter Lufteinwirkung braun verfärbt. Das Müsli mit 1 EL gehackten Haselnüssen bestreuen und servieren. Tipp: Wenn Ihnen der Geschmack behagt, können Sie zum Schluss noch 1 TL Hefeflocken zum Müsli geben.

Süße, krümelige Crunchies aus Haferflocken lassen sich schnell und einfach backen. Sie sind vor allem bei Kindern sehr beliebt.

Crunchies

Für 8–12 Stück
Vorbereitungszeit: 5 Minuten
Backzeit: 15–20 Minuten

100 g Butter
3 EL Zuckerrübensirup
60 g Zucker
185 g Haferflocken

1. Den Backofen auf 190 °C vorheizen. Eine quadratische Backfom (18 cm Seitenlänge) fetten und mit Backpapier auskleiden.
2. Butter, Sirup und Zucker in einem kleinen Topf sanft erhitzen, bis die Butter geschmolzen ist. Die Haferflocken zugeben und unterrühren.
3. Die noch warme Haferflockenmasse in die Form füllen und glatt streichen. 15–20 Minuten backen.
4. Das Gebäck aus dem Ofen nehmen und einige Minuten abkühlen lassen, dann die Oberfläche mehrmals in Riegelgröße einritzen. Das Gebäck abkühlen lassen, dann aus der Form nehmen.
5. Sobald die Teigplatte ausgekühlt und knusprig ist, diese in die einzelnen Riegel schneiden und servieren. Die Crunchies bleiben in einem fest verschließbaren Behälter 3–4 Tage lang frisch.

Hamburger

Meine Kinder essen gern Hamburger. Wie mache ich die so, dass sie gesund sind?

Wenn Sie sichergehen wollen, dass Hamburger gesund sind, machen Sie sie am besten selbst. Hausgemachtes Gehacktes schmeckt besser als gekauftes, und Sie können das gesamte Fett vor dem Hacken wegschneiden.

Verwenden Sie gutes, mageres Rindfleisch, denn die Burger werden nur kurz gegart, das Fleisch muss also zart sein. Wenn Sie mögen, können Sie für die Burger natürlich Biofleisch verwenden.

Zerkleinern Sie das Fleisch in der Küchenmaschine – mit dem Messereinsatz – oder im Fleischwolf. Sie können es auch auf ein Schneidebrett legen und mit zwei großen Messern hacken (siehe Kasten unten). Das Rezept rechts sieht weder Brötchen noch Mehl vor, daher brauchen Sie auch kein Ei zum Binden der Hackfleischmasse.

Fleisch für Hamburger selbst hacken

Für Hamburger höchster Qualität hacken Sie gutes, mageres Fleisch einfach selbst. Sie brauchen dafür zwei scharfe große Messer und ein Schneidebrett.

Die beiden Messer locker parallel zueinander über das Fleisch halten. Mit rhythmischen Bewegungen die Messer abwechselnd von oben in das Fleisch schlagen. Das Fleisch ab und zu mithilfe der Messerklingen umdrehen. Auf diese Weise weiterarbeiten, bis das Hack schön fein ist.

Hamburger

Für 4 Portionen
Vorbereitungszeit: 15 Minuten
Garzeit: etwa 10 Minuten

750 g mageres Rindersteak, vollständig vom Fett befreit
Salz und schwarzer Pfeffer
1 kleine Zwiebel (nach Belieben)
2 EL gehackte Petersilie
2 TL Worcestersauce

1 Den Grill vorheizen und den Grillrost mit Öl einfetten. Das Fleisch hacken, in eine Schüssel geben und mit Salz und Pfeffer würzen.

2 Die Zwiebel reiben und in etwas Öl oder Butter kurz andünsten. Zum Fleisch geben.

3 Petersilie und Worcestersauce zugeben und gut untermischen.

4 Mit angefeuchteten Händen aus der Mischung 2,5 cm dicke flache Scheiben formen, diese nicht zu kräftig zusammendrücken. Die Menge reicht für 4–8 Hamburger, je nach Größe der Fladen.

5 Auf jeder Seite je nach Dicke 4–6 Minuten grillen. Mit Salat und getoasteten Vollkornbrötchen servieren, oder – originalgetreu – auf Hamburger-Brötchen.

Wie gelingt es, Hamburger in gleicher Größe und Form herzustellen?

Formen Sie die Hackfleischmasse auf der Arbeitsfläche zu einem flachen Quadrat. Dieses in gleich große Quadrate schneiden und diese zu Kugeln rollen. Zum Schluss die Kugeln zwischen den Händen flach drücken.

Haben Sie eine Idee, wie man die Fleischfladen ganz einfach aufpeppen kann?

Klar. Geben Sie an die Fleischmasse winzige Würfel von gekochtem Schinken und/oder Gouda. Mediterran werden Hamburger mit gehackten Oliven und zerbröseltem Feta. Pinienkerne und Rosinen machen die Fladen orientalisch.

Häppchen

Ich habe auf Partys schon köstliche Häppchen gegessen, aber noch nie probiert, sie selbst zu machen. Können Sie mir ein paar originelle Rezepte nennen?

Es ist sehr einfach, Häppchen selbst herzustellen. Dreiecke aus Roggenbrot und Toastbrot, in unterschiedliche Formen geschnitten, dienen als Basis. Sehr attraktiv sehen auch Croustade-Schälchen aus (siehe Kasten S. 123).

Die Füllung oder der Belag für die Häppchen kann ebenfalls recht einfach sein. Belegen Sie Roggenbrot oder Toast mit dünnen Scheiben Räucherlachs; diesen mit etwas schwarzem Pfeffer bestreuen und mit Zitronensaft beträufeln. Ebenfalls köstlich: die Brote mit Dillmayonnaise bestreichen und darauf Graved Lachs legen. Probieren Sie auch Tapenade mit Mozzarellascheiben und halbierten Kirschtomaten, die Sie mit Olivenöl, Salz, Pfeffer und Basilikum gewürzt haben.

Für eine köstliche Thunfischfüllung für Croustades 180 g Thunfisch aus der Dose und ein hart gekochtes Ei mit dem Saft von einer Zitrone und 3 EL Mayonnaise im Mixer pürieren. Diese Mischung reicht für etwa 10 Croustade-Schälchen. Sie können auch erst aufgeschlagenen Mascarpone oder Sauerrahm in die Croustade-Schälchen geben und dann die Füllung darauf anrichten.

Besonders wichtig ist eine attraktive Garnitur, die einen geschmacklichen Kontrast setzt. Die Garnitur sollte klein und fein sein. Folgende Zutaten können einen krönenden Abschluss bilden: eine Olivenscheibe, 1/2 TL echter Kaviar oder Lachskaviar, ein Kräuterzweiglein, eine Prise Paprikapulver oder eine kleine gespritzte Rosette aus geschlagener Sahne oder Mayonnaise.

Muss ich Häppchen direkt vor dem Servieren zubereiten?

Nein, die verschiedenen Füllungen können Sie auch am Vortag zubereiten und im Kühlschrank aufbewahren (bei manchen Zutaten wie Avocado geht allerdings die attraktive Farbe verloren). Die Croustade-Schälchen können Sie ebenfalls 24 Stunden vorher zubereiten und bis zum Servieren luftdicht verpackt lagern. Die Häppchen sollten jedoch erst direkt vor dem Servieren belegt oder gefüllt werden, damit Brot oder Brotschälchen nicht aufweicht.

? *Wie viele Häppchen soll ich auf einer Party servieren?*

Wie viel Ihre Gäste essen, hängt vom Anlass und natürlich vom Appetit ab. Hier einige Richtlinien für die Anzahl an Häppchen, die Sie bei einer Party servieren sollten.

- Cocktailparty: Rechnen Sie etwa 10 Häppchen pro Person. Da bei einer Cocktailparty meist gestanden oder umhergelaufen wird, sollten die Häppchen leicht aus der Hand zu essen sein.
- Geselliges Beisammensein mit Drinks: Rechnen Sie bis zu 15 Häppchen pro Person, wenn Sie kein warmes Essen reichen.
- Aperitif: Rechnen Sie 4–5 Häppchen pro Person vor der Mahlzeit.
- Sommer oder Winter: Bei Kälte sollte die Hälfte der Häppchen heiß sein, bei warmem Wetter höchstens ein Viertel warm servieren.

Pink Gin (Gin mit Angustora) schmeckt hervorragend zu gefüllten Croustade-Schälchen. Probieren Sie als Füllung für die Schalen saure Sahne mit Räucherlachs, hart gekochte Wachteleier, Lachskaviar und Dill, Tapenade mit Mozzarella, Kirschtomaten und Basilikum oder Kaviar, Schnittlauch und saure Sahne.

Croustade-Schälchen herstellen

Diese gebackenen Brotschalen sind einfach und schnell gemacht. Füllen Sie die Schälchen mit herzhaften Mischungen, und servieren Sie sie entweder zum Aperitif oder als Teil eines Buffets.

1 Den Backofen auf 180 °C vorheizen. Etwas Butter zerlassen – Sie benötigen ungefähr 150 g Butter für 12 Croustade-Schälchen.

2 Mit einem runden Ausstecher (6–7,5 cm Ø) Kreise aus dünnen Weißbrotscheiben ausstechen. Die Kreise in die zerlassene Butter tauchen und anschließend in die Mulden eines Muffinblechs drücken.

3 Die Schälchen mit einem zweiten Muffinblech fixieren; 15–20 Minuten im heißen Ofen backen.

4 Die Croustade-Schälchen mit einem Messer aus der Form lösen. Anschließend auf einem Kuchengitter abkühlen lassen. Fantasievoll füllen, dann garnieren und servieren.

Hirsch & Reh

Woher stammen Hirsch- und Rehfleisch? Werden die Tiere gezüchtet, oder leben sie in freier Wildbahn?

Das meistverkaufte Wildfleisch ist das von Reh und Hirsch, gefolgt von Damwild. 60 % des Fleischs stammen von heimischen Tieren, 40 % werden importiert. Nur 6 % des Wildfleischs stammen von Tieren, die im Gehege gehalten werden, der Rest wird von Jägern waidmännisch er- und zerlegt.

Wenn ich Hirsch- oder Rehfleisch zubereite, wird es oft trocken. Wie verhindert man das?

Da das Fleisch junger Hirsche und Rehe nur mit sehr wenig Fett durchzogen ist, müssen Sie es für das Braten oder Schmoren im Ofen bardieren, damit es saftig bleibt. Das bedeutet, Sie müssen das Fleisch vor dem Garen dünn mit Schweinespeck (fett oder durchwachsen, gesalzen oder ungesalzen, je nach Geschmack) belegen oder umwickeln.

Lassen Sie das gegarte Fleisch vor dem Servieren 10 Minuten an einem warmen Ort ruhen, auch kleinere Stücke wie Medaillons oder Steaks, die kurzgebraten wurden. Während der Ruhezeit verteilt sich der Fleischsaft wieder gleichmäßig, die Muskelfasern entspannen sich.

Schmorgerichte mit Wild werden besonders aromatisch, wenn man das Hirsch- oder Rehfleisch zuerst in einer Mischung aus Öl und Wein mariniert; schmort man es danach in Flüssigkeit, schützt diese die Fleischstücke vor dem Austrocknen.

Gut zu wissen

Obwohl Hirsch- und Rehfleisch zu den dunklen Fleischsorten zählen, enthalten sie weniger Fett als Hühnerfleisch. Hirsch- oder Rehfleisch sind eine gute Alternative zu Rindfleisch, wenn Sie auf eine fettarme Ernährung Wert legen. Es wird als Braten, Steak und Hackfleisch verkauft und zu Wurst verarbeitet.

Hirschrücken mit Schwarzbrotkruste

Für 5–6 Portionen
Zubereitungszeit: 45 Minuten
Garzeit: 1 1/2 Stunden

Für die Zitrussauce:
Schalenstreifen von je 1/2 Zitrone und Orange
100 ml Wildfond
2 TL Senf, 1 EL Öl
500 ml Rotwein
220 g rotes Johannisbeergelee
Für den Braten:
300 g Suppengrün
8 Wacholderbeeren
2 kg Hirschrücken am Stück (mit Knochen)
je 6 Pfefferkörner und Pimentbeeren
50 ml Essig,
1 Eiweiß
150 g älteres Schwarzbrot
1 TL gemahlener Zimt
1 Prise gemahlene Gewürznelke
1 EL Zucker
50 g Butter
Orangenscheiben und essbare Blüten zum Garnieren (nach Belieben)

1 Zitronen- und Orangenschale mit dem Wildfond in einen Topf geben. Aufkochen, dann 25 Minuten köcheln lassen.

2 Die Zitrusschalen aus dem Fond nehmen. Senf, Öl, Wein und Gelee zum Fond geben. Die Sauce einmal aufkochen, dann abkühlen lassen.

3 Suppengrün grob zerkleinern. Wacholderbeeren zerdrücken. Hirschrücken häuten und in einen Bräter legen. Gemüse, Wacholderbeeren, Pfeffer, Piment, 300 ml Wasser und Essig zum Fleisch geben. Zugedeckt aufkochen; bei schwacher Hitze 1 Stunde köcheln lassen.

4 Fleisch aus dem Topf nehmen. Den Garsud durch ein Sieb in eine Schüssel gießen; beiseitestellen. Eiweiß verquirlen. Brot reiben. Brösel mit Zimt, Nelke und Zucker mischen. Backofen auf 220 °C vorheizen.

5 Den Hirschrücken erst im Eiweiß, dann in der Bröselmischung wenden. Butter zerlassen. Den Hirschbraten wieder in den Bräter legen und mit der Butter beträufeln. Im Ofen offen 30 Minuten braten.

6 Etwas Sauce als Spiegel auf eine Servierplatte gießen, den Braten darauf anrichten und mit Orangenscheiben und Blüten garnieren. Die restliche Sauce separat servieren.

Das Rezept sieht für die Sauce zum Braten Zitronen- und Orangenschale vor. Doch wenn Sie eine bekommen, sollten Sie die Schale einer Pomeranze nehmen.

Hirse

? *Ich hielt Hirse bisher für typisches Vogelfutter. Kann man damit auch kochen?*

Ja, mit Hirse kann man Suppen andicken oder einen Frühstücksbrei mit Milch zubereiten, und man kann das Getreide in Brot- oder Keksteig geben. Wunderbar schmecken auch pikante Getreidefrikadellen aus Hirse. Sie ist ein guter Lieferant für Eiweiß und komplexe Kohlenhydrate.

Seit Urzeiten wird Hirse in Nordafrika, Asien und den Mittelmeerländern angebaut. Sie ist ein wichtiges Grundnahrungsmittel für die ärmere Weltbevölkerung. Aus Hirse lässt sich sogar Bier brauen.

Getrocknete Hirsekörner sind winzig, etwa stecknadelkopfgroß und hellgelb mit einem dunklen Fleck. Sie quellen beim Kochen sehr stark auf, daher dürfen Sie zum Andicken nicht zu viel Hirse in eine Suppe rühren. Hirseflocken garen schneller als die ganzen Körner und lassen sich ebenfalls zum Andicken von Suppen verwenden.

Ganze Hirsekörner gart man in reichlich Flüssigkeit, sie sollten jedoch vorher eingeweicht werden, wie in dem Rezept für Hirsepfannkuchen (siehe rechts). Die Hirse verleiht diesem Gericht eine feine Konsistenz. Servieren Sie die Pfannkuchen warm, mit Erdbeerbutter, als süße Überraschung zu Kaffee oder Tee.

? *Ist es wahr, dass Hirse viel Eisen enthält?*

Ja, das ist wahr. Allerdings ist dieses Eisen vom Körper schwerer zu verwerten als Eisen aus Fleisch. Deshalb sollten Sie Hirse immer mit etwas Vitamin-C-Haltigem kombinieren, beispielsweise mit Orangensaft oder Sanddorn. Hirsebrei können Sie auch durch Zugabe von eine Messerspitze Ascorbinsäure (Vitamin-C-Pulver) aufwerten.

Hirse hat außerdem den Vorteil, dass sie glutenfrei ist. Sie wird daher auch von Menschen vertragen, die an Zöliakie oder einer Weizenunverträglichkeit leiden, und ist auch für Babys und Kleinkinder bekömmlich.

Frische Erdbeeren und Crème fraîche sind die ideale Garnitur für diese Hirsepfannkuchen. Bestreichen Sie die Pfannkuchen außerdem mit zart schmelzender Erdbeerbutter, dann wird das Ganze noch fruchtiger.

Hirsepfannkuchen mit Erdbeerbutter

Für 6 Pfannkuchen
Vorbereitungszeit: 10 Minuten
Garzeit: 45 Minuten

Für die Pfannkuchen:
15 g (1 EL) Hirsekörner
250 g Mehl
1 TL Backpulver
30 g Zucker
1 großes Ei
375 ml Milch
Öl zum Braten
Zum Garnieren:
Erdbeeren und Crème fraîche
Für die Erdbeerbutter:
125 g weiche Butter
1 EL Erdbeerkonfitüre

1 Die Hirse waschen, in einen kleinen Topf geben und mit kaltem Wasser bedecken. Zum Kochen bringen und 25–30 Minuten köcheln lassen, bis die Körner aufgequollen und weich sind. Gut abtropfen lassen; beiseitestellen.

2 In der Zwischenzeit für die Erdbeerbutter die Butter mit der Erdbeerkonfitüre verrühren. Verwenden Sie für feinstes Aroma die beste Konfitüre, die Sie finden können – am besten selbst gemachte. Die Erdbeerbutter bis zum Servieren kalt stellen.

3 Mehl und Backpulver in eine Schüssel sieben. Den Zucker zugeben und nach und nach Eier und Milch unterrühren, bis ein glatter Teig entstanden ist. Die gegarte Hirse untermischen.

4 Eine Pfanne mit Öl auspinseln und bei mittlerer Hitze heiß werden lassen. Eine Schöpfkelle voll Teig in die Pfanne geben und etwa 1 Minute braten, bis kleine Blasen an der Oberfläche entstehen. Den Pfannkuchen vorsichtig wenden und auf der anderen Seite noch 1 Minute braten, bis er aufgegangen und goldgelb ist.

5 Auf diese Weise den restlichen Teig verarbeiten, fertige Pfannkuchen im Backofen warm halten. Die warmen Pfannkuchen mit Crème fraîche und Erdbeeren garnieren und mit der gekühlten Erdbeerbutter servieren.

Holländische Sauce

? ***Wie kann ich vermeiden, dass holländische Sauce bei der Zubereitung gerinnt?***

Diese Buttersauce gerinnt, wenn sie zu heiß wird. Deshalb muss sie bei sehr schwacher Hitze aufgeschlagen werden, möglichst auf dem Wasserbad (siehe rechts).

Wenn die Sauce zu gerinnen droht, die Schüssel mit der Sauce sofort vom Wasserbad nehmen, in eine Schüssel mit kaltem Wasser stellen und die Sauce kräftig rühren, damit sie schnell abkühlt. Oder die Schüssel vom Wasserbad nehmen und 1 EL warmes Wasser in die Sauce rühren.

Wenn Sie eine geronnene Sauce retten wollen, 1 Eigelb in eine Schüssel geben. Mit 1 TL Wasser verrühren, ein Stückchen Butter zufügen und die Schüssel auf ein Wasserbad setzen. Vorsichtig rühren, bis die Butter geschmolzen und das Eigelb leicht angedickt ist. Die Mischung nach und nach in die geronnene Sauce rühren, bis sie wieder glatt ist.

? ***Gibt es eine schnelle und einfache Methode, holländische Sauce zuzubereiten?***

Holländische Sauce (auch: Sauce hollandaise) können Sie im Mixer oder in der Küchenmaschine herstellen: zuerst die Eigelbe mit dem eingekochten Essig mischen, dann bei laufender Maschine die warme zerlassene Butter in dünnem Strahl zugießen und alles zu einer sämigen, glatten Sauce verarbeiten.

Holländische Sauce lässt sich auch im Mikrowellengerät zubereiten. Auf hoher Stufe die Butter, die Eigelbe und die Essig-Reduktion 10 Sekunden lang erhitzen. Herausnehmen und kräftig durchschlagen. Dann wieder 10 Sekunden erhitzen und noch einmal durchschlagen, bis die Sauce sämig und glatt ist.

? ***Was ist der Unterschied zwischen Sauce hollandaise und Sauce béarnaise?***

Beide sind Buttersaucen mit Eigelb, aber die Hollandaise ist nur leicht mit Weinessig aromatisiert, während die Béarnaise durch Schalotten und Estragon eine zusätzliche pikante Note erhält. Die Béarnaise nach dem Rezept unten schmeckt köstlich zu Braten, Steaks und Gegrilltem (Fleisch, Geflügel, Fisch).

? ***Wie lange im Voraus kann ich Sauce hollandaise oder béarnaise zubereiten?***

Etwa 1 Stunde. Die Schüssel mit der fertigen Sauce mit Folie abdecken; auf einen Topf mit heißem Wasser setzen. Vor dem Servieren die Sauce kräftig durchschlagen. Falls sie zu stark abgekühlt ist, das Wasser wieder erhitzen, die Schüssel mit der Sauce daraufsetzen und rühren, bis die Serviertemperatur erreicht ist.

Sauce béarnaise

Für 2–4 Portionen
Vorbereitungszeit: 10 Minuten
Garzeit: 15 Minuten

4 EL Estragon- oder Weißweinessig
1 Schalotte, fein gewürfelt
6 Pfefferkörner, zerdrückt
1 Lorbeerblatt, 1 Estragonzweig
2 große Eigelb
100 g Butter, gewürfelt
1 TL gehackte Estragonblätter

1 Den Essig mit den Schalottenwürfeln, den Pfefferkörnern, dem Lorbeerblatt und dem Estragonzweig in einen kleinen Topf geben. Die Mischung auf 1 EL einkochen.

2 Die Eigelbe in einer kleinen Schüssel mit dem reduzierten Essig leicht schaumig rühren. Die Schüssel auf einen kleinen Topf mit heißem (aber nicht kochendem) Wasser setzen, den Topf vom Herd nehmen. Die Schüssel darf das Wasser nicht berühren. Die Mischung mit dem Schneebesen schlagen, bis sie leicht angedickt ist.

3 Den Topf mit der Schüssel darauf bei schwacher Hitze wieder auf den Herd stellen. Nach und nach die Butterwürfel in die Sauce rühren, bis sie dick und glänzend ist.

4 Zum Schluss den Estragon einrühren. Die Sauce warm oder mit Raumtemperatur servieren.

Sauce hollandaise zubereiten

Für 2 Portionen benötigen Sie je 1 EL Weinessig und Wasser, 1 Lorbeerblatt, 6 Pfefferkörner, 100 g Butter und 2 große Eigelb.

1 Essig mit Wasser, Lorbeer und Pfeffer kochen lassen, bis die Mischung auf die Hälfte reduziert ist. Durch ein Sieb in eine Schüssel oder in einen doppelwandigen Topf gießen. Die Butter zerlassen.

2 Die Schüssel auf einen Topf mit sehr heißem (nicht kochendem) Wasser setzen, mit einem Holzlöffel die Eigelbe unter die Reduktion mischen.

3 Den Topf vom Herd nehmen und nach und nach die zerlassene Butter unter die Sauce rühren, damit sie richtig schön cremig wird.

4 Den Topf bei schwacher Hitze auf den Herd stellen, die Sauce unter ständigem Rühren 8–10 Minuten erhitzen, bis sie leicht, luftig und glänzend ist. Abschmecken.

Honig

Stimmt es, dass es gesünder ist, Speisen mit Honig statt mit Zucker zu süßen?

Honig enthält einige B-Vitamine sowie Mineralstoffe (Kalzium, Chlor, Kalium und Natrium). Dadurch ist er ein wenig gesünder als weißer Zucker, der zwar etwas Kalzium und Kalium enthält, aber überhaupt keine Vitamine. Brauner Rohrohrzucker enthält etwas mehr Mineralstoffe als Honig, aber ebenfalls weniger Vitamine.

In 100 g Honig stecken etwa 325 Kalorien, in derselben Menge Zucker 414 Kalorien. Und da Honig süßer schmeckt als Zucker, lassen sich beim Süßen mit Honig Kalorien sparen.

Kann ich in Rezepten Zucker durch Honig ersetzen?

Honig eignet sich gut zum Kochen und vor allem zum Backen: Er nimmt Flüssigkeit besser auf als Zucker. Dadurch bleiben Brote und Kuchen, die mit Honig zubereitet wurden, länger saftig.

Wenn Sie Honig statt Zucker verwenden möchten, nehmen Sie etwa ein Fünftel weniger Honig als die Menge, die für Zucker angegeben ist. Da Honig etwas Wasser enthält, sollten Sie die Flüssigkeitsmenge im Rezept minimal reduzieren.

Kann ich anstelle von flüssigem Honig festen Honig verwenden? Welche Honigsorten eignen sich zum Kochen und Backen am besten?

Sie können jeden Honig zum Kochen verwenden, aber festen Honig sollten Sie zuvor anwärmen, damit er wieder flüssig wird und sich leichter mit den restlichen Zutaten mischen lässt.

Generell eignet sich heller Honig am bestem zum Kochen, da das Aroma von dunklem Honig sehr intensiv ist. Sowohl Farbe als auch Aroma eines Honigs hängen von dem ab, was die Bienen gesammelt haben. Akazienhonig z.B. ist dünnflüssig und hell, Heidehonig ist etwas dicker und manchmal leicht trüb, Kleehonig ist cremig und blass bernsteinfarben. Mexikanischer Alcahual ist fast schneeweiß. Salbeihonig ist sehr dunkel und sehr aromatisch, ebenso wie Lavendelhonig, der eine dunkle Bernsteinfarbe mit grünlichem Einschlag hat. Griechischer Hymettus-Honig duftet aromatisch nach Majoran, Bohnenkraut und Thymian.

Ein klarer, heller Honig ist am besten für das Eiscreme-Rezept rechts. Er verleiht dem karamellisierten Zuckersirup ein reiches, volles Aroma.

Kann man kristallisierten Honig noch verwenden?

Ja, das kann man. Durch das Kristallisieren werden weder Geschmack noch Nährwert des Honigs beeinträchtigt. Wenn er nur teilweise kristallisiert ist, genügt es, ihn kräftig durchzurühren. Ist er fast vollständig kristallisiert, stellen Sie das Honigglas für 1 Stunde in einen Topf mit sehr heißem Wasser. Noch schneller geht es, wenn Sie den Topf mit dem Wasser auf dem Herd erhitzen. Verwenden Sie den Honig noch warm, denn beim Abkühlen kristallisiert er wieder.

Welche unterschiedlichen Honigsorten gibt es?

Es gibt Blütenhonig, für den Honigbienen Blütennektar und/oder Pflanzensäfte aufnehmen, die dann von den Bienen mit Sekreten angereichert und in Waben gespeichert werden, in denen der Honig reift. Für Honigtauhonig nehmen die Bienen Honigtau auf. Das sind zuckerreiche Ausscheidungen von Blattläusen, die an Pflanzenteilen und Baumstämmen haften.

Aussehen und Geschmack des Honigs hängen stark davon ab, woraus er gewonnen wurde. Blütenhonig ist generell heller, fester und süßer. Honigtauhonig hingegen ist meist ziemlich flüssig und dunkel; er kann sogar fast schwarz sein. Honigtauhonig schmeckt herber als Blütenhonig. Zu den beliebtesten Honigtausorten gehören Tannen- und Waldhonig.

Es gibt außerdem die Unterscheidung in Tracht- bzw. Sortenhonig – dieser stammt hauptsächlich von derselben Blüten- oder Pflanzenart – und Mischhonig – diesen gewinnen die Bienen aus verschiedenen Pflanzen.

Honig-Karamell-Eiscreme

Für 4 Portionen
Vorbereitungszeit: 50 Minuten, plus Kühl- und Gefrierzeit
Garzeit: 15–20 Minuten

4 große Eigelb
125 g Zucker
300 ml Milch
300 g Sahne, halbsteif geschlagen
125 g Puderzucker
3 EL Wasser
3 EL flüssiger Honig

1 Eigelbe und Zucker mit einem Schneebesen cremig aufschlagen. Die Milch bis kurz vor dem Siedepunkt erhitzen. Sofort unter ständigem Schlagen mit dem Schneebesen in die Eiercreme geben.

2 Mischung in den Topf füllen. Unter ständigem Rühren erwärmen, bis sie andickt und den Löffelrücken überzieht. Durch ein Sieb streichen. Auskühlen lassen, dann die Sahne einrühren.

3 Puderzucker mit 2 EL Wasser in einen kleinen Topf geben. Erhitzen, bis der Zucker sich aufgelöst hat. Sirup aufkochen und sprudelnd kochen lassen, bis er goldbraun ist.

4 Topf vom Herd nehmen. Die Hände mit Küchentüchern schützen. Vorsichtig 1 EL Wasser in den Sirup geben. Die Mischung wird dabei einige Sekunden zischen und spritzen. Gut umrühren, dann den Topf wieder auf den Herd stellen und den Sirup noch 1–2 Minuten kochen lassen. Der Sirup ist fertig, wenn ein wenig davon sich zwischen den Fingerspitzen zu einer Kugel rollen lässt.

5 Den Topf vom Herd nehmen. Den Sirup etwas abkühlen lassen, dann den Honig unterrühren.

6 Den abgekühlten, noch flüssigen Sirup in die Creme rühren. Die Mischung in ein geeignetes Gefäß geben. Für 1–2 Stunden einfrieren. Dann mit dem Schneebesen durchrühren. Wieder einfrieren, diesen Prozess noch zweimal wiederholen.

Huhn

Woran erkenne ich beim Einkauf gutes Hähnchenfleisch aus artgerechter Haltung?

Kaufen Sie am besten frische Hähnchen, die mit einem Biosiegel etikettiert sind, oder Hähnchen aus Freilandhaltung.

Wie bleibt gehäutetes Hähnchenbrustfilet schön saftig?

Wenn Sie auf fettarme Ernährung achten, können Sie die Hähnchenbrust pochieren oder in Alufolie zusammen mit Gemüse, Kräutern oder Gewürzen garen. Ansonsten können Sie das Hähnchenbrustfilet auch in einer Mischung aus Olivenöl, Orangensaft, Honig und Senf marinieren und dann grillen; dabei häufig mit Marinade begießen.

Schmeckt tiefgefrorenes Hähnchen wirklich genauso gut wie frisches Fleisch?

Der Geschmack von tiefgefrorenem Hähnchen reicht an frisches nicht heran, aber TK-Hähnchen aus Freilandhaltung schmecken immer noch besser als frische aus Käfighaltung. Beim Auftauen von Geflügel verliert das Fleisch reichlich Wasser. Wiegen Sie den Vogel also nach dem Auftauen, um die Garzeit zu berechnen. Tauen Sie das Hähnchen im Kühlschrank auf. Das dauert etwa 2 Stunden pro 500 g. Wenn Sie abgepacktes tiefgefrorenes Hähnchen kaufen, vermeiden Sie Ware, die von rosafarbenen Eiskristallen umgeben ist. Diese sind ein Zeichen dafür, dass das Fleisch aufgetaut und wieder eingefroren wurde.

Wie erreiche ich beim Braten eines ganzen Hähnchens, dass das Fleisch möglichst saftig und die Haut schön braun und knusprig wird?

Die Haut zunächst mit Küchenpapier trockentupfen, dann mit Butter bepinseln, mit Salz und Pfeffer würzen und überall mit Zitronensaft beträufeln.

Für gleichmäßiges Garen das Hähnchen für das erste Drittel der Garzeit auf die Seite legen, für das

Ein Hähnchen in acht Teile zerlegen

Wenn Sie Gerichte wie z. B. einen Hähnchenschmortopf zubereiten möchten, ist es oft günstiger, statt abgepackter Einzelteile ein ganzes Hähnchen zu kaufen und es selbst zu zerlegen. Gehen Sie nach dieser einfachen Anleitung vor:

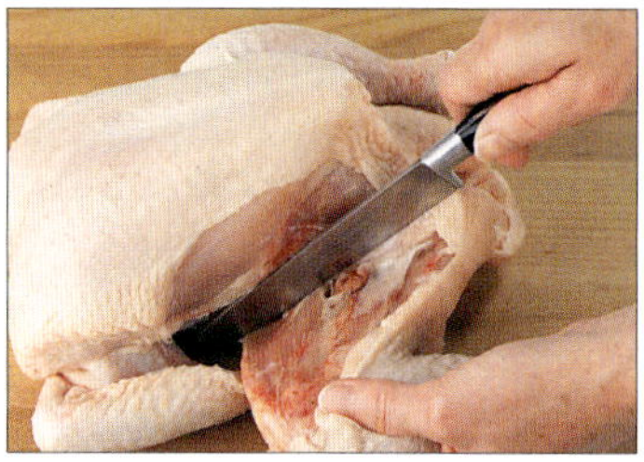

1 Das Hähnchen mit der Brust nach oben auf ein Schneidebrett legen. An einem Schenkel ziehen und mit einem scharfen Messer die Haut zwischen Schenkel und Körper einschneiden. Den Schenkel nach außen biegen, bis das Gelenk aufspringt, dann das Fleisch vollständig durchtrennen. Mit dem zweiten Schenkel wiederholen.

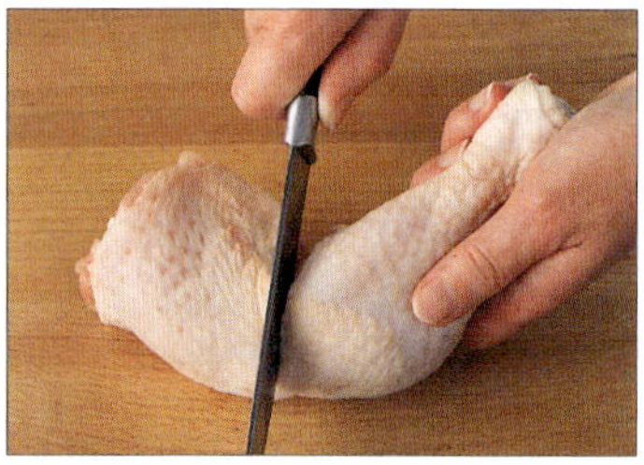

2 Um das Hühnerbein in Ober- und Unterschenkel zu trennen, dieses aufrecht v-förmig auf das Brett setzen, den Unterschenkel festhalten und die Mitte des „V“ mit dem Messer durchschneiden. Mit dem zweiten Hühnerbein ebenso verfahren.

3 Zum Abtrennen der Flügel die Hähnchenbrust am Flügelansatz sehr tief bis zu den Knochen einschneiden. Mit dem Messer diagonal bis zum Hals einschneiden, sodass die Hähnchenbrust eine Rautenform erhält.

4 Um die Flügel des Hähnchens vollständig vom Körper abzulösen, mit einer Geflügel- oder einer scharfen, stabilen Küchenschere Gelenke, Fleisch, Sehnen und die restlichen Knochen durchschneiden. Dabei unbedingt darauf achten, dass keine scharfen Knochensplitter in die Portionsstücke geraten.

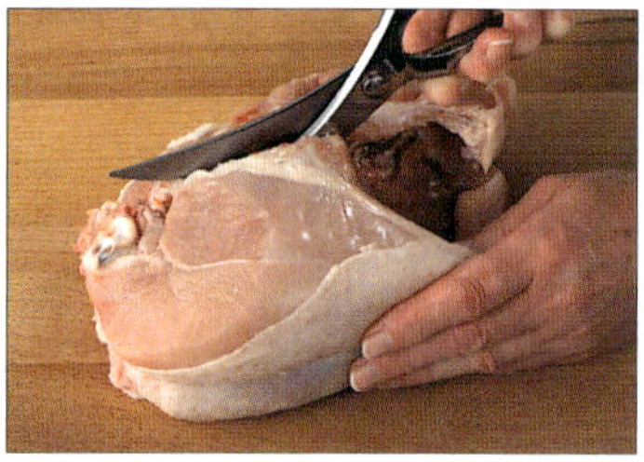

5 Nun das Hähnchen auf die Seite legen und mit der Geflügel- oder Küchenschere die Rippen auf beiden Seiten der Wirbelsäule durchtrennen. Die Wirbelsäule nicht wegwerfen, sie kann tiefgekühlt und später für einen Fond verwendet werden.

6 Die Hähnchenbrust halbieren. Das Fleisch längs oder quer mit dem Messer einschneiden, dann Knochen und Knorpel mit der Schere durchtrennen. Bei größeren Hühnern kann die Brust geviertelt werden.

nächste Drittel auf die andere Seite und für das letzte Drittel mit der Brust nach oben. So wird das Fleisch gleichmäßig gegart. Braten Sie das Hähnchen bei 200 °C 35–45 Minuten pro kg und dann noch 15–20 Minuten. Oft begießen, damit es saftig bleibt und die Haut goldbraun wird.

Vor dem Tranchieren den Braten bei ausgeschaltetem Backofen und halb geöffneter Ofentür noch 15 Minuten ruhen lassen.

Warum gart man Hähnchen oft im Römertopf?

Die Zubereitung im Römertopf ist sehr gesund, da man dafür kein Fett verwenden und das Fleisch nicht begossen werden muss.

Hähnchen aus dem Römertopf

Für 4–6 Portionen
Vorbereitungszeit: 15 Minuten
Garzeit: etwa 1 3/4 Stunden

1,5 kg küchenfertiges Hähnchen
1 Zitrone
Salz und schwarzer Pfeffer
1 Zwiebel, in Scheiben
2 Möhren, gewürfelt
2 Stangen Sellerie, in Scheiben
frische Kräuterzweige
10 große Knoblauchzehen, ungeschält

1 Den Römertopf für 10–30 Minuten in kaltes Wasser stellen. Die Zitrone halbieren, eine Hälfte in das Hähnchen geben.

2 Das Hähnchen innen und außen salzen und pfeffern. Die zweite Zitronenhälfte in Scheiben schneiden, diese in den Römertopf geben.

3 Das Gemüse auf den Zitronenscheiben verteilen. Das Hähnchen in den Topf legen, die Kräuter und Knoblauchzehen darüber verteilen.

4 Topf mit dem Deckel verschließen und in den kalten Backofen stellen. Das Hähnchen bei 230 °C 55 Minuten pro kg garen, dann noch weitere 25 Minuten. Mit Gemüse und Knoblauch servieren.

Der Römertopf besteht aus unglasiertem Ton und wird, gefüllt mit den Zutaten, in den kalten Backofen gestellt. Während der Ofen aufheizt, kondensiert aufsteigender Dampf am Deckel des Römertopfs und tropft wieder auf die Zutaten herab. Das Brathähnchen wird dadurch zart, aromatisch und saftig, erhält eine schöne hellbraune Farbe und ist umgeben von köstlichem Bratensaft.

Hülsenfrüchte

Muss man Hülsenfrüchte wirklich immer vor dem Garen einweichen?

Bei Linsen, Erbsen und vielen Bohnensorten ist Einweichen nicht nötig. Bohnensorten, die eingeweicht werden müssen, sollten Sie zunächst in einem Sieb unter fließend kaltem Wasser abspülen, um lose Stärke zu entfernen. So bildet sich beim Kochen weniger Schaum.

Begießen Sie getrocknete Bohnenkerne zum Einweichen mit kochendem Wasser, um den Prozess zu beschleunigen. Vor allem bei heißem Wetter ist es sicherer, die Bohnen nur 1 Stunde lang einzuweichen, statt sie lange Zeit stehen zu lassen.

Bei sehr heißem Wetter können Sie größere Bohnenkerne auch in kaltem Wasser bis zu 8 Stunden lang im Kühlschrank einweichen. Obwohl die Bohnen das Wasser aufnehmen, verlieren sie dabei keine Nährstoffe.

Warum soll man getrocknete Bohnenkerne nicht in dem Wasser garen, in dem sie zuvor eingeweicht wurden?

Einige getrocknete Bohnenkerne enthalten Giftstoffe, so genannte Proteasehemmer, die beim Menschen die Verdauung von Eiweiß behindern. Während des Einweichens treten diese Stoffe in das Einweichwasser über. Deshalb sollte man es wegschütten und die Bohnen zum Garen mit frischem Wasser aufsetzen. Die Bohnen schmecken zwar auch ohne diese Vorbehandlung tadellos, aber der menschliche Körper kann das enthaltene Eiweiß nur optimal verwerten, wenn die unverträglichen Stoffe eliminiert wurden.

Wer ganz auf Nummer sicher gehen will, kann die eingeweichten Bohnen in einen Topf mit frischem Wasser geben und erst sprudelnd kochen lassen, dann abgießen und in frischem, nur leicht kochendem Wasser fertiggaren (siehe Tabelle S. 130).

Dieses Vorgehen ist besonders wichtig bei Sojabohnen, denn sie enthalten nur halb so viel Eiweiß wie die meisten anderen Bohnen. Für viele Vegetarier ist Soja ein wichtiger Eiweißlieferant. Sojabohnen sollten 1 Stunde lang sprudelnd gekocht werden. Dann abtropfen lassen und in frischem, leicht kochendem Wasser in 80–90 Minuten weich kochen.

Getrocknete Kidneybohnenkerne enthalten eine unverdauliche Substanz, die zu Verdauungsbeschwerden oder sogar zu Vergiftungserscheinungen führen kann. Daher ist es besonders wichtig, dass Kidneybohnen 15 Minuten lang sprudelnd kochen. Dann das Wasser wechseln und die Bohnen in weiteren 45 Minuten weich garen.

Warum garen manche Hülsenfrüchte viel schneller, als auf der Packung angegeben ist?

Bei den auf der Packung angegebenen Garzeiten wird oft davon ausgegangen, dass Hülsenfrüchte vor dem Garen längere Zeit gelagert wurden. Dadurch trocknen sie aus und werden hart. Achten Sie auf das Mindesthaltbarkeitsdatum: Die Garzeit verkürzt sich bei frischerer Ware.

Garen Sie die Hülsenfrüchte in schwach kochendem Wasser. Damit nicht zu viel Dampf entweicht, den Topfdeckel halb auflegen. Da die Hülsenfrüchte Wasser aufnehmen, ab und zu heißes Wasser nachfüllen.

Der Schaum, der beim Kochen an die Oberfläche steigt, besteht aus Eiweiß und Stärke. Am besten schöpft

Aufbewahren

Wenn Sie Hülsenfrüchte in Gläsern aufbewahren, sollten Sie jedes Glas mit dem Mindesthaltbarkeitsdatum versehen. Ältere Hülsenfrüchte sind zwar immer noch essbar, müssen aber länger gegart werden.

man ihn regelmäßig ab, damit der Topf sich später leichter reinigen lässt und das Wasser nicht überkocht.

Salzen Sie die Bohnen erst nach dem Garen, damit sie wirklich aufquellen und weich werden. Auch Säure beeinträchtigt den Garprozess, geben Sie also keine Tomaten oder andere säurehaltige Zutaten in das Kochwasser. Kräuter und Gewürze können Sie bereits früher zufügen.

Sind Bohnen aus der Dose genauso nährstoffreich wie getrocknete Bohnen, und welche sind preiswerter?

Der Nährstoffgehalt von getrockneten Bohnenkernen und Bohnenkernen aus der Dose ist gleich, aber letztere sind um einiges teurer als getrocknete. Eine 425-g-Dose Limabohnen ergibt abgetropft 250 g Bohnen. Auf dieses Gewicht kommen auch 100 g getrocknete Bohnenkerne nach Einweichen und Garen.

Getrocknete Bohnenkerne kosten im Vergleich zu Bohnenkernen aus der Dose etwa ein Drittel. Limabohnen und einige andere Sorten müssen jedoch sehr lange gegart werden. Zeit und Energie, die man beim Verwenden von Dosenbohnen spart, gleichen den höheren Kaufpreis aus.

Alle Bohnenkerne, ob getrocknet oder aus der Dose, sind reich an Eiweiß, Ballaststoffen und komplexen Kohlenhydraten. Sie enthalten wenig Fett, viele Mineralstoffe und fast alle Vitamine, die wir benötigen.

Muss man getrocknete Erbsen und Linsen genauso einweichen und garen wie getrocknete Bohnenkerne?

Nein, getrocknete Linsen und Erbsen lassen sich einfacher garen als Bohnenkerne. Nur Kichererbsen muss man einweichen: für 7–8 Stunden in kaltes Wasser legen, dann das Wasser wechseln. 15 Minuten sprudelnd kochen, dann 45 Minuten köcheln lassen.

Erbsen und Linsen uneingeweicht einfach nur köcheln lassen. Garzeiten: Kocherbsen 90 Minuten; Puy-Linsen 30–35 Minuten; gelbe oder grüne Spalterbsen 25–30 Minuten; braune Linsen 20–25 Minuten; rote Linsen 10–15 Minuten.

Getrocknete Bohnen einweichen und garen

Zum Einweichen brauchen Sie reichlich Wasser. Um unverträgliche Stoffe zu entfernen, das Einweichwasser wegschütten, die Bohnen in frischem Wasser sprudelnd kochen lassen. Anschließend in frischem Wasser weich köcheln.

Bohnensorte	Einweichzeit	Garzeiten
Adzukibohnen 	1–2 Stunden	Kochen: 15 Minuten Köcheln: 50–60 Minuten
Augenbohnen 	7–8 Stunden	Kochen: 15 Minuten Köcheln: 45 Minuten
Borlottibohnen 	7–8 Stunden	Kochen: 15 Minuten Köcheln: 45 Minuten
Cannellinibohnen 	7–8 Stunden	Kochen: 15 Minuten Köcheln: 45 Minuten
Flageolets 	7–8 Stunden	Kochen: 15 Minuten Köcheln: 45 Minuten
Limabohnen 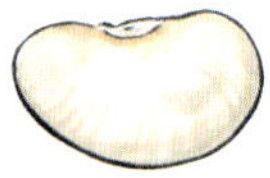	7–8 Stunden	Kochen: 15 Minuten Köcheln: 45 Minuten
Mungobohnen 	Einweichen nicht nötig	Kochen: 15 Minuten Köcheln: 25–30 Minuten
Perlbohnen 	7–8 Stunden	Kochen: 15 Minuten Köcheln: 45 Minuten
Rote Kidneybohnen 	7–8 Stunden	Kochen: 15 Minuten Köcheln: 45 Minuten
Schwarze Bohnen 	7–8 Stunden	Kochen: 15 Minuten Köcheln: 45 Minuten
Sojabohnen 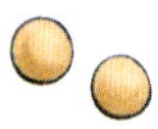	7–8 Stunden	Kochen: 60 Minuten Köcheln: 80–90 Minuten

Wie bereitet man Bohnen für einen Salat aus verschiedenen Bohnensorten vor?

Mit getrockneten Bohnenkernen lassen sich tolle Partysalate zubereiten. Verwenden Sie entweder nur eine Sorte oder eine Mischung aus verschiedenen Sorten. Geben Sie noch frische oder tiefgefrorene Erbsen und grüne Bohnen zu, und achten Sie auf eine Vielfalt von Farben und Formen (siehe Rezept unten).

Garen Sie die Bohnen nach den Angaben der Tabelle auf der vorhergehenden Seite. Knoblauch, Sellerie und Gewürze – und derbe Kräuter wie Lorbeer und Rosmarin – können in das Kochwasser gegeben werden, jedoch kein Salz. Salzen Sie dafür das Dressing aus Olivenöl, Essig oder Zitronensaft, in dünne Scheiben geschnittener Zwiebel und Knoblauch.

Die Bohnen noch heiß mit dem Dressing mischen, damit sie das Aroma gut aufnehmen.

Aus getrockneten Lima- und Augenbohnen und frischen Dicke-Bohnen-Kernen wird mit Zwiebeln, Knoblauch, Kreuzkümmel und frischen Kräutern ein ganz besonderer, beeindruckender Partysalat.

Salat aus dreierlei Bohnen

Für 10–12 Portionen
Vorbereitungszeit: 30 Minuten
Garzeit: 50 Minuten

200 g Limabohnen, eingeweicht
200 g Augenbohnen
1 Stange Sellerie in Scheiben
2–3 Lorbeerblätter
500 g enthülste Dicke-Bohnen-Kerne (etwa 1,25 kg mit Schoten), oder TK-Ware (aufgetaut)
1 rote Zwiebel
3 Knoblauchzehen
100 ml Olivenöl
Saft von 1 Zitrone
Salz und schwarzer Pfeffer
1 TL gemahlener Kreuzkümmel
3–4 EL gehackte Kräuter (Zitronenmelisse, Minze oder Petersilie)

1 Lima- und Augenbohnen in getrennten Töpfen mit frischem Wasser 15 Minuten sprudelnd kochen lassen; abgießen und abspülen. Die Limabohnen mit dem Sellerie in einen großen Topf mit Wasser geben. Zum Kochen bringen und in 40 Minuten weich garen.

2 Die Augenbohnen mit den Lorbeerblättern in einem zweiten Topf mit Wasser etwa 30 Minuten kochen lassen.

3 Die Dicke-Bohnen-Kerne zuerst in einem großen Topf mit Salzwasser zum Kochen bringen, anschließend 5 Minuten köcheln lassen. Abgießen und mit kaltem Wasser abspülen. Abkühlen lassen, dann die Kerne häuten.

4 Für das Dressing die Zwiebel in dünne Scheiben schneiden, den Knoblauch hacken oder zerdrücken. Mit Olivenöl, Zitronensaft, Salz, schwarzem Pfeffer und Kreuzkümmel in einer großen Schüssel mischen.

5 Lima- und Augenbohnen abgießen, Sellerie und Lorbeerblätter entfernen. Bohnen noch warm mit dem Dressing mischen, dann die Dicke-Bohnen-Kerne zugeben.

6 Den Salat mit den gehackten Kräutern bestreuen und mit Raumtemperatur servieren.

Hummer

Ich möchte zu einem besonderen Anlass Hummer servieren. Da er so teuer ist, möchte ich sicher gehen, dass ich wirklich allerbesten Hummer kaufe.

Hummer, auch König der Meere genannt, hat tatsächlich einen stolzen Preis. Der Europäische Hummer hat bei vielen Feinschmeckern den Ruf, besser zu schmecken als Hummer aus den USA und Kanada, dafür ist Letzterer bedeutend preiswerter. In rohem Zustand kann man sie gut unterscheiden, der Europäische Hummer ist bläulich, der Amerikanische eher dunkelbraun.

Meist werden die Hummer lebend versandt, und so finden Sie sie dann auch beim Fischhändler in großen Wasserbehältern vor. Die Scheren sind zusammengebunden, damit die Tiere sich nicht selbst oder gegenseitig verletzen. Wählen Sie einen Hummer, der sich ein bisschen bewegt. Hummer wechseln ihre Panzer, wenn sie zu groß dafür werden. Wenn Sie also einen Hummer mit einem Panzer sehen, der schon etwas fleckig ist und nicht ganz „neu“ aussieht, können

Hummer garen und zerlegen

Die Kochzeit errechnet sich so: 12 Minuten für die ersten 500 g, 10 Minuten für die nächsten 500 g und für jede weiteren 500 g nochmals 5 Minuten Ein Hummer von 1,5 kg Gewicht braucht also etwa 27 Minuten. Gegarten Hummer aus dem Wasser nehmen und kalt abspülen. Den Hummer auf den Rücken legen, Beine und Scheren abtrennen. Scheren an den Gelenken mit den Händen auseinanderdrehen, Fleisch herausziehen. Kopf abdrehen.

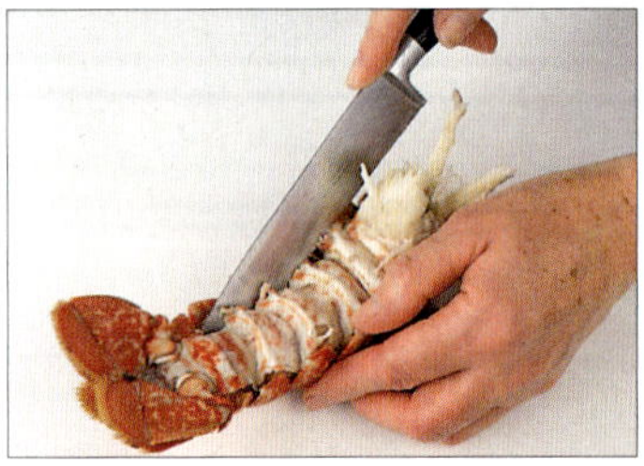

1 Hummerschwanz umdrehen, auf beiden Seiten am Panzer entlangschneiden; Panzer abziehen. So lässt sich das Fleisch im Ganzen auslösen.

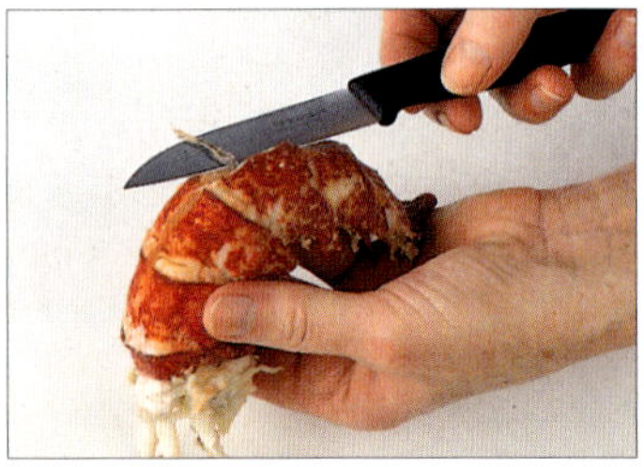

2 Die weißen Kiemen vom Kopfende entfernen. Den Darm mit der Messerspitze entfernen. Kiemen wegwerfen, Leber und Rogen aufheben.

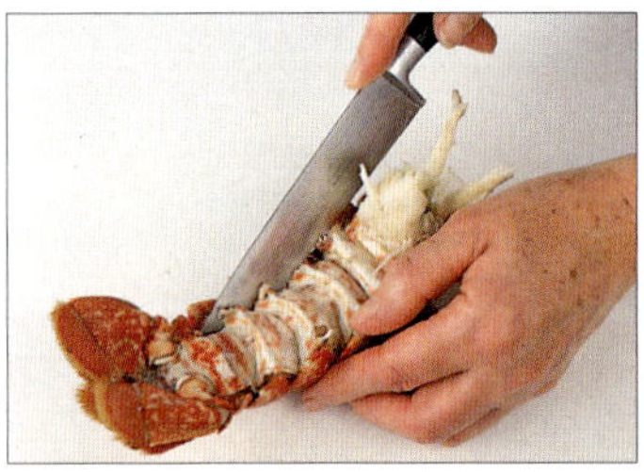

3 Das Fleisch in Scheiben schneiden. Auf Blattsalaten anrichten, dazu Mayonnaise reichen.

Sie davon ausgehen, dass das Tier darin relativ groß ist.

Man bekommt Hummer auch bereits gekocht und tiefgekühlt. Frischer Hummer – ob nun aus Europa oder Amerika – schmeckt wirklich am besten. Wenn sie das Töten des Tieres nicht übers Herz bringen, übernimmt Ihr Fischhändler diese Aufgabe für Sie.

Wie wird ein lebender Hummer fachgerecht getötet?

In Deutschland ist die einzige zugelassene Methode, den Hummer mit dem Kopf voran in einen Topf mit reichlich sprudelnd kochendem Wasser zu werfen.

Geben Sie nur einen Hummer auf einmal in das Wasser, damit es nicht zu stark abkühlt.

Andere Länder erlauben auch das Töten durch einen Messerstich in den Kopf sowie das Tiefkühlen des lebenden Tieres, bevor es in kochendes Wasser gegeben wird. Beides gilt in Deutschland als Tierquälerei.

Neulich sah ich auf einer Speisekarte Hummerkrabben. Worum handelt es sich dabei?

Hummerkrabben ist eine falsche Bezeichnung, die im Handel nicht erlaubt ist, häufig aber auf Speisekarten zu finden ist, da viele Gäste beim Wort Hummer sofort interessiert sind. Es handelt sich jedoch in der Regel um einen Kaisergranat oder besonders große Tiefseegarnelen.

Ich besitze kein Hummerbesteck. Wie bekomme ich trotzdem das Fleisch aus den Scheren und den Beinen des Hummers?

Anstelle der Hummerzange können Sie einen Nussknacker verwenden. Vorsicht allerdings, dass Sie nicht zu fest drücken, damit die Scheren nicht zu sehr zersplittern. Zum Herauslösen des Fleischs aus den Beinen können Sie einen Metallspieß nehmen, noch besser geht es allerdings mit einer Fonduegabel. Haben Sie weder Spieß noch Gabel, können Sie versuchen, die Hummerbeine mit dem Nussknacker zu öffnen. Das sollten Sie aber besser nicht bei Tisch tun.

Hummer Thermidor

Für 2 Portionen als Vorspeise
Vorbereitungszeit: 40 Minuten
Garzeit: 10–12 Minuten

1 gegarter Hummer (etwa 750 g)
50 g Butter
2 Schalotten, fein gewürfelt
1 EL Weißwein
1 EL trockener Sherry
100 ml Fischfond
4 EL Sahne
4 EL fein geriebener Parmesan
gehackte Petersilie
Salz und schwarzer Pfeffer
1 EL Senfpulver

1 Die Beine vom Körper abtrennen und aufbrechen. Den Kopf vom Körper ablösen. Den Schwanz mit einem schweren Messer längs halbieren. Das Fleisch aus Beinen und Schwanz auslösen und in etwa 2 cm dicke Scheiben schneiden. Die Leber aus dem Panzer schaben. Den halbierten Panzer unter fließendem Wasser säubern und zum Trocknen beiseitelegen. Den Grill auf höchste Stufe vorheizen.

2 Die Butter in einem Topf zerlassen. Schalotten darin bei schwacher Hitze in 3 Minuten weich dünsten. Hummerfleisch und -leber zugeben. Den Topf vom Herd nehmen. Nach und nach Wein, Sherry und Fischfond unterrühren. Topf wieder auf den Herd stellen und die Sauce 3–4 Minuten unter Rühren bei schwacher Hitze köcheln, bis sie eingedickt ist.

3 Sahne und 2 EL Parmesan untermischen. Unter Rühren erwärmen, bis das Hummerfleisch heiß und der Käse geschmolzen ist. Petersilie zugeben, Sauce mit Salz und Pfeffer abschmecken. Senfpulver untermischen.

4 Die Mischung in die vorbereiteten Panzerhälften füllen. Mit 2 EL Parmesan bestreuen und das Ganze unter den Grill schieben, bis die Oberfläche Blasen wirft und goldbraun ist. Den Hummer Thermidor sofort auf vorgewärmte Teller geben und servieren.

Ingwer

Woher kommt Ingwer, und wie wird er verwendet?

In Asien wird Ingwer schon seit Menschengedenken aufgrund seines warmen Aromas und seiner verdauungsfördernden Wirkung angebaut. Der essbare Teil der Pflanze ist das Rhizom (umgangssprachlich auch Wurzel genannt), das frisch, getrocknet, eingelegt oder kandiert in den Handel kommt.

In China, Indien, Japan und Südostasien ist frischer Ingwer besonders beliebt. Man würzt damit die verschiedensten Gerichte wie Suppen, Currys, Marinaden, Chutneys und Relishes. In westlichen Ländern verwendet man getrockneten und gemahlenen Ingwer für Lebkuchen, Gebäck und Nachspeisen.

Frischer Ingwer wird zuerst geschält und anschließend fein gehackt oder gerieben. Wenn Sie nur den Saft benötigen, den Ingwer durch die Knoblauchpresse drücken.

Frischer Ingwer wird meist zusammen mit anderen Aromazutaten wie Knoblauch, Frühlingszwiebeln und Chilischoten verwendet, beispielsweise für Pfannengerichte. Er passt auch gut zu Brokkoli, Fleisch, Geflügel, Nudeln, Reis oder Fisch und Meeresfrüchten.

Ein ingwerwürziger Nudelsalat nach dem Rezept rechts ist eine feine kleine Mahlzeit, passt als Beilage aber auch gut zu Geflügel.

Kann man frischen Ingwer durch Ingwerpulver ersetzen?

Nein, diese beiden Zutaten sind nicht austauschbar, denn sie haben sehr unterschiedliche Aromen.

Aufbewahren

Ingwerwurzeln sind oft ziemlich groß, aber man braucht meist gar nicht nicht so viel davon. Tipp: In einem Gefrierbeutel im Gemüsefach des Kühlschranks hält sich Ingwer wochenlang. Oder Sie frieren den übrig gebliebenen Ingwer einfach ein.

Duftender Ingwer und aromatisches Zitronengras verleihen diesem herzhaften Nudelsalat seinen typisch asiatischen Geschmack.

Warmer Nudelsalat mit Gemüse

Für 4 Portionen
Vorbereitungszeit: 30 Minuten
Garzeit: 10 Minuten

100 g chinesische Eiernudeln
2 TL Sonnenblumenöl
1 rote Chilischote, entkernt und fein gewürfelt
2–3 Knoblauchzehen, gehackt
2 EL fein geriebener Ingwer
1 EL sehr fein gehacktes Zitronengras
200 g Möhren, in Stifte geschnitten
je 1 rote und gelbe Paprikaschote, gewürfelt
150 g Baby-Maiskolben, längs halbiert
100 g Zuckerschoten
250 g Chinakohl, in feine Streifen geschnitten
6 Frühlingszwiebeln, in feine Ringe geschnitten
4 EL Sojasauce, 1 TL Sesamöl
3 EL Koriandergrün
25 g gesalzene Erdnüsse, fein gehackt

1. Die Eiernudeln nach Packungsanleitung in kochend heißem Wasser quellen lassen; dann abgießen und abtropfen lassen.
2. Das Sonnenblumenöl in einem heißen Wok oder einer großen Pfanne erhitzen. Chili, Knoblauch, Ingwer, Zitronengras, Möhren, Paprika, Baby-Mais und Zuckerschoten hineingeben und alles 4–5 Minuten pfannenrühren.
3. Chinakohl, Frühlingszwiebeln, Nudeln, Sojasauce und Sesamöl zufügen und unterrühren. Das Ganze noch 1 Minute pfannenrühren, bis alles gut heiß ist.
4. Koriandergrün und Erdnüsse zugeben und unterheben. Den Nudelsalat heiß servieren.

Variante

Der Salat schmeckt ebenso gut mit halbierten gekochten Spaghetti, die Sie vom Vortag übrig haben.

Jakobsmuscheln

? ***Wie schmecken Jakobsmuscheln am besten, und wie bereitet man sie richtig zu?***

Jakobsmuscheln werden zwischen 10 und 13 cm groß und schmecken von November bis März am besten. Ihr orangefarbener Rogen (Corail genannt) wird als besondere Delikatesse geschätzt. Das weiße Muskelfleisch ist cremig, hat aber einen zarten Biss.

Das Muskelfleisch großer Jakobsmuscheln kann man vor dem Garen in Scheiben schneiden. Kleinere Exemplare lässt man jedoch ganz. Ihre Garzeit ist sehr kurz, am besten sautiert man sie (je nach Größe) 1–2 Minuten in Butter und löscht sie anschließend mit etwas Weißwein ab.

? ***Sind frische Jakobsmuscheln besser als tiefgekühlte?***

Frische Meeresfrüchte sind tiefgefrorenen immer dann vorzuziehen, wenn sie wirklich frisch sind. Ansonsten sollten Sie TK-Ware wählen. Sie nehmen beim Einfrieren jedoch oft Wasser auf und schrumpfen deshalb etwas beim Garen.

Jakobsmuscheln vorbereiten

Ausgelöste rohe Jakobsmuscheln nicht länger als 24 Stunden aufheben, gegart kann man sie bis zu 2 Tage lang aufbewahren.

Jakobsmuscheln werden meist küchenfertig angeboten: Das weiße Muskelfleisch und der Corail liegen auf einer Schalenhälfte. Schneiden Sie den grauen Schließmuskel ab (wegwerfen) und trennen Sie Corail und weißes Muskelfleisch voneinander, um beides getrennt weiterzuverwenden.

Als schnelle Köstlichkeit ist dieses pfannengerührte Gericht unschlagbar. Garnelen, Ingwer, Algen und Pak Choi sorgen für die asiatische Note.

Jakobsmuscheln aus dem Wok

Für 4 Portionen
Vorbereitungszeit: 10 Minuten, plus 5 Minuten Marinierzeit
Garzeit: 5–7 Minuten

Saft von 1 Zitrone oder Limette
2 TL flüssiger Honig
2 EL helle Sojasauce
4 mittelgroße ausgelöste Jakobsmuscheln (etwa 200 g), geviertelt
200 g geschälte rohe Riesengarnelen
10 g getrocknete Wakame-Algen
350 g dünne chinesische Eiernudeln
2 TL Sonnenblumenöl
1 TL geröstetes Sesamöl
300 g Bohnensprossen
150 g Pak Choi in Streifen
1 1/2 TL eingelegter Ingwer

1 Zitrussaft mit Honig und 1 EL Sojasauce verrühren. Muscheln und Garnelen damit begießen. Für 5 Minuten beiseitestellen.

2 Inzwischen die Algen in einer Schüssel mit 300 ml kaltem Wasser begießen. 8–10 Minuten quellen lassen. Nudeln in einer großen Schüssel mit kochend heißem Wasser bedecken. Nach Packungsanweisung einweichen; abgießen.

3 Muscheln und Garnelen abtropfen lassen, dabei die Marinade auffangen. Trockentupfen. Wok oder Pfanne stark erhitzen. Die Öle hineingeben und durch Schwenken verteilen. Muscheln und Garnelen 2–3 Minuten pfannenrühren, bis die Garnelen rosa und die Muscheln nicht mehr glasig sind; herausnehmen, beiseitestellen.

4 Sprossen, Pak Choi, Marinade, 1 EL Sojasauce und Ingwer 1–2 Minuten pfannenrühren. Muscheln, Garnelen und abgetropfte Algen zufügen. Alles 1 Minute pfannenrühren. Mit den Nudeln servieren.

Joghurt

Was hat es mit lebenden Joghurtkulturen auf sich?

Abgesehen von haltbar gemachtem Joghurt enthält jeder Joghurt aktive, lebendige Bakterien, die ausgesprochen gesundheitsfördernd sind. Bei der Joghurtherstellung wird Milch durch Milchsäurebakterien fermentiert. Dazu werden verschiedene Bakterien verwendet, meist handelt es sich aber um Lactobacillus bulgaricus und Streptococcus thermophilus.

Die Milch wird zuerst erhitzt, damit unerwünschte Mikroorganismen zerstört werden. Dann wird durch den Zusatz einer Bakterienkultur die Milch dickgelegt. So entsteht auch das erfrischend säuerliche Aroma. Die Bakterien überleben sogar im Kühlschrank, daher steigt der Säuregehalt ständig an. Dies begrenzt auch die Haltbarkeit des Joghurts, der nach einer gewissen Zeit unangenehm sauer schmeckt.

Was ist probiotischer Joghurt? Kann man ihn selber machen, und ist er wirklich gesünder als normaler Joghurt?

Probiotischer Joghurt wird mit verschiedenen lebenden Bifidus- oder Acidophilus-Kulturen hergestellt. Es wird behauptet, dass diese Bakterien gut für die Verdauung seien, da sie die natürliche Darmflora unterstützen. Das Besondere an ihnen ist, dass sie nicht durch die Magensäure zerstört werden und deshalb ihre Wirkung im Darm entfalten können. Mit einer Starterkultur aus diesen Bakterien können Sie selbst probiotischen Joghurt herstellen. Probiotischer Joghurt ist milder und cremiger als normaler Joghurt. Joghurt ist aufgrund der Milchsäurebakterien grundsätzlich leichter verdaulich als Milch. Er enthält reichlich Kalzium und Phosphat und ist deshalb gut für Zähne und Knochen. Joghurt hat außerdem den Ruf, für schöne Haut und geregelte Verdauung zu sorgen. Joghurt mit zugesetzten speziellen Ballaststoffen soll außerdem den Cholesterinspiegel im Blut senken.

Unsere Familie verbraucht viel Joghurt. Kann ich ihn auch selber machen, statt ihn zu kaufen?

Joghurt lässt sich zu Hause einfach und kostengünstig herstellen (siehe rechts). Aroma und Konsistenz hängen von der Startermischung, dem Fettgehalt der Milch (je höher der Fettanteil, desto dickflüssiger der Joghurt) und der Reifezeit ab.

Zur Joghurtherstellung eignet sich nahezu jede Art von Milch: Vollmilch, fettarme Milch, pasteurisierte, sterilisierte oder H-Milch und sogar Kondensmilch oder Milchpulver. Für den Starter benötigen Sie jedoch frischen Joghurt aus dem Supermarkt. Selbst gemachten Joghurt sollten Sie dafür nicht verwenden, da man nie wissen kann, ob er mit unerwünschten Mikroorganismen kontaminiert ist, die das Dicklegen der frischen Milch verhindern.

Brauche ich für selbst gemachten Joghurt eine besondere Ausstattung?

Joghurt kann in einer Thermosflasche oder in einem elektrischen Joghurtbereiter hergestellt werden. Der Joghurtbereiter sorgt für eine konstante Temperatur und somit ideale Bedingungen; das fertige Produkt hat eine etwas festere Konsistenz. Ein Joghurt-Thermometer zum Prüfen der Temperatur beim Erhitzen der Milch ist hilfreich.

Im Rezept rechts sehen Sie, dass man auch mit einer einfachen Thermosflasche Joghurt machen kann.

Kann man Joghurt auch einfrieren?

Joghurt aus Vollmilch lässt sich besser einfrieren als fettarmer, beim Auftauen setzt sich jedoch immer die Molke ab. Joghurt sollte langsam aufgetaut und vor der Verwendung kräftig durchgerührt werden. Tiefgekühlt können Sie Naturjoghurt bis zu 2 Monate lagern. Joghurt mit Früchten oder Aromen lässt sich etwas besser einfrieren als Naturjoghurt. Originalverpackt hält er im Tiefkühlgerät 3 Monate. Selbst gemachter aromatisierter Joghurt sollte in gefriergeeigneten Behältern eingefroren werden.

Selbst gemachter Joghurt

Für 600 g Joghurt
Vorbereitungszeit: 5 Minuten
Ruhezeit: 24 Stunden
Kühlzeit: 6 Stunden
Garzeit: 5 Minuten

600 ml Milch
1 EL Naturjoghurt

1 Zum Sterilisieren eine Thermosflasche mit kochend heißem Wasser füllen.

2 2 EL Milch unter den Joghurt rühren; Mischung beiseitestellen.

3 Die restliche Milch in einen Topf geben und bis kurz vor dem Siedepunkt erhitzen. Den Topf vom Herd nehmen und die Milch auf 45 °C abkühlen lassen. Falls Sie kein Joghurt-Thermometer besitzen, halten Sie einen Finger in die Milch. Wenn Sie entspannt bis 10 zählen können, hat sie die richtige Temperatur.

4 Die vorbereitete Joghurt-Milch-Mischung (die sogenannte Starterkultur) in die Milch rühren und das Ganze mit dem Schneebesen etwas aufschlagen.

5 Das heiße Wasser aus der Thermosflasche gießen, die Milchmischung in die Flasche geben. Die Flasche verschließen und 24 Stunden an einem warmen Ort ruhen lassen. Die Flasche nicht bewegen, der Joghurt wird ungenießbar, wenn man ihn in dieser Phase stört.

6 Den fertigen Joghurt in eine Schüssel füllen und glatt rühren. Zugedeckt für mindestens 6 Stunden in den Kühlschrank stellen, bis er angedickt ist.

VARIANTE

Wenn Sie statt gewöhnlicher Vollmilch sterilisierte Milch, H-Milch, Milch, die aus Milchpulver hergestellt wurde, oder auch Kondensmilch verwenden möchten, erhitzen Sie die Milch nur auf 45 °C und mischen dann die Starterkultur unter. Dann weiter vorgehen, wie oben beschrieben.

Aufbewahren

Bewahren Sie Joghurt im Kühlschrank auf. Ist das Mindesthaltbarkeitsdatum verstrichen, ist Joghurt meist noch eine Weile genießbar. Geöffnete Becher gut mit Folie abdecken, damit der Joghurt an den Rändern nicht antrocknet und keine Aromen von anderen Speisen aus dem Kühlschrank annimmt.

? *Kann ich in einem Rezept Sahne durch Joghurt ersetzen?*

Ja, Sie können Joghurt statt Sahne für verwenden, beispielsweise für Kuchen und Desserts wie Käsekuchen, für Cremespeisen, Eiscreme, Mousse und Soufflés. Die fertigen Speisen schmecken dann allerdings etwas säuerlicher, aber auch erfrischender.

Joghurt ist auch ein hervorragender Ersatz für saure Sahne, beispielsweise in Dips, Marinaden und Salatdressings. Im Orient gibt man ihn für Labneh, einen Joghurtfrischkäse, über Nacht in ein mit einem Passiertuch ausgelegtes Sieb. Labneh wird pur serviert oder mit Kräutern wie z. B. Thymian aromatisiert.

Es gibt viele verschiedene Joghurtsorten, angefangen von Magerjoghurt bis hin zu cremig-üppigem griechischem oder türkischem Joghurt, der bis zu 10 % Fett enthalten kann. Doch selbst der sahnigste Joghurt ist fett- und kalorienärmer als Sahne, daher ist er auf jeden Fall die gesündere Alternative.

? *Können Sie mir einen Vorschlag für ein relativ unkompliziertes Joghurtdessert machen?*

Vollmilchjoghurt mit Honig, Obst oder einem Fruchtpüree ist ein einfaches, aber köstliches Dessert. Oder versuchen Sie einmal diese Joghurt-Crème-brûlée: Obst, z. B. Himbeeren oder entsteinte Kirschen, in Auflaufförmchen füllen. Griechischen Joghurt darübergeben und mit braunem Zucker bestreuen. Unter den vorgeheizten Grill schieben, bis der Zucker Blasen wirft, dann für 2–3 Stunden in den Kühlschrank stellen, bis der Karamell fest ist.

? *Kann Joghurt gerinnen, wenn man ihn in heiße Speisen gibt?*

Joghurt kann in alle heißen Gerichte wie Schmortöpfe, Saucen, Suppen und Eintöpfe gemischt werden. Joghurt immer erst kurz vor dem Servieren unterrühren und das Gericht anschließend nicht mehr aufkochen lassen.

Joghurt gerinnt nämlich beim Kochen – es sei denn, er wurde stabilisiert (siehe unten). Dies ist notwendig, wenn man ihn in ein Gericht mischen möchte, das noch einmal bis zum Siedepunkt erhitzt werden soll, oder auch zum Marinieren von beispielsweise Hähnchen- oder Lammfleisch, das anschließend mit der Marinade gegart wird.

Zum Stabilisieren je 1 EL Maisstärke und Wasser verrühren und diese Mischung in 600 g Joghurt rühren. Bis kurz vor dem Siedepunkt erhitzen, 10 Minuten köcheln lassen, dann weiterverwenden.

Sie können auch etwas Mehl in den Joghurt rühren (Vorsicht: Es dürfen keine Klümpchen entstehen) und diese Mischung kalt verwenden.

Griechischer Joghurt gerinnt trotz seines höheren Fettgehalts beim Kochen und muss daher vor der Verwendung in heißen Gerichten ebenfalls stabilisiert werden. Dies ist allerdings eher eine Vorsichtsmaßnahme, da es schnell passieren kann, dass der Joghurt zu heiß wird und gerinnt. Falls der Joghurt gerinnt, wird der Geschmack zwar nicht beeinträchtigt, aber das Gericht wird dadurch weniger ansehnlich. Mit stabilisiertem Joghurt zubereitet, kann ein Gericht wieder aufgewärmt werden.

? *Wenn bei Fruchtjoghurt auf dem Becher steht „ohne Konservierungsstoffe", sind dann garantiert keine drin?*

Leider können trotz dieser Aufschrift Konservierungsstoffe enthalten sein, weil die Fruchtzubereitung Konservierungsstoffe enthält. Ist der Anteil der Konservierungsstoffe in der Fruchtzubereitung jedoch so gering, dass er nicht ausreicht, den ganzen Fruchtjoghurt haltbarer zu machen, muss er nicht extra aufgeführt werden.

Gemüsecurry mit Joghurt

Für 4–6 Portionen
Vorbereitungszeit: 20 Minuten
Garzeit: 50–55 Minuten

1 EL Oliven- oder Sonnenblumenöl
1 Zwiebel in Scheiben
1 frische grüne Chilischote, von den Kernen befreit und fein gehackt
2 Knoblauchzehen, zerdrückt
je 1 TL gemahlener Kreuzkümmel und Koriander
1/2 TL Cayennepfeffer
1 Pastinake, gewürfelt
250 g Möhren in Scheiben
1 Süßkartoffel, gewürfelt
250 g Champignons, halbiert
250 g Blumenkohlröschen
20 g Mehl
50 g Rosinen
250 g Tomaten, gehackt
150 ml Gemüsebrühe
150 ml trockener Weißwein
Salz und schwarzer Pfeffer
1 TL Maisstärke, 150 g Joghurt
100 g TK-Erbsen
1 TL Garam masala
Koriandergrün zum Garnieren

1 Das Öl in einem großen Topf erhitzen. Zwiebel, Chili und Knoblauch darin 2–3 Minuten unter Rühren anbraten. Die Gewürze zufügen und alles weitere 3 Minuten garen. Gemüse und Pilze zugeben und 3 Minuten mitgaren. Das Mehl unterrühren, alles 3 Minuten garen.

2 Rosinen, Tomaten, Gemüsebrühe und Wein zufügen; salzen und pfeffern. Vorsichtig umrühren. Das Gericht aufkochen, dann 25 Minuten unter gelegentlichem Rühren köcheln lassen, bis das Gemüse gar, aber noch bissfest ist.

3 Inzwischen die Stärke mit 1 EL Wasser verrühren; in den Joghurt geben. Bis kurz vor dem Siedepunkt erhitzen. 10 Minuten köcheln lassen.

4 Erbsen untermischen, 5 Minuten mitgaren. Joghurt und Garam masala unterrühren und das Curry etwas warm werden lassen. Mit Koriandergrün garnieren; servieren.

Kaffee

Es gibt verwirrend viele verschiedene Kaffeesorten in den Geschäften. Können Sie mir einen Überblick geben?

Der beste Kaffee wird aus reinen Arabica-Bohnen hergestellt oder enthält zumindest einen hohen Arabica-Anteil. Arabica-Kaffeesträucher wachsen und reifen langsam, die Bohnen entwickeln so ein sehr feines Aroma. Manche Kaffeemischungen enthalten einen hohen Anteil Robusta-Bohnen. Sie haben einen kräftigen, nicht so feinen Geschmack, sind sehr koffeinreich und viel preiswerter in der Herstellung.

Die Qualität eines Kaffees beurteilt man nach seinem Körper, Säuregehalt und Aroma. Alle drei Faktoren werden durch die jeweilige Röstmethode beeinflusst.

Wenn Sie gern milden Kaffee trinken, wählen Sie den süßen, samtigen kolumbianischen Kaffee oder den leichteren Kaffee aus Neuguinea. Zu den milden Kaffeesorten zählen außerdem der süß-säuerliche Kaffee aus Costa Rica und der aus Brasilien, der oft als elegant beschrieben wird. Kenianischer Kaffee hat reichlich Säure und ein volles Aroma, Java-Kaffee ist kräftig und würzig.

Wie mache ich einen wirklich guten Kaffee? Bei mir wird er oft zu schwach oder zu bitter.

Es gibt verschiedene Methoden, guten Kaffee zu kochen: Zu den geläufigsten gehört das Kaffeekochen mit Filtertüten in der Kaffeemaschine. Sehr verbreitet sind auch Kaffeebereiter; bei dieser Methode gibt man den Kaffee in die Kanne, gießt heißes Wasser darüber, rührt um und drückt dann den Deckel mit dem feinen Sieb nach unten, wobei das Kaffeemehl an den Boden gepresst wird. Einige Regeln sollte man unabhängig von der Zubereitung jedoch immer beachten:

Kaffee sollte luftdicht verpackt im Kühlschrank aufbewahrt werden. Bei jedem Kontakt mit Luft geht Aroma verloren. Probieren Sie verschiedene Kaffeesorten aus, bis Sie Ihren Favoriten gefunden haben. Kaufen Sie ganze Bohnen, und mahlen Sie diese direkt vor der Zubereitung. Je feiner sie gemahlen werden, desto schneller verlieren sie ihr Aroma, und der Kaffee schmeckt abgestanden und bitter.

Das Wasser bis kurz unter den Siedepunkt auf etwa 95 °C erhitzen, oder zum Kochen bringen und dann 2–3 Minuten abkühlen lassen, bevor Sie es über das Kaffeepulver gießen. Bei höheren Temperaturen wird zu viel Aroma aus den Bohnen gezogen, der Kaffee wird bitter. Bei niedrigeren Temperaturen wird nicht genügend Aroma frei, und der Kaffee wird zu schwach. Das Kaffeepulver sollte nur 2 Minuten in Kontakt mit dem Wasser stehen. Stärkeren Kaffee erhalten Sie nicht, indem Sie den Kaffee länger ziehen lassen, sondern indem Sie mehr Kaffeepulver verwenden.

Für mittelstarken Kaffee 2 gehäufte TL gemahlenen Kaffee mit 175 ml kochend heißem Wasser übergießen. Für schwächeren Kaffee dieselbe Menge Kaffeepulver verwenden, aber mehr heißes Wasser zugeben.

Wie kann ich zu Hause Espresso oder türkischen Mokka zubereiten?

Espresso (italienisch für „ausgepresst") ist ein sehr starker Kaffee, bei dem heißer Wasserdampf durch die doppelte Menge Kaffeepulver als bei normalem Kaffee gejagt wird.

Früher gab es Espresso nur in Restaurants und Cafés, die eine große Espressomaschine besaßen. Heute gibt es auch Espressomaschinen für den Hausgebrauch. Es gibt inzwischen sogar speziellen Filter-Espresso, wobei das typische Aroma ohne die Zubereitung mit Wasserdampf einfach nicht entsteht.

Türkischer und griechischer Kaffee werden aus fein gemahlenem Kaffeepulver in einem langstieligen Topf (dem Ibrik bzw. Briki) oder in einem normalen Topf zubereitet. So geht's: Wasser und Zucker aufkochen, Kaffeepulver zugeben und alles erhitzen, bis die Mischung aufschäumt. Topf vom Herd nehmen, bis der Schaum zusammenfällt. Noch zweimal aufschäumen, Schaum wieder zusammenfallen lassen. In Tässchen füllen und servieren.

Perfekter Cappuccino

In Italien krönt cremig-fester Milchschaum den Cappuccino. Dafür benötigen Sie keine spezielle Maschine, denn Milchschaum gelingt auch mit einem Schneebesen per Hand oder mit dem elektrischen Handrührgerät.

1 Für 2 Tassen Cappuccino 175 ml sehr starken Kaffee aus 3 EL gemahlenem Kaffee herstellen. 150 ml Milch bis kurz vor den Siedepunkt erhitzen. Vom Herd nehmen und schaumig aufschlagen.

2 Zuerst den Kaffee, dann den Milchschaum auf zwei große Tassen verteilen. Mit Kakaopulver oder fein geriebener dunkler Schokolade bestreuen und sofort servieren.

Kann ich Irish Coffee auch ohne Zucker herstellen?

Nein. Die Kombination aus Zucker und Alkohol macht den Kaffee dichter, und nur so kann die Sahne auf der Oberfläche schwimmen. Wenn Sie den Zucker weglassen, vermischt sich die Sahne sofort mit dem Kaffee.

Pro Portion 1 TL Zucker und 3 EL irischen Whisky in ein angewärmtes hochstieliges Glas geben und zu zwei Dritteln mit starkem schwarzem Kaffee auffüllen. Kurz umrühren, dann steif geschlagene Sahne auf die Oberfläche setzen. Sofort servieren. Ganz wichtig: Trinken Sie den Kaffee durch die Sahneschicht. Und: Die Sahne sollte möglichst Raumtemperatur haben.

Was ist eigentlich Caffè mocha?

Für einen Caffè mocha (auch mocca ode moca) gibt man ein Drittel Espresso, ein Drittel Kakao – oder 1–2 EL Schokoladensirup – sowie ein Drittel heiße, geschäumte Milch in ein hohes Glas oder einen großen Becher. Das Ganze kann nach Belieben mit einem Sahnehäubchen gekrönt werden.

Was verbirgt sich hinter dem Begriff Kaffee-Ersatz?

Bei Kaffee-Ersatz handelt es sich meist um eine Mischung aus Malz, Gerste, Roggen und Zichorie oder um Malzkaffee. Außerdem kann Kaffee-Ersatz aus Getreide, Zucker- und anderen Rüben, süßem Obst (Feigen), Sojabohnen und Ölsaaten sowie aus gerbstoffhaltigen Samen (z.B. Eicheln) hergestellt werden. Im Handel sind auch Mischungen aus Kaffee-Ersatz und Bohnenkaffee.

Enthält entkoffeinierter Kaffee giftige Stoffe?

Es gibt drei Methoden Kaffee zu entkoffeinieren: mit Wasser, Kohlensäure oder organischen Extraktionsmitteln. Bei keiner dieser Methoden bleiben Stoffe im Kaffee zurück, die gesundheitsschädlich sein könnten. Nach der Entkoffeinierung darf nicht mehr als 1 g Koffein pro kg im Röstkaffee sein. Bei der Extraktion nimmt das Extraktionsmittel das Koffein aus der Bohne auf und wird dann entfernt. Die Kaffeebohnen werden getrocknet und anschließend geröstet. Sollten Spuren von Lösungsmitteln an ihnen verblieben sein, verdampfen diese bei Hitzeeinwirkung.

GEWUSST WIE

Filtertüten reißen nicht, wenn man den oberen Rand etwa 1 cm nach außen umknickt.

Kaisergranat

Ist ein Kaisergranat dasselbe wie eine Riesengarnele?

Nein. Kaisergranate, auch Scampi oder Langoustines genannt, sind eigentlich eine Kreuzung aus Hummer und Garnele. Im Gegensatz zu Garnelen haben sie Scheren, die jedoch kein Fleisch enthalten. Diese Krustentiere leben z.B. im Atlantik von Island bis Marokko und im Mittelmeer. Sie ähneln den Flusskrebsen, aber Kaisergranate sind Meeresbewohner, während Flusskrebse nur in Süßwasser vorkommen. Das Fleisch des Kaisergranats ist eine Delikatesse und schmeckt, gekocht oder in der Schale gegrillt, einfach köstlich.

Kakao

Was ist der Unterschied zwischen heißem Kakao und Trinkschokolade?

Kakao wird aus der Kakaobohne, der Frucht des Kakaostrauchs, gewonnen. Der Kakaobaum stammt aus dem Regenwaldgebiet am Amazonas und hat sich zu Kolumbus' Zeiten bis nach Peru und Mexiko ausgebreitet.

Zur Herstellung von Kakao werden die Kakaoschoten nach der Ernte geöffnet. Die darin enthaltenen feuchten Bohnen werden fermentiert, damit sie ihr Aroma entfalten können, und getrocknet.

Anschließend findet der Verarbeitungsprozess statt: Die Bohnen werden in der Fabrik gesäubert und geschält, geröstet und zu Kakaomasse verarbeitet. Aus dieser Masse presst man das Fett (die Kakaobutter) aus und erhält so einen festen Kakaoblock, der zu Pulver gemahlen wird – dem Kakao. Kakaobutter wird u.a. zur Herstellung von Schokolade verwendet, für Milch- und Bitterschokoladen wird Kakaopulver zugefügt.

Für heißen Kakao wird Kakaopulver mit Zucker sowie Wasser oder Milch zu einem Getränk verrührt. Die Flüssigkeit kann kalt oder warm bzw. heiß sein.

Für eine echte Trinkschokolade löst man Schokoladenstücke oder -flocken oder geriebene Schokolade in warmer, nicht zu heißer Milch auf. Das Ganze gut verrühren und vor dem Genuss kurz ziehen lassen. Je nachdem, welche Art von Schokolade Sie verwenden, wird das Getränk herb (aus Zartbitter- oder Bitterschokolade) oder süß (aus Vollmilchschokolade). Fast wie heiße Milch mit Honig schmeckt Trinkschokolade aus weißer Schokolade.

Kalbfleisch

Ist Kalbfleisch eigentlich gut für die Gesundheit?

Ja, Kalbfleisch liefert sehr viel hochwertiges, gut verdauliches Eiweiß, viele Vitamine, Eisen und Zink. Es ist fettarm und enthält weniger Cholesterin als Rindfleisch.

Wie kann ich wirklich sichergehen, dass Fleisch von einem artgerecht gehaltenen Tier stammt?

Indem Sie Bio-Kalbfleisch kaufen. Dieses ist allerdings teurer als Fleisch von Kälbern aus Massentierhaltung: Bio-Betriebe sind personalintensiv, brauchen große Weide- bzw. Stallflächen, das Futter muss ebenfalls aus ökologischer Landwirtschaft stammen, und die Tiere legen – weil sie sich viel bewegen – langsamer an Gewicht zu.

Ich finde panierte Kalbskoteletts oder Kalbsschnitzel zu schwer und üppig. Gibt es leichtere Kalbfleischrezepte?

Kalbsschnitzel werden auch ohne Panade zart und sind zudem fettarm. Die Zubereitung ist einfach. Zuerst klopft bzw. drückt man das Schnitzel flach; es sollte höchstens 5 mm dick sein. Wenn dies nicht schon der Fleischer erledigt hat, legen Sie die Schnitzel zwischen zwei Lagen Frischhaltefolie und klopfen sie mit der Teigrolle vorsichtig flach.

Dann etwas Olivenöl in einer Pfanne erhitzen. Die Schnitzel darin bei relativ starker Hitze etwa 3 Minuten braten, dabei einmal wenden. Schnitzel herausnehmen und im

Für gefüllte Kalbsbrust gibt es zahlreiche Rezepte. In diesem Rezept wird die Kalbsbrust mit Wirsing gefüllt.

Backofen warm halten, während Sie den Bratensatz in der Pfanne mit etwas Wein, Zitronensaft oder Sahne ablöschen.

Zur Abwechslung können Sie auch einmal Kalbskoteletts auf leichte Art zubereiten. Nach Belieben das Fleisch 1–2 Stunden vor der Zubereitung marinieren, dann bei mittlerer Hitze 8 Minuten in der Pfanne in etwas Öl braten, dabei einmal wenden. Kalbskoteletts passen zu aromatischem Gemüse wie gebackenen Auberginen, Pilzen, roten oder grünen Paprikaschoten oder sonnengereiften Tomaten.

? *Wie kann ich einen saftigen Kalbsbraten zubereiten?*

Wenn Sie einen Kalbsbraten im Backofen zubereiten möchten, sollten Sie ihn bei 180 °C etwa 70 Minuten pro kg garen und zwischendurch immer wieder mit etwas Bratenflüssigkeit begießen, damit das magere Fleisch nach dem Braten nicht zu trocken ist.

Noch zarter wird der Braten, wenn Sie das Fleisch vor dem Garen in einer Mischung aus Olivenöl und Zitronensaft oder Weißwein marinieren. Petersilie, Thymian und Knoblauch sorgen noch für zusätzliches Aroma. Das Fleisch während des Bratens häufig mit der Marinade begießen.

Kalbsbraten können Sie auch im geschlossenen Schmortopf im Ofen zubereiten, so wird er garantiert saftig. Im Rezept rechts wird eine Kalbsbrust gefüllt – eine klassische Zubereitungsmethode für Kalbfleisch.

? *Auf einer Speisekarte in Österreich habe ich Kalbsvögerln entdeckt. Was ist das?*

Kalbsvögerln sind Stücke aus der Kalbshachse. Der Name stammt daher, dass die Stücke die Größe von kleinen Vögeln haben. Das Fleisch wird gespickt, mit Zwiebeln und Wurzelgemüse angebraten, mit Wein abgelöscht und danach in Brühe geschmort. Oft serviert man Kalbsvögerln mit Pilzsauce und Püree.

Gefüllte Kalbsbrust

Für 6 Portionen
Vorbereitungszeit: 40 Minuten
Garzeit: 1 1/2 Stunden

2 EL Sonnenblumenöl
20 g Butter
1,3 kg Kalbsbrust (vom Fleischer eine große Tasche hineinschneiden lassen)
300 g Schalotten, geschält
400 g zarter Wirsing, grob gehackt
30 g getrocknete Steinpilze, eingeweicht
1 Zwiebel, klein gewürfelt
100 ml Portwein
Salz und schwarzer Pfeffer
1 Messerspitze gemahlene Muskatblüte
4 Zweige Majoran
300 ml Kalbsfond
3 EL Crème fraîche

1 Öl und 10 g Butter in einem Bräter erhitzen. Kalbsbrust darin scharf anbraten. Aus dem Bräter nehmen, beiseitestellen. Die restlichen 10 g Butter in den Bräter geben und die Schalotten darin anbraten; herausnehmen, beiseitestellen.

2 Backofen auf 180 °C vorheizen. Wirsing im restlichen Fett im Bräter andünsten. Die Pilze abgießen, den Sud auffangen. Pilze und Zwiebel zum Wirsing geben und 3–4 Minuten mit anbraten.

3 Pilzsud durch ein feines Sieb zum Wirsing gießen, den Portwein ebenfalls zugießen. Gemüse mit Salz, Pfeffer und Muskatblüte würzen; zugedeckt 10 Minuten bei mittlerer Hitze schmoren.

4 Kalbsbrust mit Salz und Pfeffer würzen, anschließend mit dem Wirsinggemüse füllen und in den Bräter legen. Schalotten und Majoranzweige rundherum verteilen. Fond angießen. Kalbsbrust zugedeckt im Ofen 1 1/2 Stunden braten.

5 Den Braten aus dem Bräter nehmen, kurz ruhen lassen, dann in Scheiben schneiden. Die Sauce mit Salz und Pfeffer abschmecken, die Crème fraîche unterrühren. Die Sauce zum Fleisch servieren.

Kalmar

Wie wird Kalmar vorbereitet und gegart?

Kalmar wird häufig küchenfertig frisch oder tiefgekühlt verkauft, gehört aber zu den Meeresfrüchten, die man auch selbst sehr einfach vorbereiten kann, denn er hat kaum Innereien (siehe Kasten rechts). Kalmare sind meist 10–25 cm groß, Exemplare, die größer als 18 cm sind, sind oft recht zäh. Am zartesten sind die kleinen Kalmare.

Mittelgroße Kalmare kann man zum Braten oder Frittieren in Ringe schneiden und in Mehl oder einem leichten Ausbackteig wenden. Kleinere passen in Meeresfrüchtesalate und in Pfannengerichte; es genügt, sie nur zu blanchieren, wie im Rezept unten beschrieben. Größere Kalmare lassen sich gut füllen und anschließend im Backofen garen.

Was ist eigentlich der Unterschied zwischen Kalmar, Tintenfisch und Sepia?

Tintenfisch ist der Oberbegriff für die kulinarisch interessante Gruppe der Kopffüßler. Dazu gehören Kalmar, Krake und Sepia.

Kalmare haben einen schmalen, lang gestreckten Körper. Sie können bis zu 50 cm lang und gut 2 kg schwer werden.

Sepien haben einen eher runden Körper. Das Fleisch eignet sich zum Braten oder Grillen. Am Mittelmeer bekommt man öfters kleine Sepien, die Sepiolen, die nur etwa 5 cm groß sind und so zart, dass man sie im Ganzen essen kann.

Kraken sind auch unter dem Namen Oktopus bekannt – sie haben im Gegensatz zu den zehnarmigen Kalmaren und Sepien nur acht Arme. Kraken haben einen gedrungenen Körper und können in warmen Gewässern bis zu 5 m groß werden. Ihr Fleisch ist viel fester als das von Kalmar und Sepia.

Kraken sind am Mittelmeer sehr beliebt – man denke nur an italienischen Meeresfrüchtesalat, Oktopus in Tomatensauce (Spanien, Griechenland) –, und auch in der asiatischen Küche kommen sie zum Einsatz.

Kalmar putzen und vorbereiten

Mantel, Flossen und Fangarme eines gesäuberten Kalmars können gehackt, klein geschnitten oder auch im Ganzen zubereitet werden.

1 Den Kopf des Tintenfischs und die daran festgewachsenen Innereien mitsamt dem Tintensack vorsichtig aus dem Körpermantel ziehen. Die Tinte können Sie in die Pochierflüssigkeit geben oder die Sauce damit verfeinern, die Sie zu dem Tintenfischgericht servieren.

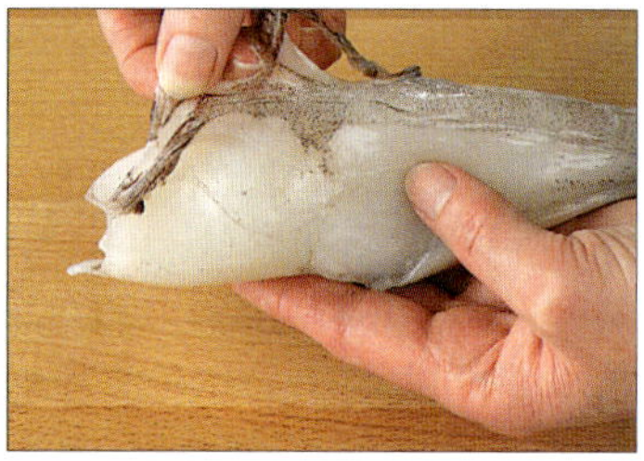

2 Die Fangarme mit einem scharfen Messer direkt unterhalb des Kopfes abtrennen und beiseitelegen. Kopf und Eingeweide wegwerfen. Die Kauwerkzeuge mit beiden Daumen vorsichtig herausdrücken und ebenfalls wegwerfen.

3 Den hellen Schulp aus dem Körper des Kalmars ziehen und wegwerfen. Die flügelartigen Flossen auf beiden Seiten des Körpers abschneiden und beiseitelegen. Die dünne grauviolette Haut vom Körper abziehen und wegwerfen.

4 Nun den Körpermantel umstülpen und innen und außen gut auswaschen, dann wieder zurückstülpen. Den Mantel in Ringe schneiden oder zum Füllen ganz lassen. Fangarme und Flossen je nach Rezept ganz lassen oder halbieren.

Würziger Kalmar-Salat

Für 2 Portionen als Vorspeise
Vorbereitungszeit: 15 Minuten
Garzeit: 5 Minuten

2 EL Öl
1–2 Knoblauchzehen, fein gehackt
2,5 cm frischer Ingwer, gerieben
1 grüne Chilischote, von den Samen befreit und in dünne Ringe geschnitten
200 g küchenfertige kleine Kalmare
2 TL Soja- oder Fischsauce
1 EL Limettensaft
2 TL Sesamöl
Salatblätter
Minze- oder Basilikumblätter

1 Das Öl in einer Pfanne oder einem Wok erhitzen und den fein gehackten Knoblauch und den geriebenen Ingwer etwa 30 Sekunden darin braten.

2 Chilischote, Kalmare und Soja- oder Fischsauce zugeben. Alles weitere 2 Minuten braten. Pfanne oder Wok vom Herd nehmen.

3 Limettensaft und Sesamöl untermischen. Die Salatblätter waschen, trockenschütteln und auf 2 großen Tellern auslegen.

4 Die warmen Kalmare auf den Salatblättern verteilen. Den Salat mit Minze- oder Basilikumblättern bestreuen.

Kandieren

? ***Ich möchte kandierte Früchte zu Weihnachten verschenken, aber sie sind ziemlich teuer. Kann man sie auch selbst machen?***

Kandierte Früchte sind in der Tat teuer, man kann sie aber relativ einfach und preisgünstig für ein schönes und persönliches Geschenk selbst herstellen. Besonders Früchte mit intensivem Aroma eignen sich gut zum Kandieren. Obstsorten, die viel Wasser enhalten (beispielsweise Melone) eignen sich nicht so gut, da sie nicht richtig hart werden. Generell werden Früchte zum Kandieren zuerst in Zuckersirup gelegt und anschließend getrocknet.

Das dauert zwar über eine Woche, die tatsächliche Arbeitszeit hält sich jedoch sehr im Rahmen, wie Sie im Rezept rechts sehen: 30 Minuten am 1. Tag, dann etwa eine Woche lang jeden Tag eine Viertelstunde und am letzten Tag nochmals 30 Minuten.

Versuchen Sie nicht, den Prozess abzukürzen, sonst werden die Früchte schrumpelig und zäh. Sie können die kandierten Früchte noch überzuckern oder mit einer Glasur überziehen. Rezepte dafür finden Sie auf der nächsten Seite.

Kandierte Früchte

Für 500 g Früchte
Zubereitungszeit: 30 Minuten, plus 15 Minuten pro Tag an 7–8 Tagen, plus 30 Minuten Fertigstellung

500 g Dosenfrüchte in Sirup (z. B. Aprikosen, Pfirsiche oder Ananas)
510 g Zucker

1 Obst abtropfen lassen, 300 ml Sirup abmessen (eventuell mit Wasser verlängern). Nur intakte Früchte in eine ofenfeste Form geben.

2 250 g Zucker mit dem Sirup in einem Topf unter Rühren erhitzen, bis der Zucker aufgelöst ist. Sirup aufkochen. Über die Früchte gießen, sie sollen vollständig davon bedeckt sein. Früchte, falls nötig, mit einem Teller beschweren, damit sie nicht nach oben steigen. An einem warmen Ort 24 Stunden ziehen lassen.

3 Sirup in einen Topf abgießen; mit 60 g Zucker mischen. Bei schwacher Hitze unter Rühren aufkochen, bis der Zucker aufgelöst ist. Über die Früchte geben. Weitere 24 Stunden ziehen lassen; am nächsten und übernächsten Tag wiederholen.

4 Am 5. Tag Früchte und Sirup in ein Sieb schütten, Sirup in einen großen Topf abtropfen lassen. 90 g Zucker zugeben. Unter Rühren erhitzen, bis der Zucker sich aufgelöst hat. Früchte zufügen, langsam aufkochen; 3–4 Minuten köcheln lassen. Alles in eine Schüssel geben und bei Raumtemperatur 48 Stunden ziehen lassen.

5 Schritt 4 wiederholen. Am 9. Tag sollte der abgekühlte Sirup die Konsistenz von dickem Honig haben. (Falls nicht, Sirup und Früchte noch einmal kochen, bis der Sirup andickt, und in einer Schüssel 4 Tage bei Raumtemperatur stehen lassen.)

6 Früchte aus dem Sirup heben, auf einem Kuchengitter abtropfen lassen. Anschließend die Früchte bei unter 50 °C im Backofen trocknen. Währenddessen ab und zu wenden, bis sie trocken und nicht mehr klebrig sind. Man kann die kandierten Früchte nun sofort genießen oder aber noch zusätzlich überzuckern oder glasieren (siehe nächste Seite).

Aus eingemachtem Obst wird eine edle Gabe, wenn man es ein paar Tage lang in Zuckersirup kristallisieren lässt.

Ich möchte kandierte Früchte zum Schluss noch mit Zucker überziehen. Welche Möglichkeiten gibt es dafür?

Es gibt zwei Möglichkeiten: Entweder Sie wenden die Früchte in feinem Kristallzucker, nachdem Sie sie kurz auf einem Schaumlöffel in kochendes Wasser getaucht haben; oder Sie überziehen die getrockneten kandierten Früchte zum Schluss noch hauchdünn mit Zuckersirup – dadurch erhalten sie einen wunderschönen Glanz. Das geht so:

500 g Zucker und 150 ml Wasser in einem Topf unter Rühren erhitzen, bis sich der Zucker aufgelöst hat. Zum Kochen bringen und vom Herd nehmen. Zugedeckt warm halten und in einem zweiten Topf Wasser zum Kochen bringen.

Etwas Sirup in eine kleine Schüssel füllen. Eine kandierte Frucht auf einen Spieß stecken. Diese zuerst in das kochende Wasser tauchen, dann abtropfen lassen und in den Zuckersirup tauchen. Auf einem Kuchengitter trocknen lassen.

Sobald der Sirup in der Schüssel trüb wird, müssen Sie ihn durch frischen Sirup aus dem Topf ersetzen. Die glasierten Früchte sollen schön glänzen, aber nicht klebrig sein. In einer luftdicht verschlossenen Dose können Sie die Früchte (mit Backpapier zwischen den Schichten) 1–2 Monate aufbewahren.

Überzuckerte Blüten herstellen

Diese elegante Dekoration aus überzuckerten Blüten lässt sich einfach selbst herstellen.

1 Mit einem weichen Pinsel die trockenen, sauberen Blüten überall mit etwas verquirltem Eiweiß bestreichen.

2 Die Blüten mit Zucker bestäuben, überschüssigen Zucker abschütteln. Der Zuckerüberzug sollte möglichst gleichmäßig verteilt sein. Auf einem Kuchengitter einige Stunden oder über Nacht trocknen lassen.

Lassen sich alle Früchte kandieren?

Am besten eignen sich Früchte mit kräftigem Aroma wie Aprikosen, Kirschen, Mangos, Papayas, Pfirsiche, Ananas, Pflaumen und feste Birnen. Auch Orangen-, Zitronen- und Grapefruitschalen sowie Maronen lassen sich kandieren. Weiches Obst wie Beeren, Kiwi und Melone sind ungeeignet, denn sie enthalten zu viel Wasser und werden nicht richtig hart. Dies gilt auch für saftige ganze Zitronen und Orangen, die sich zu Hause nur schwierig kandieren lassen. Kleine Kumquats jedoch können auf diese Weise haltbar gemacht werden.

Sie können frisches Obst oder Dosenfrüchte verwenden, wobei das Kandieren von Dosenfrüchten generell einfacher ist, außer bei Pflaumen, die weich werden und zerfallen.

Frisches Obst muss in perfektem Zustand sein. Zuerst wird es in Zuckersirup pochiert, bis es gerade weich wird. Dann aus dem Kochwasser einen Zuckersirup zubereiten und die Früchte nach Anleitung (siehe S. 141) kandieren. Frische Früchte 2–3 Tage länger ziehen lassen. Bei frischem Obst ist es schwerer zu sehen, wann genug Zucker absorbiert wurde. Wenn der Prozess zu früh abgebrochen wird, können die Früchte schnell schimmlig werden.

Kann man Ingwer genauso wie Obst kandieren?

Zum Kandieren eignet sich nur sehr junger, zarter Ingwer. Die frischen Ingwerwurzeln, die üblicherweise bei uns im Handel erhältlich sind, sind zum Kandieren meist zu faserig. Wenn Sie kandierte Früchte mit leichtem Ingwergeschmack herstellen möchten, ein Stück geschälten Ingwer in den Zuckersirup geben. Zusammen mit den Früchten ziehen lassen und am Schluss herausnehmen.

Welche Blüten eignen sich zum Überzuckern? Ich habe viele Blumen im Garten, weiß aber nicht, welche ich verwenden kann.

Viele duftende Blumen sind essbar: Obstblüten, Jasmin, Flieder, Akazien, Nelken, Schlüsselblumen, Rosen und Veilchen. Blumen, die mit Pestiziden behandelt wurden, oder die giftigen Blüten sämtlicher Knollengewächse sind auf keinen Fall zum Verzehr geeignet. Die Blüten müssen perfekt gewachsen, sehr frisch und ganz trocken sein. Kandierte Blüten schnell verbrauchen, denn sie verwelken schnell.

Wie kann ich Zuckerblüten für Dekorationen herstellen?

Es gibt zwei Methoden. Die einfachere ist das Überzuckern, bei der die Blüten mit Eiweiß bepinselt und mit Zucker bestäubt werden (siehe Kasten links). Sie halten etwa 2 Tage. Länger haltbar sind die Blüten, wenn Sie Gummi arabicum (Apotheke) verwenden, das in Rosen- oder Orangenwasser aufgelöst wird. Für dekorative Blüten 15 g Gummi arabicum in 2 EL Blütenwasser nach Packungsanleitung auflösen.

Mit einem Pinsel Blumen, Blütenblätter oder Blätter vollständig mit dem aufgelösten Gummi arabicum bestreichen, dann mit Zucker bestäuben. Auf ein mit Backpapier belegtes Kuchengitter setzen und an einem warmen Ort 1–2 Tage trocknen lassen. In einem fest verschlossenen Glas halten sie etwa 1 Jahr.

Diese Methode eignet sich am besten für stark duftende, kräftig gefärbte Blüten wie Gardenie, Rose oder Veilchen. Man kann sie im Ganzen zum Verzieren oder zerkleinert zum Aromatisieren von Schlagsahne, Soufflés und anderen süßen Massen verwenden.

Dieses wunderschöne rosafarbene Dessert mit Rosenaroma wird mit tiefroten und pinkfarbenen überzuckerten Rosenblättern edel garniert.

Rosenblütenmousse

Für 4–6 Portionen
Vorbereitungszeit: 30 Minuten, plus 2 Stunden Ruhezeit

1 EL gemahlene Gelatine
3 große Eier, getrennt
125 g Zucker oder Rosenblütenzucker (siehe Zucker)
1 EL Rosenwasser
1–2 Tropfen rote Lebensmittelfarbe (nach Belieben)
300 g Sahne
Zum Garnieren:
12 überzuckerte Rosenblütenblätter oder kleine Rosenknospen

1 In einer kleinen Schüssel 3 EL Wasser auf dem Wasserbad erhitzen. Gelatine einstreuen und rühren, bis sie sich aufgelöst hat.

2 Die Eigelbe mit dem Zucker schaumig rühren. Gelatine, Rosenwasser und nach Belieben die Lebensmittelfarbe einrühren.

3 Die Sahne steif schlagen und vorsichtig unter die Eigelbmischung heben. Die Eiweiße steif schlagen und ebenfalls unterheben.

4 Das Soufflé in eine Servierschale oder in langstielige Gläser füllen und für etwa 2 Stunden in den Kühlschrank stellen. Erst vor dem Servieren mit überzuckerten Rosenblütenblättern oder -knospen garnieren.

Kaninchen

Wie viel Fleisch ist an einem Kaninchen? Wie viele Kaninchen brauche ich für 4 Personen?

Hauskaninchen aus Mastbetrieben werden in der Regel im Alter von 3 Monaten mit einem Gewicht von 1,5 kg geschlachtet. Das Fleisch ist ausgesprochen zart und saftig und sehr gut bekömmlich. Man rechnet mit etwa 20 % Verlust durch Knochen und Innereien; es bleiben also ungefähr 1,2 kg übrig – genug für 3 Portionen. Versuchen Sie, entweder ein großes Kaninchen oder zwei kleinere zu bekommen.

Wie kann ich Kaninchen zubereiten, um den zarten Geschmack zur Geltung zu bringen?

Hauskaninchen schmeckt – im Gegensatz zum würzigeren Wildkaninchen – relativ mild und kann geschmacklich mit Hühnerfleisch verglichen werden. Daher kann man sagen, dass die meisten Rezepte für Huhn auch auf Kaninchen angewandt werden können. Auf alle Fälle kann man Kaninchen gut schmoren, wobei es seinen Geschmack in Kombination mit kräftigen Aromen wie Knoblauch, Zwiebeln, Senf, Kräutern und Rotwein besonders gut entfaltet. Wildkaninchen schmeckt intensiver und enthält weniger Fett, weshalb es sich besonders gut zum langen Schmoren eignet. Da das Fleisch etwas trockener ist, empfiehlt es sich, es vor dem Zubereiten mehrere Stunden in eine Marinade aus Öl und Gewürzen einzulegen.

Was muss ich beim Einkauf von Kaninchenfleisch beachten, und wie lange kann ich es aufheben?

Es sollte saftig und frisch aussehen. Sehr dunkles Fleisch mit angetrockneten Rändern besser nicht kaufen. Kaninchenfleisch darf ganz leicht säuerlich riechen, aber nicht extrem nach Wild. Wenn Sie für ein Rezept Teilstücke brauchen, bitten Sie den Händler, das Kaninchen in 8–12 Stücke zu teilen. Zu Hause sofort auspacken, in eine Schüssel geben, zudecken und in den Kühlschrank stellen. Bis zum nächsten Tag verbrauchen.

Kaninchen auf Zigeunerart

Für 6 Portionen
Vorbereitungszeit: 40 Minuten
Garzeit: etwa 25 Minuten

50 g Butter
500 g gesalzener Schweinebauch, in kleinen Würfeln, kurz in kochendem Wasser blanchiert
1 Tütchen gemahlener Safran
2–3 Pimentbeeren
1 Lorbeerblatt
2 Gewürznelken
Salz und schwarzer Pfeffer
2 Kaninchen (je 1,5 kg), jedes in 6 Stücke geteilt
2 EL Mehl
1 l Hühnerbrühe
1 Blumenkohl, in Röschen geteilt
6 Artischockenböden, mit Zitronensaft beträufelt
300 g Champignons
500 g grüne Bohnen
1 Gurke, in 4 cm langen Stücken
4 Tomaten, halbiert

1 In einem Schmortopf die Butter erhitzen. Schweinebauchwürfel darin unter Rühren goldbraun braten. Dabei Safran, Piment, Lorbeer, Nelken, Salz und Pfeffer zugeben. Kaninchenstücke zufügen und ebenfalls goldbraun braten.

2 Kaninchenteile salzen und pfeffern. Das Mehl darüberstäuben, 2 Minuten anschwitzen. Brühe zugießen und aufkochen lassen. Blumenkohl, Artischocken, Champignons und Bohnen zugeben; 10 Minuten bei schwacher Hitze garen.

3 Gurke und Tomaten zugeben. Nochmals 10 Minuten schmoren lassen. Kaninchenstücke und Gemüse auf eine vorgewärmte Platte geben, warm stellen. Die Sauce bei starker Hitze dick einkochen lassen. Abschmecken, eventuell nachwürzen, über Fleisch und Gemüse gießen. Das Gericht sofort servieren.

Herzhaftes Schmorgericht: zartes Kaninchen mit deftigem Schweinebauch, buntem Gemüse, aromatischen Gewürzen und cremiger Sauce.

Kapern

? ***Was sind Kapern? Woher kommen sie, und wie werden sie am besten verwendet?***

Kapern (von französisch câpre bzw. griechisch kápparis) sind die kleinen, geschlossenen Knospen eines dornigen Strauches, der überall wild im Mittelmeerraum wächst. Sie werden seit der Antike als pikante Kochzutat verwendet, galten aber auch als Heilmittel.

Kapern werden frisch gepflückt und dann in Salzlake oder salzhaltigem Essig eingelegt. In dieser Flüssigkeit halten sie sich auch nach dem Öffnen des Gefäßes. Achten Sie beim Einkauf darauf, dass die Flüssigkeit klar ist und wenig oder kein Bodensatz vorhanden ist.

Kapern passen zu Fleisch und Fisch, z. B. gekochtem Huhn oder geräuchertem Lachs. Sanftes Erhitzen verstärkt ihr Aroma. Ein bekanntes Gericht mit Kapern sind Königsberger Klopse. Kapern schmecken auch gut in Pasten wie der südfranzöischen Tapenade oder Kapernpesto.

Kapernaufstrich aus der Provence

Tapenade ist eine Olivenpaste mit Kapern, die in Südfrankreich u. a. mit Baguette als kleine Vorspeise serviert wird. Ihre wichtigsten Bestandteile sind Oliven, Kapern, Thunfisch und Sardellen. Manche Feinschmecker parfümieren die Paste noch mit etwas Cognac. Versuchen Sie einmal folgendes Rezept: 300 g entsteinte schwarze Oliven mit 100 g Sardellenfilets (in Öl eingelegt und abgetropft) sowie 100 g abgetropftem Thunfisch aus der Dose im Mörser oder mit dem Stabmixer fein zerkleinern. mit 1 TL scharfem Senf abschmecken. 200 g gehackte Kapern untermischen, 200 ml Olivenöl im Strahl unter Rühren zugeben. Großzügig pfeffern; nicht salzen. Die Tapenade können Sie in einem fest verschlossenen Glas im Kühlschrank aufbewahren.

Was ist eigentlich der Unterschied zwischen Kapern und Kapernäpfeln?

Kapern sind die geschlossenen Knospen des Kapernstrauchs. Je kleiner, umso feiner und teurer sind sie. Lässt man die Knospen am Strauch, werden hübsche weiße Blüten daraus, die allerdings nur einen Tag blühen. Und aus diesen Blüten wiederum entstehen Früchte, die Kapernbeeren, auch Kapernäpfel genannt. Sie sind größer als Kapern, eher oval als rund und kommen meist mit Stiel eingelegt in den Handel. Üblicherweise isst man sie im Ganzen zum Aperitif.

Ich mag Kapern sehr gern, bin mir aber oft unsicher, mit welchen Gewürzen sie harmonieren. Haben Sie Vorschläge?

Kapern schmecken in der Tat sehr eigen und vertragen sich nicht besonders gut mit kräftigen Gewürzen und Kräutern. Vor allem in Kombination mit Oregano, Rosmarin und Salbei geht ihr Aroma eher unter. Petersilie hingegen passt wunderbar zu Kapern, Zitrone auch. Grundsätzlich sollten Kapern immer erst gegen Ende der Garzeit zum Gericht gegeben werden, da sie beim Kochen ihr Aroma einbüßen.

Kocheigenschaften, Aussehen und Geschmack machen den Charakter einer Kartoffel aus. Wer fleißig verkostet, findet bald seine Favoritin.

Kartoffeln

Kann man beim Kauf erkennen, welche Kartoffeln mehlig- und welche festkochend sind?

Nein, man sieht den Kartoffeln ihre Kocheigenschaften nicht von außen an. Glücklicherweise steht aber auf der Verpackung, ob die Kartoffeln mehlig- oder festkochend bzw. vorwiegend festkochend sind. Mehligkochende Sorten (z. B. Bintje, Datura, Irmgard) haben einen höheren Stärkegehalt und eignen sich deshalb besonders für Püree, Suppe und Klöße aller Art.

Festkochende Sorten (beispielsweise Forelle, Hansa, Linda, Sieglinde und die besonders feinen Bamberger Hörnchen) sind besser für Salate und Bratkartoffeln geeignet.

Die vorwiegend festkochenden Kartoffeln (z. B. Clivia, Grata) kann man als Salz- oder Pellkartoffeln verwenden, und sie eignen sich gut als Beilage für Gerichte mit Sauce.

Immer wieder passiert es mir, dass Kartoffeln keimen. Kann man sie noch verwenden?

Im Prinzip ja. Man sollte allerdings die Keime und alle grünen Stellen großzügig abschneiden. Auch wenn heute bei den meisten Kartoffelsorten das giftige Solanin weggezüchtet worden ist, bildet es sich bei Lichteinwirkung in den Keimen. Besser: Kartoffeln in kleineren Mengen kaufen und richtig aufbewahren (siehe rechts).

Kürzlich sah ich auf dem Wochenmarkt lila Kartoffeln. Sind sie künstlich gefärbt?

Die lila Kartoffeln, wegen ihres Aussehens auch Trüffelkartoffeln genannt, sind ganz naturbelassen, das kräftige Violett verdanken sie dem Farbstoff Anthozyan. Sie werden überwiegend in Frankreich angebaut, kommen bei uns aber auch immer öfter vor. Sie schmecken ausgezeichnet, ihr Aroma erinnert ein bisschen an Maronen. Sie sind festkochend und machen sich ganz wunderbar in Kartoffelsalat, vor allem gemischt mit hellen Kartoffeln!

Aufbewahren

Wer das Glück hat, einen dunklen, trockenen und luftigen Keller zu haben, verfügt über den idealen Lagerplatz für seine Kartoffeln. Auch eine Speisekammer, die die genannten Bedingungen erfüllt, ist gut geeignet. Wer weder Keller noch Speisekammer hat, hebt Kartoffeln im Gemüsefach im Kühlschrank auf. Neue Kartoffeln, die zwischen Juni und Anfang August geerntet werden, sollte man am besten gleich essen; höchstens 1 Woche aufbewahren.

Knusprige Sesam-Kartoffeln aus dem Ofen

Für 6 Portionen
Vorbereitungszeit: 20 Minuten
Garzeit: 1 Stunde

1 kg mehligkochende Kartoffeln, geschält
Salz
3 EL Sesamsamen
100 g Schweine- oder Butterschmalz

1 Den Backofen auf 200 °C vorheizen. Die Kartoffeln in gleich große Stücke schneiden und in einem großen Topf 5 Minuten vorkochen. Abgießen; etwas abkühlen lassen.

2 Mit den Zinken einer Gabel jedes Kartoffelstück oben einritzen, dann die Stücke einzeln in den Sesamsamen wälzen.

3 Das Butterschmalz in einem großen Bräter im Ofen zerlassen. Die Kartoffeln ein paar Mal in dem Fett wenden, dann etwa 1 Stunde im Ofen braten. Alle 20 Minuten wenden, bis die Bratkartoffeln rundherum braun und knusprig sind.

Wie bekomme ich perfekte Bratkartoffeln hin, die braun und knusprig sind?

Wählen Sie festkochende Kartoffeln, und garen Sie diese am Vortag in der Schale; kalt stellen. Kurz vor dem Braten die Kartoffeln pellen und in dicke Scheiben schneiden. In einer großen Pfanne etwas Öl bei schwacher bis mittlerer Hitze heiß werden lassen. Die Kartoffelscheiben nebeneinander hineinlegen und sanft braten. Die Scheiben erst wenden, wenn sie unten schön gebräunt sind – wer zu oft rührt, der riskiert, dass die Scheiben zerbrechen. Zu den gewendeten Kartoffelscheiben Zwiebelstreifen geben (rechnen Sie 1 Zwiebel auf 1 Kilogramm Kartoffeln). Die Zwiebelstreifen mitbraten, die Pfanne gelegentlich schwenken, um den Inhalt zu verteilen. Die Bratkartoffeln mit Salz, Pfeffer, gemahlenem Kümmel und nach Belieben getrocknetem Thymian und Majoran würzen. Zum Schluss ein wenig Butter in der Pfanne zerlassen und durch Schwenken mit Kartoffeln und Zwiebel mischen. Mit Petersilie bestreuen und sofort servieren.

Ich finde normale Kartoffelsuppe ziemlich langweilig. Wie kann ich sie ein bisschen aufpeppen?

Zunächst einmal können Sie eine schlichte Kartoffelsuppe verfeinern, beispielsweise mit Sahne oder Crème fraîche.

Eine andere einfache Möglichkeit ist, der Suppe eine interessante Einlage zu verpassen. Klassisch wären beispielsweise gebratene Steinpilze, Nordseekrabben wirken elegant und Hackfleischbällchen rustikal.

Einen ganz anderen Charakter bekommt eine Kartoffelsuppe, wenn sie mit püriertem gegartem Gemüse (z. B. Spinat, Möhren oder Blumenkohl) gemischt wird.

Möhren können Sie auch zusammen mit den Kartoffeln garen und dann beides mit Brühe pürieren. Salzen und pfeffern, mit Petersilie und gebratenen Speckwürfeln bestreuen.

Gibt es fettarme Füllungen für Ofenkartoffeln, die gut in das Fruchtfleisch einziehen?

Leider nicht. Nur Fett zieht tief in das Fruchtfleisch ein und verleiht ihm Aroma. Fettarmer Joghurt oder körniger Hüttenkäse ist nun einmal nicht so fein wie Butter. Es gibt jedoch einige leckere fettarme Füllungen, die aus einer Ofenkartoffel eine ganze Mahlzeit machen.

Mit einem pochierten oder weich gekochten Ei darin wird eine aufgeschnittenen Ofenkartoffel zu einer sättigenden Mahlzeit, das Eigelb dringt wunderbar in das Kartoffelfleisch ein. Etwas raffinierter wird das Ganze, wenn Sie das weiche Innere aus der gegarten Kartoffel herauslösen, würzen und mit einer Gabel zerdrücken oder zerstampfen. Dann ein Ei trennen und das Eigelb unter das Kartoffelpüree mischen (nach Belieben noch Käse zugeben). Das Eiweiß steif schlagen und unterziehen. Alles wieder in die Kartoffelschalen füllen und im Ofen backen – so entstehen kleine Soufflés.

Vegetarier können Ofenkartoffeln mit Gurken- und Selleriewürfeln in saurer Sahne oder Joghurt füllen und gehackte Nüsse darüberstreuen.

Geräucherter Fisch wie Lachs passt gut zu Ofenkartoffeln, aber auch Taramas mit fein gehackter Gurke.

Oder probieren Sie diese Variante: die Ofenkartoffeln aufklappen und das Innere herausschaben, dann fein zerdrücken und mit gebratenem Speck und gehackten roten Zwiebeln mischen. Wieder in die Kartoffelschalen füllen, mit geriebenem Käse bestreuen und das Ganze im Ofen kurz überbacken. Mit heißer Roter Bete oder grünem Gemüse servieren.

Gebackene Ofenkartoffeln schmecken als Beilage zu Schmorgerichten. Dafür die Kartoffeln öffnen und mit einem Löffel Sauce beträufeln.

Olivenöl und zerdrückte Sardellen sind eine sehr würzige Füllung. Versuchen Sie auch einmal saure Sahne mit gehackten Zwiebeln und einem Löffel Kaviar.

Warum gelingen Ofenkartoffeln nicht in der Mikrowelle?

Es ist leider nicht möglich, gebackene Kartoffeln im Mikrowellengerät zuzubereiten. Beim Backen erreicht die Ofenhitze zuerst die Schale, trocknet sie aus und versiegelt so die in der Kartoffel enthaltene Feuchtigkeit. Das Fruchtfleisch wird gedämpft und die Schale knusprig. Dieser wunderbare Kontrast wird im Mikrowellengerät nicht erreicht, denn darin wird die Kartoffel eher gekocht. Allerdings können Sie sehr gut Pellkartoffeln im Mikrowellengerät garen, bei denen kommt es schließlich nicht auf eine knusprige Schale an.

Wie kann man am besten Kartoffeln im Ofen backen?

Kleine Kartoffeln garen im heißen Backofen in etwa 30 Minuten. Es geht noch schneller, wenn Sie einen Metallspieß durch die Kartoffeln stecken. Für eine knusprige Kruste und ein weiches Inneres die Kartoffeln waschen und dann mit Salz einreiben.

Ofenkartoffeln sind fertig, wenn man bei leichtem Druck spürt, dass sie auch innen weich sind.

Wie kocht man Kartoffeln am besten?

Am besten kocht man Kartoffeln mit der Schale, auch wenn sie danach zerstampft werden sollen. So nehmen sie nicht so viel Wasser auf, und die Nährstoffe, die sich direkt unter der Schale befinden, bleiben erhalten. Waschen Sie die Kartoffeln vor dem Kochen, und bürsten Sie sie am besten auch noch ab, um sämtliche Schmutzpartikel zu entfernen. Die Kartoffeln in Salzwasser garen. Servieren Sie die Knollen im Ganzen als Pellkartoffeln, oder pellen Sie sie, sobald sie etwas abgekühlt sind, für eine Suppe oder ein Püree.

Vor allem gegen Ende der Saison, wenn Kartoffeln saugfähiger werden, können Sie die gewaschenen Kartoffeln mit Schale im Backofen garen und dann pellen und zerstampfen.

Es lohnt sich übrigens immer, mehr Stampfkartoffeln zu machen, denn Reste sind vielseitig verwendbar. Sie können damit beispielsweise Suppen andicken sowie Kartoffelpuffer oder Fischfrikadellen und Aufläufe zubereiten. Auch kleine, herzhaften Kartoffelmuffins nach dem Rezept links unten sind eine gute Möglichkeit, gestampfte Kartoffeln zu verwerten.

Wie sollte man Kartoffeln für ein Püree zerkleinern – im Mixer oder in der Küchenmaschine?

Weder noch. Wenn Sie Kartoffeln mit Hilfe dieser Küchengeräte zerkleinern, entsteht ein klebriger Brei. Am besten zerdrücken Sie Kartoffeln mit dem Kartoffelstampfer, drehen sie durch die Passiermühle oder drücken sie durch die Kartoffelpresse. Zur Not reicht auch eine stabile Gabel.

Zutaten wie Olivenöl, Sahne, Butter und Milch sollten unter die noch warme Kartoffelmasse gemischt werden, ebenso Salz, Pfeffer und Muskatnuss. Durch kräftiges Schlagen wird das Püree luftig-leicht.

Für Kartoffelteige, die für Gnocchi, Zwetschgen- oder Marillenknödel verwendet werden, drücken Sie die noch heißen Kartoffeln am besten durch die Presse.

Kartoffel-Muffins

Für 4–6 Portionen
Vorbereitungszeit: 20 Minuten
Garzeit: 15 Minuten

500 g gegarte Kartoffeln, zerstampft
4 Frühlingszwiebeln, fein gehackt
50 g mittelalter Gouda oder Emmentaler, fein gerieben
3 EL Milch
30 g Butter
Salz und schwarzer Pfeffer
geriebene Muskatnuss
2 große Eier, getrennt

1 Den Backofen auf 220 °C vorheizen. Eine Muffinform fetten. Kartoffelpüree, Frühlingszwiebeln und Käse in einer Schüssel mischen.

2 Milch und Butter in einem Topf erhitzen, bis die Butter geschmolzen ist; nicht aufkochen lassen. Mit Salz, Pfeffer und Muskatnuss würzen. Die heiße Milch unter Rühren zur Kartoffelmischung gießen. Die Eigelbe untermischen.

3 Eiweiße mit dem elektrischen Handrührgerät steif schlagen. Zuerst 1–2 EL Eischnee unter die Kartoffelmischung ziehen, dann allmählich den Rest zugeben und unterheben.

4 Die Kartoffelmasse gleichmäßig auf die Muffinmulden verteilen. Die Muffins im heißen Ofen in 15 Minuten goldgelb backen.

Luftiger Eischnee macht dieses herzhafte Gebäck aus Käse, Kartoffeln, Eiern und Frühlingszwiebeln leicht und locker.

Marillenknödel

Für 16 Stück
Vorbereitungszeit: 40 Minuten
Garzeit: 45–55 Minuten

1 kg mehligkochende Kartoffeln
16 vollreife kleine Aprikosen (insgesamt 750 g)
200 g Mehl
2 Eier
Salz
1/2 TL gemahlener Zimt
8 EL Butter
16 Stück Würfelzucker
6 EL Semmelbrösel
Puderzucker zum Bestäuben

1 Reichlich Wasser zum Kochen bringen. Kartoffeln waschen und mit der Schale in 20–30 Minuten weich garen. Inzwischen die Aprikosen kurz in kochendes Wasser legen, dann abgießen und häuten. Früchte halbieren und entsteinen.

2 Kartoffeln abgießen, abschrecken, schälen und noch heiß durch die Kartoffelpresse drücken. Etwas abkühlen lassen. Mehl und Eier mit der Kartoffelmasse mischen; mit einer Prise Salz und Zimt würzen. 3 EL Butter zerlassen, etwas abkühlen lassen und unter den Teig rühren.

3 Aus dem Kartoffelteig eine etwa 5 cm dicke Rolle formen, diese in 16 gleich große Stücke teilen. Die Stücke mit dem Handballen zu Scheiben flach drücken. Aprikosenhälften mehrmals mit einer Gabel einstechen; in 16 Hälften jeweils ein Stück Zucker legen. Aprikosenhälften wieder zusammenfügen, die Aprikosen mit je einem Teigstück umschließen. Mit angefeuchteten Händen Knödel formen.

4 Reichlich Wasser mit etwas Salz aufkochen. Knödel darin 10–15 Minuten gar ziehen lassen, bis sie an die Oberfläche steigen. Mit einem Schaumlöffel herausheben, kurz abschrecken; gut abtropfen lassen.

5 Restliche Butter in einer Pfanne zerlassen. Semmelbrösel hineingeben und leicht rösten. Knödel darin wenden, dann mit Puderzucker bestäuben und servieren.

Aus der Mehlspeisenküche Österreichs stammt das Rezept für Marillenknödel: Kartoffelteig, mit Aprikosen gefüllt. Dazu schmeckt Aprikosenpüree.

Gibt es einen Unterschied zwischen Süßkartoffel und Yamswurzel?

Ja. Süßkartoffeln und Yams gehören zu verschiedenen botanischen Familien. Süßkartoffeln (Ipomoea batatas) stammen aus den tropischen Gebieten Amerikas und haben ein wirklich süßes Aroma, vor allem die rosaschalige Kumara mit orangefarbenem Fruchtfleisch. In den Tropen wachsen auch süßere weiß- oder gelbfleischige Sorten.

Süßkartoffeln stammen zwar aus den tropischen Zonen Amerikas, aber sie wachsen auch in Neuseeland und Asien. Heiße gebackene Süßkartoffeln werden im Winter in vielen chinesischen und japanischen Städten auf der Straße verkauft.

Die Yamswurzel (Dioscorea) ist eine große braunschalige stärkehaltige Wurzelknolle, die über 5 kg wiegen kann. Ihr blassgelbes oder weißes Fruchtfleisch passt perfekt in würzige Eintöpfe. In Afrika, Asien und in der Karibik gehört sie zu den Grundnahrungsmitteln.

Warum werden Süßkartoffeln beim Kochen oft zu weich?

Süßkartoffeln sind nicht so fest wie gewöhnliche Kartoffeln. Übrigens gehören sie auch gar nicht zu den Nachtschattengewächsen wie Kartoffeln, sondern sie sind Windengewächse. Süßkartoffeln, auch Bataten genannt, verlieren beim Kochen Aroma und nehmen viel Wasser auf. Dadurch werden sie matschig.

Am besten bereitet man Süßkartoffeln daher im Ofen zu. Sie garen etwas schneller als normale Kartoffeln. Die Süßkartoffeln aufschneiden und mit reichlich Butter, Salz und schwarzem Pfeffer oder Paprikapulver servieren. Zu gebackenen Süßkartoffeln passen auch eine Prise Zimt und brauner Zucker. Probieren Sie auch einmal ein Püree aus Süßkartoffeln.

Frittierte oder im Ofen gebackene Süßkartoffelchips schmecken köstlich. Sie können auch dicke Süßkartoffelscheiben mit Butter bestreichen und grillen. Sie passen besonders gut zu Hirsch- und Rehsteaks sowie zu Entenbrust.

Käse

Was genau ist Käse, und wie wird er gemacht?

Käse ist ein Nahrungsmittel, das aus frischer Milch hergestellt wird, die von Kühen, Büffeln, Schafen oder Ziegen kommen kann. Die Milch wird zunächst gereinigt und in den meisten Fällen erwärmt, um Bakterien abzutöten. Für manche Käse lässt man sie kurz stehen, für einige gibt man Sahne hinzu, für andere wird die Milch hingegen entrahmt. Danach werden Milchsäurebakterien oder Lab zugesetzt, wodurch die Milch andickt.

Die angedickte Milch wird zerteilt und gerührt, wodurch kleinere oder größere Körner entstehen, der sogenannte Bruch. Alle flüssigen Bestandteile werden jetzt entfernt, nur die festen Teile bleiben übrig. Dieser Bruch wird aus dem Kessel gehoben. Dafür verwendet man spezielle Käsetücher, durch die noch mehr Flüssigkeit abfließt.

Danach geht es zum Reifen. Vor dem Reifen werden vielen Käsesorten noch Zusätze wie Edelschimmel oder Hefe beigefügt. Der Reifungsprozess unterscheidet sich von Käsesorte zu Käsesorte, aber überall „arbeiten" natürliche chemische Prozesse im Käse, die ausschlaggebenden sind für das spätere Produkt – den fertigen Käse.

Wie viele Käsesorten gibt es eigentlich?

Es wird geschätzt, dass es weltweit etwa 3000 Käsesorten gibt, manchmal liest man sogar von 4000! Allein in der Schweiz gibt es 450 verschiedene Käsesorten, da erscheint Deutschland mit seinen weit mehr als 100 Sorten eher bescheiden.

Käse unterteilt man nach verschiedenen Kriterien in Gruppen. Ein wichtiges Kriterium ist sein Wassergehalt. Je mehr Wasser Käse enthält, desto geringer ist der Anteil an Trockenmasse, und desto feuchter ist er natürlich auch. Dementsprechend unterscheidet man Käse nach seiner Konsistenz: Es gibt Frischkäse, Weichkäse, halbfesten Schnittkäse, Schnittkäse und Hartkäse.

Meine Mutter isst täglich viel Käse. Ist Käse so gesund?

Käse enthält große Mengen Kasein, und dieses wiederum enthält alle unentbehrlichen Aminosäuren. 50 g Käse am Tag decken ungefähr 20 % des empfohlenen täglichen Eiweißbedarfs. Außerdem enthält Käse Laktose, die im Darm zu Milchsäure umgewandelt wird, welche wiederum die Verdauung anregt. Wichtiger Bestandteil von Käse ist außerdem Kalzium, das wichtig ist für gesunde Knochen. Auf der anderen Seite enthalten die meisten Käsesorten sehr viel Fett und manche, besonders Hartkäse, auch vergleichsweise viel Kochsalz.

Kann ich einem Vegetarier guten Gewissens Käse anbieten?

Das kommt ganz darauf an. Unter den Vegetariern gibt es Lakto-Vegetarier, die auch Milchprodukte essen, also Käse, Milch, Sahne, Butter, Joghurt, Buttermilch und Eiscreme. Strenge Vegetarier, Veganer, lehnen dagegen neben Fleisch, Fisch und Geflügel auch Milchprodukte und Eier ab. Veganern können Sie Sojakäse anbieten. Er wird aus Sojamilch hergestellt und ist in verschiedenen Geschmacksrichtungen im Bioladen erhältlich.

Wie unterscheiden sich Schafs-, Ziegen- oder Büffelkäse von Käse aus Kuhmilch?

Junger, milder und cremiger Ziegenkäse schmeckt fast genauso wie Käse aus Kuhmilch. Der charakteristische würzige Geschmack entwickelt sich erst mit der Zeit, sehr reifer Ziegenkäse hat ein starkes, rustikales Aroma, sollte aber immer rein und sauber schmecken. Im Gegensatz zu Kuhmilchkäse ist Ziegenkäse meist schneeweiß, abgesehen vom eher hellgelben Hartkäse.

Ziegen- und Kuhmilchkäse haben denselben Fettanteil, Ziegen- und Schafskäse sind jedoch leichter verdaulich als Käse aus Kuhmilch, da ihre Fettpartikel kleiner sind. Für einige Menschen mit Kuhmilch-Unverträglichkeit ist Ziegenkäse eine gute Alternative.

Mit seinem kräftigen Aroma kann Ziegenkäse in Rezepten nur schwerlich als Ersatz für Käse aus Kuhmilch verwendet werden. Er passt besser in Soufflés oder gegrillt zu Salat.

Schafsmilch ist sehr fettreich, man macht daraus hauptsächlich Hartkäse wie den italienischen Pecorino. Auch Feta wird traditionell aus Schafsmilch hergestellt. Schafskäse ist meist etwas milder als Ziegenkäse und hat einen leicht nussigen Geschmack.

Süditalienischer Büffelmilch-Mozzarella hat ein besonders ausgeprägtes, kräftiges Aroma.

Ich liebe griechischen Salat mit Feta. Aber der Käse schmeckt im selbst gemachten Salat nie so gut wie beim Griechen. Wo bekomme ich „echten" Feta?

Lesen Sie beim Kauf von abgepacktem Feta das Etikett. Steht „Feta" auf der Verpackung, handelt es sich nicht zwangsläufig um Schafskäse. Achten Sie vielmehr auf die Zutatenliste: Ist der Käse aus Schafsmilch (evtl. mit Ziegenmilch) und stammt aus Griechenland, handelt es sich um echten Feta! Auch eine kleine Illustration auf der Verpackung kann darüber Auskunft geben: Ist eine Kuh abgebildet, können Sie davon ausgehen, dass für den Feta, den Sie in der Hand halten, keine Schafsmilch verwendet wurde. Auch loser Käse, der wie Schafskäse aussieht, kann aus Kuhmilch sein.

Um Klarheit zu schaffen, gilt ab Oktober 2007 in der EU per Gesetz: „Feta" darf nur Käse heißen, der aus Griechenland stammt und aus Schafsmilch (evtl. mit Ziegenmilch) besteht.

Reste verwerten

Sollten Sie zu viel Käse gekauft haben, können Sie ihn einfrieren und später einmal zum Kochen verwenden. Blauschimmelkäse lässt sich gut einfrieren, ebenso Schnitt- und Hartkäse und Ricotta. Frischkäse ist zum Einfrieren nicht so gut geeignet – seine Konsistenz leidet, und er kann bitter werden, wenn er kurz vor Erreichen des Mindesthaltbarkeitsdatums eingefroren wird.

Frischkäse und Filata-Käse

Frischkäse und Quark reifen weniger als 3 Wochen und zeichnen sich durch einen besonders milden Geschmack aus. Sie sind sehr weich, haben einen hohen Wasseranteil und eine weiße Farbe. Für Filata-Käse, Brüh- und Knetkäse, wie Mozzarella und Provolone, säuert man den Käsebruch. Anschließend wird er mit heißem Wasser überbrüht, geknetet und eventuell noch zu Strängen ausgezogen.

1 Ricotta, ein italienischer Frischkäse, ist fettarm, hat ein feines Milcharoma und eignet sich gut zum Kochen.
2 Bocconcini sind Büffelmozzarellabällchen in Salzlake oder Wasser.
3 Mascarpone ist ein sahnig-milder und streichfähiger Frischkäse. Seine Konsistenz ist fester als die von Crème fraîche.
4 Provolone ist hellgelb, fest bis weich und hat ein erdiges Aroma.
5 Ziegenfrischkäse ist hell und cremig, er wird entweder natur oder, wie hier im Bild, in Holzasche gewälzt verkauft. Die Laibe können rund oder eckig sein.
6 Feta schmeckt relativ salzig. Er ist weiß und hat eine ziemlich feste, krümelige Konsistenz.
7 Scamorza ist ein Filata-Käse aus Kuhmilch mit hellem Teig und dünner Rinde. Wird häufig geräuchert.
Sahnefrischkäse (nicht im Bild) wird aus Sahne hergestellt und ist von einer cremigen geschmeidigen Konsistenz.
Körniger Frischkäse (nicht im Bild) ist fettarm; besteht aus weichen Körnchen.
Speisequark (nicht im Bild) ist je nach Fettgehalt eher trocken als cremig.
Halloumi (nicht im Bild) ist ein gebrühter und gekneteter fester Käse aus Zypern, der in Salzlake eingelegt wird.

Wo bewahrt man Käse am besten auf, und wie verpackt man ihn richtig?

Am besten lagern Sie Käse kühl und trocken, also im Kühlschrank bei einer Temperatur von 4–6 °C. Damit Käse kein Aroma von anderen Lebensmitteln annimmt, solllte er einzeln verpackt gelagert werden. Ein guter Platz ist das Butterfach des Kühlschranks. Am besten wickelt man den Käse immer wieder in seine Originalfolie ein. Bei angeschnittenen Käselaiben mit Rinde genügt es, die Schnittfäche mit einem Stück Butterbrotpapier oder Alufolie abzudecken. So kann durch die Rinde Luft an den Käse gelangen, ohne dass er dabei austrocknet. Käseglocken eignen sich nur für eine kurzfristige Lagerung.

Je härter Käse ist, desto haltbarer ist er auch. Emmentaler, Gouda, Greyerzer, Parmesan und Pecorino halten sich beispielsweise monatelang, wenn sie richtig verpackt und gelagert werden. Schimmlige Stellen oder leicht ausgetrocknete Schnittflächen können Sie einfach wegschneiden; den Schimmel dabei unbedingt großzügig entfernen.

Kaufen Sie am besten Käse nur in den Mengen ein, die Sie innerhalb von 1–2 Wochen tatsächlich verbrauchen können.

Gereifter Weichkäse und Blauschimmelkäse

Gereifter, ungepresster Weichkäse ist älter als 3 Wochen und hat entweder eine weiße Rinde mit Edelschimmel, wie beispielsweise Camembert oder Brie, oder eine Naturrinde wie viele Ziegenkäse. Die meisten Blauschimmelkäse werden ebenfalls nicht gepresst. Der Blauschimmel wächst in kleinen Hohlräumen im Inneren der Käsemasse heran und breitet sich von innen nach außen aus.

1 Brie wird als runder oder eckiger Laib angeboten, hat ein ausgeprägtes Pilzaroma und sollte goldgelb und cremig sein.
2 Blauschimmelkäse wird entweder aus Kuh- oder Schafsmilch hergestellt. Der weiche helle Käse ist von dunklen Adern aus Edelschimmel durchzogen. Meist schmeckt er kräftig und scharf, je nach regionaler Herkunft. Blauschimmelkäse mit Naturrinde sind außen krustig und innen weich. In Folie gereifte Blauschimmelkäse haben keine Rinde und ein kräftigeres Aroma.
3 Käse mit gewaschener Rinde wie z.B. Limburger werden regelmäßig mit Salzlake oder anderen Flüssigkeiten gewaschen. Sie entwickeln eine kräftige Rinde mit starkem Geruch, innen sind sie jedoch süßlich, mild und cremig. Es gibt Sorten aus Kuh- und aus Schafsmilch.
4 Camembert ist goldgelb und cremig mit weißer Edelschimmelrinde. Meist wird er als kleiner runder Laib (kleiner als Brie) angeboten.
Ziegenkäse (nicht im Bild) wird meist aus Rohmilch hergestellt. Er ist fast reinweiß; sein Aroma wird mit zunehmender Reife kräftiger. Genau wie Ziegenfrischkäse gibt es gereiften Ziegenkäse natur oder in Asche gewälzt.

? ***Welche Käsesorten sind zum Kochen und Gratinieren am besten geeignet?***

Würziger, gereifter Käse eignet sich besser zum Kochen als milder. Sehr gut eignen sich Hart- und Schnittkäse wie Emmentaler, Greyerzer und Gouda. Sie haben nicht nur ein ausgeprägtes Aroma, sondern schmelzen auch hervorragend.

Ebenso können Sie Mozzarella und Provolone zum Kochen und Überbacken verwenden. Emmentaler und Greyerzer sind die Grundlage für Käsefondue; Mozzarella und Provolone sind ideale Pizzakäse. Halloumi ist ein fester Käse, der gebraten am besten schmeckt – er schmilzt nicht.

Würzig-pikanter Blauschimmelkäse schmilzt gut und bietet sich für Saucen, Suppen und Salatdressings an.

Sehr harter Käse wie Parmesan und Pecorino lässt sich bestens reiben. Er wird zum Bestreuen von Pastagerichten sowie zum Würzen von Saucen und Risottos verwendet.

Frischkäse wie Quark, Mascarpone und Ricotta eignen sich sowohl für Desserts als auch für herzhafte Füllungen. Erhitzen Sie Frischkäse nur sehr kurz, damit er nicht gerinnt.

Ziegenkäse kann zum Überbacken von Pizzas und Crostini verwendet werden. Ziegenrolle mit Weißschimmel vor dem Verarbeiten entrinden.

Schnittkäse und Hartkäse

Cheddar und andere nach Cheddar-Art hergestellte Käsesorten werden gepresst, damit die Masse trockener wird. So entsteht die dichte, feste Konsistenz. Gepresste Hartkäsesorten wie Parmesan werden mit zunehmender Reife körnig und eignen sich sehr gut zum Reiben. Manche Schnittkäse wie Emmentaler und Gouda haben charakteristische Löcher, die durch Gase während der Reifung entstehen.

1 **Havarti** hat ein dezentes Aroma. Ähnlich wie Tilsiter ist er von vielen kleinen Löchern durchsetzt; er schmilzt gut.
2 **Parmesan** ist ein Extrahartkäse und hocharomatisch – ein idealer Reibkäse.
3 **Emmentaler** hat ein nussiges Aroma; schmeckt etwas kräftiger als Havarti.
4 **Pecorino pepato** ist ein Hartkäse, der aus Schafsmilch hergestellt und mit schwarzen Pfefferkörnern verfeinert ist.
5 **Colby** ähnelt Cheddar in Geschmack und Farbe.
6 und 7 **Cheddar** ist je nach Reifung von mehr oder weniger fester Konsistenz und Würze. Orangefarbener Cheddar verdankt seine Farbe dem Farbstoff Annatto.
8 **Greyerzer oder Gruyére** ist ein kräftig, leicht nussig schmeckender Hartkäse. Seine Lochung ist kleiner und geringer als die von Emmentaler.
9 **Edamer** hat eine rote Wachsrinde und schmeckt mild-aromatisch.
Gouda (nicht im Bild) hat eine gelbe Wachsrinde und schmeckt recht ähnlich.
Tilsiter (nicht im Bild) gibt es gewachst und geschmiert, der gewachste ist mild, der geschmierte schmeckt herb bis pikant. Die Löcher sind schlitzförmig bis oval.
Allgäuer Bergkase g. U. (nicht im Bild) schmeckt nussig-pikant.

Wenn ich ein Gericht mit Käse überbacke, sieht die Kruste oft nicht appetitlich aus. Was mache ich falsch?

Eventuell wurde der Käse übergart. Eigentlich sollte er nur kurz im Backofen oder unter dem Grill gratiniert werden, damit er nicht zu stark erhitzt wird. Erreicht Käse eine Temperatur von mehr als 75 °C, kann er hart oder gummiartig werden und Fäden ziehen. Das liegt daran, dass sich Eiweiß, Fett und Wasser voneinander trennen.

Können Sie mir verraten, wie eine Käsekruste gelingt?

Für eine schöne Kruste können Sie geriebenen Käse mit der gleichen Menge frischer Weißbrotkrumen mischen. Eine andere Möglichkeit ist, eine kräftige Käsesauce (helle Grundsauce, mit reichlich Käse gemischt) auf dem Gericht zu verteilen.

Soll ich bei einem mehrgängigen Menü den Käse vor oder nach dem Dessert servieren?

In Frankreich reicht man eine Käseplatte vor dem Dessert zum letzten Glas Rotwein, das mit dem Hauptgang ausgeschenkt wird. Damit wird der herzhafte Teil der Mahlzeit abgeschlossen, anschließend geht man zu den süßen Speisen über. In Großbritannien beendet man ein festliches Essen traditionell mit

RESTE VERWERTEN

Hartkäse hält fein gerieben länger. Geriebener Käse ist besonders praktisch zum Überbacken, grillen und für Figurbewusste. Ausgetrocknete Hartkäse kann gerieben und eingefroren werden, danach nur noch zum Kochen verwenden.

einer herzhaften Speise zum Portwein; Käse wird erst nach dem Dessert gereicht.

Wann Sie den Käsegang servieren, bleibt letztlich Ihrem persönlichen Geschmack überlassen – es gibt keine festen Regeln mehr dafür. Auch Menüs werden heutzutage leichter und weniger förmlich zusammengestellt als noch vor einiger Zeit.

Was muss ich beachten, wenn ich Wein zum Käse serviere?

Grundsätzlich gilt: Käse und Wein müssen sich vertragen, keiner darf das Aroma des anderen übertönen. Zu einem kräftigen Roquefort passt z. B. ein schwerer Dessertwein wie der Vin Santo.

Eine Faustregel besagt: Wenn Wein und Käse aus derselben Region stammen, kann fast nichts schief gehen. Lassen Sie sich also einen griechischen Schafskäse mit einem Wein aus Griechenland schmecken.

Wie kommen die Löcher in den Käse?

Manche Käsesorten wie Emmentaler, Greyerzer und Raclette, Gouda und Edamer oder Havarti und Tilsiter weisen charakteristische Löcher auf.

Die Löcher entstehen durch eine Propionsäuregärung, während der u. a. Kohlendioxid entsteht – die Gärung wird durch zugesetzte Propionsäurebakterien ausgelöst. Anzahl und Größe der Löcher werden durch die Menge an zugesetzten Bakterien bestimmt. Emmentaler hat relativ große Löcher, Tilsiter kleine.

Das Aroma von „Löcherkäse" ist mild, leicht süßlich und nussig. Meist werden die Stücke beim Händler aus einem großen Käserad frisch herausgeschnitten.

Auf einer Käseplatte sieht in Dreiecke geschnittener Käse sehr apart aus (siehe Kasten rechts). Man kann ihn auch zum Kochen verwenden.

Was ist Mascarpone, und was kann ich damit machen?

Mascarpone ist ein Frischkäse von dicker, sahniger Konsistenz. Er sollte 2–3 Tage nach dem Öffnen verbraucht sein. Mascarpone lässt sich für herzhafte oder süße Speisen verwenden. Mischen Sie ihn beispielsweise statt saurer Sahne in einen Dip oder in eine Käsekuchenmasse. Mascarpone, gemischt mit etwas Weinbrand oder Likör und Puderzucker, ergibt eine wunderbare Creme zu Kompott oder Obstsalat.

Wem Mascarpone zu fett ist, der kann ihn mit Magerquark im Verhältnis 1:1 mischen.

Das folgende italienische Dessert schmeckt mit frischen Himbeeren einfach köstlich.

Mascarponecreme

Für 6–8 Portionen
Zubereitungszeit: 20 Minuten, plus Kühlzeit

3 Eier, getrennt
125 g Zucker
250 g Mascarpone
2 EL Amaretto

1 Eigelbe und Zucker in einer Schüssel hell und schaumig rühren.

2 Mascarpone und Amaretto vorsichtig unterheben.

3 In einer sauberen Schüssel das Eiweiß steif schlagen.

4 Den Eischnee unter die Mascarponemasse ziehen. Bis zum Servieren kühl stellen.

VARIANTE

Wie wäre es zur Abwechslung mal mit einer pikanten Mascarponecreme als Dip oder Brotaufstrich? Verrühren Sie dafür 100 g Gorgonzola mit 50 g Mascarpone, einer fein gewürfelten Zwiebel und etwas scharfem Senf zu einer cremigen Masse. Mit Salz und Pfeffer pikant abschmecken; servieren.

KÄSE RICHTIG SCHNEIDEN

Wenn Sie eine Käseplatte mit verschiedenen Käsesorten servieren, sollten Sie für jeden Käse ein eigenes Messer dazulegen, damit sich die Aromen nicht mischen.

BRIE UND ANDERE WEICHE KÄSESORTEN

1 Schneiden Sie den Käse nicht in der Mitte durch, sondern schneiden Sie von einem Ende ein dreieckiges Stück so ab, dass es zum Rand hin schmaler ist und zur Mitte des Käses breiter – ähnlich wie ein Tortenstück.

2 Schneiden Sie abwechselnd von beiden Seiten des Käses gleichmäßig große Dreiecke ab. Dabei darauf achten, dass auch das letzte Stückchen noch genug von dem cremigen gelben Teig hat.

SCHNITT- UND HARTKÄSE

Legen Sie die Käseecke auf eine Seite, und schneiden Sie von unten nach oben mit einem Messer gleichmäßig dicke dreieckige Scheiben ab.

Nach welchen Kriterien soll man am besten eine Käseplatte zusammenstellen?

Das Geheimnis liegt in der ausgewogenen Zusammenstellung von milden und kräftigen Sorten, damit jeder Gast etwas findet, das seinem Geschmack entspricht. Wählen Sie kontrastierende Konsistenzen und Aromen, wie beispielsweise einen Hart- oder Schnittkäse (alter Gouda, Parmesan oder Pecorino), einen milderen Weichkäse (Brie oder italienischer Paglietta) und einen pikanten Blauschimmelkäse (Gorgonzola oder Roquefort).

Nach diesem Grundprinzip können Sie verschiedenste Käseplatten zusammenstellen. Kombinieren Sie z. B. einen Hartkäse mit Löchern, einen Weichkäse mit Pfeffer und Kräutern und einen in Asche gerollten Ziegenkäse. Generell sollten Sie eine Käseplatte jedoch nicht mit zu vielen Sorten überladen.

Wie viel Käse benötigt man für eine Käseplatte?

Für bis zu 8 Personen sind drei oder vier Käsesorten völlig ausreichend. Selbst auf einem großen Buffet müssen nicht mehr als fünf Sorten angeboten werden. Wichtiger ist vielmehr, dass die Sorten aufeinander abgestimmt und die Stücke nicht zu klein sind.

Pro Person sollten Sie 30–60 g Käse kalkulieren. Wählen Sie deshalb einige große, schön geschnittene Stücke anstatt vieler kleiner Stücke. Sie können auch nur einen einzigen Käse anbieten – das passt vor allem zu einer kleinen Party. Ein ganzer Käse sieht sehr dekorativ aus. Käse, egal welche Sorte, sollten Sie stets mit Raumtemperatur servieren.

Was passt als Beilage zu Käse?

Kenner essen Käse vorzugsweise pur – höchstens mit frischem Brot dazu.

In Stücke geschnittene Rohkost wie Staudensellerie und Radieschen oder Obst wie Äpfel und Birnen, oder auch getrocknete Aprikosen, Feigen, Trauben und Walnüsse passen zu den meisten Käsesorten.

Käsegebäck

Welcher Käse eignet sich besonders gut für Käsegebäck?

Wählen Sie vorzugsweise herzhafte, länger gereifte Käsesorten, die sich fein reiben lassen. Junge Schnittkäse wie Gouda, Emmentaler oder Edamer sind zu weich – sie machen den Teig klebrig, weshalb man ihn nur schlecht ausrollen kann.

Für ein kräftiges Aroma sorgen lang gereifte Käsesorten wie Cheddar, Gouda oder Greyerzer. Sie harmonieren zudem sehr gut mit geriebenem Parmesan oder Pecorino.

Was für ein Grundteig bietet sich für Käsegebäck an?

Bereiten Sie einen Mürbeteig zu, in den Sie den Käse kneten. Besonders knusprig wird das Gebäck, wenn Sie etwas Ei zum Teig geben, wie im folgenden Rezept.

Den Käseteig können Sie auch als Boden für eine Quiche oder Tarte verwenden. Variieren Sie Käsesorte und -menge je nach Belag – der Käse soll nicht dominant sein.

Käsestangen und -plätzchen

Für 20 Plätzchen oder 40–60 Stangen
Vorbereitungszeit: 25 Minuten (Plätzchen), 40 Minuten (Stangen), plus jeweils 30 Minuten Kühlzeit
Backzeit: 10–15 Minuten (Plätzchen), 5–8 Minuten (Stangen)

125 g Mehl
je 1 Prise Salz, Senfpulver und Cayennepfeffer
75 g Butter, gewürfelt
25 g geriebener alter Gouda
25 g geriebener Parmesan
1 großes Ei, verquirlt
Für die Plätzchen:
20 Mandelkerne/Walnusskernhälften oder Mohn- und Sesamsamen
Für die Stangen:
edelsüßes Paprikapulver

1 Mehl, Salz, Senfpulver und Cayennepfeffer in eine Schüssel sieben. Die Butter mit den Fingern einkneten, bis die Mischung krümelig ist. Mit einer Gabel den geriebenen Käse und nach und nach die Hälfte des verquirlten Eis untermischen.

2 Die Mischung mit den Fingern kneten. Aus der Schüssel nehmen und den Teig auf einer bemehlten Arbeitsfläche kräftig ein paar Minuten lang glatt kneten.

3 Den Teig in Butterbrotpapier wickeln und im Kühlschrank etwa 30 Minuten ruhen lassen. Backofen auf 200 °C vorheizen; zwei Backbleche mit Backpapier belegen.

KÄSEPLÄTZCHEN

1 Teig 5 mm dick ausrollen und daraus etwa 5 cm große Kreise ausstechen. Auf das Backblech legen und mit dem restlichen Ei bepinseln. Auf jedes Plätzchen 1 Mandel oder Walnusshälfte setzen oder die Plätzchen mit Mohn- oder Sesamsamen bestreuen.

2 Die Plätzchen 8–10 Minuten im heißen Ofen goldgelb backen. Herausnehmen, 1–2 Minuten auf dem Backblech, dann auf einem Kuchengitter abkühlen lassen. Teigreste ausrollen und weitere Plätzchen ausstechen.

KÄSESTANGEN

1 Teig 5 mm dick und 20 cm breit ausrollen. Die Kanten gerade abschneiden, dann den Teig längs halbieren. Jeden Streifen in 5 mm breite Stangen schneiden.

2 Die Stangen mit etwas Abstand voneinander auf die Backbleche legen. In 5–8 Minuten im heißen Ofen hellgelb backen. Herausnehmen, 1–2 Minuten auf dem Backblech, dann auf einem Kuchengitter abkühlen lassen. Käsestangen mit den Enden in edelsüßes Paprikapulver tauchen.

3 Teigreste ausrollen, weitere Stangen ausschneiden. Käsegebäck in geschlossenen Dosen aufbewahren, so ist es etwa 1 Woche haltbar.

Käsekuchen

? ***Kann ich für Käsekuchen auch fettreduzierten Frischkäse oder Magerquark verwenden?***

Fettreduzierter Frischkäse oder Magerquark eignet sich prinzipiell für Käsekuchen genauso wie die fettreicheren Sorten. Allerdings sind Geschmack und Konsistenz der gekühlten bzw. gebackenen Käsekuchenmasse anders. Vor allem für einen gebackenen Käsekuchen ist eine nicht ganz so magere Mischung empfehlenswert, denn magerer Frischkäse gerinnt durch Erhitzen, was dem Käsekuchen eine trockene und krümelige Konsistenz verleiht. Versuchen Sie, einen Kompromiss zu finden, z. B. eine Mischung aus Magerquark und Doppelrahmfrischkäse oder Magerquark und Mascarpone.

Wenn Sie einen köstlichen fettarmen Käsekuchen zubereiten möchten, sollten Sie einen ungebackenen, wie den Amerikanischen Käsekuchen rechts, ausprobieren. Servieren Sie ihn gut gekühlt.

Amerikanischer Käsekuchen

Für 6–8 Portionen
Zubereitungszeit: 50 Minuten,
plus 4 Stunden Kühlzeit

75 g Butter oder Margarine
185 g ungezuckerte Müslimischung
1 EL gemahlene Gelatine
300 g körniger Frischkäse, durch ein Sieb gestrichen
60 g Zucker
150 g saure Sahne
2 große Eier, getrennt
abgeriebene Schale und Saft von 1 Zitrone
Für die Garnitur:
Kirschen oder Beeren

1 Butter oder Margarine zerlassen, Müsli einrühren. Diese Mischung gleichmäßig auf dem Boden einer Springform (20 cm Ø) verteilen; glatt streichen. Den Teigboden für 30 Minuten in den Kühlschrank stellen. In der Zwischenzeit die Füllung zubereiten.

2 Gelatine nach Packungsanweisung in kaltem Wasser quellen lassen; auf dem Wasserbad auflösen.

3 Frischkäse, Zucker, saure Sahne, Eigelbe, Zitronenschale und -saft in einer großen Schüssel cremig verrühren. Gelatine zugeben und gründlich untermischen.

4 In einer anderen Schüssel die Eiweiße steif schlagen, dann vorsichtig unter die Käsemischung ziehen. Die Mischung in die Springform geben und in etwa 4 Stunden im Kühlschrank erstarren lassen.

5 Aus dem Kühlschrank nehmen. Den Rand der Springform lösen und den Käsekuchen vorsichtig auf einen Servierteller gleiten lassen.

6 Den Kuchen vor dem Servieren mit Kirschen oder Beeren garnieren. Ein Messer mit langer Klinge in heißes Wasser tauchen und den Kuchen in Stücke schneiden.

Dieser erfrischende Käsekuchen mit einem Müsliboden und einer Käsemasse mit angenehm säuerlicher Note ist cremig-weich und dennoch fettarm. Der Clou: Der Kuchen muss nicht gebacken werden!

Immer beliebt: Ein saftiger Käsekuchen mit Sultaninen. Wer mag, kann noch Apfelstückchen unter die Quarkmasse ziehen.

Käsekuchen mit Rosinen

Für 12 Stücke
Vorbereitungszeit: 45 Minuten,
plus 1 1/2 –2 1/2 Stunden Ruhezeit
Backzeit: 40 Minuten

Für den Teig:
250 g Mehl, Salz
21 g frische Hefe (1/2 Würfel)
4 EL lauwarme Milch
50 g zerlassene Butter, mehr für die Form
50 g Zucker
1 Ei

Für den Belag:
750 g Magerquark
50 g Sahne
150 g saure Sahne
50 g Hartweizengrieß
200 g Zucker
1 Ei, getrennt
abgeriebene Schale von 1/2 Zitrone
100 g Rosinen
1 Prise Salz

1 Mehl in eine Schüssel geben. In die Mitte eine Vertiefung drücken und eine Prise Salz auf den Rand streuen. Hefe mit der Milch verrühren, in die Mulde gießen; mit etwas Mehl bestreuen.

2 Etwa 20 Minuten zugedeckt gehen lassen, bis die Mehlschicht Risse zeigt. Butter, Ei und Zucker zufügen.

3 Den Teig mit den Knethaken des elektrischen Handrührgeräts kräftig verkneten, bis er sich von der Schüssel löst. Den relativ festen Teig zugedeckt an einem warmen Ort 1–2 Stunden gehen lassen.

4 Den Backofen auf 190 °C vorheizen. Eine Springform (26 cm Ø) fetten und dünn ausmehlen. Den Teig ausrollen, Boden und Rand der Form damit auskleiden. Den Teig in der Form weitere 20 Minuten gehen lassen.

5 Inzwischen für den Belag Quark, süße und saure Sahne, Grieß, Zucker, Eigelb, Zitronenschale und Rosinen in eine große Schüssel geben; zu einer glatten Masse verrühren. Eiweiß mit einer Prise Salz steif schlagen und unter die Quarkmischung ziehen.

6 Die Quarkmasse in die Form füllen und glatt streichen. Die Form in den heißen Ofen stellen und den Kuchen etwa 40 Minuten backen, bis er oben goldgelb ist. Nach dem Ablauf der Backzeit den Kuchen noch 15 Minuten im Backofen ruhen lassen. Dann erst herausnehmen, aus der Form lösen und auskühlen lassen.

Kaviar

Wie unterscheiden sich die verschiedenen Kaviarsorten, und warum sind einige so teuer?

Beim echten Kaviar handelt es sich um den Rogen des Störs. Aus Haltbarkeits- und Geschmacksgründen wird er leicht gesalzen.

Die drei wichtigsten Kaviarsorten – Beluga, Ossietra und Sevruga – sind Rogen verschiedener Störarten. Die Fische sind meist über 15 Jahre alt und stammen größtenteils aus dem Kaspischen Meer.

Der teuerste Kaviar ist der vom Beluga-Stör. Jedes Jahr werden nur etwa 100 Beluga-Störe gefangen. Beluga-Kaviar ist hell- bis dunkelgrau und hat weiße Tupfen. Sevruga-Kaviar ist dagegen klein und dunkelgrau, und schmeckt leicht und süßlich. Stammt der nussig schmeckende Ossietra-Kaviar von kleineren Fischen, ist er feinkörnig und schwarz; goldfarben und grobkörniger ist er von größeren Stören.

Gibt es auch preisgünstigere Alternativen zu echtem Kaviar?

Presskaviar oder gepresster Kaviar wird aus leicht beschädigtem oder zu weichem Störrogen hergestellt. Dieser wird gesalzen und durch ein Passiertuch gedrückt. Er ist wesentlich preisgünstiger als der echte Körnerkaviar.

Als Kaviarersatz dienen die Fischrogen anderer Fische als dem Stör. Beliebt ist beispielsweise der orangerote Lachskaviar (Keta-Kaviar), ebenso der schwarz oder rot gefärbte Seehasenrogen (Deutscher Kaviar), darüber hinaus gibt es roten Steinbuttrogen (Skandinavien) und Meeräschenrogen (Bottarga oder Sizilianischer Kaviar). Kaviar-Ersatz ist wie echter Kaviar sehr salzig und ist nicht minder dekorativ.

Wie serviert man echten Kaviar am besten?

Stellen Sie die Kaviardose in eine mit Eiswürfeln gefüllte Schüssel. Die gekühlte Dose erst direkt vor dem Servieren öffnen, denn an der Luft oxidiert der Kaviar, was sein Aroma beeinträchtigt. Servieren

Sie diese Delikatesse einfach mit frisch geröstetem Toastbrot und Butter. In Russland reicht man traditionell Blini (Buchweizenpfannkuchen) mit saurer Sahne dazu; neue Kartoffeln mit Crème fraîche passen ebenfalls gut zu Kaviar. Verzichten Sie auf Beilagen wie Eier, Zitrone, Zwiebeln und Petersilie; sie lenken zu stark vom dezenten Kaviararoma ab. Als Getränk reicht man Wodka oder Champagner zum Kaviar.

Kichererbsen

Kürzlich habe ich in einem arabischen Restaurant Hummus gegessen. Gibt es ein einfaches Rezept für diese Köstlichkeit?

Diese Vorspeise aus Kichererbsen ist einfach und rasch zuzubereiten: Kichererbsen aus der Dose (400 g) abgießen, kurz abspülen und gut abtropfen lassen. Mit 1–2 Knoblauchzehen und 1 EL Zitronensaft in der Küchenmaschine oder mit dem Kartoffelstampfer zu einem glatten Püree verarbeiten. 3 EL Olivenöl, 1 EL Tahin (Sesammus), Salz, Pfeffer und Cayennepfeffer untermischen. Zum Serverien das Hummus in eine flache Schüssel streichen und mit Olivenöl beträufeln. Mit schwarzen Oliven garnieren und mit Raumtemperatur servieren. Dazu passt Fladen- oder Pittabrot.

Wofür kann ich Kichererbsen noch verwenden – und sollte man sie selbst weich kochen oder sind die aus der Dose genauso gut?

Kichererbsen schmecken gut in Suppen und Eintöpfen mit oder ohne Fleisch, aber auch in Bohnensalaten und Gemüsegerichten. Überaus köstlich sind Falafel, Kichererbsenbällchen aus dem Mittleren Osten.

Getrocknete Kichererbsen müssen über Nacht eingeweicht und gut 1 Stunde gegart werden. Kichererbsen aus der Dose haben den gleichen Nährwert wie selbst gekochte; sie werden eventuell etwas weicher, ihr größter Vorteil ist die Zeitersparnis. Für Gerichte wie Hummus sind sie einfach ideal. Für Suppen sind bissfest gegarte Erbsen besser geeignet.

Kirschen

Wie entsteint man Kirschen am schnellsten?

Am schnellsten geht es mit einem Kirschenentsteiner. Im Haushaltswarenladen finden Sie verschiedene Modelle zur Auswahl – unterschiedlich in Größe, Preis und Handhabung. Informieren Sie sich vor dem Kauf über Vor- und Nachteile des jeweiligen Modells.
Wenn Sie nur selten und wenig Kirschen entsteinen, können Sie die roten Früchte auch einfach nur mit einem kleinen Messer aufschneiden und die Steine herauslösen.

Welche Kirschen sind am besten zum Rohverzehr geeignet, und welche eignen sich zum Kochen?

Es gibt drei verschiedene Arten von Kirschen: Süßkirschen, halbsüße Kirschen und Sauerkirschen. Süßkirschen und halbsüße Kirschen sind rot, schwarz oder hell, manche sind groß und weich, andere eher festfleischig. Diese Kirschen schmecken alle roh.

Sauerkirschen sind kleiner als Süßkirschen und immer rot. Die bekannteste Sorte ist die Schattenmorelle mit ihrem sehr sauren Geschmack. Schattenmorellen schmecken gekocht als Kompott, Kuchenbelag oder in Roter Grütze hervorragend.

Süßkirschen kann man ebenfalls kochen, doch das Aroma gekochter Süßkirschen ist lange nicht so intensiv wie das von Schattenmorellen.

Entsteinen Sie Kirschen in einem Gefrierbeutel – so kann der Saft nicht umherspritzen.

Kiwis

Enthalten Kiwis wirklich mehr Vitamin C als Orangen?

Nein. Der Unterschied ist allerdings sehr gering: Kiwis enthalten 46 mg Vitamin C pro 100 g, Orangen 50 mg. Mit einer Kiwi am Tag oder einer Orange können Sie etwa die Hälfte der empfohlenen täglichen Zufuhr an Vitamin C decken.

Mit ihrem charakteristischen Aroma kann man einem Obstsalat einen Hauch Exotik und frische grüne Farbakzente verleihen.

Wie kann man prüfen, ob eine Kiwi reif ist?

Kiwis sind reif, wenn sie auf leichten Druck nachgeben. Dann lässt sich das Fruchtfleisch leicht aus der Schale löffeln. Man kann etwas festere Kiwis auch in Scheiben schneiden und für Obstsalate, Torten und Desserts verwenden.

Stimmt es, dass man Kiwis nicht mit Milchprodukten kombinieren sollte?

Ja und nein. Kiwis enthalten ein Enzym, das Eiweiß spaltet. Dadurch schmecken Milchprodukte, die mit Kiwis gemischt wurden, nach einiger Zeit bitter. Durch Hitze wird dieses Enzym jedoch zerstört. Wenn Sie für eine Süßspeise Kiwis mit einem Milchprodukt mischen möchten, sollten Sie deshalb die Früchte vorher blanchieren oder die Speise möglichst sofort nach der Zubereitung essen.

Tauchen Sie rohe Kiwischeiben in heißes Wasser, bevor Sie sie mit einem Milchprodukt mischen.

Kleie

Was ist Kleie eigentlich genau?

Kleie besteht aus den Spelzen von Getreide, wobei Weizen und Haferkleie am gebräuchlichsten sind. Die Kleie ist im Prinzip ein Abfallprodukt, das bei der Herstellung von Mehl anfällt. Die harten Spelzen werden von den Körnern getrennt, bevor diese gemahlen werden.

Kleie besteht zu über 40 % aus Ballaststoffen und ist daher besonders förderlich für die Verdauung. Deshalb findet man Kleie in vielen Frühstückszerealien. Mit Kleie kann man aber auch den Teig für Brot, Brötchen und Gebäck anreichern. Mit gerösteter Kleie lassen sich Müslimischungen (siehe unten) herstellen.

Wie bewahre ich Kleie am besten auf, und wie lange hält sie?

Heben Sie Kleie in einem Gefäß auf, das luftdicht verschließbar ist, und stellen Sie dieses an einen kühlen Ort. So ist Weizenkleie etwa 3 Monate lang haltbar.

Müsli mit Kleie

Für 8–10 Portionen
Vorbereitungszeit: 5 Minuten
Garzeit: 10–12 Minuten

50 g Weizen- oder Haferkleie
50 g Sonnenblumenkerne
125 g Haselnusskerne, fein gehackt
250 g Trockenobst (z. B. Aprikosen, Kirschen, Feigen und Rosinen)
125 g Bananenchips
400 g Mehrkornflocken
2 TL gemahlener Zimt

1 Kleie, Sonnenblumenkerne und Nüsse in einer großen beschichteten Pfanne 3–4 Minuten rösten. Sofort in eine große Schüssel füllen.

2 Größere Trockenfrüchte würfeln. Mit Flocken und Zimt zur Kleiemischung geben. Müsli mischen, in ein verschließbares Gefäß füllen; dunkel aufbewahren. Nach Bedarf mit Milch und frischem Obst mischen.

Knoblauch

Warum verwenden Kochprofis keine Knoblauchpresse zum Zerkleinern von Knoblauch?

Viele Köche zerdrücken Knoblauch lieber mit einer Messerklinge. Zum einen lässt sich eine Knoblauchpresse oft nur schwer reinigen (und wenn ältere Knoblauchreste darin hängenbleiben, verdirbt dies den Geschmack des frischen Knoblauchs). Zum anderen wird durch das Zerdrücken das Aroma von Knoblauch etwas zerstört. Dies ist zwar nicht so wichtig, wenn Knoblauch anschließend gegart wird, weil er dadurch seine beißende Schärfe sowieso verliert. Soll Knoblauch aber roh verwendet werden, ist es besser, ihn mit einem Messer fein zu würfeln (siehe Kasten rechts).

Stimmt es, dass man keine „Knoblauchfahne" bekommt, wenn man den grünen Keim aus der Knoblauchzehe entfernt?

Nicht unbedingt, aber der grüne Keim schmeckt unangenehm bitter und sollte auf jeden Fall entfernt werden. Leute, die viel Knoblauch essen, behaupten oft, dass sich das Verdauungssystem anpasst und der Knoblauchgeruch nicht mehr ausgedünstet wird, aber erwiesen ist das nicht. Die Theorie, dass nur roher Knoblauch für die „Fahne" sorgt und gekochter nicht, ist ebenfalls nicht bestätigt. Übrigens wird der Geruch auch über die Haut ausgeschieden, daher helfen auch Bonbons, Kaugummis oder frische Petersilie nicht wirklich.

Ist Knoblauch tatsächlich so gesund, wie man immer wieder lesen kann?

Ja, durchaus. Knoblauch enthält natürliche Wirkstoffe, die beispielsweise antibakteriell wirken, deshalb wird die Knolle auch oft als Antibiotikum ohne Nebenwirkung bezeichnet.

Wissenschaftler sind sich ferner darüber einig, dass Knoblauch blutreinigend, cholesterinspiegelsenkend und leicht blutverdünnend wirkt. Regelmäßiger Knoblauchverzehr wird daher im Allgemeinen zur Vorbeugung von Herz-Kreislauf-Erkrankungen empfohlen. Allerdings setzt die positive bzw. heilende Wirkung erst nach 4 Wochen regelmäßigen Knoblauchverzehrs ein.

KNOBLAUCH ZERKLEINERN

Für viele Gerichte muss Knoblauch nicht fein zerkleinert werden. Werden geschälte ganze Zehen längere Zeit mitgegart, zerfallen sie allmählich von selbst.

1 Den Knoblauch mit der Breitseite der Messerklinge kräftig auf ein Schneidebrett drücken, damit er sich aus der Schale löst.

2 Knoblauchzehe erst längs in dünne Stifte schneiden, dann noch einmal quer in winzige Würfel.

3 Für ein weiches Püree den Knoblauch mit grobem Salz bestreuen. Abwechselnd hacken und mit der breiten Messerklinge auf das Schneidebrett drücken.

Knoblauch schmeckt teilweise unterschiedlich scharf. Gibt es verschiedene Knoblauchsorten?

Ja, es gibt verschiedene Knoblauchsorten: Die meisten sind weiß, aber es gibt auch welche mit lila- und rosafarbenen Streifen. Die Farbe hat mit dem Aroma allerdings nichts zu tun.

Kürzlich sah ich Knoblauchknollen mit grünen Stielen. Sind sie besser als Knollen mit getrockneten Stielen?

Frischer Knoblauch mit grünem Stiel ist milder im Geschmack als der getrocknete mit der pergamentartigen Schale, dafür aber deutlich saftiger, was ihn unter Kennern so begehrt macht. Frischer Knoblauch ist süßlich und mild und wird als Gemüse zubereitet. Sehr gut schmeckt er, wenn man ihn im Ganzen mit frischen Kräutern wie Thymian brät wie im Rezept unten. Diese Knollen werden nur zu Saisonbeginn im Frühjahr angeboten und halten sich maximal 2 Wochen.

Knoblauchknollen mit Thymian

Für 4–6 Portionen
Vorbereitungszeit: 20 Minuten
(zum Vorheizen des Backofens)
Garzeit: 45 Minuten–1 Stunde

6 große frische Knoblauchknollen
100 ml Olivenöl
Meersalz
6 Thymianzweige

1 Backofen auf 200 °C vorheizen. Inzwischen die Knoblauchknollen vorbereiten. Dafür mit einem großen Kochmesser jeweils das obere Drittel der Knoblauchknollen abschneiden, dann die Wurzelenden entfernen.

2 Die Knollen mit den Schnittflächen nach oben nebeneinander in eine ofenfeste Form legen. Anschließend mit Olivenöl beträufeln und mit Salz bestreuen. Thymianzweige zwischen die einzelnen Knollen stecken.

3 Die Knoblauchknollen 45–60 Minuten im heißen Ofen backen. Während dieser Zeit ein- bis zweimal mit der Garflüssigkeit begießen. Der Knoblauch ist gar, wenn er sich weich anfühlt.

Servieren Sie diese ausgefallene Köstlichkeit zu gegrillten Lammkoteletts oder einem provenzalischen Schweinebraten – die Knoblauchknollen können in diesem Fall mit dem Braten in der Form garen.

Herrlich süße und milde ganze Knoblauchknollen aus dem Ofen, in Olivenöl gebraten und mit Thymian gewürzt, sind ein wahres Fest für Knoblauchfans.

Servieren Sie die gebratenen Knollen als Vorspeise mit Brot und mildem Ziegenkäse oder als Beilage zu Hühnchen oder Lamm. Die Knoblauchzehen drückt man mit den Fingern aus den Schalen.

Im Gegensatz zu frischen Knollen werden getrocknete (meist sonnengetrocknete) Knoblauchknollen das ganze Jahr auf unseren Märkten angeboten – manchmal zu Zöpfen geflochten, die man im Winter an einem kühlen Ort aufhängen kann. Der Geschmack wird intensiver, wenn die grünen Sprossen in den Knoblauchzehen zu keimen beginnen. Getrocknete Knoblauchknollen von guter Qualität erkennen Sie an prallen, festen Zehen.

Knollensellerie

Wie wird Knollensellerie vorbereitet, und wofür kann man ihn noch verwenden außer für Suppengrün?

Knollensellerie gehört genau wie Möhren zum Knollen- und Wurzelgemüse. Er muss dick geschält werden und nach dem Schneiden sofort in mit Zitronensaft gesäuertes Wasser gelegt werden, damit er sich nicht braun färbt.

Aus Knollensellerie lässt sich ein wundervolles Püree zubereiten, das man mit zerstampften Kartoffeln mischen kann. Dadurch wird der Geschmack etwas milder und die Konsistenz cremiger (siehe Rezept S. 160). Das Püree passt gut zu Geflügel- und Fischgerichten.

Sehr beliebt sind auch ganze gebratene, panierte Selleriescheiben. Für die vegetarischen Schnitzel müssen die Sellerieknollen vorgegart und dann erst in Scheiben geschnitten werden. So sind sie nach dem Braten angenehm weich.

Kann man Knollensellerie auch als Rohkost zubereiten?

Ja, sogar sehr gut. Frisch geraspelter Knollensellerie harmoniert bestens mit Möhren und Äpfeln oder auch mit Kohl. Als Rohkost erreichte Sellerie im klassischen Waldorfsalat Weltruhm.

Knollensellerie schälen & blanchieren

Für manche Gerichte, z. B. Salate, muss Knollensellerie blanchiert werden. Dadurch behält er seine Farbe und bekommt ein milderes Aroma.

1 Das harte Wurzelende mit einem Küchenmesser abschneiden. Den Knollensellerie dick schälen und in dünne Scheiben schneiden. (Für ein Püree am besten grob würfeln.)

2 Die Scheiben in dünne Streifen schneiden oder mit der Juliennescheibe der Küchenmaschine in Stiften schneiden. Falls die Stifte nicht sofort weiterverarbeitet werden. Diese in kaltes Zitronenwasser legen.

3 In einem großen Topf reichlich Wasser mit dem Saft von 1/2 Zitrone zum Kochen bringen. Den Knollensellerie hineingeben. Erneut aufkochen lassen, dann das Gemüse herausheben und unter kaltem Wasser abschrecken. Sellerie gut abtropfen lassen und je nach Rezept weiterverarbeiten oder auch einfrieren.

Sellerie-Kartoffel-Püree

Für 4 Portionen
Vorbereitungszeit: 10 Minuten
Garzeit: 30 Minuten

Saft von 1 Zitrone
400 g Knollensellerie
400 g mehligkochende Kartoffeln
50 g Butter
2 EL Milch
Salz und schwarzer Pfeffer
geriebene Muskatnuss
1 große Stange Sellerie, fein gehackt

1 In eine große Schüssel Wasser mit der Hälfte des Zitronensafts füllen. Den Knollensellerie dick schälen, würfeln und in das Zitronenwasser legen. In einem Topf Wasser zum Kochen bringen, restlichen Zitronensaft hineingeben. Selleriewürfel abgießen und ins kochende Wasser geben.

2 Das Wasser wieder zum Kochen bringen, dann die Hitze reduzieren und das Wasser köcheln lassen, bis der Sellerie weich ist. Abgießen. Sellerie wieder in den Topf geben und den Topf auf der heißen Herdplatte oder bei schwächster Hitze leicht hin- und herrütteln, damit die Selleriewürfel ausdämpfen. Die Würfel pürieren oder mit dem Kartoffelstampfer zerdrücken.

3 Kartoffeln waschen und je nach Größe in 15–25 Minuten gar kochen. Abgießen, etwas abkühlen lassen und schälen. Mit dem Kartoffelstampfer zerdrücken. (Beachten Sie: Kartoffeln nie mit dem Stabmixer pürieren, sonst wird das Püree klebrig.)

4 Die beiden Pürees mischen. Die Milch in einen kleinen Topf geben und die Butter in der Milch zerlassen. Mit Salz, Pfeffer und Muskatnuss würzen. Zum Püree gießen und dabei unterrühren.

5 Gehackten Stangensellerie untermischen. Das Püree, falls nötig, im Backofen warm halten. Es lässt sich auch wieder aufwärmen oder im Ofen mit Käse überbacken.

Kochen

Was ist der Unterschied zwischen Kochen, Köcheln und Pochieren?

Bei allen drei Garmethoden werden Zutaten in Flüssigkeit gegart, aber bei unterschiedlichen Temperaturen. Oft spricht man vom Kochen, obwohl die Gerichte eigentlich pochiert oder geköchelt werden.

Wenn die Flüssigkeit auf etwa 82 °C erhitzt wird, kann man darin Fisch und andere empfindliche Zutaten pochieren, die ansonsten zerfallen würden.

Bei 85–93 °C bewegt sich Wasser kaum, es steigen nur ab und zu kleine Blasen auf – es köchelt. Dies ist ideal für Fleisch und ganzes Geflügel.

In sprudelnd kochendem Wasser gart man Gemüse, Reis, Pasta und Getreide. Beim Reduzieren von Flüssigkeiten für Saucen oder beim Einkochen von Konfitüre ist hingegen weniger starkes Brodeln erforderlich.

Ist gekochtes Rindfleisch wirklich gekocht?

Wenn in einem Rezept von gekochtem Rindfleisch, Fisch oder Hähnchen die Rede ist, geht es eigentlich um pochierte Zutaten. Beim Garen in sprudelnd kochendem Wasser werden Fleisch und Fisch zäh und verlieren an Geschmack.

Anders als bei Schmorgerichten oder Eintöpfen gehört die Garflüssigkeit bei dieser Methode nicht zum fertigen Gericht. Oft wird sie jedoch als Grundlage für eine Sauce oder als Fond verwendet.

Aus dem Kochwasser von Speck lässt sich eine köstliche Erbsensuppe zubereiten.

Gewusst wie

Geben Sie beim Pochieren von Fleisch ab und zu etwas kaltes Wasser in den Topf, damit Verunreinigungen an die Oberfläche steigen. Wenn die Flüssigkeit wieder aufkocht, den Topf vom Herd nehmen und den Schaum mit einem Löffel abschöpfen.

Soll man Wurzel- und Knollengemüse anders kochen als Blattgemüse?

Wurzel- und Knollengemüse sowie Kartoffeln sollten in ungesalzenes kaltes Wasser gelegt werden, das man dann zum Kochen bringt. Grünes Blattgemüse dagegen in reichlich gesalzenes kochendes Wasser geben und nur kurz garen, damit Farbe, Aroma und Inhaltsstoffe erhalten bleiben.

Warum soll Gemüse manchmal vorgegart werden?

Beim Vorgaren wird Gemüse vorgekocht und erst später fertig gegart. Die Technik ähnelt dem Blanchieren, das Gemüse wird jedoch länger gekocht (etwa 10 Minuten anstelle von 1–2).

Gemüse, das im Backofen geröstet werden soll, kann man vorgaren, damit es später innen weich ist, wenn es außen bereits knusprig ist.

Soll ich beim Kochen von Gemüse das Salz ins kalte oder ins kochende Wasser geben?

Salzwasser hat einen niedrigeren Siedepunkt als ungesalzenes, daher kocht das Wasser schneller, wenn Sie das Salz von Anfang an hineingeben. Sie brauchen jedoch überhaupt kein Salz zu verwenden. Versuchen Sie, möglichst wenig oder gar kein Salz zu nehmen, um Ihre Geschmacksnerven an gesunde, salzarme Gemüsegerichte zu gewöhnen.

Ich habe gelesen, dass man Gemüse nicht kochen soll. Was sind dann die Alternativen?

Beim Kochen von Gemüse in viel Wasser gehen viele wertvolle Vitamine verloren, wenn man das Kochwasser am Schluss abgießt. Je kürzer man Gemüse kocht, desto mehr Vitamine bleiben erhalten.

Dämpfen dauert zwar genauso lang wie Kochen, doch bei dieser Garmethode bleiben mehr wertvolle Inhaltsstoffe und mehr Aroma erhalten. Zum Dämpfen verwendet man am besten einen Dämpfkorb aus Bambus oder einen Metalleinsatz, der in einen Topf gesetzt wird. Das Gemüse nebeneinander im Dämpfkorb über sprudelnd kochendem Wasser garen. Wichtig: Beim Dämpfen darf das Gargut nicht mit dem Wasser in Berührung kommen – es gart ausschließlich im Wasserdampf. Der Topf muss während des Dämpfens fest verschlossen sein, damit die Hitze nicht entweicht.

Kohl

Ich esse sehr gern Kohl, doch der typische Kohlgeruch, der während des Kochens entsteht, stört mich. Lässt er sich vermeiden?

Jede Kohlsorte enthält schwefelhaltige Verbindungen, die beim Kochen in Form von Gasen freigesetzt werden. Zwischen der 5. und 7. Minute ist diese Gasentwicklung (und damit der Geruch) am stärksten. Um den Kohlgeruch zu vermeiden, müssen Sie die Garzeit von Kohl entweder auf unter 5 Minuten beschränken oder den Kohl im fest verschlossenen Topf garen.

Welchen Kohl sollte man wie am besten garen?

Spitzkohl und Wirsing kocht man am besten kurz, indem man die Blätter in kochendes Wasser gibt. Rot- und Weißkohl haben die kräftigsten Blätter und sollten daher langsam gegart werden.

Jede Kohlsorte können Sie aber auch in dünne Streifen schneiden und nur kurz pfannenrühren, bis das Gemüse noch Biss hat. Wirsing ist eine sehr beliebte Winterkohlsorte, die, mit Wacholderbeeren und Gin zubereitet, wie im Rezept auf S. 162, hervorragend zu Rindfleischgerichten oder Schweinebraten passt. Um den Kohlgeruch in Ihrer Küche brauchen Sie sich nicht zu sorgen, denn Wirsing wird relativ kurz gegart.

Gewusst wie

Der Geruch, der während des Kochens von Kohl entsteht, lässt sich deutlich verringern, wenn Sie dem Kochwasser ein Stück Brot zugeben.

Kohlrouladen

Für 4 Portionen
Vorbereitungszeit: 30 Minuten
Garzeit: 45 Minuten

1 Brötchen
400 g Rinderhackfleisch
350 g Schweinehackfleisch
1 kleine Zwiebel, fein gewürfelt
Salz und Pfeffer
geriebene Muskatnuss
1 Ei
1 Weißkohl
Kümmelsamen
3 EL Butterschmalz
100 g Möhren, zerkleinert
100 g Knollensellerie, zerkleinert
4 Scheiben durchwachsener Speck

1 Für die Füllung das Brötchen in lauwarmem Wasser einige Minuten einweichen, dann ausdrücken. Hackfleisch, Brötchen, Zwiebel, Salz, Pfeffer, Muskatnuss und Ei gut vermischen.

2 Den Kohl vom Strunk befreien. Die großen Blätter ablösen. Salzwasser aufkochen und die Blätter darin ziehen lassen, herausheben, kalt abschrecken und abtropfen lassen.

3 Blätter und Füllung in vier Portionen teilen. Die Blätter pro Portion überlappend ausbreiten und mit Salz, Peffer und Kümmel bestreuen. Die Füllung darauflegen. Blätter zusammenrollen, die Rouladen mit Küchengarn zubinden.

4 Den Backofen auf 190 °C vorheizen. Das Butterschmalz in einem Bräter oder Fleischtopf erhitzen. Möhren und Sellerie darin anbraten. Kohlrouladen zugeben, den Speck auf die Rouladen legen.

5 Den Topf in den Backofen stellen und die Rouladen im Ofen etwa 45 Minuten braten. Rouladen aus dem Topf nehmen. Den Bratensatz mit Wasser aufkochen, dabei vom Topfboden schaben.

6 Sauce durch ein Sieb in einen kleinen Topf gießen, aufkochen, abschmecken und zu den Rouladen servieren. Dazu passen Salzkartoffeln oder Kartoffelpüree.

Wirsingspalten in Gin

Für 4 Portionen als Beilage
Vorbereitungszeit: 15 Minuten
Garzeit: 5 Minuten

1 kleiner Wirsing (500–700 g)
6 Wacholderbeeren
2 Knoblauchzehen, grob zerkleinert
Salz
50 g weiche Butter
3 EL Gin
schwarzer Pfeffer

1 Welke oder beschädigte Blätter vom Kohl entfernen. Wirsing halbieren, vierteln und vom Strunk befreien, dann die Blätter in feine Streifen schneiden. Waschen und abtropfen lassen.

2 Die Wacholderbeeren, den Knoblauch und Salz in den Mörser geben und zu einer groben Paste zerstoßen. Sie können Wacholder und Knoblauch auch fein hacken und salzen. Die Paste mit der weichen Butter mischen.

3 Die Wacholderbutter in einem Topf erhitzen, aber nicht braun werden lassen. Inzwischen eine Servierschüssel vorwärmen.

4 Wirsingstreifen in der Butter kurz schwenken; dann den Gin zugeben und alles 4 Minuten köcheln, Topf zwischendurch ein- bis zweimal kräftig rütteln.

5 Vom Herd nehmen, mit schwarzem Pfeffer würzen, umrühren und sofort in der vorgewärmten Schüssel servieren.

Mit einem Schuss Gin, Wacholderbeeren und Knoblauch wird aus Wirsing eine köstliche Beilage zu kräftig gewürzten Fleischgerichten.

Wie behält Rotkohl beim Kochen seine Farbe?

Rotkohl muss relativ lange gekocht werden, damit er schön weich wird. Leider geht seine Farbe dabei häufig verloren. Wenn Sie nur ein oder zwei Portionen zubereiten möchten, können Sie Rotkohl in wenigen Minuten im Mikrowellengerät garen.

Wenn Sie eine größere Menge auf dem Herd kochen, geben Sie gegen Ende der Garzeit einen guten Schuss Rotwein oder Rotweinessig zum Rotkohl, um seine Farbe zu erhalten. Wegen der langen Garzeit lohnt es sich, stets größere Mengen Rotkohl zu kochen. Er lässt sich gut einfrieren, und aufgewärmt schmeckt er sogar noch besser.

Was ist Pak Choi, wo bekomme ich ihn, und wie wird er zubereitet?

Pak Choi ist ein Blattstielgemüse mit dunkelgrünen Blättern und breiten, fleischigen Blattrippen. Pak Choi stammt aus dem Fernen Osten. Er wird hauptsächlich in China, Korea, Taiwan und Japan angebaut und war in Europa bis vor kurzem nur im Asienladen erhältlich. Inzwischen wird dieses Gemüse allerdings auch in Europa angebaut.

Pak Choi sollte man grundsätzlich nur kurz dämpfen oder pfannenrühren, damit er aromatisch und saftig bleibt. Würzzutaten der chinesischen Küche wie Knoblauch, Ingwer und Sojasauce sind die ideale Ergänzung, aber er lässt sich auch ohne exotische Gewürze wunderbar als Gemüsebeilage servieren.

Ich weiß, dass Krautsalat sehr gesund ist, aber ich finde ihn oft ziemlich anstrengend zu kauen und schwer verdaulich. Wissen Sie eine Lösung?

Wenn Sie nicht gerade zarten Spitz- oder jungen Weißkohl verarbeiten, brauchen die Kohlblätter eine kleine Sonderbehandlung. Schneiden bzw. hobeln Sie einen geviertelten, vom Strunk befreiten Weiß- oder Rotkohl in dünne Streifen; in eine große Schüssel geben und großzügig mit Salz bestreuen.

Den Kohl erst mit dem Salz vermengen und dann mindestens 15 Minuten kräftig durchkneten. Kurz Wasser ziehen lassen, dann in ein Sieb geben, kalt abspülen, abtropfen lassen und weiterverarbeiten.

Kohlrabi

Was ist Kohlrabi eigentlich genau, und wie bereite ich ihn am besten zu?

Kohlrabi ist eine runde violette oder hellgrüne Scheinknolle, die ähnlich schmeckt und aussieht wie weiße Rüben, aber zur Kohlfamilie gehört. Die Blätter lassen sich wie Spinat zubereiten, werden jedoch meist schon vor dem Verkauf entfernt. Kohlrabi, die kaum größer sind als ein Tennisball, lassen sich füllen oder gedämpft als Beilage servieren. Am besten kommt sein dezenter Geschmack zur Geltung, wenn man Kohlrabi kurz blanchiert. Die Blätter waschen und in Streifen schneiden, kurz dämpfen und zum gegarten Kohlrabi servieren.

Kohlrabi-Kresse-Salat

Für 4 Portionen
Vorbereitungszeit: 15 Minuten
Garzeit: 1 Minute

500 g Kohlrabi
Saft von 1/2 Zitrone
1 roter Apfel
4 Frühlingszwiebeln
schwarzer Pfeffer
1 Kästchen Kresse
Für das Dressing:
1 EL körniger Senf
2 TL Apfelessig
Salz
4 EL Olivenöl
4 EL Joghurt

1 Den Kohlrabi schälen. Anschließend grob in einen Topf reiben. Mit kochend heißem Wasser begießen und dieses zum Kochen bringen. Das Gemüse abgießen und sofort mit kaltem Wasser abschrecken.

2 Den Zitronensaft in eine kleine Schüssel geben; die Schüssel mit kaltem Wasser zur Hälfte auffüllen.

3 Den Apfel schälen und vierteln, dann in die Schüssel raspeln. Die Apfelraspel abgießen und mit dem Kohlrabi mischen. In einer Salatschleuder oder mit einem Geschirrtuch trockenschleudern, dann in eine Salatschüssel füllen.

4 Die Frühlingszwiebeln putzen, in dünne Ringe schneiden und zu den Apfelraspeln geben. Alles mit schwarzem Pfeffer würzen.

5 Senf, Essig und Salz in ein kleines Schraubdeckelglas geben, fest verschließen und kräftig schütteln. Glas öffnen, Olivenöl und Joghurt zufügen, das Glas wieder verschließen, noch einmal kräftig schütteln. Das Dressing unter den Salat mischen; pfeffern.

6 Die Kresse am besten mit einer Küchenschere abschneiden. Die Kresse auf den Salat streuen und untermischen. Der Salat passt gut zu kurzgebratenem Fleisch.

Ein Joghurt-Senf-Dressing verleiht diesem einfachen Kohlrabisalat eine angenehme Schärfe, und der geriebene Apfel sorgt zusätzlich für eine süßlich-saure Note.

Kokosnuss

Was ist der Unterschied zwischen Kokosraspeln, Kokospulver und Kokoscreme?

Alles wird aus dem weißen Fleisch der Kokosnuss gewonnen, jedoch unterschiedlich verarbeitet. Für Kokosraspel und -pulver wird dem Fruchtfleisch das Wasser entzogen; das getrocknete Fruchtfleisch wird dann grob oder fein geraspelt bzw. gemahlen. Getrocknete Kokosraspel und -pulver sind für süße und herzhafte Gerichte geeignet; Kokosraspel sind meist Zutat für Desserts, Kuchen und Plätzchen. Pulver kann man mit Wasser verdünnen und dann wie Kokoscreme verwenden.

Dünnflüssige Kokoscreme wird in Dosen und im Tetrapack in der Spezialitätenecke des Supermarkts und im Asienladen angeboten. Manchmal bekommt man auch Kokoscreme in fester Form als Block. Verwendet wird sie genauso wie die flüssige Kokoscreme aus der Dose, allerdings ist die gepresste Kokoscreme konzentrierter. Vom Block einfach nur ein Stück abschneiden und dem Gericht zufügen, in der Hitze wird die Kokoscreme sofort weich und kann verrührt werden. Der Vorteil der festen Kokoscreme gegenüber der flüssigen ist die Möglichkeit der Dosierung; geben Sie erst weniger feste Kokoscreme zum Gericht und dann nach Geschmack mehr. Das verändert nicht die Konsistenz, sondern wirklich nur den Geschmack.

Kokoscreme wird als Zutat in der südostasiatischen und indischen Küche verwendet.

Gewusst wie

Falls Sie ein Gericht kochen möchten, für das Sie Kokosmilch benötigen, können Sie sich auch so behelfen: Getrocknete Kokosraspel in warmem Wasser einweichen. Anschließend in einem feinmaschigen Sieb oder einem Passiertuch sehr gut ausdrücken. Die ablaufende Flüssigkeit verwenden Sie als Kokosmilch.

Kann ich dieselbe Menge frische Kokosnuss statt getrockneter Kokosraspel verwenden?

Das Aroma getrockneter Kokosnuss ist wesentlich intensiver als das des frischen Fruchtfleisches. Nehmen Sie deshalb anstelle von Kokosraspeln aus der Tüte mindestens die doppelte Menge frisches Kokosnussfleisch.

Für das cremige Hähnchengericht auf der nächsten Seite können Sie entweder frische oder getrocknete Kokosraspel verwenden.

Wie zerkleinert man das Fruchtfleisch einer frischen Kokosnuss?

Nach dem Öffnen einer Kokosnuss und dem Herauslösen des Fruchtfleischs (siehe Kasten rechts) die papierartige braune Haut am Fruchtfleisch mit einem Messer entfernen. Das Fruchtfleisch in der Küchenmaschine oder auf der Küchenreibe zerkleinern. Für Kokosflocken das Fruchtfleisch auf dem Gurkenhobel oder der Mandoline reiben.

Ist Kokosmilch die Flüssigkeit, die sich in der Kokosnuss befindet?

Bei der Flüssigkeit in einer Kokosnuss handelt es sich nicht um Kokosmilch, sondern um Kokoswasser. Man kann es direkt aus der Schale trinken oder mit Fruchtsaft mischen. Es ist besonders erfrischend und enthält wertvolle Nährstoffe.

Kokosmilch wird meist in Dosen angeboten und ist das Gleiche wie flüssige Kokoscreme (siehe links).

Bei manchen Rezepten ist zum Braten Kokosfett angegeben. Muss ich mich daran halten?

Kokosfett ist sehr hitzebeständig; es kann lange Zeit hoch erhitzt werden, ohne dass dabei gesundheitsschädliche Stoffe entstehen. Es eignet sich deshalb zum Braten und Frittieren bei hohen Temperaturen ausgezeichnet.
Kokosfett wird aus dem getrockneten Fleisch von Kokosnüssen gewonnen, ist geruchs- und geschmacksneutral und weiß. Außerdem ist es ausgesprochen lange haltbar.

Eine Kokosnuss öffnen

Die harte Schale der Kokosnuss lässt sich leicht aufbrechen, wenn Sie nach den folgenden Schritten vorgehen.

1 Mit dem Korkenzieher in jedes der drei „Augen“ – das sind die kleinen runden Einkerbungen am unteren Ende der Nuss – stechen. So kann die Flüssigkeit leicht aus der Nuss herausfließen. Kokoswasser in einer Schüssel auffangen.

2 Um die Nuss zu öffnen, brauchen Sie keine drastischen Maßnahmen zu ergreifen: Die Kokosnuss hat eine unsichtbare natürliche Bruchlinie, die entlang der Schale verläuft, etwa im unteren Drittel. Wenn Sie mit einem kleinen Hammer einmal rund um die Mitte auf die Kokosnuss schlagen, bricht sie von selbst in zwei Hälften, und das weiße Fruchtfleisch kommt zum Vorschein.

3 Mit einem kleinen scharfen Messer das Fruchtfleisch mehrmals einschneiden und herauslösen. Anhaftende braune Haut entfernen.

Kann Kokosmilch beim Erhitzen gerinnen?

Ja. Kokosmilch kann bei zu starker Hitze oder zu langer Garzeit gerinnen.

Bei vielen Gerichten wird Kokosmilch meist erst am Ende der Garzeit zugegeben, damit sich während des Garens das Kokosfett nicht absetzt. Ist die Garzeit von einem Gericht nicht länger als 30 Minuten, spielt es keine Rolle, wann Sie die Kokosmilch zugeben. Rühren Sie das Gericht jedoch erst direkt vor dem Servieren noch einmal um.

Wie kann ich übrige Kokoscreme aufbewahren?

Sie lässt sich sehr gut einfrieren. Wenn Sie öfter kleine Portionen benötigen, empfiehlt es sich Kokoscreme in einem Eiswürfelbehälter einzufrieren. So können Sie nach Bedarf einen oder mehrere Würfel entnehmen: einfach den oder die gefrorenen Würfel in das heiße Gericht geben – sie tauen sofort auf.

Die Aromen von Europa und Asien verbinden sich in einem milden Hähnchencurry mit Kokosnuss, Kräutern, Gewürzen und Joghurt.

Hähnchen mit Kokosnuss auf indische Art

Für 4 Portionen
Vorbereitungszeit: 40 Minuten
Garzeit: 1 Stunde

2 TL gemahlener Koriander
je 1 TL gemahlener und ganzer Kreuzkümmel
je 1 TL Zimt, geriebene Muskatnuss, Paprikapulver, Senfsamen
1/2 TL schwarzer Pfeffer
1 Prise Cayennepfeffer
200 g frische oder
90 g getrocknete Kokosraspel
3 EL Olivenöl
1 Huhn, in 8 Teile zerlegt
250 g Zwiebeln, in dünnen Ringen
350 g rote Paprikaschoten, in Streifen geschnitten
6 Knoblauchzehen, zerdrückt
2 kleine grüne Chilischoten, von den Samen befreit und gehackt
1 EL geriebener Ingwer
1 EL Mehl
500 ml Hühnerbrühe
1-2 TL Salz, 200 g Joghurt
4 EL gehacktes Koriandergrün

1 Koriander, Kreuzkümmel, Zimt, Muskat, Paprika, Senfsamen, Pfeffer und Cayennepfeffer in einer kleinen Schüssel mischen.

2 Eine schwere Pfanne bei mittlerer Hitze erwärmen. Frische oder getrocknete Kokosraspel hineinstreuen. Mit einer Gabel ständig rühren, damit die Raspel nicht zusammenhaften. Die Raspel rösten, bis sie goldbraun sind; nicht zu dunkel werden lassen. Pfanne vom Herd nehmen.

3 Das Öl in einem großen Topf erhitzen und die Hühnerteile darin nacheinander auf allen Seiten goldbraun braten. Herausnehmen und auf einem Teller beiseitestellen.

4 Zwiebelringe und Paprikastreifen in den Topf geben und dünsten, bis sie weich sind; nicht anbraten. Knoblauch, Chilischoten und Ingwer zugeben. 1 Minute erhitzen, dann Mehl und Gewürze zufügen. Alles umrühren und noch 1 Minute zusammen braten.

5 Die gerösteten Kokosraspel in die Pfanne zu Gemüse und Gewürzen geben; gut mischen. Die Brühe zugießen und zum Kochen bringen.

6 Die Hähnchenteile in die Currymischung legen, alles salzen und gut verrühren. Hitze reduzieren und das Gericht 1 Stunde im geschlossenen Topf schmoren. Ab und zu umrühren.

7 Vor dem Servieren den Joghurt und das Koriandergrün unter das Gericht mischen; Topf vom Herd nehmen. Das Curry in eine vorgewärmte Schüssel füllen. Mit Basmatireis servieren. Nach Belieben mit Zitronen- oder Limettenspalten garnieren. Wer mag, kann noch geröstete Kokosraspel zum Darüberstreuen in einem Schälchen mit auf den Tisch stellen, ebenso ein Schälchen mit Mango-Chutney.

Konfitüre

Kann ich zum Kochen von Konfitüre vollreifes, süßes Obst verwenden?

Verwenden Sie lieber nicht zu reife Früchte. Sie enthalten am meisten Pektin. Dieser wasserlösliche Ballaststoff sorgt dafür, dass Konfitüre beim Abkühlen geliert.

Der Pektingehalt von Früchten ist sehr unterschiedlich. Als Faustregel gilt: Süße Früchte enthalten weniger Pektin als saure wie Äpfel, Quitten und Stachelbeeren. Damit Konfitüre aus süßen Früchten geliert, muss man eine Gelierhilfe (z. B. Pektin und Zitronensäure) zugeben.

Sollte man Steinobst entsteinen, bevor man Konfitüre daraus kocht?

Nein. Waschen Sie die Früchte lediglich gründlich. Dann mit etwas Wasser in einem Topf kochen. Dabei ab und zu rühren, bis das Obst weich ist. Die Steine steigen an die Oberfläche und können dann einfach herausgenommen werden.

Was kann ich tun, damit Beeren beim Kochen ganz bleiben?

Damit weiche Beeren wie Himbeeren und Erdbeeren beim Kochen nicht zerfallen, sollte man sie zuvor mit Zucker bedecken. Dadurch wird ihnen der Saft entzogen, und sie werden so fest, dass sie beim kurzen Kochen nicht mehr zerfallen.

Beeren putzen und mit Küchenpapier trockentupfen. Durch Waschen könnte ein Teil des Pektins herausgeschwemmt werden, was das Gelieren der Konfitüre erschwert. Früchte abwiegen, in einem Topf mit der gleichen Menge Zucker bestreuen und über Nacht stehen lassen. Am nächsten Tag bei schwacher Hitze aufkochen, bis der Zucker sich aufgelöst hat. Dann kräftig kochen lassen, bis sie geliert (siehe Kasten rechts).

Kann man auch aus tiefgekühlten Erdbeeren oder Himbeeren Konfitüre kochen?

Ja. Bedenken Sie jedoch, dass der Pektingehalt während der Gefrierlagerung abnimmt. Wenn die Beeren schon längere Zeit tiefgefroren sind, sollten Sie 10 % mehr Beeren als im Rezept angegeben nehmen. Erhitzen Sie die Beeren zum Auftauen in einem Topf.

Die Gelierprobe machen

Bevor Sie Konfitüre in Gläser füllen, sollten Sie die Gelierprobe machen. Mit einer der folgenden beiden Methoden können Sie prüfen, ob die Konfitüre nach dem Erkalten ausreichend geliert.

Temperaturprobe

1 Die Profimethode zum Prüfen des Gelierpunkts ist das Messen der Temperatur mit dem Zuckerthermometer. Das Thermometer darf dabei den Topfboden nicht berühren.

2 Halten Sie das Thermometer in die kochende Konfitüre. Bei 105 °C ist der optimale Gelierpunkt erreicht.

Tellerprobe

1 Topf vom Herd nehmen. Etwas Konfitüre auf einen Teller tropfen, abkühlen lassen. Falls nötig, kurz in den Kühlschrank stellen.

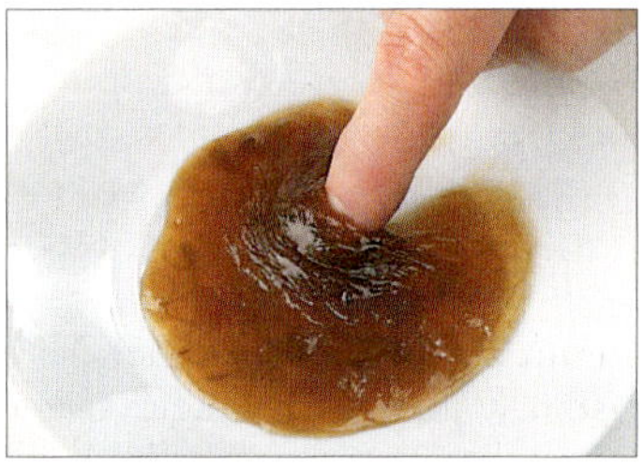

2 Sobald die Konfitüre abgekühlt ist, diese mit dem Finger zusammenschieben: Bilden sich auf der Oberfläche kleine Falten, ist der Gelierpunkt erreicht.

Was ist der Unterschied zwischen Konfitüre, Marmelade und Gelee?

Konfitüre ist ein süßer Aufstrich aus Obst und Zucker. Klassische Konfitüre enthält Obst und Zucker im Verhältnis 1:1. Man kann aber auch Konfitüre mit einem niedrigeren Zuckeranteil und höherem Fruchtanteil herstellen.

Gelee wird aus Fruchtsaft zubereitet. Es soll – wie der Name sagt – geleeartig sein, und sich auch gut verstreichen lassen.

Marmelade darf offiziell nur ein fruchtiger Aufstrich heißen, der aus Zitrusfrüchten und/oder ihren Schalen hergestellt wurde.

Wie kann ich vermeiden, dass während des Gelierens von Konfitüre oder Marmelade Frucht- oder Schalenstückchen an die Oberfläche steigen?

Bei Marmelade mit Zitrusschalen und Konfitüre mit Fruchtstücken tritt dieses Problem sehr häufig auf. Lassen Sie die gekochte Masse im Topf 15 Minuten ruhen, bevor Sie sie in die Gläser füllen. Sobald das Ganze leicht zu gelieren beginnt, sollten sie es einmal vorsichtig umrühren, damit die Frucht- bzw. Schalenstücke untergemischt werden.

Eine andere Möglichkeit ist, die mit Konfitüre oder Marmelade gefüllten und fest verschlossenen Gläser auf die Deckel zu stellen. Erst umdrehen, wenn die Masse etwas abgekühlt und halb geliert ist.

Stimmt es, dass man Gläser im Backofen vorwärmen sollte, bevor man die Konfitüre einfüllt?

Ja. Wärmen Sie die Gläser im Backofen bei 150 °C etwa 5 Minuten vor. Das schützt sie davor zu platzen, wenn die heiße Masse eingefüllt wird. Außerdem sorgt das Vorwärmen dafür, dass die Gläser trocken und steril sind.

Was ist die beste Methode zum Versiegeln der Gläser?

Wenn Sie die Konfitüre längere Zeit lagern wollen, füllen Sie das Glas mit der heißen Konfitüre und verschließen Sie es sofort mit einem Schraubverschluss oder mit einem Glasdeckel mit Gummiring.

Falls die Konfitüre später an einem kühlen und trockenen Ort aufbewahrt wird, können Sie die Gläser auch mit Wachspapier versiegeln. Legen Sie einen Kreis aus Wachspapier mit der gewachsten Seite nach unten auf die Konfitüre, und streichen Sie das Papier mit dem Finger glatt, damit alle Luftblasen entweichen. Dann ein Stück Zellophan mit einem Geschirrtuch anfeuchten. Das Zellophan mit der feuchten Seite nach unten auf das Einmachglas legen und mit einem Gummiband befestigen.

Beachten Sie: Gläser mit Konfitüre, Marmelade oder anderen eingemachten Fruchtmassen stets sofort verschließen, nachdem die Masse eingefüllt worden ist.

Fest verschlossen sowie kühl und lichtgeschützt gelagert, hält sich Konfitüre mindestens 1 Jahr lang.

Bei welchen Obstsorten muss man Pektin zugeben, damit daraus gekochte Konfitüre hinreichend geliert?

Früchte, die wenig Pektin und wenig Fruchtsäure enthalten, (letztere ist wichtig, damit Pektin gelieren kann), sind Birnen, Erdbeeren, Holunderbeeren, Kirschen, Weintrauben und Ananas. Erst durch die Zugabe von Zitronensäure und Pektin (flüssig oder in Pulverform) wird Konfitüre aus diesen Obstsorten fest.

Sie können auch Pektinpulver, dem Zitronensäure zugesetzt ist, oder einen selbst hergestellten Pektinextrakt verwenden. Dafür beispielsweise unreife Äpfel, nicht zu reife Quitten oder Zitrusfrüchte waschen und grob hacken. Mit kaltem Wasser bedecken, 45 Minuten bei schwacher Hitze kochen lassen und anschließend in einem Passiertuch 24 Stunden abtropfen lassen. Den passierten Saft in einem Topf auf die Hälfte dick und sirupartig einkochen lassen. 125 ml davon reichen, um etwa 1 l pektinarme Flüssigkeit zu gelieren.

Wie kann ich feststellen, wann Konfitüre fertig gekocht ist?

Sobald der Zucker sich aufgelöst hat und die Fruchtmischung etwa 10 Minuten sprudelnd kocht, sieht sie schon wie fertige Konfitüre aus. Machen Sie die Gelierprobe so bald wie möglich, denn Konfitüre, die zu lange kocht, wird dunkel. Wenn Sie glauben, die Konfitüre könnte fertig sein, den Topf vom Herd nehmen und mit einem Zuckerthermometer oder einem Teller die Gelierprobe machen (siehe Kasten links). Ist die Konfitüre oder das Gelee fertig gekocht, tropft sie dickflüssig zäh vom Löffel und fließt nicht mehr.

Wie kann ich feststellen, ob Obst genügend Pektin enthält?

Wenn Sie nicht sicher sind, wie pektinreich eine Obstsorte ist, die Sie zu Konfitüre kochen möchten. kochen Sie zur Probe wenig davon weich, und geben Sie 1 TL Saft, der sich dabei gebildet hat, in ein Glas. 1 EL Methylalkohol zugeben und 1 Minute kreisend schwenken: Bildet sich ein geleeartiges Klümpchen, sind die Früchte sehr pektinreich; andernfalls müssen Sie Pektin zugeben. Achtung: Methylalkohol ist giftig; die Probe wegwerfen!

Was ist der Unterschied zwischen Fruchtmus und Konfitüre?

Fruchtmus, wie z. B. Pflaumenmus, wird aus gezuckerten, mehr oder weniger fein zerkleinerten Früchten oft mehrere Stunden lang auf dem Herd oder im Backofen gekocht, bis keine Flüssigkeit mehr austritt. Ein Fruchtmus ist dicker in der Konsistenz als Konfitüre und wird meist mit Zimt, Anis oder anderem gewürzt. Aufgrund seiner Beschaffenheit eignet es sich hervorragend als Füllung für Gebäck oder Mehlspeisen. Während der langen Garzeit entwickelt sich das spezielle Aroma von Fruchtmusen.

Das Brombeer-Apfel-Fruchtmus (siehe Rezept rechts) können Sie sowohl als Brotaufstrich als auch als fein-würziges Relish zu Fleisch, Wild und Käse servieren.

Etwas ganz anderes als Fruchtmus oder Konfitüre ist Fruchtmark. Dafür wird frisches Obst fein zerkleinert (püriert), mit Zucker oder Honig gesüßt und in Gläser gefüllt. Es muss rasch verbraucht und stets im Kühlschrank gelagert werden.

Brombeer-Apfel-Fruchtmus

Für etwa 1 kg
Vorbereitungszeit: 20–30 Minuten
Garzeit: 1 1/2 Stunden

1 kg Brombeeren
500 g Äpfel, geschält, von den Kerngehäusen befreit und fein gehackt
etwa 1,5 kg Zucker

1 Beeren und Äpfel mit 500 ml Wasser in einen Topf geben. Aufkochen und in etwa 30 Minuten weich kochen.

2 Das Obst durch ein Sieb in eine Schüssel streichen. Püree abmessen; wieder in den Topf füllen, 500 g Zucker pro 500 ml Püree zugeben.

3 Das gezucktere Obstpüree bei schwacher Hitze rühren, bis der Zucker sich vollständig aufgelöst hat. Dann die Mischung zum Kochen bringen und unter häufigem Rühren 40–60 Minuten bei schwacher Hitze sanft kochen lassen. Gegen Ende der Garzeit prüfen, ob noch Flüssigkeit im Mus vorhanden ist (siehe Bild unten).

4 Das gekochte Fruchtmus in vorgewärmte saubere kleine Gläser füllen und mit Wachspapier versiegeln. Man kann es auch in kleine Förmchen füllen, erstarren lassen und vor dem Servieren vorsichtig herauslösen.

Das Fruchtmus ist fertig, wenn der Holzlöffel am Topfboden beim Umrühren eine Spur hinterlässt und sich keine Flüssigkeit mehr bildet.

KRÄUTER

Mit ein paar frischen Kräutern lässt sich jedes Gericht optisch und geschmacklich aufpeppen. Der Aromavielfalt sind keine Grenzen gesetzt – von mild und süßlich bis pfeffrig-scharf, fein aromatisch oder kräftig. Kräuter verleihen Schmorgerichten ein rundes Aroma, Salaten eine frische Note und Saucen – ganz nach Belieben und Gericht – einen dezenten oder kräftigen Geschmack.

Eine erfrischende Joghurtsauce mit Dill und Senf passt perfekt zu Räucherlachs.

Basilikum

Von dem beliebten Kraut gibt es viele verschiedene Sorten. Am bekanntesten und verbreitetsten ist bei uns das grüne, krause Basilikum. Das Kraut verleiht Pesto seine Würze und Tomaten und Mozzarella das gewisse Etwas. Typisch für alle Sorten ist das erfrischende, pfeffrige, kräftige Aroma. Darüber hinaus gibt es auch Basilikum mit Zitronen-, Anis- oder Zimtgeschmack. Thai-Basilikum ist geschmacklich nicht mit dem bei uns üblichen Basilikum vergleichbar.

Bohnenkraut

Dies Kraut passt nicht nur zu Bohnen, sondern auch zu anderem Gemüse. Im Gegensatz zu den meisten anderen Kräutern entwickelt sich das Aroma von Bohnenkraut erst durch längeres Mitgaren. Es kann auch getrocknet sehr gut verwendet werden.

Borretsch

Auch Gurkenkraut genannt. Nur frisch kommt sein gurkenähnliches, würziges, schwach bitteres Aroma wirklich zur Geltung. Kann anstelle von Dill in Salaten verwendet werden. Die essbaren blauen Blüten eignen sich prima zum Garnieren von Suppen und Salaten.

Dill

Das zarte Aroma von Dill harmoniert wunderbar mit Fisch, Meeresfrüchten, gekochten Kartoffeln und Frischkäse oder Quark. Dill passt auch in Saucen und Dips mit Senf oder saurer Sahne. Nicht wegzudenken ist er aus der Lachsbeize für den berühmten Graved Lachs, dem er sein typisches Aroma verleiht.

Engelwurz

Heißt auch Angelika. In der Küche werden vor allem die kandierten Stängel zum Dekorieren von Kuchen und Torten verwendet. Die frischen Blättchen haben einen süßlichen, bitter-scharfen Geschmack und können gehackt über Obstsalate und Fischgerichte gestreut werden. Aus Wurzeln und Samen werden Kräuterliköre gewonnen.

Fenchelkraut

Sein Geschmack erinnert an Dill, ist aber etwas intensiver. Fenchelkraut wird gern mit Fisch kombiniert. Zum Grillen kann man Fenchelkraut zusammen mit der Holzkohle verbrennen, um den Rauch zu aromatisieren.

Estragon

Sein süßes, würziges Aroma passt hervorragend zu Eiern, Fisch, Hähnchen, Kartoffeln und hellen Saucen (z. B. Sauce Bearnaise). Ebenso eignet sich das Kraut gut zum Aromatisieren von Essig.

Kerbel

Das zarte Sommerkraut passt gut zu Eiern, Fisch, Hähnchen und gekochten Kartoffeln. Es ist Bestandteil der klassischen Fines-Herbes-Mischung.

Koriandergrün

Das hocharomatische Kraut sieht fast aus wie glatte Petersilie. Koriander passt gut zu Chilischoten, Knoblauch, Ingwer und Frühlingszwiebeln. Ideal zum Würzen von Thai- und Wokgerichten und Salsas.

Liebstöckel

Hat einen intensiven, leicht sellerieartigen Geschmack. Am besten sparsam verwenden; passt in Tomatensuppen und Pastasaucen.

Lorbeer

Im Gegensatz zu vielen anderen Kräutern schmecken die aromatischen Lorbeerblätter frisch und getrocknet gleichermaßen gut. Sie sind Bestandteil eines Bouquets garni, das in Fisch- oder Fleischfond sowie in viele Suppen und Schmorgerichte gehört.

Majoran/ Oregano

Bei diesen beiden Kräuter handelt es sich eigentlich um die gleiche Pflanze. Majoran wird hauptsächlich angebaut, Oregano ist wilder Majoran, der vor allem in der Mittelmeerküche verwendet wird. Majoran schmeckt etwas milder als Oregano.

Minze

Wird in der Küche des Orients für Gerichte wie Tabbouleh verwendet. Ebenso wird Pfefferminztee in Nordafrika gern und viel getrunken. In England serviert man Minzsauce zu Lamm und Erbsen.

Petersilie

Es gibt glattblättrige und krausblättrige Petersilie. Die krause Sorte eignet sich zum Kochen oder frittiert zum Garnieren. Glatte Petersilie schmeckt in Suppen und Salaten und eignet sich ebenfalls zum Garnieren.

Pimpinelle

Mit ihrem angenehm frischen und milden Geschmack ist sie Bestandteil der Grüne-Sauce-Kräuter. Ihre Würze entwickelt sich am besten in Verbindung mit Essig und Zitronensaft.

Rosmarin

Hat ein intensives Aroma und sollte sparsam verwendet werden. Ideal zu Lamm-, Hähnchen- und Kartoffelgerichten.

Schnittlauch

Die hellgrünen, röhrenförmigen Blätter haben einen lauch- und zwiebelartigen Geschmack. Passt bestens in Kartoffel- und Gurkensalat.

Süßdolde

In süßen Gerichten kann sie die Säure bestimmter Zutaten wie Rhabarber oder Äpfel deutlich mildern, ohne dass Zucker zugefügt werden muss.

Thymian

Thymian kann man leicht selbst anbauen. Getrocknet oder eingefroren, verliert er kaum an Aroma. Sehr gut in provenzalischen Gerichten.

Zitronenmelisse

Zitronenmelisse mit ihrem starken, aromatischen Zitronenduft kann als Ersatz für Zitronengras oder auch für Kräutertee verwendet werden.

Kräutermischungen

Ein Bouquet garni besteht aus 3 Petersilienstängeln, 2 Thymianzweigen und einem Lorbeerblatt, oft ist noch ein Stück Sellerie- oder Lauchstange dabei. Es verleiht Schmorgerichten ein volles Aroma.

Fines-Herbes sind eine Mischung aus 4 Kräutern: Kerbel, Schnittlauch, Petersilie und Estragon; passt zu Eierspeisen.

Herbes de Provence (Kräuter der Provence) sind eine Mischung aus getrockneten Kräutern. Rosmarin und Thymian sind immer dabei; Majoran, Pimpinelle, Estragon und Basilikum können dabei sein. Für Schmorgerichte und Eintöpfe.

Kräuter

Frische Kräuter verwelken schnell. Wie bewahrt man sie am besten auf?

Frische Kräuter locker mit angefeuchtetem Küchenpapier umwickeln und in einen Gefrierbeutel füllen. So halten sie sich im Kühlschrank 5–6 Tage.

Kann man Kräuter einfrieren?

Alle Kräuter mit zarten Blättchen wie Basilikum, Kerbel, Estragon und Petersilie lassen sich gebrauchsfertig, also gewaschen und gehackt, gut einfrieren. Kräuter mit festeren Blättern wie Lorbeer, Rosmarin, Salbei und Thymian sollte man dagegen besser trocknen.

Kräuter zum Einfrieren in Alufolie oder in sehr kleine Gefrierdosen füllen; gut verschließen. Man kann sie auch in Eiswürfelbehältern anfrieren und anschließend in Gefrierbeuteln lagern; so kann man sie portionsweise nach Bedarf entnehmen.

Kann man Kräuter auch in Olivenöl konservieren?

Früher, als es noch keine Tiefkühlfächer gab, wurde Basilikum in Olivenöl konserviert. Das Einfrieren ist jedoch um einiges effektiver.

Kann man Kräuter selber trocknen, und werden alle Kräuter auf dieselbe Weise getrocknet?

Die meisten Kräuter können Sie problemlos selbst trocknen, und zwar immer nach derselben Methode. Am besten eignen sich jedoch Lorbeer, Majoran, Minze, Rosmarin, Salbei, Bohnenkraut und Thymian.

Kräuter zum Trocknen sollten stets frisch geerntet sein. Sie müssen kurz abgespült und trockengeschwenkt werden. Zum Trocknen dann auf ein Kuchengitter legen und mit einem Passiertuch abdecken. An einem warmen, trockenen und lichtgeschützten Ort sind die Kräuter nach etwa einer Woche getrocknet. Von den getrockneten Kräutern die Blätter abzupfen, diese in Gläser füllen; eine Ausnahme sind Thymianzweige.

Wann sollte man Kräuter am besten pflücken?

Ernten Sie frische Kräuter vor der Blüte. Denn sobald die Kräuter Knospen und Blüten entwickelt haben, geht die gesamte Energie in die Entwicklung von Samen und holzigen Stielen. Das Aroma ist dann nicht mehr so ausgeprägt. Zum Trocknen oder Einfrieren ernten Sie die Kräuter am besten direkt vor dem Blühen, dann haben sie das intensivste Aroma.

Töpfe mit frischen Kräutern werden mittlerweile das ganze Jahr über im Supermarkt und beim Gemüsehändler angeboten.

Kann ich frische Kräuter durch getrocknete ersetzen?

Es ist schwer zu sagen, wann Sie getrocknete anstelle von frischen Kräutern verwenden können, denn die Aromen variieren bei beiden recht stark. Das Aroma frischer Kräuter hängt davon ab, wie frisch und wo sie geerntet wurden: Boden, Klima und Erntezeitpunkt spielen eine große Rolle. Bei getrockneten Kräutern wird das Aroma davon beeinflusst, wie lange und unter welchen Bedingungen sie gelagert wurden. Normalerweise verwenden Sie 1 TL getrocknete Kräuter für 1 EL frische – vorausgesetzt, es handelt sich um gute Qualitäten.

Manchmal kann man ein frisches Kraut auch durch ein anderes getrocknetes ersetzen. Statt getrockneter Minze kann man z. B. frisches Koriandergrün verwenden – beide Kräuter passen gut zu kühlen, scharfen, saftigen Gerichten mit Gurke, Knoblauch, Tomaten und Joghurt.

Gewusst wie

Getrocknete Kräuter verlieren schnell ihren Duft und ihren Geschmack. Wenn Sie das Gefühl haben, dass die Kräuter zu alt sind, riechen Sie einfach daran. Alte Kräuter müssen Sie jedoch nicht wegwerfen: Sie können sie als Dünger über die Erde Ihrer Zimmerpflanzen streuen.

Können Sie mir ein gutes Rezept für einen Salat mit frischen Kräutern nennen?

Versuchen Sie einmal dies: Streuen Sie eine Mischung aus Schnittlauch, Kerbel, Pimpinelle, glatter Petersilie und Estragon über die zarten Kopfsalatblätter, und ergänzen Sie dazu essbare Blüten wie Borretsch oder Kapuzinerkresse. Sie sorgen für zusätzliche Farbtupfer (siehe auch Kandierte Blüten S. 142). Dazu passt ein leichtes Dressing aus Olivenöl und Zitronensaft.

Haben Koriandersamen und Koriandergrün dasselbe Aroma?

Ganz und gar nicht; sie schmecken völlig unterschiedlich und können nicht gegeneinander ausgetauscht werden. Koriandersamen haben ein mildes, zitroniges Aroma, während die grünen Blättchen eher etwas bitter schmecken. Die Samen können stark erhitzt werden, die frischen Blätter sollten Sie erst am Ende der Garzeit zufügen oder über das fertige Gericht streuen.

Das volle, würzige Aroma von Koriandergrün kommt in der Koriandersalsa (unten) zur Geltung. Sie passt zu gegrilltem Gemüse, Hühnchen, Fisch oder Meeresfrüchten.

Koriandersalsa

Für 4 Portionen
Zubereitungszeit: 15 Minuten

4 Rispentomaten, geviertelt
1 Bund Frühlingszwiebeln, in dünne Ringe geschnitten
1–2 rote Chilischoten, von den Samen befreit und fein gehackt
2 EL Zitronensaft
2 EL gehacktes Koriandergrün
Meersalz und schwarzer Pfeffer

1 Tomaten im Blitzhacker oder mit einem Messer hacken.

2 Gehackte Tomaten in einer Schüssel mit den restlichen Zutaten mischen. Abschmecken.

3 Falls die Salsa zu scharf ist, eine weitere zerkleinerte Tomate untermischen. Gekühlt servieren.

Warum soll man Basilikum nicht kochen?

Basilikumblätter sind zart und empfindlich. Wenn man sie zu stark erhitzt oder trocknet, verlieren sie ihr Aroma. In den meisten Rezepten wird Basilikum deshalb erst zum Schluss unter das fertige Gericht gemischt. Am besten kommt das Basilikumaroma in ungekochten Gerichten wie der italienischen Pesto-Sauce oder als Garnitur fertiger Gerichte wie in dem Rezept für Salat aus gegrilltem Gemüse zur Geltung. Der Salat wird mit Raumtemperatur als Vorspeise serviert.

Soll man für Gerichte mit langer Garzeit eher frische Kräuter oder Gewürzsamen verwenden?

Samengewürze sind für geschmorte Gerichte, die lange gegart werden, meist besser geeignet, da frische Kräuter bei starker Hitze ihr Aroma verlieren. Der Geschmack von Samengewürzen ist jedoch ein anderer. Versuchen Sie stattdessen, die frischen Kräuter erst am Schluss in das fertige Gericht zu mischen.

Kann man glatte und krause Petersilie beliebig austauschen?

Glatte Petersilie hat ein etwas milderes, volleres Aroma und passt gut zu Gerichten aus der türkischen und orientalischen Küche und natürlich in zahlreiche Suppen und Salate. Verwenden Sie krause Petersilie für Petersiliensauce, zu Fischfrikadellen und als Garnitur.

Welche Kräuter passen gut zu einem Hühnchen?

Rosmarin passt gut dazu. Schieben Sie einfach ein paar Rosmarinzweige zwischen die Flügel und begießen Sie das Hühnchen im Backofen mit Olivenöl. Die Ofentemperatur sollte sehr hoch sein, damit das Hühnchen knusprig wird. Mit Brot und einem knackigen grünen Salat servieren, mit ein paar Rosmarinblättern bestreuen.

Weitere geeignete Kräuter für Huhn sind Zitronenmelisse, Salbei, Estragon und Thymian. Sie können entweder mitgegart oder in einer Sauce dazu gereicht werden.

Dieser Salat aus gegrilltem Gemüse wird mit frischen Basilikumblättern und einer würzigen Koriandersalsa zum wahren Geschmackserlebnis.

Salat aus gegrilltem Gemüse mit Basilikum

Für 4 Portionen
Vorbereitungszeit: 15 Minuten
Garzeit: 50 Minuten

je 1 rote und gelbe Paprikaschote
1 Aubergine
1 Fenchelknolle
2 rote Zwiebeln
4 EL Olivenöl
1 Knoblauchzehe, fein gehackt
Meersalz und schwarzer Pfeffer
Für das Dressing:
3 EL bestes Olivenöl
2 TL Weißweinessig
Zum Garnieren:
6–8 Basilikumblätter

1 Den Grill 10 Minuten vorheizen. Paprika vierteln, Samen entfernen. Schoten grillen, bis sie angekohlt sind und die Haut Blasen wirft. Etwas abkühlen lassen, dann häuten.

2 Aubergine längs in 1 cm dicke Scheiben schneiden und mit Olivenöl bepinseln. Goldbraun grillen, dabei einmal wenden. Auf Küchenpapier abtropfen lassen.

3 Fenchelknolle längs in 1 cm dicke Scheiben schneiden. Zuerst eine Seite mit Olivenöl bepinseln und goldbraun grillen, dann die andere.

4 Zwiebeln schälen, vierteln und mit Öl bepinseln. Grillen, bis sie weich und braun sind.

5 Gemüse auf einer Servierplatte anrichten und mit dem gehackten Knoblauch bestreuen. Mit Salz und reichlich Pfeffer würzen.

6 Öl und Essig mischen, über den Salat träufeln. Mit Basilikum bestreuen, große Blätter zerreißen.

Frische Kräuter fein zerkleinern

Kräuter kann man mit einem Messer, dem Wiegemesser oder im Blitzhacker grob oder fein zerkleinern. Die Messerklinge muss sehr scharf sein, damit die Kräuter nicht zerquetscht werden – dies würde ihrem Aroma abträglich sein. Im Blitzhacker dürfen Kräuter deshalb auch nur ganz kurz gehackt werden. Vorzuziehen ist das Schneiden oder Wiegen mit dem Messer.

1 Die abgezupften Kräuter waschen und trockenschwenken (hier im Bild Petersilie); mit den Händen auf einem Schneidebrett zusammenschieben.

2 Die Blättchen mit einem Messer eher schneiden als hacken. Mit der Messerklinge die Kräuter immer wieder zusammenschieben.

3 Die Kräuter lassen sich gut zerkleinern, wenn Sie das Messer mit einer Hand an der Spitze herunterdrücken. Die Kräuter mit kurzen, schnellen Bewegungen zerkleinern.

Welche Kräuter passen am besten zu Fisch?

Diese Frage wird eine Französin sicher anders beantworten als eine Thailänderin! In Frankreich ist Fenchelgrün äußerst beliebt in Fischgerichten, während in Thailand reichlich Koriander ins Fischcurry gegeben wird. Bei uns ist Dill ein klassischer Begleiter zu Fischgerichten. Aber auch Estragon, Kerbel und Petersilie passen gut dazu. Kräftige Kräuter wie Salbei und Rosmarin geben Mittelmeerflair, sollten aber sparsam verwendet werden.

Dill-Senf-Sauce

Für 4 Portionen
Zubereitungszeit: 10 Minuten

1 EL Dijonsenf
1 EL Olivenöl
125 g Joghurt
Saft von 1 Zitrone
4 EL gehackter Dill

1 Den Senf in eine Schüssel geben. Das Olivenöl unter ständigem Schlagen mit dem Schneebesen tropfenweise zugeben.

2 Dann den Joghurt nach und nach unterrühren. Nach Belieben Zitronensaft zufügen. Den Dill zugeben und untermischen. Sofort zu Fisch servieren.

Kräutertees

Kann man aus allen Blüten und Kräutern Tees zubereiten?

Aus sämtlichen ungespritzten essbaren Blüten und Kräutern lassen sich Kräutertees und Kräuteraufgüsse zubereiten, doch nicht alle sind aromatisch.

Zu den Kräutern und Blüten, die häufig für Tees verwendet werden, gehören: Pfefferminzblätter und Kamillenblüten, Salbeiblätter, Brombeerblätter und Lindenblüten; Blätter, Blüten und Samen vom Fenchel; Weißdorn- und Hibiskusblüten, Zitronenmelisseblätter, Rosenblütenblätter und Rosmarin.

Auch Zitronengras, Zitronenverbene, Limetten- und Orangenblütenblätter sind hervorragend für die Zubereitung von Kräutertees geeignet.

Aus Engelwurzblättern (Diabetiker sollten ihren Zuckergehalt berücksichtigen) oder Himbeerblättern (sie sollen Wehenschmerzen lindern) kann man ebenso Tees zubereiten. Und Salbeitee hilft bei Halsschmerz und Husten; er sollte jedoch nicht länger als 1–2 Wochen getrunken werden, da die antiseptischen Eigenschaften von Salbei bei Überdosierung toxisch wirken könnten. Auch Thymian ist gut für einen Tee, er sollte jedoch während der Schwangerschaft nicht getrunken werden.

Kräutertees können aus einzelnen Kräuter- oder Blütensorten oder aus einer Mischung sowie Gewürzen (wie im folgenden Rezept für Dilltee) zubereitet werden.

Kräutertees sind eine wohlschmeckende, koffeinfreie Alternative zu schwarzem Tee und Kaffee. Man kann sie nach Belieben mit Honig oder Zucker süßen.

Dilltee

Für 3–4 Tassen
Zubereitungszeit: 8–10 Minuten

2 TL gehackter frischer Dill
1/2 TL gehackte frische Minze
4 grüne Kardamomkapseln, leicht zerdrückt
1 dünne Scheibe frischer Ingwer
600 ml kochend heißes Wasser
Zum Servieren:
dünne Zitronenscheiben

1 Teekanne mit etwas heißem Wasser vorwärmen, Wasser wieder ausgießen.

2 Die gehackten Kräuter und die Gewürze in die Kanne geben. Mit kochend heißem Wasser aufgießen. Zugedeckt 5 Minuten ziehen lassen.

3 Den Kräutertee durch ein Teesieb gießen und auf Tassen verteilen. In jede Tasse eine dünne Zitronenscheibe legen. Servieren. Der Tee schmeckt warm und kalt.

Kräutertee zubereiten

Aus frischen oder getrockneten Kräutern lassen sich wohltuende Tees zubereiten. Nehmen Sie eine Teekanne, die Sie ausschließlich für Kräutertees verwenden. Als Wasser können Sie Leitungswasser (je nach Trinkwasserqualität) oder stilles Mineralwasser nehmen.

1 Zuerst die Teekanne anwärmen. Dafür heißes Wasser in die Kanne (am besten eine Glaskanne) gießen. Sobald sich die Kanne warm anfühlt, das Wasser ausschütten.

2 1–2 TL getrocknete oder 2–3 TL frische Kräuter (im Bild sind Kamillenblüten zu sehen) in die vorgewärmte Kanne geben und mit 500 ml kochend heißem Wasser aufgießen. Das Ganze 3–5 Minuten ziehen lassen – je dunkler die Farbe, desto kräftiger ist das Aroma.

3 Den fertigen Tee durch ein Teesieb in Tassen gießen. Mit etwas Honig und nach Belieben mit einer Zitronenscheibe servieren.

Welche Kräuter sind für einen Kräutertee am besten geeignet?

Die beliebtesten und bekanntesten Kräutertees werden bei uns aus Kamille, Hibiskus und Pfefferminze zubereitet. Darüber hinaus gibt es viele verschiedene Mischungen, die als „Hausmischungen“ in Kräuterläden angeboten werden.

In Frankreich und anderen Mittelmeerländern ist eine Mischung aus Minze und Limettenblüte sehr beliebt, ebenso Zitronenverbene.

Einen etwas ungewöhnlichen Kräutertee können Sie aus frischem Salbei zubereiten. Eine Handvoll frisch gepflückte Salbeiblätter in eine kleine Teekanne geben und mit 500 ml fast kochendem Wasser aufgießen. 4–5 Minuten zugedeckt ziehen lassen, dann abgießen. Salbeitee ist verdauungsfördernd, antiseptisch und wirkt leicht anregend.

Küchenfolien

Kann man Alufolie zum Garen und zum Verpacken aller Lebensmittel verwenden?

Grundsätzlich schon. Säure- und salzreiche Nahrungsmittel zerstören jedoch die Oxidschicht der Alufolie, sodass Aluminium aus der Folie in das Lebensmittel gelangen kann. Grundsätzlich gelten die Aluminiummengen, die sich aus der Folie lösen und in das Nahrungsmittel übergehen könnten, jedoch als gesundheitlich unbedenklich.

Möglicherweise verändert sich aber auch der Geschmack des verpackten Produkts. Wenn Sie also beispielsweise Johannisbeerkuchen in Alufolie verpacken möchten, sollten Sie die Folie vorher einölen oder den Kuchen zuerst mit Butterbrotpapier bedecken.

Kann man Alufolie in der Mikrowelle verwenden?

Herkömmliche Alufolie sollte nicht im Mikrowellengerät verwendet werden (siehe *Mikrowellengeräte*). Nehmen Sie zum Aufwärmen oder Garen von Zutaten im Mikrowellengerät besser spezielle Mikrowellenfolie.

Ist Alufolie zum Garen im Backofen geeignet?

Im Backofen können Zutaten problemlos in Alufolie gegart werden. Mit Alufolie kann man Lebensmittel und Gerichte, die im Backofen garen, davor schützen, zu stark zu bräunen.

Gewusst wie

Packen Sie Gargut für den Backofen luftdicht in Alufolie ein, jedoch nicht zu fest. Die Luft muss im Inneren zirkulieren können, damit alles gleichmäßig gart. Um ein Gericht mit Alufolie zu bedecken, sollten Sie diese nicht zu straff ziehen: Knicken Sie eine Falte in die Mitte, damit die Folie etwas nachgeben kann.

Warum hat Alufolie eine matte und eine glänzende Seite? Muss ich bei der Verwendung darauf achten?

Die unterschiedlichen Seiten entstehen aus technischen Gründen bei der Herstellung; die Folie liegt doppelt, und nur die äußeren Seiten werden poliert. Große Auswirkungen auf die Verwendung hat das nicht. Generell kann man sagen, dass die glatte Seite Hitze ein bisschen stärker reflektiert. Der Unterschied ist aber so gering, dass es für den Gebrauch im Alltag wirklich egal ist.

Eignet sich Frischhaltefolie zum Verpacken aller Lebensmittel?

Frischhaltefolie ist aus der modernen Küche nicht mehr wegzudenken. Es gab Diskussionen darüber, dass schädliche Substanzen (sogenannte Weichmacher) aus dem Kunststoff auf die Nahrungsmittel übergehen könnten, vor allem auf fetthaltige. Verwenden Sie ausschließlich lebensmittelechte Frischhaltefolie, um sich vor eventuellen Risiken zu schützen.

Bedecken Sie niemals heiße Speisen mit Frischhaltefolie, dadurch würde sie schmelzen und sich regelrecht in das Lebensmittel einbrennen.

Im Backofen und in der Mikrowelle hat Frischhaltefolie nichts zu suchen, und genauso wenig eignet sie sich zum Verpacken von Gefriergut.

Wenn Frischhaltefolie beim Abrollen zusammenklebt, frieren Sie die Rolle kurz ein, und nehmen Sie sie wieder raus – anschließend ist das Problem behoben.

Küchenmaschinen

Welches Gerät ist nützlicher – ein Mixer oder eine Küchenmaschine? Oder genügt ein Pürierstab?

Es gibt eine riesige Auswahl an Küchengeräten zum Rühren und Zerkleinern von Zutaten. Welches Gerät für Sie in Frage kommt, hängt davon ab, wie viel Platz Sie haben, wie viel Sie investieren möchten und wofür und wie oft Sie das Gerät benutzen werden.

Der Stabmixer (auch Pürierstab) braucht am wenigsten Platz, kann aber auch nur relativ weiche Zutaten zerkleinern und hat in der Regel nur eine Stufe.

Es gibt kleine Multimixer und etwas größere Standmixer, die mehrere Stufen haben und mit einem Gefäß geliefert werden, in dem man die Zutaten zerkleinert.

Der Handmixer (auch Handrührgerät) kann Teige rühren und Eiweiß schlagen, aber nichts zerkleinern. Wenn Sie nur ein Gerät möchten, empfiehlt sich eine Küchenmaschine, denn die kann alles – nimmt aber auch viel Platz weg. Es gibt sie in vielen verschiedenen Ausführungen und Preisklassen; bei den meisten sind Schüssel, mehrere Schneebesen, Schlagbesen und Knethaken dabei. Achten Sie beim Kauf darauf, wie gut sie sich reinigen lässt.

Kühlschrank

Nach welchen Kriterien sollte ich einen Kühlschrank wählen?

Kaufen Sie einen Kühlschrank in der Größe, wie Sie ihn für Ihren Bedarf benötigen – wer täglich für mehrere Personen kocht, benötigt mehr Platz im Kühlschrank als jemand, der nur am Wochenende für zwei Personen Essen zubereitet. Ein zu großer Kühlschrank, der nicht gefüllt ist, braucht übrigens mehr Energie zum Kühlen als ein adäquat gefüllter Kühlschrank. Bei einem überfüllten Kühlschrank wiederum ist die Luftzirkulation nicht mehr gewährleistet – das beeinträchtigt die Temperatur.

Informieren Sie sich über verschiedene Modelle. In der Grundausstattung sind sie alle ähnlich. Bedenken Sie, dass Kühlgeräte ständig Strom verbrauchen. Von daher sollte der Stromverbrauch ein wichtiges Kaufkriterium sein. Oft sind Geräte mit niedrigem Stromverbrauch zwar etwas teurer in der Anschaffung, bedenken Sie aber, dass ein Kühlschrank mehrere Jahre läuft und die Mehrkosten über die Stromeinsparung wieder zurückkommen.

Wie kalt sollte es im Kühlschrank sein?

Die Kühlschranktemperatur sollte zwischen 5 und 6 °C liegen. Mit einem Kühlschrankthermometer können Sie jederzeit die Temperatur im Kühlschrank prüfen.

Obst und Gemüse, die kühl aufbewahrt werden sollten, werden im Gemüsefach gelagert. Legen Sie Küchenpapier ins Gemüsefach, das saugt die Feuchtigkeit auf, und so bleibt das Gemüse länger frisch.

Fleisch, Wurst und andere empfindliche Lebensmittel legt man ins Fach oberhalb der Gemüseschale, Milchprodukte und Käse darüber, Butter und Eier gehören in die dafür vorgesehenen Fächer in der Kühlschranktür. Dort ist es nicht so kalt, und die Butter bleibt streichfähig.

Wie soll ich ein Gericht nach dem Garen am besten abkühlen lassen, bevor es in den Kühlschrank gestellt wird?

Speisen kühlen schneller ab, wenn sie von zirkulierender kühler Luft umgeben sind. Lassen Sie das Gericht daher nicht im Kochgefäß mit Deckel abkühlen. Füllen Sie es stattdessen in eine kalte Schüssel, und bedecken Sie es locker mit einem sauberen Geschirrtuch oder mit einer umgedrehten größeren Schüssel.

Damit Speisen nicht austrocknen oder sich eine Haut darauf bildet, legen Sie ein angefeuchtetes Butterbrotpapier auf die Oberfläche.

Um noch warme Speisen in großen Brätern und Töpfen abzukühlen, die Behälter in eine Schüssel mit Eiswasser oder in die mit kaltem Wasser gefüllte Spüle stellen. Abgekühlte Gerichte sofort in den Kühlschrank geben.

Kürbis

Wie kann man Kürbis am besten zubereiten?

Aus Kürbissorten mit harter Schale und gelbem oder orangefarbenem Fruchtfleisch kann mit herzhaften Zutaten und Gewürzen ein Eintopf oder eine pikante Suppe gekocht werden.

Kürbissuppe

Für 4 Portionen
Zubereitungszeit: 30 Minuten

100 g Butter
1 kleine Zwiebel, fein gehackt
100 g Kartoffeln, in Würfel geschnitten
300 g Kürbisfleisch, in Würfel geschnitten
400 ml Hühnerbrühe
200 ml Milch
Salz
geriebene Muskatnuss
Zucker
1/2 TL Zitronensaft
200 g Sahne
3 Scheiben Weißbrot

1 Die Hälfte der Butter (50 g) in einem Suppentopf erhitzen. Die Zwiebel zufügen und glasig dünsten. Kartoffel- und Kürbiswürfel zugeben, kurz mitdünsten.

2 Brühe und Milch zum Gemüse gießen und alles aufkochen. Die Suppe etwa 20 Minuten zugedeckt bei schwacher Hitze kochen, bis die Kartoffeln und das Kürbisfleisch weich sind,

3 Die Suppe mit dem Stabmixer pürieren oder durch ein feinmaschiges Sieb streichen. Mit Salz, Muskat und Zucker würzen. Mit Zitronensaft abschmecken. Nochmals aufkochen, dann die Sahne untermischen.

4 Brotscheiben entrinden und in Würfel schneiden. Die restliche Butter in einer Pfanne zerlassen und die Brotwürfel darin goldbraun braten. Die Suppe auf Teller verteilen und mit den Croûtons bestreuen.

Woher hat der Spaghettikürbis seinen Namen, und wie bereitet man ihn zu?

Der Spaghettikürbis sieht in etwa aus wie ein gelber Speisekürbis, hat aber eine härtere Schale. Seinen Namen verdankt er der Tatsache, dass sein Fruchtfleisch in zahllose spaghettiartige Fasern zerfällt, wenn man ihn aufschneidet.

Zum Garen müssen Sie den Stiel entfernen und die Schale am Stielansatz tief einstechen, damit der Kürbis während des Erhitzens nicht platzt. Dann (je nach Größe) den Kürbis 20–50 Minuten kochen oder im Backofen garen.

Der Kürbis ist gar, wenn das Fruchtfleisch weich ist. Das können Sie prüfen, indem Sie mit einem Spieß hineinstechen. Den gegarten Kürbis längs aufschneiden und das Fruchtfleisch mit einer Gabel herauslösen. Man isst es wie „echte" Spaghetti am besten mit einer Fleisch- oder Tomatensauce und Parmesan.

Was kann ich aus meinen selbst geernteten Kürbissen kochen?

Riesenkürbisse oder Speisekürbisse werden oft zu spät geerntet, dann sind sie wässrig und schmecken etwas fad. Kürbisse unter 30 cm sind deutlich aromatischer. Man kann sie mit Reis oder Hackfleisch füllen und im Backofen bei mittlerer Hitze in 30–45 Minuten garen oder in kleine Stücke schneiden, in Olivenöl mit etwas Knoblauch braten und mit Petersilie bestreuen.

Oft werden sie süßsauer eingemacht, aber auch kräftig gewürzte Chutneys, Konfitüren und Pürees schmecken wunderbar.

Gibt es auch süße Rezepte für Kürbis?

In den USA wird zum traditionellen Thanksgiving-Fest ein Kürbiskuchen (Pumpkin Pie) zum Dessert serviert. Natürlich schmeckt er auch zum Nachmittagskaffee. Probieren Sie das folgende Rezept:

Einfach, aber sensationell: Aus püriertem Kürbis, gewürzt mit Zimt, Ingwer und Muskatnuss, entsteht eine köstliche Pie.

Süße Kürbis-Pie

Für 8 Stücke
Vorbereitungszeit: 45 Minuten
Backzeit: 50–55 Minuten

250 g Mürbeteig
Für die Füllung und den Belag:
125 g brauner Zucker
1 TL gemahlener Zimt
1 TL gemahlener Ingwer
1/2 TL geriebene Muskatnuss
2 große Eier
150 g Sahne
250 g gekochtes Kürbisfleisch, püriert
Zum Garnieren:
Puderzucker zum Bestäuben
200 g Sahne oder Crème double
geriebene Muskatnuss und gehackte Pekannusskerne

1 Mürbeteig 30 Minuten kalt stellen. Backofen auf 200 °C vorheizen.

2 Für die Füllung Zucker, Zimt, Ingwer und Muskatnuss in einer kleinen Schüssel verrühren. Die Eier schaumig schlagen. Sahne, Kürbispüree und die Zucker-Zimt-Mischung zugeben und untermischen.

3 Den Teig auf einer bemehlten Fläche zu einem großen Kreis ausrollen. Boden und Rand einer Springform (23 cm Ø) damit auskleiden. Überstehende Teigränder entfernen. Dafür die Teigrolle über den Rand der Form ziehen.

4 Den Teigboden mehrmals einstechen; mit Butterbrotpapier belegen und mit getrockneten Hülsenfrüchten beschweren. 10 Minuten blindbacken. Papier und Hülsenfrüchte entfernen, die Ofentemperatur auf 180 °C senken.

5 Die Kürbisfüllung auf den Teigboden geben. Kuchen 40–45 Minuten backen, bis die Füllung fest ist. Die Form zum Abkühlen auf ein Kuchengitter stellen.

6 Vor dem Servieren die Pie mit Puderzucker bestäuben. Die Sahne steif schlagen. Auf jedes Stück Pie einen Klecks Sahne setzen und mit Muskatnuss und gehackten Pekannüssen bestreuen.

Lachs

? ***Wie berechne ich die Garzeit beim Pochieren eines ganzen Lachses? Ich habe in meinen Kochbüchern ziemlich unterschiedliche Angaben gesehen.***

Die Garmethode hängt davon ab, ob der pochierte Lachs heiß oder kalt serviert werden soll. Deshalb findet man in Kochbüchern unterschiedliche Garzeiten.

Soll der Lachs kalt serviert werden (siehe Rezept rechts), legen Sie den rohen Fisch in kaltes Wasser oder Fischfond. Deckel auflegen und das Wasser aufkochen; regelmäßig abschäumen. Die Hitze abschalten, sobald das Wasser sprudelt. Den Lachs in der Flüssigkeit auskühlen lassen. Garnitur: Wenn Sie den Lachs mit Aspik überziehen, können Sie Kopf und Schwanz aussparen und einfach mit frischen Kräutern garnieren.

Soll der Lachs heiß serviert werden, einen Fischkochtopf mit reichlich Wasser oder Fischfond füllen, die Flüssigkeit zum Kochen bringen. Den Fisch hineingeben, die Flüssigkeit bis kurz unter den Siedepunkt erhitzen und den Lachs 10 Minuten pro kg pochieren. Herausnehmen und zugedeckt 5 Minuten ruhen lassen.
Zu pochiertem Lachs passen Salzkartoffeln, Remoulade und Gurkensalat mit Dill oder frischer Minze.

Kalter Lachs

Für 8 Portionen als Hauptgericht
Vorbereitungszeit: 20 Minuten, plus Kühlzeit für den Fischfond
Garzeit: 40–45 Minuten, plus mehrere Stunden Kühlzeit

1 küchenfertiger Lachs (etwa 2,5 kg)
Für den Fond:
6 l kaltes Wasser
150 ml Weißweinessig
1 Zwiebel, in Scheiben
1 Möhre, in Scheiben
1 Stange Sellerie, in Scheiben
2 Streifen Zitronenschale
3 Lorbeerblätter
je 1 kleines Bund Thymian und Petersilienstängel
5–6 Pfefferkörner
Für die Garnitur:
Gurkenscheiben, evtl. Aspik, Dill und Zitronenscheiben

1 Für den Fond alle Zutaten in einem Fischkochtopf aufkochen. Zugedeckt 15 Minuten köcheln lassen.

2 Fond abkühlen lassen, durch ein Sieb gießen und wieder in den Topf geben. Den Lachs in den kalten Fond legen. Den Fond aufkochen; abschäumen. Hitze abschalten und den Topf zudecken.

3 Fisch im Fond einige Stunden oder über Nacht abkühlen lassen.

Lachs anrichten

1 Fisch aus dem Fond nehmen, Haut, Flossen, graues Fleisch, nach Belieben auch den Kopf entfernen.

2 Den Lachs auf eine Servierplatte legen und mit Gurkenscheiben garnieren. Sie können den Fisch auch mit Aspik überziehen.

3 Den Fisch abdecken und an einen kühlen Ort stellen. Am besten nicht im Kühlschrank lagern, es sei denn, Sie haben ihn am Vortag zubereitet. Lachs 30 Minuten vor dem Servieren Raumtemperatur annehmen lassen; kurz vor dem Servieren garnieren.

Die frischeste und leichteste Garnitur – eine Reihe dünner Gurkenscheiben – schmückt einen ganzen Lachs. Die Farbtupfer von Dill und Zitronenscheiben sind eine einfache, sommerliche Dekoration für diesen edlen Partyknüller.

? ***Ich besitze weder einen Fischkochtopf noch einen Topf, der so groß ist, dass ein ganzer Fisch hineinpasst. Wie kann ich trotzdem einen Lachs im Ganzen zubereiten?***

Wenn Sie sich keinen Fischkochtopf anschaffen wollen, da Sie ihn vielleicht zu selten benutzen würden, können Sie einen Bräter verwenden (siehe Kasten S. 177).

Alternativ können Sie den Fisch auf dem Backblech im Ofen garen. Den Ofen auf 160 °C vorheizen. Ein großes Stück Alufolie mit Öl oder zerlassener Butter bepinseln und auf das Backblech legen. Den küchenfertigen Fisch auf die Folie legen (wenn er zu groß ist, Kopf und Schwanz abschneiden). Salz, Pfeffer, Zitronenscheiben oder Kräuter hineingeben. Fisch locker in die Folie wickeln, Folie seitlich fest zusammenfalten.

Den Lachs 30 Minuten pro kg garen, wenn er heiß serviert werden soll. Aus dem Ofen nehmen und 5 Minuten in der Folie ruhen lassen. Soll der Fisch kalt serviert werden, 20 Minuten pro kg garen, dann herausnehmen. Fisch in der Folie lassen, bis er vollständig abgekühlt ist.

? ***Lachs finde ich lecker, Räucherlachs als Vorspeise aber langweilig. Wissen Sie eine Alternative?***

Vielleicht ist Graved Lachs eine Möglichkeit. Dafür wird eine rohe Lachsseite mit Salz, Zucker und

Dill gewürzt, dann in eine Schale gelegt, mit Folie bedeckt und mit Gewichten beschwert. Die Lachsseite zieht 2–3 Tage durch, dann wird sie herausgenommen, abgetupft und dünn aufgeschnitten.

Auch gut: Roher Lachs kann in Alkohol wie Wodka oder Tequila eingelegt und mit Kräutern und Gewürzen aromatisiert werden. Oder man mariniert ihn in Zitronen- oder Limettensaft. Dabei wird der Fisch ohne Hitze gegart, denn die im Alkohol oder im Zitrussaft enthaltene Säure zersetzt das Protein.

In Südamerika heißt dieses marinierte Fischgericht Ceviche und wird mit Chilischoten, Zwiebeln und Knoblauch gewürzt. Im Rezept unten rechts wird ebenfalls Zitronen- oder Limettensaft verwendet, es ist aber vom Graved Lachs inspiriert.

Warum ist das Fleisch vom Lachs so kräftig orangefarben?

Die Farbe des Lachsfleisches hängt von der Ernährung des Fisches ab. Wildlachse leben überwiegend von Garnelen und Krebsen. Deren Farbpigmente treten in den Körper des Lachses über.

Farmlachse erhalten Futter, dem der Farbstoff Canthaxanthin, ein Karotinoid, zugesetzt wurde. Dieses hat den gleichen Effekt, und deshalb ist Farmlachs von Wildlachs optisch fast nicht zu unterscheiden.

Was ist der Unterschied zwischen Räucherlachs und Stremellachs?

Auch der Stremellachs ist ein Räucherlachs. Während aber beim „normalen“ Räucherlachs die ganzen Seiten kalt geräuchert werden, schneidet man für den Stremellachs die Lachsseiten in Streifen (die „Stremel“). Diese werden heiß geräuchert, was dem Fisch ein besonders intensives Aroma verleiht. Auch die Zugabe von Kräutern und Gewürzen ist bei der Herstellung üblich.

Stremellachs können Sie, wie den klassischen Räucherlachs, kalt bzw. mit Raumtemperatur genießen. Doch Sie sollten ihn auch unbedingt einmal warm, z. B. mit einer Senf- oder Meerrettichsauce, probieren. Auch zu Pasta passt Stremellachs wunderbar.

Lachs im Ganzen garen

Ein Fischkochtopf (Fischkessel) ist ideal, wenn Sie einen großen Fisch im Ganzen zubereiten möchten. Falls Sie keinen solchen Topf besitzen, können Sie improvisieren. Wenn ein Fisch für einen Bräter zu groß ist, Kopf und Schwanzflosse abschneiden oder den Fisch vorsichtig biegen, damit er in die Form passt.

Im Bräter garen

Messen Sie die Länge des Fisches, und wählen Sie einen großen Bräter, in den er gut hineinpasst. (Oder Sie messen den Bräter aus und kaufen dann einen Fisch, der in den Bräter passt.) Einen geölten Rost in den Bräter setzen, den Fisch darauflegen und das Gefäß je nach Rezept mit Salzwasser oder Fischfond füllen. Den Bräter locker mit Alufolie bedecken, den Fisch im Ofen auf der oberen Schiene garen.

In Alufolie garen

Alternativ eine doppelte oder dreifache Lage Alufolie so zurechtschneiden, dass sie etwas breiter ist als der Fisch. Den Fisch auf die Folie legen und in die kalte Garflüssigkeit in einen Bräter legen. Die Form mit Alufolie bedecken, den Fisch nach Rezept garen. Der fertige Fisch kann an den Folienenden leicht herausgehoben werden. Auf eine Servierplatte legen und garnieren.

Marinierter Lachs mit Gurken

Für 4–6 Portionen als Vorspeise
Vorbereitungszeit: 15 Minuten, plus mehrere Stunden Marinierzeit

1/2 kleine Salatgurke, 2 TL Salz
500 g dickes Lachsfilet, ohne Haut, gekühlt
4 EL Zitronen- oder Limettensaft oder Weißweinessig
1 TL Zucker
grob gemahlener schwarzer Pfeffer
1 EL gehackte Dillspitzen
Dill, Zitronen- oder Limettenscheiben zum Garnieren

1 Gurke schälen und in möglichst dünne Scheiben schneiden. Die Scheiben in einem Sieb mit Salz bestreuen; schütteln. Über einer Schüssel 1 Stunde abtropfen lassen, ab und zu rütteln, bis 4 EL Flüssigkeit abgetropft sind. Salz abspülen, die Gurkenscheiben abtropfen lassen.

2 Lachsfilet hauchdünn aufschneiden, so wie Räucherlachs (siehe S. 178). Je kälter das Filet ist, desto einfacher lässt es sich in Scheiben schneiden.

3 Die Lachsscheiben in eine Schüssel geben. Mit Zitronen- oder Limettensaft oder Essig begießen. Dann Zucker, Pfeffer, Dill und Gurke mit der Hand untermischen.

4 Zudecken und 30 Minuten kalt stellen; ab und zu wenden, damit die Marinade überall gut einziehen kann. Der Lachs gart durch die Säure, seine Farbe wechselt von leuchtend rosa zu hell und glasig.

5 Lachs- und Gurkenscheiben auf Teller verteilen. Mit Dill und Zitrone oder Limette garnieren. Dazu passt Schwarzbrot mit Butter.

Räucherlachs in Scheiben schneiden

Wenn Sie für ein Fest Räucherlachs servieren möchten, können Sie Geld sparen, wenn Sie eine ganze Seite kaufen und diese selbst aufschneiden. Den Fisch zuerst in den Kühlschrank legen, damit er fest wird. Mit einem langen, dünnen Filetiermesser trockenes Fleisch und die Haut entfernen.

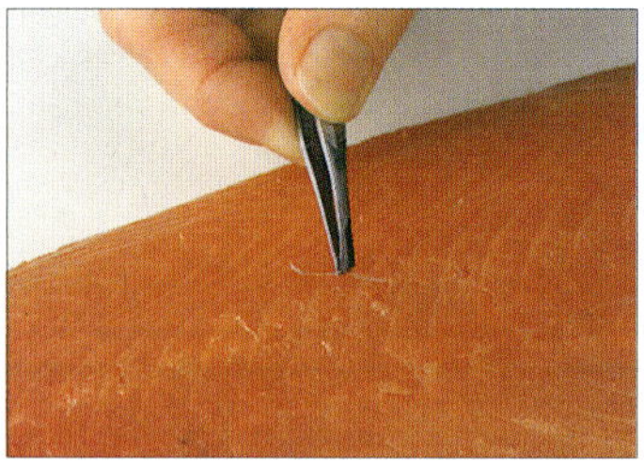

1 Kleine Gräten mit den Fingerspitzen ertasten, dann mit einer Pinzette herausziehen.

2 Lachsseite in hauchdünne Scheiben schneiden, dabei am Schwanzende beginnen. Das Messer parallel zum Fisch führen, mit leicht sägenden Bewegungen schneiden. Zwischen die Scheiben Backpapier legen.

? ***Wir essen gern frischen Lachs, aber ein ganzer Fisch ist für meine Familie meistens zu viel. Welche Lachsstücke kaufe ich am besten?***

Wenn von einem pochierten oder gebackenen ganzen Lachs etwas übrig bleibt, können Sie die Reste auch kalt servieren. Mit einer aromatischen Mayonnaise, knusprigem Brot und einem Salat entsteht eine köstliche kalte Mahlzeit.

Wenn Sie aber keinen ganzen Lachs kaufen möchten, gibt es auch Steaks, Koteletts und Filets. Das Schwanzstück ist besonders saftig, die größeren Mittelstücke können etwas trocken sein, daher dürfen Sie diese nicht übergaren. Alle Lachstücke werden am besten in aromatischer Flüssigkeit gegart oder mit einer Sauce serviert. Die klassische weiße Buttersauce (siehe S. 48) ist ein beliebter Partner für Lachs.

Versuchen Sie auch einmal gedämpfte Lachssteaks (siehe *Wok*) und Lachs aus dem Mikrowellengerät (siehe *Fisch*). Bei beiden Gerichten sorgen unkomplizierte asiatische Gewürze für ein wahrhaft spektakuläres Ergebnis.

Lagern & Aufbewahren

? ***Wie bewahrt man frische Lebensmittel am besten auf?***

Die modernen Techniken zum Kühlen, Einfrieren, Verpacken und Transport von Lebensmitteln sollten eigentlich zur Folge haben, dass wir die Produkte im besten Zustand kaufen können: Obst und Gemüse in perfekter Reife, Fisch und Fleisch mit maximaler Frische. Leider ist die Frische jedoch eine Illusion, vorgespiegelt von Verpackungs- und Kühltechnik, und wenn Sie die Lebensmittel zu Hause auspacken, halten sie oft nicht mehr lange, wenn Sie diese nicht richtig lagern.

Fast alle Gemüsesorten lassen sich gut im Kühlschrank aufbewahren, wo sie aufgrund der niedrigen Temperatur nicht verderben. Wenn der Platz im Kühlschrank nicht ausreicht, legen Sie Gemüse an einen kühlen, dunklen Ort, denn Wärme und Licht beschleunigen den Verfallsprozess. Lagern Sie Gemüse nicht in Gefrierbeuteln oder -dosen, darin würde es Feuchtigkeit ausschwitzen und schimmeln. Kartoffeln nur im Dunkeln aufbewahren, sonst werden sie grün und ungenießbar.

- Bananen und unreife Avocados nie im Kühlschrank aufbewahren, bei beiden verfärbt sich die Schale sonst schwarz, und sie reifen nicht mehr. Reife Avocados kann man jedoch ein paar Tage in das Gemüsefach im Kühlschrank legen.
- Stark duftende Früchte wie angeschnittene Ananas oder Melone nur gut verpackt im Kühlschrank aufbewahren, sonst geht ihr Aroma auf Milchprodukte wie Butter, Käse und Milch über.
- Im Kühlschrank bewahrt man Käse am besten in Wachspapier oder Alufolie auf, wodurch im Gegensatz zu Frischhaltefolie das „Schwitzen“ verhindert wird. Stark riechenden Käse sollten Sie jedoch am besten in einer Frischebox lagern, damit das Käsearoma nicht auf andere Lebensmittel übergeht.
- Fisch wird durch Lagern nicht besser. Soll er länger als 12 Stunden aufbewahrt werden, bestreuen Sie ihn (auch im Kühlschrank) am besten mit zerstoßenem Eis. Dieses, falls nötig, mehrmals erneuern und den Behälter zudecken, damit der Fischgeruch nicht auf andere Lebensmittel übergeht. Meeresfrüchte verderben besonders schnell, deshalb werden sie meist vorgegart oder tiefgekühlt verkauft. Wenn Sie nicht sicher sind, wie lange Meeresfrüchte schon gelagert wurden, essen Sie sie lieber nicht.
- Fleisch und Geflügel sollten immer gekühlt werden. Fleisch innerhalb von 4 Tagen, Geflügel innerhalb von 3 Tagen verbrauchen. Hackfleisch unbedingt noch am Einkaufstag zubereiten oder sofort einfrieren. Wenn Sie Fleisch beim Metzger gekauft haben, sollten sie es daheim locker in Butterbrotpapier oder Alufolie einwickeln. In Frischhaltefolie beginnt es zu „schwitzen“, es wird schleimig und zersetzt sich. Das meiste Fleisch aus dem Supermarkt ist luftdicht verpackt, die Packungen öffnen Sie am besten erst direkt vor der Zubereitung.

? ***Kann ich Schimmel vermeiden, indem ich frisches Brot im Kühlschrank aufbewahre? Oder wird es dann schneller hart?***

Die Antwort auf beide Fragen lautet: Ja. Im Kühlschrank lässt sich die Schimmelbildung vermeiden, aber da die Umgebung sehr trocken ist, wird das Brot dabei auch schneller hart.

Wollen Sie Brot längere Zeit aufbewahren, sollten Sie es in Scheiben schneiden und einfrieren. Die Scheiben lassen sich noch tiefgekühlt gut toasten oder rasch auftauen, falls Sie das Brot ungeröstet essen wollen.

Wie soll ich Eier aufbewahren? Ich dachte, sie gehören in den Kühlschrank, aber im Supermarkt liegen sie nur selten im Kühlfach.

Eier können an jedem kühlen Ort gelagert werden, aber im Kühlschrank halten sie länger. Im Sommer sollten sie immer gekühlt werden. Auf den Kartons finden Sie das Datum, von dem an Eier unbedingt in den Kühlschrank gehören. Wenn Sie Eier im Kühlschrank lagern, nehmen Sie sie 1 Stunde vor der Zubereitung heraus. Kalte Eier platzen beim Kochen, ihr Eiweiß lässt sich nicht so gut zu Schnee schlagen wie Eiweiß mit Raumtemperatur.

Wie lagert man getrocknete Lebensmittel wie Bohnen, Kräuter, Gewürze und Kaffee?

Bewahren Sie getrocknete Hülsenfrüchte in einem fest verschließbaren Gefäß an einem dunklen Ort auf, und kaufen Sie nicht mehr, als Sie in 2 Monaten verbrauchen können. Ältere Hülsenfrüchte sind zwar noch genießbar, sie schmecken aber nicht mehr so gut, und die Schalen werden hart und zäh. Dadurch verlängert sich auch ihre Kochzeit (siehe S. 130).

Getrocknete Kräuter und Gewürze lassen sich ebenfalls nicht unbegrenzt aufbewahren. Auch wenn sie in durchsichtigen Gläsern im Gewürzregal hübsch aussehen, ist dies die schlechteste Methode, sie zu lagern. Dem Aromaschutz zuliebe sollten Sie getrocknete Kräuter und Gewürze besser im Schrank oder in dunklen verschlossenen Behältern aufbewahren. Kaufen Sie besser kleinere Mengen und dafür öfter, denn das beste Aroma haben diese getrockneten Zutaten in den ersten 2 Monaten nach dem Trocknen.

Kaffeebohnen und -pulver verlieren im Küchenschrank innerhalb weniger Tage das Aroma. Bewahren Sie Kaffee daher gut verpackt im Kühlschrank oder sogar im Tiefkühlgerät auf, und bereiten Sie ihn noch tiefgekühlt zu.

Lammfleisch

Was ist besser, importiertes oder heimisches Lammfleisch?

Fleisch von heimischen Lämmern ist importiertem sicher vorzuziehen. Zunächst einmal, weil Importware meist eingefroren und für den Verkauf wieder aufgetaut wurde und deshalb sofort verarbeitet werden muss.

Außerdem können Sie bei heimischem Lammfleisch viele verschiedene Geschmacksnuancen erleben, je nachdem, wo die Lämmer aufwuchsen. Schafherden werden beispielsweise durch Deich- oder Heidelandschaften geführt, oder sie weiden auf kräuterwürzigen Alpenwiesen. Das Futter bestimmt den Geschmack des Fleisches.

Wie erkenne ich, ob Lammfleisch wirklich frisch ist?

Frisches Lammflesich ist hellrot, Fleisch von älteren Tieren darf etwas dunkler sein – allerdings gibt es von Rasse zu Rasse Unterschiede. Auf keinen Fall darf das Fleisch gräulich verfärbt sein. Das Fett soll weiß und elastisch sein und seidig glänzen, das Fleisch muss feinfaserig und mager sein. Fragen Sie, ob das Fleisch bereits einmal eingefroren war – äußerlich lässt sich das kaum erkennen.

Wann spricht man von Lamm und wann von Hammel?

Damit Fleisch als Lammfleisch bezeichnet werden darf, müssen die Tiere spätestens mit 12 Monaten geschlachtet werden. Allerdings werden die Tiere meist im Alter von 4–6 Monaten geschlachtet, weil sich ab dem achten Monat der typische Schafgeschmack entwickelt, der bei uns nicht besonders beliebt ist. Aus diesem Grund ist Hammelfleisch auch kaum im Handel. Es stammt von Tieren, die zwischen 1 und 2 Jahre alt sind. Fleisch von älteren Tieren wird als Schaffleisch bezeichnet. Falls Sie Hammel- oder Schaffleisch erwerben möchten, können Sie sich an einen Schafzuchtverband in Ihrer Region wenden. Dort vermittelt man Ihnen sicher gern einen Schäfer, der das gewünschte Fleisch für Sie bereitstellt.

Einen Lammsattel entbeinen und rollen

Ein entbeintes Lendenstück, auch Lammsattel genannt, kann zu einem – gefüllten oder ungefüllten – Rollbraten geformt werden. Man kann das aufgerollte Fleisch vor dem Braten auch in Scheiben (Noisettes) schneiden.

1 Das Fleisch von jeder Seite eines Knochens schneiden, um die Knochen aus dem Lammsattel zu lösen. Die Bauchlappen an den Enden einkürzen.

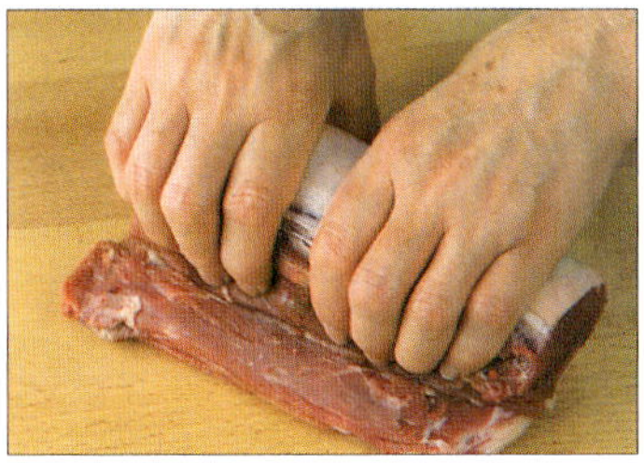

2 Das Fett bis auf eine dünne Schicht wegschneiden. Das Fleisch vom dickeren fleischigen Ende zum dünneren hin fest aufrollen.

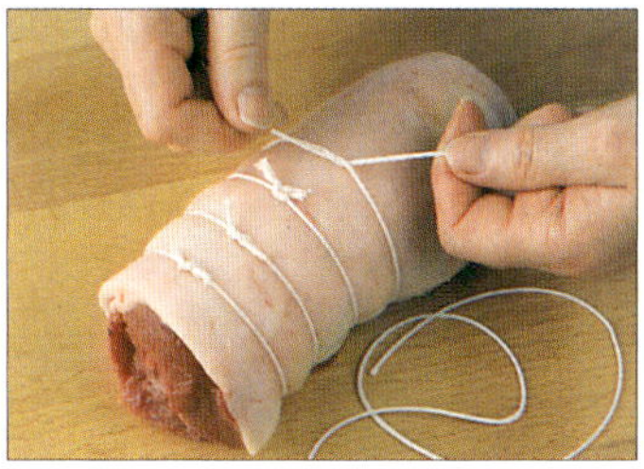

3 Rolle im Abstand von jeweils 2,5 cm mit Küchengarn umwickeln, dabei in Form bringen. Im Ganzen oder in Scheiben geschnitten braten.

Sagen Sie mir doch bitte, was ist ein Lammlachs und was macht man damit?

Beim Lammlachs handelt es sich um das ausgelöste Fleisch eines Lammrückens. Lammlachse lassen sich in der Pfanne braten und dann mit Sauce (z. B. einer Pilzsauce) und Gemüse (besonders gut passen grüne Bohnen) servieren.

Exzellent ist die Zubereitungsart mit einer Kruste, beispielsweise einer Kräuterkruste. Dafür werden Lammlachse gewürzt und angebraten, dann mit einer Mischung aus Semmelbrösel, Kräutern bzw. Gewürzen und verquirltem Ei, evtl. auch Eischnee bedeckt. Im Ofen garen die Lammlachse dann bei stärkerer Hitze, bis die Kruste schön gebräunt ist.

Sie können die Lammlachse auch mit der Krustenmischung umhüllen und dann in blanchierte Kohl- oder Lauchblätter wickeln. Auch ein solches Gericht wird im Ofen gegart.

Welches ist die beste Methode, eine Lammkeule zu braten?

Sehr schmackhaft wird eine Lammkeule, wenn Sie sie bei niedriger Temperatur garen. Wichtig ist, dass Sie das Fleisch mindestens 30 Minuten vor der Zubereitung aus dem Kühlschrank nehmen.

Aus 4–5 EL Olivenöl, 4 zerdrückten Knoblauchzehen, gehacktem Rosmarin, abgeriebener Zitronenschale, Salz und Pfeffer eine Paste herstellen und das Fleisch rundherum damit einreiben. Die vorbereitete Lammkeule in einen Bräter legen, etwas Flüssigkeit (Wasser, Brühe oder Rotwein) angießen. Die Lammkeule im vorgeheizten Ofen bei 130 °C 4 Stunden braten, dabei so oft wie möglich mit Bratensaft begießen. Dazu passt Ofengemüse oder Ratatouille sowie Kartoffelgratin.

Sind Sie experimentierfreudig, können Sie auch einfach die Lammkeule rundum anbraten und dann mit etwas Weißwein und Gemüse nach Belieben in einen Schmortopf geben. Den Topf mit dem Deckel verschließen und das Fleisch im vorgeheizten Backofen bei 120 °C 7 Stunden garen, dabei gelegentlich wenden. Das Fleisch wird zart und bleibt saftig.

Servieren Sie zu kurzgebratenen Lamm-Noisettes eine estragonwürzige Sahnesauce mit gemischten Pilzen.

Lamm-Noisettes mit Pilzen

Für 4 Portionen
Vorbereitungszeit: 5 Minuten
Garzeit: 15 Minuten

250 g gemischte Pilze (z. B. Shiitake, Austernpilze und Champignons), in größere Stücke geschnitten
40 g Butter
1 EL Olivenöl
8 Noisettes vom Lamm, je etwa 2,5 cm dick (siehe S. 179)
2–3 TL gehackter Estragon
1–2 EL Rot- oder Weißwein
100 g Crème fraîche oder Sahne
Salz und schwarzer Pfeffer
1 EL Zitronensaft (nach Belieben)

1 Die Pilze in der Butter etwa 5 Minuten unter gelegentlichem Rühren braten. Anschließend mit einem Schaumlöffel aus der Pfanne auf einen Teller heben und warm stellen.

2 Das Olivenöl in die Pfanne geben und erhitzen. Die Noisettes in das heiße Öl geben und 3 Minuten auf jeder Seite braten, bis sie außen schön braun, innen jedoch noch etwas rosa sind. Auf eine vorgewärmte Servierplatte legen, mit Salz und Pfeffer würzen, dann warm stellen.

3 Vom Estragon 2 TL und den Wein in die Pfanne geben, erhitzen und dabei den Bratensatz losschaben. Dann Crème fraîche oder Sahne zufügen und aufkochen. Mit Salz und Pfeffer würzen.

4 Die warm gestellten Pilze und den Bratensaft, der sich auf der Servierplatte von den Noisettes gesammelt hat, in die Sauce geben; erhitzen. Falls gewünscht, die Sauce noch mit etwas Estragon und Zitronensaft abschmecken. Zu den Noisettes servieren.

VARIANTE
Für dieses Rezept können Sie auch Lammkoteletts oder Lammlachse verwenden. Sie werden genauso wie die Noisettes gebraten.

? *Kennen Sie ein Rezept für einen Lammbraten, der garantiert Eindruck macht?*

Aber sicher. Im Rezept rechts erfahren Sie, wie man einen doppelten Lammrücken zubereitet. Im Gegensatz zur klassischen Lammkrone werden hier die beiden Kotelettstränge flach aneinandergebunden. Dazu gibt es eine bunte Gemüsemischung, die mit dem Fleisch zusammen im Backofen gart. Frische Kräuter sorgen für besonders frische Farbe und Aroma.

Doppelten Lammbraten vorbereiten

Für diese Alternative zur Lammkrone werden zwei Kotelettstränge mit je 7–9 Rippen aufeinandergebunden. Dabei werden die Rippen ineinandergesteckt.

1 Fett und Fleisch etwa 2,5 cm von den Rippenspitzen entfernt gerade einschneiden. Das Fett entfernen.

2 Das Fleisch zwischen den Rippenspitzen herausschneiden, die Rippen mit dem Messer sauber schaben.

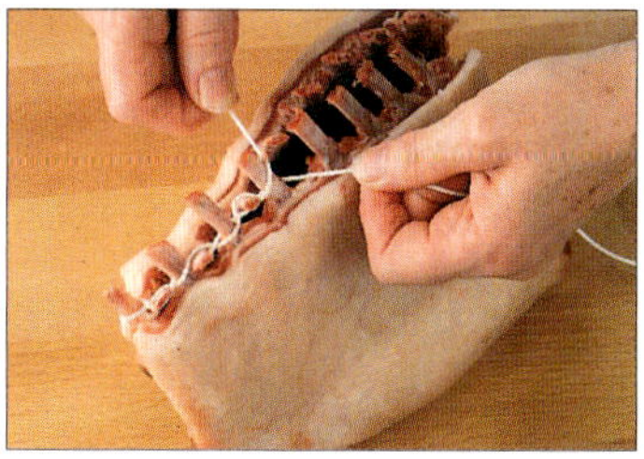

3 Die Kotelettstränge mit den Fettseiten nach außen aufeinanderlegen, die Rippen ineinander verschränken. Küchengarn fest um die Rippen winden und so die beiden Kotelettstränge fest miteinander verbinden. Die Garnenden verknoten.

Festlicher Kotelettbraten vom Lamm

Für 6 Portionen
Vorbereitungszeit: 20 Minuten
Garzeit: 50–70 Minuten

2 Kotelettstränge vom Lamm (je etwa 750 g–1 kg)
125 g frische Brotkrumen
1 großes Ei, verquirlt
abgeriebene Schale von 1 Zitrone
3 EL gehackte frische Kräuter (z. B. Basilikum, Petersilie, Rosmarin und Thymian)
1 EL fein gehackte schwarze Oliven
3 EL Olivenöl
Salz und schwarzer Pfeffer
6 Knoblauchzehen
2 rote Paprikaschoten, in dicke Streifen geschnitten
2 Auberginen (je etwa 250–300 g), in Stücke geschnitten
1/2 kleiner Butternusskürbis, geschält, von Kernen und wattigem Inneren befreit und in Stücke geschnitten, oder
2 Zucchini, in Stücke geschnitten
6 Eiertomaten, halbiert und entkernt
3 Zweige Thymian
3 EL Olivenöl oder Einlegöl von getrockneten Tomaten oder eine Mischung aus beiden Ölen
2 EL gehacktes Basilikum oder gehackter Oregano

1 Den Backofen auf 180 °C vorheizen. Das Fleisch abwiegen und die Garzeit berechnen: Der Braten braucht 35 Minuten pro kg plus 15 Minuten, wenn das Fleisch innen rosa sein soll; 55 Minuten pro kg, plus 25 Minuten, wenn es durchgegart sein soll.

2 Die Kotelettstränge vorbereiten und fest zusammenbinden (siehe links); falls Sie keine ganze Rolle Küchengarn kaufen möchten, bitten Sie Ihren Metzger einfach um ein Stück Küchengarn, das lang genug ist, um den Braten damit fest zu verschnüren.

3 Die frischen Brotkrumen, das Ei, die abgeriebene Zitronenschale, die Kräuter, die Oliven, 1 EL Öl sowie etwas Salz und Pfeffer in einer Schale mischen.

4 Die Kräutermischung gleichmäßig auf die Fettschichten der Kotelettstränge drücken. Das Fleisch beiseitestellen.

5 Das zerkleinerte Gemüse und den Thymian in einen Bräter legen; salzen, pfeffern und mit Olivenöl, Tomaten-Einlegöl oder eine Mischung aus beidem beträufeln. Alles gründlich mischen, bis das Gemüse gut von Öl überzogen ist.

6 Wenn das Fleisch durchgegart werden soll, die zusammengebundenen Kotelettstränge auf das Gemüse setzen und gleichmäßig mit 2 EL Olivenöl beträufeln.

7 Das Fleisch im heißen Backofen 45–50 Minuten braten. Soll es innen rosa bleiben, das Gemüse 10–15 Minuten im heißen Ofen rösten, dann erst das Fleisch daraufsetzen und 35–40 Minuten braten. Das Fleisch während des Bratens zwei- bis dreimal begießen. Den Braten mit Alufolie bedecken, falls er zu dunkel wird.

8 Zur Garprobe das Fleisch an der dicksten Stelle mit einem Metallspieß einstechen. Rinnt roter Saft aus der Einstichstelle, ist das Fleisch innen noch roh, zeigt sich eine klare Flüssigkeit, ist das Fleisch durchgebraten.

9 Sobald Fleisch und Gemüse gar sind, das Gemüse mit Basilikum oder Oregano bestreuen. Fleisch und Gemüse mit Alufolie abdecken. Den Backofen ausschalten und das Gericht bei leicht geöffneter Ofentür (Kochlöffel dazwischenstecken) noch 15 Minuten im Ofen ruhen lassen.

10 Zum Aufschneiden den Braten auf ein Schneidebrett legen und das Küchengarn entfernen. Die Kotelettstränge voneinander trennen und die Teile zwischen den Rippen in Portionen von 2–3 Koteletts aufschneiden. Die Bratenportionen mit dem kräuterwürzigen Ofengemüse anrichten und mit frischem Weißbrot servieren.

Lasagne

? *Meine Lasagne gerät oft ziemlich matschig. Sollte ich weniger Sauce verwenden?*

Ja. Viele Leute mögen zwar eine Lasagne mit reichlich Sauce, aber für das Gelingen ist das nicht wirklich nötig – im Gegenteil: Zu viel Sauce kann das Aroma der übrigen Zutaten sogar verwischen.

Wichtig ist, dass die Füllung herzhaft schmeckt, etwa durch Schinken und Pilze wie im Rezept unten. Seien Sie beim Würzen großzügig, denn die Pasta neutralisiert zum Teil die Aromen der Füllung.

? *Wie kommt es, dass Nudelblätter „ohne Vorkochen“ nach dem Garen manchmal noch hart sind?*

Das kann passieren, wenn die Nudelblätter nicht mit genug Sauce bedeckt sind. Wichtig ist, dass Sie den Boden der Form zuerst mit einer Schicht Sauce bedecken und dann erst Nudelblätter darauflegen. Die letzte Schicht der Lasagne muss ebenfalls Sauce sein.

Um harte Nudelblätter zu vermeiden, können Sie Lasagneplatten „ohne Vorkochen“ auch in Wasser einweichen und dann einschichten – das spart Sauce, und die Nudeln werden trotzdem weich.

Lasagne mit Schinken und Pilzen

Für 6 Portionen
Vorbereitungszeit: 1 Stunde
Garzeit: 50 Minuten

Für die Bechamelsauce:
90 g Butter plus Butter für die Form
90 g Mehl
1,25 l Milch
1 Lorbeerblatt
geriebene Muskatnuss
Salz und schwarzer Pfeffer
Für die Füllung:
40 g getrocknete Steinpilze
70 g Butter
2 EL Olivenöl
2 Schalotten, fein gewürfelt
750 g gemischte Pilze, in Scheiben geschnitten
Saft von 1/2 Zitrone
500 g Lasagneblätter
250 g gekochter Schinken, in dünne Stifte geschnitten
100 g Parmesan, frisch gerieben

1 Für die Sauce die Butter in einem Topf zerlassen. Das Mehl einrühren und ein paar Minuten anschwitzen. Milch zugeben und rühren, bis die Sauce dick und glatt ist. Lorbeer zufügen, alles 15 Minuten köcheln lassen. Mit Muskat, Salz und Pfeffer würzen. Lorbeer herausnehmen, ein paar Butterflöckchen auf der Sauce verteilen, damit sich keine Haut bildet. Den Backofen auf 190 °C vorheizen.

2 Für die Pilzfüllung die getrockneten Pilze mit kochend heißem Wasser begießen. 30 Minuten einweichen, dann abgießen und hacken. Das Einweichwasser durch ein Passiertuch gießen und beiseitestellen.

3 Butter mit Öl in einer Pfanne erhitzen. Schalotten darin ein paar Minuten kurz anschwitzen, dann alle Pilze sowie den Zitronensaft zufügen. Offen erhitzen, bis Flüssigkeit austritt. Hitze erhöhen, damit die Flüssigkeit verdampft. Einweichwasser zufügen. Einige Minuten kochen lassen. Würzen, beiseitestellen.

4 Pilze und Sauce mischen. Eine flache, rechteckige Form dünn ausbuttern. Eine Schicht Pilzsauce hineingeben. So lässt sich die Lasagne leichter mit einem Tortenheber aus der Form lösen.

5 Eine Schicht Lasagneblätter auf die Sauce legen, mit Schinken und Käse bestreuen, dann wieder Lasagneblätter in die Form legen und Sauce darübergeben (siehe rechts). Weiterschichten, bis alle Zutaten verbraucht sind. Mit Sauce abschließen. Mit dem restlichen Käse bestreuen, die restliche Butter darauf verteilen. 45–50 Minuten backen. Die Lasagne vor dem Servieren 5 Minuten ruhen lassen.

Lasagne schichten

Schichten aus Pastablättern, verschiedenen Saucen und Füllungen wie beispielsweise Schinken und Käse sorgen für unterschiedlichste Konsistenzen bei diesem beliebten Nudelgericht. Bedecken Sie die Nudelblätter gut mit Sauce, damit sie während des Garens im Ofen weich werden. Eine perfekt gegarte Lasagne lässt sich in Stücke schneiden, ohne dass zu viel Flüssigkeit dabei austritt. Finden Sie selbst heraus, wie Ihnen Lasagne am besten schmeckt.

1 Eine flache ofenfeste Form buttern und eine Schicht Pilzsauce hineingeben. Eine Lage Pastablätter nebeneinander auf die Sauce legen.

2 Eine dünne Schicht Schinken und Käse auf die Pasta geben und mit einer weiteren Schicht aus Lasagneblättern bedecken.

3 Wie beschrieben weiterschichten, mit der Sauce abschließen. Mit geriebenem Parmesan bestreuen und ein paar Butterflöckchen daraufsetzen.

Lauch

? ***Wie bereite ich die jungen dünnen Lauchstangen zu, die ab Mai angeboten werden?***

Junger Lauch oder Frühlauch ist sehr zart und braucht für einen Salat mit heißer Vinaigrette, wie rechts beschrieben, einfach nur kurz gedämpft oder gedünstet zu werden. Der Salat ist zusammen mit warmem Baguette eine wunderbare Vorspeise, wenn man ihn mit Raumtemperatur serviert. Lauwarm serviert ist er ein feiner Beilagensalat zu pochiertem weißen Fisch.

Sie können jungen Lauch auch in kurze Stücke schneiden und diese in Gemüsesuppen, Eintöpfe oder asiatische Pfannengerichte geben.

Lauch mit Kapern und Korinthen

Für 4 Portionen
Vorbereitungszeit: 10 Minuten
Garzeit: 25 Minuten

75 ml Olivenöl
4 EL Weißwein
1 EL Weißweinessig
Salz und schwarzer Pfeffer
8 dünne Lauchstangen
1 EL Kapern, abgespült
30 g Korinthen
Cayennepfeffer

1 Öl, Wein, Essig, Salz und Pfeffer in einer großen Pfanne verrühren. Die Lauchstangen nebeneinander hineinlegen, die Kapern und Korinthen dazwischenstreuen.

2 Alles zum Kochen bringen; zugedeckt 15 Minuten köcheln lassen, währenddessen ein- bis zweimal mit Garflüssigkeit begießen. Der Lauch ist gar, wenn er sich mit einem Messer leicht einstechen lässt.

3 Offen die Garflüssigkeit bei starker Hitze 5 Minuten lang einkochen lassen. Den Lauch regelmäßig damit begießen. Den Lauch mit dem Garsud anrichten und vor dem Servieren mit einer Prise Cayennepfeffer bestreuen.

VARIANTE
Anstelle von Korinthen können Sie Sultaninen verwenden.

Frühlauch, in einem pfeffrigen Sud geschmort und mit Kapern und Korinthen bestreut, ist eine wahre Köstlichkeit.

Auch wenn ich Lauch unter fließendem Wasser wasche, bleibt oft etwas Sand zwischen den Schichten hängen. Wie werden die Stangen wirklich sauber?

Es ist oft nicht ganz einfach, Lauchstangen vollständig von Sand zu befreien. Entfernen Sie möglichst viel von dem grünen Anteil, und schlitzen Sie die äußeren Schichten ein, damit Sie den Sand unter kaltem Wasser gut ausspülen können. Wenn nach dem Schneiden immer noch Sand zwischen den Schichten hängt, spülen Sie den Lauch noch einmal unter fließendem Wasser ab oder legen Sie ihn für 15–20 Minuten in eine Schüssel mit kaltem Wasser.

Was ist eine Lauch-Chiffonade?

Der französische Begriff Chiffonnade ist die Bezeichnung für Gemüse, Salat und Kräuter, die in feine Streifen geschnitten wurden. Sie werden zu Fisch, Fleisch oder Geflügel serviert oder zum Garnieren verwendet. Die Blätter von beispielsweise Spinat, Chicoree, Kopfsalat oder Sauerampfer, aber auch von Basilikum oder Salbei werden dafür aufeinandergelegt, dann fest aufgerollt und quer in hauchdünne Streifen geschnitten. Lauch kann auch längs geschnitten werden (siehe Kasten unten). Anschließend kann man ihn in einer Käse- oder Tomatensauce garen und zu Pasta servieren.

Lebensmittelhygiene

Welche Hygienemaßnahmen muss ich in meiner Küche beachten, um Lebensmittelvergiftungen zu vermeiden?

In den letzten Jahren hat die Zahl der Lebensmittelvergiftungen deutlich zugenommen. Nachlässigkeit und Unwissenheit im Umgang mit Lebensmitteln in privaten Haushalten ist eine Ursache dafür. Um möglichen Lebensmittelvergiftungen vorzubeugen, ist die sachgemäße Behandlung von Nahrungsmitteln (Einkauf, Lagerung, Zubereitung) unerlässlich. Wenn Sie die folgenden Regeln beherzigen, sind Sie auf der sicheren Seite:

- Lebensmittel immer sauber, trocken und luftdicht verpacken. Rohe und gegarte Zutaten getrennt voneinander aufbewahren.
- Verwenden Sie verschiedene Schneidbretter zum Zerkleinern von rohen und gegarten Zutaten.
- Nahrungsmittel sollten entweder gut gekühlt oder stark erhitzt werden, denn Mikroorganismen (also z. B. Bakterien und Schimmelpilze) vermehren sich vor allem bei Temperaturen zwischen 5 und 65 °C.
- Werfen Sie alle Lebensmittel weg, die das Verfallsdatum überschritten haben, nicht gut riechen oder verdorben schmecken. Wenn Sie nicht sicher sind, die verdächtige Ware unbedingt entsorgen!
- Tauen Sie Fleisch und Geflügel vor dem Garen vollständig und langsam im Kühlschrank auf.
- Speisen, die aufgewärmt werden, unbedingt gut durcherhitzen; nicht zweimal aufwärmen.
- Waschen Sie vor dem Hantieren mit Lebensmitteln stets die Hände.
- Reinigen Sie Arbeitsflächen, Kühlschränke und Schneidebretter regelmäßig mit heißem Wasser und gegebenenfalls Spülmittel.
- Wechseln Sie Spül- und Geschirrhandtücher am besten alle 2 Tage.

Wie kann ich meine Familie und mich vor einer Salmonelleninfektion schützen?

Zu den Nahrungsmitteln, die am häufigsten mit Salmonellen infiziert sind, gehören Hackfleisch, Geflügel, Eier und andere wasser- und proteinreiche Lebensmittel. Die Symptome einer Erkrankung – Müdigkeit, Durchfall, hohes Fieber, Bauchschmerzen und Erbrechen – treten meist 8–48 Stunden nach Aufnahme der Erreger auf. Falls Sie eines dieser Symptome bemerken, sollten Sie sofort den Arzt aufsuchen.

Werden Lebensmittel so stark erhitzt, dass sie eine Kerntemperatur von mindestens 72 °C erreichen, werden Salmonellen abgetötet. Während der Vermehrung bilden Bakterien jedoch hitzestabile Gifte, die beim Garen nicht zerstört werden. Diese können ebenfalls eine Lebensmittelvergiftung verursachen. Deshalb ist es

Lauch in feinste Streifen schneiden

Eine Lauch-Chiffonade ist eine schöne Garnitur. Mit dieser Schneidetechnik können Sie auch aufgerollte Salatblätter, Sauerampfer oder Spinat in Streifen schneiden.

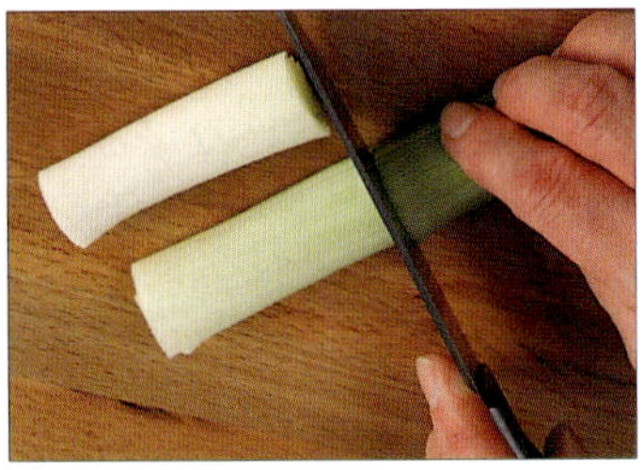

1 Den gewaschenen Lauch längs halbieren und in etwa 8 cm lange Stücke schneiden.

2 Die Lauchstücke mit den Schnittflächen nach unten hinlegen und längs in 5 mm breite Streifen schneiden.

3 Die Lauchstreifen in kochendem Salzwasser kurz blanchieren; herausnehmen, abtropfen lassen.

So werden Lebensmittel im Kühlschrank am besten aufbewahrt

Hier finden Sie Regeln, die Sie beim Einräumen des Kühlschranks beachten sollten. Wichtig: Lebensmittel im Kühlschrank verpacken oder zudecken.

Der kälteste Bereich in einem Kühlschrank wie dem gezeigten ist die unterste Ablage. Wenn der Kühlschrank ein Gefrierfach hat, liegt der kälteste Bereich direkt darunter.

Fleisch sollte eingewickelt und auf der untersten Ablage in der kältesten Zone des Kühlschranks gelagert werden. Legen Sie rohes Fleisch nie auf eines der oberen Regale, damit kein Fleischsaft auf darunterliegendes Kühlgut tropft. Gegartes und rohes Fleisch immer getrennt aufbewahren. Dies ist besonders wichtig, wenn das gegarte Fleisch vor dem Servieren nicht noch einmal erhitzt werden soll.

Lebensmittel, die auf der untersten Ablage gelagert werden sollten, sind Fisch, angemachte Salate, Reste von gegarten Speisen sowie Desserts, vor allem, wenn sie Sahne enthalten.

Zu den Lebensmitteln, die Sie auf den weniger kalten Ablagen oder in der Tür aufbewahren können, gehören Milchprodukte wie Käse und Butter, Eier, geöffnete Konserven und Flaschen sowie Salatdressings und Mayonnaise.

Salat und Gemüse sollten in der Gemüseschublade gelagert werden. Sie sollten nicht verpackt sein, damit die Luft zirkulieren kann und sie nicht zu schnell verderben. Wenn Sie Salat in einer Verpackung aus Frischhaltefolie gekauft haben, müssen Sie diese öffnen, damit Luft an den Salat gelangen kann.

Obst reift im Kühlschrank nicht weiter, aber reife Früchte können im Gemüsefach gelagert werden, damit sie nicht weiter reifen und womöglich verderben.

Lassen Sie heiße Gerichte rasch bei Raumtemperatur abkühlen; dann bedecken und in den Kühlschrank stellen. Moderne Kühlschränke gleichen die plötzliche Wärmezufuhr schnell wieder aus.

so wichtig, rohe Lebensmittel nicht in warmer, sogar noch feuchter Umgebung herumliegen zu lassen, denn unter diesen Bedingungen vermehren sich Bakterien sehr optimal.

Transportieren Sie Lebensmittel aus dem Kühl- und Tiefkühlregal nach dem Einkauf sofort nach Hause. Dort gehören sie sofort in den Kühlschrank bzw. das Tiefkühlgerät.

Verwenden Sie möglichst frische (also ein paar Tage alte) Eier und keine mit aufgesprungener oder stark verunreinigter Schale.

Kann man Leitungswasser bedenkenlos trinken, oder ist es besser, auf Mineralwasser auszuweichen?

Das normale Leitungswasser in Deutschland, Österreich und der Schweiz hat gute Trinkwasserqualität. Ein Wasserfilter kann den Geschmack eventuell leicht verbessern, es ist jedoch wichtig, die Filter regelmäßig zu erneuern.

Mineralwasser in Flaschen scheint eine gute und saubere Alternative zu sein, ist aber auch nicht grundsätzlich frei von Bakterien. Die Flaschen stehen teilweise monatelang ungekühlt im Supermarktregal. In stillem Mineralwasser wurden teilweise schon hohe Bakterienkonzentrationen nachgewiesen.

Mineralwasser mit Kohlensäure enthält generell weniger Bakterien, weil das Kohlendioxid in den Bläschen ihr Wachstum hemmt.

Kaufen Sie nur so viel Wasser, wie Sie wirklich brauchen. Trinken Sie nicht aus der Flasche: Bakterien aus dem Mund können auf das restliche Wasser in der Flasche übergehen.

Leitungswasser für Babynahrung muss abgekocht werden. Mineralwasser, das man für die Zubereitung von Babynahrung nehmen kann, hat den Vermerk „Für die Zubereitung von Säuglingsnahrung geeignet".

Kann man verschimmelte Lebensmittel essen, wenn man die befallenen Stellen entfernt?

Nein, denn manche Schimmelpilze produzieren schädliche Giftstoffe. Es ist besser, von vornherein dafür zu sorgen, dass Lebensmittel nicht schimmeln.

Grundsätzlich sollten Sie alle verschimmelten Lebensmittel wegwerfen. Bei manchen Produkten, z. B. Käse, der im Kühlschrank aufbewahrt wird, und geöffneten Konfitüregläsern, bildet sich Schimmel jedoch nur an der Oberfläche.

In diesen Fällen können Sie den Käse oder die Konfitüre noch essen, wenn Sie zuvor den Schimmel großzügig entfernen.

Was ist Listeriose, und wodurch entsteht sie?

Listeriose ist eine seltene Krankheit, die durch bestimmte Bakterien (Listeria monocytogenes) augelöst wird. Lebensmittel wie Rohmilch, aus Rohmilch hergestellte Weichkäsesorten, Salate, nur kurz gedünstetes Gemüse, rohes Fleisch und Räucherlachs können von Listeriosebakterien befallen sein.

Diese können sich auch bei Kühlschranktemperaturen vermehren und sind ausgesprochen hitzeresistent. Daher sollten Sie gefährdete Lebensmittel höchstens 4 Tage im Kühlschrank lagern und beim Aufwärmen stets sehr stark erhitzen.

Schwangere Frauen sollten auf rohe tierische Produkte verzichten, um ihr ungeborenes Kind nicht zu gefährden – Listerien können zu Fehl- und Totgeburten führen. Menschen mit geschwächter Immunabwehr sind ebenfalls gefährdet.

Leber

Warum steht in vielen Rezepten, dass man Leber vor der Zubereitung in Milch einlegen soll?

Früher hatte Leber einen intensiveren Geschmack als heute. Daher wurde sie, um das Aroma zu mildern, in Milch eingelegt. Für Lamm- oder Kalbsleber ist diese Prozedur heute wirklich nicht notwendig. Schweine- und Rinderleber haben dagegen einen stärkeren Geschmack; diesen können Sie durch das Einlegen der Leber in Milch etwas abschwächen. Geflügel- und Kaninchenleber sind so mild im Geschmack, dass sie nicht eingelegt werden müssen.

In italienischen Restaurants ist die Leber immer sehr zart, aber bei mir wird sie meist hart. Was mache ich falsch?

Zunächst wird in italienischen Restaurants meist Kalbsleber verwendet, die besonders zart ist. Die Leber muss jedoch auch richtig zubereitet werden – beim Übergaren wird sie hart. Für das beste Ergebnis die Leber dünn schneiden (siehe rechts) und nur kurz bei starker Hitze braten. Wenn auf einer Seite Blut austritt, die Leber wenden und auf der anderen Seite braten, bis Blut austritt, dann sofort servieren. Probieren Sie einmal das Rezept auf Seite 187 aus, wenn Sie Leber besonders zart mögen.

Wie kann ich Leber so zubereiten, dass auch meine Kinder sie gern essen?

Die meisten Kinder mögen den kräftigen Geschmack von Leber nicht, und erst recht nicht, wenn die Leber hart und übergart ist. Am besten schmort man die Leber sehr langsam in einem Schmorgericht mit Gemüse und aromatisierenden Zutaten, damit sie sehr zart wird und ein mildes Aroma erhält. Oder Sie kombinieren die Leber mit anderen Fleischsorten und würzigen Zutaten. Leber kann in Frikadellen, Burgern, Aufläufen oder mit Pasta in einer Tomatensauce „versteckt" werden.

Kinder (und Erwachsene) sollten nicht zu oft Leber essen. Sie enthält viel Vitamin A, das in größeren Mengen gesundheitsschädlich sein kann. Experten empfehlen, Leber nicht öfter als alle 2 Wochen zu genießen.

Warum soll man für einen Geflügelfond Geflügelleber nicht verwenden? Was soll ich stattdessen damit machen?

Geflügelleber macht den Fond trübe, wobei dies kein Problem ist, wenn Sie den Fond für eine dunkle Bratensauce benötigen. Die Leber kann nach dem Garen püriert und für ein kräftigeres Aroma in die Sauce gemischt werden. Es gibt aber auch viele andere Zubereitungsarten für Geflügelleber. Man kann sie in Füllungen geben, Pâtés daraus zubereiten, sie kurz gebraten mit Pilzen und Zwiebeln auf Toast servieren oder auch einen außergewöhnlichen warmen Salat zubereiten, wie im Rezept rechts. Ebenfalls köstlich: Hähnchenleber anbraten, dann aus der Pfanne nehmen und den Bratensatz mit Wasser, Sojasauce und Sahne ablöschen. Die Sauce cremig einkochen, die Leber wieder hineingeben und das Ganze auf Blattsalat servieren.

Leber vorbereiten

Leber mit sehr intensivem Geschmack, beispielsweise Rinderleber, kann für ein milderes Aroma im Kühlschrank über Nacht in Milch eingelegt werden.

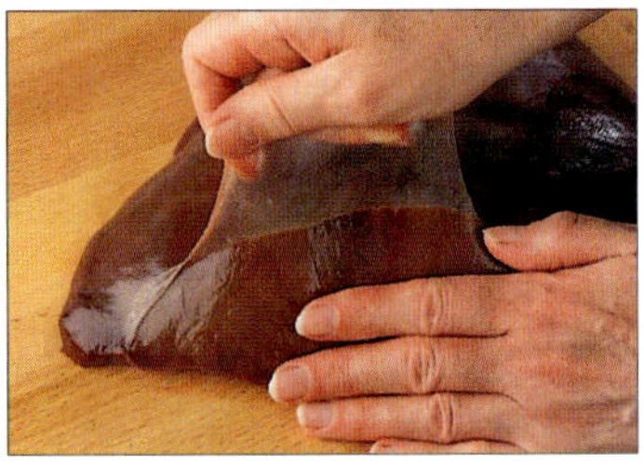

1 Die dünne Außenhaut der Leber einschneiden und abziehen (hier bei einer Kalbsleber).

2 Mit einem scharfen Messer die Leber schräg in gleichmäßig dünne Scheiben schneiden.

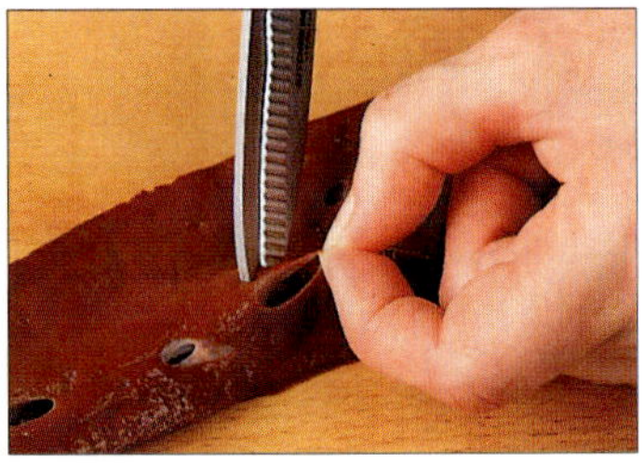

3 Alle inneren Adern mit einer scharfen Küchenschere entfernen.

Was genau ist Foie gras, und wie wird sie zubereitet?

Foie gras ist die vergrößerte Leber („Fettleber“ oder „Stopfleber“) einer unter Zwang gefütterten Gans oder Ente. Manche finden den Geschmack von Gänsestopfleber weicher und feiner als den von Entenstopfleber, andere bevorzugen das vollere Aroma der Entenleber, die auch etwas weniger Fett enthält.

Frische rohe Foie gras wird in Frankreich und in Polen produziert, in Deutschland ist das „Stopfen“ verboten. Zum Servieren schneidet man die Leber in Scheiben und brät diese kurz bei starker Hitze, bis sie außen braun und innen rosa sind. Man kann sie auch in Terrinen geben und darin garen. Es gibt zudem gegarte Foie gras im Handel. „Mi cuit“ (halbgar) bedeutet, dass die Leber gegart, aber nicht sterilisiert wurde. Sie hat eine geringe Haltbarkeit, muss im Kühlschrank gelagert werden und schmeckt fast wie selbst gebratene frische Gänse- oder Entenleber.

Foie gras in Dosen wurde bei hohen Temperaturen sterilisiert, worunter Geschmack und Konsistenz natürlich leiden. Steht „entier“ auf der Dose, ist eine ganze Leber enthalten; ansonsten wurden Leberstücke verarbeitet.

„Truffé“ auf dem Etikett bedeutet, dass schwarze Trüffeln enthalten sind. „Pâté de foie gras“ enthält Schweinefleisch.

Foie gras wird wie alle Pâtés und Terrinen kalt serviert, oft mit Toast als Hors d’oeuvre. Feine Kalbsleberwurst kann auf die gleiche Weise serviert werden.

Geflügelleber auf Traubensalat

Für 4 Portionen als Vorspeise
Vorbereitungszeit: 5 Minuten
Garzeit: 5 Minuten

etwa 150 g gemischte Salatblätter (z. B. Friseesalat, Rucola und junger Spinat und Feldsalat)
500 g Hähnchen- oder Entenleber
3 EL Olivenöl
1 Thymianzweig
1 EL Rotweinessig
2 TL Balsamico-Essig
2 EL Walnussöl
125 g kernlose Trauben, halbiert
Salz und schwarzer Pfeffer
Kräuter oder essbare Blüten zum Garnieren

1 Die Salatblätter auf vier Salatschalen oder Teller verteilen. Die Leber putzen und in gleich große Stücke schneiden.

2 In einer Pfanne 2 EL Olivenöl erhitzen. Die Leber mit dem Thymian zufügen und etwa 2 Minuten auf jeder Seite braten, bis sie außen gebräunt und innen noch rosa ist. Mit einem Schaumlöffel die Leber aus der Pfanne heben und auf die Salate verteilen.

3 Essig und Öl in die Pfanne geben und den Bratensatz mit einem Holzkochlöffel vom Pfannenboden schaben. Die Trauben in die Pfanne geben, salzen, pfeffern und sanft erhitzen. Anschließend das warme Dressing gleichmäßig auf den Salatportionen verteilen und die Salate mit Kräutern oder essbaren Blüten garnieren.

Gebratene Geflügelleber wird hier auf einem bunten Salatbett mit warmem Walnussöl-Balsamico-Dressing serviert.

Lunchpakete

Ob Sie eine Lunchbox für Ihre Kinder packen, einen Imbiss für die Mittagspause im Büro vorbereiten oder ein ganzes Picknick für hungrige Wanderer planen – ein gut gepacktes Lunchpaket ist eine tolle Überraschung. Hier finden Sie prima Ideen für köstliche Snacks, die gut zum Mitnehmen geeignet sind.

Ein paar einfache Handgriffe bei Vorbereitung und Präsentation machen aus einem Lunchpaket eine tolle Mahlzeit. Kaufen oder backen Sie z. B. Mini-Quiches und Muffins. Sie gehen nicht so schnell kaputt wie ein Stück Kuchen. Als Beilage zu einer Suppe aus der Thermoskanne oder einem Salat sind Brötchen besser zum Mitnehmen geeignet als Brotscheiben. Sandwiches bleiben länger frisch, wenn sie mit Salatblättern belegt und in Frischhaltefolie gewickelt werden.

Packen Sie in eine Lunchbox immer ein paar erfrischende Extras dazu wie Cocktailtomaten oder eine Selleriestange und frisches Obst. Über einen Schokoriegel oder ein paar Kekse als Überraschung freut sich (fast) jeder.

Übrigens: Thermoskannen mit weiter Öffnung sind wunderbar für den Transport von dickeren und dünnen Suppen geeignet.

Wickeln Sie das Besteck in eine Papierserviette, damit es nicht in der Lunchbox herumfliegt, und packen Sie Salz und Pfeffer in Papiertütchen oder kleinen verschließbaren Streuern dazu.

Lunchbox für Kinder

Sandwiches mit Salatblättern, Gemüsecreme und nach Belieben mit Thunfisch oder Schinkenwürfeln sind eine saftige Pausenmahlzeit, die nicht nur Kinder mögen. Geben Sie noch in Stifte geschnittene Möhren und kleine Tomaten dazu. Fruchtjoghurt oder eine Quarkspeise in einer Extradose runden den Snack ab. Obst, aber auch Kekse oder ein Energieriegel sollten nicht fehlen. Fragen Sie Ihr Kind, was es in seiner Lunchbox haben möchte, den einen oder anderen Wunsch sollten Sie erfüllen. Zum Lunchpaket gehört ein Getränk: Füllen Sie Früchtetee, gemischt mit etwas Saft, oder einfach nur Trinkwasser in eine gut verschließbare Flasche.

Tramezzini mit Gemüsecreme

Für 4 Portionen
Zubereitungszeit: 30 Minuten

1 Möhre und 1 Paprikaschote, fein gewürfelt
2 Frühlingszwiebeln, in feine Ringe geschnitten
1 Stange Sellerie, gewürfelt
100 g Mais (Dose)
100 g Salatcreme
150 g Frischkäse
2 TL Weißweinessig
1 TL Dijonsenf
Salz und Pfeffer
8 Scheiben Sandwichbrot
4 große Salatblätter
1 Dose Thunfisch

1 Möhre, Paprika, Frühlingszwiebeln, Sellerie, Mais, Salatcreme und Frischkäse in einer Schüssel gut mischen. Mit Essig, Senf, Salz und Pfeffer nach Belieben würzen.

2 Brotscheiben entrinden. Auf 4 Scheiben je ein Salatblatt legen. Je ein Achtel der Gemüsecreme daraufstreichen. Thunfisch zerpflücken und auf der Gemüsecreme verteilen.

3 Restliche Creme auf die Brotscheiben streichen, mit je 1 Scheibe bedecken; andrücken, mit einem Messer diagonal durchschneiden.

Energieriegel mit Haferflocken

Für 20–30 Stück
Vorbereitungszeit: 15 Minuten
Backzeit: 25 Minuten

50 g Mehl, 1 Prise Salz
300 g Haferflocken
50 g Kokosraspel
50 g Sesamsamen
100 g Sonnenblumenkerne
125 g getrocknete Cranberrys oder Rosinen
200 g Butter
125 ml Zuckerrübensirup
125 g Erdnusscreme
1 Messerspitze Vanille

1 Backofen auf 160 °C vorheizen. Eine ofenfeste Form (20 × 30 cm) fetten und mit Backpapier auslegen.

2 Mehl, Salz, Haferflocken, Kokosraspel, Sesamsamen, Sonnenblumenkerne und Cranberrys oder Rosinen in einer Schüssel mischen.

Tramezzini mit Gemüsecreme und Thunfisch

Energieriegel mit Haferflocken

3 Butter und Zuckerrübensirup unter Rühren erwärmen, bis die Butter geschmolzen ist. Zucker, Erdnusscreme und Vanille untermischen.

4 Buttermischung unter die Mehlmischung rühren. Die entstandene Müslimasse in die Form streichen. 25 Minuten backen. Aus dem Ofen nehmen, etwas abkühlen lassen, dann in Riegel oder Ecken schneiden. Aus der Form nehmen; ganz abkühlen lassen. Die Energieriegel sind in einer verschlossenen Dose 1 Woche haltbar.

Lunchpaket fürs Büro

Salate sind als Büromahlzeit bei allen sehr beliebt, die nicht mehr Kalorien aufnehmen möchten, als sie im Laufe eines Tages am Schreibtisch abarbeiten können. Doch Blattsalat wird welk, wenn er zu lange in seinem Dressing liegt. Nehmen Sie deshalb solche Salate stets nach dem Baukastenprinzip mit: Geputzte feste Salatzutaten in eine Schüssel, das fertige gemischte Dressing in eine kleine Flasche oder Dose geben und bis zum Verzehr beides kühl stellen. Erst kurz vorher Dressing und Salatblätter mischen.

Andere Salate profitieren dagegen von zusätzlicher „Ruhezeit". Probieren Sie z.B. Möhrenrohkost mit Sultaninen und einem Dressing aus Olivenöl und Orangensaft, bestreut mit Sesamsamen. Sehr gut eignet sich auch ein Kartoffelsalat mit Frühlingszwiebeln, Gurke und Pesto, dazu geräucherte Putenbrust und zum Abschluss ein Fruchtjoghurt – fertig ist eine ausgewogene Mitnehm-Mahlzeit.

Kartoffelsalat mit Gurke und Pesto

Für 4 Portionen
Vorbereitungszeit: 10 Minuten
Garzeit: 10 Minuten

1 EL Olivenöl, 2 EL Pesto
2–3 EL Weißweinessig
2–3 EL Zitronensaft
1 TL Dijonsenf
Salz und Pfeffer
750 g Pellkartoffeln, gepellt und in Scheiben geschnitten
1/2 Bund Frühlingszwiebeln, in Ringe geschnitten
1 Salatgurke, in dünne Scheiben gehobelt
Basilikumblätter

1 Olivenöl, Pesto, Essig, Zitronensaft und Senf in einer großen Schüssel mit dem Schneebesen cremig verrühren. 3–4 EL Wasser unterrühren, Dressing herzhaft mit Salz und Pfeffer würzen.

2 Gurken- und Kartoffelscheiben und Frühlingszwiebeln zur Salatsauce in die Schüssel geben, alles vorsichtig unterheben. In eine Transportschüssel füllen, diese fest verschließen.

3 Vor dem Verzehr den Salat mit Salz, Pfeffer, Essig und Zitronensaft abschmecken und mit Basilikumblättern bestreuen. Sollte der Salat zu trocken sein, noch 1–2 EL Wasser zufügen.

Picknick für Wanderer

Ein Tag an der frischen Luft macht Appetit, und ein Picknick für den hungrigen Wanderer sollte besonders energiereich und wohlschmeckend sein und sich außerdem gut aus der Hand essen lassen.

Für ein herzhaftes Mahl ein paar Würstchen braten, abkühlen lassen, zwischen 2 Stücke Selleriestange packen (ähnlich wie ein Sandwich) und fest in Frischhaltefolie wickeln. Noch ein paar Frühlingszwiebeln, 1 Tomate und 1 hart gekochtes Ei dazulegen.

Ein Energieriegel und/oder Schokolade runden das Ganze ab. Packen Sie immer ein paar Knabbereien ein, die gut in die Taschen passen, z.B. kleine Päckchen mit Nüssen, Trockenobst oder ein paar nicht zu weiche Kekse. Und vergessen Sie nicht, reichlich Wasser mitzunehmen, um die Flüssigkeitszufuhr sicherzustellen.

Vor allem in der kühleren Jahreszeit macht eine heiße aromatische Suppe, die in einer Thermoskanne transportiert wird, müde Wanderer wieder munter.

Möhrensuppe mit Ingwer

Für 4 Portionen
Vorbereitungszeit: 20 Minuten
Garzeit: 15–20 Minuten

1 l Gemüsebrühe
1 Kartoffel, in Stückchen
1 Zwiebel, in Würfeln
500 g Möhren, in Stücken
2 große Knoblauchzehen
2 EL Olivenöl
1 grüne Chilischote, in Streifen geschnitten
1 Stück frischer Ingwer, fein gehackt
Saft von 1 Zitrone
1 TL mildes Currypulver
1 TL Sesamöl
Salz und Pfeffer

1 Brühe in einem Topf aufkochen. Kartoffel, Zwiebel und Möhren zufügen. Aufkochen, dann bei schwacher Hitze im nicht ganz geschlossenen Topf 15–20 Minuten köcheln lassen.

2 Öl in einer Pfanne erhitzen. Chili, Ingwer, Knoblauch unter Rühren 1 Minute darin anbraten; Currypulver und Zitronensaft zufügen. Gewürzmischung zu Brühe und Gemüse geben; alles pürieren. Salzen und pfeffern.

Kartoffelsalat mit Gurke und Pesto

Mais

Ich finde Polenta sehr lecker. Wie und wozu reicht man sie am besten?

In Norditalien wird Polenta als cremiger Maisbrei (siehe Rezept rechts unten) so serviert wie bei uns Kartoffelbrei. Sie soll z.B. die Sauce von einem Schmorgericht aufnehmen. Polenta hat eine ziemlich lange Garzeit und muss ständig gerührt werden. Allerdings ist in vielen Supermärkten inzwischen Instant-Polenta erhältlich. Deren Zubereitung dauert nur 5 Minuten.

Cremige Polenta kann auch als eigenständiges Gericht serviert werden, wenn man sie mit Käse, Pfeffer und etwas Olivenöl aromatisiert. Fein gewürfeltes Gemüse, Kräuter und Oliven sind ebenfalls passende Zutaten.

Wie werden eigentlich Polentaschnitten gemacht?

Für Polentaschnitten wird zunächst der Maisbrei wie für cremige Polenta zubereitet. Anschließend lässt man den Maisbrei abkühlen und fest werden. Die in Scheiben oder Dreiecke geschnittene Polenta wird meist gegrillt oder gebraten (siehe S. 191). Polentaschnitten werden ebenfalls häufig zu Schmorgerichten serviert; mit gegrillten roten Paprikaschoten, Rucola und Tomaten sind sie ein köstlicher Snack.

Für einen etwas gehaltvolleren Snack aus der Polenta kleine Kreise ausschneiden und je 2 mit 1 Scheibe Mozzarella dazwischen aufeinanderlegen. In Ei und Semmelbrösel wenden und auf beiden Seiten braten, bis die Polenta außen knusprig und der Käse innen geschmolzen ist.

Ich wollte Maistortillas selber machen. Was für ein Fehlschlag: Sie waren hart und ungenießbar. Was ist da falsch gelaufen?

Vermutlich haben Sie nur Maismehl genommen und nicht eine Mischung aus Mais- und Weizenmehl. Das führt direkt in die Küchenkatastrophe, weil Maismehl kein Gluten (Klebereiweiß) enthält. Ganz gleich, ob Sie Maistortillas oder Maisbrot zubereiten wollen – es muss zusätzlich zum Maismehl oder -grieß immer Weizenmehl dabei sein.

Versuchen Sie es beim nächsten Mal nach dem folgenden Rezept: 100 g Maismehl, 100 g Weizenmehl und $^1/_2$ TL Salz in einer großen Schüssel mischen. Mit etwa 200 ml kaltem Wasser zu einem Teig verkneten – dieser soll weich und elastisch sein, aber nicht dickflüssig; geben Sie daher das Wasser nach und nach zu, eventuell brauchen Sie etwas weniger oder etwas mehr. Den Teig zu einer Kugel formen, in Frischhaltefolie wickeln und 1–1 $^1/_2$ Stunden bei Raumtemperatur ruhen lassen.

Anschließend den Teig in 12 gleich große Stücke teilen, die Stücke zu Kugeln formen und diese auf einer bemehlten Arbeitsfläche zu etwa 10 cm großen Kreisen ausrollen.

Eine große Pfanne bei mittlerer Hitze heiß werden lassen. Die Tortillas darin nacheinander ohne Fett braten, bis sie hellbraun sind und sich auf der Oberfläche Blasen gebildet haben. Die fertigen Tortillas zwischen zusammengefalteten Küchentüchern warm halten, bis alle Teigfladen gebacken sind.

Eine wunderbare Alternative zu Kartoffelpüree: cremige Polenta, angereichert mit Butter und frisch geriebenem Parmesan.

Cremige Polenta

Für 4–6 Portionen
Zubereitungszeit: 5 Minuten
Garzeit: 55–60 Minuten

185 g Maisgrieß (Polenta)
50 g Butter
75 g Parmesan, frisch gerieben
schwarzer Pfeffer

1 Die Polenta in eine Schüssel füllen. 1,25 l Salzwasser in einem großen Topf zum Kochen bringen. Damit sich keine Klumpen bilden, die Polenta mit einer Hand einrieseln lassen, mit dem Kochlöffel in der anderen Hand ständig rühren.

2 Den Maisbrei bei sehr schwacher Hitze 55–60 Minuten unter häufigem Rühren köcheln lassen. Die Polenta ist fertig, wenn sie sich von der Topfwand löst.

3 Die Polenta vom Herd nehmen und Butter, Parmesan und Pfeffer hineinrühren. Abschmecken und zu einem deftigen Schmortopf mit viel Sauce servieren.

Polentadreiecke

Für 4–6 Beilagenportionen

1 In einem Topf 1,25 l Salzwasser zum Kochen bringen.

2 175 g Instant-Polenta einrieseln lassen, dabei mit einem Holzlöffel rühren.

3 Etwa 4 Minuten rühren. Polenta vom Herd nehmen, 25 g Butter und 50 g geriebenen Parmesan einrühren.

4 Polenta in eine gefettete Form geben, glatt streichen und abkühlen lassen. Die feste Polenta aus der Form stürzen und in Dreiecke schneiden.

5 Eine Pfanne dünn mit Öl auspinseln. Die Dreiecke darin je Seite 3 Minuten braten, bis sie goldgelb sind.

Wie werden Maiskolben am besten zubereitet und serviert?

Im Sommer sind ganze Maiskolben eine köstliche Vorspeise für eine zwanglose Mahlzeit.

Die Hüllblätter und die silbrigen Narbenfäden entfernen, Stielenden abschneiden. Die Maiskolben 15 Minuten in kochendem Wasser garen, allerdings ohne Salz, sonst werden die Körner zäh und verlieren ihren süßlichen Geschmack. Die süße Note wird unterstrichen, wenn Sie eine Prise Zucker ins Kochwasser geben. Mit Butter oder Olivenöl, Salz und Pfeffer oder Cayennepfeffer servieren. Baby-Maiskolben kann man ganz essen, sie sind aber nicht so süß wie voll ausgereifte Maiskolben.

Ich verwende TK-Maiskörner oft in Salaten und Suppen. Wofür kann ich die Körner noch nehmen, und kann ich sie durch Maiskörner aus der Dose ersetzen?

Wenn es keine frischen Maiskolben gibt, sind tiefgekühlte Körner eine gute Alternative. Maiskörner aus der Dose sind weicher als frisch gekochte, TK-Ware ist deshalb zu bevorzugen.

Tiefgekühlte Maiskörner können unter einen dicken Pfannkuchenteig gemischt werden. Daraus lassen sich dann kleine Maispfannkuchen zubereiten, die hervorragend zu gebratenem Hähnchen oder gebratenem Speck passen. Man kann die Pfannkuchen auch heiß als unkomplizierte Vorspeise servieren. Dafür jeweils 2–3 Pfannkuchen in ein großes Salatblatt (z. B. Eisbergsalat) legen und dazu eine würzige Salsa reichen.

Meine Enkel mögen so gern Maiskolben vom Grill. Wie gart man diese am besten?

Frisch vom Grill sind Maiskolben eine wahre Delikatesse. Zur Vorbereitung die Hüllblätter bis zum Stielansatz von den Kolben ziehen, aber nicht abreißen. Die Fäden von den Kolben ziehen, dann die Blätter wieder um die Kolben legen. Die Maiskolben für 30 Minuten in warmes Wasser legen.

Anschließend die Kolben erneut freilegen und die Körner dick mit Butter oder Kräuterbutter einstreichen. Die Blätter wieder über die Maiskolben ziehen oder entfernen und die Kolben fest in Alufolie wickeln. Die Kolben etwa 20 Minuten grillen, dabei gelegentlich wenden. In die Kolben an beiden Enden zum Festhalten Zahnstocher stecken, damit sich niemand die Finger verbrennt. Die Kolben heiß servieren.

Außerhalb der Grillsaison können Sie die Kolben in einer großen Pfanne garen. Dafür die Kolben ohne die Hüllblätter in einer Mischung aus Butter und Öl anbraten, dann etwas Flüssigkeit (Wasser oder Brühe) zugießen und die Maiskolben etwa 40 Minuten garen, dabei gelegentlich wenden. Falls Sie keine ausreichend große Pfanne besitzen, die Kolben in etwa 5 cm lange Stücke schneiden.

Maiskörner vom Kolben lösen

Rohe Maiskörner kann man vom Kolben trennen und dann garen. Man kann sie auch vom gegarten Kolben abtrennen, aber dabei verlieren sie meist ihre Form.

1 Die Hüllblätter und die Narbenfäden entfernen.

2 Den Maiskolben mit dem Stielende auf das Schneidebrett setzen. Nun von oben nach unten die Maiskörner mit einem großen scharfen Messer vom Kolben schneiden.

Wie wird eigentlich süßes Popcorn gemacht? Geht das auch zu Hause auf dem Herd?

Ja. Sie brauchen nur einen sehr großen Topf, weil das Volumen der Maiskörner sich vervielfacht.

Geben Sie 4 EL Öl in den Topf. Sehr heiß werden lassen, dann rasch 3 EL Zucker hineinrühren und die Hitzequelle abschalten. 50 g Popcornmais in die Ölmischung rühren, den Deckel auflegen und ein paar Minuten warten, dann ist das süße Popcorn fertig.

Wenn ich Maisstärke zum Binden von Saucen verwende, bilden sich oft Klümpchen. Wie kann ich das verhindern?

Maisstärke ist ein hervorragender Saucenbinder. Geben Sie die erforderliche Menge in eine kleine Schüssel, und rühren Sie diese mit 1–2 EL kaltem Wasser an, bis die Mischung glatt ist. Etwas heiße Sauce in die aufgelöste Maisstärke geben, gut mischen und dann alles wieder in die kurz vor den Siedepunkt erhitzte Sauce rühren. Unter ständigem Rühren köcheln lassen, dann noch 2 Minuten leicht kochen lassen und gleich servieren (siehe auch *Pfeilwurzelmehl*).

Makronen

Ist es empfehlenswert, Mandeln für Makronen oder Marzipan selbst zu mahlen?

Ja, denn ganze ungehäutete Mandelkerne haben meist mehr Aroma als gemahlene oder gehäutete Mandeln. Außerdem lassen sich ganze ungehäutete Mandelkerne länger aufbewahren als gemahlene.

Zum Häuten die ungeschälten Mandelkerne in einem Topf mit heißem Wasser blanchieren, dann zum Abschrecken in kaltes Wasser tauchen. Die Mandelkerne nun aus den braunen Häuten drücken und anschließend im Mixer, in der Küchenmaschine oder in einer Kaffeemühle mahlen. Sie können die Mandelkerne auch im Mörser zerstoßen, aber dies dauert länger, und das Ergebnis ist nicht so fein.

Mandelmakronen

Für etwa 30 Stück
Vorbereitungszeit: 30 Minuten
Backzeit: 20 Minuten

runde Backoblaten (4–5 cm Ø)
100 g gemahlene Mandeln
125 g Puderzucker
1 großes Eiweiß
2 Tropfen Bittermandel- oder Vanillearoma
Mandelblättchen zum Garnieren

1 Den Backofen auf 180 °C vorheizen. Ein Backblech mit Backoblaten belegen. Die (möglichst frisch) gemahlenen Mandeln in einer Schüssel mit dem Puderzucker mischen.

2 Das Eiweiß zu steifem Schnee schlagen. Mit einem großen Metalllöffel die Mandelmischung und Mandel- oder Vanillearoma gleichmäßig unter den Eischnee ziehen.

3 Einen großen Spritzbeutel mit 2-cm-Lochtülle in ein Glas stellen, den Stoff umschlagen. Die Mandelmischung in den Beutel geben, dann runde Makronen auf die Oblaten spritzen. Mit Mandelblättchen garnieren. Etwa 20 Minuten backen, bis die Makronen braun sind. Auf dem Blech abkühlen lassen.

4 Makronen vom Backblech heben. Luftdicht verpackt, halten sich die Makronen bis zu 10 Tage frisch.

VARIANTE

Für Schoko-Mandel-Makronen ersetzen Sie die Hälfte der Mandeln durch geriebene Bitterschokolade.

Garnieren Sie die Makronen vor dem Backen mit je einem Mandelblättchen.

Mandeln

Wie viele verschiedene Mandelarten gibt es?

Es gibt zwei Arten: Bitter- und Süßmandeln.

Süßmandeln haben einen süßlichen, fein nussigen Geschmack. Kaufen Sie möglichst ganze Mandelkerne mit Haut, und blanchieren Sie diese selbst (siehe *Nüsse*). Sie sind aromatischer und weniger trocken als geschälte Mandeln und zudem länger haltbar. Mandelkerne verlieren schnell ihr Aroma; kaufen Sie also möglichst kleinere Mengen, die rasch verbraucht werden können.

Bittermandeln sind, wie der Name schon sagt, sehr bitter und müssen sparsam dosiert werden. Wer sie roh isst, riskiert eine Blausäurevergiftung, also Vorsicht! Bewahren Sie Bittermandeln stets für Kinder unerreichbar auf.

Was ist der Unterschied zwischen Bittermandelessenz und Bittermandelaroma?

Bittermandelessenz ist ein reines Naturprodukt, das aus einer Mischung aus gemahlenen Bittermandeln und Wasser destilliert wird. Die Essenz enthält keine Blausäure. Sie hat ein sehr feines Aroma, ist aber auch relativ teuer. Bittermandelaroma wird aus künstlichen Aromastoffen hergestellt und ist daher um einiges billiger.

Bittermandelextrakt und -aroma sollten sehr sparsam dosiert werden.

Woraus besteht Mandelkrokant, und wofür wird er verwendet?

Mandelkrokant ist eine knusprige Mischung aus Karamell und Mandeln, die nach dem Abkühlen gemahlen oder auch nur grob zerstoßen wird.

Man kann Mandelkrokant in Eiscreme, sahnige Desserts und Gebäck geben oder über Puddings, Torten und Kuchen streuen. Mischt man Mandelkrokant mit Sahne, Schokolade und Rum, kann man aus dieser Masse köstlich-verführerische Trüffelpralinen herstellen.

Der fertige Krokant hält sich, luftdicht verpackt, 1–2 Wochen.

MANDELKROKANT HERSTELLEN

Für diesen süßen Krokant werden Mandeln in Zucker karamellisiert, die abgekühlte Mischung wird zerkleinert. Krokant verfeinert Eiscreme, Kuchen und Desserts.

1 In einem Topf 125 g Zucker und 125 g Mandeln unter ständigem Rühren erhitzen, bis der Zucker sich aufgelöst hat und zu goldbraunem Karamell geworden ist. Auf ein mit Backpapier belegtes Backblech gießen und abkühlen lassen.

2 Das Backpapier von der festen Krokantmasse abziehen. Krokant in einen Gefrierbeutel füllen; mit einer Teigrolle je nach Rezept grob oder fein zerkleinern. Man kann den Krokant auch für ein paar Sekunden in der Küchenmaschine mahlen.

? Stimmt es, dass man fein gemahlene Mandeln zum Andicken von Suppen und Saucen verwenden kann?

Ja, das stimmt. Mandeln machen eine Cremesuppe aromatisch und gehaltvoll. Aus diesem Grund werden sie in manchen traditionellen spanischen Gerichten verwendet. Das feine Mandelaroma passt gut zu Fisch und Huhn.

Mit gemahlenen Mandeln lassen sich Saucen allerdings nicht so binden wie mit stärkehaltigen Produkten (z.B. Mehl), die Flüssigkeit aufnehmen und die Sauce cremig und glatt andicken. Aber Mandeln machen besonders Saucen aromatisch.

Verwenden Sie in etwa folgende Mengen: in 500 ml Brühe 50 g gemahlene Mandeln geben. Zum Anreichern von 1,25 l pürierter Fisch- oder Gemüsesuppe 25 g gemahlene Mandeln unterrühren oder 25 g ganze blanchierte Mandeln vor dem Pürieren zugeben. Am besten nehmen Sie erst nur wenig Mandeln, falls nötig, können Sie etwas mehr zufügen.

? Was ist der Unterschied zwischen Marzipan und Persipan?

Marzipan wird aus gemahlenen Mandeln hergestellt. Grundsätzlich gilt: Je höher der Mandelanteil, desto edler das Marzipan. Marzipanrohmasse enthält mindestens 48 % gemahlene Mandeln und höchstens 35 % Zucker, die restlichen 17 % sind Feuchtigkeit.

Bei einer Mischung von 50 % Rohmasse und 50 % Puderzucker spricht man von Konsummarzipan, bei einer Mischung aus 70 % Rohmasse und 30 % Puderzucker von Edelmarzipan. Marzipankartoffeln sind besonders reich an Marzipan: Sie bestehen zu 90 % aus Rohmasse und enthalten nur 10 % Puderzucker. Zum Abrunden wird Marzipan häufig Rosenwasser zugesetzt.

Persipan besteht aus dem gemahlenen Inneren von Aprikosenkernen und ist daher viel preiswerter als Marzipan. Auch Persipanrohmasse darf nicht mehr als 35 % Feuchtigkeit enthalten, außerdem wird ihr 5 % Stärke zugegeben. Persipan besteht aus einem Teil Persipanrohmasse und höchstens eineinhalb Teilen Zucker. Wurde Persipan für Süßigkeiten und Gebäck verwendet, so muss dies auf der Packung angegeben werden.

? Kann man Marzipan auch selbst herstellen?

Ja. Dafür 250 g Mandeln blanchieren und häuten. Gut trocknen lassen, dann sehr fein mahlen. Wenn Sie die Kerne in der Küchenmaschine mahlen, diese nicht zu lange laufen lassen – Sie würden sonst statt Mandelmehl nämlich Mandelbutter erhalten. Die gemahlenen Mandeln in eine Schüssel geben und 200 g Puderzucker darübersieben. Mandeln und Zucker gut vermischen, dann 3 EL Rosenwasser, 3 Tropfen Bittermandelessenz sowie 1 Eigelb gründlich unterarbeiten. Einige Stunden im Kühlschrank ruhen lassen, dann erneut durchkneten.

Nun können Sie das Marzipan beliebig formen oder beispielsweise als Füllung für Pralinen, Stollen oder Strudel verwenden.

? Ich backe gern Mandelplätzchen aus Mürbeteig. Wie kann ich die geschmacklich aufwerten?

Einerseits können Sie die Plätzchen mit aromagebenden Zutaten verzieren, also beispielsweise mit Zitronenguss oder Zartbitterkuvertüre glasieren oder mit Marzipanornamenten garnieren.

Oder Sie setzen immer zwei Plätzchen mit etwas Konfitüre, Marmelade oder Nuss-Nougat-Creme dazwischen zusammen.

Eine weitere Möglichkeit besteht darin, dem Teig eine neue, ungewohnte Geschmacksnote zu verleihen. Geben Sie doch einmal etwas gemahlenen Anis oder Zimt oder abgeriebene Zitronen- bzw. Orangenschale dazu. Oder Sie sind richtig mutig und experimentieren mit Chili und Rosmarin und/oder Thymian.

? Wie kann man zu Hause gebrannte Mandeln machen?

Gebrannte Mandeln daheim herzustellen ist nicht ganz einfach. Der Zuckerüberzug darf auf keinen Fall zu heiß werden, denn dann verbrennt er, und möglicherweise ist auch die Pfanne ruiniert. Wenn Sie es trotzdem versuchen wollen – so geht's: 300 g Zucker mit 2 EL Wasser und 1 EL gemahlenem Zimt in eine große Pfanne geben. Etwa 3 Minuten köcheln lassen, dabei aber rühren. 400 g gehäutete Mandeln zufügen und durch Rühren mit der Karamellglasur überziehen. Vom Herd nehmen. Die Mandeln auf Backpapier schütten und mit zwei Gabeln voneinander trennen. Auskühlen lassen, dann gleich vernaschen oder zum Aufbewahren in eine gut schließende Keksdose geben.

Ich möchte zu Drinks Mandeln zum Knabbern anbieten. Wie würze ich diese am besten?

Am einfachsten ist es, die gehäuteten Mandeln in etwas Öl goldbraun zu rösten und anschließend zu salzen. Wenn es etwas schärfer sein darf, können Sie noch ein paar schwarze Pfefferkörner im Mörser mittelfein zerstoßen und diese unter die Salzmandeln mischen.

Auch gut: die Mandeln ohne Fett goldbraun rösten, dann zum Abkühlen auf einen Teller schütten, salzen und beiseitestellen. Etwas Öl in einer Pfanne erhitzen, aber nicht zu heiß werden lassen. Etwas edelsüßes Paprikapulver oder ein wenig Currypulver einige Sekunden darin anschwitzen. Die Öl-Gewürz-Mischung über die Mandeln schütten; alles mischen. Exotisch wird die Knabberei, wenn Sie Kreuzkümmel- und Fenchelsamen sowie schwarzen Senf in heißem Öl braten, bis die Senfkörner zu „hüpfen" beginnen. Mit den Mandeln mischen.

Ihren schönen Glanz verdanken die Birnen, die hier auf einer feinen Mandelcreme ruhen, dem Bestreichen mit Aprikosenkonfitüre.

Saftige Mandel-Birnen-Tarte

Für 1 Tarteform (24 cm Ø)
Vorbereitungszeit: 2 Stunden, plus 3–4 Stunden Kühlzeit
Backzeit: 40 Minuten

Für die Füllung:
300 ml Milch, 150 g Sahne
1 Vanilleschote, aufgeschlitzt
100 g Mandeln, blanchiert
2 große Eier, 2 große Eigelb
125 g Zucker
90 g Mehl
75 g Butter, gewürfelt und gekühlt
90 ml Amaretto, Kirschwasser oder Weinbrand
Für die Birnen:
250 Zucker
abgeriebene Schale und Saft von 1 Zitrone
1 kg kleine feste, reife Birnen
Für den Tarteboden:
125 g Mehl
30 g Puderzucker
50 g gemahlene Mandeln
75 g Butter
2 große Eigelb
6 EL Aprikosenkonfitüre

1 Für die Füllung Milch, Sahne und Vanille aufkochen. Zudecken, beiseitestellen, 30 Minuten ziehen lassen. Mandeln goldgelb rösten. Mahlen, beiseitestellen. Eier, Eigelbe und Zucker schaumig rühren. Mehl unterziehen. Vanille aus der Milch nehmen, beiseitelegen. Milch langsam in die Eier-Mehl-Mischung rühren. Durch ein Sieb in einen Topf gießen. Köcheln, bis die Creme andickt.

2 Vom Herd nehmen. Creme in eine Schüssel füllen. Nach und nach die Butter unterschlagen, dann Mandeln und Alkohol. Mit Folie abdecken, 3–4 Stunden kalt stellen.

3 Für die Birnen 500 ml Wasser, beiseitegelegte Vanilleschote, Zucker, Zitronenschale und -saft unter Rühren aufkochen, bis der Zucker aufgelöst ist; Hitze reduzieren. Birnen schälen, halbieren und vom Kerngehäuse befreien. Birnenhälften 10–15 Minuten im Zuckersirup zugedeckt weich kochen. Im Sirup abkühlen lassen; kalt stellen.

4 Für den Tarteboden Mehl und Puderzucker in eine Schüssel sieben; Mandeln untermischen. Mit den Fingern die Butter einkneten, bis die Mischung krümelig wird. Eigelbe mit einer Gabel unterrühren.

5 Teig auf einer leicht bemehlten Arbeitsfläche kurz weich kneten. Zu einem Kreis ausrollen, der in die Form passt. Teig in die Form drücken, überstehende Ränder abschneiden. Teigboden und -ränder mehrmals mit einer Gabel einstechen. Ofen auf 220 °C vorheizen.

6 Tarteboden 15–20 Minuten blindbacken (siehe S. 247). In der Form abkühlen lassen. Birnen auf Küchenpapier abtropfen lassen. Konfitüre erhitzen, durch ein Sieb streichen, wieder in den Topf geben; erhitzen. Tarteboden mit etwas heißer Konfitüre bestreichen. Füllung hineingeben, glatt streichen; Birnen darauf anordnen. Restliche Konfitüre aufkochen, Birnen damit bepinseln. Tarte bis zum Servieren kalt stellen.

Mangos

Wie kann ich feststellen, wann eine Mango reif ist?

Die Farbe einer Mango lässt nicht auf den Reifegrad schließen, denn die Schalen sind je nach Sorte unterschiedlich gefärbt. Eine grüne Mango kann genauso reif sein wie eine leuchtend rote. Die Reife testet man durch leichten Druck, das Fruchtfleisch einer reifen Mango gibt dabei nach. Mangos werden für den Export unreif gepflückt. Man kann sie nachreifen lassen, indem man sie in einem warmen Raum oder in einer Schüssel zusammen mit anderen Früchten lagert: vollreife Bananen sind besonders wirkungsvoll.

Mangos können in Geschmack, Süße, Aroma und Konsistenz stark variieren. Südamerikanische Mangos haben einen anderen Charakter als z. B. Mangos aus Asien oder Israel. Als beste Mango der Welt gilt die (bei uns leider ziemlich teure) indische Alphonso. Ihr orangefarbenes Fruchtfleisch duftet herrlich und hat ein kräftiges Honigaroma. Achtung: Der Saft hinterlässt dauerhafte Flecken!

Ich verwende Mangos oft für Desserts. Wie kann ich sie sonst noch zubereiten?

Mangos sind vielseitiger als die meisten anderen exotischen Früchte: Man kann sie für viele süße und herzhafte Gerichte verwenden. Gewürfelte Mango schmeckt hervorragend in einem Reis- oder Gemüsesalat. Mango ist auch eine köstliche Grundlage für Salsas und Chutneys. Reife Mangos, in Scheiben oder Würfel geschnitten, dann mit einem Spritzer Limettensaft gewürzt oder auch gebraten, passen gut zu geräuchertem Fleisch, Hähnchen und Pute. Mischt man püriertes Mangofruchtfleisch mit Joghurt, Honig und einem Spritzer Zitronen- oder Limettensaft, entsteht ein wunderbar erfrischendes Getränk. In einem interessanten Salat nach dem Rezept oben rechts kommt das Aroma einer reifen Mango auf besonders eindrucksvolle Weise zur Geltung. Ein solcher Salat macht sich gut als Auftakt eines unkomplizierten sommerlichen Menüs.

Mangosalat mit Limetten-Ingwer-Dressing

Für 4 Portionen
Zubereitungszeit: 15 Minuten

1 große reife Mango
insgesamt 200 g zarter Blattspinat, Brunnenkresse, Rucola und Friséesalat
etwa 12 Basilikumblätter, grob zerteilt
Blättchen von 6 Stängeln Koriandergrün, grob gehackt
30 g Cashew- oder Erdnusskerne, geröstet und grob gehackt
Für das Dressing:
abgeriebene Schale von 1 Limette
2 EL Limettensaft
2 TL geriebener frischer Ingwer
1 EL geröstetes Sesamöl
1 EL Sonnenblumenöl
Salz und schwarzer Pfeffer

1 Die Mango schälen. Das Fruchtfleisch beiderseits vom Stein, dann längs in Spalten schneiden.

2 Spinat, Brunnenkresse, Rucola, Friséesalat, Basilikum und Koriandergrün mischen, dann auf eine Servierplatte geben. Die Mangospalten dekorativ darauf und dazwischen anrichten.

3 Alle Zutaten für das Dressing in eine kleine Schüssel geben und mit einem Schneebesen cremig verrühren. Das Dressing mit einem Löffel über den Salat geben.

4 Den Salat mit den gehackten Cashew- oder Erdnusskernen bestreuen und sofort servieren.

VARIANTE

Ein fettfreies Dressing können Sie zubereiten, indem Sie 1 EL gewürzten Reiswein (die Sorte, die für Sushi verwendet wird) mit Ingwer, Limettenschale und -saft sowie 2 EL frisch gepresstem Orangensaft verrühren.

Die kräftigen Aromen von Blattsalat, Spinat und frischen Kräutern vertragen sich bestens mit fruchtig-süßer Mango – hier ist der Beweis.

Mangos aufschneiden

Frische Mangos können pfirsich- bis melonengroß sein. Unter der zähen, ledrigen Schale verbirgt sich das süße, aromatische, saftige Fruchtfleisch. Man kann es in Scheiben oder Würfel schneiden und roh oder gegart in süße oder herzhafte Gerichte mischen.

1 Die Mango hinstellen. Mit einem kleinen scharfen Messer das Fruchtfleisch auf zwei Seiten dicht am Kern entlang abschneiden.

2 Sollen die Stücke im Ganzen serviert werden, die Schale mit Daumen und Zeigefinger in einem Stück abziehen. Für Scheiben das Fruchtfleisch längs einschneiden und vorsichtig von der Schale lösen.

3 Für Mangowürfel das Fruchtfleisch mehrmals längs und quer einschneiden. Die Schale von unten nach oben drücken. Die Würfel von der Schale lösen oder die Mangohälften so servieren, wie sie sind. Das am Kern hängende Fruchtfleisch darf der Koch in der Küche abknabbern.

Mangold

? ***Viele Mangoldblätter haben sehr lange, kräftige Stiele. Mir tut es immer leid, sie wegzuwerfen. Kann man sie nicht mitgaren?***

Es gibt Stiel- und Blattmangold. Die Stiele des Stielmangolds sind wunderbar saftig und gelten daher für viele sogar als der beste Teil der Pflanze. Man sollte sie allerdings nicht zusammen mit den Blättern garen. Die grünen Blätter mit der Küchenschere abschneiden und die dünne Haut von den Mangoldstielen abziehen. Die Stiele in etwa 10 cm lange Stifte schneiden und kurz dämpfen oder pochieren. Als Vorspeise heiß mit einer cremigen Sauce oder lauwarm mit Zitronensaft, Olivenöl und Parmesanspänen servieren.

Die Blätter von Stielmangold können, genauso wie Blattmangold, wie Spinat zubereitet werden. Mangold passt auch gut in Terrinen. Die Mangold-Schweinefleisch-Terrine (rechts) ist gut für ein Bufett oder für den Picknickkorb geeignet. Reste kann man in Scheiben schneiden und mit Baguette servieren oder für ein Sandwich verwenden.

? ***Meine Familie findet Mangold etwas zu herb. Wie kann ich den Geschmack mildern?***

Die leicht bittere Note des Mangolds können Sie mildern, indem Sie die Blätter vor der Weiterverarbeitung kurz in kochendes Wasser geben, das Sie mit Zitronensaft gesäuert haben. Den Mangold mit kaltem Wasser abschrecken und dann nach Rezept weiterverarbeiten. Das Blanchierwasser wegschütten.

Sollte das erdige Aroma des Blattgemüses Ihrer Familie nicht behagen, hilft es vielleicht, etwas Milch oder Sahne an das Gericht zu geben. Beides mildert den Geschmack.

Es ist aber auch möglich, dass Sie Mangold überlagern. Liegt er zu lange im Kühlschrank, verändert sich der Geschmack. Also nur so viel kaufen, wie Sie auf einmal auch verbrauchen können – oder die Blätter blanchieren und abschrecken, dann so viel Flüssigkeit wie möglich herausdrücken und den Mangold einfrieren.

Mangold-Schweinefleisch-Terrine

Für 12 Portionen
Vorbereitungszeit: 20 Minuten
Garzeit: etwa 1 1/2 Stunden

1,5 kg Schweinebauch (Schwarte abgelöst), durchgedreht
150 g durchwachsener Speck, gewürfelt
je 1 TL gemahlene Muskatblüte und Selleriesalz
je 1/2 TL Salz und schwarzer Pfeffer
350 g Blattmangold oder die Blätter von 500 g Stielmangold
Lorbeerblätter oder Rosmarinzweige zum Garnieren

1 Schweinebauch, Speck und alle Gewürze gründlich miteinander vermengen. Mangold waschen und in einem Topf mit Wasser zugedeckt 5 Minuten köcheln lassen, dann abgießen. Den Backofen auf 160 °C vorheizen und eine Terrinenform (2 l Inhalt) ausfetten.

2 Mangold zu einer Kugel zusammenfassen und kräftig ausdrücken. Die Kugel quer in Scheiben, diese längs in Stücke schneiden.

3 Mangold unter den Fleischteig kneten. Die Masse in die Form füllen. Schwarte in Stücke schneiden, auf die Masse drücken. Form mit Alufolie schließen und in eine größere Form setzen. So viel Wasser in die zweite Form gießen, dass die Terrinenform zur Hälfte im Wasser steht. Die Terrine im heißen Ofen etwa 1 1/4 Stunden backen.

4 Für die Garprobe die Folie anheben und ein Stück Schwarte entfernen. In die Terrine stechen: Tritt klarer Fleischsaft aus, ist die Terrine gar. Aus dem Ofen nehmen und 5–10 Minuten ruhen lassen. Folie und Schwarte entfernen. Evtl. vorhandene Garflüssigkeit abgießen.

5 Die Terrine vollständig abkühlen lassen, dann aus der Form stürzen, mit Frischhaltefolie bedecken und kalt stellen. Zum Servieren die Terrine mit Lorbeerblättern oder Rosmarinzweigen garnieren.

Marinade

Erklären Sie mir doch bitte, was genau eine Marinade ist.

Gern. Eine Marinade ist eine aromatische Mischung, in der man Zutaten vor dem Garen ziehen lässt. Sie kann aus Fruchtsaft, Kräutern, Öl, Gewürzen, Essig, Wein, Joghurt und anderen Aromazutaten bestehen. Marinaden für Fleisch sollten kein Salz enthalten, das Fleisch würde seine Farbe verlieren und trocken werden. Als es noch keine Kühlschränke gab, wurde Fleisch mariniert, um es für ein paar Tage haltbar zu machen. Heute verwendet man Marinaden, um das Aroma der Zutaten zu verbessern, ihr Austrocknen zu verhindern und das Fleisch zart zu machen. Die Auswahl der Marinadezutaten hängt von dem Gericht und der Garmethode ab. Beim Grillen begießt oder bestreicht man mit der Marinade entweder die garenden Zutaten auf dem Rost, oder man bereitet daraus eine Sauce zu.

Was für Marinaden gibt es überhaupt?

Man unterscheidet bei Marinaden drei Kategorien: rohe, gegarte und trockene. Rohe Marinaden aus Öl und Essig oder Joghurt verwendet man für relativ zarte Zutaten wie Hähnchen oder Fisch, die man nur kurz zu marinieren braucht.

Eine rohe Marinade aus Wein, Weinbrand, Gemüse und/oder Kräutern kann man für größere Fleischstücke, Wild und Geflügel verwenden. Gegarte Marinaden, z. B. mit Rot- oder Weißwein, verleihen den Zutaten ein starkes Aroma. Man sollte sie gut abkühlen lassen, bevor man sie auf das Fleisch gießt. Dann zugedeckt in den Kühlschrank stellen und erst direkt vor dem Garen herausnehmen. Der Begriff trockene Marinade ist ein wenig irreführend, denn etwas Öl oder Essig (oder Zitronensaft oder Wein) ist eigentlich immer dabei. Man reibt das Fleisch direkt mit den Gewürzen und Aromazutaten ein, statt es in Flüssigkeit durchziehen zu lassen. Trockene Marinaden sind also ökonomischer, da man weniger Öl oder Essig benötigt. Die Marinade wird zusammen mit dem austretenden Bratsaft häufig in das fertige Gericht integriert. Durch die Trockenmarinade soll das Fleisch lediglich länger mit den Aromazutaten in Berührung kommen.

Gleich, welcher Methode Sie sich bedienen, Sie sollten das Fleisch regelmäßig wenden, damit es die Aromen gleichmäßig aufnimmt.

Welche Gefäße sollte ich zum Marinieren verwenden?

Marinaden sind meist säurehaltig, da sie Zutaten wie Essig oder Wein enthalten, um zähe Fleischfasern weich zu machen. Die Säure greift abgesehen von Edelstahl Metalle wie Kupfer und Aluminium an. Verwenden Sie zum Marinieren daher Schüsseln oder Teller aus Glas, Keramik oder Kunststoff, und decken Sie diese mit einem Teller oder mit Frischhaltefolie ab. Sie können auch Fleisch und Marinade in einen Gefrierbeutel füllen.

Welches Öl ist für eine Marinade am besten geeignet?

Jedes Öl mit wenig Eigengeschmack wie mildes Olivenöl, Sonnenblumen- oder Rapsöl eignet sich zum Marinieren. Öle mit starkem Eigengeschmack, z. B. geröstetes Sesamöl, können das Fleisch- oder Fischaroma zu stark überlagern. Mit Kräutern oder Gewürzen aromatisierte Öle bieten sich für Zutaten mit eher fadem Geschmack an.

Glasierte Schweinefleischspieße

Für 4 Portionen
Vorbereitungszeit: 15 Minuten, plus Marinierzeit
Garzeit: 20 Minuten

600 g magerer Schweinenacken
12 getrocknete Aprikosen
2 Zucchini, in dicke Scheiben geschnitten
2 kleine Zwiebeln
Für die Marinade:
4 EL Orangenmarmelade
3 EL Orangensaft oder Sherry
2 EL körniger Senf
1/2 TL geriebener frischer Ingwer
1/2 TL getrockneter Thymian

1. Für die Marinade die Marmelade bei schwacher Hitze erwärmen. Restliche Zutaten für die Marinade zugeben; abkühlen lassen.
2. Fleisch vom sichtbaren Fett befreien und in 4 cm große Würfel schneiden. In eine große Schüsssel legen, mit der Marinade begießen und 30 Minuten bei Raumtemperatur oder über Nacht im Kühlschrank durchziehen lassen.
3. Fleischwürfel, Aprikosen und Zwiebeln abwechselnd auf 4 Metallspieße stecken. 12–15 Minuten grillen, dabei häufig wenden und immer wieder mit der Marinade bestreichen.

In Orangenmarmelade eingelegtes Schweinefleisch mit Aprikosen könnte auf Ihrer nächsten Grillparty zum absoluten Favoriten werden.

Thunfischsteaks bekommen ein wunderbares Aroma, wenn man sie vor dem Grillen in einer Marinade aus bestem Olivenöl, Limettensaft, frischem Basilikum und Chilischoten durchziehen lässt.

Wird ein zähes Steak zarter, wenn ich es ein paar Stunden in einer Marinade durchziehen lasse?

Der Säuregehalt der Marinade dringt in die Fleischfasern ein und macht ein zähes Steak weicher. Es müsste aber tagelang marinieren, um so zart wie ein Filetsteak zu werden. Dies würde allerdings den Fleischgeschmack beeinträchtigen.

Kann man auch andere Zutaten außer Fleisch marinieren?

Fisch und Meeresfrüchte, Wild, Geflügel und Gemüse – sie alle können mariniert werden. Dünn geschnittener Fisch wie Lachs, Forelle und helle Fischfilets von zarter Konsistenz werden oft 15 Minuten bis 2 Stunden lang mariniert und dann ohne weiteres Garen mit einem Dressing serviert. Das Thunfischrezept rechts zeigt, wie eine einfache Marinade gegrilltem Fisch ein subtiles, köstliches Aroma verleihen kann.

Marinierte Thunfischsteaks mit Basilikum

Für 4 Portionen
Vorbereitungszeit: 15 Minuten, plus 2 Stunden Marinierzeit
Garzeit: 10–14 Minuten

3 EL Olivenöl
ageriebene Schale und Saft von 1 Limette
3 EL gehackte Basilikumblätter
1–2 ganze Chilischoten
Salz und rosa Pfefferkörner
4 Thunfischsteaks (je 185 g)

1 Öl, Limettenschale und -saft, Basilikum, Chilischoten, Salz und rosa Pfeffer in eine Schüssel geben und gut mischen.

2 Fischsteaks in einer Schale (nicht aus Metall) mit der Marinade begießen. Zugedeckt mindestens 2 Stunden im Kühlschrank ziehen lassen, ab und zu wenden.

3 Den Grill bei mittlerer Stufe vorheizen. Den Thunfisch aus der Marinade nehmen und auf jeder Seite 5–7 Minuten grillen. Sofort mit einer würzigen Salsa oder mit frischem Chutney und gekochten neuen Kartoffeln oder frischem Weißbrot servieren.

VARIANTEN

Sie können den Thunfisch auch auf dem Holzkohlengrill oder bei sehr starker Hitze in einer gusseisernen Grillpfanne zubereiten.

Oder die einzelnen Steaks locker in Alufolie wickeln und im auf 180 °C vorgeheizten Backofen 20–30 Minuten backen, bis sie gerade eben gar und zart sind. Vor dem Servieren noch 10 Minuten in der Folie ruhen lassen.

Marmelade

Wie soll ich Zitrusfrüchte vorbereiten, wenn ich daraus eine Marmelade kochen will?

Verwenden Sie reife Zitrusfrüchte mit glatter, möglichst unbehandelter Schale. Kräftig unter warmem Wasser abbürsten, dann gut trockenreiben. Die Früchte sehr dünn schälen, die Schale in sehr feine Streifen schneiden. Für gröbere Schalenstücke die Schale in breiten Streifen abschneiden und diese in dünne oder 3 mm dicke Streifen schneiden.

Das Fruchtfleisch grob hacken, Saft dabei auffangen, weiße Haut und Kerne aufbewahren. Sie können die ungeschälten Orangen zwar auch in der Küchenmaschine zerkleinern, aber die Schalenstücke werden dabei sehr unregelmäßig.

Die Marmelade aus rotfleischiger Grapefruit (rechts) wird mit dünnen Schalenstücken zubereitet, ist überraschend süß und schmeckt besonders gut auf Toast.

Wenn Sie die weiße Haut und die Kerne der Zitrusfrüchte in einem Mullsäckchen mitkochen, geliert die Marmelade besser.

Aus Fruchtfleisch und Schalen rotfleischiger Grapefruits lässt sich eine köstliche Marmelade herstellen, die selbst den trübsten Wintermorgen aufhellt.

Marmelade aus roten Grapefruits

Für etwa 2 kg
Vorbereitungszeit: 30 Minuten
Garzeit: 2 1/2 Stunden

2 große rotfleischige Grapefruits
1,5 kg Zucker

1 Die Grapefruits unter warmem Wasser abbürsten, dann trockenreiben. Die Schalen dünn abschälen und in gleichmäßige feine Streifen schneiden.

2 Das Fruchtfleisch von den Kernen befreien und grob hacken. Kerne, Saft und das weiße Schaleninnere aufbewahren. Kerne und weiße Haut in ein Stück Mulltuch geben, dieses mit Küchengarn zu einem Säckchen binden.

3 Fruchtfleisch, Fruchtsaft, Schale und 2 l Wasser in einen großen Topf geben. Das Mullsäckchen hineinlegen und mit dem Küchengarn an einem Topfgriff festbinden. Alles aufkochen, dann 1–2 Stunden schwach köcheln lassen, bis die Schale weich und die Fruchtmischung auf die Hälfte reduziert ist.

4 Den Zucker auf ein Backblech streuen und im Ofen bei schwacher Hitze in etwa 10 Minuten warm werden lassen. Das Mullsäckchen aus der Fruchtmischung nehmen und über dem Topf ausdrücken, dann wegwerfen. Zucker zur Fruchtmischung geben und bei schwacher Hitze rühren, bis er sich aufgelöst hat.

5 Die Marmelade aufkochen und 15 Minuten lang sprudelnd kochen lassen, bis der Gelierpunkt erreicht ist. Für die Garprobe 1 Löffel Marmelade auf einen kalten Teller geben. Erstarrt er sofort, ist die Marmelade fertig, ansonsten die Marmelade noch etwas kochen lassen.

6 Die Marmelade abschäumen und 15 Minuten stehen lassen. Gut durchrühren, dann in saubere, vorgewärmte Schraubdeckel- oder Einmachgläser füllen. Die Gläser fest verschließen.

Maronen

? *Wie gart man frische geschälte Maronen (Esskastanien)?*

Für Füllungen oder als Beilage die frischen Maronen in Salzwasser, Fond oder Gemüsebrühe in etwa 30 Minuten weich, aber bissfest garen – sie sollten sich beim Hineinstechen weich anfühlen, aber nicht zerfallen.

Für Pürees müssen die Maronen etwas länger gegart werden, damit man sie leicht durch ein Sieb passieren oder im Mixer oder in der Küchenmaschine pürieren kann.

Für Suppen und Eintöpfe die rohen Maronen mit den restlichen Zutaten in der Kochflüssigkeit garen.

Wenn Sie die Maronen für Kuchen und Desserts verwenden möchten, mit etwas Zuckersirup oder gesüßter Milch im geschlossenen Topf unter häufigem Rühren köcheln lassen.

? *Wann haben frische Maronen Saison, und was sind geeignete Alternativen?*

Frische Maronen haben ihre Hauptsaison von Oktober bis Januar. Sie sollten stets im Kühlschrank aufbewahrt werden.

In manchen Läden gibt es getrocknete Maronen zu kaufen. Nach dem Einweichen in Wasser lassen sie sich wie frische Maronen zubereiten.

Tiefgekühlte geschälte Maronen schmecken genauso gut wie frische, es lohnt sich also, selbst welche einzufrieren.

Vakuumierte vorgegarte Maronen schmecken meist einwandfrei und helfen Zeit sparen.

Ganze oder pürierte Maronen aus der Dose schmecken nicht ganz so gut wie frische. Wenn Sie das Maronenpüree für herzhafte Rezepte verwenden möchten, sollten Sie unbedingt darauf achten, dass es nicht gezuckert ist.

Frische, getrocknete, vorgegarte oder tiefgekühlte Maronen können für Suppen und herzhafte Füllungen, Salate, vegetarische Bratlinge, Nussbrote und süßes Gebäck verwendet werden. Maronen aus der Dose eignen sich eher für Saucen, Kuchenfüllungen, Desserts und Eiscreme.

? *Kann ich frische Maronen auch im Backofen rösten?*

Ja, aber schneiden Sie vorher die Schalen ein, damit die Maronen nicht explodieren. Die vorbereiteten Maronen in eine ofenfeste Form geben und bei 250 °C backen, bis die Schalen sich an den Schnitträndern aufgebogen haben. Die Maronen lassen sich leicht schälen, wenn sie etwas abgekühlt sind.

? *In Italien habe ich knuspriges Gebäck aus Kastanienmehl gegessen. Haben Sie ein Rezept?*

Für einen Fladen, der für 6 Portionen reicht, sieben Sie 500 g Kastanienmehl (gibt es im gut sortierten italienischen Lebensmittelladen) in eine große Schüssel. 3 EL Zucker und eine Prise Salz untermischen, dann Olivenöl unterarbeiten, bis ein fester Teig entstanden ist. Anschließend so viel Milch unterkneten, bis der Teig schwer reißend vom Löffel fällt. Je 2 EL eingeweichte Rosinen und Pinienkerne unterheben und den Teig auf ein mit Olivenöl gefettetes Backblech geben. Mit Fenchelsamen bestreuen, mit etwas Olivenöl beträufeln und im vorgeheizten Ofen bei 180 °C 45 Minuten backen.

Maronen schälen

Die dicke Schale und die braune Haut frischer Maronen lässt sich leichter entfernen, wenn man die Maronen zuvor etwa 5 Minuten lang kocht. Schälen Sie die Maronen, solange sie noch warm, aber nicht mehr richtig heiß sind.

1 Bei jeder Marone ein tiefes Kreuz in die runde Schalenseite schneiden. Die Maronen in einem Topf mit kaltem Wasser bedecken. Aufkochen, dann 5 Minuten kochen lassen.

2 Die Maronen mit dem Schaumlöffel aus dem Wasser heben; schälen. Falls die Schale sich schwer lösen lässt, die Maronen erneut aufkochen.

? *Ich möchte zum Gänsebraten gern glasierte Maronen reichen. Wie werden die zubereitet?*

Glasierte Maronen sind, zusammen mit Rotkohl, Preiselbeeren und Kartoffeln oder Klößen, besonders im südlichen Deutschland und in Österreich eine traditionelle Beilage zu knusprigem Gänse- oder Entenbraten. Auch als Füllung für einen Truthahn sind sie gut geeignet, und sie passen mit ihrem süßlich-erdigen Geschmack sehr gut zu Wurzelgemüse wie Möhren, Pastinaken oder Steckrüben.

Für 4 Portionen brauchen Sie 500 g Maronen, 50 g Butter, 1 EL Zucker und 500 ml heiße Brühe. Und so wird's gemacht:

Die Schalen der Maronen kreuzweise einschneiden (siehe links), die Maronen mit 125 ml Wasser in einen Topf geben und 15 Minuten kochen lassen. Abgießen und etwas abkühlen lassen, dann schälen. Die Maronen sollten dabei möglichst ganz bleiben. In einem Topf die Butter zerlassen. Den Zucker hineingeben und etwas karamellisieren lassen. Die geschälten Maronen zufügen und die heiße Brühe zugießen. Die Maronen bei schwacher Hitze in 15 Minuten gar ziehen lassen. Sie sind fertig, wenn man mit einer Messerspitze leicht hineinstechen kann

Die Maronen aus der Brühe heben, die Brühe bei starker Hitze kräftig einkochen lassen, bis nur noch wenige EL Flüssigkeit im Topf sind. Die Maronen hineingeben und durch Rühren mit der Glasur überziehen. Die heißen glasierten Maronen in eine vorgewärmte Schüssel füllen und sofort servieren.

Mayonnaise

Kann man Mayonnaise bedenkenlos essen, obwohl sie rohes Eigelb enthält?

Grundsätzlich ja, allerdings sollten einige Hygiene- und Vorsichtsmaßnahmen getroffen werden. Verwenden Sie nur frische, unbeschädigte Eier guter Herkunft und Qualität, lagern Sie diese im Kühlschrank, und achten Sie darauf, dass sie noch möglichst lange haltbar sind (so können Sie die fertige Mayonnaise noch bis zu 3 Tage lang aufbewahren). Die Eier 30 Minuten vor der Zubereitung aus dem Kühlschrank nehmen und auf Raumtemperatur bringen.

Der Verzehr von Mayonnaise ist für die meisten Menschen unbedenklich. Babys, alte Menschen, Schwangere und Kranke sollten jedoch nichts essen, das rohes Ei enthält.

Wie lange kann man selbst gemachte Mayonnaise ohne Weiteres aufbewahren?

Selbst gemachte Mayonnaise hält im Kühlschrank maximal 3 Tage. Die frisch zubereitete Mayonnaise sofort abdecken, damit sich auf der Oberfläche keine Haut bildet, oder in ein Schraubdeckelglas oder in eine Frischhaltedose füllen. Schreiben Sie auf das Etikett, wann Sie die Mayonnaise zubereitet haben. Das Aroma von Mayonnaise entfaltet sich erst bei Raumtemperatur, nehmen Sie die Mayonnaise daher 30 Minuten vor dem Servieren aus dem Kühlschrank. Mayonnaise lässt sich schlecht einfrieren, da sie beim Auftauen fast immer gerinnt.

Was kann ich tun, wenn Mayonnaise während der Zubereitung gerinnt?

Geronnene Mayonnaise lässt sich retten, indem man sie mit 1 EL warmem Wasser aufschlägt. Hilft dies nicht, müssen Sie noch mal von vorn anfangen: 1 Eigelb mit 1 TL kaltem Wasser oder 1 TL Senf in eine saubere Schüssel geben. Die geronnene Mayonnaise nach und nach mit dem Schneebesen unterrühren, bis die Mischung wieder glatt ist.

Mayonnaise

Für 300 ml
Vorbereitungszeit: 10 Minuten

2 große Eigelb
1/2 TL Dijonsenf
Salz
300 ml Olivenöl
2 EL Weißweinessig oder
1–2 TL Zitronensaft

1 Eigelbe in einer Schüssel mit Senf und einer Prise Salz mit einem Holzkochlöffel oder einem Schneebesen kräftig schlagen.

2 Das Öl tropfenweise unterrühren, bis die Mischung andickt. Dann immer 1/2 TL hineingeben und kräftig weiterschlagen. Sobald die Hälfte des Öls untergemischt ist, Essig oder Zitronensaft einrühren und das restliche Öl in einem dünnen Strahl unter ständigem Schlagen einfließen lassen.

VARIANTEN

So verleihen Sie 300 ml Mayonnaise (siehe oben) interessante Akzente:

Chantilly-Sauce: 75 g steif geschlagene Sahne zufügen.

Grüne Mayonnaise: gehackte frische Kräuter wie Basilikum, Dill, Majoran, Petersilie oder Brunnenkresse oder blanchierten und fein gehackten frischen Spinat zufügen.

Cocktailsauce: 2–4 EL Ketchup, 2 EL Sahne, Joghurt oder Frischkäse und je 1 Spritzer Weinbrand und Worcestersauce zufügen.

Remoulade: je 2 EL gehackte Kapern oder Gewürzgurken, 1 TL Senf, nach Belieben Sardellenpaste, feine Schnittlauchröllchen, gehackten Kerbel oder Estragon, evtl. Frühlingszwiebeln zufügen.

Welche Öle sind für Mayonnaise besonders gut geeignet?

Sie können eigentlich jedes Speiseöl für Mayonnaise verwenden, abgesehen von Kürbiskern- und geröstetem Sesamöl, solange Aroma und Preis stimmen. Traditionell wird Olivenöl wie im Rezept links verwendet, aber manchen ist der Geschmack zu kräftig. Sie können stattdessen auch eine Mischung aus Olivenöl und einem milderen Öl probieren oder auch ein leichtes Olivenöl mit einem Spritzer kaltgepresstem Olivenöl für das Aroma. Alternativ Walnussöl zu gleichen Teilen mit neutralem Pflanzenöl mischen.

Mayonnaise im Mixer zubereiten

Mit dieser schnellen und einfachen Methode lässt sich Mayonnaise zubereiten, wenn es nicht erforderlich ist, dass sie besonders fest ist.

2 Eigelbe (oder 1 ganzes Ei) in den Mixer geben, Senf, Essig oder Zitronensaft zufügen und alles ein paar Sekunden mischen. Bei laufendem Motor das Öl durch das Loch im Deckel einfließen lassen, zuerst tropfenweise, dann in einem dünnen Strahl, bis die Mischung dickflüssig wird. Die Mayonnaise wird nach dieser Methode etwas dünnflüssiger und leichter als eine von Hand gerührte.

Kann man Mayonnaise auch ohne rohes Eigelb herstellen?

Ja. Remouladensauce lässt sich beispielsweise sehr gut mit hart gekochtem Eigelb zubereiten. Dafür 1 großes hart gekochtes Eigelb mit einer Gabel zerdrücken und mit 1 EL kochendem Wasser glatt rühren. Nach und nach unter ständigem Schlagen mit einem Schneebesen 250 ml Olivenöl zugeben. Sobald die Mayonnaise andickt, je 2 EL fein gehackte Gewürzgurken und Kräuter, 1 EL Kapern, etwas Senf und ein wenig Sardellenpaste zufügen. Die Sauce kann noch mit Knollensellerie angereichert werden (siehe S. 202).

Sellerie-Remoulade

Für 4–6 Portionen
Vorbereitungszeit: 35 Minuten
Garzeit: 30 Sekunden

500–625 g Knollensellerie
250 ml Remoulade
1 TL Zitronensaft oder Weißweinessig
2 EL Sahne
Salz und schwarzer Pfeffer
1 EL gehackte Petersilie

1 Den Knollensellerie schälen und in feine Stifte (Julienne) schneiden, diese sofort nach dem Schneiden in Wasser mit etwas Zitronensaft legen, damit sie nicht braun werden.

2 Die Selleriestifte in kochendem Salzwasser 30 Sekunden blanchieren, dann in einem Sieb abtropfen und abkühlen lassen.

3 Zitronensaft oder Essig und die Sahne in die Remoulade rühren.

4 Den Sellerie in einer Schüssel mit der Remoulade mischen. Abschmecken, mit Petersilie bestreuen und servieren.

Aioli

Für 300 ml
Zubereitungszeit: 15 Minuten

2 große Eigelb
2–4 große Knoblauchzehen
Salz
300 ml Olivenöl
1 TL Zitronensaft

1 Die Eigelbe in eine Schüssel geben. Den Knoblauch schälen, dann mit 1 Prise Salz zerdrücken, mit den Eigelben mischen und alles kräftig mit einem Schneebesen schlagen oder mit dem Stabmixer rühren.

2 Unter ständigem Schlagen mit dem Schneebesen oder Rühren mit dem Stabmixer nach und nach das Olivenöl zugeben.

3 Sobald die Hälfte des Öls untergemischt ist, den Zitronensaft und das restliche Öl unter kräftigem Schlagen oder Rühren zufügen, bis die Sauce dick und glatt ist. Aioli wie Mayonnaise aufbewahren. Aioli lässt sich auch gut in Mixer oder Küchenmaschine zubereiten.

Köstliche Mayonnaisen-Variationen (von links im Uhrzeigersinn): würzige Remoulade, grüne Kräutermayonnaise und knoblauchwürzige Aioli.

? *Was ist Aioli, und wie wird sie zubereitet?*

Aioli ist eine Knoblauchmayonnaise, die traditionell zu mediterranen Fischsuppen serviert wird. Sie passt aber auch hervorragend zu Eiern, Fisch, Salaten und Gemüse. Bereiten Sie diese wunderbare Sauce nach dem Rezept links zu.

Meerrettich

? *Kann man auch frischen Meerrettich kaufen?*

Der essbare Teil der Meerrettichpflanze, die Wurzel, wird in Gemüsegeschäften und auf Wochenmärkten frisch verkauft.

Ansonsten gibt es fast überall fein geriebenen Meerrettich im Glas oder in der Tube zu kaufen. Frisch geriebener Meerrettich enthält reichlich Vitamin C und wird meist für kalte Saucen (siehe unten) verwendet. Man serviert ihn zu heißem oder kaltem Braten, zu gekochtem Rindfleisch und zu geräuchertem Fisch wie Lachs oder Forelle.

? *Können Sie mir sagen, wie man ganz schnell eine Meerrettichsauce zubereiten kann?*

Wie wäre es mit Sahnemeerrettich? Dafür 2 EL geriebenen Meerrettich, 150 g halbsteif geschlagene Sahne und 1–2 EL Zitronensaft verrühren. Die Sauce mit Salz und schwarzem Pfeffer abschmecken. Sie lässt sich im Kühlschrank bis zu 3 Tage lang aufbewahren.

Vielleicht gefallen Ihnen auch diese beiden schnellen Meerrettichsaucen aus Österreich:

• Für Apfelkren (Kren ist der österreichische Ausdruck für Meerrettich) 100 g Meerrettich und 1 kleinen Apfel reiben, die Pürees mischen. Mit 100 ml Apfelsaft, dem Saft von 1 Zitrone und 1 TL Zucker verrühren. Mit Salz und Pfeffer abschmecken.

• Für Semmelkren 250 ml Brühe aufkochen. 2 gewürfelte Brötchen hineingeben und rühren, bis die Würfel sich aufgelöst haben. 3 EL geriebenen Meerrettich und 2 EL Sahne unterrühren. Mit Salz, Pfeffer und Essig abschmecken.

Mehl

Was bedeuten die Typenzahlen bei den einzelnen Mehlsorten?

Die Typenzahlen geben Auskunft über den Mineralstoffgehalt eines Mehles.

Je niedriger die Zahl, desto niedriger ausgemahlen und heller ist das Mehl und umso geringer ist sein Mineralstoffgehalt. Für Vollkornmehl wird das Korn mitsamt Kleie und Keim gemahlen. Vollkornmehl hat keine Typenzahl, weil der Mineralstoffgehalt Schwankungen unterliegt.

Informationen darüber, welches Mehl für welches Gebäck geeignet ist, finden Sie im Kasten rechts.

Mein Sohn verträgt kein Gluten. Welches Mehl kann ich dann für Gebäck benutzen?

Inzwischen ist glutenfreies Weizenmehl im Handel. Dies wird aber nicht immer vertragen.

Ausweichen können Sie auf Mehl aus Mais, Reis, Kastanien, Kartoffeln, Hirse und Buchweizen. Am besten ist, Sie besorgen sich ein Kochbuch über die Zubereitung von glutenfreien Speisen. In Reformhäusern und Bioläden gibt es außerdem süßes und herzhaftes glutenfreies Fertiggebäck. Bedenken Sie, dass Weizen- oder Roggenmehl in Ihrem Fall selbst zum Binden von Suppen und Saucen nicht in Frage kommt.

Ich habe gehört, dass man Saucen mit Mehlbutter binden kann. Wie geht das genau?

Mehlbutter, auch Beurre manié genannt, wird oft in der feinen Küche zum Andicken von Suppen und Saucen verwendet, wenn man auf schwere Mehlschwitzen verzichten möchte. Zum Binden von 1 l Sauce brauchen sie 60 g Weizenmehl und 60 g Butter. Beides wird mit einer Gabel glatt verknetet. Diese Mehlbutter wird in Stückchen zur Sauce gegeben und muss mindestens 15 Minuten mitkochen, damit die gewünschte Bindung entsteht.

Beurre manié können Sie sehr gut in größeren Mengen im Voraus zubereiten. Sie hält sich, gut verpackt, im Kühlschrank 3 Wochen frisch.

Ich habe das Gefühl, dass das Mehl im Vorratsschrank ranzig geworden ist. Kann das sein?

Das ist durchaus möglich. Mehl enthält Fett (aus dem Keimling), das mit der Zeit ranzig werden kann. Vollkornmehl enthält mehr Fett als helleres.

Füllen Sie Mehl aus der Tüte in ein fest verschließbares Gefäß, und lagern Sie es an einem kühlen, dunklen Ort. So beugen Sie nicht nur dem Ranzigwerden vor, sondern auch dem Befall durch Mehlmotten. Helle Mehle wie Type 405 halten sich 1–1 1/2 Jahre frisch, dunkle Mehle wie Type 1050 6–8 Monate und Vollkornmehle 6–8 Wochen.

Ich habe für ein Brot reines Roggen- statt Weizenmehl genommen. Das Brot ist überhaupt nicht aufgegangen. Warum nicht?

Roggenmehl enthält nur sehr wenig Gluten, ergibt also keinen geschmeidigen, porösen Teig. Deshalb muss es zum Backen mit Weizenmehl gemischt werden.

Je höher der Roggenmehlanteil, desto mehr Backtriebmittel müssen Sie zugeben – am besten bewährt hat sich eine Kombination aus Hefe und Sauerteig. Die einzigen Roggenbrote, die ohne kräftige „Nachhilfe" auskommen, sind die skandinavischen Roggenknäckebrote.

In amerikanischen Rezepten steht oft „self raising flour" als Zutat. Ich habe es hier noch nicht bekommen. Kann ich es ersetzen?

Das von Ihnen genannte Mehl ist in Großbritannien, Kanada und den USA sehr beliebt. Es handelt sich dabei um Weizenmehl, dem bereits Backpulver zugesetzt wurde.

Sie können es ganz einfach ersetzen, indem Sie zur angegebenen Mehlmenge noch etwas Backpulver geben. Man rechnet in etwa 1 Päckchen Backpulver auf 500 g Mehl oder 1 TL auf 200 g.

Anstelle von Backpulver können Sie auch Speisenatron verwenden.

Gelegentlich, beispielsweise bei einem Mürbeteigboden oder Mürbeteigtarteletts, kann man auf das Backpulver auch verzichten.

Gut zu wissen

Hier ist eine Übersicht, welches Mehl für welchen Zweck geeignet ist:

- Weizenmehl Type 405 ist die beste Wahl für Kuchen, Plätzchen oder Süßspeisen.
- Weizenmehl Type 550 eignet sich hervorragend für Brötchen, Hefegebäck, Stollen und helle Brote.
- Weizenmehl Type 1050 ist sehr gut für herzhaftes Gebäck und Mischbrot geeignet.
- Weizenvollkornmehl ergibt, allein oder gemischt mit niedrig ausgemahlenem Mehl, Gebäck mit nussigem, vollem Geschmack.
- Roggenmehl Type 997 und Type 1150 können Sie zum Brotbacken mit Weizenmehl mischen.
- Roggenbackschrot Type 1800 wird überwiegend von Bäckern für herzhafte Roggenbrote eingesetzt.
- Dinkelmehl ist in den Typen 630, 812 und 1050 erhältlich sowie als Dinkelvollkornmehl. Es kann wie das entsprechende Weizenmehl verwendet werden.

Ist Buchweizenmehl etwas anderes als Weizenmehl?

O ja, das ist es. Buchweizen und Weizen sind nicht einmal miteinander verwandt. Buchweizen wird nur wegen seiner Verwendungsweise zum Getreide gezählt, ist aber in Wirklichkeit ein Knöterichgewächs. Buchweizenmehl können Sie für Pfannkuchenteige verwenden. Besonders lecker sind die russischen Blini aus Hefeteig. Dafür 10 g frische Hefe in etwas Wasser auflösen. 250 g Buchweizenmehl, 250 ml Milch, 1 Eigelb, das Hefewasser und Salz zu einem Teig verrühren. 1 Eiweiß zu Schnee schlagen und mit 2 EL saurer Sahne unter den Teig heben. Aus dem Teig kleine Pfannkuchen backen, diese mit Sauerrahm und Kaviar (wenn es kein echter sein soll, Lachskaviar nehmen) servieren.

Melonen

? ***Woran erkenne ich, ob eine Melone reif und süß ist?***

Eine reife Melone sollte leicht nachgeben, wenn man sie an einem Ende leicht drückt. Zuckermelonen am Stielende drücken, Honigmelonen am gegenüberliegenden Ende. Verlassen Sie sich auf Ihre Nase: Eine reife Melone erkennt man an ihrem feinen, aber intensiven Duft, unreife Melonen riechen eher nach nichts.

Eine reife Wassermelone klingt hohl, wenn man daraufklopft. Wenn Sie Stücke kaufen, wählen Sie solche mit kräftig roter Farbe.

Beim Einfrieren leidet das Melonenaroma. Wenn Sie Zitronensaft zugeben, wird der Geschmack kräftiger.

Melonenbällchen formen

Wenn man Kugeln aus dem Fruchtfleisch einer reifen Melone herauslöst, lässt sich dieses wunderbare Obst besonders attraktiv präsentieren.

1 Die Melone halbieren, die Kerne mit einem Löffel herausschaben. Um den Saft aufzufangen, die Kerne in ein Sieb geben, das über einer Schüssel hängt. Der Saft kann in einen Obstsalat gemischt werden.

2 Mit einem Kugelformer Kugeln aus dem Melonenfruchtfleisch lösen. Die Melonenkugeln in die Schüssel geben. Möglichst wenig Fruchtfleisch zwischen den einzelnen Löchern stehen lassen. Das restliche Fruchtfleisch mit einem Löffel herausschaben und pürieren. Daraus lässt sich ein erfrischender Drink mischen.

Eine funkelnde Granita (gefrorene sizilianische Süßspeise) aus saftiger, reifer Zuckermelone und Weißwein wird geschichtet mit in Kirschwasser eingelegten Himbeeren, aromatischen Cantaloupemelonenkugeln und kühler Minze.

Melonengranita mit Himbeeren

Für 4 Portionen
Vorbereitungszeit: 30 Minuten, plus 4–5 Stunden Gefrierzeit
Garzeit: 5 Minuten

Für die Granita:
60 g Zucker
1 Cantaloupemelone (600 g)
2 EL Zitronensaft
90 ml halbtrockener Weißwein
Zum Anrichten:
1 mittelgroße Honigmelone
175 g frische Himbeeren
1 EL Zucker
1–2 EL Kirschwasser
frische Minzeblätter
1 TL Puderzucker

1 Für die Granita den Zucker in 100 ml Wasser unter Rühren bei mittlerer Hitze auflösen. 1 Minute kochen lassen; vom Herd nehmen.

2 Cantaloupemelone halbieren, von den Kernen befreien. Fruchtfleisch herausschaben, in der Küchenmaschine pürieren. Abgekühlten Zuckersirup, Zitronensaft und Wein zufügen. Kurz mixen, dann in eine Kunststoff- oder Metallschüssel füllen und ins Gefrierfach stellen.

3 Nach 1 Stunde die Granita mit dem Schneebesen durchrühren. Wieder 1 Stunde einfrieren, dann erneut durchrühren. Granita abdecken; ins Gefriergerät stellen, bis sie ganz gefroren ist.

4 20 Minuten vor dem Servieren die Granita aus dem Tiefkühlgerät nehmen und bei Raumtemperatur weich werden lassen.

5 Die Honigmelone halbieren und das Fruchtfleisch würfeln oder zu Kugeln formen (siehe links).

6 Die Himbeeren in einer kleinen Schüssel mit dem Zucker und dem Kirschwasser mischen.

7 Gläser kurz einfrieren. Granita mit einer Gabel auflockern. Mit Honigmelone und Himbeeren in die Gläser schichten. Mit Minze garnieren, diese mit Puderzucker bestäuben.

Menüs

Können Sie mir einige Tipps für ein gut zusammengestelltes Menü geben?

Versuchen Sie auch bei größeren Anlässen, ein einfaches Menü zu servieren, und bereiten Sie mindestens zwei Drittel der Speisen am Vortag zu. Die Zubereitung sollte organisatorisch machbar sein. Es ist wenig sinnvoll, zwei Gänge zu planen, die bei unterschiedlicher Ofentemperatur gegart werden müssen, wenn Sie nur einen Ofen besitzen, oder Gemüse in der Pfanne zu braten, während sie gleichzeitig einen komplizierten Hauptgang zubereiten.

Richten Sie sich bei der Auswahl der Speisen nach Ihren Gästen, und bleiben Sie bei einem Stil. Sie können z.B. eine italienische Vorspeise, einen südfranzösisch inspirierten Hauptgang und ein spanisches Dessert servieren, denn es handelt sich jeweils um eine Speise aus der Mittelmeerküche. Weniger passend wäre es, französische Moules marinière, gefolgt von grünem Thai-Curry, zu servieren und mit einer amerikanischen Pekannuss-Pie abzuschließen.

Die Ausgewogenheit eines Mahls ist besonders wichtig, denn Sie wollen schließlich, dass Ihre Gäste sich wohl fühlen und nicht mit stundenlangem Völlegefühl kämpfen müssen. Wenn erster und zweiter Gang wenig Fett enthalten, wird auch eine sahnige Kaffeemousse oder eine reichhaltige Baiser-Sahne-Torte noch Begeisterung hervorrufen.

Vermeiden Sie Wiederholungen. Servieren Sie z.B. keine Melone als Bestandteil von Vorspeise und Dessert. Auf keinen Fall sollten zwei Gänge das gleiche Fleisch oder den gleichen Fisch enthalten. Wechseln Sie auch Farben, Konsistenzen und Garmethoden ab. Wenn Sie als ersten Gang Vichyssoise servieren, reichen Sie danach kein Kartoffel- oder Pastinakenpüree zum Hauptgang, denn alle haben eine ähnliche weiche Konsistenz und eine helle Farbe.

Saucen sind meist sehr beliebt, also sparen Sie nicht an der Menge. Wird die Sauce extra gereicht, können die Gäste sich selbst bedienen.

Achten Sie bei Weinen auf die richtige Reihenfolge. Dominante Aromen sollten auf zurückhaltendere folgen, der Wein sollte jeweils auch zu den Speisen passen. Grundsätzlich serviert man Rotwein nach Weißwein, älteren Wein nach jüngerem Wein und starken Wein nach leichtem Wein. Weißwein passt in der Regel gut zu Fisch, hellem Fleisch und Geflügel, Rotwein passt zu Wild, dunklem Fleisch und deftigen Geflügelgerichten (siehe auch *Wein*).

Gut zu wissen

Es ist durchaus möglich, dass unter den Gästen, über deren Lebensgewohnheiten Sie nicht Bescheid wissen, Vegetarier sind. Sie sollten dann nicht Beilagen mit Sauce (nach dem Motto: „Ist ja kein Fleisch drin") servieren oder den Rotkohl, den Sie mit viel Schweineschmalz zubereitet haben. Fragen Sie rechtzeitig vor dem Essen, ob jemand kein Fleisch isst, dann haben Sie noch ein Weilchen Zeit, eine fleischlose Alternative zu zaubern.

Soll ich zum Hauptgang immer zwei oder drei Gemüsebeilagen reichen, oder ist eine genug?

Mit einer Auswahl an Gemüsebeilagen kann man eine Mahlzeit farblich und geschmacklich abwechslungsreicher gestalten, doch auch eine Gemüsebeilage kann durchaus genug sein. Versuchen Sie, ein ausgewogenes Menü zusammenzustellen, indem Sie eine stärkehaltige Beilage wie Pasta, Kartoffeln oder Reis mit einem knackigen, frischen Gemüse kombinieren.

Alternativ können Sie eine Mischung am Vortag zubereiteter Gemüsesorten servieren, wie im Ofen gebratenes Wurzelgemüse oder geschmorten Fenchel und Stangensellerie, dazu ein bissfest gegartes grünes Gemüse oder einen grünen Salat. Wenn Ihr Hauptgang hauptsächlich aus Gemüse besteht (z.B. einem vegetarischen Eintopf), sind eine Beilage wie Kartoffeln oder Reis und ein Salat völlig ausreichend.

Wie kann ich berechnen, wie viel meine Gäste ungefähr essen werden?

Professionelle Catering-Firmen gehen davon aus, dass umso weniger verzehrt wird, je mehr Gäste an einer Feier teilnehmen. Bei einer größeren Gruppe muss jeder sich mit mehr Leuten unterhalten und hat daher weniger Zeit zum Essen. Außerdem essen Menschen meist weniger, wenn sie dabei stehen müssen.

Hier finden Sie einige Richtlinien, welche Mengen Sie pro Person für ein Essen für 4–6 Personen einplanen sollten.

- Suppe: als Vorspeise 200 ml, als Hauptgericht 500 ml.
- Baguette: 1/4 Laib.
- Nudeln: als Beilage oder im Salat 60 g (ungekocht).
- Kartoffeln: als Beilage oder im Salat 200 g (ungeschält, roh).
- Reis: als Beilage oder im Salat 50 g (ungekocht).
- Blattsalat: 50 g.
- Fleisch (Braten): mit Knochen 350–400 g, ohne etwa 200 g.
- Fleisch (für Schmorgerichte): ohne Knochen 250 g.
- Geflügel: mit Knochen 500 g, Filets 200 g.
- Obst: 150 g.
- Käseplatte: 150–200 g.

Unsere Sommerpicknicks sind sehr beliebt. Jetzt möchten wir auch mal im Winter picknicken. Was könnte es da Gutes zu essen und zu trinken geben?

Lecker und wohltuend sind natürlich heiße Suppen und Eintöpfe. Diese können Sie in Thermoskannen transportieren und aus Bechern trinken. Gegrillte Hähnchenkeulen und Kartoffelschnitze lassen sich bequem aus der Hand essen (sogar mit Handschuhen). Sind sie – beispielsweise mit rosenscharfem Paprikapulver – etwas scharf gewürzt, wärmen sie sogar, wenn sie bereits abgekühlt sind. Süße Heißgetränke wie cremige Schokolade, Kinderpunsch oder Tee mit Gewürzen (ebenfalls in Thermoskannen mitnehmen), dazu Kekse oder Kuchen mit weihnachtlichen Aromen liefern Energie für den Heimweg.

Messer

Ich möchte mir neue Küchenmesser kaufen. Worauf muss ich achten?

Kaufen Sie immer die beste Qualität, die Sie sich leisten können. Ein gutes Messerset hält nicht nur ein Leben lang, sondern zahlt sich vor allem durch große Zeitersparnis aus. Wählen Sie Messer aus, die gut in der Hand liegen und dazu schwer und gut ausbalanciert sind. Legen Sie die Verbindungsstelle zwischen Klinge und Griff auf die Seite Ihrer geöffneten Hand. Der Griff sollte sanft in Ihre Handfläche zurückfallen.

Bei einem guten Messer sollte der Schaft (der Teil der Klinge, der in den Messergriff hineinreicht) am besten die ganze Grifflänge beanspruchen. Dies sorgt für größere Balance und längere Haltbarkeit – Klingen, die nicht so fest im Griff verankert sind, lockern sich mit der Zeit. Der Übergang von Griff zu Klinge sollte glatt sein, und Nieten sollten plan mit der Griffoberfläche sein, damit die Griffe sich leicht reinigen lassen.

Die besten Messergriffe sind aus Holz, das mit Kunststoff versiegelt ist. Reine Holzgriffe sind rutschfest, robust und sehen gut aus, billigere Kunststoffgriffe lassen sich leichter sauber halten, sind aber oft rutschig.

Sie können nie zu viele Messer in Ihrer Küche haben, denn für jede Aufgabe gibt es ein passendes Messer. Erweitern Sie Ihre Messersammlung nach und nach, und wenn Sie es sich leisten können, kaufen Sie auch Profimesser wie ein Ausbein- oder ein Filetiermesser. Auch ein Küchenbeil kann einem das Leben erheblich erleichtern. Die folgenden Messer gehören zu einer vernünftigen Grundausstattung:

- Ein großes Kochmesser mit mindestens 20 cm langer Klinge.
- Ein Obstmesser mit Wellenschliff und Edelstahlklinge.
- Ein Gemüsemesser mit 8–10 cm langer Edelstahlklinge.
- Ein Brotmesser mit fester, 20–25 cm langer Wellenschliffklinge.
- Ein Tranchiermesser mit fester, mindestens 20 cm langer Klinge.

Sind Küchenmesser aus Edelstahl besser als Messer aus Karbonstahl?

Edelstahlklingen sind hart, rosten nicht und können auch zum Schneiden von Zwiebeln oder säurehaltigen Lebensmitteln verwendet werden. Leider lassen sie sich nur schwer nachschleifen und werden schnell stumpf. Messer aus Karbonstahl sind leichter zu schleifen und bleiben länger scharf. Sie rosten jedoch, deshalb muss man sie nach dem Gebrauch sofort säubern und abtrocknen. Sie verfärben sich außerdem leicht, vor allem nach Kontakt mit Zwiebeln und Säurehaltigem.

Messer aus gehärtetem Karbonstahl vereinigen die Vorteile beider Sorten und haben keine Nachteile, sind allerdings um einiges teurer.

Wie pflege ich meine Messer am besten?

Alle Messer müssen sorgsam gepflegt werden. Waschen und trocknen Sie die Messer nach jedem Gebrauch; geben Sie sie nicht in die

Richtig schneiden – gewusst wie

Die Klingenschärfe eines Messers ist zweifellos wichtig. Für jeden Zweck sollten Sie aber auch das passende Messer parat haben, und wenn Sie das Messer zudem noch richtig halten, lässt das Schneidgut sich noch leichter und vor allem sicherer zerkleinern.

Hacken und in Scheiben schneiden

Das Messer mit Daumen und Zeigefinger an beiden Seiten der Klinge kurz unterhalb des Griffs festhalten, damit es nicht wegrutscht. Die Fingerspitzen der anderen Hand aus der Gefahrenzone bringen.

Festes und hartes Gemüse schneiden

Für das Schneiden von hartem Gemüse wie Kohl das Messer nah an der Klinge anfassen und mit der anderen Hand das Gemüse festhalten. Das Messer kräftig und ohne zu sägen nach unten drücken.

Zerdrücken

Zutaten wie Knoblauch oder Zitronengras mit der Breitseite der Klinge zerquetschen, indem Sie mit den Fingern die Klinge kräftig auf die Zutaten nach unten drücken.

Präzise schneiden

Zum gezielten Schneiden (z. B. Entfernen des Kerngehäuses) oder zum Abschaben von Gemüse (z. B. Möhren) ein kleines Messer verwenden; den Griff weit unten umfassen.

Spülmaschine. Eine fleckig gewordene Messerklinge können Sie mit einer halben Zitrone reinigen, auf die Sie zuvor etwas Salz gestreut haben. Wenn dies nicht hilft, verwenden Sie einen Topfreiniger mit Scheuerpulver, aber nicht zu oft. Um Rost von einer Karbonstahlklinge zu entfernen, die Klinge mit einem angekohlten Korken abreiben.

Schärfen Sie Ihre Messer regelmäßig, und legen Sie sie nicht in die Schublade, sonst werden die Klingen beschädigt. Außerdem besteht die Gefahr, dass Sie sich beim Herausnehmen schneiden. Verwenden Sie einen hölzernen Messerblock oder einen Messermagneten.

Wie gehe ich mit einem Wetzstahl richtig um?

Es gibt zwei Methoden, Messer am Wetzstahl zu schärfen. Probieren Sie beide aus, um herauszufinden, was Ihnen angenehmer ist.

Die erste Methode ist eigentlich am einfachsten, da Sie bessere Kontrolle über den Wetzstahl und den Messerwinkel haben. Halten Sie den Wetzstahl senkrecht mit der Spitze auf einer rutschfesten Fläche. Das Messer am Schaftansatz im Winkel von 45 Grad oben am Wetzstahl ansetzen und nach unten bewegen. Dabei die Messerklinge nach hinten ziehen, sodass Sie den Wetzstahl mit der Messerspitze berühren, wenn Sie unten angekommen sind. Den Vorgang mit der anderen Klingenseite genauso ausführen. Beide Schritte wiederholen, bis das Messer scharf ist.

Alternativ den Wetzstahl mit der einen Hand, das Messer mit der anderen Hand festhalten und beide Griffe im Winkel von 45 Grad zueinander halten. Mit den Ellbogen an den Körperseiten den Wetzstahl und das Messer hochhalten und die Hände auseinanderbewegen, dabei die Klinge am Wetzstahl vom Schaftansatz bis zur Messerspitze seitlich und nach oben ziehen. Auf der anderen Klingenseite wiederholen und erneut beginnen, bis das Messer scharf ist.

Damit die Messerklingen nicht schartig werden, sollten Sie sich einen qualitativ hochwertigen Wetzstahl (Markenprodukt) anschaffen.

Miesmuscheln

Woher weiß ich, ob frische Miesmuscheln noch gut sind, und wie werden sie zubereitet?

Früher wurden Miesmuscheln nur in den kalten Monaten gegessen, da sie in dieser Zeit am billigsten und besten waren. Inzwischen sind sie dank Züchtung, Kühl- und Lufttransport das ganze Jahr über erhältlich. Durch die Kühlung verderben sie außerdem nicht so schnell.

Miesmuscheln werden lebend verkauft, und obwohl die Schalen heutzutage meist nur wenig verschmutzt sind, muss man sie vor der Zubereitung sorgsam vorbereiten (siehe unten). Vor allem sollten Sie Muscheln mit geöffneten oder zersplitterten Schalen vor dem Garen aussortieren. Bei geöffneten lebenden Muscheln kurz auf die Schale klopfen. Schließt sich das Exemplar sofort wieder, kann es zubereitet werden. Muscheln, die nach dem Garen geschlossen sind, aussortieren und wegwerfen.

Miesmuscheln putzen und zubereiten

Vor der Zubereitung müssen Miesmuscheln geputzt werden. Exemplare, die vor dem Garen geöffnet oder nach dem Garen geschlossen sind, wegwerfen.

1 Die Miesmuscheln in kaltem Wasser bürsten und Verunreinigungen mit dem Rücken eines kleinen Messers abschaben. Die Bartfäden entfernen. Muscheln mit zerbrochener Schale wegwerfen, genauso wie Exemplare mit geöffneter Schale, die sich nicht sofort schließen, wenn man kräftig auf die Schale klopft.

2 Den Boden eines großen Topfes mit Weißwein bedecken, nach Belieben Petersilienstängel und Knoblauch dazugeben. Den Wein zum Kochen bringen, die geputzten Muscheln hineingeben und zugedeckt 2–3 Minuten bei starker Hitze garen. Auf diese Weise werden die Muscheln mehr gedämpft als gekocht.

3 Die geöffneten Muscheln mit einem Schaumlöffel in einen Durchschlag über einer Schüssel geben. Weiterhin geschlossene Exemplare noch 1 Minute weitergaren, dann alle wegwerfen, die sich nicht geöffnet haben. Die Muscheln mit der Flüssigkeit aus dem Topf und aus der Schüssel unter dem Durchschlag servieren.

4 Miesmuscheln werden aus der Hand gegessen. Mit einer leeren Muschelschale wie mit einer Zange das Fleisch aus den Schalen lösen. Zu den Muscheln knuspriges Baguette reichen. Für die leeren Muschelschalen eine große Schüssel auf den Tisch stellen. Nachdem Sie die Muscheln gegessen haben, die Brühe auslöffeln.

Frische Miesmuscheln sind eine Delikatesse. Am besten bereitet man sie auf einfache Weise zu, wie nach diesem Rezept für Moules marinière.

Moules marinière

Für 4 Portionen
Vorbereitungszeit: 30 Minuten
Garzeit: 6–8 Minuten

2 kg Miesmuscheln
2 Zwiebeln, gewürfelt
2 Knoblauchzehen, gehackt
4 große Petersilienstängel
200 ml trockener Weißwein
Salz und schwarzer Pfeffer

1 Die Muscheln putzen (siehe Kasten auf S. 207). Zwiebeln, Knoblauch, Petersilienstängel (ohne Blätter) und Wein in einen Topf geben. Alles aufkochen, dann 5 Minuten köcheln lassen.

2 Die Hitze erhöhen und die Hälfte der Miesmuscheln in den Topf geben. Zugedeckt 3 Minuten garen.

3 Mit dem Schaumlöffel die geöffneten Muscheln in einen Durchschlag über einer Schüssel geben. ungeöffnete Muscheln noch 1 Minute weitergaren, danach alle geschlossenen Exemplare wegwerfen. Eine Servierschüssel vorwärmen und währenddessen die restlichen Muscheln garen.

4 Die Petersilienblätter hacken. Die Miesmuscheln in eine Servierschüssel füllen. Die Garflüssigkeit mit Salz und Pfeffer abschmecken.

5 Die Flüssigkeit noch 1–2 Minuten stehen lassen, damit Sand und Verunreinigungen an den Topfboden sinken. Dann durch ein feinmaschiges Sieb über die Muscheln gießen. Mit gehackter Petersilie bestreuen und servieren. Dazu passt Baguette oder gebuttertes Schwarzbrot.

? ***Wie lange kann ich lebende Miesmuscheln aufbewahren, die ich selbst geerntet habe?***

Miesmuscheln sollten Sie unbedingt nur an sehr sauberen Stellen sammeln, wie an großen Mündungsgebieten oder an Küsten, die sich aufs offene Meer öffnen, fernab von Abwasserleitungen oder anderen Verschmutzungsquellen. Wenn Sie sich in der Gegend nicht auskennen, sollten Sie sich vorher erkundigen. Am sichersten ist es, Miesmuscheln auf Fischmärkten oder in guten Fischgeschäften zu kaufen.

Lebende Miesmuscheln halten in einem feuchten Jutesack oder in einem Eimer Wasser an einem kühlen Ort 1–3 Tage lang. Geöffnete Exemplare wegwerfen.

? ***Gibt es noch andere Rezepte für Miesmuscheln als Moules marinière?***

Miesmuscheln findet man in vielen Gewässern auf der ganzen Welt, daher gibt es auch zahllose Rezepte. Nach dem Öffnen sondern Miesmuscheln einen köstlichen Saft ab, der bei den meisten Garmetho-Grundlage der Sauce ist.

Wenn Miesmuscheln in den Schalen serviert und aus der Hand gegessen werden sollen, gibt man am besten keine klebrigen oder fetthaltigen Zutaten in die Sauce.

Ausgelöstes Miesmuschelfleisch kann jedoch auch mit Sahnesauce serviert werden.

Für eine köstliche Vorspeise kann man große Miesmuscheln dämpfen (siehe S. 207). Das Fleisch auslösen, wieder in die Schalenhälften setzen, etwas Knoblauchbutter und Semmelbrösel darübergeben und die Muscheln grillen. Sie werden mit einer Gabel aus den Schalen gegessen.

Alternativ können Sie die Muscheln nach dem Rezept für Moules marinière (siehe links) zubereiten, aber für andere einfache, aromatische Muschelgerichte die Zutaten etwas abwandeln. Probieren Sie z. B. gehacktes Fenchelgrün und Schalotten oder für eine provenzalische Note Tomaten, Knoblauch und Thymian mit Weißwein und einem Spritzer Anislikör wie Pernod. Sie können den Muschelsud auch mit Mehlbutter (Beurre manié) oder Sahne ein wenig andicken.

Miesmuscheln in Sahnesauce, Weinsauce oder Tomatensauce schmecken auch hervorragend zu frisch gekochter Pasta wie Spaghetti.

Mikrowellengeräte

? ***Wie unterscheidet sich ein Mikrowellengerät von einem konventionellen Backofen?***

In einem Mikrowellengerät wird durch das sogenannte Magnetron elektrische Energie in Hochgeschwindigkeitswellen umgewandelt. Diese werden von den Metallwänden des Ofens reflektiert und bis zu 4 cm tief in das Gargut gelenkt. Diese Mikrowellen versetzen die Flüssigkeitsmoleküle im Gargut in schnelle Schwingungen, wodurch starke Hitze entsteht. Größere

Stücke werden in der Mitte durch Hitzeweiterleitung gegart, genau wie in einem gewöhnlichen Backofen.

Mikrowellen durchdringen Porzellan, Glas, Papier, Keramik und manche Kunststoffe, werden aber durch Metall abgelenkt. Daher sind Metallgefäße, beispielsweise Edelstahlschüsseln, für die Verwendung im Mikrowellengerät nicht geeignet.

Welche Sicherheitsmaßnahmen muss ich beim Garen im Mikrowellengerät beachten?

Verwenden Sie keine Metallgefäße und kein Geschirr mit metallischen Bestandteilen, damit das Mikrowellengerät nicht beschädigt wird. Sehr kleine Stücke Alufolie sind erlaubt, z. B. bei einem Hähnchen, damit die Flügel nicht zu schnell durchgaren. Die Folie mit Zahnstochern befestigen, denn sie darf die Wände des Mikrowellengeräts nicht berühren.

Achten Sie bei Kunststoffbehältern oder Gefrierbeuteln darauf, dass diese ausdrücklich für den Einsatz im Mikrowellengerät zugelassen sind. Gefrierbeutel einschlitzen, damit der Dampf entweichen kann. Zum Abdecken von Gefäßen einen perforierten Kunststoffdeckel verwenden oder spezielle Mikrowellenfolie über das Gefäß spannen, dabei ein Luftloch offen lassen.

Wenn man Eier mit Schale im Mikrowellengerät gart, entsteht Überdruck. Die Eier platzen auf, es sei denn, man gart sie in einem speziellen Mikrowellen-Eierkocher. Bei ungeschälten Kartoffeln oder Äpfeln sollten Sie die Schalen einstechen; ebenso die Haut von Eigelben und Würstchen.

Wie lege ich die Zutaten zum Garen am besten in das Mikrowellengerät?

Die größte Hitze im Mikrowellengerät entsteht an den Seiten, in der Mitte ist die Energie am geringsten. Ordnen Sie das Gargut am Rand des Drehtellers kreisförmig an. Dünnere, schneller garende Teile sollten zur Mitte zeigen. Gefäße nach der Hälfte der Garzeit umstellen.

Gehen Sie nach Bedienungsanleitung vor. Gute Tipps und praktische Informationen finden Sie auch in speziellen Mikrowellen-Kochbüchern.

Kann ich eine Tasse kalten Tee oder Kaffee im Mikrowellengerät aufwärmen?

Getränke wie Tee oder Kaffee lassen sich in 1–2 Minuten in Mikrowellengerät aufwärmen (Bedienungsanleitung beachten). Am besten nach der halben Zeit umrühren. Nicht kochen lassen, sonst wird das Getränk bitter.

Milch

Was ist der Unterschied zwischen pasteurisierter und homogenisierter Milch?

Es handelt sich dabei um zwei verschiedene Prozesse: In vielen Ländern ist das Pasteurisieren von Milch gesetzlich vorgeschrieben, um schädliche Bakterien abzutöten. Dazu wird die Milch bis kurz unter den Siedepunkt erhitzt. Diese Temperatur wird für ein paar Sekunden aufrechterhalten, dann wird die Milch wieder gekühlt.

Nach dem Pasteurisieren kann man Milch auch homogenisieren, wodurch sich die Fetttröpfchen gleichmäßig in der Milch verteilen. Bei nicht homogenisierter Milch setzt sich die Sahne an der Oberfläche ab.

Was bedeutet H-Milch? Kann ich sie zum Kochen verwenden?

Ultrahocherhitzte Milch oder H-Milch wird durch Ultra-Pasteurisierung haltbar gemacht. Dazu erhitzt man sie für ein paar Sekunden in einem verschlossenen Behälter auf 138 °C. Anschließend wird sie in Kartons steril verpackt und kann ohne Kühlung etwa 3 Monate lang aufbewahrt werden.

Durch das Erhitzen wird allerdings der Geschmack stark beeinträchtigt. Je fetter die Milch, desto stärker ist der Beigeschmack. Die Milch lässt sich daher am besten zum Kochen verwenden, wo man sie wie jede andere Milch verarbeiten kann. Geöffnete H-Milch-Packungen müssen wie Frischmilch im Kühlschrank aufbewahrt werden.

Woraus besteht Buttermilch, und was kann ich stattdessen verwenden?

Buttermilch ist eigentlich die Flüssigkeit, die bei der Verarbeitung von Milch zu Butter übrigbleibt, nachdem das Butterfett abgeschöpft wurde. Buttermilch kann jedoch auch aus fettarmer oder entrahmter Milch durch Zugabe bestimmter Bakterienkulturen hergestellt werden. Buttermilch enthält eine Säure, die Kohlensäuregas freisetzt, wenn man sie mit Natron mischt. Man kann diese Mischung beim Backen von Brot, Scones, Keksen und Pfannkuchen als Backtriebmittel in den Teig mischen. Statt Buttermilch können Sie zum Backen auch eine Mischung aus gleichen Teilen saurer Sahne oder Joghurt und Milch verwenden. Oder Sie geben 1 TL Zitronensaft zu der Milch und den restlichen trockenen Zutaten.

Wenn ich für ein Rezept entrahmte Milch statt Vollmilch verwende, wird das Ergebnis dadurch beeinträchtigt?

Entrahmte, also Magermilch ist dünnflüssiger als Vollmilch, und sie schmeckt auch etwas wässriger. Deshalb wird sie oft mit Milcheiweiß angereichert. Entrahmte Milch kann man zum Kochen verwenden, aber das Ergebnis ist im Geschmack nicht so reichhaltig wie mit Vollmilch.

Wenn Sie einen fettarmen Milchshake servieren möchten, sorgen Sie mit frischem Obst für ein volles, fruchtiges Aroma.

Gewusst wie

Aus frischem Obst, aber auch aus TK-Obst lassen sich mit Milch wunderbare Milchshakes hertsellen. Dafür einfach Früchte und Milch in den Mixer geben und pürieren. Nach Belieben kann man noch Vanilleeis und/oder Joghurt zufügen. Für 1 Portion Erdbeermilch benötigt man 300 ml Milch und knapp 100 g Erdbeeren. Für eine schnelle Variante mixen Sie einfach 2 EL Konfitüre in die Milch.

Kann ich Milch einfrieren, ohne dass sie Schaden nimmt?

Milch kann im Tetrapak oder in Kunststoffverpackungen (keine Flaschen) eingefroren werden, wenn genug Platz zum Ausdehnen vorhanden ist. Entrahmte Milch lässt sich besser einfrieren als Vollmilch, die nach dem Auftauen häufig gerinnt. Man kann beide bis zu 1 Monat lang einfrieren. Danach langsam im Kühlschrank auftauen lassen. Wenn die Milch erhitzt werden soll, kann man den Vorgang beschleunigen, indem man die tiefgekühlte Milch in einem Topf langsam erhitzt.

Wie kann ich vermeiden, dass Milch beim Kochen am Topfboden anbrennt?

Milch brennt schnell an, da beim Erhitzen Zucker und Proteine auf den Topfboden absinken. Um das Anbrennen zu vermeiden, erhitzen Sie die Milch bei schwacher Hitze in einem doppelwandigen Topf. Sie können den Topf auch vorher mit kaltem Wasser ausspülen.

Mittelmeerküche

Was ist eigentlich genau gemeint, wenn von Mittelmeerküche die Rede ist?

Die für Mittelmeerländer typische Ernährung gilt als besonders gesund, viele Bewohner erreichen ein hohes Alter. Von Land zu Land gibt es Unterschiede in der Küche, doch fünf Faktoren sind in all diesen Ländern gleich:

- Es wird sehr viel Obst, Gemüse und Salat gegessen.
- Kohlenhydratquellen sind Brot, Nudeln und Reis.
- Das meistverwendete Fett ist hochwertiges Olivenöl.
- Eiweiß stammt überwiegend aus Fisch und Meeresfrüchten.
- Zur Mahlzeit gehört ein (kleines) Glas Rotwein.

Die gesundheitsfördernde Wirkung dieser Ernährung kommt durch die Kombination dieser Faktoren zustande. Sie hat aber sicher auch damit zu tun, dass in Ruhe gegessen und nach dem Essen oft geruht wird.

Saftiges Gemüse und Sherryessig machen diesen Salat so saftig, dass auf Öl im Dressing verzichtet werden kann.

Salat aus gegrilltem Gemüse

Für 4 Portionen
Vorbereitungszeit: 15 Minuten, plus 3 Stunden Marinierzeit
Garzeit: 20–35 Minuten

350 g Auberginen
700 g Zucchini
Salz und schwarzer Pfeffer
1 große rote Paprikaschote, geviertelt
2 EL Olivenöl
Für das Dressing:
1 Prise Cayennepfeffer
2 Knoblauchzehen, zerdrückt
1 EL Sherryessig
Salz
gehackte Petersilie zum Garnieren

1 Zwei Backbleche mit Küchenpapier belegen.

2 Auberginen und Zucchini längs in 1 cm dicke Scheiben schneiden. Nebeneinander auf die Bleche legen, mit Salz bestreuen; 15 Minuten ziehen lassen.

3 Inzwischen für das Dressing Cayennepfeffer, Knoblauch, Essig und Salz in einer Schüssel mischen. Beiseitestellen.

4 Eine Grillpfanne mit gerilltem Boden bei mittlerer Hitze heiß werden lassen. Die Paprikastücke außen mit Öl bepinseln und in der Pfanne mit den Hautseiten nach unten etwa 5 Minuten braten, bis dunkle Streifen entstanden sind.

5 Paprika in eine große Schüssel geben und ein Drittel des Dressings darüberträufeln. Auberginen- und Zucchinischeiben kalt abspülen. Trockentupfen, dann dünn mit Öl bepinseln.

6 Gemüse in der Pfanne in jeweils nur einer Schicht von beiden Seiten grillen – Auberginen 3–4 Minuten pro Seite, Zucchini 2–3 Minuten.

7 Die gegrillten Gemüsescheiben halbieren und mit dem restlichen Dressing zur Paprika geben. Alles behutsam mischen. Zudecken und 3 Stunden durchziehen lassen. Mit Petersilie garnieren und servieren.

Gut zu wissen

Olivenöl ist unbestritten sehr gut für die Gesundheit; trotzdem sollte man nicht zu viel davon verwenden. Füllen Sie deshalb etwas Olivenöl in eine Sprühflasche um. Dieses Öl können Sie zum dünnen Ausfetten von Auflauf- und Backformen verwenden oder Bratpfannen mit einem feinen Ölfilm zum Braten versehen.

Welche Gewürze sind typisch für die Mittelmeerküche?

Es kommen reichlich Kräuter zum Einsatz wie Thymian, Rosmarin, Oregano, Salbei und Petersilie; dafür wird an Salz gespart.

Weitere geschmacksgebende Zutaten sind Knoblauch und Kapern. Für Reisgerichte wie Paella und Risotto wird auch gern Safran verwendet. Zitronensaft, Weinessig und kräftiges Olivenöl sorgen für den typischen Geschmack der Mittelmeerspeisen.

Auf Malta habe ich köstliche Brote mit Tomaten gegessen. An den Namen kann ich mich nicht erinnern, wüsste aber gern, wie man sie macht.

Sie meinen bestimmt das berühmte Hobz Biz Zeijt (auf Deutsch Brot mit Öl).

Das knusprige Hefebrot Hobz, das auf Malta und Gozo auch mit Butter zum Essen gereicht wird, ist bei uns nicht erhältlich, Sie können stattdessen aber in Scheiben geschnittenes lockeres Sauerteigbrot verwenden.

Für den Belag Tomaten in Scheiben schneiden und diese auf die Brotscheiben reiben. Darauf gehackte Kapern und Minze, nach Belieben auch Sardellenfilets verteilen und das Ganze mit Olivenöl beträufeln.

Haben Sie ein Rezept für den portugiesischen Orangenkuchen Bolo de laranja à moda antiga?

Ja, hier ist es. Den Backofen auf 220 °C vorheizen. 4 Eier trennen, die Eigelbe mit 125 g Zucker, 1 Päckchen Vanillezucker und 2 TL abgeriebener Orangenschale sowie 4 EL lauwarmem Wasser schaumig schlagen. 100 g Mehl zufügen und unterrühren. Die Eiweiße zu steifem Schnee schlagen und unter den Teig ziehen. Eine Springform (24 cm Ø) fetten, den Teig einfüllen und glatt streichen. Den Teig im heißen Ofen etwa 20 Minuten backen. Herausnehmen und abkühlen lassen.

Aus 500 ml Milch und 1 Päckchen Vanillepuddingpulver einen Pudding kochen. Diesen auf Raumtemperatur abkühlen lassen.

100 g weiche Butter schaumig schlagen, den Pudding zugeben und unterrühren. 150 g Sahne steif schlagen und mit 2 EL gemahlenen Haselnusskernen unter die Buttercreme ziehen.

Den Tortenboden quer halbieren. Die Hälfte der Buttercreme auf dem unteren Boden verstreichen. Den zweiten Boden darauflegen, den ganzen Kuchen rundum mit der restlichen Buttercreme bestreichen. 2–3 Orangen waschen und trockenreiben. Etwas Schale dünn abziehen, die Früchte schälen und filetieren. Die Torte mit Schalenstreifen und Orangenfilets garnieren.

Schnelle Mini-Pizzas mit Meeresfrüchten

Für 4 Portionen
Vorbereitungszeit: 10 Minuten
Backzeit: 10–12 Minuten

4 vorgebackene Ciabattabrötchen
4 EL roter Pesto
4 Tomaten, jede in 6 Scheiben geschnitten
1 Dose Maiskörner (etwa 200 g), der Inhalt gut abgetropft
125 g Mozzarella, grob geraspelt
1 Dose Thunfisch naturell (etwa 200 g), der Inhalt abgetropft und zerpflückt
100 g gegarte, geschälte Garnelen
100 g Tintenfischringe
Salz und schwarzer Pfeffer
8 TL natives Olivenöl extra
grob gehackte Petersilie zum Garnieren

1 Den Backofen auf 200 °C vorheizen. Ein Backblech in den Ofen schieben, damit es heiß wird.

2 Die Brötchen aufschneiden, die Schnittflächen mit rotem Pesto bestreichen. Jede Brötchenhälfte mit 3 Tomatenscheiben belegen. Mais und Mozzarella darübergeben.

3 Thunfisch, Garnelen und Tintenfischringe auf die Brötchen verteilen. Salzen, pfeffern und jedes Brötchen mit 1 TL Öl beträufeln.

4 Die Pizzas auf das heiße Backblech setzen und im heißen Ofen 10–12 Minuten backen, bis der Käse zu schmelzen beginnt. Die Pizzas mit Petersilie bestreuen und sofort heiß servieren.

Im Handumdrehen gemacht: Meeresfrüchte und Gemüse werden auf Ciabatta gelegt, mit Mozzarella bekrönt und im Ofen überbacken.

Möhren

? ***Welche Kräuter können einem einfachen Gemüse wie Möhren ein besonderes Aroma verleihen?***

Möhren sind unkompliziert und lassen sich gut mit fast allen Kräutern kombinieren. Apart schmecken beispielsweise frischer oder getrockneter Thymian, Rosmarin oder auch Lavendel; sie verleihen dem süßen Gemüse ein feines Aroma. Minze steuert eine frische Note bei. Dill ist eine klassische Würzpflanze, die mit jeder Möhrensorte harmoniert. Petersilie ist immer ein passendes Gewürz, ebenso Koriandergrün, vor allem dann, wenn man Möhren in einer Mischung aus Orangensaft und Butter gegart hat.

? ***Kann die Art, wie Möhren geschnitten wurden, die Kocheigenschaften beeinflussen?***

Die Art, wie Möhren zerkleinert werden, beeinflusst ihre Beschaffenheit im gegarten Zustand. In Scheiben geschnittene Möhren (siehe Kasten rechts) lassen sich leicht weich kochen und sind ideal für einfache Karottengerichte oder für die Verwendung in Pürees. Längs in Stifte geschnittene Möhren lassen sich schnell kochen und bleiben knackig für pfannengerührte oder Pastagerichte. Man kann Möhren auch schräg so schneiden (siehe Schritt 3), dass sie eine große Oberfläche bekommen und sich gut karamellisieren lassen, wie es im Rezept rechts beschrieben wird.

? ***Ich suche ein Rezept für einen ausgefallenen Möhrensalat. Kennen Sie eines?***

Probieren Sie doch einmal das folgende Rezept für einen indisch inspirierten Möhren-Apfel-Salat aus. Für den Salat 400 g Möhren schälen und grob in eine Schüssel raspeln. 2 Äpfel schälen und vierteln. Die Apfelviertel von den Kerngehäusen befreien und das Fruchtfleisch grob zu den Möhren in der Schüssel reiben. Möhren- und Apfelraspel mischen und mit 2 EL Zitronensaft beträufeln. Nun in einer Pfanne 2 EL Sonnenblumenöl erhitzen und 2 TL schwarze Senfsamen hineingeben. Sobald sie zu „hüpfen" beginnen, Öl und Senfsamen über die Möhren-Apfel-Mischung geben. Gut mischen und mit Salz abschmecken. Den Salat sofort servieren.

Möhren in Butter und Marsala

4 Portionen
Vorbereitung: 10 Minuten
Zubereitung: 15–18 Minuten

500 g Möhren
Salz
25 g Butter
4 EL Marsala (italienischer Dessertwein) oder Sherry
schwarzer Pfeffer

1 Die Möhren schälen, waschen und wie rechts in Schritt 3 beschrieben in Stücke schneiden. In eine hohe Pfanne geben.

2 Salz, Butter und Marsala zufügen. Die Möhren zugedeckt bei mittlerer Hitze in 15 Minuten weich garen. Eine Schüssel vorwärmen.

3 Den Pfannendeckel abnehmen und die Möhren unter Schwenken der Pfanne braten, bis die Flüssigkeit zu einer Glasur eingedickt ist.

4 Die Möhren in die warme Schüssel füllen, mit Pfeffer aus der Mühle würzen und sofort servieren.

? ***Auf dem Markt habe ich Möhren mit violetter Schale gesehen. Was für Möhren sind das?***

Die Möhren, die Sie entdeckt haben, heißen Urmöhren. In Wahrheit handelt es sich um eine Kreuzung aus sehr alten und modernen Möhrensorten.

Urmöhren sind außen schwarzviolett, innen aber so orange wie andere Möhren auch. Ihr Geschmack ist erdig-süßlich. Sie eignen sich gut für eine Rohkost nach dem Rezept links.

Urmöhren enthalten mehr sekundäre Pflanzenstoffe als herkömmliche Möhren, die dunkle Schalenfärbung verdanken sie Anthozyanen, den Farbstoffen, die auch Auberginen und dunkle Trauben färben.

Möhren schneiden

Es gibt verschiedene Möglichkeiten, Möhren zu schneiden – je nach Anlass und Gericht. Die Art, wie Möhren geschnitten werden, beeinflusst aber auch ihre Kocheigenschaft. Hier die gebräuchlichsten Schnittarten:

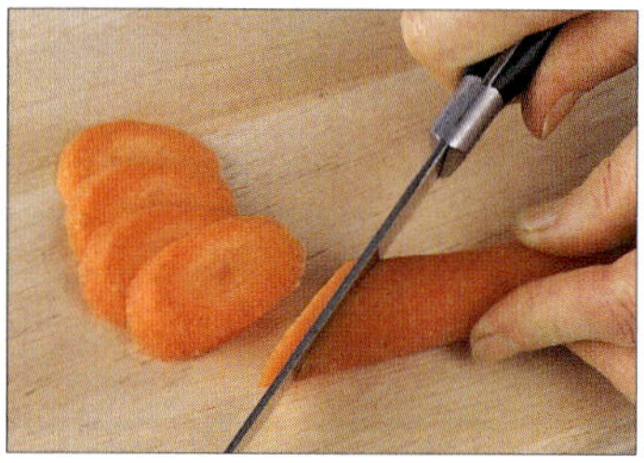

1 Die geschälte Möhre gut festhalten und entweder schräg oder gerade in feine Scheibchen schneiden, die ungefähr so dick wie eine Münze sind. Diese Scheiben werden beim Kochen schön weich.

2 Die geschälte Möhre der Länge nach halbieren oder, falls sie sehr lang ist, auch quer. Danach die kurzen Möhrenstücke in etwa bleistiftdicke Stifte schneiden.

3 Die geschälte Möhre am dickeren Ende schräg anschneiden und anschließend schräg in Stücke schneiden, dabei das Gemüse vor jedem Schnitt abwechselnd um ein Drittel nach links und rechts drehen, damit Dreiecke entstehen.

Morcheln

? ***Ich möchte im Frühjahr selbst Morchen sammeln. Wo finde ich sie?***

Von Anfang April bis etwa Ende Juni stehen die Chancen gut, dass Sie Frühjahrsmorcheln finden. Weil sie sehr „durstig" sind, wachsen sie überwiegend an Bachläufen, Seeufern und in Auenwäldern. Bevorzugt siedeln sich die edlen Speisepilze auch unter Eschen und an Wegrändern, aber auch auf gemulchten Beeten in Parks und Gärten an.

? ***Morcheln vom Markt sind oft sehr schmutzig. Wie säubere ich sie am besten?***

In den vielen Vertiefungen im Hut der Morcheln sammeln sich Erde, Sand und auch kleine Insekten. Lösen Sie das Meiste davon mit einer weichen Zahnbürste heraus, und waschen Sie die Pilze dann unter fließendem kaltem Wasser. Lassen Sie die Pilze auf keinen Fall in Wasser liegen, dann saugen sie sich nämlich damit voll. Die Morcheln nach dem Waschen mit Küchenpapier trockentupfen.

Auch getrocknete Morcheln können verschmutzt sein. Gießen Sie deshalb das Einweichwasser vor der Weiterverwendung zweimal durch einen Kaffeefilter.

? ***Womit harmonieren Morcheln besonders gut?***

Morcheln passen mit ihrem sanften Aroma sehr gut zu Kalbfleisch, Kaninchen und Geflügel, aber auch zu weißfleischigem Fisch und zu Krebsschwänzen.

Würzen können Sie die Morcheln mit den Kräutern, die der Frühling im Angebot hat: Bärlauch, Kerbel oder auch etwas Petersilie. Die Kräuter zuerst sparsam dosieren, dann die Pilze abschmecken und eventuell mit Kräutern nachwürzen.

Eine feine Beilage für ein festliches Essen, beispielsweise einen Kalbsbraten, sind mit Schalotten angedünstete Morcheln, die Sie mit in Stücke geschnittenem und blanchiertem grünen Spargel, Salz und etwas frischer Butter mischen.

Pannenhilfe

Bereits mit dem Kochen einer Morchelsauce begonnen und vergessen, die getrockneten Pilze einzuweichen? Kein Problem. Geben Sie die Pilze einfach in den Blitzhacker, und zerkleinern Sie sie staubfein. Das Pulver in die Sauce rühren.

? ***Wenn ich frische durch getrocknete Morcheln ersetze, wie viel muss ich dann nehmen?***

Rechnen Sie mit dem Verhältnis 10:1 – 500 g frische Morcheln können Sie also durch 50 g getrocknete ersetzen.

Getrocknete Morcheln schmecken ebenfalls wunderbar. Vor der Weiterverwendung müssen sie etwa 30 Minuten eingeweicht werden. Das gefilterte Einweichwasser können Sie direkt an das Gericht geben oder einfrieren und später als Würze für Suppen oder Saucen benutzen.

? ***Wie wird eine Morchelrahmsauce zubereitet?***

Dafür werden zunächst 100 g Morchelabschnitte in etwas Butter angebraten. 400 ml Kalbsfond und 200 g Sahne zugießen, die Flüssigkeit auf die Hälfte einkochen lassen. Die Sauce durch ein feinmaschiges Sieb passieren und mit einem Schuss Weinbrand sowie mit Salz und Pfeffer abschmecken.

300 g Morcheln putzen. In einer Pfanne etwas Butter erhitzen und 1 fein gewürfelte Schalotte darin glasig werden lassen. Die Pilze zugeben und kurz braten, dann salzen und pfeffern. Die Morcheln in die Sauce geben und das Ganze mit Schnittlauchröllchen bestreuen. Zu Kaninchenrücken oder Kalbsfilet reichen.

Sollten Ihnen Morcheln zu teuer sein, können sie auch einen Teil davon durch geviertelte braune Champignons (Egerlinge) oder in Stücke geschnittene Austernpilze ersetzen. So beliebt auch Shiitakepilze sind – kombinieren Sie sie besser nicht mit Morcheln, ihr kräftiger Geschmack macht dem edlen Aroma der Morcheln Konkurrenz.

Mörser

? ***Gehört ein Mörser auch heute noch zur Grundausstattung in der Küche?***

Ein Mörser ist ideal zum Zerdrücken und Zerreiben von Kräutern und Gewürzen. Im Mörser lassen sich die Gewürze sehr fein zerkleinern, das Gewicht des Stößels erleichtert die Aufgabe. In der indischen und südostasiatischen Küche wird diese Technik sehr häufig verwendet, da man dort frisch gemahlene Gewürze bevorzugt. Im Mörser lassen sich auch zarte Kräuter wie Minze und Basilikum zerdrücken, damit sie ihr Aroma für Dressings und Pesto (siehe *Öle*) entfalten.

Auch eine Knoblauchmayonnaise lässt sich mit dem Mörser leichter zubereiten: eine Scheibe entrindetes Weißbrot in Wasser einweichen, ausdrücken und im Mörser zerreiben. 2 geschälte Knoblauchzehen und eine Prise grobes Meersalz dazugeben und alles zu einer feinen Paste verarbeiten. Nun tropfenweise Olivenöl zufügen und mit dem Stößel gründlich untermischen.

Wenn die Knoblauchmayonnaise dickflüssig genug ist, mit etwas Zitronensaft abschmecken. Die Knoblauchmayonnaise passt besonders gut zu gegrillten Meeresfrüchten.

Gewürze im Mörser zerreiben

Ein Mörser ist eines der besten Utensilien, um Gewürze zu zerreiben, damit sich ihr Aroma entfaltet.

Den Stößel senkrecht halten und die Zutaten kräftig mit kreisenden Bewegungen im Mörser zerreiben.

Mousse

? ***Beim Kühlen zerfällt mir Mousse oft in ihre Bestandteile. Was mache ich falsch?***

Wenn Sie Gelatine verwenden, sollten Sie die Gelatinemischung erst dann unter die Creme ziehen, wenn diese vollständig abgekühlt ist, sonst kann die Mousse gerinnen. Die Mischung sollte eine ähnliche Konsistenz haben wie die Creme, bevor die Gelatine zugefügt wurde. Die Mousse beim Zufügen der Gelatine ständig umrühren, damit die Gelatine nicht an den Schüsselboden absinkt.

Wenn die Mousse mit Eischnee anstatt der oder zusätzlich zur Gelatine zubereitet wird, sollten Sie den Eischnee sehr vorsichtig unterheben, damit die Mousse eine luftige Konsistenz erhält.

Ist eine Mousse erst mal geronnen, gibt es keine Möglichkeit mehr, sie zu retten. Sie ist zwar noch essbar, sieht aber nicht mehr so schön aus.

? ***Welchen Fisch verwendet man am besten für eine Mousse?***

Frischer Lachs ist sehr beliebt, denn er hat ein feines Aroma und eine schöne Farbe. Besonders attraktiv ist die Kombination mit Meeresfrüchten in einer edlen Vorspeise für ein festliches Abendessen.

Geräucherter Fisch wie Makrele, Lachs, Forelle und sogar Hering sind aufgrund ihres kräftigen Geschmacks ebenfalls hervorragend geeignet. Man kann sie mit Sahne, Frischkäse oder Mayonnaise und Zitronensaft zu einer reichhaltigen, köstlichen Mousse verarbeiten.

Entfernen Sie zunächst alle Gräten, bevor Sie den Fisch in der Küchenmaschine pürieren. Das Püree noch einmal genau auf kleine Gräten untersuchen, bevor Sie es mit den anderen Zutaten mischen. Fischgräten in einer Mousse sind unangenehm und gefährlich.

Probieren Sie einmal das Rezept für Räucherlachs-Taramas-Mousse (rechts) aus. Bei diesem Gericht ist die Suche nach Gräten überflüssig. Kaufen Sie milden, cremigen Taramas von guter Qualität.

Räucherlachs-Taramas-Mousse

Für 4 Portionen
Vorbereitungszeit: 20 Minuten,
plus 4 Stunden Kühlzeit

1 TL gemahlene Gelatine
250 g Taramas
schwarzer Pfeffer
375 g Räucherlachs, in dünne Scheiben geschnitten
ofenfrisches Pitabrot
Zum Garnieren:
schwarze Oliven, Zitronenscheiben und Koriandergrün

1 In eine kleine Schüssel 2 EL kaltes Wasser geben. Die gemahlene Gelatine darüberstreuen und 5 Minuten quellen lassen.

2 Die Schüssel auf einen Topf mit köchelndem Wasser setzen und den Inhalt erhitzen, bis die Gelatine sich aufgelöst hat. Leicht abkühlen lassen, dann langsam zum Taramas gießen und gut unterrühren. Mit Pfeffer würzen; noch mal umrühren.

3 Vier kleine Auflauf- oder Timbale-Förmchen mit dem Räucherlachs auslegen, an den Rändern etwas überstehen lassen. Den Taramas auf die Förmchen verteilen und die Lachsscheiben über der Oberfläche zusammenfalten.

4 Für mindestens 4 Stunden in den Kühlschrank stellen. Dann auf Teller stürzen und mit Pitabrot servieren.

5 Nach Belieben mit schwarzen Oliven, Zitronenscheiben und Koriandergrün garnieren.

Dieses erstaunliche Päckchen aus Taramas in Räucherlachshülle wird Ihre Gäste beeindrucken. Es sieht kompliziert aus, geht aber ganz schnell.

Wie kann ich eine Mousse au chocolat interessanter machen?

Indem Sie beispielsweise gemahlenen Zimt, etwas Espresso oder ein wenig Pfefferminzlikör in die Schokoladenmasse geben.

Oder Sie bereiten eine weiße und eine dunkle Mousse zu und richten sie zusammen als Nocken an.

Auch Beilagen werten eine Schokoladenmousse auf. Sehr gut passt Kirschkompott (lässt sich mit Kirschen aus dem Glas herstellen) oder ein Ragout aus Zitrusfruchtfilets.

Brombeermousse mit Minze

Für 6 Portionen
Vorbereitungszeit: 45 Minuten, plus 3–4 Stunden Kühlzeit

500 g frische Brombeeren, leicht pochiert und abgekühlt, oder TK-Brombeeren, aufgetaut
1 kleines Bund frische Minzezweige
1 EL gemahlene Gelatine
3 große Eier
125 g Zucker
300 g Sahne
Minzezweige zum Garnieren

1 Die Brombeeren in den Mixer oder in die Küchenmaschine geben. Die Minzeblätter von den Stängeln zupfen und zu den Beeren geben. Alles glatt pürieren.

2 In einer kleinen Schüssel die gemahlene Gelatine über 2 EL Wasser streuen und 5 Minuten quellen lassen Die Schüssel auf einen Topf mit köchelndem Wasser setzen und erhitzen, bis die Gelatine sich aufgelöst hat. Abkühlen lassen.

3 In einer großen Schüssel die Eier mit dem Zucker hell und schaumig rühren. Nach und nach das Brombeerpüree untermischen, dann die Gelatine einrühren.

4 Die Sahne steif schlagen und unter die Fruchtmischung ziehen. Die Mousse in eine große Servierschüssel oder in Portionsförmchen füllen und für 3–4 Stunden kalt stellen. Mit Minze garnieren; servieren.

Gut zu wissen

Statt Sahne können Sie für eine Mousse auch Quark oder Frischkäse, eine Mischung aus Frischkäse und griechischem Joghurt oder fettarme Schlagsahne verwenden.

Muffins

Ich habe kein Muffinblech. Worin kann ich Muffins stattdessen backen?

Als Ersatz für ein Muffinblech können Sie Kaffeetassen nehmen. Diese müssen aber unbedingt ofenfest sein. Die Tassen gut fetten oder mit Papierförmchen auskleiden.

Eine andere Möglichkeit ist, mehrere Muffinförmchen aus Papier ineinanderzustecken und den Teig hineinzufüllen. Allerdings ist dies nicht unbedingt die preiswerteste Methode. Vielleicht erwägen Sie doch, sich ein Muffinblech zuzulegen. Praktischer als ein großes Blech mit 12 Mulden sind zwei kleine Bleche mit jeweils 6 Mulden.

Wählen Sie beschichtete Bleche oder Muffinbleche aus Silikon. Daraus lassen sich die Muffins besonders leicht herauslösen, und Sie sparen sich das Ausfetten.

Ich mag am liebsten Heidelbeer-Muffins. Kann ich auch andere frische oder TK-Beeren verwenden, wenn ich keine Heidelbeeren bekomme?

Sie können alle Beeren, wie Himbeeren oder Brombeeren, in den Teig mischen. Falls Sie tiefgekühlte Beeren verwenden, lassen Sie diese am besten nur leicht antauen, damit sie beim Backen fest bleiben und der Teig nicht zu feucht wird.

Wenn Sie die Beeren in etwas Mehl wenden, bevor Sie sie zum Teig geben, verhindern Sie, dass die Früchte im Teig nach unten sinken.

Das ganze Jahr über erhältlich sind getrocknete Cranberrys. Sie haben ein kräftig süß-säuerliches Aroma, lassen sich beim Backen wie Rosinen verwenden und können in Muffins frische oder TK-Beeren ersetzen.

Amerikanische Muffins

Für 10–12 Stück
Vorbereitungszeit: 45 Minuten, plus 3–4 Stunden Kühlzeit
Backzeit: 20 Minuten

250 g Mehl
3 TL Backpulver
1/2 TL Speisenatron
90 g Zucker
1 großes Ei
250 ml Milch
60 g Butter, zerlassen und abgekühlt

1 Den Backofen auf 200 °C vorheizen. 10–12 Papierförmchen in die Mulden des Muffinblechs setzen.

2 Die trockenen Zutaten in eine Schüssel sieben und eine Vertiefung in die Mitte drücken.

3 Eier und Milch verrühren, mit der zerlassenen Butter in die Vertiefung geben. Alles kurz mit einer Gabel vermischen.

4 Die Papierförmchen zu drei Vierteln mit dem Teig füllen. In 20 Minuten goldbraun backen. Die Muffins einige Minuten im Muffinblech abkühlen lassen, dann mit den Papierhüllen auf einem Kuchengitter abkühlen lassen.

Varianten

Für Brombeer-, Heidelbeer-, Cranberry- oder Himbeermuffins direkt vor dem Backen 75 g frische oder halb aufgetaute TK-Beeren und ein paar Tropfen Vanilleextrakt oder etwas gemahlene Vanille in die Mischung geben.

Für Chocolate-Chip-Muffins 4 EL Kakaopulver und 100 g gehackte Zartbitter-, Milch- oder weiße Schokolade untermischen.

Für Bananen-Zimt-Muffins 2 zerdrückte Bananen, 50 g Weizenkleie und 1/2 TL gemahlenen Zimt in den Teig mischen.

Spezielle Überraschung für einen Kindergeburtstag: kleine bunte Schokolinsen mit Zuckerglasur unter den Teig ziehen.

Mürbeteig

Mir gerät Mürbeteig oft recht hart. Wie kann ich das ändern?

Oft liegt es daran, dass zuviel Eiweiß im Teig ist, wenn er nach dem Backen sehr fest ist. Ersetzen Sie 1 Ei durch 4–6 EL sehr kaltes Wasser, oder verwenden Sie anstelle von ganzen Eiern die gleiche Gewichtsmenge Eigelb.

Möglich ist auch, dass der Zucker, den Sie verwenden, zu grob ist. Nehmen Sie beim nächsten Mal unbedingt feinen Zucker (allerdings keinen Puderzucker).

Auch Backpulver macht Mürbeteig weicher. Der Geschmack des feinen Gebäcks leidet aber darunter.

Wie macht man einen salzigen Mürbeteig, der sich für eine Quiche oder eine Tarte eignet?

Dafür 350 g Mehl auf die Arbeitsfläche sieben und in die Mitte eine Mulde drücken. 1 TL Salz, 1 Ei, 3 EL Wasser und 150 g Butter in die Mulde geben und alles schnell zu einem glatten Teig verarbeiten – er darf dabei nicht zu warm werden. Den Teig zu einer Kugel formen, in Frischhaltefolie wickeln und für mindestens 30 Minuten, besser noch über Nacht in den Kühlschrank legen. Anschließend den Teig zu einem 30 cm großen Kreis ausrollen und damit die Form auskleiden.

Ich hätte gern ein Rezept für Mürbeteigplätzchen, die ich mit Kindern backen und dekorieren kann. Wissen Sie eines?

Natürlich. Sie brauchen dafür 400 g Mehl sowie Mehl zum Arbeiten, 200 g Butter, 100 g Puderzucker, 1 Ei, eine Prise Salz, 1 Eigelb, 2 TL Sahne und Belegkirschen, gehackte Mandeln und bunte Zuckerstreusel für die Garnitur.

Das Mehl auf die Arbeitsfläche sieben und in die Mitte eine Vertiefung drücken. Die Butter in kleine Stücke schneiden und diese mit dem Puderzucker, dem Ei und dem Salz in die Vertiefung geben. Alle Zutaten mit den Händen von der Mitte aus zu einem glatten Teig verkneten. Den Teig zu einer Kugel formen, in Frischhaltefolie wickeln und für 30 Minuten in den Kühlschrank legen.

Den Backofen auf 200 °C vorheizen, 2 Backbleche mit Backpapier belegen. Die Arbeitsfläche dünn mit Mehl bestäuben. Den Teig darauf dünn ausrollen und mit beliebigen Förmchen verschiedene Motive ausstechen.

Die Plätzchen mit jeweils 2 cm Abstand zueinander auf die Bleche legen. Eigelb und Sahne in einer Tasse verquirlen, die Plätzchen mit dieser Mischung bestreichen. Die Plätzchen mit Belegkirschen, Mandeln und Zuckerstreusel verzieren. Blechweise in 10–15 Minuten goldgelb backen. Auf ein Kuchengitter geben und erkalten lassen.

Die Plätzchen sind auch köstlich, wenn man sie ohne Verzierung backt und anschließend mit einem Guss aus 150 g Puderzucker und 2 EL Zitronensaft überzieht.

Ich bin immer unsicher, was bei Mürbeteig Backzeiten und Backofentemperaturen angeht. Geben Sie mir doch bitte ein paar Anhaltspunkte.

Flaches Mürbeteiggebäck wird bei 180 °C auf der mittleren Schiene je nach Größe 7–20 Minuten gebacken.

Hohes Mürbeteiggebäck braucht ebenfalls eine Backofentemperatur von 180 °C und wird auf der zweiten Schiene von unten 35–40 Minuten gebacken.

Dies sind wirklich nur Anhaltspunkte, die Werte variieren je nach Teigzutaten und Belag. Halten Sie sich deshalb möglichst genau an das Rezept. Sollten Sie zwischen Ihrem Backofen und den Rezeptangaben große Unterschiede feststellen, können Sie nur durch Experimentieren die korrekten Temperaturen herausfinden. Am besten notieren Sie sich die ermittelten Werte in einer Tabelle.

Kann man die Hülsenfrüchte, die man zum Blindbacken braucht, mehrmals verwenden?

Ja, das kann man. Die Erbsen, Bohnen oder Linsen nach dem Backen gut abkühlen lassen, in ein Schraubdeckelglas geben und kühl und dunkel lagern.

Mürbeteig vorbacken

Werden kleine und große Mürbeteigböden mit Backpapier und getrockneten Hülsenfrüchten vorgebacken, werden sie besonders knusprig.

1 Den Teig auf einer bemehlten Arbeitsfläche jeweils zu einem 3–5 mm dicken Kreis ausrollen, der etwas größer als die Form ist. Die Form damit auskleiden und den Teig fest an den Rand der Form drücken. Überstehende Teigränder abschneiden.

2 Jeden Teigboden vor dem Backen einige Male mit einer Gabel einstechen. Für 30 Minuten kühl stellen, damit das Gebäck mürber wird und später im Backofen nicht schrumpft.

3 Soll beim Backen der Rand hoch am Formrand anliegen und der Boden flach bleiben – z. B. bei Tarteletts oder Tortenböden –, den Teigboden mit Backpapier belegen und darauf getrocknete Hülsenfrüchte geben. Sonst wie gewohnt backen, dann in der Form auf einem Kuchengitter auskühlen lassen.

Wer kann hier widerstehen? Ein knuspriger Mürbeteigboden wird mit honigsüßer Ricotta-Quark-Creme bestrichen, darauf kommen wunderbar saftige Erdbeeren und Heidelbeeren.

Erdbeer-Ricotta-Tarte

Für 1 Tarteform (22 cm Ø)
Vorbereitungszeit: 30 Minuten, plus 2–3 Stunden Kühlzeit
Backzeit: 15–20 Minuten

Für den Teig:
120 g Mehl, mehr zum Arbeiten
2 EL Zucker
1 Prise Salz
60 g Butter, mehr für die Form
2 Eigelb
Trockenerbsen zum Blindbacken
Für die Füllung:
200 g Ricotta
100 g Speisequark (20% Fett i. Tr.)
2 EL flüssiger Honig
abgeriebene Schale von 1 Orange
250 g aromatische Erdbeeren
60 g Heidelbeeren
4 EL Gelee aus Roten Johannisbeeren

1 Das Mehl auf die Arbeitsfläche sieben. Zucker und Salz darüberstreuen und eine Mulde in die Mitte drücken. Die Butter in Stückchen und die Eigelbe in die Mulde geben. Alles von der Mitte aus rasch zu einem glatten Teig verkneten. In Frischhaltefolie wickeln und für 1 Stunde kalt stellen.

2 Form dünn fetten. Teig auf der leicht bemehlten Arbeitsfläche dünn ausrollen, die Form damit auskleiden. Mit Folie bedecken und für 30 Minuten kalt stellen.

3 Backofen auf 190 °C vorheizen. Den Teig mit Backpapier bedecken, die Trockenerbsen daraufgeben. Den Teig 10–15 Minuten blindbacken, bis er leicht gebräunt ist.

4 Hülsenfrüchte und Backpapier entfernen, den Teig weitere 5 Minuten backen. Auf einem Kuchengitter auskühlen lassen, dann vorsichtig aus der Form lösen und auf eine Platte setzen.

5 Für die Füllung Ricotta mit Quark, Honig und Orangenschale glatt rühren. Die Ricottacreme auf dem gebackenen Boden verteilen und glatt streichen.

6 Die Beeren waschen und putzen. Erdbeeren vierteln. Die Früchte auf der Creme anrichten. Das Gelee leicht erhitzen; mit einem Pinsel auf die Früchte streichen. Die Tarte vor dem Servieren 1–2 Stunden zum Durchziehen kalt stellen.

? ***Ich habe kürzlich zum ersten Mal Mürbeteig geknetet. Er bröckelte und klebte – ich musste ihn wegwerfen. Wie kann ich das in Zukunft verhindern?***

Vermutlich haben Sie den Mürbeteig zu lange geknetet. Dadurch bekommt er ein glänzend-öliges Aussehen, bröckelt und klebt. Um einen solchen Teig zu retten, kühlt man ihn am besten über Nacht und knetet am nächsten Tag rasch 1–2 EL eiskaltes Wasser darunter.

Achten Sie beim nächsten Mal darauf, dass alle Zutaten und auch Ihre Hände kühl sind. Kneten Sie nicht zu lange (das gilt auch für die Zubereitung in der Küchenmaschine), und legen Sie den zur Kugel geformten, in Folie gewickelten Teig für mindestens 30 Minuten in den Kühlschrank.

Reste verwerten

Zerbrochenes oder angetrocknetes Mürbeteiggebäck und altbackene Butterplätzchen sind eine willkommene Zutat für Obstaufläufe, Süßspeisen und für Krümelboden von schnellen Dessertkuchen.

Nieren

Kann man Nieren von Rind, Lamm und Schwein essen? Und wie werden sie dann vorbereitet?

Von all diesen Tieren können Sie die Nieren dünsten, braten, grillen und schmoren. Bevor Sie gegart werden, sollten die Nieren eventuell (siehe unten) in sehr kaltem Wasser gewässert werden, damit sie ihren Harngeschmack verlieren. Anschließend die Nieren trockentupfen, von den äußeren Häuten befreien, dann der Länge nach halbieren und die inneren Harnwege (deutlich sichtbare weiße Röhren) entfernen.

Worauf muss ich beim Einkauf von Nieren achten, und welche schmecken am besten?

Generell müssen Nieren von jungen Tieren stammen und frisch sein. Aufgrund ihres hohen Nährstoff- und Wassergehalts bieten alle Innereien gesundheitsschädlichen Bakterien ideale Wachstumsbedingungen und sind leicht verderblich. Deshalb sollten Sie Nieren möglichst am Tag des Kaufs verarbeiten.

Je nach Art und Alter des Tieres unterscheiden sich Nieren im Geschmack: Lammnieren schmecken etwas feiner, Schweinenieren eher kräftig; Kalbsnieren haben eine helle Farbe und einen delikaten, Rindernieren von ausgewachsenen Tieren dagegen einen kräftigen Geschmack.

In der Mittelmeerküche werden vorzugsweise Lammnieren zubereitet, in unserer Traditonsküche eher Schweinenieren – überzeugen Sie sich einfach selbst davon, was Ihnen am besten schmeckt.

Sollten Nieren vor dem Zubereiten gewässert werden?

Nieren von jungen Lämmern, Schweinen oder Kälbern müssen nicht unbedingt gewässert werden, da sie in der Regel keinen unangenehmen intensiven Geschmack aufweisen. Für Rindernieren wird dagegen das Wässern oder Einlegen in Milch für mindestens 1 Stunde empfohlen, vor allem, wenn sie als Hauptzutat in einem Rezept verwendet werden.

Ich esse Nieren sehr gern, mein Mann lehnt sie ab. Können Sie mir ein Rezept empfehlen, in dem Nieren überzeugend gut schmecken?

Probieren Sie es doch einmal mit einem Geschnetzeltem aus Nieren, wie es in der badischen Küche gern zubereitet wird. Für 4 Portionen etwa 700 g vorbereitete Schweinenieren trockentupfen und in feine Scheiben schneiden. Die Nierenscheibchen portionsweise in Butter scharf anbraten, dann pfeffern und salzen – die angebratene Portion jeweils aus der Pfanne nehmen und warm stellen. Eine fein gehackte Zwiebel in Butter glasig dünsten, 50 ml Essig und 100 ml Weißwein zugeben und fast vollständig einkochen lassen. Die Bratflüssigkeit der Nieren dazugießen und die Sauce aufkochen. Über die warmen Nieren geben und zu Spätzle servieren.

Nocken

Sind Nocken und Quenelles dasselbe?

In der klassischen Küche bezeichnen Nocken oder Quenelles kleine oval geformte Klößchen einer eiweißreichen Fisch-, Geflügel- oder Gemüsefarce, die in heißer Flüssigkeit pochiert werden. Dadurch stockt das enthaltene Eiweiß, die Nocken werden fest (allerdings nicht zu fest) und behalten ihre Form. Im Rezept rechts werden Nocken aus einer Spinat-Käse-Masse zubereitet und mit einer Tomatensauce serviert.

Nocken dürfen nicht in sprudelnd kochendes Wasser gegeben werden, sondern müssen in siedendem Wasser langsam gar ziehen. In kochendem Wasser würden sie zerfallen.

Gewusst wie

Um Nocken zu formen, mit einem Löffel Masse von der Farce abstechen. Mithilfe eines zweiten Löffels oval ausformen. Die Löffel zuvor in warmes Wasser tauchen, damit sich die Masse besser von den Löffeln löst.

Ricotta-Spinat-Nocken

Für 6 Portionen als Vorspeise
Vorbereitungszeit: 20 Minuten, plus Zeit zum Ziehenlassen
Garzeit: 10 Minuten

Für die Nocken:
175 g Spinat
250 g Ricotta
50 g Parmesan, fein gerieben
1 großes Ei, verquirlt
Salz und schwarzer Pfeffer
1 Prise geriebene Muskatnuss
Für die Sauce:
125 ml bestes Olivenöl
2 Knoblauchzehen, angedrückt (nicht zerdrückt)
8 Eiertomaten, abgezogen, entkernt und fein gehackt
1 Bund Basilikum, Blätter in Streifen
Salz und schwarzer Pfeffer

1 Für die Sauce Öl und Knoblauch in einer Pfanne sanft erhitzen. Vom Herd nehmen, mindestens 10 Minuten ziehen lassen, je nachdem, wie intensiv das Aroma sein soll. In einem großen Topf Salzwasser bis zum Siedepunkt erhitzen.

2 Für die Nocken den Spinat waschen, tropfnass in einen Topf geben, erhitzen und in etwa 3 Minuten zusammenfallen lassen. Möglichst viel Flüssigkeit herausdrücken, Spinat fein hacken. Spinat, Ricotta und Ei in einer Schüssel mischen. Mit Salz, Pfeffer und Muskatnuss abschmecken.

3 Mit 2 Teelöffeln die Ricotta-Spinat-Masse zu 12 ovalen Nocken formen. Diese in das siedende Wasser gleiten lassen und in 3–4 Minuten gar ziehen lassen, bis sie an die Oberfläche steigen. Das Wasser darf nicht kochen, falls nötig, etwas kaltes Wasser zugeben. Nocken mit dem Schaumlöffel herausnehmen; abtropfen lassen und warm halten.

4 Die Sauce fertigstellen: Knoblauch aus dem Öl nehmen, Tomaten und Basilikum ins Öl rühren, Sauce abschmecken. Sauce auf 6 Teller verteilen, Nocken daraufsetzen. Mit Basilikum garnieren.

Nudeln

? *Sind Nudeln wirklich Dickmacher?*

Nicht unbedingt. 100 g getrocknete Nudeln (ohne Ei) enthalten etwa 360 Kalorien, davon entfallen gerade einmal 13,5 auf Fett. Je üppiger jedoch die Sauce ist, die dazu gereicht wird, desto reichhaltiger ist das Nudelgericht.

Das folgende Rezept ist ein Beispiel für ein köstliches kalorienarmes Nudelgericht, das auch noch einfach und schnell gemacht ist.

Fettuccine mit Sommergemüse

Für 4 Portionen
Vorbereitungszeit: 20 Minuten
Garzeit: 12 Minuten

1 EL Olivenöl
3 Schalotten, fein gehackt
je 1 kleine rote und gelbe Paprikaschote, in 2 cm großen Stücken
1 Möhre, in dünnen Scheiben
2 Knoblauchzehen, zerdrückt
1/2 TL schwarzer Pfeffer, Salz
100 ml Gemüsebrühe
1 Zucchini, in Scheiben
10 Kirschtomaten, halbiert
375 g grüne Fettucine
2 EL gehackte Kräuter (Basilikum und Petersilie)

1 Öl in einer beschichteten Pfanne erhitzen. Schalotten zufügen und kurz dünsten. Paprika, Möhren, Knoblauch, Pfeffer und etwas Salz zugeben. Brühe zugießen, kurz aufkochen lassen; zugedeckt bei schwacher Hitze 3 Minuten garen.

2 Anschließend Zucchini und Tomaten zufügen, alles zusammen weitere 1–2 Minuten in der geschlossenen Pfanne garen.

3 Inzwischen Salzwasser in einem großen Topf zum Kochen bringen. Die Pasta darin nach Packungsanleitung bissfest garen. Abgießen, in eine vorgewärmte Schüssel füllen. Mit der Gemüsesauce und den Kräutern mischen.

Bunte Pasta-Vielfalt

Pasta ist aus gutem Grund beliebt: Sie lässt sich schnell und einfach zubereiten und liefert wertvolle Kohlenhydrate. Nudeln können bissfest gekocht und mit leichten oder üppigen Saucen serviert werden. Man kann sie aber auch füllen, schichten und backen, in Suppen oder in Salate geben.

1 Cannelloni – große runde Röhren zum Füllen. **2 Conchiglie** – Muschelformen. **3 Orecchiette** – „Öhrchen" (im Bild in Grün). **4 Fettuccine** – schmale bis mittelbreite Bandnudeln (im Bild in Rot). **5 Fusilli lunghi bucati** – lange Spiralnudeln. **6 Tagliatelle** – lange schmale flache Bandnudeln. **7 und 9 Tortellini** – kleine runde Formen, gefüllt mit Fleisch, Käse oder Gemüse. **8 Fusilli tris** – kurze Spiralen in drei Farben. **10 Penne Rigate** – kurze Röhren mit abgeschrägten Enden. **11 Lasagne** – flache Pastablätter zum Schichten und Backen. **12 Cappelletti** – „Hütchen", ähnlich wie Tortellini, mit herzhafter Füllung (im Bild in Gelb, Rot und Grün). **13 Campanelle di Puglia** – kleine gerollte Glockenformen. **14 Rotelle** – kleine Räder. **15 Vollkornspaghetti** – runde, fadenförmige Nudeln. **16 Vermicelli** – sehr dünne Spaghetti. **17 Farfalle** – „Schmetterlinge" oder Schleifchennudeln. **18 Eliche** – kurze Spiralen, auch Fusilli oder Spirali.

Lohnt es sich, Pasta selbst zu machen, obwohl man sie fast überall kaufen kann?

Wenn Sie rasch ein Nudelgericht zubereiten wollen, ist industriell hergestellte Pasta aus dem Supermarkt eine wunderbare Grundlage. Doch wenn Sie Zeit und Muße für die Zubereitung frischer Pasta haben, sollten Sie dies tun. Die geschmeidige Konsistenz selbst gemachter Pasta ist einmalig.

Je öfter Sie Pasta selber machen, umso schneller und leichter wird es mit der Zeit – vor allem mithilfe einer handbetriebenen Pastamaschine (siehe Kasten rechts). Wenn Sie sehr viel Pasta machen, lohnt sich die Anschaffung einer elektrischen Pastamaschine.

Ich habe festgestellt, dass frische Pasta meist aus Hartweizen hergestellt wird. Muss ich ein bestimmtes Mehl verwenden, wenn ich Pasta selbst mache?

Sie können Pasta aus verschiedenen Mehlsorten herstellen. In Italien wird fein gemahlenes Hartweizenmehl (aus Durumweizen) verwendet. Man bekommt es manchmal bei uns in gut sortierten Supermärkten, auf jeden Fall im italienischen Feinkostladen – dort heißt es Farina bianca 00. Sie können aber auch Weizenmehl Type 405 verwenden, der Teig wird dadurch allerdings etwas weicher. Bei dem Rezept rechts haben Sie die Wahl.

Ich möchte gern Nudelteig mit frischen Kräutern machen, haben Sie einen guten Tipp?

Am einfachsten ist es, frische Kräuter zu hacken und mit den Eiern unter das Mehl zu kneten. Dadurch wird der Teig grün und erhält einen kräuterwürzigen Geschmack.

Eine andere effektvolle Möglichkeit, Nudelteig mit Kräutern zu würzen, besteht darin, ganze Kräuterblättchen zwischen zwei ausgerollte Nudelteigplatten zu legen. Diese dann nochmals ausrollen, damit die Kräuter schön flach zwischen den Teigplatten liegen. Wichtig ist, dass zwischen die Nudelplatten kein Mehl gelangt, sonst haften sie nicht zusammen. Wählen Sie Kräuter im Hinblick auf Saucen oder Ragout, die später dazu serviert werden sollen. Probieren Sie Kräuterkombinationen.

Pastateig mit der Maschine ausrollen

Verwenden Sie für den Teig 100 g Mehl pro Ei. Für 4 Portionen benötigen Sie 300 g Mehl und 3 Eier. Damit der Teig nicht an den Walzen klebt, sollten Sie diese zuvor dünn mit Mehl bestreuen.

1 Bei größtem Walzenabstand den Teig 6- oder 7- mal durch die Maschine drehen, bis er glatt ist.

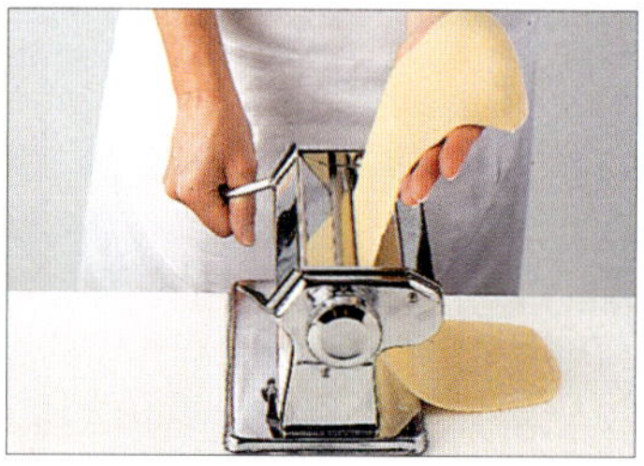

2 Die Walzen enger stellen und den Teig erneut ausrollen. Diesen Vorgang mehrmals wiederholen, bis die gewünschte Teigstärke erreicht ist. Bei jedem erneuten Durchgang die Walzen etwas enger stellen.

3 Für Bandnudeln (im Bild Tagliatelle) den Teig durch die passende Schnittwalze drücken.

Selbst gemachte Eiernudeln

Für etwa 375 g
Vorbereitungszeit: 20 Minuten
Garzeit: 2–3 Minuten

3 große Eier
300 g Mehl
1 Prise Salz

1 Eier, Mehl und Salz mit einer Gabel in einer Schüssel vermischen, dann den Teig mit den Händen kräftig kneten. Er sollte nicht zu feucht und auch nicht zu trocken sein – falls nötig, noch etwas mehr Mehl bzw. Wasser zufügen.

2 Ein faustgroßes Stück Teig bei größtem Walzenabstand durch die Nudelmaschine drehen (siehe Kasten links). Den Teig nun auf die Hälfte zusammenklappen und noch 6- oder 7-mal ausrollen, bis eine glatte rechteckige Teigplatte entstanden ist. Sollte der Teig an den Walzen ankleben, diese mit Mehl bestäuben.

3 Den Teig auf ein sauberes Tuch oder eine bemehlte Fläche legen. Diesen Vorgang mit dem restlichen Teig wiederholen.

4 Anschließend die Walzen auf die nächste (engere) Stufe stellen. Alle Teigplatten der Reihe nach einmal ausrollen.

5 Danach die Maschine auf die nächste Stufe stellen und wieder den gesamten Teig auswalzen. Das Ganze 2-mal wiederholen, jedes Mal die Walzen enger stellen. Wenn die Teigstreifen zu lang werden, diese einmal halbieren.

6 Wenn die Teigstreifen dünn genug sind, diese in die gewünschte Form schneiden. Für Bandnudeln oder Spaghetti die Teigstreifen etwas antrocknen lassen, dann durch die Schnittwalze drehen. Das Trocknen verhindert, dass die langen Nudeln nach dem Durchdrehen zuammenkleben.

7 Die Nudeln in 2–3 Minuten in kochendem Salzwasser bissfest garen.

Muss man selbst gemachte Nudeln vor dem Kochen eine Weile ruhen lassen?

Frischer ausgerollter Nudelteig kann ein wenig klebrig sein. Deshalb sollte er vor dem Schneiden etwas trocknen. Die geschnittene Pasta kann dann sofort gekocht werden. Sie können die geschnittenen Nudeln aber auch schon am Vortag zubereiten und bis zur Verwendung auf ein Backblech zwischen mehrere Lagen Butterbrotpapier legen.

Ebenfalls lässt sich frische Pasta kurz lagern, wenn Sie sie mit ein paar Esslöffeln Hartweizengrieß bestreuen und für 24 Stunden in den Kühlschrank stellen. Sie können frische Nudeln auch einfrieren. Dafür die Nudeln zuerst lose auf einem Tablett anfrieren und dann erst portionsweise in Gefrierbeutel packen.

Welche Nudelform passt am besten zu welcher Sauce?

Breite Bandnudeln wie Pappardelle haben eine große Oberfläche und können Saucen gut halten, deshalb werden sie zu dunklen Fleischsaucen serviert. Lange dünne Nudeln wie Spaghetti passen gut zu Saucen auf Olivenölbasis, wie beispielsweise Pesto, denn diese verhindern das Zusammenkleben der Pasta. Für ein geschichtetes Nudelgericht wie Lasagne sollten Sie breite, flache Nudelblätter nehmen. Welche Nudeln Sie nun aber letztlich zu welcher Sauce nehmen, bleibt Ihrem Geschmack überlassen.

Soll man Öl ins Nudelkochwasser geben oder nicht?

Öl ist überflüssig im Nudelkochwasser! Die Nudeln bekommen dadurch einen Ölfilm, werden glitschig und nehmen die Sauce nicht mehr gut auf. Rühren Sie die Nudeln während des Kochens lieber ab und zu um, so kleben sie auch nicht aneinander. Achten Sie zudem darauf, dass das Wasser ständig sprudeld kocht, dadurch sind die Nudeln in Bewegung.

Pasta mit Tomaten

Für 2 Portionen
Vorbereitungszeit: 15 Minuten
Garzeit: 15 Minuten

2 EL Olivenöl
5 reife Tomaten, gehackt
12 getrocknete Tomaten in Olivenöl, abgetropft
1 Handvoll entsteinte Oliven, in Scheiben geschnitten
1 grüne Chilischote, von den Samen befreit und fein gehackt
Salz und Pfeffer
200 g Nudeln (z. B. Spaghetti)

1 Olivenöl, frische und getrocknete Tomaten, Oliven und Chilischote 10 Minuten in einem Topf köcheln lassen; salzen und pfeffern.

2 Inzwischen in einem großen Topf Wasser zum Kochen bringen. Die Nudeln darin nach Packungsanweisung bissfest garen. Abgießen und mit der Sauce servieren.

Pasta mit einer Sauce aus getrockneten und frischen Tomaten (im Bild hinten) schmeckt immer und eigentlich fast jedem. Zur Abwechslung kann man noch Sardellen und Kapern unter die Sauce mischen (im Bild vorn).

Wie viel Wasser brauche ich, um Pasta zu kochen, und ist die Wassermenge für frische und getrocknete Pasta gleich?

Nehmen Sie 1 EL Salz auf 1,5 l Wasser pro 100 g getrocknete Pasta und einen großen Topf, auch wenn Sie nur wenig Pasta kochen. Zuerst das Wasser zum Kochen bringen, dann das Salz und die Nudeln zufügen.

Die große Wassermenge verhindert, dass die Pasta beim Kochen zusammenklebt, außerdem kocht das Wasser nach dem Hinzufügen der Pasta schneller wieder auf.

Wenn Sie die Pasta im offenen Topf kochen lassen, lässt sich das Überkochen besser verhindern. Richten Sie sich nach der Garzeit, die auf der Packung angegeben ist, aber probieren Sie die Nudeln kurz vor Ende der Garzeit. Nehmen Sie dafür eine Nudel aus dem Wasser und beißen Sie hinein. „Bissfest“ oder „al dente“ bedeutet, dass die Nudel weich sein soll, aber den Zähnen noch einen geringen Widerstand bietet. Wenn Sie die Nudel zerteilen, sollte innen ein weißer Punkt zu sehen sein.

Pasta aus frischem Teig wird wie getrocknete in sprudelnd kochendem Salzwasser gegart, doch genügen ein paar Minuten und etwa 25 % weniger Wasser, da Frischpasta nicht so stark aufquillt.

Wenn Sie Nudeln für einen Salat kochen, diese möglichst nicht vollständig abtropfen lassen und sofort mit ein paar Esslöffeln Olivenöl mischen. Für heiße Pastagerichte die Sauce erst direkt vor dem Servieren darübergeben, damit die Pasta nicht zu weich wird.

Wie halte ich gekochte Nudeln am besten warm?

Pasta kann man zugedeckt im Ofen bei niedriger Temperatur warm halten. Sie lässt sich aber auch im Mikrowellengerät oder im Backofen gut wieder aufwärmen. Ebenso gelingt dies in einem Topf mit wenig Wasser auf dem Herd. Wenn Sie Pasta längere Zeit warm halten müssen, lassen Sie die Nudeln in etwas Kochwasser liegen, so wie bei Pasta für Nudelsalat.

Ist Frischpasta immer besser als getrocknete? Was ist der Unterschied zwischen frischer und getrockneter Pasta?

Jede Sorte hat ihre Vorzüge. Frischpasta ist aromatischer, da sie immer Eier enthält, getrocknete Pasta, die (abgesehen von Eiernudeln) ohne Ei hergestellt wird, schmeckt neutraler und ist für manche Gerichte deshalb besser geeignet. Frischpasta hat zwar eine kürzere Garzeit, aber getrocknete ist dafür schneller verfügbar – sie ist unbegrenzt haltbar und sollte daher in keinem Vorratsschrank fehlen.

Welche Nudelformen kann ich für eine Suppe verwenden, und wie viel Nudeln braucht man?

Dicke Gemüsesuppen wie Minestrone werden mit kleineren Pastaformen wie Muscheln, Farfalle oder Makkaroni angereichert. Man gibt sie in die leicht kochende Suppe und gart sie genauso lang wie in Wasser. „Pastina“ ist der Überbegriff für kleine Nudeln, die normalerweise in klare Suppen gemischt werden.

Nudeln quellen beim Kochen auf, daher benötigen Sie nur kleine Mengen: 1–2 EL sind ausreichend für eine Suppe für 4–6 Portionen.

Passt geriebener Parmesan zum Bestreuen zu jedem Pastagericht? Ich habe gehört, bei Spaghetti Vongole sollte man besser darauf verzichten.

Es gibt viele Pastasaucen, die ohne geriebenen Käse serviert werden. Dazu gehören Saucen mit Fisch und Meeresfrüchten ebenso wie manche Saucen bzw. Pasten auf Olivenölbasis; Pesto enthält bereits Parmesan, man braucht also nicht zusätzlich noch welchen darüberzustreuen. Letztlich entscheidet aber auch hier Ihr Geschmack.

AUFBEWAHREN

Übrige gekochte Nudeln können Sie einfrieren. Nach Bedarf die gefrorenen Nudeln zum Erhitzen nur kurz in kochendes Wasser geben.

Aus was bestehen Glasnudeln und aus was Reisnudeln?

Die fadenförmigen Glasnudeln werden aus gemahlenen Mungobohnen hergestellt; getrocknet sind sie undurchsichtig weiß, gegart dagegen glasig und glitschig.

Reisnudeln bestehen aus Reismehl. Sie werden in Form schmalerer oder breiterer Bandnudeln (im Asienladen als „Rice Sticks“) angeboten. Im rohen Zustand sind sie nahezu transparent, gekocht nehmen sie die milchige weiße Farbe ihres Ausgangsprodukts an.

Reis- und Glasnudeln werden in der asiatischen Küche vielseitig verwendet; es gibt z. B. Nudeln mit Curry (wie die Laksa aus Singapur), indonesische Bratnudeln (Bami Goreng), Nudeln mit Rindfleisch aus Vietnam (Pho), komplizierte Rezepte mit erlesensten Zutaten und einfache vegetarische Nudelgerichte. Auch Instantnudeln gibt es in verschiedensten Sorten und Formen.

Wie kocht man asiatische Nudeln am besten, und für welche Gerichte verwendet man sie?

Das hängt von der Sorte ab. Generell sollten alle getrockneten Nudeln, ob aus Reis, Weizen oder Mungobohnen, kurz mit heißem Wasser übergossen oder gekocht und dann weiterverwendet werden. Richten Sie sich nach der Packungsanleitung. Frische Nudeln (Reisnudeln und Weizennudeln) müssen nicht vorgegart werden. Sehr praktisch sind so genannte Woknudeln, das sind getrocknete Nudeln, die ohne Vorgaren in einem Gericht rasch weich werden.

Eines der bekanntesten chinesischen Nudelgerichte ist Chow Mein. Dafür werden Reste von gegartem Hähnchen, Rind- und Schweinefleisch mit frischem Gemüse und chinesischen Eiernudeln kombiniert.

Chinesische Eiernudeln sind lange dünne Nudeln (ähnlich wie Spaghetti), die aus Weizenmehl und Ei hergestellt werden. Die dünnen Nudeln werden in Blöcken gepresst in Asienläden und im Spezialitätenregal des Supermarkts angeboten. Ihre Kochzeit ist sehr gering.

Chinesisches Nudelgericht „Chow mein"

Für 4 Portionen
Vorbereitungszeit: 10 Minuten
Garzeit: 10 Minuten

500 g chinesische Eiernudeln
2 EL Öl
1 Zwiebel, in Ringe geschnitten
125 g Bohnensprossen
125 g Gemüse (z. B. Baby-Maiskolben, in Streifen geschnittene rote oder gelbe Paprikaschote oder Zuckererbsen)
250 g gebratenes Hühner-, Rind- oder Schweinefleisch, in dünne Streifen geschnitten
2 EL helle Sojasauce
2 EL Austernsauce
400 ml Hühner- oder Rinderfond
Zum Garnieren:
2 EL gehacktes Koriandergrün

1 Die Nudeln nach Packungsanleitung garen; abtropfen lassen und beiseitestellen.

2 Das Öl im Wok erhitzen und die Zwiebelringe darin in 5 Minuten weich und glasig braten.

3 Das Gemüse zufügen und 2–3 Minuten pfannenrühren. Das Fleisch, die Nudeln und die restlichen Zutaten in den Wok geben; alles 5 Minuten pfannenrühren, bis der Fond fast vollständig von den Nudeln aufgesogen ist. Die Nudeln sollen weich und geschmeidig sein.

4 Das fertige Gericht mit Koriandergrün bestreuen und sofort servieren. Sojasauce zum individuellen Würzen dazu reichen.

Wenn Sie gegartes Fleisch übrig haben, ist das chinesische Nudelgericht eine wunderbare Möglichkeit, dies aufs Köstlichste zu verwerten.

Nüsse

Wie lange kann man Nüsse aufbewahren, und wie sollte man sie lagern?

Aufgrund ihres hohen Fettgehalts können Nüsse unter warmen und/oder feuchten Bedingungen in relativ kurzer Zeit ranzig und auch schimmelig werden. An dem typischen ranzigen Geruch und Geschmack ist dies deutlich erkennbar, ebenso weist eine gelbliche Verfärbung darauf hin. Nüsse (egal ob geschält oder ungeschält) sollten stets kühl, dunkel, trocken und luftig gelagert werden. Falls Sie keinen geeigneten Vorratsraum haben, packen Sie Nüsse (vor allem gemahlene Kerne) in den Kühlschrank.

Geschälte Nusskerne halten sich, luftdicht verpackt, im Kühlschrank maximal 4 Wochen. Ganze und ungeschälte Nüsse halten dagegen monatelang. Nüsse können bis zu 12 Monate eingefroren werden.

Bewahren Sie angebrochene Nusspackungen in dicht schließenden Gefäßen auf, da Nüsse leicht Gerüche aus der Umgebung aufnehmen. Das gilt vor allem für geriebene Nusskerne, ganz besonders für Walnüsse.

Werfen Sie verfärbte, vertrocknete oder verschimmelte Nusskerne weg, und kontrollieren Sie gelagerte Nüsse regelmäßig!

Manche sagen, Nüsse seien sehr gesund, andere behaupten, sie enthielten viel Fett. Was stimmt?

Beides ist richtig. Alle Nüsse, vor allem Erdnüsse, enthalten wertvolles Eiweiß und spielen eine wichtige Rolle in der vegetarischen Ernährung. Sie liefern außerdem reichlich B-Vitamine.

Alle Nüsse sind sehr fettreich; das Fett ist allerdings reich an gesundheitsfördernden ungesättigten Fettsäuren. Wer auf eine kalorienreduzierte Diät achtet, sollte nicht allzu oft Nüsse verzehren – aufgrund ihres Fettgehalts sind sie sehr kalorienreich. Sehr fettreich (mehr als 60 % Fettgehalt) sind z. B. Haselnusskerne, Macadamianüsse, Pinienkerne und Walnusskerne; etwas fettärmer sind Erdnuss- und Cashewkerne.

Haselnusskerne rösten und schälen

1 Die Nüsse knacken, die Kerne herauslösen und auf ein Backblech legen. Im 200 °C heißen Backofen etwa 10 Minuten rösten, bis die dunklen Häutchen platzen und die Nusskerne goldbraun werden. Herausnehmen und auf ein Geschirrtuch geben.

2 Die gerösteten Haselnüsse im Geschirrtuch kräftig gegeneinander reiben, um ihre papierartigen Häutchen abzulösen. Falls noch ein paar ungehäutete Nusskerne vorhanden sind, diese noch einmal ein paar Minuten im Backofen rösten.

Sind Pinienkerne und Erdnüsse echte Nüsse?

Nein. Beide sehen zwar so aus und werden auch so verwendet. Pinienkerne sind, wie der Name schon sagt, die Samen der Pinie. Dieser mediterrane Nadelbaum wächst vor allem in Italien. Dort sind Pinienkerne (Pignoli) Zutat in vielen Speisen; sie gehören beispielsweise in Pesto, die würzige Basilikumpaste.

Erdnüsse (und ebenso Cashewnüsse) sind, botanisch betrachtet, Hülsenfrüchte – sie wachsen in einer Schote heran, genau wie Bohnen. Wie ihre Verwandten enthalten sie wertvolles Eiweiß, das in Kombination mit Getreideeiweiß genauso wertvoll wie tierisches Eiweiß ist.

Ich finde den Geschmack von Walnüssen etwas zu bitter. Wie lässt sich die bittere Note etwas abschwächen?

Der Geschmack von Walnusskernen hängt stark von ihrer Frische und vom Herkunftsland ab. Wenn man die Kerne blanchiert, verlieren sie ein wenig von ihrem bitteren Geschmack. Dafür die Nüsse aufknacken und die Kerne in einen kleinen Topf mit kochendem Wasser geben. 1 Minute köcheln lassen, dann abgießen und vor dem Verwenden gut trockentupfen.

Das beste Aroma haben erntefrische Walnusskerne. Wenn sich die ganzen Nüsse schwer anfühlen und beim Schütteln nicht klappern, sind sie frisch. Wenn der Kern innen klappert, ist er bereits vertrocknet.

Wenn Ihnen die Nüsse nach dem Blanchieren immer noch zu bitter sind, probieren Sie einmal die milderen Pekannüsse, sie gehören zur selben Familie wie Walnüsse.

Ich habe eine Nussallergie. Wie kann ich Nüsse in Rezepten ersetzen?

Gehackte oder gemahlene Kürbis- und Sonnenblumenkerne können Speisen einen nussigen Geschmack verleihen sowie wertvolle Nährstoffe beisteuern. Weil Nussallergien durch das Eiweiß der Nüsse ausgelöst werden, kann man Nüsse durch Erdnüsse oder Cashewkerne ersetzen – die sind ja keine echten Nüsse (siehe links unten). Unbedingt bei Experten informieren!

Sprossensalat mit Feta und Nüssen

Für 4 Portionen
Zubereitungszeit: 20 Minuten

250 g Bohnensprossen
100 g gehäutete Haselnusskerne
1 Salatgurke, in Würfel geschnitten
2 Stangen Sellerie, in kleine Würfel geschnitten
1 Orange, Saft von 1 Orange
150 g Feta (Schafskäse)
2 EL Haselnuss- oder Walnussöl
Salz und schwarzer Pfeffer
1 TL körniger Senf
1 Kästchen Gartenkresse

1 Den Backofen auf 200 °C vorheizen. In einem Topf 1,5 l Wasser aufkochen. Die Bohnensprossen in das sprudelnd kochende Wasser geben. 1 Minute kochen, dann abgießen und abschrecken.

2 Die Nüsse grob zerkleinern, auf ein Backblech geben und in 3–4 Minuten im Ofen goldgelb rösten.

3 Gurken- und Selleriewürfel in eine Schüssel füllen. Die Orange dick schälen, Segmente herauslösen und zum Gemüse geben.

4 Orangensaft, Öl, Salz, Pfeffer und Senf zu einem Dressing verrühren. Den Schafskäse mit einer Gabel zerdrücken und zu den Salatzutaten geben. Sprossen und Nüsse zufügen. Alles mit dem Dressing mischen. Mit Kresse garnieren.

Nüsse und Käse sind eine beliebte Kombination. In diesem Salat werden Haselnusskerne und Schafskäse mit Gurken, Sellerie und Bohnensprossen gemischt.

Obst

? ***Kann ich sicher sein, dass Bio-Obst in allen Geschäften denselben Standards entspricht, und ist es wirklich die bessere Wahl?***

Obst, das mit einem Bio-Siegel gekennzeichnet ist, muss nach den gesetzlich festgelegten ökologischen Kritererien erzeugt worden sein, die die Bestimmungen der EU-Öko-Verordnung erfüllen. Es darf nicht bestrahlt worden sein; es dürfen keine gentechnisch veränderten Organismen verwendet und weder chemische Pflanzenschutzmittel noch künstliche (mineralische) Dünger eingesetzt werden.

Bio-Obst ist schadstoffarm und schmeckt in der Regel besser als Erzeugnisse aus konventioneller Landwirtschaft. Damit die wertvollen Inhaltsstoffe möglichst vollständig erhalten bleiben, sollte Obst so frisch wie möglich nach der Ernte verzehrt werden. Weil Bio-Bauern keine Fungizide verwenden, muss das Obst möglichst schnell den Verbraucher erreichen. Daher ist Bio-Obst von vornherein meist frischer als solches aus konventionellem Anbau.

? ***Woran erkennt man, ob eine Frucht reif ist?***

Das Aussehen ist nur ein Hinweis auf den Reifegrad einer Frucht. Doch viele Früchte reifen künstlich nach, ohne je ihre natürliche Reife erlangt zu haben. Diese Früchte sehen vielleicht appetitlich aus, beim Hineinbeißen erlebt man eine herbe Enttäuschung.

Verlassen Sie sich beim Obstkauf deshalb auf Ihren Tast- und Geruchssinn: Glattschalige Früchte, die sich für ihre Größe schwer anfühlen, sind meist sehr saftig und süß. Die Schalen sollten makellos sein und keine Flecke, Risse oder Insektenschäden aufweisen.

• Zähe, trockene und runzlige Schalen bei Zitrusfrüchten bedeuten, dass die ätherischen Öle bereits entwichen sind – die Schale ist zum Aromatisieren nicht mehr geeignet.

• Die Reife mancher Kern- und Steinfrüchte wie Birnen, Pflaumen, Pfirsiche und Nektarinen lässt sich durch leichten Druck feststellen: Gibt das Fruchtfleisch auf leichten Druck nach, ist das Obst reif und saftig.

• Beerenfrüchte müssen trocken und makellos sein. Untersuchen Sie die Packung auf matschige Früchte, auslaufenden Saft, Feuchtigkeit oder gar Schimmel.

• Die Reife von Melonen, Papayas und Ananas kann man förmlich riechen. Wenn diese Früchte an der Unterseite einen süßen, fruchtigen Geruch verströmen, sind sie reif.

• Reife Bananen weisen braune Flecken auf der Schale auf.

• Überreife Früchte riechen manchmal vergoren und haben oft weiche dunkle Stellen auf der Schale. Das darunter liegende Fruchtfleisch ist meist leicht angefault.

? ***Wie lagere ich frisches Obst am besten?***

Am besten schmeckt reifes frisches Obst, wenn man es so bald wie möglich nach dem Pflücken verzehrt. Weil dies nicht immer möglich ist, sollte man es richtig lagern, damit es länger frisch bleibt.

• Zitrusfrüchte, Melonen, Bananen und Ananas können Sie mehrere Tage bei Raumtemperatur aufbewahren. Die Früchte jedoch vor direktem Sonnenlicht schützen.

• Noch etwas unreife Aprikosen, Nektarinen und Pfirsiche kann man zum Nachreifen bei Raumtemperatur lagern. Reife Früchte sollten dagegen im Kühlschrank aufbewahrt werden, damit sie bissfest bleiben.

• Zitronen, Limetten und Passionsfrüchte halten im Kühlschrank mehrere Wochen. Legen Sie das Obst unverpackt ins Gemüsefach, damit die Luft noch zirkulieren kann.

• Weiche Beeren sollten so schnell wie möglich verbraucht werden und bis dahin im Kühlschrank lagern. Erdbeeren in einen Durchschlag geben; diesen auf einen Teller stellen, mit einem zweiten Teller oder Folie bedecken. Die Löcher im Sieb sorgen dafür, dass die Luft zirkulieren kann und die Beeren trocken bleiben – werden Beeren feucht, verderben sie noch schneller. Brombeeren, Loganbeeren und Himbeeren am besten auf einem Teller ausbreiten und locker mit Folie bedecken.

• Kirschen können Sie, in Gefrierbeutel verpackt, im Kühlschrank bis zu 10 Tage lang aufbewahren. Ausnahme: Sauerkirschen, diese sollten rasch verbraucht werden.

• Reife exotische und tropische Früchte und Trauben bewahrt man am besten ebenfalls im Kühlschrank auf. Sämtliches Obst sollte vor dem Verzehr auf Raumtemperatur gebracht werden, damit sich das Aroma voll entfalten kann.

SELBST GEERNTETE ÄPFEL RICHTIG LAGERN

Wenn Sie einen Obstgarten mit Apfelbäumen besitzen, sollten Sie Ihre Ernte so lagern, dass die Äpfel auch nach ein paar Monaten noch gut schmecken.

1 Äpfel kann man in Plastiktüten lagern. In diese Löcher schneiden, damit ein Luftaustausch stattfinden kann. Wenige Äpfel kann man auch nebeneinander auf Holzregalen lagern. Das Obstlager sollte ein kühlfeuchter, maximal 7 °C warmer Raum sein, der über einen Schacht belüftet wird, so kann kalte Außenluft am Boden des Raumes eintreten. Zugluft trocknet die Früchte aus. Ist der Raum nicht feucht genug, können Sie Eimer voll Wasser hineinstellen.

2 Äpfel können auch lose in Holz- oder in Pappkisten lagern. In die Kisten einige Löcher stechen. Ab und zu prüfen, ob die Äpfel noch intakt sind.

3 In einem warmen und zu trockenem Raum kann man Äpfel so lagern: Früchte einzeln in Seidenpapier wickeln; Boden einer Obstkiste 5 cm hoch mit luftfeuchtem Torfmull bedecken, darauf eine Schicht Äpfel legen; wieder Torfschicht, wieder Äpfel usw.

Wie kann man Obstsalat am besten süßen?

Das kommt auf das Obst an. Zuckersirup ist ideal für einen Salat mit Äpfeln und Birnen. Wenn Sie diese kurz in heißem Zuckersirup wenden, werden sie schön weich. Schneidet man Bananenscheiben in kalten Sirup, behalten sie ihre schöne helle Farbe.

Die meisten Früchte sind jedoch von Natur aus sehr saftig und süß und brauchen nur mit etwas Zucker bestreut zu werden, damit sich Saft bildet. Sie können auch Fruchtsaft (z. B. Apfel-, Orangen- oder Maracujasaft) als Alternative zu Zuckersirup verwenden. Man kann Obst außerdem auch mit Rot- oder Weißwein, Brandy oder Rum, Orangenlikör oder Kirschwasser beträufeln.

Es gibt keine festen Regeln dafür, wie man einen Obstsalat machen soll. Überlassen Sie das Ihrer Fantasie und Ihrem Geschmack. Achten Sie generell auf Ausgewogenheit der Aromen, Farben und Strukturen. Wenn Sie hauptsächlich weiche Früchte verwenden, geben Sie als Kontrast Melone oder Ananas dazu. Sie können einen Salat aus verschiedenen Zitrusfrüchten zubereiten oder aus verschiedenen Herbstfrüchten wie Äpfeln, Brombeeren, Birnen und Pflaumen. Ebenso köstlich ist auch ein Obstsalat aus verschiedenen exotischen Früchten.

Sind überreife Früchte noch für den Verzehr geeignet?

Überreife Früchte müssen Sie keinesfalls wegwerfen. Pürieren Sie sie einfach mit etwas Zucker und Zitronensaft. Fruchtpüree können Sie beispielsweise als Fruchtsauce zu Eiscreme oder auch zu Mehlspeisen (z. B. zu Marillenknödeln oder Strudel) reichen. Unter Joghurt, Quark oder steif geschlagene Sahne mischen – so entsteht ein superschnelles Dessert. Das Püree bildet ebenso eine gute Basis für ein Fruchtgelee.

Das Fruchtpüree können Sie auch portionsweise einfrieren und nach Bedarf verwenden. Dies ist eine prima Möglichkeit, zu viel eingekauftes (und deshalb zu lange gelagertes Obst) zu bevorraten.

Goldener Obstsalat

Für 6 Portionen
Vorbereitungszeit: 40 Minuten
Garzeit: 10 Minuten

Für den Karamell:
250 g Zucker
4 EL Wasser
Für den Obstsalat:
6 Orangen
2 Grapefruits
3 große reife Pfirsiche
3 große reife Nektarinen

1 Für den Karamell ein Backblech mit Backpapier belegen.

2 Zucker und Wasser ohne Rühren in einem Topf langsam erhitzen, bis der Zucker sich aufgelöst hat. Zu einem goldgelben Karamell kochen. Den Karamell sofort auf das vorbereitete Backblech gießen und 10–15 Minuten an einem kühlen Ort abkühlen und erstarren lassen.

3 Für den Obstsalat Orangen und Grapefruits schälen (siehe Kasten S. 339), die Orangen quer in dünne Scheiben schneiden, Grapefruits filetieren. Austretenden Saft dabei auffangen. Pfirsiche und Nektarinen halbieren und entsteinen; nach Belieben häuten (siehe Kasten S. 227). In Scheiben schneiden.

4 Den Karamell in viele kleine Stücke zerstoßen. Ein Viertel davon in eine Dose füllen. Dose verschließen und beiseitestellen.

5 Ein Drittel der Früchte in eine Servierschüssel geben und mit einem Drittel des restlichen Karamells bestreuen. Zwei weitere Schichten Obst und Karamell darübergeben; mit Karamell abschließen. Mit aufgefangenem Zitrussaft übergießen. Salat mit Frischhaltefolie bedecken; 1–2 Stunden durchziehen lassen, bis der Karamell sich aufgelöst hat.

6 Vor dem Servieren mit dem beiseitegestellten Karamell bestreuen. Mit geschlagener Sahne oder Joghurt servieren.

VARIANTE

Wer mag, der kann den Salat mit Rum oder Likör aromatisieren.

Grüner Obstsalat

Für 6 Portionen
Vorbereitungszeit: 30 Minuten
Garzeit: 5 Minuten

60 g Zucker
3 Limetten
2 grüne Äpfel, gewaschen
2 reife feste Birnen, gewaschen
750 g grünfleischige Galia- oder Honigmelone, 3 Kiwis
250 g kernlose weiße Trauben, gewaschen (große Trauben halbiert und entkernt)
Zitronenmelisse zum Garnieren (nach Belieben)

1 Den Zucker mit 500 ml kaltem Wasser in einen kleinen Topf geben. Limetten gründlich waschen und trockenreiben. Mit einem Zestenreißer die Schale ablösen. Schale in das Zuckerwasser geben.

2 Bei schwacher Hitze unter Rühren den Zucker auflösen, dann zum Kochen bringen und 2 Minuten köcheln lassen. Vom Herd nehmen.

3 Den Saft der geschälten Limetten ausdrücken und in den Zuckersirup rühren. Alles in eine große Servierschüssel füllen.

4 Äpfel und Birnen vierteln, vom Kerngehäuse befreien, in Scheiben schneiden und sofort in den heißen Sirup geben.

5 Melone halbieren und entkernen. Das Fruchtfleisch mit dem Kugelausstecher auslösen oder herausschneiden und würfeln. Das Fruchtfleisch samt ausgetretenem Saft in die Schüssel geben.

6 Kiwis schälen und zerkleinern. Mit den Trauben zum Salat geben. Mischen. Salat zugedeckt 1–2 Stunden kalt stellen. Mit Raumtemperatur oder leicht gekühlt servieren, nach Belieben mit Zitronenmelisse garnieren.

VARIANTE

Statt Zitronenmelisse gehackte Minze über den Salat streuen. Sie können außerdem pro Person 1 EL Wodka oder süßen Weißwein in den Obstsalat mischen.

Obstsalate, die Ton in Ton aufeinander abgestimmt sind, bilden einen attraktiven Blickfang. Der Goldene Obstsalat wird dementsprechend mit Karamell bestreut, der Grüne Obstsalat mit Zitronenmelisseblättchen.

Zur Zeit werden viele exotische Früchte in der Obstabteilung meines Supermarkts angeboten. Können Sie mir ein unkompliziertes Salatrezept sagen?

Ja, gern. Versuchen Sie einmal diese Variante: 60 g Zucker, 1 TL Zimt und 1/2 TL Kardamom in einer kleinen Schüssel mischen. 2 Maracujas halbieren, das Fruchtfleisch mitsamt den Kernen auslösen und in eine große Schüssel geben (siehe S. 79).

1 Mango und 1 Papaya schälen und halbieren. Eine kleine Ananas schälen und vierteln. Das Fruchtfleisch auslösen und würfeln. 250 g Datteln halbieren und entsteinen, 12 Litschis schälen und entsteinen.

Das gesamte Obst in die Schüssel zum Maracujafruchtfleisch geben und alles mischen. den gewürzten Zucker und 4 EL weißen Rum zufügen und behutsam mischen. Zugedeckt 1–2 Stunden im Kühlschrank ziehen lassen. Kurz vor dem Servieren den Obstsalat mit Kapstachelbeeren dekorieren, die papierartigen Hüllen zurückbiegen (siehe S. 79). Den Salat mit Raumtemperatur oder leicht gekühlt servieren.

Ich finde Obstsalat pur ziemlich langweilig. Was passt gut dazu?

Probieren Sie es doch einmal mit aromatisiertem Joghurt oder aromatisierter halbsteif geschlagener Sahne. Je nach Obst sollten Sie die Milchprodukte beispielsweise mit Zimt und Honig abschmecken (perfekt zu Salaten mit Herbstfrüchten wie Zwetschgen, Äpfeln und Birnen). Zu exotischen Obstsalaten passt Kokossahne, die mit weißem Rum aromatisiert wurde, sehr gut. Dafür Kokosraspel oder die oben abgesetzte Schicht von Kokoscreme (Dose) unter steif geschlagene Sahne ziehen. Mit Rum abschmecken.

Eis- oder Joghurtcreme, Vanillesauce oder Fruchtpüree machen Obstsalate ebenfalls interessanter – vor allem auch für Kinder.

Früchte entsteinen

Manche Früchte muss man entsteinen, damit sie zerkleinert und in einen Obstsalat gemischt werden können.

Steinobst wie Aprikosen, Nektarinen, Pfirsiche oder Pflaumen müssen zum Entsteinen entlang der natürlichen Rille vorsichtig bis zum Kern eingeschnitten werden. Dann die Fruchthälften in entgegengesetzte Richtungen auseinanderdrehen und trennen; den Stein herausnehmen. Auf diese Weise lassen sich auch die Steine aus Avocados entfernen.

Öle

Kann ich jedes Öl zum Kochen verwenden, oder sind manche Öle ungeeignet?

Speiseöle unterscheiden sich in Geschmack und chemischer Zusammensetzung, was für ihre Verwendung entscheidend ist. Je weniger gesättigte Fettsäuren ein Öl enthält, umso eher kann es erhitzt werden, ohne dass sich dabei gesundheitsschädliche Stoffe entwickeln.

Raffinierte Öle enthalten mehr gesättigte Fettsäuren als ihre kalt gepressten Kollegen; deshalb eignet sich raffiniertes Rapsöl besser zum Kochen als kalt gepresstes.

Kaltgepresste Öle sind nicht nur hitzeempfindlicher als raffinierte, sondern meist auch geschmacksintensiver. Sie bieten sich daher für die kalte Küche und zum abschließenden Aromatisieren eines Gerichts an.

Olivenöl eignet sich sowohl zum Kochen (in der mediterranen Küche benutzt man es sogar zum Frittieren) als auch für die kalte Küche. Hier kommt es auf die Güteklassen an (siehe unten).

Wie bewahrt man Speiseöle am besten auf?

Öle sollten gut verschlossen an einem kühlen, dunklen und trockenen Ort gelagert werden, damit sie nicht oxidieren und ranzig werden. Ein geringer Qualitätsverlust ist über einen längeren Zeitraum hin unvermeidlich, kaufen Sie daher Öl in möglichst kleinen Mengen ein.

Wie oft kann ich Frittieröl wiederverwenden?

Verwenden Sie generell zum Frittieren nur ein Öl, das sich nicht chemisch verändert, wenn es längere Zeit bei hohen Temperaturen erhitzt wird. Sehr gut eignen sich Erdnuss- und Palmöl.

Mehrmals in der Fritteuse hoch erhitztes Öl wird mit der Zeit ranzig und entwickelt einen abstoßenden Geschmack. Außerdem bilden sich gesundheitsschädliche Stoffe. Werfen Sie Frittieröl daher weg (nicht in Ausguss oder Toilette schütten!), sobald es unangenehm riecht, beim Erhitzen zu stark raucht oder auffällig dunkel geworden ist.

In der Regel kann man Öl, das sich zum Frittieren eignet, 2- bis 3-mal wiederverwenden. Nach dem Gebrauch sollte es erst vollständig abkühlen, dann gießt man es durch ein feinmaschiges Sieb oder eine Filtertüte. Frittieren Sie möglichst immer das gleiche Gargut in dem verwendeten Öl, damit der Geschmack unverfälscht bleibt.

Was besagt der Rauchpunkt eines Öls?

Der Rauchpunkt eines Fettes ist ein Kriterium für seine Hitzestabilität. Darunter versteht man die Temperatur, bei der sichtbarer Qualm entsteht. Diese Temperatur sollte keinesfalls erreicht werden, da sich hierbei gesundheitsschädliche Stoffe bilden. Raffinierte Öle haben generelle einen höheren Rauchpunkt als kalt gepresste.

Was ist der Unterschied zwischen Nativem Olivenöl extra und Olivenöl?

Olivenöl wird nach seinem Anteil an freien Fettsäuren klassifiziert. Olivenöl erster Güteklasse wird aus Oliven ausschließlich mit mechanischen Verfahren (Kaltpressung) gewonnen. Dieses „Native Olivenöl extra“ darf höchstes 0,8 % freie Fettsäuren enthalten und muss fehlerfrei in Geschmack, Geruch und Farbe sein. Beträgt der Anteil an freien Fettsäuren in einem Olivenöl

Pesto zubereiten

Pesto wird in der italienischen Küche meist zu Pasta serviert. Es vereint die Aromen von Basilikum, Knoblauch, Pinienkernen, Parmesan und bestem Olivenöl.

1 Im Mörser 50 g zerkleinerte Basilikumblätter, 3 gehackte Knoblauchzehen, 2 EL Pinienkerne, Salz und Pfeffer zerstoßen.

2 So lange reiben, bis eine grobe Paste entstanden ist. Dann 50 g fein geriebenen Parmesan untermischen.

3 Nach und nach 100 ml bestes Olivenöl zufügen, mit Stößel oder Holzlöffel untermischen. Pesto hält sich in einem verschlossenen Glas im Kühlschrank 1 Woche. Es lässt sich auch gut einfrieren.

TIPP: Sie können das Pesto auch im Mixer oder in der Küchenmaschine herstellen. Alle Zutaten bis auf den Parmesan bei hoher Geschwindigkeit pürieren. In eine Schüssel füllen, Parmesan einstreuen und untermischen.

Bruschetta

Für 4 Portionen als Vorspeise
Vorbereitungszeit: 10 Minuten
Garzeit: 10 Minuten

4 Scheiben italienisches Weißbrot oder Baguette
2 große Knoblauchzehen
bestes Olivenöl
Meersalz
Parmaschinken oder gegrillte Tomatenscheiben zum Servieren (nach Belieben)

1 Den Grill vorheizen und das Brot auf beiden Seiten rösten. Die heißen Brotscheiben auf jeder Seite mit Knoblauch einreiben. Mit etwas Olivenöl beträufeln und mit Meersalz bestreuen.

2 Nach Belieben mit Parmaschinken oder gegrillten Tomatenscheiben belegen. Sofort servieren.

bis zu 2 %, darf es nur als „Natives Olivenöl“ ohne den Zusatz „extra“ in den Handel kommen.

Entspricht das gepresste Öl weder geschmacklich noch sonst den Anforderungen für Native Olivenöle, wird es einem Reinigungsprozess (Raffination) unterzogen. Dabei werden unerwünschter Geschmack, Geruch, Farbe und Säure entfernt.

Für „Olivenöl“ wird raffiniertes Olivenöl mit Nativem Olivenöl gemischt. Es ist generell sehr mild im Geschmack und darf bis zu 1 % freie Fettsäuren enthalten.

Welches Olivenöl Sie kaufen, hängt von Ihrem Geschmack und davon ab, wofür Sie es verwenden möchten. Für Saucen wie Pesto (siehe Kasten links) und das Rezept für Bruschetta (siehe S. 228) sollten Sie unbedingt Natives Olivenöl extra verwenden. Wird Olivenöl jedoch stark erhitzt (Kochen, Braten, Frittieren), genügt auch einfaches Olivenöl.

? ***Aromatisierte Öle sind köstlich, aber ziemlich teuer. Kann ich sie auch selbst herstellen?***

Speiseöle können mit den verschiedensten Kräutern, Gewürzen oder auch ätherischen Ölen leicht selbst aromatisiert werden.

Wählen Sie als Basisöl eine milde Sorte ohne zu starken Eigengeschmack. Frische Kräuter sollten, bevor sie zum Öl gegeben werden, immer gewaschen und trocken getupft sein. Generell sollten die Öle an einem dunklen, kühlen Ort in Ruhe durchziehen können, um ein optimales Aroma zu entfalten.

Die schnellste Methode, Öl zu aromatisieren, ist das Versetzen mit etwas ätherischem Öl. Auf diese Weise können Sie beispielsweise ein zitroniges Olivenöl zubereiten: einfach ein paar Tropfen ätherisches Zitronenöl in Natives Olivenöl extra träufeln, mischen – fertig. Zitronen-Olivenöl verleiht Salaten eine erfrischende Note.

Chiliöl hat einen kräftigen Geschmack und eignet sich zum Braten, für Marinaden und zum Beträufeln von Pasta. Kräuter-Safran-Öl ist ideal für ein leichtes, feines Salatdressing. Sie können auch Fisch oder Hähnchenfleisch vor dem Grillen damit bestreichen.

Kräuter-Safran-Öl

Für 750 ml
Zubereitungszeit: 10 Minuten, plus 1 Woche Ruhezeit

2 frische Rosmarinzweige
2–4 frische Thymianzweige
1 TL getrockneter Oregano
2 Knoblauchzehen
1 TL Fenchelsamen, zerdrückt
1 kräftige Prise Safranfäden
750 ml bestes Olivenöl

1 Die frischen Kräuter waschen und trockentupfen. Mit einer Breitseite der Messerklinge leicht zerdrücken, um das Aroma freizusetzen.

2 Alle trockenen Zutaten in eine sterilisierte Flasche füllen und mit Öl bedecken. Gut verschließen, dann durch kräftiges Schütteln mischen.

3 Für mindestens 1 Woche in den Kühlschrank stellen und dann innerhalb von 2 Wochen verbrauchen. Wer mag, kann das Öl vor der Verwendung durch ein Sieb gießen.

Chiliöl

Für etwa 250 ml
Zubereitungszeit: 12 Minuten, plus 12 Stunden Ruhezeit

2 TL Szechuanpfeffer oder ganze bunte Pfefferkörner
10 getrocknete Chilischoten, blanchiert
250 ml Erdnussöl
1 EL Sesamöl

1 Pfefferkörner und 8 Chilis 1–2 Minuten in einem Topf unter ständigem Rühren rösten. Hitze reduzieren, Erdnussöl zufügen und 10 Minuten erhitzen. Abkühlen lassen.

2 Sesamöl in das abgekühlte Öl geben. Topf schließen. 12 Stunden oder über Nacht ziehen lassen.

3 Das aromatisierte Öl durch ein Passiertuch in eine sterilisierte Flasche füllen. Restliche 2 Chilis hineingeben. Verschließen. Kühl und dunkel lagern und innerhalb der nächsten 3 Monate verbrauchen.

Mit Kräutern wie Rosmarin und Gewürzen wie Chili oder Knoblauch aromatisierte Öle verleihen einfachen Gerichten eine extravagante Note.

Oliven

Was ist der Unterschied zwischen schwarzen und grünen Oliven?

Es handelt sich dabei um die gleichen Früchte, die jedoch in verschiedenen Reifestadien geerntet wurden. Unreife Oliven sind grün, voll ausgereifte schwarz. Rohe Oliven sind für den Verzehr nicht geeignet, erst ein Gärungsprozess macht sie genießbar. Oft wird bei dunklen Oliven mit den färbenden Zusätzen Eisengluconat (E 579) und Eisenlactat (E 585) „nachgeholfen".

Welche Olivensorten sind die besten?

Je nach Land und Region gibt es unterschiedliche Früchte. In Spanien gibt es weiche grüne Sorten, von den großen Königinnenoliven zu den feinen Manzanilla-Oliven, die oft entsteint und gefüllt mit roter Paprika, Anchovis, Orangenschale oder Mandeln angeboten werden.

Die schwarzvioletten Kalamata-Oliven aus Griechenland haben ein intensives Aroma, vor allem, wenn sie am Baum gereift sind.

Die glänzenden Niçoise-Oliven aus der Provence sind dagegen klein, schwarz, runzelig und zergehen förmlich auf der Zunge. Sie werden oft in Gläsern verkauft. Kalamata- und Niçoise-Oliven werden am häufigsten zum Kochen verwendet.

Wie lange kann man Oliven aufbewahren?

Einmal geöffnete Gläser mit Oliven oder lose gekaufte Früchte müssen im Kühlschrank aufbewahrt und innerhalb weniger Tage verbraucht werden. Wichtig ist, dass die Früchte immer mit Lake bedeckt sind – sollten Sie Oliven vom Stand kaufen, bitten Sie den Händler, die Becher nach dem Wiegen der Oliven mit Lake aufzufüllen.

In Öl eingelegte Oliven halten kühl gelagert etwa 2 Wochen, solange sie vollständig mit Öl bedeckt sind. Extratipp für Gourmets: Das Einlegeöl nimmt das feine Olivenaroma an und lässt sich daher sehr gut zum Kochen weiterverwenden.

Omelett

Besteht das Geheimnis eines perfekten Omeletts in der Art der Zubereitung, oder spielt die Pfanne die entscheidende Rolle?

Beides ist wichtig. Damit ein Omelett innen weich und saftig wird und außen fest und glatt, muss es rasch bei hoher, aber nicht zu starker Hitze gebacken werden; gart die Eimasse zu langsam, wird das Omelett flach und trocken.

Entscheidend ist auch die Pfanne: Sie soll nicht zu groß sein, einen schweren Boden haben und beschichtet sein. Optimal ist eine spezielle Omelettpfanne. Sie ist am Übergang vom Boden zum Rand leicht abgerundet. Aus solch einer Pfanne gleitet das fertig gebackene und gefaltete Omelett schadlos heraus. Die Omelettpfanne nach dem Gebrauch nicht waschen, sondern nur mit Küchenpapier auswischen.

Wie gelingt ein leichtes und lockeres Omelett?

Klassische Omeletts sind nicht leicht und locker. Sie können aber ein lockeres Schaumomelett her-

Omelett zubereiten

Hitze und Geschwindigkeit sind das Geheimnis eines perfekten, weichen Omeletts. Wenn Sie für mehrere Personen Omeletts zubereiten, sollten Sie mehrere kleine zubereiten statt eines großen.

1 Zwei Eier in eine Schüssel aufschlagen. Eier mit Salz und Pfeffer würzen und mit einer Gabel leicht verquirlen, bis das flüssige Ei durch die Zinken gleitet.

2 Bei starker Hitze etwas Öl oder geklärte Butter in der Pfanne heiß werden lassen. Wenn das Fett sehr heiß ist, die verquirlten Eier zügig hineingießen.

3 Pfanne rütteln und die Eier mit der Gabel leicht rühren, bis sie zu stocken beginnen – die Bodenschicht dabei nicht verletzen. Pfanne schräg halten, das gestockte Ei mit der Gabel an der Seite hochheben, damit die noch flüssige Eimasse darunterfließt. Wenn die Eimasse gestockt, aber in der Mitte gerade noch feucht ist (nach 1–2 Minuten), die Pfanne vom Herd nehmen.

4 Das fertig gebackene Omelett an den Pfannenrand schieben und mit Hilfe einer Gabel nach Belieben in der Mitte oder von beiden Seiten zur Mitte zusammenklappen. Die Seiten vorsichtig zusammendrücken, damit das flüssige Ei im Inneren des Omeletts nicht herauslaufen kann, während Sie das Omelett langsam auf den Teller gleiten lassen.

stellen, indem Sie Eischnee unter die verquirlten Eigelbe heben. Lockere Schaumomeletts kann man sowohl pikant als auch süß zubereiten. Für ein süßes Omelett zieht man einfach mit Zucker gesüßten Eischnee unter die Eigelbe.

Was ist der Unterschied zwischen einer Frittata und einer Tortilla?

Diese beiden Omeletts haben mehrere Gemeinsamkeiten: Sie sind beide flach, rund und relativ fest. Die Eimasse gart langsam bei schwacher Hitze, ohne gerührt zu werden; anschließend wird sie heiß oder kalt serviert. Tortillas isst man in Spanien (bei mexikanischen Tortillas handelt es sich um Teigfladen), Frittatas in Italien. Beide eignen sich hervorragend zum Mitnehmen für Picknick oder Pause. Vor dem Servieren werden sie in torten- oder rautenförmige Stücke geschnitten. Dazu passt spanischer oder italienischer Rot- oder Weißwein.

Thunfisch-Zucchini-Tortilla

Für 4 Portionen
Vorbereitungszeit: 20 Minuten
Garzeit: 20 Minuten

1 EL Olivenöl
1 Zwiebel, in Scheiben geschnitten
1 Knoblauchzehe, zerdrückt
300 g Zucchini, in dünne Scheiben geschnitten
350 g gekochte Kartoffeln, in Würfel geschnitten
4 große Eier
3 EL Milch
2 TL gehackter Estragon
Salz und schwarzer Pfeffer
180 g Thunfisch in Öl, abgetropft und zerpflückt
75 g Manchego oder ein anderer würziger Käse, gerieben

1 Den Grill auf hoher Stufe oder den Backofen auf 220 °C vorheizen. Öl in einer beschichteten Pfanne oder Omelettpfanne erhitzen.

2 Zwiebel, Knoblauch und Zucchinischeiben darin 5 Minuten unter gelegentlichem Rühren braten. Die Kartoffeln zufügen und unter Rühren 3 Minuten mitbraten.

3 Inzwischen Eier, Milch, Estragon und Gewürze verrühren, den Thunfisch zufügen und alles gut mischen. Zu den anderen Zutaten in die Pfanne geben und bei mittlerer Hitze ohne Rühren stocken lassen, bis die Tortilla unten goldbraun ist.

4 Den geriebenen Käse über die Tortilla streuen. Unter dem sehr heißen Grill oder im Ofen überbacken, bis der Käse geschmolzen und goldbraun ist. Die Tortilla in Stücke schneiden und mit knusprigem Brot servieren. Dazu passen bunter Blattsalat mit Knoblauchdressing und Croûtons und nach Belieben Kapern, Oliven oder Sardellen.

Die Thunfisch-Tortilla wird zum Schluss noch mit Käse überbacken – so erhält sie eine appetitliche goldene Kruste.

Paprikaschoten

? ***Schmecken alle Paprikaschoten gleich, egal welche Farbe sie haben?***

Nein. Jede Sorte und Farbe hat ihren eigenen Geschmack. Rote Paprikaschoten haben ein süßliches Aroma, während grüne etwas herber und würziger im Geschmack sind – letzere sind eigentlich nur unreife rote Paprikaschoten. Die gelben Schoten schmecken am mildesten von allen und ebenfalls eher süßlich.

Durch Erhitzen (Grillen, Backen, Dünsten etc.) verstärkt sich der süße Geschmack von Paprikaschoten.

? ***Wie lässt sich die Haut von Paprikaschoten am besten abziehen?***

Wählen Sie die Methode, die Ihnen am besten gefällt:

- Am schnellsten und einfachsten ist es, die Schoten mit einem scharfen Sparschäler zu schälen. Ideal, wenn die Schoten z. B. als Rohkost weiterverarbeitet werden sollen.
- Man kann Paprika auch (genau wie Tomaten) kurz in kochend heißes Wasser legen, dann kalt abschrecken und die Haut abziehen.
- Für größere Mengen lohnt es sich, die Schoten im Ofen zu braten (siehe Kasten rechts). Dadurch bekommen sie gleichzeitig noch ein süßlicheres Aroma und werden angenehm weich.
- Möchte man nur eine einzige Frucht häuten, kann man diese auf eine langzinkige Gabel spießen und direkt über einer offenen Flamme (z. B. Gasherd) unter Drehen rösten.

? ***Paprikaschoten sind das ganze Jahr über erhältlich. Wann sind sie besonders gut?***

Die beste Qualität bekommt man von Juli bis November. Die Schoten müssen knackig, fest und glänzend sein, sie dürfen keine weichen Stellen aufweisen. Schauen Sie den Stielansatz genau an: Er darf nicht schrumpelig sein und keinerlei Spuren von Schimmel aufweisen!

Im Gefriergerät können halbierte und geputzte Schoten (unblanchiert!) bis zu 8 Monate aufbewahrt werden.

Paprikasalat

Für 6 Portionen
Vorbereitungszeit: 20 Minuten
Garzeit: 1 Stunde

6 Paprikaschoten, beliebige Farbe
12 Schalotten
8 große Knoblauchzehen, ungeschält
3 Lorbeerblätter
2–3 EL Olivenöl
2 Sardellenfilets
2 EL Walnussöl
1 EL Rotweinessig
2 EL gehackte Walnüsse
Salz und schwarzer Pfeffer

1 Den Backofen auf 200 °C vorheizen. Die Paprikaschoten halbieren und mit den Schnittflächen nach unten auf ein Backblech legen. Das Blech auf die oberste Schiene in den Ofen schieben.

2 Schalotten schälen und in Segmente teilen. Mit dem Knoblauch in eine kleine ofenfeste Form legen.

3 Die Lorbeerblätter längs halbieren und über die Schalotten verteilen. Mit 1 EL Olivenöl beträufeln. Schalotten in der Form neben die Paprika auf das Blech in den Ofen stellen. Alles 30 Minuten braten, bis die Schale der Paprikaschoten Blasen wirft und angekohlt ist.

4 Die Paprikaschoten häuten; von weißen Trennwänden und Kernen befreien, dabei möglichst viel Saft auffangen. Auf einem Teller die Paprikaschoten in lange Streifen schneiden und mit dem Saft in eine flache Schüssel geben. Schalotten zugeben, Lorbeerblätter entfernen.

5 Den Knoblauch aus den Schalen drücken und mit den Sardellen zu einer Paste mischen. Mit Essig, dem restlichen Olivenöl sowie dem Walnussöl gründlich verrühren.

6 Dressing über die Paprikaschoten verteilen. Salat mit Walnüssen bestreuen, diese vorsichtig untermischen. Mit Salz und Pfeffer abschmecken; mit Weißbrot servieren. Der Salat schmeckt frisch zubereitet, aber auch durchgezogen gut.

Paprikaschoten abziehen

Werden Paprika gegrillt oder im Backofen geröstet, lassen sie sich anschließend leicht häuten, außerdem wird ihr süßliches Aroma noch verstärkt, und sie sind leichter verdaulich.

1 Die Paprikaschoten grillen oder im sehr heißen Backofen auf einem Backblech braten, bis die Schalen Blasen werfen und angekohlt sind. Mit einem feuchten Geschirrtuch bedecken oder in einen Gefrierbeutel stecken und 5 Minuten ruhen lassen.

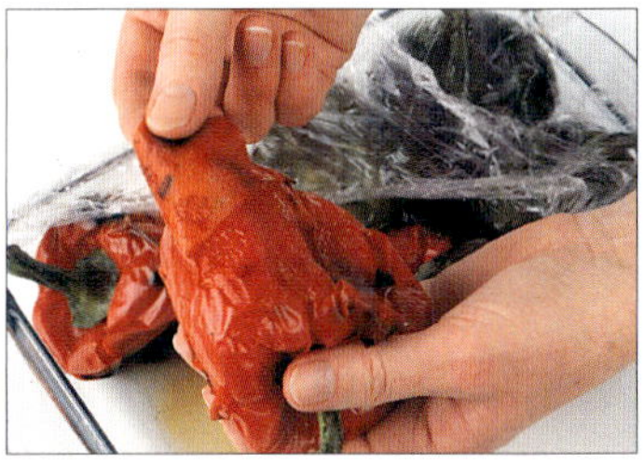

2 Anschließend von den etwas abgekühlten Paprikaschoten die dünne Haut abziehen.

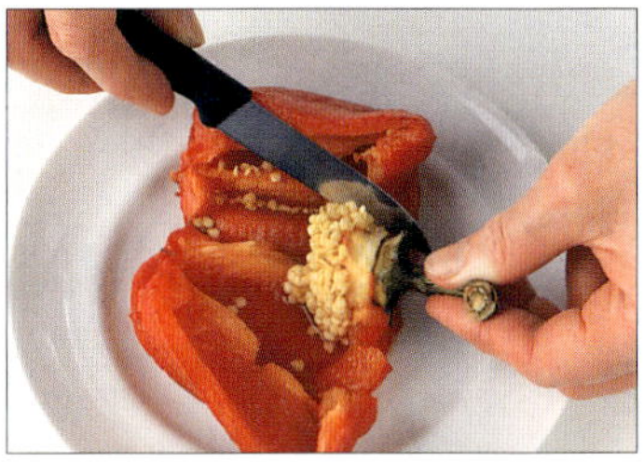

3 Die abgezogenen Paprikaschoten auf einen Teller legen und halbieren – so kann möglichst viel Saft aufgefangen werden. Stielansätze, Samen und weiße Trennwände entfernen, dann das Fruchtfleisch in die gewünschte Form schneiden. Den Saft auffangen und beispielsweise für ein Salatdressing verwenden.

Pastinaken

? ***Sind Pastinaken dasselbe wie Petersilienwurzeln?***

Nein, allerdings sehen sich die beiden hellen, fast weißen Rüben bzw. Wurzeln sehr ähnlich. Pastinaken sind Verwandte der Möhren, haben (vor allem nach dem Frost) ein süßliches Aroma und können ähnlich wie Möhren zubereitet werden. Petersilienwurzeln sind kräftiger im Geschmack als Pastinaken und finden hauptsächlich als Suppengrün oder -gemüse Verwendung.

? ***Ich esse Pastinaken sehr gern, doch püriert finde ich sie manchmal eher fade im Geschmack. Wie gelingt ein aromatisches Pastinakenpüree?***

Pastinakenpüree ist eine wunderbare Gemüsebeilage. Damit es wirklich gut schmeckt und schön cremig wird, sollten Sie die gegarten Rüben vor dem Zerdrücken trockentupfen oder abdämpfen. Dann reichlich Butter oder Sahne, schwarzen Pfeffer und Gewürze mit süßlichem Aroma wie Muskatnuss zufügen. Kartoffeln machen Pastinakenpüree etwas lockerer.

Möhren und Pastinaken ergeben zusammen ein herrliches Püree mit leuchtender Farbe. Es passt sehr gut zu gegrilltem Fleisch.

? ***Wie kann man Pastinaken noch zubereiten?***

Der süßliche Geschmack der Pastinaken kommt besonders gut zur Geltung, wenn man die Rüben im Backofen brät. Dabei karamellisiert der enthaltene Zucker. Die Wurzeln vorher abbürsten und putzen, dann schälen und nach Belieben längs halbieren oder vierteln. Anschließend 5 Minuten in Salzwasser vorgaren; gut abtropfen lassen. Dann auf einem Backblech verteilen, in Olivenöl wenden und bei 190 °C im heißen Ofen etwa 45 Minuten backen. Ideal ist es, die Rüben rund um einen Braten auf dem Blech zu verteilen und alles zusammen zu braten.

Pastinaken schmecken auch in Suppen, vor allem in Kombination mit Möhren und Kartoffeln.

Pastinaken und Möhren harmonieren in Geschmack, Farbe und Form – das zeigt dieses Gemüserad besonders effektvoll.

Pastinaken-Möhren-Rad

Für 6–8 Portionen
Vorbereitungszeit: 20 Minuten
Garzeit: 1 1/2 Stunden

125 g zerlassene Butter
1,5 kg Pastinaken, geschält
500 g Möhren, geschält
1 Prise gemahlenes Piment
Salz und schwarzer Pfeffer
Zum Garnieren:
Petersilie und Salbei

1 Den Backofen auf 190 °C vorheizen. Eine runde (etwa 25 cm Ø) und 5 cm hohe ofenfeste Form mit Alufolie auslegen. Die Folie großzügig mit etwas von der zerlassenen Butter bestreichen.

2 Pastinaken und Möhren von gleicher Größe wählen. Pastinaken der Länge nach in dicke Scheiben schneiden. In kochendes Salzwasser geben, aufkochen lassen und 3 Minuten garen. Gut abtropfen lassen. Möhren längs halbieren.

3 Die Pastinakenscheiben kreisförmig mit den Spitzen nach innen in die vorbereitete Form legen. Mit zerlassener Butter beträufeln und mit Piment, Salz und Pfeffer würzen.

4 Eine Schicht Möhren auf die Pastinaken legen, ebenfalls mit Butter beträufeln und würzen. Pastinaken und Möhren weiter einschichten, bis alle Zutaten verbraucht sind, mit Pastinaken abschließen.

5 Das Gemüserad mit Alufolie bedecken und 1–1 1/4 Stunden im Ofen braten, bis das Gemüse weich ist. Form aus dem Ofen nehmen und das Gemüse 5–10 Minuten ruhen lassen. Folie entfernen.

6 Einen Teller mit größerem Durchmesser als die Form auf die Form legen. Beides gut festhalten und rasch wenden. Form abheben und die Folie abziehen. Das Rad mit Petersilie und Salbei garnieren.

Pâtés & Terrinen

Was ist der Unterschied zwischen einer Pâté bzw. einer Pastete und einer Terrine?

Die Grenze zwischen Pâté/Pastete und Terrine verläuft relativ fließend. Beide werden aus sehr fein gehacktem oder durchgedrehtem Fleisch, Geflügel oder Gemüse hergestellt, kräftig gewürzt und bei niedriger Temperatur langsam im Ofen gegart. Pâtés haben meist eine weichere, glattere Konsistenz und beinhalten, abgesehen von Fisch- und Gemüsepasteten, meist Leber. Man serviert sie in der Form, in der sie auch gegart wurden, und isst sie auf Brot oder Toast gestrichen.

Terrinen sind in ihrer Struktur meist etwas gröber als Pâtés, es können auch größere Stücke in der Masse enthalten sein. Nach dem Garen werden Terrinen beschwert, dadurch werden sie fester und lassen sich gut in Scheiben schneiden, um als Auftakt eines Menüs serviert zu werden. Terrinen müssen nicht aus Fleisch bestehen. Sehr attraktiv und köstlich sind auch geschichtete Terrinen aus Meeresfrüchten oder Gemüse in Aspik.

Als Terrinen bezeichnet man auch in einer Terrinenform gegarte Farcen aus Fisch, Meeresfrüchten oder Gemüse, die gestürzt und in Scheiben geschnitten serviert werden.

Pfannkuchen & Waffeln

Muss man Pfannkuchenteig vor dem Ausbacken wirklich 1–2 Stunden ruhen lassen?

Es ist zwar nicht unbedingt notwendig, doch wenn Sie einen Pfannkuchenteig zugedeckt an einem kühlen Ort 15–30 Minuten stehen lassen, quillt die im Mehl enthaltene Stärke auf, die Pfannkuchen werden lockerer. Wenn Sie den Teig sofort nach der Zubereitung ausbacken, bilden sich auf den Pfannkuchen Blasen. Lassen Sie den Teig nicht zu lange bei Raumtemperatur stehen, sonst könnte er zu gären beginnen. Notfalls in den Kühlschrank stellen.

Falls sich auf dem Pfannkuchenteig nach dem Quellen eine flüssige Schicht abgesetzt hat, rühren Sie ihn einfach vor dem Backen noch einmal kräftig durch. Ist er nach dem Quellen zu dick geworden, verdünnen Sie ihn einfach mit etwas Flüssigkeit.

Gewusst wie

Geben Sie vor dem Ausbacken 1-2 EL zerlassene Butter oder Öl in den Pfannkuchenteig. Dadurch kleben die Pfannkuchen während des Backens nicht an, und sie schmecken noch besser.

Kann ich denselben Teig für Pfannkuchen, Waffeln und als Ausbackteig verwenden?

Teig für Pfannkuchen, Waffeln und ähnliche Gerichte wird aus den gleichen Grundzutaten hergestellt. Allerdings sind die Mischungsverhältnisse etwas anders.

Pfannkuchen und Crêpes bereitet man nach dem Grundrezept für Pfannkuchenteig zu (siehe Kasten rechts). Für Crêpes, die etwas dünner als Pfannkuchen sein sollten, wird der Teig noch mit ein paar Esslöffeln Wasser verdünnt.

Waffelteig ist dickflüssiger als Pfannkuchenteig und enthält noch Fett, er ähnelt eher einem Rührteig.

Für Ausbackteig zum Frittieren von Fisch, Meeresfrüchten und Gemüse verwendet man dieselbe Menge Mehl, Salz und Eier wie für Pfannkuchenteig, aber nur die Hälfte an Flüssigkeit. Unter diesen Teig kann man Eischnee heben, damit er lockerer wird, und/oder ihn mit Zucker süßen.

Die verwendete Flüssigkeit (Milch, eine Mischung aus Milch und Wasser oder Bier) ist entscheidend für das Ergebnis. Wasser sorgt für einen leichten Teig, Milch macht ihn glatter und lässt ihn schneller bräunen, Bier macht ihn locker und würzig.

Wie lange soll man Pfannkuchenteig rühren?

Pfannkuchenteig braucht nur kurz kräftig verrührt zu werden. Wenn Sie ihn zu lange schlagen oder rühren, wird das Gluten (Klebereiweiß) im Mehl aktiviert, die Pfannkuchen werden dadurch nach dem Backen fest und zäh.

Die Ausnahme sind Hefeteige, die kräftig durchgeschlagen werden müssen, damit das Gluten aktiviert wird.

Grundrezept Pfannkuchenteig

Die Teigmenge reicht für 8–10 dünne Pfannkuchen. Geben Sie für Crêpes zusätzlich 3 EL Wasser dazu, und nehmen Sie nur die Hälfte der angegebenen Flüssigkeit, wenn Sie einen dickeren Ausbackteig zum Frittieren herstellen möchten.

1 In einer Schüssel 125 g gesiebtes Mehl und eine Prise Salz mischen. Eine Mulde in die Mitte drücken. Ein Ei hineinschlagen und mit dem Schneebesen oder einem Holzkochlöffel alles miteinander verrühren. Sie können die Zutaten auch für ein paar Sekunden in der Küchenmaschine mischen, oder etwas länger mit dem elektrischen Handrührgerät.

2 300 ml Milch nach und nach unterrühren, das Mehl schrittweise einarbeiten, bis der Teig sehr glatt ist.

3 Sie können den Teig sofort zum Backen verwenden oder aber noch etwa 30 Minuten an einem kühlen Ort quellen lassen, damit die Pfannkuchen schön locker werden.

Aufbewahren

Waffeln können Sie auf Vorrat backen und nach Bedarf knusperfrisch servieren. Backen Sie die Waffeln dafür nicht knusprig, sondern weich, und frieren Sie sie ein – am besten mit jeweils einem Bogen Butterbrotpapier dazwischen. Ganz nach Bedarf entnehmen Sie die Waffeln und rösten Sie im Toaster fertig. Ideal für kleine Mengen.

Welchen Teig verwendet man zum Ausbacken und Frittieren von Fisch?

Empfindliche Lebensmittel wie Fisch werden durch einen Ausbackteig vor zu starker Hitze und zu viel Fett geschützt. Sofort nach dem Eintauchen in das heiße Fett bildet sich eine schützende knusprige Kruste. Das Frittiergut bleibt innen weich und zart, und ist außen knusprig. Fisch wird meist in einem herzhaften Bierteig ausgebacken. Man kann aber auch einen etwas kräftigeren Hefe-Ausbackteig verwenden.

Für einen Hefe-Ausbackteig für 350 g Fisch benötigen Sie 1 TL Trockenhefe, 150 ml Milch oder Wasser, 125 g Mehl und eine Prise Salz. Die Hefe nach Packungsanweisung mit den Zutaten mischen; gehen lassen.

Im Gegensatz zum üblichen Ausbackteig muss ein Ausbackteig, der Hefe enthält, kräftig durchgeschlagen werden. Nur so kann das im Mehl enthaltene Gluten seine Wirkung optimal entfalten. Anschließend den Hefe-Ausbackteig etwa 1 Stunde an einem warmem Ort gehen lassen.

Meine Familie isst gern herzhafte Waffeln. Können Sie mir gute Tipps geben?

Den Grundteig, der aus Butter oder Öl, Eiern, Mehl und Milch besteht, können Sie nach Belieben aromatisieren und mit fein zerkleinerten pikanten Zutaten anreichern. Sie können auch die Milch durch Gemüsebrühe ersetzen.

Beliebt sind Curry-Gemüsewaffeln, für die fein geraspeltes Gemüse (z. B. Möhren und/oder Knollensellerie) und Currypulver unter den Teig gemischt werden.

Für Käsewaffeln rühren Sie einfach geriebenen Käse in den Teig. Schnell gemacht und lecker sind auch Kräuterwaffeln, für die Sie entweder frisch gehackte gemischte Kräuter oder TK-Kräuter in den Teig mischen.

Sultaninen steuern bei diesen Waffeln natürliche Süße bei, weshalb nur wenig Zucker für den Teig nötig ist. Schlagsahne mit Kirschen schmeckt prima dazu.

Frühstückswaffeln

Für 20 Herzwaffeln
Vorbereitungszeit: 10 Minuten
Backzeit pro Waffel: 4–5 Minuten

125 g weiche Butter
3 TL Vanillezucker
abgeriebene Schale von 1/2 Zitrone
4 Eier
250 g Mehl
250 ml Milch
1 Prise Salz
100 g Sultaninen
Zimtzucker zum Bestreuen
Öl oder Speckschwarte für das Waffeleisen

1 Butter schaumig rühren. Zucker, Vanillezucker und Zitronenschale zugeben und untermischen. Eier trennen. Eigelbe nacheinander in die Buttercreme schlagen. Dann Mehl abwechselnd mit der Milch unter die Masse ziehen. Falls nötig, noch etwas mehr Milch zugeben. Das Waffeleisen mit Öl oder Speckschwarte fetten; vorheizen.

2 Für jede Waffel 3 EL Teig in das Eisen füllen. Bis zur gewünschten Bräune backen. Aus dem Eisen nehmen und kurz auf einem Kuchengitter abkühlen lassen, mit Zimtzucker servieren.

Ich finde Waffeln oft zu fest. Wie werden sie lockerer?

Versuchen Sie es einmal, indem Sie die Milch durch Buttermilch ersetzen. Wenn Ihnen die Waffeln dann immer noch zu fest sind, mischen Sie einfach noch eine Messerspitze Backpulver unter das Mehl.

Sind Crêpes das Gleiche wie Pfannkuchen?

Crêpes heißen die Pfannkuchen in Frankreich. Im Vergleich zu unseren Pfann- oder Eierkuchen sind sie hauchdünn – genau das macht sie so begehrt. In ihrem Herkunftsland werden sie mit süßen oder herzhaften Füllungen, zusammengeklappt oder gerollt, serviert. Für süße Crêpes gibt man oft etwas Zucker in den Teig.

Crêpes gelingen am besten auf einer speziellen randlosen Crêpe-Platte, auf der sich der Teig mit einem Teigschaber sehr dünn verteilen lässt, oder in einer Crêpe-Pfanne mit niedrigem Rand. Entscheidend ist, zügig zu arbeiten: Der Teig muss sofort gewendet werden, wenn er fest geworden ist (nach knapp 1 Minute). Backt man die Crêpes zu lang, werden sie zäh und ledrig.

Ungefüllte Crêpes kann man gestapelt und zugedeckt im Kühlschrank bis zu 3 Tage und im Gefriergerät bis zu 2 Monate aufbewahren. Zwischen jeden Crêpe einen Butterbrotpapier legen. Gefüllte Crêpes halten 2 Tage im Kühlschrank und bis zu 2 Monate im Gefriergerät.

Ich backe fast immer zu viele Pfannkuchen oder Crêpes und habe auch schon überlagerte wegwerfen müssen. Kann man sie auch mal ganz anders als gefüllt und gerollt servieren?

Versuchen Sie's doch einmal mit einer Frittatensuppe. Dafür werden dünne Pfannkuchenstreifen anstelle von Nudeln oder Reis als Einlage in eine kräftige Brühe gegeben. Die Pfannkuchen- ode Frittatensuppe ist eine beliebte Vorsuppe in Österreich und in Süddeutschland.

Eine andere Möglichkeit, gebackene Pfannkuchen vom Vortag zu verfremden, besteht darin, sie in Form eines herzhaften Auflaufs zuzubereiten. Entweder man füllt mehrere Pfannkuchen beispielsweise mit einem Ragout und legt sie dicht an dicht in eine ofenfeste Form, gießt Sauce darüber und bestreut das Ganze noch mit Käse (wie bei einer Lasagne). Man kann die Pfannkuchen aber auch anstelle von Nudelplatten verwenden.

Pfannkuchen backen

Verwenden Sie zum Backen von Pfannkuchen eine schwere Pfanne, eine beschichtete Pfanne oder eine spezielle Crêpe-Pfanne.

1 Den Teig wie auf Seite 234 beschrieben zubereiten und kurz ruhen lassen.

2 Etwas Öl und Butter oder nur Öl auf dem Pfannenboden und an den Seiten verlaufen lassen. Überschüssiges Fett abgießen – der Pfannenboden soll nur vom Fett benetzt sein.

3 Nur so viel Teig mit einer Schöpfkelle in die Pfanne geben, dass der Pfannenboden gerade bedeckt ist (je nachdem wie dick der Pfannkuchen werden soll). Die Unterseite in 1–2 Minuten goldbraun braten. Oben sollte der Teig dann gestockt sein, damit sich der Pfannkuchen im nächsten Schritt leicht wenden lässt.

4 Den Pfannkuchen mit einem Palettmesser umdrehen oder zum Wenden in die Luft werfen und mit der Pfanne wieder auffangen. Die andere Seite ebenfalls goldbraun braten.

5 Den fertigen Pfannkuchen warm halten. Restliche Pfannkuchen backen und mit einer Lage Butterbrotpapier dazwischen aufeinanderstapeln.

Pfannkuchengratin mit Huhn und Brokkoli

Für 4 Portionen
Vorbereitungszeit: 20 Minuten, plus 15–30 Minuten Ruhezeit
Garzeit: 45 Minuten

8 Pfannkuchen
100 g Brokkoliröschen, 60 g Butter
100 g Champignons, in Scheiben geschnitten
30 g Mehl, 300 ml Milch
185 g gegartes Hähnchenbrustfilet, in Würfel geschnitten
2 TL gehackte Estragonblättchen
Salz und schwarzer Pfeffer
75 g Greyerzer, gerieben

1 Backofen auf 180 °C vorheizen. Brokkoli in kochendem Wasser 5 Minuten garen; abgießen und abtropfen lassen. Beiseitestellen.

2 Ein Drittel der Butter (20 g) in einer kleinen Pfanne zerlassen und die Pilze darin 3 Minuten dünsten. Vom Herd nehmen.

3 Restliche Butter (40 g) in einem Topf zerlassen. Mehl zugeben und unter Rühren anschwitzen. Nach und nach die Milch unter ständigem Rühren zugießen, bis die Sauce aufkocht und andickt, dann noch 5 Minuten köcheln lassen. Brokkoli, Pilze, Huhn, Estragon untermischen; salzen und pfeffern.

4 Pfannkuchen mit der Mischung füllen, aufrollen. Nebeneinander in eine ofenfeste Form legen. Mit geriebenem Käse bestreuen und 20 Minuten backen.

Pfeffer

Was ist der Unterschied zwischen schwarzem, weißem und grünem Pfeffer?

Schwarze, weiße und grüne Pfefferkörner sind die Beeren des Pfefferstrauchs. Sie wachsen in Form von herunterhängenden Rispen, ähnlich wie Johannisbeeren. Die Beeren werden in verschiedenen Reifestadien gepflückt und unterschiedlich weiterverarbeitet, wodurch sich andere Aromen entwickeln. Schwarze Pfefferkörner sind am schärfsten, gefolgt von weißem und grünem Pfeffer.

Die grünen, unreifen Beeren des Pfefferstrauchs kann man einlegen. Eingelegte grüne Pfefferkörner sind mild im Geschmack und lassen sich vielseitig verwenden; man kann sie beispielsweise über Erdbeeren streuen. Sie harmonieren aber auch sehr gut mit Geflügel oder Fisch.

Für schwarzen Pfeffer werden die grünen, unreifen Beeren kurz in kochendes Wasser getaucht. Dadurch verfärben sie sich dunkelbraun bis schwarz. Durch das Trocknen an der Sonne entsteht die typische runzlige Oberfläche, und der volle Piperingehalt bleibt erhalten. Diese Pfefferkörner sind deshalb am schärfsten.

Reifen die grünen Beeren weiter am Strauch, werden sie hellrot. Für weißen Pfeffer werden diese Beeren gewässert und durch Reiben und Spülen vom Fruchtfleisch befreit – übrig bleiben dann kleine glatte kugelige helle Körner. Weißer Pfeffer ist aromatischer und milder als schwarzer Pfeffer.

Was ist eigentlich rosa Pfeffer, und zu welchen Gerichten passt er gut?

Rosa Pfeffer stammt von einem Sumachgewächs aus Brasilien. Die Körner werden reif gepflückt und getrocknet. Das Aroma von rosa Pfeffer ist relativ schwach und erinnert an das von Wacholderbeeren. Die rosa Beeren schmecken recht mild, in Gerichten setzen sie eher optische Akzente.

Empfohlen wird rosa Pfeffer zu Fisch und Spargel, aber auch zu eingelegten Pfirsichen.

Was kann ich tun, wenn ich aus Versehen zu viel Pfeffer in ein Gericht gegeben habe?

Sie können die Wirkung des Pfeffers versuchen zu mildern, indem Sie die Schärfe des Pfeffers durch Zugabe milderer Zutaten ausgleichen. Versuchen Sie es einmal beispielsweise mit Kartoffelpüree, Reis oder Sahne.

Es gibt natürlich auch Speisen, in denen Pfeffer das Aroma bestimmen soll und das pfefferscharf sein muss, dazu gehört z. B. ein Pfeffersteak.

Warum soll man möglichst Pfeffer aus der Mühle zum Würzen verwenden?

Gemahlener Pfeffer verliert rasch sein würzende Kraft, weil sich die Aromastoffe verflüchtigen. Deshalb sollten Sie immer ganze Pfefferkörner kaufen und diese mit einer Mühle direkt über das zu würzende Gericht mahlen. Feinschmecker haben übrigens zwei Pfeffermühlen: eine für weißen und eine für schwarzen Pfeffer.

Ein geöffnetes Glas mit grünem Pfeffer sollten Sie gut verschlossen nicht länger als 6 Wochen lang im Kühlschrank aufbewahren. Achten Sie darauf, dass der Pfeffer vollständig mit Lake bedeckt ist. Notfalls können Sie die Lake mit Salzwasser auffüllen.

Fischfilets mit buntem Pfeffer

Für 4 Portionen
Vorbereitungszeit: 15 Minuten
Garzeit: 15 Minuten

4 Fischfilets (z. B. Kabeljau oder Zander; je 150 g)
Salz und schwarzer Pfeffer
10 g weiche Butter
1/2 Zitrone
1 TL grob geschroteter bunter Pfeffer, 2 EL Olivenöl

1 Backofen auf 200 °C vorheizen. Fischfilets salzen und pfeffern. 4 große Stücke Alufolie jeweils in der Mitte mit Butter bestreichen. Fischfilets darauflegen.

2 Von der Zitrone ein etwa 10 cm langes Stück Schale dünn abschneiden, dieses in sehr feine Streifen schneiden. Zitrone auspressen, 2 EL Saft über den Fisch träufeln, Zitronenschale, bunten Pfeffer und Olivenöl darauf verteilen.

3 Alufolie zu Päckchen falten. An den Enden mehrfach zusammendrücken, auf ein Backblech setzen. Fisch im Ofen 15 Minuten garen.

4 Fisch aus den Päckchen nehmen und z. B. auf Bohnengemüse anrichten, Garsud darübergießen.

In Folie gegarter Fisch erhält durch Pfeffer eine aromatisch-scharfe Note.

Pfeilwurzelmehl

Warum wird manchmal Pfeilwurzelmehl zum Binden von Speisen empfohlen, und was ist der Unterschied zu Maisstärke?

Pfeilwurzelmehl ist ein besonders leicht verdauliches Stärkemehl, das aus den Wurzeln und Knollen einiger tropischer Pflanzen gewonnen wird, z. B. aus Maniok oder Canna. Pfeilwurzelmehl eignet sich vor allem zum Binden von klaren Suppen und Saucen und auch zum Andicken von Frucht- und Gemüsesäften. Man kann auh Speisen damit glasieren. Die Glasur wird glänzend, durchsichtig und geleeartig. Mit Mais- oder Kartoffelstärke hergestellte Glasuren werden trüb.

Pfeilwurzelmehl und Maisstärke werden in gleichen Mengen verwendet, um Flüssigkeiten (z. B. Sauce) zu binden. Zum Andicken von 300 ml Flüssigkeit 2 EL Pfeilwurzelmehl in 2 EL kalter Flüssigkeit anrühren.

Die Sauce zum Kochen bringen, dann das aufgelöste Pfeilwurzelmehl einrühren. Erneut aufkochen und kräftig rühren, bis die Sauce sämig und glatt ist, dann noch 1 Minute köcheln lassen. Für eine Glasur nur 1 EL Pfeilwurzelmehl auf 300 ml Flüssigkeit verwenden.

Pfirsiche & Nektarinen

Wann ist die beste Saison für Pfirsiche und Nektarinen?

Sie sind typische Sommerfrüchte und haben von Juni bis September Saison. Desserts, Obstsalate, Kuchen und Torten mit Pfirsichen und Nektarinen sollten Sie in dieser Zeit zubereiten. Generell gilt, dass später gereifte Sorten aromatischer schmecken als frühere und die weißfleischigen geschmacksintensiver sind als die gelbfleischigen.

Worin unterscheiden sich Pfirsiche und Nektarinen?

Die beiden Steinobstfrüchte gehören botanisch zur gleichen Familie. Der offensichtlichste Unterschied zwischen beiden ist ihre Haut: Pfirsiche haben je nach Sorte eine mehr oder weniger pelzige Haut, Nektarinen eine glatte – letztere werden auch Nacktpfirsiche genannt. Nektarinen haben ein etwas festeres Fruchtfleisch als Pfirsiche.

Kann man Pfirsiche und Nektarinen in Rezepten gegeneinander austauschen?

Ja. Nektarinen sind allerdings manchmal etwas süßer, man benötigt daher oft etwas weniger Zucker als in Pfirsichrezepten.

Pfirsiche und Nektarinen sind ideal für Obstsalate – kombiniert mit nur einer Fruchtsorte wie Himbeeren (die aufgrund ihres Aromas sehr gut zu Pfirsichen und Nektarinen passen) oder mit einer Mischung aus mehreren anderen Früchten.

In leichtem Zuckersirup pochiert, kann man sie auch heiß mit Sahne oder Eiscreme servieren oder gekühlt in einem Flan oder Kuchen. Sehr gut schmecken sie auch in herzhaften Gerichten wie Eintöpfen und Schmorgerichten mit und ohne Fleisch.

Pfirsich-Sanddorn-Konfitüre

Für 5 Gläser (je 210 ml Inhalt)
Zubereitungszeit: 30 Minuten
Garzeit: 15–20 Minuten

1 kg Pfirsiche
Saft von 2 Zitronen
250 ml ungesüßter Sanddornsaft
1 EL brauner Rum
250 g Zucker
1 Tütchen Fruchtgel aus Apfelpektin (25 g; Bioladen)

1 Pfirsiche überbrühen, Schalen abziehen. Früchte entsteinen und in Stückchen schneiden. 750 g davon in einen großen Topf füllen.

2 Zitronensaft durch ein Sieb zu den Pfirsichstücken gießen, Sanddornsaft und Rum ebenfalls zugeben. Alles mischen.

3 Zucker und Fruchtgelpulver mischen und gründlich unter das Obst rühren. Unter ständigem Rühren aufkochen. 5–10 Minuten sprudelnd kochen lassen, dabei ständig rühren, Gelierprobe machen (siehe S. 166). Wird die Konfitüre fest, kann sie abgefüllt werden. Falls nicht, noch einige Minuten weiterkochen und erneut die Gelierprobe machen.

4 Konfitüre kochend heiß in vorbereitete Schraubdeckelgläser füllen; fest verschließen; auf die Deckel stellen und abkühlen lassen. Dann umdrehen und an einem kühlen, dunklen Ort aufbewahren. Angebrochene Gläser im Kühlschrank lagern und bald verbrauchen.

Diese fruchtig-süße Pfirsichkonfitüre bekommt durch Sanddornsaft eine angenehm herbe Note.

Pflaumen

Welche Pflaumen sind am besten für den Rohverzehr und welche zum Kochen geeignet?

Die meisten Pflaumen können roh gegessen werden, nur wenige Sorten sind so sauer, dass man sie am besten gegart genießt.

Pflaumen schmecken am besten, wenn sie tief gefärbte Schalen haben und sich fest und schwer anfühlen. Beschädigte Früchte mit eventuell noch schrumpliger Schale oder zu schwach gefärbte Pflaumen sind zum Rohessen nicht geeignet.

Die Sortenvielfalt wird in verschiedene Gruppen eingeteilt. Je nach Form und Farbe unterscheidet man zwischen Zwetschgen, Pflaumen, Renekloden und Mirabellen.

- Zwetschgen sind länglich-oval, etwas platt und und haben ein spitzes Ende. Sie sind meist ohne Furche oder Naht und blau, schwarzblau oder violett gefärbt. Sie zerfallen beim Kochen nicht und sind saftig, süß und aromatisch – die idealen Früchte für einen Kuchen.
- Bei Pflaumen unterscheidet man zwischen Eier- und Rundpflaumen. Sie haben eine Furche und sind rot bis blau. Sie zerfallen beim Kochen, sind sehr saftig und süß.
- Renekloden sind rund, haben eine Naht und sind grünlich, grünlich gelb, violett oder rotschalig. Ihr Fruchtfleisch ist fest, grün bis gelb, saftig und süß sowie hocharomatisch.

Für dieses wundervolle Spätsommerkompott werden saftige Pflaumen zusammen mit einer Zimtstange in Weinsirup gegart.

Pflaumenkompott

Für 6–8 Portionen
Vorbereitungszeit: 10 Minuten
Garzeit: 15–20 Minuten

1 kg Pflaumen
125 g Zucker
250 ml trockener Weißwein
250 ml Wasser
1 Zimtstange
2 TL Maisstärke

1 Pflaumen halbieren und entsteinen. In einem großen Topf den Zucker in Wein und Wasser bei mittlerer Hitze auflösen. Zum Kochen bringen, Zimtstange zufügen; alles 5 Minuten sprudelnd kochen.

2 Die Pflaumen in den Sirup geben und bei schwacher Hitze zugedeckt 10–15 Minuten schwach köcheln lassen, bis die Pflaumen weich sind.

3 Mit dem Schaumlöffel die Pflaumen in eine Schüssel legen. In einer kleinen Schüssel das Pfeilwurzelmehl mit 1 EL kaltem Wasser anrühren. In den Sirup geben und wieder zum Kochen bringen, dabei mit einem Holzlöffel ständig rühren.

4 Den Sirup abkühlen lassen, die Zimtstange herausnehmen und den Sirup über die Pflaumen gießen.

Aufbewahren

Wenn Sie frisch geerntete oder gekaufte reife Pflaumen nicht sofort verbrauchen, können Sie sie im Gemüsefach des Kühlschranks etwa 1 Woche lagern. Etwas zu harte Exemplare reifen bei Raumtemperatur rasch nach. Auch im Gefriervorrat sind Pflaumen gut aufgehoben: Die Früchte entsteinen, in Gefrierbeutel packen und bis zu 12 Monate im Eis lagern. Für einen Kuchen die Früchte im gefrorenen Zustand auf den Teig legen, dann backen.

- Mirabellen sind die kleinsten Pflaumen. Die kirschgroßen kugelrunden wachsgelben und rot gepunkteten Früchtchen sind sehr süß, aber nur mäßig saftig. Mirabellen brauchen aufgrund ihrer natürlichen Süße nicht gezuckert zu werden.

Ist der weiße Belag auf Pflaumen schädlich?

Der weiße Wachsfilm schützt Pflaumen von Natur aus vor dem Austrocknen und vor Schäden durch Keime. Beim Kauf sollte er auf jeden Fall noch auf den Früchten sein – ein Zeichen dafür, dass die Pflaumen frisch geerntet sind. Waschen Sie Pflaumen erst kurz vor dem Verzehr.

Ist es notwendig, Pflaumen vorher zu entsteinen, wenn man daraus Konfitüre kocht?

Nein. Wenn Sie die Pflaumen mit Zucker zum Kochen gebracht haben, steigen die Steine von selbst an die Oberfläche und lassen sich mit dem Schaumlöffel leicht abschöpfen. Für ein Kompott, wie im Rezept oben, sollten die Steine vorher entfernt werden.

Pizza

? ***Warum ist mein selbst gemachter Pizzaboden weich und nicht knusprig?***

Wahrscheinlich war die Backunterlage nicht heiß genug. Backofen und Backfläche müssen auf maximale Temperatur vorgeheizt werden. Den Teig am besten auf einen vorgeheizten Pizzastein legen (im Haushaltwarengeschäft erhältlich). Auch eine große unglasierte Tonplatte ist eine gute Möglichkeit. So wird die Pizza am ehesten so knusprig wie im Steinbackofen.

Calzone backen

Eine prima Alternative zur einfachen Pizza ist Calzone – im Prinzip eine zusammengeklappte Pizza, die sich gut transportieren lässt.

1 Die Füllung für die Calzone auf eine Hälfte des ausgerollten Pizzateigkreises geben. Den Teigboden zuvor nicht mit Tomatensauce bestreichen, er würde dann aufweichen. Als Füllung können Sie eine Gemüsemischung oder auch eine dick eingekochte Sauce Bolognese verwenden.

2 Andere Teighälfte über die Füllung klappen. Ränder fest zusammendrücken. Mit den Zinken einer Gabel ein Muster auf den Rand drücken.

Sie können auch eine beschichtete Pizzapfanne mit perforiertem doppeltem Boden verwenden. Durch die zirkulierende Hitze wird der Pizzaboden darin überall schön knusprig.

Falls Sie weder Pizzastein, Tonplatte noch Pizzapfanne besitzen, sollten Sie den Pizzaboden auf das heiße Backblech legen und im Backofen bei der höchsten Temperatur, die Sie einstellen können, etwa 5–8 Minuten vorbacken. Dann erst belegen. Dadurch weicht der Boden nicht so stark durch und bekommt eine dünne Kruste.

Mit einer Holzpizzaschaufel lässt sich Pizza sicher aus dem Ofen holen.

? ***Können Sie mir einen Pizzabelag empfehlen, der der ganzen Familie schmeckt?***

Wenn Sie für mehrere Personen mit unterschiedlichen Vorlieben eine Pizza backen möchten, sollten Sie sie in Hälften oder Viertel aufteilen. Einen Teil belegen Sie beispielsweise mit pikanten, scharfen Zutaten – wie Paprikasalami und Peperoni, ein anderes mit Schinken und Oliven oder Sardellen und Kapern, und natürlich dürfen Meeresfrüchte wie Muscheln, Tintenfisch und Garnelen nicht fehlen. Kinder bevorzugen meist einen milderen Belag. Dafür bieten sich Tomaten, Champignons und Käse an. Auch die süß-pikante Kombination Ananas und Schinken sollte auf einer „Pizza für jeden Geschmack“ nicht fehlen. Bevor Sie die Pizza belegen, sollten Sie den ausgerollten Pizzateig eventuell vorbacken (siehe oben) und mit Tomatensauce bestreichen.

? ***Welche Käsesorten außer Mozzarella kann ich für Pizza noch verwenden?***

Zum Pizzabacken gibt es einige gut geeignete Käsesorten. Gorgonzola, Gouda, Fontina, Greyerzer und Ziegenkäse schmelzen gut und sind eine interessante geschmackliche Alternative zu Mozzarella. Sie können auch ein paar Löffel Ricotta auf der Pizza verteilen und dann alles mit etwas Parmesan bestreuen. Im Rezept auf der nächsten Seite finden Sie eine Kombination von kräftigem Ziegenkäse und Walnüssen.

Pizzateig

Für 2 Pizzas (je 30 cm Ø)
Vorbereitungszeit: 20 Minuten
Backzeit: 15 Minuten

10 g frische Hefe oder
7 g Trockenhefe
125 ml lauwarmes Wasser
250 g Mehl
1/2 TL Salz
1 EL Olivenöl

1 Backofen auf 240 °C vorheizen. Pizzastein, unglasierte Tonplatte oder Backblech auf der oberen Schiene im Ofen erhitzen.

2 Frische Hefe im Wasser auflösen. Mehl und Salz (und eventuell die Trockenhefe) in einer Schüssel mischen. Eine Mulde in die Mitte drücken. Öl und Hefewasser zugeben. Zuerst alles mit einer Gabel verrühren, dann mit den Händen zu einem Teig verarbeiten.

3 Auf einer bemehlten Fläche den Teig 5 Minuten kneten, bis er weich und glatt ist. Zu zwei gleich großen Kugeln formen, auf ein bemehltes Brett legen, mit einem Tuch bedecken und 15 Minuten gehen lassen, bis sich das Volumen verdoppelt hat.

4 Eine Teigkugel auf einer bemehlten Fläche zu einem 30 cm großen Kreis ausrollen; auf eine bemehlte Pizzaschaufel legen. Oder den Teig in eine gefettete, bemehlte runde Pizzaform bzw. in eine beschichtete Pizzapfanne legen.

5 Die Pizza belegen und sofort im heißen Ofen backen. Wenn Sie eine Pizzaschaufel verwenden, die Pizza zuerst ein paar Mal hin- und her rütteln, damit sie nicht anklebt, und dann den Teig auf den Pizzastein oder ein Backblech gleiten lassen. Die Pizza 15 Minuten backen.

VARIANTE
Wenn Sie mehrere Pizzas zubereiten wollen, können Sie die Pizzaböden mit einer dünnen Schicht Tomatensauce 7 Minuten backen, herausnehmen und beiseitestellen. Die Pizza kann später belegt und fertig gebacken werden.

Die milden roten Zwiebeln verleihen dieser Pizza mit Ziegenkäse und Rosmarin eine angenehme Süße.

Pizza mit Zwiebeln, Ziegenkäse und Rosmarin

Für 2 Pizzas (je 30 cm Ø)
Vorbereitungszeit: 40 Minuten
Backzeit: 15–20 Minuten pro Stück

30 g Butter, 2 EL Olivenöl
4 große rote Zwiebeln, in dünne Ringe geschnitten
1 Prise Zucker
Salz und schwarzer Pfeffer
Grundrezept Pizzateig (siehe Rezept links)
175 g fester Ziegenkäse, zerkrümelt
90 g Walnusskerne, gehackt
1 TL sehr fein gehackter Rosmarin

1 Butter und Öl in einer großen Pfanne erhitzen. Zwiebeln mit der Prise Zucker hineingeben, mit Salz und Pfeffer würzen und mehrere Minuten unter Rühren braten.

2 Die Pfanne mit dem Deckel schließen und die Zwiebeln bei schwacher Hitze 3 Minuten schmoren lassen. Den Deckel abnehmen und die Zwiebeln etwas bräunen lassen. Mit Salz und Pfeffer würzen. Pizzateig zubereiten; 15 Minuten gehen lassen. Inzwischen den Backofen auf 240 °C vorheizen.

3 Den Teig halbieren. Jede Hälfte zu einem 30 cm großen Kreis ausrollen. Die Zwiebeln auf die Pizzas verteilen, dann mit Käse, Walnüssen und Rosmarin bestreuen. Die Pizzas etwa 15 Minuten backen.

VARIANTE
Anstelle der Zwiebelringe in Ringe geschnittenen Lauch verwenden.

? ***Für eine Feier möchte ich Pizzastückchen als Häppchen anbieten, habe aber keine Lust, zu viel Zeit darauf zu verwenden. Pizzaservice lehne ich ab.***

Um nicht die ganze Zeit in der Küche zu verbringen, sollten Sie eventuell auf Teilfertigprodukte zurückgreifen: Es gibt im Kühlregal des Supermarkts aufgerollten Hefeteig für Pizza, der frei von Konservierungsstoffen ist. Diesen brauchen Sie nur auf dem Backblech aufzurollen und dann zu bestreichen. Für Pizzahäppchen genügt es, den Teig mit Tomatensauce zu bestreichen und mit Käse zu bestreuen. Vor allem schmecken diese Häppchen auch noch, wenn sie abgekühlt sind.

Sie können natürlich auch am Abend vor dem Fest den Hefeteig machen und gut verpackt im Kühlschrank lagern. Nehmen Sie ihn aber rechtzeitig heraus, damit er Raumtemperatur annimmt und aufgeht. Im Umluftofen backen mehrere Pizzas parallel, sie werden dann allerdings nicht so knusprig wie einzeln bei Ober- und Unterhitze gebackene.

? ***Ich esse gern Pizza, habe aber nicht immer Zeit, mir eine zu backen. Und die fertigen TK-Pizzas schmecken mir nicht. Gibt es eine Zeitspar-Variante?***

Wenn Sie ein Tiefkühlgerät besitzen, aber keine industriell hergestellte Pizza mögen, müssen Sie nicht unbedingt in der Pizzeria essen gehen oder den Pizzaservice in Anspruch nehmen.

Bestellen Sie in Ihrer Pizzeria ein paar Pizzas entsprechend Ihren Wünschen auf Vorrat. Sagen Sie dem Pizzabäcker aber unbedingt, dass er die Pizzas nicht ganz fertig backen soll. Die halbfertig gebackenen Pizzas lassen Sie zu Hause auskühlen und verpacken Sie luftdicht in Alufolie oder (beispielsweise in Stücke geschnitten) in Gefrierbeutel.

Nach Bedarf backen Sie eine Pizza im eigenen Ofen bei hoher Temperatur fertig. Dabei bleibt selbst das typische Holzofen-Aroma weitgehend erhalten. Kleinere Pizzastücke lassen sich auch auf dem Toaster aufbacken.

Plundergebäck

Werden Kopenhagener aus Blätterteig gemacht?

Nein, dieses Gebäck wird aus einem speziellen Hefeteig (Plunderteig) hergestellt. Der Teig wurde in Dänemark von Wiener Bäckern eingeführt, weshalb das Gebäck dort auch „Wienerbrød" heißt; dieser Name erinnert an seinen wahren Ursprung. Während eines Streiks der Kopenhagener Bäcker vor etwa 100 Jahren ließen ihre Arbeitgeber Bäcker aus Wien kommen. Deren Verfahren, kalte Butter in den Hefeteig zu falten und ihn dann auszurollen, wurde bald von den Dänen übernommen.

Sind Plunderteilchen (Kopenhagener) sehr schwierig selbst zu machen?

Um Plundergebäck herzustellen, brauchen Sie Zeit und etwas Geschick. Denn Sie benötigen dafür einen speziellen Hefeteig, der im Prinzip ähnlich gemacht wird wie Blätterteig, indem zwischen mehrere Teigschichten Mehlbutter gerollt wird. Wichtig beim Ausrollen ist, dass die Mehlbutter nicht durch den Hefeteig quillt, damit der gebackene Teig später schön blättrig ist.

Rollen Sie die Teigrolle mit kurzen Bewegungen nach vorn und hinten über den Teig. Falls der Teig zu klebrig erscheint, bestäuben Sie ihn mit etwas Mehl, dann bedecken Sie ihn mit Frischhaltefolie und lassen ihn im Kühlschrank ruhen, bis er fest ist.

Sie können den Teig gut im Voraus zubereiten, anschließend in einen Gefrierbeutel packen und für mehrere Stunden oder über Nacht in den Kühlschrank geben. Ein einfaches Grundrezept für Plunderteig finden Sie rechts.

Gut zu wissen

Für Plunderteig sollten Hefeteig und Mehlbutter bei der Verarbeitung die gleiche Temperatur und Festigkeit haben. Die Teigränder werden mit Wasser bestrichen, damit sie über der Butter zusammenhalten.

Für diese leckeren Hörnchen den Teig wie rechts im Kasten beschrieben schneiden, füllen und formen. Auf ein gefettetes oder mit Backpapier belegtes Backblech legen und gehen lassen, dann mit etwas Eigelb bepinseln und im 200 °C heißen Ofen in 15–20 Minuten hellbraun backen.

Grundrezept Plunderteig

Für etwa 16 Windräder,
30 Schnecken oder 16 Hörnchen
Vorbereitungszeit: 1 Stunde,
plus 4 Stunden Kühlzeit
Backzeit: 15–20 Minuten

Für den Teig:
1 Würfel frische Hefe (42 g)
250 ml Milch
600 g Mehl, mehr zum Arbeiten
70 g weiche Butter
70 g Zucker
1 Ei, 2 Eigelb
1 TL Salz
abgeriebene Schale von 1/2 Zitrone
Puderzucker zum Bestreuen
Für die Mehlbutter:
300 g weiche Butter
60 g Mehl

1 Hefe in etwas lauwarmer Milch auflösen. Mehl, Butter, Zucker, Ei, ein Eigelb, Salz und Zitronenschale mit der restlichen Milch und der Hefemilch zu einem glatten Teig verkneten. In Folie wickeln; 2–3 Stunden im Kühlschrank ruhen lassen.

2 Für die Mehlbutter die weiche Butter mit dem Mehl verkneten. Daraus ein 15 × 30 cm großes Rechteck formen. Den gekühlten Hefeteig zu einer größeren Fläche ausrollen. Die Mehlbutter mittig darauflegen und den überstehenden Teig darumschlagen.

3 Diesen Block zu einer Platte von 35 × 50 cm ausrollen. Diese zusammenlegen, indem das äußere Drittel über das mittlere geklappt und dann das letzte Drittel darübergeschlagen wird. Das Ganze 15 Minuten kalt stellen. Den gekühlten Teig wie beschrieben wieder zu einer Platte ausrollen, zusammenlegen und kühlen. Anschließend noch einmal ausrollen, falten und kalt stellen.

4 Die Arbeitsfläche mit Mehl bestreuen. Den Teig darauf zu einem 60 × 40 cm großen Rechteck ausrollen. Nun kann man je nach Rezept den Teig schneiden, formen und backen.

Ist Plunderteig nur eine andere Bezeichnung für Blätterteig?

Nein. Es handelt sich um zwei verschiedene Teige, die aber nach der gleichen Methode hergestellt werden. Die „blättrige“ Struktur von Blätterteig- und Plunderteiggebäck erreicht man, indem man einen festen und geschmeidigen Teig mehrfach dünn ausrollt und in Lagen zusammenfaltet. Im Vergleich zu Plunderteig, der Hefe als Triebmittel enthält, ist Blätterteig (auch Feuilletage genannt) eine Teigart, deren Trieb ausschließlich physikalisch zustande kommt. Eingearbeitete Fettschichten sorgen während des Backvorgangs dafür, dass das beim Backen verdampfende Wasser nicht aus dem Teig entweichen kann – das Gebäck bläht sich dadurch auf.

Warum finde ich in meinen Backbüchern keine Rezepte für Croissants?

Es ist sehr schwierig, Croissants im eigenen Backofen so blättrig und zart hinzubekommen, wie es der Bäcker schafft. Als Alternative können Sie Plunderhörnchen backen, sie ähneln Croissants und schmecken ebefalls wirklich gut.

Die Qualität von Croissants ergibt sich aus der Butter-Mehl-Mischung sowie dem Backofen, in dem die Hörnchen gebacken werden.

Verlassen Sie sich bei Croissants besser auf die Kunst der Bäcker. Auch in Frankreich kauft man die knusprigen Teilchen beim Bäcker, anstatt sie selbst zu machen.

Mir fällt als Füllung für Kopenhagener immer nur Konfitüre ein. Können Sie mir eine andere schnell gemachte Variante empfehlen?

Probieren Sie eine mit Mandeln oder Haselnüssen. Zum Füllen von 16 Windrädern oder Hörnchen (siehe Kasten rechts) mischen Sie 25 g gemahlene Mandeln oder Nüsse und 30 g Zucker, dann fügen Sie einen Tropfen Mandelaroma und ein kleines Eiweiß zu. Wenn Sie aus dem Teig Schnecken formen und füllen möchten, benötigen Sie die doppelte Menge an Füllung und außerdem noch 2 EL Sultaninen.

Plundergebäck formen und füllen

Windräder

Die vorbereitete Teigplatte (siehe Grundrezept links) in 10 cm große Quadrate schneiden. Die Teigquadrate von jeder Ecke aus bis 1 cm von der Mitte entfernt einschneiden.

1 Von der Mandelfüllung 1 TL abnehmen, zu einer Kugel formen und auf die Mitte jedes Teigstücks setzen.

2 Jede zweite Teigspitze in die Mitte über die Füllung klappen, sodass die Spitzen übereinanderliegen. Andrücken.

Schnecken

Die vorbereitete Teigplatte so halbieren, dass zwei Rechtecke entstehen. Zuerst eine Teighälfte etwas dünner ausrollen.

1 Mandelfüllung auf der ausgerollten Teigplatte verstreichen, dann die Füllung mit Rosinen bestreuen. Teig von der Längsseite her aufrollen; quer in 2,5 cm dicke Scheiben schneiden; auf ein gefettetes Backblech legen.

2 Die Teigscheiben mit der Hand leicht flach drücken. Nun die andere Teighälfte etwas dünner ausrollen, ebenfalls füllen, aufrollen, in Scheiben schneiden, auf ein zweites Backblech legen und flachdrücken.

Hörnchen

Den vorbereiteten Teig halbieren, eine Hälfte beiseitelegen. Die andere kreisförmig ausrollen. Mithilfe eines 20 cm großen Tellers einen Kreis ausschneiden. Diesen in vier Dreiecke schneiden.

1 Von der Füllung 1 gehäuften TL auf jedes Teigdreieck setzen. Die Füllung auf den hinteren, breiteren Bereich jedes Teigstücks platzieren.

2 Jedes Dreieck vom runden, breiten Ende her aufrollen, dann zu einem Hörnchen formen; den restlichen Teig genauso verarbeiten.

Pochieren

Was ist der Unterschied zwischen Pochieren und Kochen?

Die beiden Garmethoden unterscheiden sich grundsätzlich in den Temperaturen der Garflüssigkeiten. Beim Kochen beträgt die Temperatur über 100 °C (das Wasser kocht sprudelnd), beim Pochieren muss sie darunter liegen – so etwa bei 75 °C. Das Wasser ist sehr heiß, darf aber auf keinen Fall kochen.

Pochieren ist im Vergleich zum Kochen eine sanfte Garmethode, bei der das Gargut langsam gar zieht. Geschmack und Struktur des jeweiligen Lebensmittels bleiben so weitestgehend erhalten. Der Geschmack kann sogar durch die entsprechende Garflüssigkeit noch verbessert werden. Pochiert werden Eier (verlorene Eier), Fisch im Ganzen und Fischstücke, Geflügel, Fleisch (z. B. Filet), aber auch Gemüse und Obst.

Ich finde es sehr schwierig, die Temperatur für die Pochierflüssigkeit zu halten. Gibt es einen guten Trick?

Zunächst einmal ist es wichtig, die richtige Pochiertemperatur überhaupt zu erreichen. Bringen Sie die Flüssigkeit dafür bei starker Hitze am besten erst einmal zum Kochen, und lassen Sie sie anschließend langsam bei schwacher Hitze nur noch sieden. Erst dann wird das Gargut dazugegeben. Manchmal soll man die zu garende Zutat allerdings schon in die kalte Flüssigkeit legen – richten Sie sich nach der Angabe im Rezept. Um die Flüssigkeit während des Pochierens unter dem Siedepunkt zu halten, können Sie, falls nötig, etwas kalte Flüssigkeit zugeben.

Kann ich Pochiertes in der Flüssigkeit abkühlen lassen?

Ja. Pochiertes wie Fisch, Geflügel und Fleisch können Sie gut in der Pochierflüssigkeit abkühlen lassen; das schützt das jeweilige Produkt vor dem Austrocknen und verbessert eventuell auch noch den Geschmack. Weil die Zutat dabei noch nachgart, sollten Sie ein paar Minuten von der Pochierzeit abziehen.

Lebensmittel, die nur eine kurze Pochierzeit benötigen (z. B. Fischsteaks oder -koteletts), können Sie in heißer Flüssigkeit komplett ohne weitere Energiezufuhr im zugedeckten Topf gar ziehen lassen. Dafür den Garsud aufkochen, den Topf vom Herd nehmen, die Zutat hineinlegen und langsam gar ziehen lassen.

Pommes frites

Wie kann man knusprige Pommes frites mit niedrigem Fettgehalt zuzubereiten?

In heißem Fett frittierte Pommes frites sind in der Tat sehr fett und damit kalorienreich. Es gibt jedoch mehrere figurfreundliche Methoden, knusprige Kartoffelstäbchen zuzubereiten.

Beginnen Sie mit der Wahl der Kartoffelsorte: Normalerweise nimmt man zur Herstellung von Pommes frites mehligkochende Kartoffeln, die viel Fett aufsaugen. Verwenden Sie stattdessen festkochende Kartoffeln, die weniger Fett aufnehmen. Schälen Sie die Knollen vorher nicht, denn die Schale lässt das Fett nicht in die Kartoffel dringen, außerdem liefert sie Ballaststoffe. Und: Schneiden Sie die Kartoffeln in dicke Spalten statt in dünne Stifte, das verringert die Oberfläche, über die das Fett in die Kartoffel eindringen kann.

Welches Fett ist am besten zum Frittieren geeignet?

Neben Butterschmalz und Kokosfett eignen sich alle Öle und Fette, die einen hohen Gehalt an einfach ungesättigten Fettsäuren haben, wie Olivenöl oder Sonnenblumenöl. Allgemein sollten die Fette und Öle einen geringen Anteil an gesättigten und hoch ungesättigten Fettsäuren haben.

Das Fett muss zum Frittieren die richtige Temperatur haben – nicht zu niedrig, weil sich die Kartoffeln dann mit Fett aufsaugen und nicht knusprig werden, und nicht zu hoch (nicht über 175 °C), weil sich sonst schädliche Stoffe bilden. Pommes frites aus dem Ofen sind eine gute Alternative zu frittierten Kartoffelstäbchen.

Pommes frites aus dem Backofen

Für 4 Portionen
Vorbereitungszeit: 20 Minuten
Backzeit: 40–45 Minuten

500 g große festkochende Kartoffeln
3 EL Sonnenblumenöl
Salz nach Belieben

1 Den Backofen auf 220 °C vorheizen. Die Kartoffeln gründlich abbürsten und trockentupfen, aber nicht schälen. Längs in dicke Spalten schneiden.

2 Die Kartoffelspalten in einer Schüssel mit Sonnenblumenöl und Salz mischen.

3 Die Kartoffeln auf ein Backblech oder in eine große ofenfeste Form geben. 40–45 Minuten backen, zwischendurch 3- bis 4-mal wenden, damit die Pommes frites rundherum gleichmäßig rösten.

4 Kartoffeln aus dem Ofen nehmen. Auf Küchenpapier legen, um überschüssiges Fett abtropfen zu lassen, dann servieren.

VARIANTE

Nach dieser Methode können Sie auch gewürzte Kartoffelecken zubereiten. Bestreuen Sie vor dem Backen die Kartoffeln z. B. mit getrockneten Kräutern und Knoblauch, als Öl sollten Sie Olivenöl verwenden.

Dick geschnittene Kartoffelspalten, vor dem Backen kurz in Öl und Salz gewendet, schmecken nicht nur hervorragend, sie sind auch viel gesünder als in Fett frittierte Pommes frites.

Punsch & Bowle

Auf einem Sommerfest wurde mir Punsch angeboten. Ich war etwas überrascht – gibt es wirklich kalten Punsch?

Im englischsprachigen Raum wird der Begriff „Punch" sowohl für heiße als auch für kalte alkoholische Mixgetränke mit und ohne Früchte verwendet. Mittlerweile bezeichnen vor allem jüngere Leute deshalb Bowle auch als Punsch. Vermutlich meinte Ihr Gastgeber eine Früchtebowle.

Ich erinnere mich an die Bowlen, die meine Eltern für größere Feste angesetzt hatten. Sie waren sehr alkoholreich. Muss so viel Alkohol wirklich sein?

Nein, absolut nicht. Das alkoholreichste an einer Bowle sind meist die Früchte, die sich mit Wein oder einer Spirituose (z.B. Rum) vollsaugen. Dies kann man vermeiden, indem die Früchte nicht in einer alkoholischen Flüssigkeit, sondern beispielsweise in einer Mischung aus Zitronensaft und Honig ziehen. Aufgegossen werden sie schließlich mit Wein und Sekt – und auch hier lässt sich leicht Alkohol einsparen: Mineralwasser verleiht dem Getränk eine ebenso prickelnde Note wie Sekt.

Eine alkoholfreie Bowle lässt sich herstellen, indem Sie in Sirup oder Honig marinierte Früchte mit Saft und Mineralwasser aufgießen.

Als Grundlage für eine alkoholfreie Bowle bietet sich auch Früchtetee an. In den heißen Tee gibt man eine Zimtstange und lässt ihn abkühlen. Vor dem Servieren fügt man Apfel-, Orangen- und Ananasstücke zu und gießt das Ganze mit eiskaltem Saft (Orangen- und/oder Johannisbeersaft) auf. Mit Zucker oder Honig nach Geschmack süßen. Kurz vor dem Servieren Mineralwasser dazugießen und Eiswürfel hineinfüllen.

Was kann ich mit übriggebliebenen Bowlenfrüchten machen?

Servieren Sie sie als Kompott zu Quark- und Joghurtcremes, Vanillepudding oder Eiscreme, oder belegen Sie einen Kuchen damit.

Die mit Zimt und Nelken gewürzte eisgekühlte Früchtebowle schmeckt nicht nur an heißen Sommertagen.

Erfrischende Früchtebowle

Für etwa 2 l
Zubereitungszeit: 30 Minuten,
plus 3 Stunden Kühlzeit

1 große Orange
2 große Zitronen
125 g Zucker
1 Zimtstange (etwa 7,5 cm lang)
4 Gewürznelken
200 g geschälte Ananas, in Würfel geschnitten
150 ml Weinbrand, 150 ml Rum
1 Limette, in dünne Scheiben geschnitten
750 ml gut gekühlter Rotwein (z.B. Shiraz)
1 Flasche Mineralwasser
Eiswürfel

1 Orange und Zitronen unter heißem Wasser waschen; trockenreiben. Die Schale von der Orange und einer Zitrone dünn abschälen, dann Orange und Zitrone auspressen. Die zweite Zitrone in dünne Scheiben schneiden.

2 In einem Topf 600 ml Wasser erhitzen. Orangen- und Zitronenschale, Zucker, Zimtstange und Nelken zugeben. Bei mittlerer Hitze erwärmen, bis sich der Zucker aufgelöst hat, dann zum Kochen bringen und 2 Minuten kräftig kochen lassen. Vom Herd nehmen, zudecken und abkühlen lassen. 3 Stunden kalt stellen.

3 Ananas, Orangen- und Zitronensaft, Weinbrand und Rum sowie Zitronen- und Limettenscheiben in ein Bowlengefäß oder einen Krug geben. Mit Klarsichtfolie bedecken und kühl stellen.

4 Etwa 1 Stunde vor dem Servieren den gewürzten Zuckersirup durch ein Sieb zum Bowlenansatz geben. Den Wein zugießen, umrühren und kalt stellen. Kurz vor dem Servieren die Bowle mit sehr kaltem Mineralwasser aufgießen und Eiswürfel zugeben.

Gibt es ein Grundrezept für heißen Punsch oder Zutaten, die unbedingt hineingehören?

Punsch, wie wir ihn heute kennen, geht auf ein Rezept zurück, das Seeleute im 17. Jhd. aus Indien nach Europa mitbrachten. Punsch leitet sich von dem Hindi-Wort Panch ab und bedeutet fünf. Panch bezieht sich auf die Anzahl der Zutaten, die das indische Getränk kennzeichneten. Dies waren Arrak, Zitrone, Gewürze, Zucker und Tee.

Im Lauf der Jahrhunderte haben sich unzählige Rezepte für Punsch entwickelt. Statt Arrak wird Rum genommen, Zitrone wird mit Orangen ergänzt, Tee wird durch Fruchsaft oder Rotwein ersetzt usw. Der ursprüngliche Punsch (Panch) ist ein Teepunsch. Probieren Sie einmal die Rezept-Variante rechts aus.

Welche Gewürze gehören in einen Punsch?

Gut passen Ingwer, Kardamom, Nelken, Zimt, Anis und Muskatnuss. Tipp: Zerkleinern Sie größere Gewürze grob (Zimtstange und Ingwer); füllen Sie alle Gewürze in einen Papierteefilter. So können die Gewürze nach Belieben im Punsch ziehen und anschließend leicht herausgenommen werden.

Indischer Teepunsch

Für etwa 2 l
Zubereitungszeit: 20 Minuten

1 EL Assamtee
50 g brauner Zucker
Saft von 2 Orangen
2 Gewürznelken
1 Sternanis
3 Zimtstangen
1 l Rotwein
500 ml Arrak oder Rum
1 Zitrone, 1 Orange

1 Den Tee mit 500 ml kochend heißem Wasser aufbrühen und 4 Minuten ziehen lassen, dann abgießen.

2 Den Tee mit Zucker, Orangensaft und den Gewürzen in einen großen Topf geben und aufkochen. Ein paar Minuten bei schwacher Hitze köcheln lassen.

3 Rotwein und Arrak oder Rum zugießen und alles erhitzen; nicht aufkochen. Gewürze entfernen.

4 Zitrone heiß abwaschen; die Schale dünn in Spiralen abschälen. Orange quer in Scheiben schneiden. Zitronenschale und Orangenscheiben zum Punsch geben. Nach Belieben nachsüßen. Heiß servieren.

An kalten Tagen ist Teepunsch genau das richtige Getränk zum Aufwärmen.

Pürees

Ich liebe Kartoffelpüree. Können Sie mir andere interessante Ideen für Pürees empfehlen?

Fast jedes gekochte Gemüse kann zu einem köstlichen cremigen Püree verarbeitet werden. Dafür wird es entweder mit dem Stabmixer oder in der Küchenmaschine zerkleinert, man kann es aber auch mit dem Kartoffelstampfer zerdrücken – je nachdem, wie fein oder grob das Püree gewünscht wird. Anschließend das Püree würzen und etwas Butter, Sahne oder ein anderes Gemüsepüree untermischen.

Welche Gemüsekombinationen passen für ein Püree sehr gut?

Verschiedene Gemüsesorten können miteinander interessante Pürees ergeben. Dafür sollte jedes Gemüse zunächst separat gegart und püriert werden, damit sich die Aromen individuell entfalten können. Die Pürees erst zum Schluss mischen.

Manche Gemüsesorten wie Möhren, Knollensellerie oder Spinat ergeben ein recht flüssiges Püree. Lassen Sie es unter ständigem Rühren kochen, bis die Flüssigkeit verdampft ist. Sie können aber auch ein paar zerdrückte Kartoffeln untermischen. Pürees lassen sich sehr gut aufwärmen. Hier einige Kombinationen:

- Dicke Bohnen; mit Butter und gehacktem frischem Bohnenkraut.
- Möhren; mit Pfeffer, Zucker und einer Prise geriebenem Ingwer.
- Blumenkohl und Kartoffeln; mit etwas Currypulver oder mit Sahne und Muskatnuss abgeschmeckt.
- Knollensellerie und Kartoffeln; beträufelt mit feinem Trüffelöl.
- Champignons und Zwiebeln; in Tomaten gefüllt, mit Käse bestreut und im Ofen überbacken.
- Erbsen und grüne Bohnen; mit Zwiebeln, Knoblauch, Minze und Zucker gewürzt.
- Kürbis; mit Knoblauch, Pfeffer und saurer Sahne.
- Spinat und Birne; mit Muskatnuss und Sahne, etwas eingekocht.
- Mais und Kartoffeln; mit Eiern und geriebenem Käse gemischt und zu Pfannkuchen ausgebacken.

Quiches

Was ist der Unterschied zwischen einer Quiche und einer Tarte?

Quiche ist die französische Bezeichnung für einen herzhaften Kuchen mit Eier-Sahne-Guss, während eine Tarte eher einem Blechkuchen entspricht (Teig mit Obstbelag ohne Guss). Quiche und Tarte werden beide aus dem gleichen Teig gebacken. Eine Tarte kann herzhaft oder süß belegt sein; eine Quiche hat immer eine herzhafte Füllung.

Das Rezept rechts für Quiche Lorraine ist ein Klassiker, für den es allerdings zahlreiche Variationsmöglichkeiten gibt. Teig und Grundfüllung sind jedoch immer gleich.

Welcher Teig eignet sich am besten für eine Quiche oder herzhafte Tarte?

Für eine Tarte mit herzhafter Füllung wie die Pissaladière auf der nächsten Seite verwendet man am besten einen einfachen Mürbeteig, der aus Butter und Mehl hergestellt wird. Ebenfalls geeignet ist der französische Pâte brisée (wörtlich: zerbrochener Teig), ein Mürbeteig mit einem höheren Butteranteil. Ein Rezept dafür finden Sie auf S. 310.

Für den Teig können Sie unterschiedliche Mehle verwenden – herzhaften Quiches verleiht Vollkornmehl eine nussige Note, während zarte Tartes mit Obstbelag dagegen besser mit weißem Mehl schmecken.

Zum Blindbacken des Quichebodens den Teigboden mit Butterbrotpapier bedecken und mit getrockneten Bohnen oder Erbsen beschweren. So bleibt der Teig beim Backen flach.

Quiche Lorraine

Für 4 Portionen
Vorbereitungszeit: 40 Minuten, plus 40 Minuten Kühlzeit
Backzeit: 55 Minuten

Für den Teig:
185 g Mehl
90 g kalte Butter, in Würfeln
1 1/2 EL sehr kaltes Wasser
Für die Füllung:
8 Scheiben Frühstücksspeck
1 TL Butter
2 große Eier
2 Eigelb
250 g Sahne
1/2 TL Salz
1/2 TL weißer Pfeffer
125 g Emmentaler, gerieben
frische Kräuter zum Garnieren

1 Mehl in eine Schüssel sieben, Butter zugeben. Mehl und Butter mit den Fingerspitzen verreiben. Wasser unterkneten, bis ein fester Teig entstanden ist. Zur Kugel formen, flach drücken, in Alufolie wickeln und für 30 Minuten in den Kühlschrank legen.

2 Backofen auf 200 °C vorheizen. Für die Füllung den Frühstücksspeck In 5 mm große Stückchen schneiden. Die Butter in einer Pfanne zerlassen und den Speck bei mittlerer Hitze darin knusprig und goldbraun braten. Auf Küchenpapier entfetten und beiseitestellen.

3 Eier, Eigelbe, Sahne, Salz und Pfeffer miteinander verquirlen, den geriebenen Käse untermischen.

4 Teig ausrollen. In eine 20 cm große Tarteform legen. Mit Butterbrotpapier bedecken und mit getrockneten Hülsenfrüchten beschweren. Den Teig 10 Minuten blindbacken, Hülsenfrüchte und Butterbrotpapier entfernen. Den Teig weitere 5 Minuten backen.

5 Den Speck auf dem Teigboden verteilen. Die Eiermischung darübergießen. Die Ofentemperatur auf 190 °C reduzieren; 25–30 Minuten backen, bis die Füllung aufgegangen und gestockt ist. Mit Kräutern garnieren und servieren.

Ich möchte einen Tarteboden vorbereiten und einfrieren. Soll ich ihn zuerst backen?

Backen Sie den Tarteboden am besten wie links beschrieben blind. In dieser Form können Sie ihn bis zu 3 Monate lang einfrieren oder luftdicht verpackt 1–2 Tage im Kühlschrank aufbewahren. Ein vorgebackener Teigboden wird beim Fertigbacken schön knusprig, auch wenn er mit einer feuchten Füllung versehen wird.

Meine Familie mag Quiches und Tartes. Doch ich habe nicht immer Zeit, den Teig vorzubereiten. Welchen Fertigteig kann ich statt selbst gemachtem nehmen?

Probieren Sie es mit TK-Blätterteig oder Blätterteig aus dem Kühlregal. Letzteren können Sie, wie er ist, in die Form legen, Sie brauchen nur noch die Füllung darauf zu verteilen und das Ganze zu backen.

Benötige ich eine spezielle Backform zum Backen für Tartes und Quiches?

Klassischerweise werden Tartes und Quiches in einer runden Backform mit gewelltem Rand gebacken, wie Sie auch oft für Obstkuchen verwendet wird. Es gibt sie als Springform aus Metall oder aus Porzellan. Für die Zubereitung der meisten Quiches und Tartes können Sie jedoch auch ein Backblech nehmen – verdoppeln Sie dann die Rezeptzutaten, wenn diese sich auf eine 24–26 cm große runde Form beziehen.

Metall ist ein besserer Wärmeleiter als ofenfestes Porzellan oder Glas. Und der Teig backt besonders schnell in einer Tarteform oder einem Teigring aus Metall, den man auf ein Backblech (ebenfalls aus Metall) setzt.

Gewusst wie

Wenn Sie Quiches und Tartes in Formen aus Porzellan oder ofenfestem Glas backen möchten, sollten Sie ein Backblech im Ofen erhitzen und dann die Form daraufstellen. Dadurch wird sie schneller heiß.

Quicheform mit Teig auslegen

Wenn Sie und Ihre Familie gern Tartes essen, lohnt sich die Anschaffung einer Tarteform aus Metall mit herausnehmbarem Boden. Sie ist nicht sehr teuer und erleichtert die Arbeit beim Backen. Die Tarte lässt sich nach dem Backen ganz einfach herauslösen.

1 Den Teig zu einem so großen Kreis ausrollen, dass er in die Form passt. Der Teig soll dann noch etwa 1 cm über den Rand ragen.

2 Um den Teig in die Form zu legen, diesen mit der Teigrolle locker aufrollen, dann über der Form wieder vorsichtig abrollen.

3 Den Teig nicht zu fest an den unteren Rand der Form drücken, dabei nicht zu stark auseinanderziehen. An den Rändern gut andrücken, dann mit der Teigrolle über die überstehenden Teigränder fahren. Man kann die Teigränder auch mit einem kleinen scharfen Messer abschneiden.

Pissaladière

Für 4–6 Portionen
Vorbereitungszeit: 40 Minuten, plus 40 Minuten Kühlzeit
Backzeit: 55 Minuten

Für den Teig:
185 g Mehl
1 Prise Salz
90 g kalte Butter, gewürfelt
1 1/2 EL kaltes Wasser
Für den Belag:
2 1/2 EL Olivenöl
1 große Zwiebel, fein gehackt
2 Knoblauchzehen, zerdrückt
400 g Pizzatomaten (Dose)
1 EL Tomatenmark
2 EL getrocknete Tomaten in Öl, abgetropft und in Streifen geschnitten
Salz und schwarzer Pfeffer
8 Basilikumblätter
3 EL geriebener Parmesan
50 g Sardellenfilets (Dose), in dünne Streifen geschnitten
50 g schwarze Oliven, halbiert und entsteint

1 Mehl und Salz in eine große Schüssel sieben, die Butter zufügen. Mehl und Butter mit den Fingerspitzen verreiben. Wasser zugeben, alles zu einem festen Teig verkneten. Auf einer leicht bemehlten Fläche den Teig so lange vorsichtig kneten, bis er geschmeidig ist, dann zur Kugel formen. In Folie wickeln; für 20 Minuten in den Kühlschrank legen. Inzwischen den Backofen auf 200 °C vorheizen.

2 Den Teig ausrollen. In eine etwa 24 cm große runde Tarteform mit herausnehmbarem Boden legen. Den Teigboden mit einer Gabel mehrmals einstechen, dann mit Butterbrotpapier bedecken und mit Hülsenfrüchten beschweren. 10 Minuten blndbacken.

3 Anschließend Hülsenfrüchte und Papier entfernen; den Tarteboden weitere 10 Minuten backen. Abkühlen lassen, dann für 15–20 Minuten in den Kühlschrank stellen.

4 Für den Belag 2 EL Öl erhitzen. Zwiebel und Knoblauch darin glasig dünsten. Pizzatomaten, getrocknete Tomaten, etwas Salz und Pfeffer zufügen. Aufkochen und etwa 20 Minuten köcheln lassen, bis die Sauce etwas eingekocht ist. Basilikumblätter zerrupfen und untermischen. Abschmecken.

5 Den Tarteboden mit der Tomatenmischung füllen. Mit Parmesan bestreuen, dann Sardellenstreifen und Olivenhälften auf der Tarte verteilen. Mit dem restlichen Olivenöl beträufeln.

Tomaten, Sardellen, Basilikum, Oliven und Knoblauch bilden den Belag für die berühmte Pissaladière – Pizza auf französische Art.

Quinoa ist die Grundlage für diesen pikant-aromatischen Salat. Der leicht bittere Geschmack des Getreides wird durch süßliche Paprikaschoten ausgeglichen.

Quinoa

? *Ich habe im Bio-Regal meines Supermarkts Quinoa entdeckt. Was ist das, wie bereitet man es zu?*

Quinoa ist ein kleines Korn (es handelt sich genauer gesagt um die Samenkörner eines Gänsefußgewächses), das wie Getreide verwendet wird. Es wächst in den Andenregionen Südamerikas, in denen Getreide nicht mehr gedeihen kann. Quinoa schmeckt ähnlich wie Reis und wird deshalb auch Perureis genannt. Quinoa ist eiweißreich.

Ihren recht bitteren Geschmack verlieren die Körner größtenteils durch gründliches Waschen – die Bitterstoffe sitzen nämlich an der Oberfläche. Durch Garen quellen die Körner zu doppelter Größe auf.

Quinoa kann als Beilage und Suppeneinlage, für Füllungen und Bratlinge benutzt werden. Als Salat (wie im Rezept rechts) oder, mit Zucker gesüßt, zum Frühstück ist es ebenso köstlich. Am besten weicht man die Körner ein paar Stunden ein und dämpft sie dann 8–12 Minuten.

Quinoasalat mit gegrillten Paprikaschoten

Für 4 Portionen
Vorbereitungszeit: 20 Minuten, plus Einweichzeit über Nacht
Garzeit: 25 Minuten

250 g Quinoa
2 gelbe oder rote Paprikaschoten
90 ml Olivenöl
1 Zwiebel, gehackt
1 Knoblauchzehe, zerdrückt
1 kleine rote Chilischote, entkernt und gehackt
1 TL gemahlener Koriander
1 TL gemahlener Kreuzkümmel
1/2 TL gemahlener Zimt
2 Tomaten, geschält, entkernt und gehackt
2 EL Rotweinessig
2 EL gehacktes Koriandergrün
Salz und schwarzer Pfeffer

1 Quinoa waschen und in einer Schüssel mit kaltem Wasser bedeckt über Nacht einweichen. Am nächsten Tag die Paprikaschoten 15–20 Minuten im heißen Backofen rösten oder grillen, dabei mehrmals umdrehen (siehe S. 232). Schoten auf einen Teller legen, bedecken und abkühlen lassen. Während die Paprikaschoten im Ofen rösten, das Quinoa abgießen.

2 Einen Dämpfeinsatz mit einem Passiertuch auslegen; die Körner hineinfüllen. Zugedeckt über Wasserdampf 10 Minuten dämpfen, bis sie aufgequollen und weich sind. In einer Pfanne 2 EL Öl erhitzen und darin Zwiebel, Knoblauch, Chilischote und Gewürze 5 Minuten anbraten. Tomaten und Quinoa in eine große Schüssel geben, Zwiebelmischung aus der Pfanne zugeben und unterheben.

3 Die Paprikaschoten über einer Schüssel abziehen und von den Samen befreien. Fruchtfleisch hacken und unter die Zutaten in der Schüssel mischen. Abgetropften Paprikasaft, restliches Olivenöl, Essig und Koriandergrün zufügen; salzen und pfeffern. Warm oder kalt servieren.

Quitten

? ***Jedes Jahr im Oktober schenkt mir meine Freundin eine große Tüte voll Quitten aus Ihrem Garten. Was kann ich aus den Früchten machen außer Gelee?***

Aufgrund ihres äußerst hohen Pektingehalts sind Quitten natürlich prädestiniert für die Geleeherstellung. Doch Sie können daraus ein Kompott kochen, genau wie aus Äpfeln und Birnen. Ebenso lassen sie sich hervorragend in Spirituosen (z. B. Weinbrand) einlegen und passen in dieser Form gut als Beilage zu Wild oder Lammfleisch. Rechts finden Sie ein Rezept für eine Torte, und nicht zu vergessen ist das Quittenbrot. Dabei handelt es sich nicht um Brot, sondern um ein Konfekt, das gern zu Käse serviert wird.

Hier die Anleitung: Quittenmus (durchpassiertes gekochtes Quittenfruchtfleisch) mit der gleichen Gewichtsmenge Zucker unter Rühren aufkochen, dann unter Rühren etwa 2 Minuten köcheln lassen. Am besten das tiefe Backblech mit Backpapier belegen; die Quittenmasse 1–2 cm dick daraufstreichen. Nun das Ganze mehrere Tage trocknen lassen. Dann in kleine Stücke schneiden, nach Belieben in Zucker wälzen und in einer Dose aufbewahren.

? ***Ich esse gern Quitten, scheue aber etwas den Aufwand, diese Früchte vorzubereiten. Gibt es Tricks, das zu umgehen?***

Quitten sind sehr harte Früchte, die sich schwierig schälen und putzen lassen, da haben Sie Recht. Sie können sich die Arbeit etwas erleichtern, indem Sie Ouitten mit einem scharfen Sparschäler wie einen Apfel schälen. Vorher eventuell den Flaum abreiben. Für Gelee oder Mus sollten Sie die Früchte allerdings nicht vorher schälen, denn die Schale sorgt für mehr Aroma und Farbe.

Das Kerngehäuse lässt sich aus gegarten Früchten leichter herausschneiden als aus rohen. Kochen Sie die geviertelten Früchte zuerst, und entfernen Sie dann das Kerngehäuse. Die Kerne geben den Quitten während des Garens zusätzlich Aroma.

Quitten beweisen ihre Vielseitigkeit u. a. mit dieser raffinierten Torte: Unter einer knusprigen Mandelschicht verbirgt sich aromatisches Quittenmus.

Quittenmustorte mit Mandelkruste

Für 1 Springform (26 cm Ø)
Vorbereitungszeit: 1 Stunde,
plus 50 Minuten Kühlzeit
Backzeit: 55–60 Minuten

200 g Mehl
1 TL Backpulver
50 g gemahlene Haselnusskerne
1 Prise Salz, gemahlener Zimt
130 g kalte Butter, mehr für die Form
300 g Zucker
3 Eier
1 kg Quitten
2 Zitronen
2 Eigelb
120 g gemahlene Mandeln
50 g Semmelbrösel
Puderzucker zum Bestäuben

1 Für den Teig Mehl, Backpulver, Nüsse, Salz und 1 Messerspitze Zimt mischen. 100 g Butter in Stückchen sowie 75 g Zucker und 1 Ei zugeben. Alles zu einem Mürbeteig verkneten. Teig zur Kugel formen, etwas flach drücken, in Folie wickeln und 30 Minuten kühl stellen.

2 Quitten abreiben, waschen und achteln. In einen Topf füllen. Zitronen heiß waschen und trockenreiben. Von einer Zitrone ein Stück Schale dünn abschneiden, dann die Frucht abreiben. Abgeriebene Schale beiseitestellen. Beide Zitronen auspressen. Zitronensaft und Schalenstück zu den Quitten geben. Die Quitten zugedeckt in 30–40 Minuten weich kochen.

3 Quitten durch ein feines Sieb streichen. Siebinhalt wegwerfen. Quittenmus mit 100 g Zucker verrühren. Springform fetten. Teig ausrolllen und die Form damit auskleiden, dabei einen 2 cm hohen Rand formen. Die ausgekleidete Form 20 Minuten kühl stellen.

4 Backofen auf 200 °C vorheizen. 2 Eier, die Eigelbe, 75 g Zucker und die abgeriebene Zitronenschale zu einer helllen Creme schlagen. Dann 100 g Mandeln und 4 EL Quittenmus untermischen.

5 Das restliche Quittenmus etwa fingerdick auf den kalten Teigboden streichen. Den Mandelguss darüber verteilen. Kuchen im heißen Ofen 40 Minuten backen.

6 Inzwischen Semmelbrösel, restliche Mandeln (20 g), 50 g Zucker und 1/2 TL Zimt mischen. Kuchen damit bestreuen. 30 g Butter in Flöckchen daraufsetzen.

7 Den Kuchen weitere 15–20 Minuten backen. Aus dem Ofen nehmen, abkühlen lassen. Vor dem Servieren mit Puderzucker bestäuben.

Radieschen

Welche Radieschen sind die besten?

Radieschen schmecken am besten, wenn sie Saison haben, also im Sommer. Es gibt runde rote Radieschen sowie längliche weiße oder rotweiße. Die länglichen weißen Radieschen sind besonders scharf. Rote Radieschen sind gut, wenn sie keine Flecken haben.

Kaufen Sie Radieschen im Bund mit Blättern, denn die Blätter sind ein guter Frische-Indikator. Radieschen können für einen grünen Salat in dünne Scheiben geschnitten werden, aber am besten schmecken sie auf französische Art als erster Gang mit Baguette, Butter und Meersalz. Sie passen auch gut zu kaltem Braten.

Was ist Daikon-Rettich, und wie wird er verwendet?

Daikon ist eine Rettichsorte, die vom Geschmack her stark an rote Radieschen erinnert. Er wird auch japanischer oder chinesischer Rettich genannt. Er ist weiß, länglich und schlank, sieht also deutschem Rettich, aber auch Petersilienwurzel oder Pastinake ähnlich.

Roher Daikon passt geschält und gerieben oder gehobelt gut in Salate. Eingelegter Daikon ist in der japanischen Küche sehr beliebt. Sie können Daikon auch warm servieren. Dafür den Rettich in Scheiben schneiden, mit Salz bestreuen und 30 Minuten ziehen lassen – das Salz zieht die scharfen Geschmacksstoffe aus dem Rettich. Rettichscheiben anschließend in einem Sieb mit Wasser abspülen; abtropfen lassen. Dämpfen, bis die Scheiben weich sind; heiß mit etwas Butter oder Olivenöl servieren.

Pannenhilfe

Radieschen, die etwas welk sind, werden wieder knackig, wenn man sie kurz in eine Schüssel mit Eiswasser gibt. Wenn sie sehr weich, schrumplig und glanzlos sind, kann man sie allerdings nur noch entsorgen.

Ravioli

Muss ich zu Ravioli unbedingt eine Sauce servieren?

Nein, das brauchen Sie nicht. Die kleinen Teigtaschen schmecken auch mit zerlassener Butter, die mit ein paar frischen Salbeiblättern aromatisiert wurde, wunderbar. Auch eine Kombination aus Sahne und zerlassener Butter passt gut. Diese Mischung lässt sich prima mit einem kräftigen, aromatischen und sahnigen Käse wie z. B. Gorgonzola anreichern. Auch eine leichte Tomatensauce verträgt sich sehr gut mit fast allen Raviolifüllungen.

Die deftigen Ravioli im Rezept unten werden mit Butternusskürbis gefüllt und haben daher genug Eigenaroma. Dazu genügen zerlassene Butter und geriebener Parmesan.

Können größere Ravioli beim Garen auseinanderfallen?

Wenn Sie die Teigränder der Ravioli gut versiegeln (also die Ränder mit Wasser bepinseln und dann kräftig zusammendrücken), bleiben die Ravioli beim Garen intakt. Rollen Sie den Teig so dünn aus, wie es geht, und verwenden Sie eine möglichst feste Füllung; falls nötig, können Sie ihr mit Semmelbröseln mehr Festigkeit verleihen. Üblicherweise sind Ravioli 4–5 cm groß.

Ravioli füllen

Mit der richtigen Technik lassen sich Ravioli ganz einfach herstellen.

1 Teig in gleich große Rechtecke schneiden. Auf die Hälfte der Teigplatten in Abständen von 5 cm je 1/2 TL von der Füllung setzen.

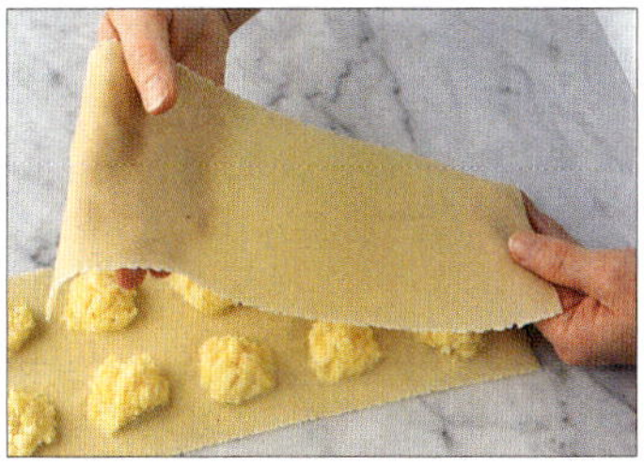

2 Um die Füllungen herum den Teig mit Wasser bepinseln; eine zweite Teigplatte auf die erste legen.

3 Den Teig um die Füllungen herum mit den Fingern zusammendrücken. Dann mit einem Teigrädchen Ravioli ausschneiden.

Ravioli mit Butternusskürbis-Füllung

Für 4–6 Portionen
Vorbereitungszeit: 1 Stunde
Garzeit: 10 Minuten

Für die Füllung:
500 g Butternusskürbis, gehackt
50 g geriebener Parmesan
1 großes Eigelb
1/2 TL geriebene Muskatnuss
1 EL Weißbrotkrumen
1/2 TL Salz und schwarzer Pfeffer
375 g selbst gemachter Pastateig, dünn ausgerollt (siehe S. 220)
Zum Anrichten:
zerlassene Butter und frisch geriebener Parmesan

1 Das Kürbisfleisch etwa 10 Minuten dämpfen oder im Mikrowellengerät weich garen. Möglichst viel Flüssigkeit herausdrücken.

2 Kürbis mit Käse, Eigelb, Muskat, Brotkrumen, Salz und Pfeffer mischen. Ravioli wie im Kasten oben beschrieben füllen und formen.

3 Ravioli in kochendes Salzwasser geben und offen darin in etwa 5 Minuten bissfest garen.

4 Mit einem Schaumlöffel herausheben; gut abtropfen lassen. Auf Teller geben, mit zerlassener Butter und Parmesan servieren.

Können Sie mir interessante Füllungen für Ravioli empfehlen? Ich kenne bis auf Hackfleischfüllung eigentlich gar keine.

Versuchen Sie einmal die folgende beliebte Füllung aus Italien: Für 375 g Pastateig benötigen Sie 300 g frischen Blattspinat, 150 g Ricotta, 2 EL geriebenen Parmesan und 1/2 TL Salz. Den Spinat waschen, tropfnass in einen Topf geben und zugedeckt in wenigen Minuten bei starker Hitze zusammenfallen lassen. In ein Sieb schütten und abkühlen lassen, dann möglichst viel Flüssigkeit herausdrücken und den Spinat fein hacken. Mit den anderen Zutaten mischen. Häufchenweise auf die Teigplatten setzen und Ravioli formen. Mit der Spinatmasse können Sie auch Tomaten oder große Champignons füllen; diese anschließend im Ofen backen.

Eine weitere klassische Füllung besteht aus einer Mischung aus 150 g Ricotta, 40 g frisch geriebenem Parmesan, 1 Eigelb und 2 EL fein gehackter Petersilie.

Kann man Ravioli auch in anderen Formen herstellen?

Ja. Formen Sie die Teigtäschchen doch einmal zu Halbmonden. Dafür den dünn ausgerollten Teig zu 6–7 cm großen Kreisen ausstechen und in die Mitte eines jeden Kreises 1 TL Füllung platzieren. Die Teigkreise zusammenklappen, die Ränder etwas anfeuchten und dann fest zusammendrücken.

Für jemanden, der oft Ravioli macht, lohnt sich eventuell die Anschaffung eines Ravioliblechs. Dieses wird mit einer Teigplatte belegt. Anschließend wird die Füllung auf die Mulden verteilt und das Ganze mit einer zweiten Teigplatte bedeckt. Durch Überrollen mit dem Nudelholz trennen sich die Ravioli voneinander.

RESTE VERWERTEN

Falls nach dem Formen von Ravioli etwas von der Füllung übrig bleibt, können Sie daraus kleine Bratlinge formen und diese in Olivenöl 1–2 Minuten braten.

Reis

Gibt es eine ideale Methode, einen perfekt luftig-lockeren Reis zu kochen?

Es gibt viele verschiedene Reissorten auf der ganzen Welt, und jede Sorte wird auf eine etwas andere Art und Weise zubereitet. Wenn Sie mehrere Reissorten in der Küche verwenden, müssen Sie eventuell mit der Reis- und Wassermenge sowie den Garzeiten experimentieren, da jede Reissorte Wasser anders aufnimmt.

Sagen Sie mir doch bitte, was der Unterschied zwischen weißem und braunem Reis ist.

Im Gegensatz zu braunem Reis oder Naturreis wurde weißer Reis in der Reismühle von der Schale befreit und poliert. Er ist dadurch zwar nährstoffärmer als Naturreis, aber länger lagerfähig, da fettärmer.

Was bedeutet es, wenn auf der Reispackung „parboiled" steht?

Im Prinzip handelt es sich dabei um ein Mittelding zwischen weißem Reis und Naturreis. Durch ein spezielles technisches Verfahren werden vor dem Schälen Vitamine und Mineralstoffe mit Dampf oder Druck aus den äußeren Schichten in das Innere des Korns gedrückt. Diese Behandlung verbessert nicht nur den Nährwert, sondern auch die Kocheigenschaften der Reiskörner: Im Vergleich zu weißem Reis gart parboiled Reis schneller und wird körniger.

Es gibt so viele Methoden, Reis zu garen. Welche können Sie guten Gewissens empfehlen?

Probieren Sie es doch mal auf diese Weise: 250 g weißen Reis in einen schweren Topf mit fest schließendem Deckel geben. 500 ml kaltes Wasser mit einer Prise Salz zufügen und aufkochen. Den Reis einmal umrühren. Zugedeckt 10 Minuten bei schwacher Hitze garen.

Topf vom Herd nehmen, Deckel aber nicht abnehmen. Den Reis etwa 10 Minuten quellen lassen, dann den Deckel abnehmen. Den fertig gegarten Reis mit einer Gabel auflockern. Sofort servieren.

Wenn Sie Basmatireis verwenden, den Reis mit kaltem Wasser in eine große Schüssel geben. Eine halbe Stunde einweichen, dann das Wasser abgießen; zwei- oder dreimal wiederholen, bis das Wasser klar bleibt, dann das ganze Wasser abgießen. Basmatireis in frischem Wasser nur 8 Minuten garen, dann 10 Minuten quellen lassen.

Kann ich Naturreis auf die gleiche Weise und genauso lange garen wie weißen Reis?

Generell müssen Sie beim Garen von Naturreis 15–20 Minuten mehr Zeit einplanen als bei weißem Reis – auch wenn der Naturreis zuvor eingeweicht wurde.

250 g Naturreis in einen großen Topf geben, 500 ml kaltes Wasser und Salz zufügen. Den Reis einmal umrühren, damit er nicht am Topfboden ansetzt. Aufkochen und ohne Deckel 30–35 Minuten köcheln lassen, bis die Körner weich sind. Falls nötig, etwas kochend heißes Wasser zufügen, damit der Reis nicht ansetzt. Den fertigen Reis gut abtropfen lassen, dann servieren.

Was soll ich tun, wenn der Reis zusammengeklebt ist?

Geben Sie den Reis in ein großes Sieb, und begießen Sie ihn über der Spüle mit kochend heißem Wasser. Das Wasser abtropfen lassen, den Reis in den inzwischen gesäuberten Topf geben und zugedeckt 5 Minuten ruhen lassen. Den Deckel abnehmen, den Reis mit einer Gabel auflockern. Gleich servieren.

Welcher Reis passt am besten zu einem indischen Currygericht?

Es gibt zwei Reissorten, die in Indien zu einem Curry gereicht werden: Der duftende Basmatireis wächst am Fuß des Himalayas in Indien und Pakistan. Man serviert ihn eher zu besonderen Gelegenheiten.

Langkornreis, meist Patnareis, wird in Indien in der Alltagsküche zu vielen Gerichten serviert, oft mit Kräutern, Gewürzen und anderen Aromazutaten. Sie sollten Basmatireis, der als Natur- und als weißer Reis erhältlich ist, den Vorzug geben.

Italienischen Risotto zubereiten

Zuerst die Aromazutaten leicht anbraten, dann den Reis zufügen. Rühren, bis der Reis glasig ist, dann den kochend heißen Fond zugeben.

1 Den kochend heißen Fond löffelweise unter den Reis rühren, bis er alle Flüssigkeit aufgenommen hat.

2 Nach etwa 25 Minuten, wenn der Risotto cremig und der Reis bissfest gegart ist, zügig Parmesan und Basilikum untermischen.

In manchen Kochbüchern steht, man solle Reis grundsätzlich waschen, andere sagen, man solle Reis nie waschen. Was ist richtig?

Reis wird nur gewaschen, damit die überschüssige Stärke entfernt wird. Die in den Reiskörnern enthaltene Stärke sorgt dafür, dass der Reis zusammenklebt. Es hängt also von der Reissorte und dem Gericht ab, ob Sie den Reis waschen oder nicht.

Basmatireis muss vor dem Garen in reichlich kaltem Wasser gewaschen werden. Mischen Sie die Reiskörner gut durch, und erneuern Sie das milchige Wasser so oft, bis es klar bleibt.

Für Risottoreis hingegen ist die Stärke wichtig, damit das fertige Gericht schön cremig wird; daher sollte dieser Reis nie gewaschen werden.

Langkornreis muss in der Regel ebenfalls nicht gewaschen werden, man kann ihn jedoch vor dem Garen einweichen, falls ein Rezept dies verlangt.

Warum soll man Reis während des Kochens nicht umrühren?

Wenn Sie Reis während des Garens umrühren, wird er klebriger, da die Stärke aus den Körnern freigesetzt wird. Sie sollten Reis also nur einmal umrühren (nämlich zu Beginn des Garprozesses), damit er nicht am Topfboden ansetzt. Wenn Sie jedoch einen cremigen Risotto zubereiten, muss der Reis ständig umgerührt werden, damit die Stärke freigesetzt wird und die Reiskörner die aromatische Kochflüssigkeit gut absorbieren.

Sind Risotto und Pilaw dasselbe?

Nein. Die beiden Reisgerichte haben wenig gemeinsam, abgesehen davon, dass es sich um herzhafte Gerichte handelt, die oft mit Fleisch oder Fisch, Gewürzen und Gemüse zubereitet werden.

Der italienische Risotto wird aus mittelkörnigem italienischem Reis namens Superfino hergestellt. Zu dieser Sorte gehören Arborio und Canaroli, man kann aber auch einen sogenannten Fino-Reis namens Vialone verwenden. Man bekommt Superfino- und Fino-Reis in gut sortierten Supermärkten.

Risottos werden, wie im Rezept unten, in einem Topf mit schwerem Boden gegart. Nach und nach fügt man immer etwas kochend heißen Fond oder Gemüsebrühe zu. Der Reis wird dabei ständig umgerührt, damit er die Flüssigkeit aufnimmt. Er wird dadurch cremig und klebrig, weil die Stärke aus den Reiskörnern freigesetzt wird. Der Risotto ist fertig, wenn die Reiskörner auf das dreifache Volumen aufgequollen und innen noch etwas bissfest sind.

Pilaw stammt eigentlich aus Indien. In vielen orientalischen und afrikanischen Ländern kocht man Pilaws, die sehr ähnlich sind. Reis für einen Pilaw wird gewaschen und in reichlich kaltem Wasser 1 Stunde lang eingeweicht, um Stärke aus den Körnern zu lösen. So werden die Körner weich und kleben nicht zusammen. Dann wird der Reis in Butter oder Öl angedünstet. Nachdem Flüssigkeit zugefügt wurde, lässt man den Reis ohne Rühren fertig garen.

Pilaw kann im Topf auf dem Herd gegart werden, wie im Rezept auf der nächsten Seite beschrieben, oder in einem Schmortopf im Backofen. In diesem Fall schichtet man die Zutaten übereinander, damit sie gleichmäßig garen. Für beide Garmethoden benötigen Sie einen Topf mit gut schließendem Deckel.

Einfacher Basilikum-Risotto

Für 4 Portionen
Vorbereitungszeit: 5 Minuten
Garzeit: 35–40 Minuten

4 EL Olivenöl
1 Zwiebel, gewürfelt
2 Knoblauchzehen, zerdrückt
350 g Risottoreis
1,25 l Hühner- oder Gemüsebrühe
150 ml Weißwein
50 g geriebener Parmesan
2 EL Sahne
4 EL gehackte Basilikumblätter
schwarzer Pfeffer

1 Öl in einer tiefen Pfanne oder einem Topf erhitzen. Zwiebelwürfel und Knoblauch darin glasig dünsten. Reis zufügen und 1 Minute unter Rühren mitbraten, bis die Körner glasig und von Öl überzogen sind.

2 Brühe in einem zweiten Topf aufkochen. Wein zum Reis gießen und einkochen lassen. Eine Schöpfkelle voll Brühe über den Reis geben. Den Reis bei schwacher Hitze unter Rühren quellen lassen, bis alle Flüssigkeit absorbiert ist.

3 Die restliche Brühe löffelweise zum Reis gießen; insgesamt etwa 25 Minuten rühren, bis der Reis bissfest ist. Direkt vor dem Servieren Parmesan, Sahne, Basilikum und Pfeffer unter den Risotto mischen.

Mit diesem Dessert werden Sie es schaffen, selbst hart gesottene Reisverächter zu überzeugen. Vanille sorgt für Wohlgefühl, frische Himbeeren geben den sanften Roséton.

Himbeer-Vanille-Risotto

Für 6 Portionen
Vorbereitungs- und Garzeit:
30 Minuten

1 l Milch
1 Vanilleschote, aufgeschlitzt
140 g Risottoreis
1 Streifen Zitronenschale
3 EL Zucker
6 EL gehackte Mandeln
200 g Himbeeren
6 EL Sahne

1 Die Milch mit der Vanilleschote in einen schweren Topf geben. Den Reis unter ständigem Rühren einrieseln lassen. Bei mittlerer Hitze aufkochen, dann bei schwacher Hitze köcheln lassen.

2 Die Zitronenschale und den Zucker zugeben. Den Risotto unter häufigem Rühren 15–18 Minuten garen, bis der Reis aufgequollen, aber noch bissfest ist.

3 Die Mandeln in eine Pfanne geben und bei schwacher Hitze 4–5 Minuten rösten, bis sie leicht gebräunt sind. Sofort auf einen Teller schütten, damit sie abkühlen können, ohne weiterzubräunen.

4 Sobald der Risotto gar ist, die Vanilleschote und die Zitronenschale entfernen. 100 g Himbeeren unterrühren.

5 Risotto vom Herd nehmen und 1–2 Minuten weiterrühren, bis der Risotto sich rosa verfärbt.

6 Risotto auf 6 Schälchen verteilen. Jede Portion mit 1 EL Sahne beträufeln. Mit den restlichen Himbeeren garnieren, mit gerösteten Mandeln bestreuen. Warm servieren.

Kürzlich erzählte mir eine türkische Freundin, dass Pilaw ein für ihre Heimat typisches Gericht sei. Stimmt das?

Ja. Ihre Freundin hat Recht. Pilaws sind typisch für die türkische, aber auch für die griechische Küche. Der Unterschied liegt in der Zubereitungsmethode. Bei der türkischen Methode wird der Reis in Fett glasig gebraten, anschließend mit Flüssigkeit aufgegossen und offen gegart. Bei der griechischen Methode wird der Reis in die kochende Flüssigkeit gegeben und im geschlossenen Topf gegart.

Dass beide Pilaws körnig werden, beruht auf einem Trick: Nach dem Garen wird zwischen Topf und Deckel ein mehrfach gefaltetes Küchentuch oder Küchenpapier in mehreren Lagen geklemmt , und der Reis quillt im Topf noch 10 Minuten nach. Dabei wird der aufsteigende Dampf vom Tuch oder Papier aufgenommen, damit er nicht am Topfdeckel kondensiert und in Form von Wasser auf den Reis tropft.

Können Sie mir sagen, wie ein orientalisches geschichtetes Pilaw gemacht wird?

Für 4 Portionen müssen Sie 250 g Reis und 75 g Rosinen separat 30 Minuten in Wasser einweichen. Den Reis abgießen und unter kaltem Wasser immer wieder abspülen, bis das abfließende Wasser klar ist. Rosinen abgießen und beiseitestellen.

2 EL Öl in einer Pfanne erhitzen und 500 g in Würfel geschnittenes Lammfleisch darin braten. Auf einen Teller geben und beiseitestellen. In derselben Pfanne 1 gehackte Zwiebel, 2 zerriebene Knoblauchzehen, 2 fein gewürfelte Möhren, 2 in Scheiben geschnittene Selleriestangen und 2 TL Lebkuchengewürz 5 Minuten rösten. Die eingeweichten Rosinen und 25 g geröstete Mandelblättchen zufügen, alles gut umrühren.

Nun in einem hohen, geraden Topf ein Viertel Reis mit dem Lammfleisch mischen. Ein Drittel des Gemüses daraufschichten, dann die restlichen Zutaten weiter aufschichten und mit einer Schicht Reis abschließen.

1 l Hühnerbrühe aufkochen und rundum an der Topfwand entlang in den Reis fließen lassen.

Den Deckel auflegen und alles ohne zu rühren 35–40 Minuten bei schwacher Hitze garen, bis die gesamte Flüssigkeit aufgenommen wurde. Deckel abnehmen, den Topf mit Alufolie abdecken. Den Deckel wieder auflegen und den Pilaw 15 Minuten ruhen lassen. Auf eine Servierplatte stürzen und mit Pinienkernen oder Mandelblättchen sowie gehackter Petersilie, Minze oder gehacktem Koriandergrün bestreuen.

? ***Kann ich für alle Gerichte immer dieselbe Menge Reis pro Portion berechnen?***

Als Beilage oder als Einlage in einem Eintopf genügen normalerweise 60–90 g Reis pro Portion. Für einen Reissalat zum Sattessen sollten Sie etwa 125 g Reis rechnen. Auch für Gerichte wie Risotto oder Paella, wie im Rezept unten, bei denen Reis Hauptbestandteil ist und die mit Fleisch, Fisch und Gemüse angereichert werden, sollten Sie pro Portion etwa 125 g Reis einplanen.

? ***Welche Reissorte soll ich für Paella nehmen?***

In Spanien verwendet man für Paella traditionell eine mittelkörnige stärkereiche Reissorte aus Valencia. Paellareis bekommen Sie im gut sortierten Supermarkt. Stattdessen können Sie auch Risotto- oder Milchreis (Rundkornreis) nehmen.

Traditionell wird der Reis mit Safran gewürzt und gefärbt. Nehmen sie dafür Safranfäden und nicht Safranpulver – Pulver könnte mit minderwertigen Zutaten gestreckt sein.

Beim geschichteten Pilaw die Flüssigkeit langsam an der Topfwand entlang zugießen, damit die Schichten nicht zerstört werden.

? ***Wie bleibt gegarter Reis locker, wenn man ihn eine Zeit lang warm halten muss? Und kann ich Reste wieder aufwärmen?***

Reis lässt sich sehr gut warm halten, indem man ihn in eine ofenfeste Schüssel füllt, mit einer Gabel gut auflockert, mit Alufolie bedeckt und bis zum Servieren in den auf 140 °C vorgeheizten Ofen stellt.

Übriggebliebenen gegarten Reis können Sie in einem Dämpfeinsatz, der mit einem Passiertuch ausgelegt ist, 5 Minuten über Wasserdampf aufwärmen. Dabei regelmäßig mischen, bis er heiß ist.

Sie können ihn aber auch einfach in einen großen Topf mit kochendem Wasser geben und sofort abgießen, sobald das Wasser wieder aufkocht. Alternativ können Sie den Reis ein paar Minuten unter ständigem Rühren in der Pfanne braten oder ihn kurz vor dem Servieren im Mikrowellengerät aufwärmen.

Meeresfrüchte-Paella

Für 4–6 Portionen
Vorbereitungszeit: 40 Minuten
Garzeit: 1 1/2 Stunden

250 g rohe ungeschälte Garnelen
1 l Fischfond
1 Prise Safranfäden
4 EL Olivenöl
1 große Zwiebel, gewürfelt
1 große rote Paprikaschote, fein gewürfelt
2 Knoblauchzehen, zerdrückt
1 kleine rote Chilischote, von den Samen befreit und gehackt
2 TL edelsüßes Paprikapulver
350 g Paella- oder Risottoreis
150 ml trockener Weißwein
250 g Kabeljaufilet, gehäutet und in Würfel geschnitten
12 geputzte Miesmuscheln
250 g küchenfertige Tintenfische, in Ringe geschnitten
125 g TK-Erbsen
2 EL gehackte Petersilie
Salz und schwarzer Pfeffer
Zitronenspalten zum Garnieren

1 Von den Garnelen die Köpfe entfernen und das Fleisch aus den Panzern lösen. Köpfe und Panzer mit dem Fischfond in einen großen Topf geben. Aufkochen, dann zugedeckt 30 Minuten köcheln lassen. Den Fond durch ein Sieb gießen, Safranfäden hineingeben und den Fond beiseitestellen.

2 Olivenöl in einer großen hohen Pfanne – eventuell einer speziellen Paellapfanne – erhitzen. Zwiebel- und Paprikawürfel, Knoblauch und Chili darin 5 Minuten anbraten. Edelsüßes Paprikapulver und Reis zufügen und 2 Minuten unter Rühren anbraten. Wein zugießen und alles bei starker Hitze kochen lassen, bis der Wein vom Reis aufgenommen wurde bzw. verdampft ist.

3 Den Fond in einem Topf oder in der Mikrowelle aufkochen. 150 ml davon zum Reis gießen, den Reis 1 1/2
in einem Topf 10 Minuten köcheln lassen, bis er die Flüssigkeit aufgenommen hat. Den restlichen Fond zugießen und den Reis unter gelegentlichem Rühren noch 20 Minuten köcheln lassen. Falls der Reis zu trocken wird, Fond oder heißes Wasser nachfüllen.

4 Garnelen, Kabeljau, Muscheln, Tintenfisch und Erbsen zum Reis in die Pfanne geben. Locker mit Alufolie bedecken; alles 10–12 Minuten bei schwacher Hitze garen, bis der Reis weich ist und die Flüssigkeit aufgenommen hat und die Meeresfrüchte durchgegart sind (die Muscheln müssen sich geöffnet haben – geschlossene Exemplare wegwerfen!).

5 Die Paella mit Petersilie, Salz und Pfeffer bestreuen, mit Zitronenspalten garnieren und servieren.

VARIANTE

Sie können angebratene Hähnchenbrustwürfel zur Paella geben.

Wildreissalat mit Crabmeat und Papaya

Für 6 Portionen
Vorbereitungszeit: 15 Minuten
Garzeit: 40 Minuten

90 g Wildreis
125 g Langkornreis, Salz
100 ml Olivenöl
1 Knoblauchzehe, zerdrückt
2 EL Limettensaft
1/2 TL flüssiger Honig
schwarzer Pfeffer
500 g Krabbenfleisch (Crabmeat)
1 reife Papaya, von den Kernen befreit und gewürfelt
1 kleine rote Zwiebel, in dünne Scheiben geschnitten
50 g Mandelblättchen, leicht angeröstet
2 EL gehacktes Koriandergrün

1 Wildreis 35–40 Minuten in reichlich kochendem Wasser garen, bis er weich, aber noch bissfest ist. Inzwischen den Langkornreis etwa 15 Minuten in Salzwasser garen.

2 In einer Schüssel Öl, Knoblauch, Limettensaft, Honig, Salz und Pfeffer zu einem Dressing verrühren.

3 Die beiden Reissorten abgießen und in einer Schüssel mischen; das Krabbenfleisch zugeben. Das Dressing unterrühren und den Salat abkühlen lassen.

4 Papayawürfel, Zwiebel, Mandelblättchen und Koriandergrün unter den Salat mischen. Alles gut verrühren; sofort servieren.

Eine exotische Mischung: Wild- und Langkornreis mit Krabbenfleisch, Papaya und roter Zwiebel, angemacht mit einem Dressing aus Limettensaft und Honig.

Was ist der Unterschied zwischen Wildreis und herkömmlichem Reis?

Botanisch betrachtet, ist Wildreis kein Reis. Es handelt sich vielmehr um die dünnen schwarzen Samen eines Wassergrases, das in Kanada und den nördlichen Vereinigten Staaten beheimatet ist.

Wildreis wird immer ungeschält angeboten. Deshalb kann seine Garzeit bis zu 60 Minuten betragen. Beim Kochen nimmt er das Vierfache seines Volumens an Flüssigkeit auf. Weil Wildreis nach der Ernte gedarrt (getrocknet) wird, erhält er ein angenehm nussiges Aroma. Zudem ist er sehr gesund, denn er enthält alle essenziellen Aminosäuren (Eiweißbausteine). Darüber hinaus liefert Wildreis einiges an verdauungsfördernden Ballaststoffen.

Das Rezept links für den Wildreissalat wurde von der kalifornischen Küche inspiriert. Wildreis und weißer Langkornreis werden mit frischem Krabbenfleisch und Papaya kombiniert. Wenn Sie eine frisch gegarte Krabbe verwenden, kaufen Sie ein etwa 1,5 kg schweres Exemplar.

Das dunkle Krabbenfleisch können Sie für ein anderes Gericht aufheben. In manchen Fischgeschäften gibt es vakuumverpacktes frisches Krabbenfleisch oder auch TK-Krabbenfleisch. Alternativ können Sie auch gut abgetropftes helles Krabbenfleisch aus der Dose verwenden.

Kürzlich entdeckte ich beim Einkauf roten Reis. Was ist das, und wofür kann ich ihn verwenden?

Diese relativ neue Reissorte wird nur in der Camargue (Südfrankreich) angebaut. Dieser Reis hat ein nussiges Aroma, und die Häutchen färben sich beim Kochen rot. Deshalb wird er grundsätzlich unpoliert, also als Naturreis angeboten. Er muss mindestens 40 Minuten garen – ähnlich wie brauner Naturreis. Aufgrund seines Aromas ist roter Reis eine gute Alternative zu Wildreis. Er passt, allein oder mit weißem Reis gemischt, als Beilage zu edlen (Fisch-)Gerichten, Sie können ihn aber auch anstelle von Wildreis für den Salat links verwenden.

Reste aufbewahren

Kann man übrig gebliebenes gegartes Fleisch und Geflügel einfrieren?

Ja. Sie sollten es allerdings zunächst auf Raumtemperatur abkühlen lassen und dann zum Auskühlen in den Kühlschrank geben. Zum Einfrieren das Fleisch portionsweise in Alufolie oder Gefrierbeutel luftdicht verpacken. Bratenscheiben können Sie in Gefrierdosen füllen, mit Sauce bedecken und einfrieren.

Schmorgerichte und Eintöpfe mit Fleisch lassen sich in Gefrierbeuteln oder in Gefrierdosen einfrieren. Sie können im Tiefkühlgerät etwa 3 Monate lang aufbewahrt werden.

Fleisch, das vor der Zubereitung bereits tiefgekühlt war und aufgetaut wurde, sollten Sie nicht wieder einfrieren, da die Konsistenz erheblich darunter leidet.

Lässt sich Sauce, egal welcher Art, einfrieren?

Das kommt darauf an. Die meisten Saucen eignen sich zum Einfrieren. Übrigens: Tiefgefrorene Saucen können Sie direkt aus dem Tiefkühlfach in einen Topf geben und wieder aufwärmen.

Emulgierte Saucen, die Eigelb enthalten, wie z.B. Sauce béarnaise, Sauce hollandaise und Mayonnaise, gerinnen beim Auftauen und sollten daher nicht eingefroren werden. Dagegen können Sie mit Mehl gebundene Saucen, Braten- und Hackfleischsaucen wie Sauce Bolognese im Tiefkühlgerät etwa 3 Monate lang lagern, Gemüsesaucen (Tomaten- oder Möhrensauce) sogar 3–4 Monate.

Wenn ich eine Dose Thunfisch nicht ganz aufbrauche, kann ich den Rest davon einfrieren?

Es ist nicht empfehlenswert, Fisch oder andere Lebensmittel aus der Dose einzufrieren, denn diese wurden bereits wärmebehandelt, ihre Konsistenz würde daher durch Tiefkühlen weiter leiden. Dosenfisch zerfällt beim Einfrieren und ist nach dem Auftauen weich und unansehnlich. Doch wenn Sie den übrig gebliebenen Fisch mit anderen Zutaten pürieren – beispielsweise für eine Pastetenfarce –, lässt sich die Mischung problemlos einfrieren, da das Fischfleisch bereits zerkleinert ist.

Was kann ich aus Resten von gegartem Gemüse zubereiten?

Gemüsereste können Sie zugedeckt einige Tage im Kühlschrank aufbewahren und dann aufwärmen, z.B. in einer Tomatensauce. Sie lassen sich auch in Kräuterbutter oder Olivenöl erhitzen.
Sie können die Gemüsereste auch in einer ofenfesten Form mit gekochter Pasta und Käsesauce mischen, mit Semmelbröseln und geriebenem Käse bestreuen und im Ofen überbacken.

Aus Gemüse wie grünen Bohnen, Erbsen oder gekochten Kartoffeln können Sie mit einem Mayonnaisedressing mit frischen Kräutern einen köstlichen Salat zubereiten.

Es tut mir in der Seele weh, Kuchenreste wegzuwerfen. Lässt sich daraus noch etwas Köstliches machen?

Entfernen Sie, falls vorhanden, Kuchenglasur oder Marzipandecke. Rührkuchen mit Rosinen können Sie in Butter und braunem Zucker anbraten und heiß mit einer Kugel Eiscreme servieren. Panettone oder andere trockene Hefekuchen, die nur leicht altbacken sind, sind eine hervorragende Grundlage für einen Kirschenmichel, Scheiterhaufen oder Brotpudding. Und aus übrig gebliebenem Biskuit lassen sich saftige Trifles (eine britische Dessertspezialität) zubereiten. Dafür eine Schüssel mit dem in Streifen oder Scheiben geschnittenen Biskuit auskleiden. Den Biskuit mit Sherry oder Saft beträufeln, mit Konfitüre bestreichen und die Schüssel mit Kompott, Vanillesauce und Schlagsahne füllen.

> **ZEIT SPAREN**
>
> Mit eingefrorenen Saucen lässt sich beim Kochen viel Zeit sparen. Bereiten Sie am besten die doppelte Menge Sauce für ein Gericht zu, und frieren Sie die Hälfte davon ein.

Wie kann ich übrig gebliebenes Eigelb oder Eiweiß verwenden, und wie lange kann ich beides maximal aufbewahren?

Getrennte Eigelbe und Eiweiße sollten Sie auf keinen Fall wegwerfen. Mit dem Eigelb können Sie Gerichte wie Omeletts, Rührei oder Bratreis anreichern und Suppen oder Saucen binden. Übrig gebliebenes Eiweiß lässt sich unter anderem für Baisers, Schnee-Eier oder Soufflés verwenden.

Das Eigelb zum Aufbewahren in ein kleines Gefäß füllen und mit kaltem Wasser bedecken, damit es nicht austrocknet. Eiweiß können Sie in einer Frischebox mit Deckel aufheben. Beides hält sich auf diese Weise bis zu 2 Tage im Kühlschrank. Tiefgekühlt halten Eigelb und Eiweiß 3–6 Monate lang (siehe *Eier*).

Rhabarber

Was ist der Unterschied zwischen hellrotem und dunkelrotem Rhabarber?

Rhabarbersorten, deren Stiele hellrotes Fleisch und ein mildes Aroma haben, werden bei uns Himbeerrhabarber genannt. Rhabarber mit dunkelrotem Fleisch, Blutrhabarber genannt, schmeckt dagegen viel herber. Himbeerrhabarber enthält weniger Oxalsäure als Blutrhabarber. Deshalb braucht man beim Kochen weniger Zucker.

Die Stiele des Frührhabarbers sind so zart, dass man sie nicht abfädeln muss: einfach die Blätter und den Stielansatz abschneiden, die Stangen waschen und zum Kochen in Stücke schneiden. Später geernteter Rhabarber hat meist zähe Fäden an der Außenseite und muss deshalb vor dem Garen geschält werden.

Achten Sie beim Einkauf auf feste, helle und intakte Stiele; lassen Sie Rhabarber mit biegsamen, weichen, beschädigten oder gebrochenen Stielen liegen.

Rhabarber ist botanisch ein Knöterichgewächs (dazu gehören auch Sauerampfer und Buchweizen) und eigentlich ein Gemüse. Doch wird er üblicherweise wie Obst zubereitet.

? ***Ich kenne Rhabarber nur als Kompott mit Sahne oder Vanillesauce oder als Kuchenbelag. Gibt es noch andere interessante Rhabarber-Desserts?***

Zu Rhabarber passt sehr gut eine Haube aus süßen Brotkrumen-Streuseln. In dem folgenden Rezept für einen Rhabarberauflauf werden Rhabarber und Äpfel mit einer süßen Brotkrumenmischung bedeckt und im Ofen gebacken.

Außerhalb der Saison – oder wenn Sie wenig Zeit haben – können Sie dieses Dessert auch mit TK-Rhabarberstücken und stückigem Apfelkompott aus dem Glas zubereiten.

? ***Warum läuft beim Backen von Rhabarberkuchen immer so viel Saft aus, und wie kann ich das verhindern?***

Rhabarber hat einen hohen Wassergehalt, beim Garen läuft daher sehr viel Saft aus. Um zu verhindern, dass Rhabarberkuchen zu feucht wird, können Sie die Rhabarberstücke zuerst in etwas Mehl wenden, bevor Sie sie auf dem Teig verteilen. Durch das Mehl wird der austretende Rhabarbersaft gebunden, und der Kuchen weicht nicht durch. 1 EL Mehl reicht für 500 g Rhabarber. Mischen Sie zuerst den Zucker unter, und wenden Sie dann erst den Rhabarber darin.

? ***Rhabarberkompott ist oft sehr sauer. Gibt es eine Möglichkeit, die Säure abzuschwächen?***

Garen Sie den Rhabarber in gesüßtem Orangen- oder Apfelsaft oder in Himbeersirup anstatt in Wasser, das lindert die Säure.

Wer Ingwer mag, kann die Säure auch durch Zugabe von gemahlenem Ingwer abschwächen. Zudem erhält das Kompott dadurch noch eine interessante, angenehm scharfe Note.

Gewusst wie

Rhabarber hält sich länger frisch, wenn Sie die angeschnittenen Stiele in einen Krug mit kaltem Wasser stellen.

Für den Auflauf wird eine Rhabarber-Apfel-Mischung mit in Butter gerösteten Brotkrumen bestreut, anschließend wird alles gebacken.

Rhabarber-Apfel-Auflauf mit Bröselkruste

Für 8 Portionen
Vorbereitungszeit: 1 1/2 Stunden
Garzeit: 1–1 1/4 Stunden

1 kg Rhabarber, in 2,5 cm große Stücke geschnitten
300 g brauner Zucker
1 kg Äpfel, geschält und in dünne Spalten geschnitten
185 g weißer Zucker
250 g frische Weißbrotkrumen
125 g Butter
1 TL gemahlener Zimt
1 EL Puderzucker
Schlagsahne zum Anrichten

1 Den Backofen auf 180 °C vorheizen. Rhabarber mit 250 g braunem Zucker in einen Topf füllen. Äpfel mit dem weißen Zucker in einen zweiten Topf geben. Beides zugedeckt bei mittlerer Hitze 25–30 Minuten weich garen, aber nicht zerfallen lassen. Ab und zu umrühren.

2 Brotkrumen auf einem Backblech im Ofen 10–15 Minuten trocknen, aber nicht bräunen. Ab und zu mit einer Gabel mischen. Aus dem Ofen nehmen; abkühlen lassen.

3 Äpfel und Rhabarber in einem Sieb etwa 20 Minuten abtropfen lassen. Den aufgefangenen Saft für die Sauce aufbewahren.

4 Butter in einer Pfanne erhitzen, Brotkrumen darin bei schwacher Hitze unter Rühren goldbraun braten. Vom Herd nehmen; Zimt und restlichen Zucker einrühren.

5 Eine Springform (20 cm Ø) oder eine runde Auflaufform buttern, den Formboden mit Backpapier belegen. 1/3 der Brotkrumen auf dem Formboden verteilen, die Hälfte der Rhabarber-Apfel-Mischung daraufgeben. 1/3 der Brotkrumen daraufstreuen, dann die restliche Obstmischung darübergeben. Mit den restlichen Brotkrumen bestreuen.

6 Auflauf im Ofen 50 Minuten backen. Falls nötig, mit Alufolie bedecken. Vor dem Servieren etwas abkühlen lassen.

7 Den Auflauf mit Puderzucker bestäuben, in Stücke schneiden und servieren. Nach Belieben den Saft mit etwas Speisestärke binden. Mit steif geschlagener Sahne zum Auflauf reichen. Gut dazu schmeckt auch Vanilleeis.

Rindfleisch

? *Soll man Steaks, Schnitzel und Koteletts flach klopfen?*

Steaks werden flach geklopft, um die Fleischfasern zu lockern. Das Fleisch ist dadurch nach dem Garen zarter. Damit die Fleischfasern nicht zerstört werden, zum Klopfen das Fleisch zwischen zwei Lagen Frischhaltefolie oder Butterbrotpapier legen und mit dem Fleischklopfer, der Klinge eines schweren Messers oder einer Teigrolle plattieren. Meist ist das Flachklopfen jedoch nicht nötig, vor allem wenn das Fleisch gut abgehangen ist und von jungen Tieren stammt.

? *Rinderbraten oder -gulasch ist manchmal ziemlich zäh. Liegt das an der Fleischqualität ?*

Ob gegartes Rindfleisch zart ist, hängt im Wesentlichen davon ab, was für ein Fleischstück Sie gekauft haben. Wählen Sie marmoriertes Fleisch, das von dünnen Fettschichten durchzogen ist. Das Fett schmilzt beim Garen, und das Fleisch wird dadurch zart und saftig.

Bevorzugen Sie Fleisch, das von Rindern stammt, die artgerecht gehalten wurden (siehe auch *Fleisch*) und das gut abgehangen ist – das sind die besten Voraussetzungen für ein saftiges Rindfleischgericht – egal ob Steak oder Braten.

Doch auch das Fleischstück an sich (das Teilstück) sowie Garmethode und Gardauer entscheiden über die Qualität des fertigen Gerichts.

Wählen Sie das passende Fleischstück für die gewünschte Garmethode, damit das Ergebnis gut wird:

• Braten: Für Steaks, Rinderbraten und Geschnetzeltes bieten sich Stücke aus Roastbeef, Filet, Keule oder Schulter an.

• Grillen: Dafür sollten Sie Stücke aus Filet, Roastbeef oder Hoher Rippe wählen.

• Schmoren: Hier eignen sich durchwachsene Fleischstücke aus Hals, Schulter, Hoher Rippe, Wade, Ober- und Unterschale.

• Kochen: Nehmen Sie Tafelspitz, Hohe Rippe, Brust, Wade, Dünnung, Quer- und Flachrippe, Zungenstück.

Zarte Rinderrouladen

Für 4 Stück
Vorbereitungszeit: 30 Minuten
Garzeit: 1 1/2 Stunden

4 Rinderrouladen (je etwa 180 g)
100 g Speck, in lange Streifen geschnitten
1 große Zwiebel, in feine Würfel geschnitten und in 1 EL Fett angeschwitzt
2 Gewürzgurken, in Streifen geschnitten
3 EL Butterschmalz oder Öl
2 EL scharfer Senf
Salz und Pfeffer
400 ml Fleischbrühe
2 Lorbeerblätter
3 Wacholderbeeren
1 EL Speisestärke
3 EL Rotwein, mehr zum Abschmecken

1 Rouladen trockentupfen und mit Senf bestreichen. Speck, Zwiebel und Gewürzgurke gleichmäßig auf den Fleischscheiben verteilen.

2 Die Rouladen aufrollen und mit Rouladenklammern bzw. -nadeln oder Küchengarn verschließen. In einem Schmortopf das Fett erhitzen. Die Rouladen hineingeben und rundherum kräftig anbraten. Salzen und pfeffern. Brühe zugießen, Lorbeer und Wacholderbeeren zugeben; aufkochen.

3 Topf schließen und die Rouladen etwa 1 1/2 Stunden bei schwacher Hitze schmoren lassen. Aus dem Topf nehmen und warm stellen.

4 Für die Sauce die Speisestärke mit Rotwein verquirlen. Schmorflüssigkeit aufkochen, Stärke einrühren, bis die Sauce bindet. Mit etwas Rotwein, Salz und Pfeffer abschmecken. Wer mag, der kann die Sauce noch mit einem Schuss Sahne verfeinern. Sauce zu den Rouladen reichen. Gut passt Kartoffelpüree dazu, aber auch gekochte Klöße sind eine beliebte Beilage.

In Herbst und Winter steigt der Appetit auf herzhafte geschmorte Fleischgerichte. Probieren Sie einmal diese klassischen Rinderrouladen.

Rinderbraten mit Champignonsauce

Für 4–5 Portionen
Vorbereitungszeit: 30 Minuten
Garzeit: 2 Stunden

1 kg Rinderbraten (aus der Schulter)
50 g durchwachsener Speck
30 g Butterschmalz
200 g Wurzelgemüse (Möhren, Knollensellerie, Petersilienwurzel), in Stücke geschnitten
2 Tomaten, grob gehackt
1 Kräutersträußchen (Thymian, Lorbeer, Rosmarin)
6 schwarze Pfefferkörner
Für die Sauce:
50 g Butter
1 Zwiebel, in feine Würfel geschnitten
1 Bund Petersilie, fein gehackt
250 g Champignons, große Exemplare halbiert
300 ml Weißwein
750 ml Fleischbrühe
1 EL Kapern

1 Das Fleisch waschen und trockentupfen. Den Braten wie auf Seite 261 beschrieben spicken.

2 Das Butterschmalz in einem Schmortopf erhitzen. Den Braten darin rundherum anbraten, dann bei mittlerer Hitze etwa 5 Minuten weiterbraten. Das Fleisch aus dem Topf nehmen; beiseitestellen.

3 Das zerkleinerte Wurzelgemüse in den Topf geben und im darin verbliebenen Fett anbraten. Tomaten zufügen. Dann das Fleisch wieder in den Topf legen. Kräutersträußchen und Pfefferkörner zugeben. Den Topf schließen und den Braten bei schwacher Hitze insgesamt 2 Stunden schmoren lassen. Zwischendurch immer wieder mit Schmorflüssigkeit begießen.

4 Etwa 30 Minuten vor Ende der Garzeit die Sauce zubereiten. Dafür die Butter erhitzen. Zwiebel, Petersilie und Pilze darin unter Rühren etwa 3 Minuten braten. Wein und Fleischbrühe zugießen und etwas einkochen lassen. Kapern halbieren und in die Sauce geben.

5 Den fertigen Braten aus dem Topf nehmen und auf einer Platte ruhen lassen. In der Zwischenzeit die Schmorflüssigkeit durch ein Sieb in einen Topf gießen; die Pilzmischung unterrühren. Den Rinderbraten in Scheiben schneiden und mit der Pilzsauce servieren.

In der Pilzsaison sollten Sie die Sauce für diesen Braten mit Wildpilzen wie Pfifferlingen, Maronen und Steinpilzen anreichern.

Was bedeutet eigentlich „gut abgehangenes Fleisch“?

Rindfleisch muss an einem kühlen Ort 14 Tage lang am Haken gehangen haben – erst dann ist es gut abgehangen. Während des Abhängens entwickelt sich das typische Aroma, darüber hinaus zersetzen Enzyme die zähen Fasern und machen das Fleisch zarter. Zudem entwickelt sich die dunkle Farbe. Hellrotes Rindfleisch ist höchstwahrscheinlich schlecht abgehangen und nach dem Garen zäh.

Mein Mann mag Steaks blutig, ich dagegen durchgebraten, mancher Gast wünscht sie mittel. Wie gelingt mir das perfekt?

Damit Steaks wirklich gut gelingen, sollten Sie generell darauf achten, dass das Fett (Butterschmalz oder Öl) sehr heiß ist. Das Fett muss zischen, wenn das Steak in die Pfanne kommt! (Das Steak vorher unbedingt mit Küchenpapier trockentupfen.) Generell sollten Sie ein Steak zuerst bei starker Hitze von beiden Seiten anbraten. Dann bei schwächerer Hitze bis zum gewünschten Gargrad fertigbraten:

Für ein ziemlich rohes 200-g-Steak das Fleisch pro Seite 2–3 Minuten braten. Es ist dann blutig (rare).

Für ein knapp durchgebratenes 200-g-Steak das Fleisch auf jeder Seite etwa 4 Minuten braten. Es ist anschließend rosa (medium). Gibt es auf Daumendruck elastisch nach, ist der gewünschte Gargrad erreicht.

Wenn Sie das Steak 5–6 Minuten auf jeder Seite braten, ist es durchgebraten (well done). Es ist dann innen graubraun. Wichtig: Braten Sie 200 g schwere Steaks nie länger als 5–6 Minuten pro Seite, damit sie nicht zu trocken und unangenehm zäh werden.

Gewusst wie

Salzen und pfeffern Sie Steaks immer erst nach dem Braten, und lassen Sie das Fleisch anschließend 1–2 Minuten ruhen, damit sich der Fleischsaft gut darin verteilt.

Kleine Steakkunde

Es gibt verschiedene Steaksorten, von zarten, feinen Tournedos bis zum Chateaubriand, das für zwei oder mehr hungrige Personen ausreicht. Wählen Sie Filet- oder Lendensteak, wenn Sie sehr zartes Fleisch möchten, und robustere Fleischstücke wie Rumpsteak für kräftigen Fleischgeschmack.

1 Filetsteak wird aus der Mitte des Filets geschnitten, direkt unterhalb der Lende. Es hat einen geringen Durchmesser, wiegt etwa 175 g, ist zart und sehr mager. Filetsteaks haben keinen Fettrand, sind delikat, aber auch sehr teuer.
2 Sirloinsteak (mit Knochen) ist doppelt so schwer wie ein Rumpsteak und reicht für 2 Personen. Die amerikanische Bezeichnung lautet Porterhouse Steak.
3 T-Bone-Steak ist eine dicke Fleischscheibe mit einer Rippe in der Mitte. Auf der einen Seite des T ist die Lende, auf der anderen das Filet.
4 Sirloinsteak (entbeint) wird aus der oberen Seite des Roastbeefs (Lende) geschnitten; es liegt oberhalb der Rippen. Es ist nicht ganz so zart wie Filet, aber zarter als Rumpsteak. Man nennt es auch New York Cut.
5 Rumpsteak wird aus dem hinteren Teil des Roastbeefs quer zur Fleischfaser geschnitten. Es ist mit etwas Fett marmoriert und hat einen Fettrand, der dem gebratenen Rumpsteak seinen typischen Geschmack verleiht. Ein Rumpsteak ist grobfasriger als ein zartes Filet- oder Sirloinsteak.
6 Chateaubriand wird aus dem dicken Ende des Filets geschnitten; reicht für 2–4 Personen. Es wird meist nur kurz gegrillt und dann im Backofen fertiggebraten.
7 Minutensteak ist ein dünn geschnittenes Stück Fleisch aus der Keule oder der Lende. Es wird flach geklopft, damit es schnell gart und somit zart bleibt.
8 Tournedos sind kleine runde Steaks, die aus der Filetspitze oder aus der Filetmitte geschnitten werden. Sie wiegen etwa 125 g. Die mageren Steaks wickelt man vor dem Braten in Speck und bindet sie in Form.

? ***Mein Metzger empfahl mir, Rinderschulter für einen Schmorbraten zu spicken. Warum? Und wie geht das?***

Fleisch aus der Schulter ist aufgrund seiner Struktur besonders gut zum Schmoren geeignet. Aroma und Saftigkeit werden durch das Spicken verbessert, denn Schulterfleisch ist recht zäh.

Zum Spicken benötigen Sie durchwachsenen oder fetten Speck, den Sie in lange (so lang wie das Bratenstück), 3–4 mm dicke Streifen schneiden. Diese nach Belieben in einer Mischung aus getrocknetem Thymian, Salz und Pfeffer wenden. Kurz einfrieren – dadurch lassen sie sich später leichter in das Fleisch schieben.

Um das Fleisch zu spicken, müssen Sie zunächst Löcher längs zur Fleischfaser in den Braten „bohren“. Das geht gut mit einem Wetzstahl, den Sie an verschiedenen Stellen in den Braten stecken. Nun können Sie die Speckstreifen von einem zum anderen Ende leicht durch die Löcher schieben – der Braten wird auf diese Weise von Fett durchsetzt, was ihm während des Schmorens zugute kommt.

Wer häufig Braten spickt, der kann sich eine spezielle Spicknadel zulegen. Sie wird, ähnlich wie eine Nähnadel mit Faden, mit dem Speckstreifen durch den Braten geschoben. Der (nach Belieben gewürzte) Speck muss dafür nicht angefroren werden.

Tafelspitz mit Schnittlauchsauce

Für 4 Portionen
Vorbereitungszeit: 20 Minuten
Garzeit: 1 1/2 Stunden

1 kg Rindfleisch (Tafelspitz oder ein anderes Stück aus der Keule, das sich zum Kochen eignet)
2 Bund Suppengrün
Salz
1 Zwiebel, geschält und halbiert
1 Lorbeerblatt
10 Pfefferkörner
Für die Sauce:
2 Brötchen
250 ml Milch
4 hart gekochte Eier
1 Bund Schnittlauch, in Röllchen geschnitten
Saft von 1 Zitrone
175 ml Öl
Salz und Pfeffer
1 Prise Zucker
100 g Meerrettich, fein geraspelt
1 Apfel, fein geraspelt
6 EL Weißweinessig

1 Rindfleisch kurz waschen. Suppengrün putzen und waschen. In einem Fleischtopf 1 l Wasser mit Salz aufkochen. Das Fleisch hineinlegen. Suppengrün, Lorbeer, Zwiebel und Pfefferkörner zufügen. Das Fleisch bei schwacher Hitze zugedeckt in etwa 1 1/2 Stunden gar ziehen lassen.

2 Inzwischen für die Schnittlauchsauce die Brötchen in einer Schüssel in der Milch einweichen.

3 Die Eier pellen und längs halbieren, die Eigelbe aus dem Eiweiß nehmen, zu Brötchen und Milch geben; alles mit einer Gabel kräftig vermischen. Man kann die Zutaten auch im Blitzhacker oder in der Küchenmaschine kurz mixen. Schnittlauch, Zitronensaft und 125 ml Öl zugeben; gründlich untermischen. Mit Salz, Pfeffer und Zucker würzen.

4 Meerrettich- und Apfelraspel mit Essig und restlichem Öl verrühren. Fleisch in Scheiben schneiden. Mit Schnittlauchsauce und Apfelmeerrettich servieren.

Meerrettich verleiht der Sauce zum Tafelspitz pikant-scharfe Würze. Ist kein frischer erhältlich, können Sie auf Meerrettich aus Glas oder Tube ausweichen.

Roggen

? ***Kürzlich wollte ich ein Roggenbrot backen, doch der Teig ist nicht aufgegangen. Was muss ich beim Backen mit Roggen beachten?***

! Im Vergleich zu Weizen oder Dinkel enthält Roggen wenig bzw. ein anderes Gluten. Dieses Protein wird auch Klebereiweiß genannt und ist für die Verarbeitung, das anschließende Aufgehen des Teiges und das Ausbilden einer schönen Krume beim Backen entscheidend.

Wenn Sie ein reines Roggenbrot backen möchten, müssen Sie Sauerteig als Backtriebmittel verwenden, damit es aufgeht; dadurch wird die Wirkung des Roggenglutens verbessert. Wenn Sie Weizenmehl mit Roggenmehl mischen, können Sie Hefe als Backtriebmittel mitverwenden oder auch ausschließlich nehmen. Ohne Backtreibmittel können Sie aus Roggenteig flache Fladen- oder auch Knäckebrote backen.

? ***Kann ich Roggen noch für etwas anderes verwenden als zum Brot- oder Brötchenbacken?***

! Das können Sie. In der vegetarischen Küche werden Roggenkörner gern als Einlage für Gemüseeintöpfe verwendet. Dafür werden die Körner über Nacht eingeweicht. Anschließend müssen sie im Einweichwasser 45 Minuten bei schwacher Hitze köcheln und dann noch 30 Minuten ausquellen. Schließlich wird der Roggen zusammen mit zerkleinertem Gemüse in Gemüsebrühe fertig gegart.

Gegarte und mit Petersilie gewürzte Roggenkörner können Sie auch anstelle von Reis oder Nudeln als Beilage zu Fleisch- und Gemüsegerichten servieren.

Gewürztes Roggenbrot

Für 2 kleine Brotlaibe
Vorbereitungszeit: 50 Minuten, plus Ruhezeit
Backzeit: 25 Minuten

400 g Roggenvollkornmehl
400 g Weizenvollkornmehl, mehr zum Arbeiten
1 Würfel frische Hefe (42 g)
1 EL flüssiger Honig
150 g flüssiger Sauerteig (aus dem Folienbeutel)
150 g Joghurt, 1 EL Salz
je 1 EL Koriander-, Kümmel- und Fenchelsamen
Öl für die Form

1 Mehle in einer Schüssel mischen. In die Mitte eine Mulde drücken. Hefe zerbröckeln. Mit Honig in 100 ml lauwarmem Wasser auflösen.

2 Hefemischung in die Mulde gießen, mit etwas Mehl vom Rand bestreuen; zudecken, an einem warmen Ort 15 Minuten gehen lassen.

3 Flüssigen Sauerteig, Joghurt, Salz, drei Viertel der Gewürze und 300 ml lauwarmes Wasser zum Vorteig in die Schüssel geben. Alles mit den Knethaken des elektrischen Handrührgeräts oder der Küchenmaschine zu einem klebrigen Teig verarbeiten. Zugedeckt an einem warmen Ort 30 Minuten gehen lassen.

4 Teig mit den Knethaken 5 Minuten kräftig kneten. Zudecken und 1 Stunde gehen lassen. Eine Springform (26 cm Ø) mit Öl fetten.

5 Teig mit den Händen auf einer leicht bemehlten Fläche 5 Minuten kneten, zur Kugel formen, in die Form legen und glatt streichen. Restliche Gewürze daraufstreuen, leicht eindrücken. Teig zugedeckt noch 30 Minuten gehen lassen.

6 Den Backofen auf 200 °C vorheizen. Eine ofenfeste Schüssel mit kochend heißem Wasser auf den Ofenboden setzen. Brot 1 Stunde backen. Zwischendurch immer wieder mit Wasser bestreichen.

7 Brot aus dem Ofen nehmen, Formrand lösen; Brot 15 Minuten auf dem Kuchengitter auskühlen lassen. Dann den Formboden entfernen, das Brot auskühlen lassen. In Butterbrotpapier wickeln und über Nacht durchziehen lassen.

Das mit Koriander, Kümmel und Fenchel gewürzte Vollkornbrot ist eine köstliche Grundlage für herzhafte, aber auch für süße Aufstriche.

Rosenkohl

Ich versuche stets, möglichst viel Rohkost zu essen. Kann ich auch Rosenkohl roh essen?

Roher Rosenkohl schmeckt erstaunlich gut, wenn man ihn für einen winterlichen Krautsalat fein raspelt und mit Möhren, Knollensellerie und Frühlingszwiebeln sowie reichlich Petersilie, Kresse oder Bohnensprossen mischt. Der Salat, für den Sie das Rezept auf der nächsten Seite finden, passt gut zu Ofenkartoffeln, kaltem Fleisch oder heißen Würstchen. Er ist auch für ein winterliches Büffet gut geeignet, denn er bleibt 1–2 Stunden lang frisch und knackig und lässt sich zudem leicht in großen Mengen zubereiten.

Besser verdaulich wird Rosenkohl, wenn Sie ihn kurz vor dem Zerkleinern blanchieren.

Warum wird empfohlen, die Strünke der Kohlröschen kreuzweise einzuritzen?

Sie sollten die Strünke einritzen, wenn die Röschen im Ganzen verarbeitet werden. Dadurch garen Strünke und Röschen gleichmäßig.

Achten Sie beim Kauf von Rosenkohl auf glatte makellose Köpfchen; Flecken weisen auf Überlagerung hin.

Meine Kinder lehnen Rosenkohl ab. Wie kann ich ihn zubereiten, dass er gut schmeckt?

Die meisten Kinder lieben Pfannengerichte. Vielleicht gefällt es, wenn Sie die Kohlröschen vierteln und in der Pfanne braten. Dafür 2 EL Öl in einen heißen Wok oder in eine Pfanne geben. Zuerst eine in 12 Schnitze geschnittene Zwiebel unter Rühren 1 Minute darin braten. Dann 250 g geviertelten Rosenkohl und 2 in Scheiben geschnittene Möhren zugeben und etwa 3 Minuten pfannenrühren, bis sie weich, aber noch bissfest sind. Je 2 EL Sojasauce und fertige oder übrig gebliebene Tomatensauce sowie 100 ml Gemüsebrühe zufügen. Einmal aufkochen, dann servieren.

Besonders würzig wird das Gericht, wenn Sie es mit kross ausgebratenen Speckwürfeln bestreuen.

Maronen und Rosenkohl: eine klassische Kombination, die hier auf neue Weise ins Rampenlicht kommt. Dieser Kohlsalat wird mit einem köstlichen Senf-Honig-Dressing serviert.

Rosenkohlsalat mit Maronen

Für 4 Portionen
Vorbereitungszeit: 20 Minuten
Garzeit: 10 Minuten

8–10 Maronen oder Pekannusskerne
250 g Rosenkohl
2 Möhren, mit dem Sparschäler längs in Streifen geschnitten
2 Lauchstangen, in dünne Ringe geschnitten
1 Bund Brunnenkresse, geputzt
1 kleines Bund Petersilie, fein gehackt
Salz
schwarzer Pfeffer
2 TL Dijonsenf
1 TL flüssiger Honig
1 EL Apfelessig
2 EL Olivenöl
1 EL Walnussöl

1 Die Schale der Maronen kreuzweise einritzen. Maronen auf einem Backblech 5–10 Minuten im heißen Backofen rösten, bis die Schalen aufplatzen. Noch warm schälen, dann in Stücke brechen. Falls Sie Pekannusskerne verwenden, diese ebenfalls in Stücke brechen.

2 Die Kohlröschen putzen und quer in feine Streifen schneiden. Gemüse, Brunnenkresse, Petersilie und Maronen oder Pekannusskerne in einer großen Salatschüssel mischen. Das Ganze mit Salz und Pfeffer herzhaft würzen.

3 In einer kleinen Schüssel Senf, Honig und Essig mischen, dann Oliven- und Nussöl unterrühren. Das Dressing über den Salat gießen und untermischen. Den Salat servieren.

Rosenwasser

Gibt es Qualitätsunterschiede bei Rosenwasser, und worauf muss ich beim Kauf achten?

Charakteristisch für Rosenwasser ist sein dezentes, köstliches Rosenblütenaroma.
Wird es zur Parfümierung hergestellt, z. B. zum Besprühen von Wäsche, genügt es, die Rosenblüten in Wasser zu legen, damit sie ihren Duft abgeben können.

Rosenwasser, das für die Zubereitung von Speisen gedacht ist, wird dagegen in einem komplizierten Destillationsprozess aus den Blütenblättern gewonnen. Diese Rosenwasseressenz erhalten Sie in der Apotheke und im Bioladen.

Wofür kann man Rosenwasser verwenden?

Rosenwasser ist bei uns eine traditionelle Zutat für die Herstellung von Marzipan. In der Küche des Orients und in Indien wird es zum Aromatisieren vieler unterschiedlicher Gerichte eingesetzt.

Man kann es in Sirupe zum Pochieren von Früchten mischen oder zum Tränken von Kuchen nehmen. Ebenso verleiht Rosenwasser Glasuren, Sahne und Eiscreme eine feine Note. Aber auch Reisgerichte wie Pilaw können mit Rosenwasser gewürzt werden. Überzeugen Sie sich mit folgendem Gericht: 3 angedrückte Kardamomkapseln und 0,1 g Safranfäden mit 3 EL Rosenwasser verrühren; ziehen lassen. 200 g Basmatireis waschen und in einem Sieb abtropfen lassen. In einem Topf 1,5 l Wasser mit 1 TL Salz aufkochen. Reis hineingeben und bei mittlerer Hitze 8 Minuten kochen; abtropfen lassen. In einer Schüssel mit 3 EL Honig mischen. Etwas Öl in einer großen Pfanne erhitzen. Reis hineingeben; das gewürzte Rosenwasser darüber verteilen. Pfanne schließen, dabei zwischen Pfannenrand und Deckel ein doppelt gefaltetes Küchentuch klemmen. Reis bei schwächster Hitze in etwa 25 Minuten garen. Auf eine vorgewärmte Platte stürzen und zu gegrilltem Fleisch oder pikant gewürzten herzhaften Ragouts servieren.

Rote Bete

? *Rote Bete kenne ich nur eingelegt aus dem Glas. Kann man Rote Bete auch roh essen? Und wie kann man sie selbst garen und weiter zubereiten?*

Sie können Rote Bete grob raspeln und als Rohkost servieren. Allerdings werden Sie die Süße vermissen, die bei diesem Wurzelgemüse erst entsteht, wenn man es gart.

Rote Bete zu garen ist sehr einfach, dauert aber recht lange. Ganze Knollen sollten Sie ungeschält kochen, damit sie ihre rote Farbe nicht verlieren – jeder Riss in der Schale führt dazu, dass die Rüben „ausbluten“ und auch etwas an Aroma verlieren. Außerdem lassen sie sich gegart leichter schälen als roh. Rote Bete entweder in leicht gesalzenem Wasser etwa 1 Stunde (je nach Größe) kochen lassen. Die Roten Beten sind gar, wenn man mühelos einen kleinen Spieß hineinstechen kann. Die Schalen lassen sich unter fließendem Wasser abreiben (Gummihandschuhe tragen).

Gekochte Rote Bete kann man einlegen, in einer Sauce erwärmen oder kalt als Salat mit Dressing servieren, z.B. auf Radicchio, mit roten Zwiebelringen garniert, oder abwechselnd mit Orangenscheiben aufgeschichtet und mit Schnittlauch, Koriandergrün oder Petersilie angerichtet.

Gekochte Rote Bete können Sie auch pürieren und anschließend unter das Püree etwas Sahne mischen. Fein schmecken auch Rote-Bete-Scheiben auf Toast mit einem Klecks saurer Sahne. Oder versuchen Sie einmal Timbalen mit Roter Bete und Äpfeln nach dem Rezept rechts. Sie passen gut zu gebratenem Lamm, Entenbrust oder Wild.

Gewusst wie

Ein einfaches Dressing für heiße Rote-Bete-Scheiben können Sie aus einem Löffel guter Orangenmarmelade und etwas frischem Orangensaft zubereiten. Mit Koriandergrün oder gemahlenen Koriandersamen garnieren.

Timbalen mit Roter Bete und Äpfeln

Für 4 Portionen
Vorbereitungszeit: 20 Minuten
Garzeit: 45 Minuten

200 g Äpfel, geschält und in Scheiben geschnitten, 4 EL Portwein
75 g saure Sahne
175 g Rote Bete, gekocht, geschält und in Scheiben geschnitten
1/2 TL gemahlener Kreuzkümmel
2 große Eier
Salz und schwarzer Pfeffer
Cayennepfeffer
2 TL Zitronensaft
saure Sahne und Dill zum Garnieren

1 Backofen auf 200 °C vorheizen. 4 ofenfeste Portionsförmchen fetten. Äpfel mit Portwein in einen Topf geben und zugedeckt 10 Minuten dünsten, bis die Äpfel weich sind.

2 Saure Sahne bis auf 1 EL in die Küchenmaschine geben. Rote Bete, Kreuzkümmel, Eier zufügen.

3 Die Apfelmischung zugeben und alles kurz pürieren. Mit Salz, schwarzem Pfeffer, etwas Cayennepfeffer und dem Zitronensaft abschmecken.

4 Die Rote-Bete-Masse in die Förmchen füllen, mit dem Löffelrücken etwas festdrücken. Die Förmchen in eine Backform oder das tiefe Backblech stellen. Die Backform oder das Blech mit so viel kochend heißem Wasser füllen, dass die Förmchen zur halben Höhe im Wasser stehen. Die Masse 45 Minuten im Ofen garen.

5 Die Förmchen vorsichtig aus dem Wasserbad heben. Abkühlen lassen, dann die Timbalen aus den Förmchen stürzen.

6 Die Timbalen mit etwas saurer Sahne und Dillzweigen garnieren; als Vorspeise servieren.

Timbalen aus Roter Bete und Apfel sind eine tolle Beilage zu Fleisch mit kräftigem Aroma, beispielsweise Entenbrust. Garnieren Sie die Timbalen mit Dill.

Rübchen

Muss man Rübchen immer schälen, und gibt es noch andere Rezepte dafür außer Püree?

Rübchen müssen weder immer geschält noch immer püriert werden. Die kleinen feinen Mairüben (Navets), die nur von Mai bis Juni angeboten werden, brauchen z. B. nur kurz gegart zu werden. Gleiches gilt für Teltower Rübchen, die im frühen Herbst angeboten werden. Versuchen Sie doch einmal, die Rübchen in aromatisierter Butter zu dünsten (siehe Rezept rechts) und/oder mit etwas Zucker zu glasieren. Auf diese Weise zubereitete Rübchen passen als Beilage hervorragend zu Entenbraten oder Federwild aus dem Ofen, zu Schinken und zu Lammfleisch.

Rübchen machen sich sehr gut in Eintöpfen und Schmorgerichten, besonders in der Kombination mit Lammfleisch. Aus Steck- oder Kohlrüben lassen sich köstliche Eintöpfe und Gratins zubereiten.

Können Sie mir verraten, wie man ein perfektes Rübenpüree hinkriegt?

Mischen Sie die frisch pürierten Rüben mit reichlich Butter und Pfeffer und mit anderen Pürees aus Wurzelgemüse wie Möhren oder Knollensellerie.

Was kann man aus rohen Rüben machen?

Geraspelt und mit einem Dressing gemischt, sind Rübchen als Salat ausgesprochen köstlich. Große Rüben in Scheiben schneiden, mit Öl bepinseln und grillen.

Gut zu wissen

Die Blätter von jungen Rübchen sollten Sie auf keinen Fall wegwerfen. Man kann sie wie Spinat zubereiten und als Gemüse servieren. Sie können die Blätter auch in eine Suppe mischen oder in Streifen schneiden und als Garnitur für Gemüsegerichte und Salate verwenden.

Rübchen in Rosmarinbutter

Für 4 Portionen
Vorbereitungszeit: 5 Minuten
Garzeit: 12–15 Minuten

8–12 kleine junge Rübchen
Salz und schwarzer Pfeffer
50 g Butter
1 Zweig Rosmarin
1 EL Schnittlauchröllchen
1 EL gehackte Minze
2 EL gehackte Petersilie

1 Die Rübchen waschen, die Blätter abschneiden, 1 cm grünen Stielansatz stehen lassen. Die Blättchen nach Belieben in feine Streifen schneiden und beiseitelegen.

2 Die Rübchen in einen Topf mit kochendem Salzwasser geben. Aufkochen lassen und die Rübchen im zugedeckten Topf in etwa 10 Minuten weichgaren. Abgießen und gut abtropfen lassen.

3 Die Butter mit dem Rosmarinzweig in einer großen Pfanne erhitzen. Die Rübchen zufügen und darin 2–3 Minuten von allen Seiten braten, bis sie schön glänzen und etwas Farbe angenommen haben.

4 Den Rosmarinzweig aus der Butter nehmen, die Rübchen mit Salz und Pfeffer würzen und mit den frischen Kräutern und eventuell Rübenblättern bestreuen. Zum Mischen die Pfanne leicht rütteln. Die Rübchen in einer vorgewärmten Schüssel beispielsweise zu kurzgebratenem Fleisch servieren.

Schnittlauch, Minze und Petersilie sorgen für einen farblichen Kontrast und verleihen Rübchen in Rosmarinbutter eine sommerliche Note.

Rührkuchen

Ich bereite Teige vorzugsweise mit der Küchenmaschine zu. Worauf muss ich bei Rührteig besonders achten?

In der Küchenmaschine kann ein Rührteig leichter überschlagen werden als mit dem Handrührgerät. Geben Sie zunächst nur die Butter in die Schüssel der Küchenmaschine, und schlagen Sie diese mit dem Schneebesen bei mittlerer Geschwindigkeit schaumig; dann erst Zucker und Eier zugeben und alles gründlich zu einer cremigen Masse weiterschlagen. Mehl, Backpulver und weitere trockene Zutaten in einer Schüssel mischen. Diese Mixtur geben Sie dann löffelweise im Wechsel mit Flüssigkeit (z.B. Milch) zur Butter-Ei-Masse. Wichtig ist, dass der Teig nun nicht mehr länger als 3 Minuten (mit dem Handrührgerät 5 Minuten) bearbeitet wird. Durch zu intensives Schlagen verändert sich die Eigenschaft des Mehls. Das Gluten (das Klebereiweiß des Weizenmehls) wird durch allzu kräftiges und langes Rühren aktiviert – der Teig wird zäh, der Kuchen geht beim Backen nicht mehr richtig auf; es entsteht ein trockener, bröseliger, fester Kuchen.

Manchmal flockt die Butter aus, wenn ich die Eier zugebe. Wie kann ich die Masse retten?

Geben Sie einfach ein wenig Mehl zu der geronnenen Masse, und rühren Sie dabei weiter. Vorbeugen können Sie dem Problem, indem Sie Butter und Eier rechtzeitig aus dem Kühlschrank nehmen, damit sie Raumtemperatur annehmen. Ferner sollten Sie die Eier nicht auf einmal, sondern eins nach dem anderen zufügen. Am besten jedes vorher in eine Tasse aufschlagen, dann zur Masse schütten.

Oft vergesse ich, Eier und Butter rechtzeitig aus dem Kühlschrank zu nehmen. Ich möchte den Teig aber sofort rühren. Was kann ich tun?

Raspeln Sie harte Butter in die Schüssel, dann wird sie weich; Eier aufschlagen und trennen, so nehmen sie rasch Raumtemperatur an.

So gelingt Rührteig

Wichtig ist, dass Sie den Teig von Anfang an mit den Schneebesen des Handrührgeräts oder der Küchenmaschine kräftig schlagen, damit er schön locker wird. Aber bitte nicht zu lange schlagen, das würde dazu führen, dass der Teig zäh wird und sich große Poren in der Krume bilden.

1 Für den Rührteig alle Zutaten nach Rezept abwiegen bzw. abmessen. Gekühlte Zutaten wie Butter und Eier etwa 1 Stunde vor Beginn der Teigzubereitung aus dem Kühlschrank nehmen. Sie sollen Raumtemperatur annehmen.

2 Die Backform fetten und mit Semmelbröseln, Mehl oder Polentagrieß ausstreuen. Die Form dabei drehen und wenden, damit sich Brösel, Mehl oder Grieß gleichmäßig darin verteilen können.

3 Die inzwischen weiche Butter und den Zucker mit einer Prise Salz so lange schlagen, bis eine helle, schaumige Creme entstanden ist. Die Eier trennen, die Eiweiße beiseitestellen. Die Eigelbe zur Butter-Ei-Creme geben und gründlich unter die Masse arbeiten.

4 Mehl und Backpulver in einer Schüssel mischen. Dann esslöffelweise im Wechsel mit Milch unter den Teig rühren, bis alle Zutaten gut miteinander verbunden sind. Der Teig soll nun schwer reißend vom Quirl fallen. Falls nötig, noch Mehl oder Milch zugeben.

5 Die Eiweiße zu Schnee schlagen, diesen mit einem Teigspatel unter den Teig heben. Je nach Rezept und Geschmack weitere Zutaten wie geraspelte Schokolade, gemahlene Nüsse oder Rosinen unter den Teig heben.

6 Den Teig in die vorbereitete Form füllen, dabei das oberere Viertel frei lassen, denn der Teig geht während des Backens auf, sein Volumen nimmt dabei bis zu einem Viertel zu. Den Teig mit einem Spatel oder einer Teigkarte glatt streichen und nach Rezept backen.

Ich backe lieber mit Weizenvollkornmehl als mit weißem Mehl. Kann ich beim Backen weißes Mehl einfach durch die gleiche Menge Vollkornmehl ersetzen?

Nein, das geht leider nicht. Teige mit Vollkornmehl brauchen mehr Flüssigkeit. Da Vollkornmehl noch die Schalen des Getreidekorns enthält, in denen wiederum quellende Ballaststoffe stecken, quillt der Teig insgesamt stärker auf. Grundsätzlich gilt: Je dunkler das Mehl ist, desto mehr Flüssigkeit müssen Sie zum Teig geben.

Reines Vollkornmehl hat übrigens keine Typenzahl, weil der Ascheanteil je nach Weizensorte, Lage der Felder, Wetterbedingungen, Ausbeute und Lagerung unterschiedlich sein kann (siehe auch *Mehl*).

Um zu prüfen, ob ein Rührteig genug Flüssigkeit enthält, machen Sie folgenden Test: Ziehen Sie den/die Schneebesen aus dem Teig. Fällt der Teig in langen Zapfen vom Schneebesen, hat er die richtige Konsistenz; bleibt er hängen, ist er zu fest. Geben Sie in diesem Fall noch etwas Flüssigkeit zu.

Mir ist Rührkuchen oft zu süß, wenn ich die im Rezept angegebene Zuckermenge verwende. Kann ich auch weniger Zucker nehmen, ohne dass das Backergebnis beeinträchtigt wird?

Können Sie. Die im Rezept angegebene Zuckermenge können Sie nach Belieben variieren. Außerdem können Sie auch den Zucker frei wählen. Feinkörniger ist jedoch grobkörnigem vorzuziehen. Weißer Zucker lässt sich durch braunen austauschen oder zur Hälfte durch Honig.

Pannenhilfe

Ist ein Rührkuchen an einigen Stellen zu dunkel geworden, kann man diese mit einer feinen Reibe (z. B. einer Muskatreibe) entfernen oder die dunklen Stellen mit einem Sägemesser vorsichtig abschneiden. Falls nötig, den Kuchen anschließend in Form schneiden.

Klassischer Marmorkuchen

Für 1 Napfkuchenform (2 l Inhalt)
Vorbereitungszeit: 25 Minuten
Backzeit: 50–60 Minuten

4 Eier
250 g Butter oder Margarine, mehr für die Form
Semmelbrösel für die Form
200 g Zucker
1 Päckchen Vanillezucker
350 g Mehl
1 Päckchen Vanillepuddingpulver oder 50 g Speisestärke
1 Päckchen Backpulver
1 Prise Salz
3–4 EL Milch
2 EL dunkles Kakaopulver
2 EL Zucker
2 EL Mandellikör oder Milch
Puderzucker zum Bestäuben

1 Die Form fetten und mit Semmelbröseln ausstreuen. Den Backofen auf 200 °C vorheizen.

2 Die Eier trennen, die Eiweiße zu Schnee schlagen. Den Eischnee in den Kühlschrank stellen.

3 Butter bzw. Margarine mit 200 g Zucker, den Eigelben und dem Vanillezucker 4–5 Minuten mit den Schneebesen des Handrührgeräts oder der Küchenmaschine schaumig schlagen.

4 Das Mehl mit Puddingpulver bzw. Speisestärke, Backpulver und Salz mischen. Abwechselnd mit der Milch unter die Eiercreme rühren, dann den Eischnee mit einem Teigspatel unter den Teig ziehen.

5 Zwei Drittel des Teiges in die Form füllen. Das Kakaopulver, 2 EL Zucker und den Likör unter das restliche Teigdrittel mischen. Den Schokoladenteig auf den hellen Teig geben. Eine Gabel so durch den Teig ziehen, dass ein Marmormuster entsteht.

6 Den Marmorkuchen im heißen Ofen 50–60 Minuten backen. Aus dem Ofen nehmen und 5 Minuten später aus der Form lösen. Auf einem Kuchengitter abkühlen lassen.

Für diesen allseits beliebten Klassiker wird unter einen Teil des Rührteigs ein wenig Kakaopulver gemischt.

Servieren Sie den Kirschkuchen am besten ofenfrisch. Dazu passt reichlich steif geschlagene Sahne, die Sie mit Vanille und Zimt aromatisiert haben.

Würziger Kirschkuchen

Für 1 Springform (24–26 cm Ø)
Vorbereitungszeit: 25 Minuten
Backzeit: 55–65 Minuten

600 g entsteinte frische, eingemachte oder tiefgekühlte Sauerkirschen
Semmelbrösel für die Form
5 Eier mit Raumtemperatur
250 g weiche Butter, mehr für die Form
200 g brauner Zucker
200 g gemahlene ungeschälte Mandelkerne
2–3 Tropfen Bittermandelaroma
1 Messerspitze gemahlene Gewürznelke
2 EL Rum
1 Päckchen Vanillezucker
1 TL fein gemahlener Zimt
200 g Mehl
4 EL Semmelbrösel
1 1/2 TL Backpulver
1 Prise Salz
Puderzucker zum Bestäuben

1 Eingemachte Kirschen aus dem Glas in ein Sieb schütten und gut abtropfen lassen (den Saft anderweitig verwenden); TK-Früchte gefroren verarbeiten.

2 Die Form fetten und mit Semmelbröseln ausstreuen. Den Backofen auf 180 °C vorheizen.

3 Die Eier trennen, die Eiweiße zu Schnee schlagen. Den Eischnee in den Kühlschrank stellen.

4 Butter, Zucker und Eigelbe mit den Schneebesen des Handrührgeräts oder der Küchenmaschine 4–5 Minuten schaumig schlagen.

5 Mandeln mit Bittermandelaroma, Nelke, Rum, Vanillezucker und Zimt mischen. Mehl, Semmelbrösel, Backpulver und Salz mischen und nach und nach unter die Eiercreme rühren. Zum Schluss den Eischnee unterheben.

6 Den Teig in die Form füllen und glatt streichen. Die Kirschen gleichmäßig auf dem Teig verteilen, dabei den Rand etwas frei lassen.

7 Den Kuchen im heißen Ofen 55–65 Minuten backen. Herausnehmen, den Rand der Form lösen.

8 Den Kuchen auf einem Gitter auskühlen lassen, dann mit Puderzucker bestäuben; servieren.

In einer Zeitschrift habe ich ein Möhrenkuchen-Rezept entdeckt, in dem Öl statt Butter oder Margarine angegeben ist. Kann man generell Öl anstelle von Butter oder Margarine für Rührteig nehmen?

Im Prinzip schon. Die Verwendung von Öl für Rührteige hat in der amerikanischen Küche Tradition. Da bei uns zunehmend amerikanische Backrezepte beliebt werden (z. B. Muffins), findet man immer mehr Rezepte, in denen Öl statt Butter oder Margarine auftaucht. Mit Öl lässt sich der Teig leichter verrühren, und der Kuchen bleibt nach dem Backen länger saftig. Zusätzliches Backpulver ist nicht nötig.

Letztlich ist es Geschmackssache, welches Fett Sie für einen Rührteig verwenden. Wählen Sie geschmacksneutrales Öl wie Maiskeim-, Distel-, Raps- oder Sonnenblumenöl.

Muss ich etwas beachten, wenn ich für Rührkuchen eine Form nehme, deren Größe von der im Rezept angegebenen abweicht?

Ja, sehr viel. Wenn die Form zu groß ist, wird der Kuchen insgesamt flacher, ist sie zu klein, kann der Kuchen über den Formrand hinaus aufgehen und überquellen.

Ob die Form eckig oder rund ist, ist dagegen nicht so ausschlaggebend: Soll die Masse laut Rezept in einer runden Form gebacken werden, können Sie auch eine eckige (quadratische) nehmen, allerdings sollten die Seitenlängen je 2 cm kürzer sein als der angegebene Durchmesser. Also: Eine Masse, die in eine 26 cm große Springform gefüllt wird, passt auch in eine 24 cm große quadratische Form.

Gewusst wie

Um zu prüfen, ob ein Rührkuchen (oder ein anderer Kuchen) gar ist, stechen Sie mit einem Holzspieß in die dickste Stelle des Kuchens und ziehen den Spieß wieder heraus. Haften Krümel daran, ist der Kuchen gar, klebt noch Teig daran, muss der Kuchen noch ein bisschen weiterbacken.

Die feinen Mandelplätzchen nach holländischem Rezept laufen während des Backens breit auseinander, so werden sie besonders zart und knusprig.

Holländische Mandelplätzchen

Für etwa 35 Stück
Vorbereitungszeit: 40 Minuten
Backzeit: 10–12 Minuten pro Blech

75 g weiche Butter
250 g feiner brauner Rohzucker
1 Päckchen Vanillezucker
125 g Mehl
125 g grob gehackte ungeschälte Mandelkerne
1/2 TL gemahlener Zimt
1 Prise Salz

1 Drei Backbleche mit Wasser benetzen und mit Backpapier belegen. Den Backofen auf 180 °C vorheizen.

2 Butter, Zucker und Vanillezucker in eine Rührschüssel geben. Dann alles mit den Schneebesen des elektrischen Handrührgeräts oder der Küchenmaschine in 3–4 Minuten zu einer hellen schaumigen Masse schlagen. Mehl, gehackte Mandeln, Zimt und Salz mischen; löffelweise zur Eiercreme geben und unterrühren.

3 Den Teig mit einem Teelöffel portionsweise abnehmen und mit reichlich Abstand zueinander auf die vorbereiteten Backbleche geben. Mit dem Löffelrücken etwas flach drücken.

4 Die Plätzchen im heißen Ofen auf der oberen Schiene 5–6 Minuten backen, dann auf der untersten Schiene in 5–6 Minuten fertig backen. Herausnehmen, auf einem Kuchengitter auskühlen lassen. In einer gut verschlossenen Dosen halten sich die Plätzchen leicht etwa 2 Wochen.

VARIANTEN

Drücken Sie vor dem Backen nach Belieben auf jede Teigportion noch eine halbe abgezogene Mandel.

Die Mandeln können Sie durch gehackte ungeschälte Haselnusskerne ersetzen, und falls Sie keinen braunen Zucker im Vorrat haben, können Sie auch ganz normalen Haushaltszucker nehmen.

? ***Wie kann ich Rührkuchen am besten frisch halten, und wie sollte ich einen angeschnittenen Kuchen aufbewahren?***

Bewahren Sie Rührkuchen in einem fest verschlossenen Behälter, unter einer Abdeckhaube oder fest in Alufolie gewickelt auf.

Wenn der Kuchen nicht mit Sahne oder einer anderen leicht verderblichen Masse gefüllt ist, sollten Sie ihn kühl, jedoch nicht im Kühlschrank aufbewahren. Gebäck, das zu kühl gelagert wird, wird trocken und schmeckt alt, es verliert seine saftige, lockere Krume. Anschnittstellen sollten Sie mit Alufolie abdecken.

Wie lange Sie Rührkuchen lagern können, hängt von seinem Fettgehalt ab: Je fettreicher der Kuchen ist, desto kürzer ist die Haltbarkeit.

Auf Nummer sicher gehen Sie, wenn Sie einen Rührkuchen einfrieren. Das hat den Vorteil, dass Sie das Gebäck portionsweise verpacken und auftauen können. Wickeln Sie den Kuchen zum Einfrieren in extrastarke Alufolie, oder geben Sie ihn in Gefrierbeutel. Aufgetauten Rührkuchen nicht noch einmal einfrieren.

Safran

Kann man Safran direkt in ein Gericht geben, oder muss man ihn zuerst vorbereiten?

Das kommt darauf an, in welcher Form Sie Safran verwenden. Das Gewürz wird in Döschen oder Tütchen in minimalen Mengen entweder in ganzen Fäden oder gemahlen angeboten.

Safranfäden sollten Sie ein paar Sekunden in einer trockenen Pfanne bei schwacher Hitze anrösten, dann im Mörser zerreiben und in etwas heißer Flüssigkeit wie Fond, Milch oder Wasser ziehen lassen, damit sich Aroma und Farbe besser entfalten können. Gemahlenen Safran können Sie direkt in ein Gericht geben und mitkochen.

Warum ist Safran so teuer? Gibt es eine preiswertere Alternative dazu?

Safranfäden werden in mühsamer Handarbeit aus den Blüten einer Krokusart gewonnen. Für 1 g benötigt man 300 Safranfäden! Verständlich, dass Safran das teuerste Gewürz der Welt ist. Sein unvergleichlicher Geschmack und die Fähigkeit, das Aroma von Speisen zu betonen, werden von keinem anderen Gewürz übertroffen. Zum Gelbfärben von Speisen kann man zwar das deutlich preiswertere Kurkuma (Gelbwurz) nehmen, doch wird damit niemals der orange-gelbe Farbton von Safran erreicht.

Was ist besser: gemahlener Safran oder Safranfäden?

Bei einem so wertvollen Gewürz wie Safran liegt es nahe, dass auch Fälschungen angeboten werden. Bei preiswertem gemahlenem Safran sollten Sie vorsichtig sein. Dabei handelt es sich wahrscheinlich um eine Mischung aus (etwas) Safran und (viel) Kurkuma. Safranfäden lassen sich schwieriger fälschen. Von daher sollten Sie sie beim Kauf bevorzugen. Generell sollten Sie dieses edle Gewürz besser von seriösen Gewürzimporteuren und -herstellern beziehen als preiswerte lose Ware, die oft auf den Märkten der Herkunftsländer angeboten wird.

Eine leichte, duftende Joghurt-Mayonnaise, gewürzt mit Safran und anderen Gewürzen, passt perfekt zu gegrilltem oder pochiertem Fisch.

Kalte Safransauce

Für 4 Portionen
Zubereitungszeit: 10 Minuten

1 großes Eigelb
1 Prise Salz
1/8 TL gemahlener Safran
je 1/2 TL gemahlener Kreuzkümmel und Koriander
150 ml Sonnenblumenöl
1 1/2 TL Weißweinessig
1 1/2 TL Zitronensaft
150 g Joghurt

1 Das Eigelb in einer Schüssel mit Salz und den Gewürzen verquirlen. Das Öl tropfenweise zugeben und unterschlagen wie bei der Zubereitung einer Mayonnaise. Nachdem die Hälfte des Öls gut untergemischt ist, das restliche Öl im Strahl unter ständigem Rühren zufügen.

2 Weinessig, Zitronensaft und Joghurt zugeben und unterrühren. Die Safransauce zu gegrillten Lachssteaks, Forelle oder pochiertem weißem Fisch servieren.

VARIANTE
Für ein kräftigeres Aroma können Sie Kreuzkümmel und Koriander durch 1/2 TL mildes Currypulver ersetzen. Für ein intensiveres Aroma das Currypulver in einem Metalllöffel über einer Flamme kurz rösten, dann über das Eigelb streuen.

Sahne

Wie kann ich Schlagsahne noch retten, wenn ich sie zu lange geschlagen habe?

Das Überschlagen von Sahne lässt sich nicht mehr rückgängig machen. Kühlen Sie besser die Sahne vor dem Schlagen, und schlagen Sie sie kräftig, aber dennoch vorsichtig und nicht zu schnell. Am sichersten ist es, die Sahne mit dem elektrischen Handrührgerät nur halbsteif zu schlagen und anschließend per Hand mit dem Schneebesen fertig zu schlagen.

Gibt es einen Trick, Schlagsahne etwas fettärmer zu machen?

Sie können den natürlichen Fettgehalt von geschlagener Sahne etwas senken, indem Sie Eischnee aus einem Eiweiß unter je 200 g Schlagsahne ziehen. Diese leichte, fettreduzierte Schlagsahne muss allerdings innerhalb von 2 Stunden verbraucht werden, denn sie fällt schneller zusammen als „echte“ Schlagsahne.

Sahne steif schlagen

Verwenden Sie zum Steifschlagen stets gut gekühlte Sahne. Rührschüssel, Schneebesen oder Quirle des elektrischen Handrührgeräts sollten ebenfalls gut gekühlt sein.

1 Die Sahne mit dem Schneebesen kräftig schlagen, bis sie andickt.

2 Etwas langsamer weiterschlagen, bis sich weiche Spitzen bilden, nach Belieben weiterschlagen, bis sich festere Spitzen bilden.

Sahnevielfalt auf einen Blick

Sorte	Eigenschaften	Fettgehalt
Kaffeesahne oder Kaffeerahm	Sahne mit dem niedrigsten Fettgehalt. Verwendet wird sie zum Weißen von Kaffee. Wird durch Erhitzen haltbar gemacht.	mind. 10 %
Saure Sahne oder Sauerrahm	Mit Milchsäurebakterien versetzte Sahne. Ideal für Salatsaucen, Suppen und Saucen. Aufgrund ihres niedrigen Fettgehalts kann saure Sahne in heißen Gerichten ausflocken.	10–18 %
Schmand	Ebenfalls ein Sauerrahmprodukt; allerdings mit etwas höherem Fettgehalt und festerer Konsistenz als saure Sahne. Für Salatsaucen, zum Kochen und Backen geeignet.	24–28 %
Süße Sahne und Schlagsahne bzw. Rahm und Schlagrahm	Beim Stehenlassen von Milch sammelt sich oben eine fettreiche Schicht an – die Sahne, auch Rahm genannt. Sahne enthält zwischen 25 und 29 % Fett; sie lässt sich nicht so gut steif schlagen wie Schlagsahne/Schlagrahm, die mind. 30 % Fett enthalten muss, besser sogar 36 % (Schlagsahne extra).	mind. 25%
Crème fraîche	Gesäuertes Sahneprodukt; aufgrund des hohen Fettgehalts gut zum Kochen geeignet.	mind. 30 %
Crème double	Sahneprodukt mit hohem Fettgehalt. Zum Verfeinern von Gerichten, v. a. Süßspeisen.	42 %

Fällt Schlagsahne zusammen, wenn ich flüssige Aromazutaten zugebe?

Nein. Geben Sie ein paar Tropfen des Aromas zur steif geschlagenen Sahne, und ziehen Sie diese vorsichtig darunter. Sahne dann bis zum Servieren kalt stellen.

Wie lange kann ich steif geschlagene Sahne aufbewahren bzw. schon im Voraus schlagen?

Steif geschlagene Sahne können Sie bis zu 12 Stunden im Kühlschrank aufbewahren. Die Sahne dafür in ein fest verschließbares Gefäß füllen, damit sie keine Fremdgerüche annimmt. Vor dem Servieren oder der Weiterverarbeitung die geschlagene Sahne mit einem Schneebesen kurz aufschlagen.

Gerinnt Sahne wirklich nicht, wenn ich sie unter warme Gerichte mische?

Eigentlich nicht. Es sei denn, Sie rühren die Sahne in ein säurereiches Gericht wie eine Zitronen- oder Weinsauce. Wenn Sie die Sahne vorher mit etwas von der heißen Sauce anwärmen und die Sauce nach Zugabe der Sahne nicht mehr aufkochen, wird die Sahne auch in einem säurereichen Milieu nicht gerinnen.

Lässt sich flüssige Schlagsahne einfrieren?

Ja, wenn sie einen Fettgehalt von mindestens 30 % hat. Das beste Ergebnis erhalten Sie, wenn Sie Sahne vor dem Einfrieren halb steif schlagen und dann in eine Gefrierdose füllen – dabei reichlich Platz lassen, weil sich die Sahne beim Gefrieren ausdehnt. Sahne hält sich im Gefrierfach bis zu 3 Monate. Sie sollte im Kühlschrank aufgetaut werden.

Kann ich statt Sahne auch Crème fraîche verwenden?

Ja, Crème fraîche lässt sich allerdings nicht so gut steif schlagen wie süße Sahne. Zum Verfeinern von Gerichten ist sie jedoch ebenso wie Sahne bestens geeignet, denn aufgrund ihres hohen Fettgehalts gerinnt sie beim Erhitzen nicht. Suppen, Schmorgerichte und Eintöpfe werden durch Crème fraîche etwas cremiger.

Sie können Crème fraîche auch mit pürierten Früchten oder Honig genießen. Oder servieren Sie Crème fraîche zu Kuchen, Tartes oder Desserts anstelle von Schlagsahne.

Kann ich Schmand anstelle von saurer Sahne verwenden?

Ja und nein. Schmand ist genau wie saure Sahne ein Sauermilchprodukt. Doch im Gegensatz zu saurer Sahne, die nur zwischen 10 und 18 % Fett enthält, ist Schmand mit mindestens 24 % Fett relativ fettreich. Dadurch eignet er sich allerdings auch besser zum Verfeinern warmer Gerichte – saure Sahne flockt darin aus, Schmand nicht. Schmand ist eine gute fettarme Alternative zu Créme fraîche.

Können Sie mir erklären, was Crème double ist?

Das löffelfeste Milchprodukt ist im Prinzip nichts anderes als süße Sahne mit einem extrem hohen Fettgehalt: Crème double enthält bis zu 45 % Fett (ähnlich wie Créme fraîche), ist aber eben ein Süßsahneerzeugnis. Sie eignet sich wie Sahne hervorragend zum Verfeinern von Suppen und Saucen.

Wer es sich kalorienmäßig leisten kann, isst die dicke Sahne auch zu Kuchen anstelle von Schlagsahne. Als Kompromiss mischen Sie etwas Crème double unter Magerquark.

Wie kann man aus ganz normaler süßer Sahne saure Sahne machen?

In der Industrie werden süßer Sahne zum Säuern Milchsäurebakterien zugesetzt. Zu Hause können Sie ohne Bakterien aus süßer Sahne mit einem kleinen Trick recht schnell saure Sahne herstellen: Geben Sie 1–2 TL Zitronensaft in 150 g flüssige Schlagsahne – je nachdem, wie fest die saure Sahne werden soll. Wenn Sie die Sahne nun 30 Minuten stehen lassen, wird sie dick. Geschmack und Konsistenz unterscheiden sich nur leicht von handelsüblicher saurer Sahne.

Für eine leichtere Variante vermischen Sie Joghurt und Sahne im Verhältnis eins zu eins miteinander.

Süße und saure Sahne sind eine ideale Basis für schnelle Dips und Salatsaucen. Diese sollten Sie stets frisch zubereiten und bald verzehren.

Servieren Sie die Dips, für die Sie unten Rezepte finden, beispielsweise mit Rohkost, Tortillachips, Grissini oder Baguette. Ebenso schmecken sie zu Pell- oder Ofenkartoffeln.

Wie lange lassen sich Sahne und andere Sahneprodukte im Kühlschrank aufbewahren?

Das aufgedruckte Mindesthaltbarkeitsdatum gibt an, wie lange Sahne bzw. ein Sahneprodukt im Kühlschrank mindestens haltbar ist.

Sahnedip mit Schnittlauch

Für 6 Portionen
Zubereitungszeit: 10 Minuten

100 g Frischkäse
150 g saure Sahne
3 EL Schnittlauchröllchen
Salz und schwarzer Pfeffer
Zum Garnieren:
Cayennepfeffer

1 Für den Sahne-Schnittlauch-Dip alle Zutaten in einer Schüssel mischen. In eine Schale füllen und mit Cayennepfeffer bestreuen. Zugedeckt bis zum Servieren kalt stellen.

VARIANTE

Anstelle von Schnittlauch können Sie eine Mischung verschiedener frischer Kräuter wie Petersilie, Dill und Schnittauch oder auch Minze verwenden. TK-Kräuter sind eine schnelle Alternative zu frischen.

Avocadodip

Für 6 Portionen
Zubereitungszeit: 10 Minuten

2 reife Avocados, entsteint, Fruchtfleisch grob gehackt
2 EL Zitronensaft
1 kleine Zwiebel, grob gehackt
2 Knoblauchzehen
150 g saure Sahne
Salz und schwarzer Pfeffer
Tabascosauce (nach Belieben)

1 Alle Zutaten im Mixer oder in der Küchenmaschine glatt pürieren. Man kann das Avocadofleisch auch mit einer Gabel zerdrücken.

2 Den Dip erst kurz vor dem Servieren zubereiten, denn das Avocadofruchtfleisch verfärbt sich rasch, wenn es zu lange mit Luft in Berührung kommt.

3 Bis zum Verzehr mit Folie bedecken; Folie direkt auf den Dip legen.

Dip mit Blauschimmelkäse

Für 6 Portionen
Zubereitungszeit: 10 Minuten

175 g Blauschimmelkäse, fein zerkrümelt
1 Frühlingszwiebel, fein gehackt
150 g saure Sahne
2 TL Zitronensaft
Salz und schwarzer Pfeffer

1 Blauschimmelkäse, Frühlingszwiebel und saure Sahne in einer Schüssel mit einer Gabel mischen, den Käse dabei fein zerdrücken,

2 Den Zitronensaft tropfenweise unterrühren. Der Dip sollte nicht zu säuerlich schmecken. Nach Belieben mit Salz und Pfeffer würzen. Der Blauschimmelkäse-Dip ist eine hervorragende Möglichkeit, leicht überreifen Blauschimmelkäse zu verwerten.

Salz

Was ist der Unterschied zwischen Kochsalz und Meersalz?

Das bei uns übliche Speise-, Tafel- oder Kochsalz stammt aus unterirdischen Steinsalzlagern. Es wird nach dem Abbau chemisch gereinigt und anschließend eventuell mit Jod, Fluorid und Folsäure, einzeln oder in Kombination angereichert. Darüber hinaus werden bestimmte Verbindungen zugesetzt, um das Salz rieselfähig zu halten. Kritiker bemängeln an diesem Salz, dass es sich um kein natürliches Produkt handele.

Meersalz wird durch das Verdunsten von Meerwasser gewonnen. Anschließend kann es (genau wie Kochsalz) mit Chemikalien gereinigt und mit Zusätzen versehen werden. Vorzuziehen ist Meersalz ist seiner reinen Form, in der noch zahlreiche Mineralien vorhanden sind. Experten schätzen naturbelassenes Meersalz besonders aufgrund seines Gehalts an Mineralien. Meersalz wird in verschiedenen Körnungen angeboten: grob- und feinkörnig sowie gebleicht oder gemahlen.

Warum ist Himalajasalz eigentlich so teuer?

Das liegt nicht an seinem Wohlgeschmack, sondern an der gesundheitsfördernden Wirkung, die den rosafarbenen Kristallen zugeschrieben wird – bewiesen ist allerdings bislang noch gar nichts. Himalajasalz ist ein naturbelassenes Steinsalz, das aus der Salzlagerstätte herausgebrochen und nicht herausgewaschen wird. Wie jedes andere Salz auch besteht es zu 98 % aus Natriumchlorid.

Gewusst wie

Geben Sie an Süßspeisen und süße Kuchenteige stets eine Prise Salz. Dies verbessert den Geschmack. Umgekehrt gilt übrigens das gleiche: Eine Prise Zucker, unter Herzhaftes gemischt, unterstreicht ebenfalls das Aroma des entsprechenden Gerichts.

Kräuterforellen in Salzkruste

Für 4–6 Portionen
Vorbereitungszeit: 30 Minuten
Garzeit: 25–30 Minuten

Öl für die Form
2 Eiweiß, 2,5 kg grobes Meersalz
je 8 kleine Zweige Rosmarin und Thymian
4 küchenfertige Forellen

1 Backofen auf 200 °C vorheizen. Das tiefe Backblech oder eine ofenfeste Form mit Öl auspinseln. Eiweiß verquirlen, Meersalz untermischen. Blech/Formboden mit der Hälfte der Salzmasse bedecken.

2 Die Hälfte der Kräuter auf die Salzmasse legen. Forellen innen und außen abspülen und trockentupfen, mit je einem Rosmarin- und Thymianzweig füllen. Auf das Salzbett legen, mit der übrigen Salzmasse bedecken, diese gut andrücken. Fische 25–30 Minuten garen.

3 Aus dem Ofen nehmen. In der Salzkruste kurz abkühlen lassen. Kruste behutsam aufbrechen und mit der Fischhaut abheben. Forellen filetieren; es darf kein Salz von der Kruste an die Fischfilets geraten.

Fisch in Salzkruste

Das Garen im Salzmantel ist ideal, um das Aroma zu verstärken und Empfindliches sanft und fettarm zu garen sowie vor dem Austrocknen zu bewahren.

1 Das tiefe Backblech oder eine ofenfeste Form mit der Hälfte der Salz-Eiweiß-Masse bedecken, die Hälfte der Kräuter darauflegen.

2 Die Salzkruste vorsichtig aufbrechen und samt der daran haftenden Fischhaut abheben.

Was ist besser zum Kochen geeignet: Meersalz oder Steinsalz?

Letztlich ist das Geschmackssache. Beide Salzarten eignen sich zum Kochen. Feinkörnges Salz lässt sich feiner dosieren; grobkörniges Meersalz ist dagegen bestens für eine Salzkruste geeignet, in der z.B. Fisch sanft gart.

Zu den wertvollsten Meersalzen zählen das Maldon Salt aus Essex in England und das Fleur de Sel aus der Camargue in Frankreich. Die weichen Salzflocken lassen sich mit den Fingerspitzen fein zerreiben. Die beiden Salze sind von außergewöhnlicher Qualität und sehr geschmacksintensiv (und im Vergleich zu gewöhnlichem Salz sehr teuer); sie werden deshalb vorzugsweise zum Bestreuen fertiger Speisen verwendet.

Was kann ich tun, wenn ich ein Gericht versalzen habe?

Das kommt auf das Gericht an. In Brühen oder Suppen können Sie ein paar geschälte Kartoffelscheiben geben und mitkochen; sie saugen einen Teil des Salzes auf. Nach dem Kochen entfernen Sie die Kartoffeln aus dem Gericht. Sie können aber auch ein paar Löffel Reis oder getrocknete Nudeln zufügen und mitgaren; diese anschließend im fertigen Gericht als Einlage lassen.

In Saucen leisten Sahne oder Joghurt gute Dienste als „Entsalzer“. Sie können auch versuchen, durch Zugabe von Petersilie oder Zitrone etwas zu retten; wenn das nicht hilft: das Gericht in der halben Menge ohne Salz noch einmal kochen und alles vermischen.

Kann ich Salz bei einem Gericht einfach ganz weglassen?

Sie können Salz immer weglassen, aber der Geschmack des Gerichts ändert sich dadurch enorm. Jeder, der eine salzfreie Diät einhalten muss, gewöhnt sich mit der Zeit daran, aber für die meisten ist ungesalzenes Essen geradezu eine Zumutung. Eine bessere Möglichkeit besteht darin, einfach nur weniger Salz zu verwenden, und ein gutes Meersalz zum individuellen Würzen auf den Tisch zu stellen.

Probieren Sie zum Würzen einmal verschiedene Kräuter- und Gewürzsalze, die es auf Meersalzbasis gibt. Sie helfen dabei, Salz einzusparen, und sorgen gleichzeitig für einen guten Geschmack.

Frisch gemahlene oder zerstoßene Gewürze und frische Kräuter verleihen einem Gericht ein wunderbares Aroma. Etwas Salz hilft dabei, dieses noch zu unterstreichen.

Sardellen

Ich mag Sardellen, finde sie aber immer extrem salzig. Wie kann ich den Salzgehalt reduzieren?

Die Sardellen mit kaltem Wasser abspülen und trockentupfen. Alternativ etwa 20 Minuten in Milch einlegen, dann abspülen und trockentupfen. In Olivenöl eingelegte Sardellen aus dem Glas sind weniger salzig als Sardellen in Salzlake, sie sind jedoch auch teurer. Es gibt in Olivenöl marinierte Sardellen auch lose. Sie sind vielseitig verwendbar.

Für die knusprigen Sardellen-Crostini (siehe Rezept rechts) werden in Milch eingelegte Sardellen mit anderen einfachen, aber intensiv aromatischen Zutaten der Mittelmeerküche kombiniert. Reichen Sie die Crostini zum Aperitif: Ihr salziger Geschmack regt den Appetit an.

Ich liebe Bagna Cauda, den heißen Sardellendip aus Italien. Leider ist er sehr fett. Gibt es eine Light-Variante?

Ja. Dafür 1 TL Öl in einem kleinen Topf erhitzen. 1/2 fein gewürfelte rote Paprikaschote, je 1 fein gewürfelte Zwiebel und Knoblauchzehe zugeben, alles zusammen zugedeckt 5 Minuten dünsten. Zwischendurch umrühren. Dann 5–6 in Stücke geschnittene Sardellen zugeben und unterrühren, bis sie sich aufgelöst haben. Nun 2 EL Kapern und 2 TL Tomatenmark untermischen; mit 100 ml Gemüsebrühe ablöschen und 1 EL mittelscharfen Senf zugeben. Einmal aufkochen lassen.

Die Sauce zum Schluss mit 1 EL Weißweinessig abschmecken. Mit Frühlingszwiebel garnieren, dazu rohe Gemüsestifte reichen.

Sardellen-Crostini

Für 4–6 Portionen
Vorbereitungszeit: 30 Minuten
Garzeit: 2–3 Minuten

100 g Sardellen in Olivenöl
125 ml Milch
12 schwarze Oliven, halbiert
2 Kugeln Mozzarella, halbiert und in 24 Scheiben geschnitten
1 Ciabatta
2 Knoblauchzehen, halbiert
3 EL bestes Olivenöl
125 ml Tomatenmark
2 TL getrocknete Kräuter
schwarzer Pfeffer

1 Sardellen abtropfen lassen und 20 Minuten in Milch einlegen. Anschließend aus der Milch nehmen, abtropfen lassen, trockentupfen und halbieren.

2 Ciabatta in 12 Scheiben schneiden, diese jeweils halbieren und schwach toasten. Jede Brotscheibe auf der Schnittfläche mit einer Knoblauchzehe einreiben, dann mit Olivenöl bepinseln.

3 Die Brotscheiben mit Tomatenmark bestreichen und mit je einer Scheibe Mozzarella belegen. Mit Kräutern bestreuen und auf jede Brotscheibe ein Kreuz aus zwei Sardellenstücken setzen.

4 Die Crostini 2–3 Minuten grillen, bis der Mozzarella schmilzt. Je 1/2 schwarze Olive in die Mitte setzen, mit etwas Pfeffer bestreuen und sofort zum Apertif servieren.

Saucen

Wie gelingt eine weiße Sauce auf der Basis einer Mehlschwitze garantiert klümpchenfrei?

Der erste Schritt bei der Zubereitung einer weißen Grundsauce (siehe Kasten S. 276) ist die Herstellung einer Mehlschwitze. Diese muss zu gleichen Teilen aus Mehl und zerlassener Butter bestehen. In dieser Phase können normalerweise keine Klümpchen entstehen. Erst sobald Flüssigkeit zur Mehlschwitze gegossen wird, können sich Klümpchen bilden, vor allem wenn die Mehlschwitze zu heiß oder die Flüssigkeit zu heiß oder zu kalt ist und nicht kräftig genug gerührt wird. Nehmen Sie deshalb am besten den Topf vom Herd, und lassen Sie die Mehlschwitze etwas abkühlen, bevor Sie die Flüssigkeit nach und nach zugießen, dabei kräftig mit dem Schneebesen unterschlagen.

Gibt es eine Möglichkeit, eine weiße Sauce schnell und problemlos zuzubereiten?

Ja. Versuchen Sie es doch einmal auf folgende Art und Weise: Alle Zutaten für die Sauce in einen Topf geben und unter ständigem kräftigem Rühren langsam erhitzen, bis die Sauce aufkocht, andickt und sehr glatt ist.

Eine weitere Möglichkeit besteht darin, zuerst alle Zutaten im Mixer etwa 30 Sekunden zu pürieren. Dann in einen Topf geben und unter ständigem Rühren bei schwacher bis mittlerer Hitze zum Kochen bringen. Anschließend noch 3–5 Minuten köcheln lassen, damit das Mehl vollständig quellen kann und die Sauce die gewünschte Bindung bekommt.

Pannenhilfe

Falls sich in einer weißen Sauce Klümpchen bilden sollten, kann man die Sauce durch ein feinmaschiges Sieb streichen oder mit dem Pürierstab kräftig aufmixen, um die Klümpchen zu entfernen.

Weisse Grundsauce herstellen

Eine weiße Sauce ist nicht nur die Basis für zahlreiche herzhafte helle Saucen, sondern auch oft für Aufläufe und Soufflés. Dafür wird zuerst aus Butter und Mehl eine Schwitze hergestellt, unter die dann Flüssigkeit (z.B. Brühe oder Milch) gerührt wird.

1 Für die Mehlschwitze in einem kleinen Topf 30 g Butter zerlassen. dann 30 g Mehl mit einem Holzlöffel unterrühren. Rühren, bis eine homogene Schwitze entstanden ist.

2 Die Mehlschwitze bei mittlerer Hitze 2–3 Minuten rühren, bis sie eine helle, sandige Konsistenz erhält. Topf vom Herd nehmen, damit die das Ganze etwas abkühlt.

3 Wieder auf den Herd stellen und bei schwacher Hitze unter ständigem Rühren nach und nach 300 ml Milch zufügen. Unter weiterem Rühren bei schwacher Hitze etwa 10 Minuten köcheln lassen, bis die Sauce angedickt und schön cremig ist.

Wie kann ich eine weiße Sauce geschmacklich und auch farblich aufwerten?

Dafür gibt es fast unbegrenzte Möglichkeiten. Hier sind nur ein paar Beispiele:

- Champignonsauce: 60–100 g in dünne Scheiben geschnittene Champignons in 20–30 g Butter schwenken und anschließend in die weiße Sauce rühren. Mit Muskatnuss würzen, zu Fisch- oder Fleischgerichten servieren.
- Käsesauce: 50 g geriebenen Käse (Emmentaler, Gouda, Greyerzer oder Parmesan) kurz vor dem Servieren in die Grundsauce rühren – die Wärme der Sauce bringt den Käse zum Schmelzen. Die Käsesauce passt hervorragend zu Nudeln (diese noch anschließend im Ofen überbacken), zu Blumenkohl und Brokkoli oder zu fast jedem anderen Gemüse. Sie können die ganze oder einen Teil der Milch durch die Gemüsegarflüssigkeit ersetzen. Für eine pikante Note und einen Hauch von Farbe sorgt eine Prise Cayennepfeffer, Senfpulver, Muskatnuss oder scharfes Paprikapulver, die Sie zum Schluss über die Sauce streuen.
- Petersilien- oder Kräutersauce: 2–3 gehäufte EL fein gehackte Petersilie oder fein zerkleinertes Basilikum, Schnittlauchröllchen oder andere gehackte Kräuter wie Oregano, Estragon oder Brunnenkresse kurz vor dem Servieren in die fertige Sauce mischen. Die grüne Kräutersauce passt hervorragend zu Fisch, Hähnchen- und Putenbrustfilet sowie zu unterschiedlichstem Gemüse.
- Senfsauce: 1–2 EL mittelscharfen Senf unter die weiße Sauce rühren. Mit 2 EL Weißwein abschmecken.
- Tomatensauce: Einfach Tomatenmark nach Geschmack in die weiße Sauce rühren. Die Sauce mit Zitronensaft und einer Prise Zucker abschmecken. Nach Belieben zum Schluss noch ein paar frische Tomatenwürfel untermischen.
- Zwiebelsauce: eine gehackte Zwiebel in Butter oder Öl glasig dünsten und in die weiße Sauce rühren. Sie bestimmen die Intensität des Zwiebelaromas durch die Menge der Zwiebel, die Sie zugeben.

Welche Flüssigkeiten kann ich für eine Sauce verwenden? Soll man diese besser heiß oder kalt zufügen?

Die Flüssigkeit für eine Sauce hängt vom Gericht ab, doch sie sollte auf jeden Fall ein gutes Aroma haben. Ein kräftiger selbst gemachter Fond ist eine gute Grundlage für herzhafte Saucen. Für Gemüsegerichte ist es allerdings besser, das Wasser zu verwenden, in dem das Gemüse gegart wurde.

Milch wird häufig für weiße Saucen verwendet. Die klassische Béchamelsauce (siehe Rezept rechts) erhält ihr besonderes Aroma, indem man die Milch mit Zwiebeln, Kräutern und Gewürzen ziehen lässt.

Ob Sie die Flüssigkeit kalt oder heiß in die Sauce rühren, hat keinen Einfluss auf das Ergebnis. Wenn Sie kalte Flüssigkeit verwenden, dauert es jedoch länger, bis die Sauce wieder aufkocht.

Ich soll fettärmer kochen, doch wie soll ich eine weiße Grundsauce ohne Fett herstellen?

Versuchen Sie es einfach! Rösten Sie die übliche Menge Mehl in einem Topf ohne Fett kurz an und gießen Sie dann wie gewohnt die Flüssigkeit unter kräftigem Rühren zu. Lassen Sie die Sauce ein paar Minuten kochen, damit das Mehl aufquellen kann und die Sauce eine schöne Bindung bekommt. Sie werden feststellen: eine weiße Grundsauce ohne Fett funktioniert und schmeckt. Würzen Sie nun nach Geschmack.

Gut zu wissen

Verwenden Sie für eine weiße Grundsauce einmal dunkles Mehl wie Weizenmehl Type 1050. Die Sauce wird dadurch zwar etwas dunkler, gleichzeitig aber auch ein kleines bisschen gesünder und kräftiger im Geschmack. Zudem lässt sie sich einfacher und klümpchenfrei verrühren. Diese dunklere Sauce ist eine gute Basis für Varianten wie Kräuter- oder Senfsauce.

Béchamelsauce

Für 300 ml
Zubereitungszeit: 10–15 Minuten, plus 10–30 Minuten Ziehenlassen

300 ml Milch
1 kleine Zwiebel, geschält und mit Gewürznelken gespickt
1 Lorbeerblatt
ein paar Petersilienstängel
6 Pfefferkörner
30 g Butter
30 g Mehl
Salz und schwarzer Pfeffer

1 Die Milch in einen kleinen Topf geben. Die mit Nelken gespickte Zwiebel, Lorbeerblatt, Petersilienstängel und Pfefferkörner zufügen. Bei schwacher Hitze die Milch aufwallen lassen, dann vom Herd nehmen und umrühren.

2 Zugedeckt mindestens 10 Minuten ziehen lassen, am besten menr als 30 Minuten, dann die aromatisierte Milch durch ein Sieb gießen.

3 Die Butter in einem Topf zerlassen. Das Mehl zufügen; eine Mehlschwitze herstellen (siehe Kasten links). Die Milch nach und nach unter ständigem Rühren zur Mehlschwitze gießen, bis die Sauce angedickt und glatt ist. Unter ständigem Rühren zum Kochen bringen, dann noch 10 Minuten köcheln lassen; salzen und pfeffern.

VARIANTEN

Für eine Sauce Mornay 60 g geriebenen Greyerzer oder Parmesan, 1 Eigelb und ein paar EL Sahne unterrühren. Diese Sauce passt gut zu Eiergerichten, Geflügel oder weißfleischigem Fisch.

Für eine Sauce Soubise ein Püree aus geschmorten Zwiebeln in die Béchamelsauce rühren. Zu Fleisch oder Gemüse servieren.

Für eine Sauce Velouté anstelle von Milch Fleisch- oder Geflügelfond nehmen und die Mehlbutter so lange anschwitzen, bis sie braun ist. Die Sauce vor dem Servieren mit etwas Sahne verfeinern. Zu Geflügel oder Fisch reichen.

Tomaten-Buttersauce

Für 300 ml
Zubereitungszeit: 15 Minuten

1 große Schalotte, in feine Würfel geschnitten
185 g kalte Butter, in Würfel geschnitten
2 große Eiertomaten, in Viertel geschnitten
100 ml Weißwein
1 Spritzer Zitronensaft
Salz und schwarzer Pfeffer
gehackte Kräuter (z. B. Basilikum oder Schnittlauch), nach Geschmack

1 In einem Topf 1 EL Butter erhitzen. Die Schalotte zufügen und darin glasig dünsten. Tomaten und Wein zufügen, zum Kochen bringen und bei schwacher Hitze 5 Minuten köcheln lassen.

2 Wenn die Tomaten weich sind, die Sauce kräftig durchrühren, bis sie ziemlich glatt ist, dann die restliche Butter nach und nach kräftig unterschlagen.

3 Die Sauce mit einem Löffelrücken durch ein feinmaschiges Sieb streichen, dabei möglichst viel Tomatenfruchtfleisch durchpassieren.

4 Die Sauce noch einmal gründlich durchrühren. Mit Zitronensaft, Salz und Pfeffer würzen. Zum Schluss die Kräuter untermischen.

? ***Kann ich eine cremige weiße Sauce auch ohne Mehlschwitze herstellen?***

Das können Sie, indem Sie eine weiße Sauce mit Speisestärke (Maisstärke) andicken. Wenn die Sauce eine herzhafte Note bekommen soll, verwenden Sie als Flüssigkeit Gemüsebrühe, für eine süßliche Note nehmen Sie Wasser, Saft oder Wein. Eine auf diese Weise zubereitete Sauce ist äußerst fettarm.

Eine andere Möglichkeit besteht darin, dass Sie stärkereiches Gemüse wie Mais oder Bohnen anstelle von Mehl und Butter nehmen. Für eine Mais- oder Bohnensauce dünsten Sie zuerst eine klein gewürfelte Zwiebel in 1 EL Öl (z.B. Olivenöl) an. Dann fügen Sie 100 g abgetropfte Maiskörner oder weiße Bohnen aus der Dose zu sowie 200 ml Gemüsebrühe und lassen alles bei schwacher Hitze etwa 2 Minuten köcheln. Anschließend 100 ml fettarme Milch zugießen und die Sauce fein pürieren. Diese Grundsauce können Sie nach Belieben mit Salz, Pfeffer und Muskatnuss abschmecken. Sehr gut eignet sie sich als Basis für eine gelbe Currysauce.

? ***Ich finde Mehlsaucen zu üppig. Gibt es eine Alternative?***

Viele Profiköche stellen nur noch selten Saucen auf der Basis von einer Mehlschwitze her. Sie verwenden stattdessen einen reduzierten Fond und Wein als Grundlage für eine aromatische Sauce, manchmal in Kombination mit Butter oder Sahne. Diese Saucen sind leichter als Saucen auf Mehlbasis, obwohl sie auch sehr gehaltvoll sind. Butter- oder Sahnesaucen sollten stets mit etwas Zitronensaft, Essig oder Wein abgeschmeckt werden. Ein Beispiel dafür ist die Tomaten-Buttersauce (siehe Rezept links).

? ***Kann ich eine Sauce vorkochen und wieder aufwärmen?***

Die meisten Saucen lassen sich im Voraus zubereiten und können im Wasserbad bis zu 1 Stunde warmgehalten werden. Kurz vor dem Servieren, muss man nur die Hitze erhöhen und die Sauce kräftig rühren, bis sie glatt und heiß ist, dann noch 1 Minute bei schwacher Hitze köcheln lassen.

In der Mikrowelle kann man Saucen bei mittlerer Leistung aufwärmen; die Sauce dabei jede Minute gründlich durchrühren.

Saucen lassen sich zugedeckt im Kühlschrank mehrere Tage aufbewahren oder für 1–2 Monate im Tiefkühlgerät lagern. Auftauen, Erhitzen und Verfeinern einer eingefrorenen Sauce dauert jedoch fast genauso lange, wie eine Sauce frisch zuzubereiten. Saucen auf Eierbasis wie eine Vanillesauce eignen sich nicht für den Gefriervorrat, da sie nach dem Auftauen gerinnen.

Ich bin Veganer. Gibt es interessante Saucen, die ohne tierische Produkte hergestellt werden?

Saucen auf Basis von Gemüsebrühe können durch intensive Aromen wie Chilischoten, Knoblauch, Ingwer, Kräuter oder einen Spritzer Wein verfeinert und nach Belieben mit püriertem Gemüse gebunden werden.

Die Tomatensauce (siehe Rezept rechts) gehört zu den beliebtesten (rein pflanzlichen) Saucen. Sie ist hocharomatisch, leicht herzustellen und schmeckt kalt oder warm gleichermaßen köstlich. Servieren Sie sie mit Reis, Polenta, Pasta oder einer anderen Getreidebeilage und/oder verschieden gefülltem oder ungefülltem Gemüse.

Eine andere hervorragende Sauce ohne tierische Produkte ist die Mais- oder Bohnensauce. Die Beschreibung dazu finden Sie auf Seite 277.

Wie kann ich verhindern, dass sich auf einer Sauce eine Haut bildet?

Sie haben mehrere Möglichkeiten: Rühren Sie die Sauce während des Abkühlens häufig um, oder legen Sie direkt auf die Oberfläche der Sauce ein Stück Frischhaltefolie.

Wenn Sie nach dem Garen ein Stück Butter oder ein paar Esslöffel Flüssigkeit auf die Sauce geben, bildet sich ebenfalls keine Haut.

Salsa pizzaiola

Für etwa 500 ml
Vorbereitungszeit: 10 Minuten
Garzeit: 30–45 Minuten

1 EL Olivenöl
1 Zwiebel, gehackt
1 große Knoblauchzehe, zerdrückt
750 g reife Tomaten (möglichst Eiertomaten), abgezogen und gehackt
2 EL frisches gehacktes Basilikum oder frischen Oregano, oder 2 TL getrocknete Kräuter
1 TL Zucker
Salz und schwarzer Pfeffer

1 Das Olivenöl in einem Topf erhitzen und die Zwiebel darin etwa 5 Minuten goldgelb dünsten. Den Knoblauch zufügen und unter Rühren 1 Minute mitdünsten.

2 Tomaten mitsamt Saft und Kernen zufügen, dann Kräuter, Zucker, Salz und Pfeffer untermischen.

3 Die Sauce zum Kochen bringen und zugedeckt bei schwacher Hitze 30–45 Minuten köcheln lassen. Zwischendurch ab und zu umrühren, bis die Sauce dickflüssig, aber noch stückig ist. Sie können die Sauce auch länger köcheln lassen, wenn sie noch etwas dicker werden soll.

Pizzaiola ist eine aromatische Sauce mit Knoblauch, Eiertomaten und Basilikum – ein echter „Allrounder", der zu zahlreichen Gerichten passt.

Schal- & Krustentiere

Welche Meeresfrüchte zählt man eigentlich zu den Schal- und welche zu den Krustentieren?

Meeresfrüchte unterteilt man in Krustentiere, Schaltiere und Kopffüßer. Zu den Krustentieren gehören Hummer, Krabben, Langusten und Krebse – Meeresgetier mit einem festen, gegliederten Außenskelett. Dagegen sind Schaltiere wie Muscheln und Schnecken von einem zweiteiligen oder einfachen Gehäuse umschlossen. Die Kopffüßer sind alle Tintenfische wie Kalmar, Sepia oder Krake.

Wie viel Salz soll ich in das Wasser geben, um Schal- und Krustentiere zu kochen?

Salzwasser, in dem Meeresfrüchte gekocht werden sollen, sollte im Salzgehalt in etwa dem Meerwasser entsprechen. Nehmen Sie für 4 l Wasser 150 g Salz. Schal- und Krustentiere sollten immer in reichlich Salzwasser gekocht werden.

Kann man frische Schal- und Krustentiere gut einfrieren?

Tun Sie es besser nicht. Unter dem Tiefkühlprozess leiden diese Meeresfrüchte mehr als andere Lebensmittel. Selbst das industrielle Schockgefrieren, was im heimischen Tiefkühlgerät gar nicht möglich ist, beeinträchtigt bereits die Qualität. Dennoch – Schal- und Krustentiere aus der Tiefkühltruhe im Supermarkt sind besser als nicht fangfrische, die manchmal aber dennoch als frisch angeboten werden.

Wie kann ich eine so spektakuläre Meeresfrüchteplatte zubereiten, wie ich sie in meinem letzten Urlaub in der Bretagne im Restaurant gesehen habe?

Wenn Sie nicht die Möglichkeit haben, wirklich frische Ware zu bekommen, verzichten Sie lieber auf die Meeresfrüchteplatte. Denn dafür brauchen Sie die besten und frischsten Meeresfrüchte. Generell sollte eine bretonische Meeresfrüchteplatte mindestens drei Muschelsorten und drei andere Sorten an Schal- und

Frische Schal- und Krustentiere schmecken am besten, wenn man sie auf einer geeisten Platte serviert. Wählen Sie möglichst viele verschiedene Sorten, darunter Jakobsmuscheln, Garnelen, Hummer, Krebse und Kaisergranat.

Krustentieren enthalten. Die jeweilige Zusammenstellung variiert je nach Jahreszeit und Fangausbeute. Die Platte besteht in der Regel aus Taschenkrebsen, bauchigen und flachen Austern, Teppich- und Venusmuscheln, Strandschnecken, Tiefsee- oder Nordseegarnelen, die zumeist kunstvoll auf Seetang präsentiert werden. Manchmal werden die Meeresfrüchte auch noch auf zerstoßenem Eis drappiert. Auf jeden Fall gehören halbierte Zitronen mit auf die Platte. Als Beilage sollten Sie reichlich frisches Baguette reichen.

Mit auf den Tisch gehören unbedingt Hummergabeln, große weiße Stoffservietten und Fingerschüsseln für jeden Gast.

Gekühlter Weißwein passt als Getränk am besten zu den kalten Meeresfrüchten. Und ganz wichtig: Planen Sie viel Zeit für den Genuss der Meeresfrüchte ein.

Schinken

? ***Worin unterscheiden sich rohe und geräucherte, rohe und luftgetrocknete sowie gekochte Schinken voneinander?***

Zunächst einmal sollten ihre Gemeinsamkeiten klar gestellt werden: Schinken stammen immer aus der hinteren Keule des Schweins (manchmal werden auch Schinken von anderen Tieren angeboten, z.B. Hirsch- oder Wildschweinschinken).

Um rohe Schinken herzustellen – egal ob geräuchert oder luftgetrocknet – wird das Fleisch zu allererst gepökelt. Das heißt es wird mit (Pökel-)Salz eingerieben und anschließend noch darin eingelegt. Durch diesen Vorgang wird dem Fleisch Wasser entzogen, eventuell vorhandene Bakterien können sich dadurch nicht mehr vermehren. Die Dauer des Pökelvorgangs hängt von der Größe des Schinkens ab; sie kann bis zu 6 Wochen dauern. Nach dem Pökeln wird der Schinken zum Trocknen und Reifen aufgehängt. Anschließend kann er noch geräuchert werden, um einen intensiveren Geschmack zu erzeugen.

Gekochte Schinken werden, wie der Name schon sagt, nach dem Pökeln gekocht oder gedämpft. Je nach Sorte können sie vorher mit Kräutern und Gewürzen aromatisiert werden (z.B. Wacholderschinken); Kochschinken können geräuchert sein.

Geschmacklich und optisch unterscheiden sich Schinkensorten erheblich voneinander: Pökeln, Trocknen, Räuchern oder Kochen wirken sich auf Fleischfarbe, -struktur und -geschmack aus. Rohe Schinken haben ein dunkleres, festeres und aromatischeres Fleisch als Kochschinken. Rohe luftgetrocknete Schinken sind milder als rohe geräucherte.

Wie kann ich beim Kauf erkennen, ob es sich um einen wirklich guten rohen Schinken handelt?

Achten Sie an der Schinkentheke auf folgende Merkmale: Guter geräucherter roher Schinken hat eine dunkelrote, luftgetrockneter eine eher kupferrote Farbe. Das Fett sollte beim rohen geräucherten Schinken weiß und fest sein, beim luftgetrockneten ist es außen leicht gelblich. Roher Schinken von guter Qualität ist trocken; ist er feucht, weist dies auf ein (zu) schnelles Pökelverfahren oder ein ungenügendes Abhängen hin.

Manchmal schimmert roher Schinken etwas grünlich auf der Schnittfläche. Ist er dann noch genießbar?

Der grüne Schimmer ist ein Zeichen dafür, dass sich auf der Oberfläche bereits Bakterien angesiedelt haben, die den Verderb beschleunigen. Ein solcher Schinken ist noch genießbar, muss aber so bald wie möglich verbraucht werden.

Wie kann ich Schinken am besten zu Hause aufbewahren?

In Scheiben geschnittenen Schinken sollten Sie aus der Verpackung nehmen und zuerst in Frischhaltefolie und dann noch in Alufolie packen. Das hat einen doppelten Effekt: Die Frischhaltefolie verhindert, dass der Schinken Fremdgerüche annimmt, und die Alufolie schützt vor Farb- und Geschmacksveränderungen, die durch Licht und Sauerstoff entstehen. Roher Schinken kann so verpackt etwa 7 Tage im Kühlschrank aufbewahrt werden, gekochter etwa 3 Tage.

Roher Schinken am Stück kann im Keller oder in der Vorratskammer bei 8–10 °C aufgehängt werden und so bis zu 6 Monate lagern. Voraussetzung ist, dass der Raum nicht zu feucht ist und keinesfalls die angegebene Temperatur übersteigt. Die Anschnittstelle des Schinkens mit Frischhalte- und Alufolie bedecken.

Kann man Schinken ohne Qualitätsverlust einfrieren?

Das kommt darauf an. Sie können gekochten Schinken zwar einfrieren, allerdings wird die Fleischstruktur dadurch zerstört. Der Schinken wird nach dem Auftauen trocken und schmeckt zäh, strohig und fad. Ganz anders verhält es sich mit rohem Schinken: Er enthält relativ wenig Wasser, deshalb bleiben Struktur, Geschmack und Aroma erhalten.

Was genau sind Bresaola und Bündner Fleisch, handelt es sich ebenfalls um Schinkensorten?

Bei diesen beiden Produkten handelt es sich im Prinzip um Sonderformen von Schinken. Bresaola stammt aus der Rinderkeule und wird wie luftgetrockneter Schinken vom Schwein hergestellt, also gepökelt und dann langsam an der Luft getrocknet. Dennoch bleibt Bresaola zart und saftig. Bündner Fleisch ist gepökeltes und luftgetrocknetes Rinderfilet, das trockener und weniger zart ist als Bresaola.

Gut zu wissen

Hochwertiger Kochschinken sollte immer vom Hinterschinken stammen und mit einer weißen, festen Fettschwarte angeboten werden. Keinesfalls darf er geformt sein, denn Formschinken kann minderwertige Fleischstücke enthalten. Ein guter gekochter Schinken ist außerdem von einer schönen satten rosa Farbe; er sollte glänzen und die Scheiben dürfen nicht auseinanderfallen.

Einen Knochenschinken tranchieren

Schneiden Sie einen gegarten Schinken am besten mit einem langen, schmalen Schinkenmesser mit gerundeter Spitze auf.

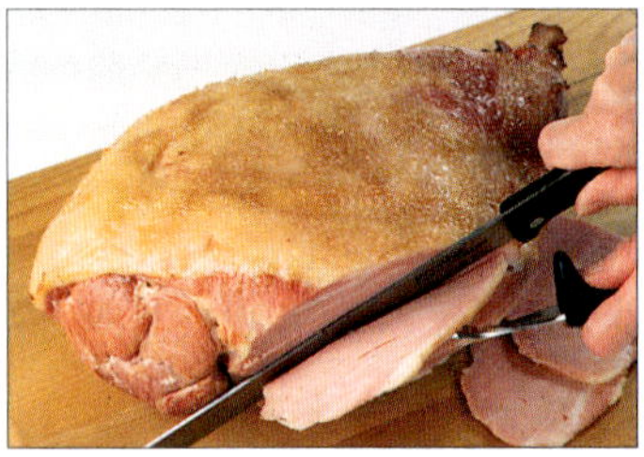

1 Schinken mit der Fettschicht nach oben und dem Hachsenknochen nach vorn auf ein Schneidebrett legen. Mit Messer und Tranchiergabel gleichmäßige Scheiben längs zum Knochen abschneiden.

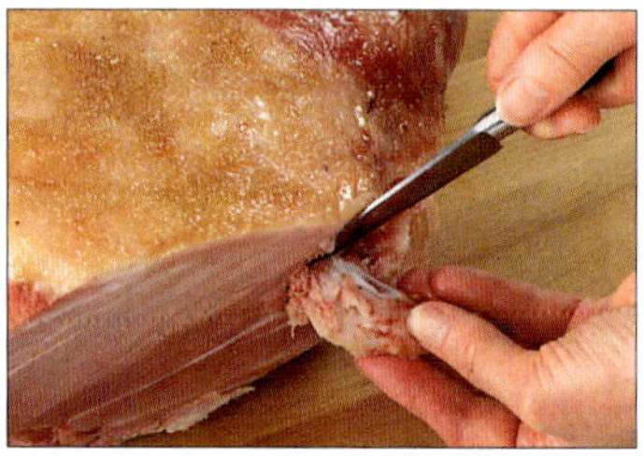

2 Nach ein paar Scheiben spüren Sie den Widerstand von einem kleinen Knochen. Diesen mit einem spitzen kleinen Messer herausschneiden, dann bis zum Beinknochen den Schinken in Scheiben schneiden.

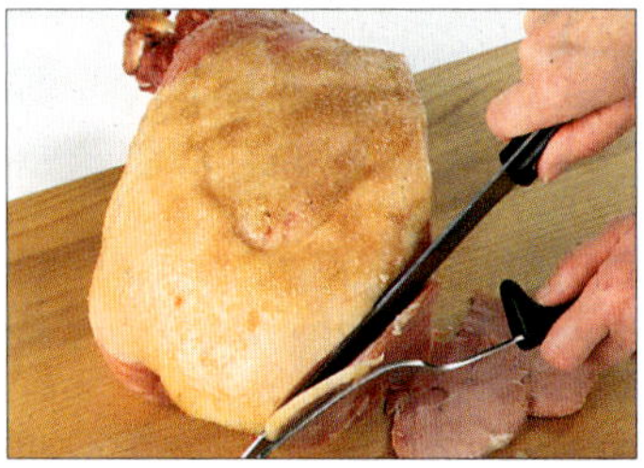

3 Nun den Schinken vom breiten Ende her in gleichmäßige Scheiben schneiden, bis Gelenk und Knorpel zum Vorschein kommen. Den Schinken auf die Schnittfläche stellen.

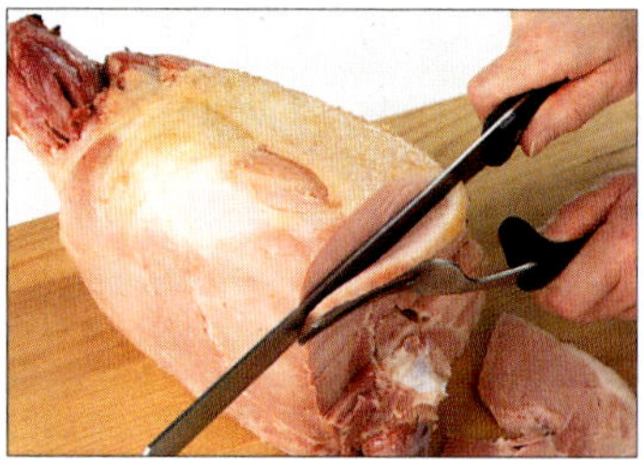

4 Das Fleisch senkrecht zum Knochen einschneiden, dann die Scheiben waagerecht vom Knochen abtrennen. Knöchel festhalten; restliches Fleisch vom Knochen abschaben.

Lässt sich Kochschinken in einem Gericht durch Kasseler ersetzen?

Kasseler ist wie Kochschinken ein gepökeltes Schweinefleischprodukt. Oft wird Kochschinken an ein Gericht (z. B. in einen Eintopf oder in eine Sauce) gegeben, um einen kräftigeren Geschmack zu erzeugen. Dafür können Sie auch in feine Würfel geschnittenen Kasseler nehmen.

Wie kann ich am besten einen Schinken garen?

Für ein großes Essen lohnt es sich, einen ganzen Schinken zuzubereiten; ab 6–8 Portionen reicht ein Schinkenbraten von 1,5–2 kg (ohne Knochen). Bestellen Sie das Fleisch beim Metzger vor; es sollte gepökelt und leicht geräuchert sein. Bitten Sie den Metzger den Knochen auszulösen, wenn das Rezept von einem ausgelösten Schinken ausgeht.

Je nach Rezept können Sie den Schinken auf dem Herd kochen oder im Ofen backen. Zum Kochen den Schinken in einen großen Topf mit Wasser oder Gemüsesud geben. Aufkochen lassen; dann pro kg 50 Minuten plus zusätzlich 20 Minuten bei schwacher Hitze köcheln lassen. Wenn Sie den Schinken heiß servieren möchten, sollten Sie ihn vor dem Aufschneiden etwa 30 Minuten ruhen oder, wenn er kalt serviert werden soll, das Fleisch im Sud langsam abkühlen lassen.

Schinken kann auch im Ofen gebacken werden. Pro kg Schinken rechnet man bei einer Backofentemperatur von 180 °C etwa 40 Minuten. Anschließend die Ofentemperatur auf 220 °C erhöhen. Den Schinken aus dem Ofen nehmen, die Schwarte dünn abschneiden und ein Rautenmuster in die darunterliegende Fettschicht ritzen. Diese mit Gewürznelken spicken, großzügig mit Senf bestreichen und mit braunem Zucker bestreuen; Zucker etwas andrücken. Schinken offen noch 20–30 Minuten backen, bis sich oben eine schöne Kruste gebildet hat. Vor dem Tranchieren das Fleisch 30 Minuten ruhen oder über Nacht abkühlen lassen. Das genaue Rezept finden Sie rechts.

Ein großes Stück Schinkenbraten, mit Nelken gespickt und mit einer aromatischen Glasur überzogen, eignet sich bestens für ein Partybuffet.

Glasierter Schinken

Für 8 Portionen
Vorbereitungszeit: 20 Minuten
Garzeit: 1 1/2 Stunde

Für den Schinken:
1,5 kg gepökelter, leicht geräucherter Schinkenbraten
4–6 EL trocknener Weißwein oder Fond
Gewürznelken zum Spicken
Für die Glasur:
1 EL flüssiger Honig
45 g brauner Zucker
1 EL körniger Senf
1 TL fein gehackter frischer Ingwer
2 EL Orangensaft
schwarzer Pfeffer

1 Den Backofen auf 180 °C vorheizen. Ein großes Stück Alufolie in das tiefe Backblech legen. Die Alufolie muss so groß sein, um das Fleischstück darin komplett einzuwickeln. Das Schinkenstück auf die Folie setzen. Die Folie an den Seiten hochschlagen. Wein oder Fond vorsichtig über den Schinken gießen, anschließend die Folie locker über dem Fleisch zusammenfassen. Die Folienenden fest schließen, damit während des Garens kein Dampf austreten kann. Den Schinken etwa 40 Minuten pro kg backen, also 1,5 kg etwa 1 Stunde.

2 Während der Schinken gart, Honig, Zucker, Senf, Ingwer und Orangensaft verrühren. Mit einer guten Prise Pfeffer würzen.

3 Nach der angegebenen Garzeit den Schinken aus dem Ofen nehmen und aus der Folie packen. Die Backofentemperatur auf 200 °C erhöhen.

4 Mit einem Messer, die Schwarte vom Schinken schneiden (die Fettschicht nicht mit entfernen). Fettschicht rautenförmig einschneiden. Den Bratrost auf das tiefe Blech setzen, darauf das Fleisch legen.

5 Den Schinken mit Gewürznelken spicken und mit der Glasur einpinseln. In den Ofen schieben und 20–30 Minuten backen, bis sich eine schöne Kruste gebildet hat. Herausnehmen, ruhen lassen und in Scheiben schneiden. Heiß mit Gemüse servieren. Man kann den Schinken auch vollständig abkühlen lassen und dann servieren.

Vorspeisenteller auf italienische Art: In hauchdünne Scheiben geschnittener Parmaschinken harmoniert bestens mit Feigen, Spargel, Oliven, Parmesanspänen und Grissini.

Gibt es noch andere Kombinationsmöglichkeiten für Parmaschinken außer mit Melone?

Parmaschinken und andere luftgetrocknete Schinkensorten wie Bayonne-Schinken schmecken ebenso mit Feigen. Auch lassen sich die hauchdünnen Schinkenscheiben gut um Grissini wickeln und so zum Aperitif reichen.

Für eine einfache italienische Vorspeise legt man die Schinkenscheiben flach auf einzelne Teller, bestreut sie mit gehobeltem Parmesan und beträufelt das Ganze mit einer Vinaigrette aus Olivenöl und Zitronensaft.

Parmaschinken ist als Zutat in gekochten Speisen eigentlich zu schade. Es sei denn, er ist als aromagebende Zutat entscheidend, wie z. B. in einer Pastafüllung mit Ricotta.

Warum sind die Preisunterschiede bei Schinken so groß?

Das liegt daran, dass Schinken mit sehr unterschiedlichem Aufwand produziert werden. Vor allem die Herstellung von luftgetrockneten Schinken wie beispielsweise Parmaschinken oder Bayonne ist langwierig und aufwendig (die Schinken reifen bis zu 2 Jahre). Die Schweine für die Schinken müssen aus bestimmten Regionen stammen und unter vorgeschriebenen Bedingungen aufgezogen werden, damit die gewünschte Schinkenqualiät auch wirklich erzielt wird.

Welche Schinkensorten schmecken am besten?

Hier eine Auswahl von Sorten, die eine Kostprobe wert sind:

- Bayonne: Französischer luftgetrockneter Schinken, der (ähnlich wie Parmaschinken) roh gegessen wird.
- Bradenham: Englischer Schinken mit schwarzer Schwarte und süßlichmildem Fleisch. Nach dem Pökeln wird der Schinken in einer Mischung aus Melasse, Wacholderbeeren und anderen Gewürzen eingelegt wird. Daran schließt ein 6-monatiger Reifungsprozess und Räuchern an.
- Holsteiner Katenschinken: Ein Schinken, der über mehrere Wochen handgepökelt und anschließend mehrere Monate lang geräuchert wird. Er hat eine dunkelbraune Schwarte, zartes, mild-herb schmeckendes Fleisch mit süßlicher Note.
- Pata negra: Ein spanischer luftgetrockneter Schinken, der von frei laufenden schwarzen Schweinen hergestellt wird. Gegen Ende der Mast werden die Schweine mit Eicheln gefüttert, das verleiht dem Schinken einen nussigen Geschmack.
- San Daniele: Ein italienischer Schinken, der nach alter Rezeptur auf den luftigen Dachböden des Ortes San Daniele hergestellt wird.
- Schwarzwälder Schinken: Er wird über frischem Tannen- und Fichtenlangholz geräuchert; die Schwarte ist schwarz und das Aroma tannig.
- Parmaschinken: Der italienische Schinken erhält sein typisches Aroma dadurch, dass die Schweine mit Molkeresten aus der Parmesanproduktion gefüttert werden.

Schmoren

Was genau bedeutet es, ein Gericht zu schmoren?

Beim Schmoren wird das Schmorgut (z. B. Fleisch, Geflügel oder auch Gemüse) zuerst bei starker Hitze rundum kräftig angebraten. Danach wird es mit Brühe, Fond, Wein oder Wasser zur Hälfte bedeckt und in einem Schmortopf mit geschlossenem Deckel langsam gegart. Dabei darf die Temperatur nur etwa 100 °C betragen. Der Vorteil dieser Garmethode ist, dass das Gargut saftig bleibt und gleichzeitig jedoch den Geschmack der Flüssigkeit annehmen kann. Die am Ende des Garprozesses verbleibende Schmorflüssigkeit ist die Basis für eine aromatische Sauce.

Beim Schmoren entfaltet sich das Aroma des Garguts optimal. Zudem wird es nicht nur durch die Schmorflüssigkeit, sondern auch noch durch passende geschmacksgebende Zutaten wie Kräuter, Gewürze und Gemüse unterstrichen.

Welche Zutaten eignen sich am besten zum Schmoren?

Zähere durchwachsene Fleischstücke wie Schulter, Bauch und Nacken von Schwein, Rind und Lamm sowie Wildgeflügel sind besonders geeignet. Werden solche Schmorzutaten vor dem Garen noch mariniert, verbessert dies ihr Aroma und fördert das Zartwerden.

Ideale Schmorgemüse sind Lauch, Zwiebeln, Möhren, Stangen- und Knollensellerie. Sie verbessern das Aroma eines Schmorgerichts, schmecken aber auch solo geschmort hervorragend (siehe Rezept rechts).

Reste verwerten

Reichern Sie ein Schmorgericht mit allen möglichen Resten an, die Kühlschrank und Vorratskammer hergeben: fein gewürfeltes Schmorgemüse, gehackte Knochen und Speck bilden z. B. ein wunderbares „Schmorbett" für ein durchwachsenes Stück Fleisch.

Geschmorter Stangensellerie

Für 4 Portionen
Vorbereitungszeit: 20 Minuten
Garzeit: 40 Minuten

800 g Selleriestangen mit Grün
1 EL Öl
100 g Kochschinken, in Würfel geschnitten
2 Zwiebeln, in kleine Würfel geschnitten
100 ml trockener Weißwein
200 ml Gemüsebrühe
1/2 TL Salz
schwarzer Pfeffer
2 Eier
Saft von 1 Zitrone
1 EL gehackte glatte Petersilie

1 Selleriestangen putzen und waschen. Das Grün abschneiden, hacken und beiseitestellen. Stangen schräg in etwa 2 cm große Stücke schneiden.

2 Das Öl in einem Topf erhitzen und die Schinkenwürfel darin anbraten. Zwiebeln zugeben und glasig dünsten. Selleriestücke untermischen und kurz mitdünsten.

3 Weißwein und Brühe unter das Gemüse rühren und aufkochen. Alles mit Salz und Pfeffer würzen und zugedeckt bei schwacher Hitze 30 Minuten schmoren.

4 Den Topf vom Herd nehmen. Die Eier mit dem Zitronensaft verquirlen, 5 EL vom heißen Selleriesud zugeben und unterschlagen. Diese Mischung unter Rühren zum Ragout gießen, dann langsam erwärmen. Dabei das Gericht nicht aufkochen, damit die Eier nicht ausflocken.

5 Das Selleriegemüse mit Salz und Pfeffer abschmecken, mit dem beiseitegestellten Selleriegrün und der Petersilie bestreuen. Passt gut zu Kotelett, Schnitzel, Steak, Frikadellen oder zu gebratenem oder gedünstetem Fisch.

VARIANTE

Nach diesem Rezept können Sie auch anderes Gemüse zubereiten; gut schmecken z. B. Schmorgurken, Möhren oder Knollensellerie.

Sanft in Wein geschmort, entwickelt Stangensellerie sein volles Aroma und zergeht förmlich auf der Zunge.

SCHNELLE GÄSTEKÜCHE

Wenn sich überraschend Gäste anmelden und man wenig Zeit zum Kochen hat, muss man nicht auf ein feines Menü verzichten. Es gibt unkomplizierte Gerichte, die Eindruck machen, aber rasch zubereitet sind.

Blumenkohlsuppe

Für 4 Portionen
Zubereitungszeit:
35 Minuten

1 kleiner Blumenkohl
2 Knoblauchzehen
1/2 TL Fenchelsamen
1 TL Kreuzkümmelsamen
7–8 Safranfäden
Salz
500 ml Gemüsebrühe
Koriandergrün

1 Blumenkohl waschen, putzen und in Röschen teilen. Knoblauch schälen und in Scheiben schneiden.

2 Blumenkohl, Knoblauch, Fenchel, Kreuzkümmel, Safran und Salz in einen Topf geben. Die Gemüsebrühe zugießen. Alles aufkochen lassen; Blumenkohl zugedeckt 20 Minuten garen.

3 Koriandergrün waschen und trockenschütteln. Blättchen fein hacken.

4 Die Suppe mit dem Stabmixer fein pürieren. Auf tiefe Teller verteilen, mit Koriandergrün garnieren.

Rinderfilet mit Balsamicosabayon

Für 4 Portionen
Zubereitungszeit:
25 Minuten

4 Scheiben Rinderfilet
(je 150 g)
schwarzer Pfeffer
4 Eier
1/2 TL getrocknete
italienische Kräuter, Salz
1 TL Tomatenmark
50 ml Weißwein
75 ml Balsamico-Essig
Olivenöl zum Braten

1 Steaks mit Pfeffer würzen. Eier trennen. Eiweiße steif schlagen. Eigelbe in einer Schüssel mit dem Schneebesen kräftig verrühren, mit Kräutern und Salz würzen.

2 Die Schüssel mit der Eigelbmischung auf ein heißes Wasserbad setzen; die Creme so lange schlagen, bis sie andickt.

3 Tomatenmark und Weißwein, dann den Essig löffelweise zugeben und unterarbeiten. Die Schüssel mit der Creme vom Wasserbad nehmen.

4 Das Öl in einer Pfanne erhitzen; die Steaks auf jeder Seite 3 Minuten braten.

5 Eischnee unter die Eigelbcreme ziehen. Steaks mit der Sauce servieren. Dazu Reis mit Paprikawürfeln reichen.

VARIANTE

Eine besonders schnell gemachte Sauce: gut gekühlte Schlagsahne steif schlagen und mit Salz und Pfeffer sowie einem Schuss Weißwein abschmecken. Nach Belieben noch etwas gehackte Petersilie unter die Sahne heben.

Blumenkohlsuppe

Rinderfilet mit Balsamicosabayon

Avocado-Tomaten-Salat

Für 4 Portionen
Zubereitungszeit:
35 Minuten

200 g Löwenzahn
20 Cocktailtomaten
Für die Vinaigrette:
4 EL Weißweinessig
3 EL Zitronensaft
1 Messerspitze Sambal Oelek
2 EL Olivenöl
1 Knoblauchzehe
Salz und schwarzer Pfeffer
2 Avocados
1 Frühlingszwiebel

1 Löwenzahn waschen und trockenschütteln. Die Blätter in mundgerechte Stücke zerteilen. Tomaten waschen, trockenreiben und halbieren.

2 Aus Essig, Olivenöl, 2 EL Zitronensaft, Sambal Oelek und Olivenöl ein Dressing rühren. Knoblauch schälen, fein hacken und zugeben. Dressing mit Salz und Pfeffer abschmecken.

3 Den Löwenzahn in eine große Schüssel geben und mit der Hälfte des Dressings anmachen. Dann portionsweise auf Teller verteilen.

4 Die Avocados halbieren und entsteinen. Das Fruchtfleisch aus den Schalen drücken und quer in Streifen schneiden. Mit dem restlichen Zitronensaft beträufeln. Die Frühlingszwiebeln waschen und putzen. Nur den hellen Teil in dünne Ringe schneiden.

5 Tomaten und Avocados auf dem Löwenzahn anrichten und mit dem restlichen Dressing beträufeln. Jede Salatportion mit Frühlingszwiebelringen bestreuen; sofort servieren.

VARIANTEN

Sehr dekorativ wirkt auch ein Avocado-Tomaten-Salat mit weißen Spargelstangen. Dafür bissfest gegarte Spargelstangen mit den Köpfen nach außen kreisförmig auf die mit Löwenzahn ausgelegten Teller legen, darauf dann Avocado und Tomaten arrangieren. Mit etwas Vinaigrette beträufeln und servieren. Dazu frisches Weißbrot wie beispielsweise Baguette reichen.

Sehr gut schmeckt die Vinaigrette auch, wenn Sie den Zitronensaft durch Orangensaft ersetzen.

Fruchtiges Kiwi-Eis

Für 4 Portionen
Zubereitungszeit:
10 Minuten

4 Kiwis
4 EL Zitronensaft
6 TL Ahornsirup

1 Die Kiwis schälen und in Scheiben schneiden. Die Scheiben in einen Gefrierbeutel oder eine Gefrierbox geben und einfrieren.

2 Die Früchte etwa 10 Minuten vor dem Servieren aus dem Tiefkühlgerät nehmen und im Mixer pürieren.

3 Zitronensaft und Ahornsirup zum Kiwipüree geben. Alles zusammen pürieren, bis die Masse hell und cremig geworden ist. Sofort servieren.

VARIANTE

Nach diesem Prinzip können Sie auch ganz schnell ein Johannisbeer- oder ein anderes Beeren-Eis zubereiten. Nehmen Sie dafür 300 g gefrorene Beeren (am besten fertig gekauft). Vor dem Pürieren nach Belieben noch 1 EL Cassis oder Himbeergeist (je nach Beerensorte) zugeben und nur 1 EL Zitronensaft.

Fruchtiges Kiwi-Eis

Avocado-Tomaten-Salat

Schokolade

Was sind die Unterschiede zwischen Milch-, Bitter- und weißer Schokolade?

Jede Schokolade wird aus Kakaomasse hergestellt, die durch das Zermahlen der Kakaobohnen entsteht (siehe auch *Kakao*). Je nach gewünschter Geschmacksrichtung werden unter die Kakaomasse Milch, Zucker, zusätzliche Kakaobutter oder Sahne u.a. geschmacksgebende Zutaten (z.B. Gewürze und Nüsse) gemischt. Die jeweiligen Mischungsverhältnisse bestimmen die Schokoladensorte. Im folgenden einige typische Mischungsverhältnisse.

- Milchschokolade enthält 15 % Kakaomasse, 15 % Kakaobutter und 20 % Milchpulver sowie 50 % Zucker.
- Vollmilchschokolade enthält 30 % Kakaomasse, 10 % Kakaobutter und 25 % Milchpulver sowie 45 % Zucker.
- Halb- oder Zartbitterschokolade enthält 50 % Kakaomasse, 5 % Kakaobutter, kein Milchpulver und 35 % Zucker.
- Bitterschokolade enthält mindestens 60 % Kakaomasse, keine Kakaobutter, kein Milchpulver und maximal 40 % Zucker.
- Weiße Schokolade enthält überhaupt keine Kakaomasse, aber die meiste Kakaobutter und Milchpulver.

Woran erkenne ich eine wirklich gute Schokolade?

Eine hochwertige Schokolade muss aus hochwertigen Kakaobohnen hergestellt worden sein. Eine Milchschokolade, deren Kakaomasse aus geschmacksintensiven Criollo-Bohnen besteht (Criollo-Bohnen sind bei den Kakaobohnen das, was beim Kaffee die Arabica-Bohnen sind, siehe auch unter *Kaffee*), ist besser als eine Bitterschokolade aus minderwertigeren Kakaobohnen.

Neben dem Ausgangsprodukt, der Kakaobohne, bestimmt die Verarbeitung der Kakaomasse die Schokoladenqualität. Das sogenannte Conchieren ist z.B. entscheidend dafür, wie die Schokolade auf der Zunge schmilzt. Beim Conchieren wird die Schokoladenmasse über viele Stunden (manchmal sogar Tage) gerührt und temperiert, bis sie schließlich glatt und gießfähig ist.

Aussehen und Geschmack einer Schokolade lassen Rückschlüsse auf ihre Qualität zu: Gute Schokolade hat eine glänzende Oberfläche sowie eine warme, samtige Farbe und duftet intensiv. Beim Brechen hört man ein trockenes Knacken. Eine gute bittere Schokolade sollte nur eine Spur Säure aufweisen, der Gaumen darf sich keinesfalls nach dem Genuss zusammenziehen. Ganz wichtig ist natürlich auch das Schmelzverhalten der Schokolade: Eine gute Schokolade zergeht auf der Zunge.

Auch ein Blick auf die Zutatenliste gibt Aufschluss über die Qualität. Seit einigen Jahren (seit 2003) dürfen Schokoladenhersteller neben Kakaobutter bis zu 5 % andere Pflanzenfette wie Palmöl oder Shea-Nussöl beimischen. Diese sogenannten Fremdfette müssen allerdings auf der Zutatenliste aufgeführt sein und durch den Hinweis „enthält neben Kakaobutter auch andere pflanzliche Fette“ leicht erkennbar sein.

Wie erhält man eine glatte geschmolzene Schokolade?

Beim Schmelzen darf Schokolade keinesfalls zu heiß werden oder gar aufkochen. Schokolade schmilzt bereits durch die Wärme Ihrer Hand – entsprechend langsam sollte der Schmelzprozess auch verlaufen. Schokolade, die beim Schmelzen Klümpchen bildet oder zu einer dickflüssigen, zähen Masse wird, wurde mit Sicherheit überhitzt.

Es ist außerdem wichtig, dass keine Feuchtigkeit mit der Schokolade in Berührung kommt. Schon ein Tropfen Wasser kann das Ergebnis beeinträchtigen. Wenn Sie Schokolade über dem Wasserbad schmelzen möchten, nehmen Sie zuerst den Topf mit dem heißen Wasser vom Herd, und setzen Sie dann die Schüssel mit der Schokolade darauf. Dann die Hitze reduzieren und den Topf wieder auf den Herd stellen. Das Wasser darf nur sieden (nicht kochen), damit keine Wassertröpfchen in die Schokolade geraten.

Mischen Sie keine kalte Flüssigkeit unter die Schokolade, bevor sie nicht vollständig geschmolzen ist.

Schmelzen Sie Schokolade im Mikrowellengerät auf der Auftaustufe und prüfen Sie die Schokolade alle 30–60 Sekunden. Die Schokolade behält nämlich ihre Form, auch wenn sie bereits weich ist (siehe Kasten rechts).

PANNENHILFE

Wenn Schokolade beim Schmelzen zäh und körnig wird, kann man sie mit zerlassenem Kokosfett oder geschmacksneutralem Öl wieder glätten. Man rechnet pro 25 g Schokolade 1 TL Fett. Diese „gerettete“ Schokolade können Sie für Kuchen und Desserts verwenden.

Wenn ich weiße Schokolade schmelze, wird sie krümelig. Was mache ich falsch?

Bei manchen weißen Schokoladensorten wird die Kakaobutter ganz oder teilweise durch Pflanzenöl ersetzt. In diesem Fall lassen sie sich nur sehr schwer schmelzen. Sollten Sie für ein Rezept geschmolzene weiße Schokolade benötigen, achten Sie beim Kauf darauf, dass die Schokolade reichlich Kakaobutter enthält. Vor dem Schmelzen gut kühlen und fein reiben. Wenn sie krümelig wird, kommt jede Hilfe zu spät.

Was ist Kuvertüre, und was bedeutet „Temperieren“?

Kuvertüre ist eine Schokoladensorte, die von Konditoren zur Herstellung von Pralinen und Konfekt verwendet wird. Sie enthält sehr viel Kakaobutter und schmilzt deshalb sehr gut. Kakaobutter besteht jedoch aus Fettkristallen, die nach dem Abkühlen wieder auskristallisieren können – sichtbar in Form grauer Streifen. Dies beeinträchtigt zwar nicht den Geschmack, aber die Optik.

Durch Temperieren lässt sich der Kristallisationseffekt der Kuvertüre verhindern. Dafür wird sie auf eine bestimmte Temperatur erhitzt, zum Abkühlen auf eine Marmorplatte gestrichen und zu einer weichen, glänzenden Schokoladenmasse verarbeitet.

Schokolade schmelzen und als Überzug verwenden

Geschmolzene Schokolade ist die Grundlage für viele Desserts, Kuchen und Pralinen. Früchte und Nüsse werden zu besonderen Leckerbissen, wenn man sie mit Schokolade überzieht.

Schokolade schmelzen

1 Auf dem Herd: Die Schokolade fein hacken. Einen Topf zu einem Drittel mit Wasser füllen; aufkochen, köcheln lassen. Schokolade in einer hitzebeständigen Schüssel über dem Wasserbad im Topf langsam schmelzen lassen.

2 Die Schüssel darf nicht im Wasser, sondern nur im Wasserdampf stehen. Die Schokolade ab und zu rühren, bis sie ganz glatt ist.

In der Mikrowelle: Schokoladenstückchen in eine mikrowellengeeignete Schüssel geben. Auf den Rand des Drehtellers stellen. Bei Auftaustufe ca. 1 Minute (250 g Schokolade 2 Minuten, 50 g Schokolade 30 Sekunden) erhitzen, dann rühren. Wiederholen, bis die Schokolade geschmolzen ist.

Mit Schokolade überziehen

Nüsse überziehen: Große, makellose Mandeln und Nüsse wie Haselnüsse, Macadamia-, Pekan- oder Walnüsse nehmen und einzeln mit Schokolade überziehen. Dafür eine Nuss auf eine Gabel legen; in die abgekühlte geschmolzene Schokolade tauchen. Herausheben, die Gabel dabei leicht gegen den Schüsselrand klopfen, damit überschüssige Schokolade abtropfen kann. Mit einem Zahnstocher die Nuss von der Gabel auf ein mit Backpapier belegtes Blech schieben.

Obst überziehen: Früchte oder Fruchtstücke werden genauso wie Nüsse mit Schokolade überzogen. Besonders hübsch sind halb überzogene Früchte: Dafür Obst mit Stielen wie Stachelbeeren, Erdbeeren und Kirschen oder getrocknete oder glasierte Früchte wie Aprikosen, Pflaumen oder kandierten Ingwer nehmen; nur zur Hälfte in die geschmolzene Schokolade tauchen. Herausnehmen, überschüssige Schokolade abtropfen lassen; das in Schokolade getauchte Obst auf ein mit Backpapier belegtes Backblech setzen und trocknen lassen.

Jede Kuvertüre sollte eigentlich temperiert werden. Für die süße Alltagsküche können Sie statt Kuvertüre auch eine gute Zartbitterschokolade verwenden.

Wie gelingt mir am besten eine glatte Schokoladensauce?

Nehmen Sie etwa gleiche Teile Sahne und Schokolade (nach Geschmack Bitter- und/oder Milchschokolade). Geben Sie die Sahne in einen Topf und kochen Sie sie auf, dann sofort vom Herd nehmen und 30 Sekunden abkühlen lassen. Nun die Schokolade zufügen und verrühren, bis die Sauce glatt und glänzend ist. Sie können die Schokoladensauce noch mit Brandy, Orangenlikör oder auch Espresso aromatisieren. Die Sauce schmeckt warm zu Obststückchen (Bananen und Birnen) sehr gut. Für eine kalte Schokoladensauce rühren Sie zum Schluss noch 2–3 EL Milch unter und lassen das Ganze bei Raumtemperatur abkühlen, zwischendurch ab und zu umrühren.

Wie lässt sich Schokolade am besten reiben? Wenn ich sie auf der Küchenreibe rasple, schmilzt sie mir in der Hand. Wenn ich sie in der Küchenmaschine zerkleinere, entsteht eine klebrige Masse.

Beim Reiben von Schokolade entsteht Reibungswärme. Die Schokolade schmilzt und wird klebrig. Die Lösung besteht darin, gut gekühlte Schokolade zu verwenden. Brechen Sie zum Reiben immer nur ein kleines Stück ab und legen Sie den Rest wieder in den Kühlschrank.

In der Küchenmaschine sollten Sie Schokolade mit dem Messereinsatz aus Metall am besten in Intervallen zerkleinern. Zwischendurch die Schokolade immer wieder mit dem Kunststoffspatel vom Schüsselrand nach unten schieben.

Im Rezept „Schokoladentrüffeln" auf der nächsten Seite wird geraspelte Schokolade mit Sahne, Butter und Likör zu zart schmelzenden Trüffeln verarbeitet. Eine extravagante Note erhalten die Trüffeln, wenn Sie sie zum Schluss noch mit Blattgold (24-karätig) verzieren. Keine Sorge: Gold ist in kleinen Mengen bedenkenlos genießbar.

Welche Schokolade ist am besten zum Kochen geeignet?

Am besten geeignet ist Zartbitter- bzw. Bitterkuvertüre, die einen hohen Kakaoanteil hat.

Milchschokolade wird zum Kochen nur selten verwendet, da sie nicht das intensive Aroma der dunkleren Schokoladensorten besitzt. Sie lässt sich jedoch gut schmelzen, wenn sie zuvor im Kühlschrank gekühlt und anschließend geraspelt wurde. Diese Arbeitsschritte sind notwendig, damit die geschmolzene Schokolade sich nicht zersetzt und zäh wird.

Fertige Schokoladenglasur hat mit Schokolade nichts zu tun. Sie enthält keine festen Kakaobestandteile, und fast die gesamte Kakaobutter wird durch Kokos- oder Palmöl ersetzt. Sie lässt sich zwar sehr leicht schmelzen und auf einen Kuchen auftragen, ist aber nicht mit dem Aroma und der Beschaffenheit von echter Schokolade zu vergleichen.

Sparen Sie nicht am falschen Platz bei Schokolade: Mit billiger Schokolade erhalten Sie niemals das Ergebnis, das Sie mit hochwertiger erzielen würden.

Schokoladentrüffeln

Für 35 Stück
Zubereitungszeit: 45 Minuten, plus Kühlzeit

Für die Füllung:
150 g Sahne
350 g Zartbitterschokolade, fein geraspelt
50 g Butter, in Stückchen
1-2 EL Likör (nach Belieben)
Zum Fertigstellen:
350 g Zartbitterschokolade, Kakaopulver, weiße Schokolade, 24-karätiges Blattgold

1 Sahne in einem Topf zum Kochen bringen; vom Herd nehmen. Geraspelte Schokolade und Butter zufügen. Unter Rühren erwärmen, bis eine glatte, dickflüssige dunkle Masse entstanden ist. Eventuell etwas Likör zugeben. in einer kleinen Schüssel abkühlen lassen, bis die Schokoladenmasse recht fest ist.

2 Mit einem Teelöffel etwa 2,5 cm große Kugeln aus der Masse formen. Auf ein mit Backpapier belegtes Backblech setzen und im Tiefkühlgerät fest werden lassen.

3 Restliche Schokolade schmelzen. Die Hälfte der Schokoladenkugeln aus dem Tiefkühlgerät nehmen und einzeln in die Schokolade tauchen. Überschüssige Schokolade abtropfen lassen. Trüffeln auf ein mit Backpapier belegtes Backblech legen. Alle Trüffeln mit Schokolade überziehen.

4 Um die Trüffeln zu verzieren, die Hälfte der Kugeln in Kakaopulver wälzen, bevor der Überzug vollständig getrocknet ist. Die restlichen Trüffeln trocknen lassen. Dann einen Teil dieser Trüffeln mit etwas geschmolzener weißer Schokolade verzieren. Auf einen weiteren Teil mit den Fingern vorsichtig etwas Blattgold aufdrücken.

5 Luftdicht verpackt halten sich die Trüffeln im Kühlschrank bis zu 2 Wochen, im Tiefkühlgerät bis zu 1 Monat lang.

Feinste Schokoladentrüffeln bedeuten vollendeten Schokoladengenuss. Beste Schokolade ist dafür gerade gut genug.

Schokoladenlocken herstellen

1 Geschmolzene Schokolade auf eine Marmorplatte, ein gekühltes Backblech oder eine andere glatte, kalte Arbeitsfläche gießen.

2 Mit dem Palettmesser höchstens 3 mm dick verstreichen. An einem kühlen Ort etwas fest werden lassen.

3 Mit einem langen Messer die Schokolade so von der Oberfläche schaben, dass Locken entstehen.

Schokoladenblätter herstellen

1 Verwenden Sie feste, glänzende Blätter mit kurzem Stiel (z.B. frische Lorbeerblätter). Waschen und trockentupfen. Die Unterseiten mit geschmolzener Schokolade bepinseln. Überschüssige Schokolade an den Rändern und auf der Blattoberseite abstreifen, trocknen lassen.

2 Die Blätter am Stiel anfassen und vorsichtig von der getrockneten Schokolade abziehen.

Schokoladenkuchen

? ***Ich liebe Schokoladenkuchen, muss mich aber glutenfrei ernähren. Können Sie mir ein entsprechendes Rezept empfehlen?***

» Wer an Zöliakie (Glutenunverträglichkeit) leidet, verträgt das in Weizen, Dinkel, Roggen, Gerste und Hafer enthaltene Eiweiß Gluten nicht. Das bedeutet, dass auf alles verzichtet werden muss, worin die bei uns üblichen Backmehle enthalten sind – selbst Spuren glutenhaltiger Lebensmittel können für Betroffene gefährlich sein. Es gibt Spezialmehle, die statt glutenhaltiger Mehle verwendet werden können; eine andere Möglichkeit besteht darin, Kuchen und Gebäck herzustellen, die kein Mehl enthalten.

Maisstärke, Reismehl, Sojamehl oder Kartoffelstärke sind übrigens von Natur aus glutenfrei, sie können bei bestimmten Rezepten eine Alternative zu Mehl sein. Der folgende Schokoladenkuchen kommt jedoch völlig ohne Mehl und Stärke aus – hier geht es in der Hauptsache um Schokolade. Probieren das folgende Rezept einfach aus.

? ***Kürzlich habe ich einen Schokoladenkuchen gebacken, der beim Aufschneiden zerfallen ist. Ich konnte ihn so nicht servieren. Gibt es eine Möglichkeit ihn „herzurichten"?***

» Ja, vorausgesetzt der Kuchen ist wirklich durchgebacken. Probieren Sie es doch einmal mit einem schnell kreierten Schüsselkuchen: Füllen Sie den verunglückten Kuchen in eine Glasschüssel. Drücken Sie den Kuchen bzw. die Kuchenkrümel dabei relativ fest in die Schüssel. Wenn Sie möchten, können Sie das Ganze mit etwas Likör, Sherry, Weinbrand oder Orangensaft tränken. Zum Schluss bedecken Sie das Ganze mit einer dicken Schicht Schlagsahne und streuen noch Schokoladenraspel darüber.

Diese Kreation können Sie als Nachtisch oder auch als ganz speziellen Kuchen anbieten – optisch und geschmacklich garantiert ein Genuss.

Auf diese Weise können Sie auch andere Kuchen retten.

Schokoladenkuchen ohne Mehl

Für 12 Portionen
Vorbereitungszeit: 40 Minuten
Backzeit: 45 Minuten

Für den Kuchen:
250 g Zartbitterschokolade, in Stückchen
125 g Butter, gewürfelt
6 große Eier, getrennt
125 g Zucker
250 g gemahlene Mandeln
Für die Glasur:
250 g Zartbitterkuvertüre
250 g Sahne

1 Backofen auf 180 °C vorheizen. Eine Springform (24 cm Ø) mit Backpapier auslegen. Schokolade und Butter in eine hitzebeständige Schüssel geben. Beides über dem Wasserbad schmelzen. Eigelbe und Zucker mit dem elektrischen Handrührgerät hell und schaumig schlagen. Die geschmolzene Schokoladenmasse und die Mandeln untermischen.

2 Eiweiße steif schlagen. Unter die Schokoladenmischung ziehen. In die Backform füllen, glatt streichen. 45 Minuten backen, bis der Kuchen fest ist. Mit einem Holzspieß hineinstechen – beim Herausziehen darf am Stäbchen kein klebriger Teig haften. Kuchen in der Form auf einem Kuchengitter abkühlen lassen.

3 Für die Glasur die Schokolade nach und nach in der Küchenmaschine fein zerkleinern. In eine Rührschüssel füllen. Sahne im Topf einmal aufwallen lassen. Über die Schokolade gießen, glatt rühren.

4 Kuchen aus der Form lösen und auf das Kuchengitter setzen. Oberfläche und Rand mit etwa einem Drittel der warmen Glasur bestreichen; trocknen lassen. Den Rand einer Kuchenplatte mit 3 großen Dreiecken aus Butterbrotpapier rundum bedecken. Kuchen auf die Platte heben. Restliche Glasur über dem Wasserbad erwärmen, auf dem Kuchen verstreichen. Trocknen lassen. Papier entfernen.

Schweinefleisch

Wie lange kann ich frisch gekauftes Schweinefleisch im Kühlschrank aufbewahren?

Wie jedes andere Frischfleisch sollte auch Schweinefleisch im kältesten Bereich des Kühlschranks bei einer Temperatur von 0–4 °C nicht länger als 2–3 Tage gelagert werden. Das Fleisch vorher auspacken, auf einen Teller legen und mit Frischhaltefolie bedecken.

Gibt es Qualitätsmerkmale für Schweinefleisch, die ich beim Einkauf erkennen kann?

Farbe, Faserstruktur, Marmorierung und Geruch sind Kriterien, die beim Fleischkauf eine Rolle spielen. Sie sind von vielen Faktoren wie Rasse und Geschlecht der Tiere, Alter, Herkunft, Fütterung und Haltung, Transport und Schlachtung sowie Behandlung nach dem Schlachten abhängig.

Schweinefleisch sollte generell von zartroter bis hellroter Farbe sein; je jünger die Tiere sind, desto zarter ist das Fleisch. Wählen Sie marmoriertes, d. h. mit Fettadern durchzogenes Fleisch; schließlich ist Fett ein wichtiger Träger von Aroma- und Geschmacksstoffen und hält das Fleisch beim Braten saftig.

Schweineschnitzel werden beim Grillen oft zäh. Wie sollte ich sie am besten zubereiten?

Schweinefleisch wie Schnitzel oder Steaks sind äußerst fettarm und werden deshalb beim Grillen ohne zusätzliches Fett oder andere Garflüssigkeit trocken und zäh. Deshalb sollten Sie solche Fleischstücke am besten vor dem Garen in eine Essig-Öl-Marinade legen, um das fehlende Fett zu ersetzen. Die Marinade können Sie z. B. mit Fruchtsaft, Wein oder Joghurt und Kräutern oder Gewürzen aromatisieren.

Wie lange soll ich ein Schweinekotelett grillen oder braten, damit es völlig durchgegart ist?

Das hängt von der Dicke, Form und Größe des Koteletts ab sowie von der Gartemperatur und der Temperatur des Koteletts. Am besten sollte Fleisch vor dem Garen auf Raumtemperatur gebracht und nicht mit Kühlschranktemperatur verwendet werden. Nehmen Sie Schweinefleisch also 5–10 Minuten vor dem Garen aus dem Kühlschrank.

Ein 2,5 cm dickes Kotelett benötigt etwa 4–5 Minuten Garzeit auf jeder Seite. Um zu prüfen, ob das Fleisch wirklich durchgegart ist, stechen Sie mit einem dünnen Messer oder einem Spieß an der dicksten Stelle hinein – tritt klarer Saft aus, ist das Fleisch gar.

Schweinekoteletts kann man auch im Ofen braten. Das dauert zwar etwas länger, Sie können jedoch sicher sein, dass das Fleisch danach gut durchgebraten ist. Besonders gut passt dazu eine aromatische Füllung aus Spinat und Champignons.

Schweinekoteletts füllen

Schweinefleisch trocknet beim Garen leicht aus. Eine würzige Spinatfüllung hält das Fleisch schön saftig.

1 Die Fettränder von den Koteletts schneiden. Dann in jedes Kotelett quer eine Tasche in die Seite mit dem Fettrand schneiden.

2 Die Füllung gleichmäßig in die Koteletts geben und jedes Kotelett mit Küchengarn zusammenbinden.

Koteletts mit Spinat-Champignon-Füllung

Für 4 Portionen
Vorbereitungszeit: 25 Minuten
Garzeit: 20–25 Minuten

4 dicke Schweinekoteletts (je 250 g)
1 EL Öl
1 kleine Zwiebel, fein gehackt
2 Knoblauchzehen, zerdrückt
125 g große Champignons, fein gehackt
250 g TK-Blattspinat, aufgetaut
50 g Frischkäse
1 EL Schnittlauchröllchen
1 TL körniger Senf
1 EL frische Brotkrumen
Salz und schwarzer Pfeffer

1 Den Backofen auf 180 °C vorheizen. Jeweils eine tiefe Tasche in die Koteletts schneiden (siehe Kasten links).

2 Das Öl in einer Pfanne erhitzen und Zwiebel und Knoblauch darin glasig dünsten. Die Champignons zufügen und mitdünsten.

3 Den aufgetauten Spinat gut ausdrücken und grob hacken. In die Pfanne zu Zwiebel, Knoblauch und Pilzen geben und alles zusammen 2 Minuten garen. Die Pfanne vom Herd nehmen.

4 Frischkäse, Schnittlauch, Senf, Brotkrumen untermischen, alles mit Salz und Pfeffer würzen.

5 Die Koteletts mit der Mischung füllen. Außen mit Salz und Pfeffer würzen, dann in einem flachen Bräter 20–25 Minuten lang backen.

VARIANTEN

Für eine fruchtig-würzige Füllung 1 kleine Zwiebel, 6 eingeweichte getrocknete Aprikosen, 2 EL Pinienkerne, 4 EL frische weiße Brotkrumen, 1 Gewürznelke und etwas frischen Salbei fein zerkleinern und alles miteinander mischen. Die Koteletts damit füllen.

Sie können anstelle der Aprikosen und Pinienkerne auch weiche Trockenpflaumen und Walnüsse für die Füllung verwenden.

Wie wird die Kruste von einem Schweinebraten richtig schön knusprig?

Zuerst die Schwarte mit einem scharfen Messer rautenförmig einschneiden, dann großzügig mit Salz einreiben. Den Backofenrost auf das tiefe Backblech setzen, darauf den Braten legen. Im Ofen nach Rezept braten, zwischendurch den Braten nicht Begießen.

Die Kruste wird besonders knusprig, wenn die Schwarte 30–45 Minuten vor Ende der Garzeit abgeschnitten wird und neben dem Braten separat brät, wie im Rezept unten.

Schneiden Sie die Schwarte eines Schweinebratens vor dem Braten in regelmäßigen Abständen ein. So entsteht eine knusprige Kruste.

Zum knusprigen Schweinebraten schmecken Beilagen wie gegarte Äpfel, Pastinaken-Möhren-Püree und Zuckerschoten gut.

Krustenbraten vom Schwein

Für 6 Portionen
Vorbereitungszeit: 20 Minuten
Garzeit: etwa 2 Stunden

Schweinebraten (1,2 kg)
Salz
3 Äpfel, gewaschen
2 EL Zitronensaft
2 EL heller Honig
6 kleine Salbeizweige

1 Backofen auf 200 °C vorheizen. Die Schwarte vom Braten einritzen, dann großzügig mit Salz einreiben. Den Braten auf den Rost auf dem tiefen Backblech legen. Pro kg Fleisch etwa 55 Minuten Garzeit einplanen.

2 Den Braten 30–45 Minuten vor Ende der Garzeit aus dem Ofen nehmen. Mit einem scharfen Messer die Schwarte abschneiden. Diese neben den Braten auf den Rost legen und fertigbraten.

3 Die Äpfel halbieren und von den Kerngehäusen befreien. Die Fruchthälften so dünn einschneiden, dass die Scheiben unten gerade noch zusammenhängen.

4 Jede Apfelhälfte mit der Schnittfläche nach unten auf ein Stück Alufolie setzen und mit etwas Zitronensaft und Honig bestreichen. Einen Salbeizweig dazulegen; die Folien hochschlagen und die Enden verschließen.

5 Die Apfelpäckchen auf den Rost neben den Braten im Backofen setzen und 5–10 Minuten backen, bis die Äpfel weich sind. Für die Garprobe ein Päckchen öffnen und eine Apfelhälfte mit einem Messer einstechen.

6 Den Schweinebraten auf eine vorgewärmte Platte legen und im ausgeschalteten Ofen bei halb geöffneter Ofentür noch etwa 10 Minuten ruhen lassen. Den Braten in Scheiben schneiden.

7 Die Kruste in Stücke schneiden und mit den Äpfeln und dem Bratensaft zum Braten servieren. Gut dazu passt ein Gemüsepüree.

VARIANTE

Den Braten auf einer dicken Schicht grobkörnigem Salz im Ofen garen.

Senf

Aus was besteht Senf, und wie wird er hergestellt?

Hauptzutat für den Senf ist die Senfsaat; kleine runde Körner, die je nach Sorte unterschiedlich scharf sind: Gelbe Senfsaat ist mild, schwarzbraune bis schwarze Körner sind scharf-würzig, und braune sind ebenfalls scharf. Für die Senfherstellung wird die Senfsaat meist gemahlen und anschließend mit Essig, Salz und Gewürzen zum gewünschten Produkt verarbeitet.

Der Geschmack von Senf hängt in erster Linie von der verwendeten Saat ab und natürlich von weiteren geschmacksgebenden Komponenten wie Essigsorte, Kräutern usw.

Welcher Senf passt am besten wozu?

Je nach Mischung der Senfsaat werden unterschiedliche Schärfen erzielt.

- Milder Senf eignet sich z.B. für Senfsauce oder Mayonnaise.
- Mittelscharfer Senf ist hervorragend zum Bestreichen von Rouladen geeignet; passt auch zu Würstchen.
- Scharfer Senf ist ideal zu Würstchen und Leberkäse. Generell macht scharfer Senf fette Gerichte besser bekömmlich, weil er das meiste Senföl von allen Senfsorten enthält, das u.a. verdauungsfördernd wirkt.
- Süßer Senf wird mit Zucker gewürzt und schmeckt am besten zu Weißwurst und Leberkäse.

Was ist das Besondere an Dijonsenf?

Dieser scharfe Senf, der nicht unbedingt aus der Gegend um die französische Stadt Dijon stammen muss, wird nicht aus Senfmehl, sondern aus ganzen schwarzen oder braunen Senfkörnern hergestellt. Die Senfkörner quellen in Wasser, Most oder Essig auf und werden dann mit anderen Zutaten zu einer Maische zerkleinert. Die Schalenanteile werden abgesiebt – im fertigen Dijonsenf dürfen nicht mehr als 2 % Schalenanteil sein. Im Anschluss daran folgt eine Reifezeit, in der der Senf seinen typischen feinwürzig-scharfen Geschmack entwickelt.

Stimmt es, dass durch die Zugabe von etwas Senf schwere Käsesaucen verträglicher werden?

Aufgrund seiner ätherischen Öle wirkt Senf verdauungsfördernd. Schon immer servierte man ihn deshalb zu üppigen, fettreichen Speisen. Eine Senfsauce verleiht Koteletts, Hähnchen oder hart gekochten Eiern nicht nur eine würzige Note, sondern macht diese auch leichter verträglich.

Aufbewahren

Licht, Sauerstoff und Wärme führen dazu, dass Senf an Schärfe und Aroma verliert. Stellen Sie angebrochene Senfgläser deshalb in den Kühlschrank, um die Qualität des Senfs zu sichern.

Senfsauce

Für 4 Portionen
Zubereitungszeit: 20 Minuten

20 g Butter
2 EL Mehl
1–2 EL Dijonsenf oder körnigen Senf
300 ml Gemüse- oder Hühnerbrühe
150 g Sahne oder Schmand
Salz und schwarzer Pfeffer
2 EL Schnittlauchröllchen

1 Die Butter in einen Topf geben und erhitzen, damit sie schmilzt. Das Mehl und den Senf zugeben und unter kräftigem Rühren hell anschwitzen.

2 Die Brühe langsam unter Rühren zugießen und zum Kochen bringen. Unter ständigem Rühren etwa 5 Minuten köcheln lassen, bis die Sauce andickt. Anschließend Sahne oder Schmand darunterschlagen.

3 Die Sauce mit Salz und Pfeffer abschmecken, 1–2 Minuten bei schwacher Hitze köcheln lassen. Vom Herd nehmen und die Schnittlauchröllchen untermischen. Sofort servieren.

VARIANTEN

Für mehr Schärfe bei der Sauce sorgen 1–2 Messerspitzen Meerrettich, die Sie noch unter die fertige Sauce mischen können.

Anstelle von Schnittlauch gehackte Dillspitzen unter die Sauce rühren – so passt sie gut zu Fischgerichten.

In diesem Rezept wird der Senf mit dem Mehl zusammen angeschwitzt. Sie können ihn aber auch erst zum Schluss unter die helle Sauce rühren.

Sicherheit in der Küche

Was soll ich tun, wenn heißes Fett in der Pfanne Feuer fängt?

Heißes Fett entzündet sich schnell, vor allem der Wasser-Fett-Dampf, der sich beim Anbraten bildet. Entsteht nur eine kleine Flamme, können Sie versuchen, sie vorsichtig auszublasen, ansonsten sollten Sie die Flamme mit einer Löschdecke oder einem Küchenhandtuch ersticken. Auf keinen Fall dürfen Sie brennendes Fett mit Wasser oder Schaumlöschern besprühen: Dieses Gemisch kann explodieren! Rufen Sie die Feuerwehr, wenn Sie das Feuer nicht schnell gelöscht bekommen.

Wenn ich mich beim Kochen verbrenne, halte ich intuitiv die betroffene Stelle unter kaltes Wasser. Ist das richtig?

Fast. Besser ist lauwarmes Wasser, mit dem Sie die Verbrennung in etwa 10 Minuten abkühlen sollten – das lindert den Schmerz und verhindert, dass die Verbrennung größer wird. Bei Verbrennungen, die größer als ein 1-Euro-Stück sind, unbedingt den Arzt aufsuchen.

Soufflés

? *Wie gelingt mir das perfekte Soufflé?*

Soufflés lassen sich relativ einfach herstellen, solange man ein paar Grundregeln beachtet. Für ein Soufflé wird Eiweiß steifgeschlagen und unter eine dicke Bèchamelsauce (siehe S. 277) gezogen. Anschließend wird die Soufflémasse in eine ofenfeste Form mit geraden Wänden gefüllt und im Ofen gebacken.

Die Grundsauce muss von solcher Konsistenz sein, dass sich der Eischnee leicht unterziehen lässt. Ist sie zu dickflüssig, geht das Soufflé nicht richtig auf; ist sie zu dünnflüssig, entweicht jedoch die Luft aus dem Eischnee und das Soufflé steigt ebenfalls nicht richtig nach oben.

Auch wenn man den Eischnee zu kurz oder zu lange steif schlägt, leidet das Soufflé. Gehen Sie nach dem Rezept unten für ein gelungenes herzhaftes Soufflé vor.

Ein goldbraunes, schön aufgegangenes Käsesoufflé ist zusammen mit einem knackigen Salat eine wunderbare kleine Mahlzeit.

Locker-würziges Käsesoufflé

Für 4 Portionen
Vorbereitungszeit: 1 Stunde, plus 30 Minuten Durchziehenlassen
Backzeit: 30 Minuten

250 ml Milch
1 Zwiebelscheibe
1 kleine Möhre, grob zerkleinert
1 Stange Sellerie, grob zerkleinert
1 Lorbeerblatt
4 Pfefferkörner
zerlassene Butter und 1 EL geriebener Parmesan für die Form
30 g Butter
30 g Mehl
1 1/2 TL Dijonsenf
4 große Eier, getrennt
2 Eiweiß
125 g Emmentaler, fein gerieben
Salz und schwarzer Pfeffer

1 Milch, Zwiebel, Möhre, Selleriestange, Lorbeerblatt und Pfefferkörner in einem kleinen Topf zum Kochen bringen. Vom Herd nehmen und zugedeckt 30 Minuten ziehen lassen.

2 Die aromatisierte Milch durch ein feinmaschiges Sieb gießen und auffangen. Eine Souffléform (1,5 l Inhalt) mit zerlassener Butter auspinseln und mit Parmesan ausstreuen.

3 Den Backofen auf 180 °C vorheizen. Die Butter in einem Topf bei mittlerer Hitze zerlassen, das Mehl darin anschwitzen und 1–2 Minuten unter Rühren erhitzen. Vom Herd nehmen; die Milch unterrühren.

4 Wieder auf den Herd stellen und die Sauce unter ständigem Rühren langsam zum Kochen bringen. 2 Minuten kochen lassen, bis die Sauce andickt. Die Hitze reduzieren, Sauce kurz durchrühren und etwa 3 Minuten köcheln lassen.

5 Vom Herd nehmen und etwas abkühlen lassen. Senf, Eigelb, 100 g Emmentaler, Salz und Pfeffer in die Sauce rühren.

6 In einer großen Schüssel die Eiweiße steif schlagen. Zuerst 2 EL Eischnee, dann den restlichen Eischnee vorsichtig unter die Käsesauce ziehen.

7 Die Soufflémasse in die vorbereitete Souffléform füllen. Mit einem Messer die Oberfläche im Abstand von 2,5 cm zum Rand rundherum einschneiden, damit Luft entweichen kann und das Soufflé gleichmäßig aufgeht.

8 Mit den restlichen 25 g Käse bestreuen und etwa 30 Minuten backen, bis das Soufflé aufgegangen, goldbraun und gestockt ist. Den Ofen in den ersten 25 Minuten der Backzeit nicht öffnen. Sofort servieren, damit es nicht zusammenfällt.

VARIANTE

1–2 EL gehackte Kräuter unter die Soufflémasse mischen. Statt Emmentaler Blauschimmelkäse verwenden. Für ein Spinatsoufflé den Käse durch 250 g gekochten, abgetropften Spinat ersetzen,

Wie lange im Voraus kann ich eine Soufflémasse vorbereiten, und wie viele Eier muss ich verwenden, damit das Soufflé aufgeht?

Die Bèchamelsauce für ein Soufflé kann mehrere Stunden im Voraus zubereitet und im Kühlschrank aufbewahrt werden. Anschließend sollte sie sanft aufgewärmt werden, bevor man den Eischnee unterzieht. Wenn Sie den Eischnee in die kalte Grundsauce rühren, geht das Soufflé nicht so gut auf, weil die Sauce dicker ist und sich der Eischnee nicht so mühelos unterziehen lässt. Nach dem Unterziehen des Eischnees muss das Soufflé sofort gebacken werden.

Für 4 Portionen benötigen Sie 4 große ganze Eier plus 2 zusätzliche Eiweiße. Die Menge der restlichen Zutaten hängt vom Rezept ab.

Stimmt es, dass man die Backofentür nicht öffnen darf, während ein Soufflé im Ofen gart?

Das Öffnen der Backofentür wird nicht gleich zur Katastrophe, solange es in Ihrer Küche nicht stark zieht. Für das Gelingen Ihres Soufflés ist es jedoch von Vorteil, die Ofentür während des Backens geschlossen zu lassen. Das Soufflé soll sein Volumen mindestens um die Hälfte verdoppeln. Dies klappt nur bei der richtigen Temperatur. Durch das Öffnen der Ofentür kommt es jedoch zu einem jähen Temperatursturz im Ofen.

Genauso wie einem Soufflé Zugluft schadet, setzen ihm Wartezeiten zu: Servieren Sie deshalb ein gebackenes Soufflé sofort nachdem Sie es aus dem Ofen genommen haben – es fällt schnell zusammen.

Mein Soufflé ist mir schon oft außen verbrannt. Wie lässt sich das verhindern?

Wenn Sie ein Soufflé bei zu hoher Temperatur backen, geht es zwar auf, bleibt aber innen weich und wird außen zu dunkel. Prüfen Sie mit einem Backofenthermometer, ob Ihr Ofen vielleicht auf eine höhere Temperatur im Inneren heizt, als Sie eingestellt haben. Falls dem so ist, stellen Sie eine niedrigere Temperatur ein.

Gewusst wie

Kleine Soufflés lassen sich gut vorbereiten, indem Sie die Masse in die Förmchen füllen und bis zum Backen einfrieren. Den Ofen vorheizen und die noch gefrorene Masse 5 Minuten länger als angegeben backen.

Um zu prüfen, ob ein Soufflé fertig gegart ist, öffnen Sie die Ofentür ein kleines Stück und stupsen Sie einmal kurz gegen die Souffléform – wenn das Soufflé sich nicht bewegt, ist es gar. Wenn es leicht zittert, braucht es noch ein paar Minuten Garzeit.

Muss ich für ein Soufflé die Form immer buttern und ausstreuen, bevor die Masse hineingefüllt wird?

Ja, denn nur die Kombination von Ausfetten und Bestäuben, ob mit Mehl, Zucker, fein geriebenem Käse oder Semmelbröseln sorgt für die richtige Oberfläche, damit das Soufflé perfekt aufgehen kann.

Ist für ein Soufflé unbedingt eine Papiermanschette nötig? Ich finde das Ergebnis auch ohne Manschette zufriedenstellend.

Ein heißes Soufflé kann man durchaus ohne Papiermanschette backen, doch da die Masse empfindlich ist, kann es passieren, dass sie unregelmäßig aufgeht oder sich in der Mitte eine Erhebung bildet. Dies beeinträchtigt jedoch nicht den Geschmack des gebackenen Soufflés.

Kalte Soufflés werden nicht gebacken, sondern im Kühlschrank zum Erstarren gebracht. Eine Papiermanschette ist notwendig, um die Masse während des Kühlprozesses zu stützen, ansonsten würde sie über den Rand der Form hinausfließen. Die Manschette aus Butterbrotpapier sollte mindestens 2,5 cm über den Rand der Souffléform hinausragen.

Der aus der Form ragende Rand kann vor dem Servieren z. B. mit gehackten Nüssen oder geriebener Schokolade bestreut werden.

Spaghetti

Gibt es noch andere leckere Saucen zu Spaghetti außer Tomatensauce?

Zweifellos zählen Saucen mit Tomaten zur beliebtesten Art, Spaghetti zu servieren. Dennoch gibt es viele andere köstliche Spaghettigerichte wie Spaghetti alla Carbonara (Spaghetti mit Ei und Speck) – einer Legende nach handelt es übrigens dabei um eine italienisch-amerikanische Kreation: Während des 2. Weltkriegs in Rom stationierte Soldaten übergaben ihren italienischen Gastgebern Speck und Eier, um daraus ein Gericht zu kochen. Das Ergebnis waren Spaghetti Carbonara.

Spaghettini alla Carbonara

Für 4 Portionen
Vorbereitungszeit: 20 Minuten
Garzeit: 15 Minuten

2 EL Olivenöl
175 g Frühstücksspeck, in 5 mm dicke Streifen geschnitten
4 EL Weißwein
1 großes Ei, 2 Eigelb
50 g weiche Butter, 4 EL Sahne
100 g Parmesan, frisch gerieben
Salz und schwarzer Pfeffer
400 g Spaghettini

1 Backofen auf 140 °C vorheizen. Das Öl in einer Pfanne erhitzen, Speck darin knusprig braten. Wein zufügen und aufkochen lassen, vom Herd nehmen.

2 Eine große Schüssel vorwärmen. Ei, Eigelbe, Butter, Sahne, 50 g Parmesan sowie etwas Salz und Pfeffer zufügen. Gut mischen und zum Anwärmen 10 Minuten in den Ofen stellen, aber nicht kochen lassen.

3 Spaghettini nach Packungsanleitung kochen. Abgießen, sofort mit der Sauce mischen, damit die Eier auf den Spaghetti stocken. Den Speck kurz aufwärmen und über die Pasta geben. Restlichen Parmesan dazu reichen.

Zwei der beliebtesten Spaghettisaucen sind die Hackfleischsauce Bolognese (rechts) und die sahnige Carbonara (links) mit Ei und Speck.

Wenn ich Spaghetti Carbonara mache, stockt das Ei nicht richtig an den Spaghetti. Warum?

Vermutlich sind die Nudeln schon zu kalt. Die abgegossenen Spaghetti müssen sehr heiß sein und sofort unter die verschlagenen Eier gerührt werden. Verwenden Sie am besten eine große Metallschüssel, die die Hitze gut leitet.

Wie ist das ideale Verhältnis zwischen Spaghetti und Sauce?

Dafür gibt es keine festen Regeln. Die Italiener mögen ihre Pasta in der Regel mit wenig Sauce – sie soll die Spaghetti gerade überziehen und den Pastageschmack an sich nicht übertönen. Doch häufig serviert man Pasta mit weit mehr Sauce. Für 4 Personen, die gern und reichlich Sauce mögen, sollten Sie 400 g Spaghetti und eine Sauce aus z.B. 500 g frischen Tomaten oder 250 g getrockneten Tomaten rechnen. Bei Saucen mit sehr intensivem Aroma sind selbst Saucenliebhaber normalerweise etwas zurückhaltender – hier können Sie also weniger zubereiten.

Können Sie mir ein raffiniertes Rezept für eine echte Sauce Bolognese nennen?

Italienische Köche fügen einer Bolognese für einen besseren Geschmack Zutaten wie Hähnchenleber oder Chilischoten zu.

Kochen Sie einmal eine Bolognese nach dem Rezept rechts, und Sie werden feststellen, dass sich hinter einer echten Sauce Bolognese weit mehr verbirgt als eine Tomatensauce mit Hackfleisch. Werden ein bisschen Hühnerleber und Wein, ein paar Kräuter und andere geschmacksgebende Zutaten zugefügt, entsteht ein unvergleichliches Aroma. Mit Salat ein wunderbares Essen.

Spaghetti alla Bolognese

Für 4 Portionen
Vorbereitungszeit: 30 Minuten
Garzeit: 1 1/2 Stunden

1 EL Olivenöl
30 g Butter
50 g Frühstücksspeck, in 5 mm dicke Streifen geschnitten
1 Zwiebel, fein gehackt
1 Knoblauchzehe, fein gehackt
1 Stange Sellerie, fein gehackt
1 kleine Möhre, fein gehackt
500 g Rinderhackfleisch
60 g Hühnerleber, grob gehackt
150 ml Rot- oder Weißwein
250 ml Rinderfond
2 EL Tomatenmark
250 g Tomaten, abgezogen und gehackt
1 Chilischote, entkernt und fein gehackt
1 Lorbeerblatt
getrockneter Oregano
einige Petersilienstängel
Salz und schwarzer Pfeffer
1 Prise geriebene Muskatnuss
400 g Spaghetti

1 Olivenöl und Butter in einer Pfanne erhitzen, den Speck darin braten. Dann Zwiebel, Knoblauch und Gemüse zugeben und unter Rühren ein paar Minuten dünsten, bis die Zwiebel glasig ist.

2 Hackfleisch zufügen und krümelig braten. Hühnerleber zugeben und etwa 1 Minute mitbraten.

3 Wein zugießen und bei starker Hitze verdampfen lassen. Fond, Tomatenmark, Tomaten, Chilischote, Lorbeerblatt, Oregano, Petersilie, Salz und Pfeffer zufügen.

4 Das Ganze zugedeckt bei sehr schwacher Hitze mindestens 1 Stunde lang köcheln lassen.

5 Mit Muskat würzen. Mit Salz und Pfeffer abschmecken. Lorbeerblatt und Petersilie herausnehmen.

6 Spaghetti nach Packungsanleitung kochen. Abgießen und sofort mit der Sauce mischen. Etwas geriebenen Parmesan dazu reichen.

Spargel

Woran erkenne ich, dass der Spargel, der angeboten wird, frisch gestochen ist?

Frische Spargelstangen erkennen Sie an saftigen Anschnittstellen und daran, dass sie quietschen. Letzteres können Sie prüfen, indem Sie zwei Stangen aneinanderreiben: Hören Sie ein Quietschen, sind die Stangen frisch. Falls Ihnen eine Stange hinunterfällt und diese wie Glas zerspringt, ist das ebenfalls ein untrügliches Zeichen für Frische.

Ich schaffe es oft nicht, den frisch gekauften Spargel noch am selben Tag zuzubereiten. Wie kann ich ihn aufbewahren, ohne dass die Qualität leidet?

Wickeln Sie die Stangen in ein feuchtes Geschirrtuch, und legen Sie sie in das Gemüsefach des Kühlschranks. So hält sich der Spargel auf jeden Fall 24 Stunden frisch. Grüne Spareglstangen stellt man am besten mit den Enden in Wasser und so in den Kühlschrank.

Falls Sie Spargel bevorraten möchten, empfiehlt sich das Einfrieren. Dafür die Stangen schälen, nebeneinander auf ein Tablett legen und für einige Stunden vorgefrieren. Dann in Gefrierbeutel oder -dosen packen und 2–3 Monate tiefgekühlt lagern. Zum Garen die gefrorenen Spargelstangen in das kochende Wasser geben und wie frischen Spargel garen.

Wie gelingt es, Spargel zu kochen, ohne dass die Spitzen dabei verbiegen?

Der Trick besteht darin, die Spargelköpfe zu dämpfen, und den Rest der Stangen zu kochen. Dafür gibt es verschiedene Möglichkeiten (siehe Kasten rechts). Die Spargelstangen sollten vorher alle auf gleiche Länge geschnitten werden.

Gut zu wissen

Weißer Spargel erhält hellere Spitzen, wenn Sie etwas Zitronensaft in das Kochwasser geben.

Spargelsuppe

Für 4 Portionen
Vorbereitungszeit: 25 Minuten
Garzeit: 20–25 Minuten

500 g weißer Bruchspargel
200 g mehligkochende Kartoffeln, geschält und klein gewürfelt
1 TL körnige Brühe (nach Geschmack)
120 g Sahne, 1 Eigelb
Salz und Pfeffer
geriebene Muskatnuss
1 Handvoll Kerbel, Blättchen abgezupft und grob gehackt

1 Spargel schälen, die Bruchstellen glatt schneiden. Schalen und abgeschnittene Stückchen in einen Topf mit 1,5 l Wasser geben. Aufkochen und 15 Minuten zugedeckt kochen lassen. Anschließend den Spargelsud durch ein Sieb gießen, auffangen und wieder in den Topf geben.

2 Kartoffeln und Spargel in den Spargelsud geben, Brühe zufügen. Alles 10–15 Minuten kochen. Die Suppe pürieren, bei schwacher Hitze noch 3 Minuten köcheln lassen. Vom Herd nehmen.

3 Sahne und Eigelb verquirlen; in die Suppe rühren. Suppe kurz erhitzen (nicht kochen lassen!). Mit Salz, Pfeffer und Muskat abschmecken. Auf Teller verteilen, mit Kerbel bestreuen und servieren.

Was ist Bruchspargel, und was kann ich daraus kochen?

Bei Bruchspargel handelt es sich, wie der Name sagt, um gebrochene Spargelstangen, die oft auf Wochenmärkten preiswert angeboten werden. Solcher Spargel eignet sich bestens für Salat und Suppe.

Warum ist grüner Spargel grün und weißer weiß?

Spargel bleibt weiß, weil er unter künstlich aufgeschütteten Erdwällen heranwächst; er wird grün, wenn er mit Licht in Kontakt kommt. Ob weiß oder grün, ist eine Frage der Optik und des Geschmacks.

Spargel kochen

Je nach Stangendicke benötigt grüner Spargel eine Garzeit von 10–15 Minuten, weißer Spargel eventuell etwas länger.

Im Spargeltopf

Spargelstangen mit den Köpfen nach oben in den Einsatz stellen. Topf bis zur Hälfte der Stangen mit Wasser auffüllen. Für die Garprobe die Spargelstangen kurz über der Wasseroberfläche mit der Messerspitze einstechen, sie sollten sich weich anfühlen.

Im Wok

Kürzere Spargelstangen können auch im Wok gegart werden. Diese wie die Speichen eines Rades darin anordnen, damit nur die unteren Enden im Wasser liegen. Wok mit dem Deckel verschließen, den Spargel garen.

Im Topf

Spargel zu Bündeln binden und mit den Kartoffeln in einem hohen Topf garen. Die Stangen dabei mit den Kartoffeln stützen. Topf mit Alufolie bedecken und alles garen.

Spargel polnische Art

Für 6 Portionen
Vorbereitungszeit: 15 Minuten
Garzeit: 10–15 Minuten

1 kg grüner oder weißer Spargel
6 Scheiben weiches Weißbrot, entrindet
150 g Butter
2 hart gekochte Eier
Salz und schwarzer Pfeffer

1 Den Spargel waschen und schälen – weiße Stangen von oben nach unten, grüne nur im unteren Drittel schälen. In Spargeltopf, Wok oder Topf garen (siehe Kasten links).

2 Inzwischen die Teller vorwärmen. Das Brot in der Küchenmaschine oder mit der Reibe fein zerkleinern.

3 Die Butter in einem Topf erhitzen und die Brotkrumen darin goldbraun braten. Die Eier mit einer Gabel zerdrücken und unter die Brotbrösel mischen. Alles mit Salz und Pfeffer würzen.

4 Den Spargel abtropfen lassen und auf die vorgewärmten Teller verteilen. Die Bröselmischung darüberstreuen. Das Spargelgericht sofort servieren.

In Butter gebratene Brotbrösel und gehacktes Ei bilden bei dieser Vorspeise einen reizvollen Kontrast zu den zarten grünen Spargelstangen.

Spinat

Kann ich aus Spinat auch einen Salat machen?

Junger, zarter Blattspinat passt hervorragend in einen Salat, ausgesprochen gut übrigens mit Früchten. Probieren Sie einmal Spinatsalat mit Grapefruit- und Orangenstücken oder Trockenobst. Zu Spinat passt ein würziges Dressing mit Knoblauch oder Nüssen. Weil Spinat gegart werden kann, sind vor allem auch warme Dressings ideal, die die Blätter beim Begießen etwas zusammenfallen lassen. Spinatsalat mit knusprig gebratenem Frühstücksspeck, gebratener Hühnerleber und pochiertem oder weich gekochtem Ei ist eine wunderbare kleine Mahlzeit.

Ich habe im Restaurant öfter köstlichen frittierten, aber dennoch leichten Spinat gegessen. Wie kann ich den zu Hause zubereiten?

Sie sollten dafür sehr sorgfältig vorgehen. Spinat muss zum Frittieren sehr frisch und ganz trocken sein. Nach dem Waschen den Spinat gut verlesen; dicke Stiele sowie verfärbte Blätter wegwerfen. In der Salatschleuder trockenschleudern, dann in ein Geschirrtuch wickeln und das restliche Wasser herausschütteln. Den Spinat in feine Streifen schneiden. Den Spinat portionsweise (je eine gute Handvoll) in sehr heißem Öl bei mittlerer bis starker Hitze 1 Minute frittieren. Sofort in ein Sieb geben, das über einer Schüssel hängt. Den fertigen Spinat auf eine doppelte Lage Küchenpapier geben und mit Meersalz mischen.

Frittierter Spinat ist eine schöne Garnitur für Fisch oder pochiertes Geflügel und macht sich auch gut als Nest auf einem Salat. Servieren Sie die frittierten Blätter möglichst bald nach der Zubereitung. Übrigens: Wie alle frittierten Speisen nimmt auch Spinat beim Frittieren Fett auf.

Muss ich tiefgekühlten Spinat vor der Zubereitung auftauen?

Tiefgekühlter Spinat gehört zu den vielseitigsten und praktischsten Sorten an Tiefkühlgemüse. Man sollte immer etwas vorrätig ha-

Spinat-Taramas-Roulade

Für 6 Portionen
Vorbereitungszeit: 45 Minuten
Garzeit: 20 Minuten,
plus 3 Stunden Ruhezeit

650 g Blattspinat, geputzt und gewaschen
30 g Butter
Salz und schwarzer Pfeffer
Muskatnuss
50 g geriebener Parmesan
5 große Eier, getrennt
200 g Frischkäse
2–3 EL Crème fraîche oder griechischer Joghurt
150 g Taramas

1 Spinat tropfnass in einen Topf geben. Zugedeckt 4 Minuten bei mittlerer Hitze zusammenfallen lassen. Deckel abnehmen, Spinat noch 2–3 Minuten garen. Abtropfen lassen.

2 Eine flache rechteckige ofenfeste Form mit Backpapier oder gebuttertem Butterbrotpapier auslegen. Leicht abgekühlten Spinat gut ausdrücken, dann fein hacken.

3 Spinat wieder in den Topf geben. Butter, Salz, Pfeffer, eine kräftige Prise Muskat und 30 g Parmesan zufügen. Rühren, bis die Butter geschmolzen und alles gut erhitzt ist, dann vom Herd nehmen.

4 Den Backofen auf 180 °C vorheizen. Eiweiße steif schlagen. Eigelbe schaumig rühren, dann unter den Spinat mischen. Zum Auflockern erst 2 EL Eischnee untermischen, dann den Rest. Alles in die vorbereitete Form streichen. 20 Minuten im Ofen garen, bis sich die Spinatmasse oben fest anfühlt.

5 Die Spinatplatte in der Form abkühlen lassen, dann 2 Stunden kalt stellen. Aus dem Kühlschrank nehmen, mit einem angefeuchtetem Geschirrtuch bedecken und mindestens 1 Stunde bei Raumtemperatur ruhen lassen.

6 Ein Brett auf das Tuch drücken und die Spinatplatte darauf stürzen. Das Papier abziehen.

7 Frischkäse mit Crème fraîche oder Joghurt verrühren und auf die Spinatplatte streichen, dann Taramas darauf verteilen. Mit Salz und Pfeffer würzen und alles zu einer Roulade aufrollen. Diese Roulade auf eine Platte heben und mit dem restlichen Parmesan bestreuen. Innerhalb von 1 Stunde nach dem Rollen servieren.

ben. Im Gegensatz zu anderem Blattgemüse lässt sich Spinat sehr gut einfrieren und verliert beim Auftauen oder Garen nur sehr wenig Aroma.

Gehackter Spinat kann direkt aus dem Tiefkühlfach verwendet werden. Zusammen mit pochierten Eiern und einer sahnigen Sauce lässt er sich auf Florentiner Art servieren. Oder er sorgt für eine schöne grüne Farbschicht in einer Fischpastete. Am besten taut man ihn jedoch auf, bevor man ihn in ein Püree aus Wurzelgemüse mischt. Das Püree dann noch ein paar Minuten durchwärmen.

Wie viel rohen Spinat muss ich für 4 Portionen kaufen?

Spinat verliert beim Garen etwa die Hälfte seines Gewichts. Für 4 Portionen als Gemüsebeilage benötigen Sie also etwa 1 kg frischen Spinat, um 500 g gekochten Spinat zu erhalten. Eine zarte Roulade aus gegartem Spinat wie im Rezept rechts ist eine raffinierte und farbenfrohe Vorspeise. Ideal für ein Gästeessen, da sie fast alles am Vortag fertigstellen können. Taramas (Fischrogenpaste) gibt es frisch zubereitet im griechischen Lebensmittelgeschäft oder abgepackt im Supermarkt.

Eine aparte Vorspeise: Überraschen Sie Ihre Gäste einmal mit aufgerolltem Spinat, der eine cremige Füllung mit griechischer Fischrogenpaste enthält.

Spirituosen & Liköre

Kann ich alle Früchte in Spirituosen einlegen, oder eignen sich manche Obstsorten besser als andere?

Früchte, die für einen oder mehrere Monate in Alkohol eingelegt wurden, sind ein wunderbares und einfaches Winterdessert. Die meisten Früchte eignen sich für diese Art der Konservierung. Eine Ausnahme bildet sehr wassereiches Obst wie Melonen, die den Alkohol verwässern würden, was zu Schimmelbildung oder Gärung führt.

Verwenden Sie am besten reife, makellose Früchte: Beeren sollten vom Stielansatz befreit bzw. Johannisbeeren vom Stiel gestreift werden; Nektarinen, Pfirsiche, Aprikosen und Pflaumen muss man zuvor halbieren und entsteinen. Ananas schälen, das Fruchtfleisch vom holzigen Strunk schneiden und in Würfel oder Scheiben schneiden. Kirschen und Kumquats einstechen und ganz lassen; Äpfel und Birnen schälen, vom Kerngehäuse befreien und in Scheiben schneiden. Festeres Obst wie Pfirsiche, Äpfel und Birnen werden besonders gut, wenn man sie vor dem Einlegen in Zuckersirup pochiert.

Die vorbereiteten Früchte in saubere Einmachgläser füllen, schichtweise mit Zucker bestreuen und mit Alkohol wie Rum, Weinbrand, Kirschwasser, Wodka oder Likör (siehe Kasten rechts) aufgießen.

Gegarte Früchte werden mitsamt dem abgekühlten Zuckersirup und einer gleichen Menge Alkohol eingelegt. Rohe oder gekochte Früchte kann man mit Gewürzen wie Zimt, Ingwer, Sternanis oder Vanille aromatisieren. Die Gläser luftdicht verschließen. Solange die Früchte mit Alkohol bedeckt sind, sollten sie bis zu einem Jahr halten.

Wenn für ein Rezept Spirituosen verwendet werden, geschieht dies aufgrund des Aromas oder wegen des Alkohols?

Wenn es ein Rezept zum Konservieren und Einlegen von Obst ist, nehmen die Früchte sowohl das Aroma als auch den Alkohol der Spirituose auf. Doch wenn die Spirituosen in heiße Gerichte gegeben oder zum Flambieren verwendet werden, dienen sie als reine Aromazutat, da der Alkohol beim Garen sich weitestgehend verflüchtigt oder beim Anzünden verbrennt.

Wird Alkohol in süße Cremes, Sahne, Obstsalate oder Kuchen gemischt, geschieht dies aus Geschmacksgründen – zum Aromatisieren genügen meist wenige Milliliter.

Wie kann ich verhindern, dass eingelegte Früchte immer wieder nach oben steigen?

Wenn man Früchte in Alkohol einlegt, müssen diese vollständig davon bedeckt sein, damit kein Luftkontakt entsteht. Die Früchte steigen jedoch unweigerlich an die Oberfläche, wenn man nichts dagegen unternimmt. Hier ein paar Tipps:

Damit die Früchte nicht auftauchen, stopfen Sie am besten ein paar Kugeln aus zerknülltem Butterbrotpapier über die Früchte im Glas, um sie hinunterzudrücken. Falls die Öffnung des Gefäßes groß genug ist, können Sie das Obst auch mit Frischhaltefolie bedecken und dann mit einem Teller oder Unterteller beschweren (siehe Kasten rechts).

Wie lange dauert es, einen Rumtopf von Anfang bis Ende zuzubereiten, und wie wird er hergestellt?

Rechnen Sie, dass Sie einen Rumtopf 4–6 Wochen nach dem Ansetzen genießen können. Am besten schmeckt er, wenn Sie ihn 3 Monate an einem kühlen, dunklen Ort durchziehen lassen.

Ein Rumtopf besteht aus mehreren Schichten von entsteinten, entstielten und in Stücke geschnittenen Früchten, die in Rum eingelegt werden. Für jede Obstsorte benötigen Sie etwa 30 Minuten Vorbereitungs- und 1 Stunde Ruhezeit, bevor Sie das Obst in das Gefäß füllen können.

Traditionelle Gefäße für Rumtöpfe bestehen aus glasierter lichtundurchlässiger Keramik. Sie können jedoch auch ein großes Einmachglas mit fest schließendem Deckel nehmen.

Beginnen Sie mit den ersten Früchten des Sommers (normalerweise Erdbeeren), und schichten Sie weitere

Rumtopf herstellen

Für die erste Schicht benötigt man Obst und Zucker im Verhältnis 1:1 sowie pro 500 g Früchte 750 ml braunen Rum (mind. 54 Vol.-%); für die folgenden Schichten Obst und Zucker im Verhältnis 2:1 und nur 500 ml Rum je 500 g Früchte.

1 Obst (z.B. Erdbeeren) und Zucker in den Rumtopf füllen; mischen und 1 Stunde ziehen lassen. So viel Rum zugießen, dass die Früchte 2,5 cm hoch damit bedeckt sind.

2 Damit das Obst nicht nach oben steigt, dieses mit Frischhaltefolie bedecken und mit einem Teller beschweren. Gefäß mit Folie verschließen.

3 Mehr Früchte einschichten: Früchte zuerst 1 Std. in Zucker ziehen lassen. In das Gefäß füllen, 2,5 cm hoch mit Rum bedecken. Weitere Schichten aus gezuckertem Obst und Rum zugeben. Gut verschließen. Falls nötig, Früchte mit zusammengeknülltem Pergamentpapier herunterdrücken, damit kein Luftkontakt entsteht.

Erdbeer-Gin

Für etwa 750 ml
Vorbereitungszeit: 15 Minuten
Reifezeit: 1 Woche

etwa 250 g Erdbeeren, vom Stielansatz befreit
750 ml Gin
etwa 125 g Zucker

1 Die Erdbeeren mit einer Gabel leicht zerdrücken. In ein sauberes Einmachglas füllen und mit dem Gin begießen.

2 Luftdicht verschließen und an einem kühlen, dunklen Ort mindestens 1 Woche durchziehen lassen; zwischendurch ab und zu schütteln, um die Früchte zu verteilen.

3 Den aromatisierten Gin durch ein doppelt gelegtes Passiertuch in ein sauberes Gefäß füllen. Den Zucker zufügen und gut umrühren. Der Gin kann getrunken werden, sobald sich der Zucker aufgelöst hat.

4 Durch einen mit Passiertuch ausgelegten Filter in eine saubere Flasche füllen und mit einem Korken verschließen. An einem kühlen Ort lagern. Als Likör, über Eis oder über Erdbeeren servieren.

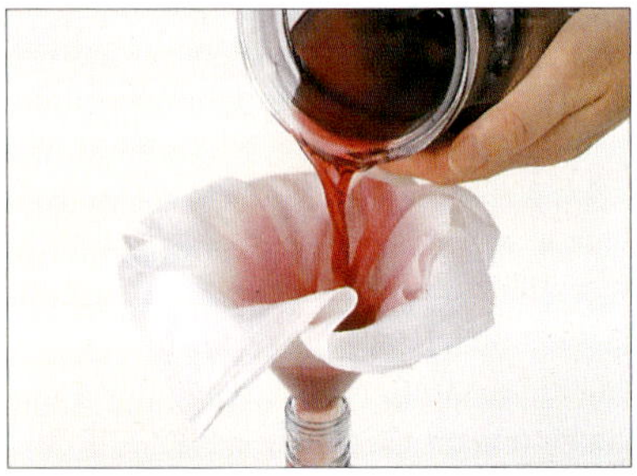

Den fertigen Gin durch einen mit einem Passiertuch ausgelegten Trichter in eine Flasche füllen. Verkorken und kühl aufbewahren.

Früchte (jeweils nach Saison) auf. Pfirsiche, Birnen und Pflaumen schmecken am besten. Da ein Rumtopf beliebige Mengen verschiedenster Früchte enthalten kann, werden keine genauen Mengenangaben im Rezept gemacht (siehe Kasten S. 299).

Bei der Früchtewahl sollten Sie wasserreiche Früchte wie Äpfel, Melonen und Orangen nicht verwenden. Auch säuerliches Obst wie Brombeeren und Stachelbeeren sowie Rhabarber sind für einen Rumtopf ungeeignet; sie würden die anderen Früchte geschmacklich dominieren.

Wenn in einem Rezept steht, man solle „einen Schuss“ Likör zufügen, wie viel ist das?

Generell sind damit 1–4 TL gemeint. Beginnen Sie mit 1 TL, probieren Sie dann die Mischung, und geben Sie dann mehr dazu, bis der gewünschte Geschmack erreicht ist.

Ich trinke gern Schlehengin. Gibt es auch andere Früchte, mit denen ich aromatisierten Gin herstellen kann?

Ja. Sie können einen köstlichen sommerlichen Gin mit Himbeeren, Boysenbeeren oder Erdbeeren herstellen wie im Rezept links.

Wie kann ich Wodka aromatisieren?

Das geht ganz einfach: Mit getrockneter Chilischote erhalten Sie z. B. in kurzer Zeit einen rosafarbenen Wodka. Dafür 1 Chilischote im heißen Backofen 5 Minuten rösten, dann in eine Flasche mit Wodka geben und die Flasche wieder verschließen. Der Wodka nimmt innerhalb von 1 Tag die Farbe und das Aroma der Chili an. Er sollte aber mindestens 1 Woche lang durchziehen können, damit sich ein kräftiges Aroma entwickelt.

Wodka können Sie auch mit Streifen von Grapefruit-, Zitronen- oder Limettenschale aromatisieren. Lassen Sie ihn 2 Wochen reifen.

Ich habe gehört, man könne mit Alkohol keine Eiscremes oder Sorbets herstellen. Stimmt das?

Nein, das stimmt so nicht. Aber geben Sie nicht mehr dazu, als für ein gutes Aroma nötig ist. Durch Alkohol verändern sich die Gefriereigenschaften von Flüssigkeiten und Massen, denn er hat einen niedrigeren Gefrierpunkt als Wasser. Daher werden Eiscremes und Sorbets mit Alkohol cremiger als ohne.

Geben Sie höchstens 90–125 ml Spirituosen oder Likör auf 600 ml Eiscreme- oder Sorbetmasse.

Wein ist beim Einfrieren recht unproblematisch, da er deutlich weniger Alkohol enthält als Spirituosen.

In Restaurants werden viele Speisen mit Alkohol zubereitet. Welche Spirituosen und Liköre eignen sich am besten zum Kochen?

Neben Wein, Likören und Spirituosen wie Weinbrand, Whisky und Rum werden auch Portwein, Sherry, Wermut und Bier oft zum Kochen verwendet. Verdünnter Wermut ist ein guter Ersatz für Wein.

Wein und Spirituosen ersetzen oft einen Teil der Garflüssigkeit bei Fleisch-, Fisch- und Geflügelgerichten. Und süße Liköre werden häufig zum Aromatisieren von Süßspeisen verwendet.

Welche Spirituosen eignen sich zum Aromatisieren welcher Speisen am besten?

Wenn in einem Rezept nicht genau angegeben ist, welchen Alkohol Sie verwenden sollen, nehmen Sie am besten Spirituosen und Liköre, die zu den Hauptzutaten passen: Kirschlikör zu Kirschen, Apfelschnaps zu Äpfeln und so weiter.

Liköre verleihen Obstdesserts eine interessante Note. Da hierfür wenig Alkohol genügt, können Sie auch mit verschiedenen Aromakombinationen experimentieren. Kirschwasser harmoniert besonders gut mit Ananas, Orangenlikör verfeinert mit seinem, ausgeprägtem Orangenaroma (fast) jeden Obstsalat.

Ein schlichtes Dessert wird mit einem Schuss Alkohol zu einem krönenden Abschluss. Beträufeln Sie ein Kompott aus Äpfeln, Kirschen, Pfirsichen, Birnen, Pflaumen oder Quitten mit etwas Weinbrand, Portwein, Sherry, Kirschwasser oder Ihrem Lieblingslikör, und servieren Sie es mit kalter Crème fraîche oder Sahne.

Hochprozentiges bietet sich auch zum Flambieren an. Der Alkohol wird dafür über die heißen Zutaten gegossen, kurz erhitzt und dann angezündet (Abstand halten!). Lassen Sie die Flammen vor dem Servieren stets erlöschen.

Welche Spirituosen eignen sich gut zur Herstellung von Obstlikören?

Fast alle klaren Spirituosen wie Gin, Wodka, Weinbrand oder Rum sind geeignet. Obst mit Zucker und Alkohol an einem kühlen Ort ziehen lassen und nach einiger Zeit abgießen. Am besten alles mindestens 3 Monate ziehen lassen. Die Liköre sind ungeöffnet an einem dunklen, kühlen Ort fast unbegrenzt haltbar.

Bei der Likörherstellung können Sie auch mit Kräutern und Gewürzen experimentieren; ein paar zerstoßene Kreuzkümmelsamen, ein Rosmarinzweig und ein paar Gewürznelken in Weinbrand gezogen, ergeben einen hervorragenden Digestif.

Intensive Gewürze wie Zimt oder Sternanis harmonieren gut mit Pflaumen; Vanille passt fast zu jeder Obstsorte. Vanille-Früchte sollten besser in Rum oder Weinbrand ziehen als in Gin oder Wodka.

Nach dem folgenden Rezept können Sie einen schön gefärbten Kirschlikör herstellen. Er eignet sich hervorragend zum Aromatisieren von steif geschlagener Sahne oder cremigen Desserts und schmeckt natürlich auch pur vorzüglich.

Der Kirschlikör schmeckt ebenso wunderbar über Vanille- oder Schokoladeneis. Außerdem kann man ihn mit Sodawasser oder mit spritziger Limonade zu einem erfrischenden Longdrink mixen.

Kirschlikör

Für etwa 750 ml
Vorbereitungszeit: 15–20 Minuten
Zeit zum Durchziehen: 3 Monate

500 g dunkle Kirschen (z. B. Schattenmorellen)
75 g Zucker
600 ml Weinbrand

1 Die Kirschen waschen, abtropfen lassen und mit Küchenpapier trockentupfen. Die Stiele entfernen. Die Kirschen nicht entsteinen. Jede Kirsche mit einer sauberen Nadel oder einem kleinen Spieß einstechen.

2 Abwechselnd Kirschen und Zucker in ein sauberes Gefäß schichten. Den Weinbrand darübergießen. Die Kirschen, falls nötig, mit zusammengeknülltem Pergamentpapier hinunterdrücken, damit sie nicht nach oben steigen.

3 Das Gefäß fest verschließen und an einem kühlen, dunklen Ort gut 3 Monate stehen lassen. Zwischendurch ab und zu schütteln, bis der Weinbarnd die schöne rote Farbe der Kirschen angenommen hat.

4 Den fertigen Likör durch einen mit einem Passiertuch ausgelegten Trichter in eine saubere dekorative Flasche füllen. Nach Belieben die Flasche mit einem Etikett versehen und verschenken.

Schattenmorellen und etwas Zucker verleihen Weinbrand eine spektakuläre Farbe und ein herrliches Aroma.

Stachelbeeren

Ich möchte gern einmal etwas anderes aus Stachelbeeren machen als Konfitüre oder Kuchen. Gibt es auch pikante Stachelbeerrezepte?

Stachelbeersauce ist ein typisch englisches Rezept und wird traditionell zu fettreichen, herzhaften Gerichten wie Schweinebraten, Makrele und Gans serviert.

Der säuerliche Geschmack der Stachelbeeren bildet einen schönen Kontrast zu den anderen Zutaten. Damit die Sauce nicht zu süß wird, verwenden Sie am besten grüne Stachelbeeren und nur eine Prise Zucker. Bei größeren süßen Stachelbeeren sollten Sie den Zucker ganz weglassen.

Stachelbeersauce

Für 4 Portionen
Vorbereitungszeit: 10 Minuten
Garzeit: 15 Minuten

250 g grüne Stachelbeeren, geputzt
15 g Butter
3 TL Zucker
1 EL gehacktes Fenchelgrün (nach Belieben)

1 Die vorbereiteten Stachelbeeren in einen Topf geben. 1 EL Wasser, die Butter, den Zucker und eventuell das Fenchelgrün zufügen, alles mischen.

2 Zugedeckt 15 Minuten bei schwacher Hitze garen, dabei ab und zu rühren. Falls die Mischung zu trocken ist, noch 1 EL Wasser zugeben. Die Sauce gut durchrühren und nach Belieben noch etwas süßen. Warm servieren.

VARIANTEN

Die Schalen der Früchte sorgen für eine schöne Farbe und Konsistenz der Sauce. Wer die Sauce glatter mag, kann sie nach dem Garen noch durch ein Sieb streichen.

Wenn Sie tiefgekühlte Stachelbeeren verwenden, müssen Sie kein Wasser zufügen. Sie sind nach etwa 10 Minuten fertig; nicht übergaren.

Stangensellerie

Stangensellerie wird rasch welk, obwohl ich ihn im Kühlschrank aufbewahre. Wie bleibt das Gemüse schön knackig?

Eine ganze Selleriestaude bleibt bis zu 1 Woche lang frisch, wenn man sie in einen Gefrierbeutel wickelt und im Gemüsefach des Kühlschranks aufbewahrt. Eventuell müssen Sie die Staude vor dem Lagern halbieren, damit sie ins Gemüsefach passt. Sie können vom Stangensellerie den oberen grünen Teil abbrechen und zum Kochen verwenden. Der Rest hält sich besonders gut mit den Wurzeln. Wenn Sie Selleriestangen länger aufbewahren möchten, können Sie sie ohne zu blanchieren einfrieren.

Pfannengerührter Stangensellerie

Für 4 Portionen
Vorbereitungszeit: 15 Minuten
Garzeit: 8 Minuten

1 EL Sesamsamen
2 EL Erdnussöl
1 TL gehackter frischer Ingwer
2 Knoblauchzehen, zerdrückt
300 g Stangensellerie, in 5 mm dicke Scheiben geschnitten
200 g grüner Spargel, in 3 cm lange Stücke geschnitten
100 g Zuckererbsen, geputzt
4 Frühlingszwiebeln, in 3 cm lange Stücke geschnitten
je 1 EL Sojasauce, Limettensaft und süße Chilisauce

1 Sesamsamen in einer Pfanne bei mittlerer Hitze 1–2 Minuten unter gelegentlichem Rühren goldgelb rösten, aber nicht braun werden lassen. Sofort in eine kleine Schüssel füllen. Oder die Sesamsamen auf einem Backblech im Ofen rösten.

2 Das Erdnussöl in einem Wok oder in einer hohen Pfanne erhitzen. Ingwer darin 30 Sekunden pfannenrühren.

3 Knoblauch und Stangensellerie zufügen und 3 Sekunden pfannenrühren.

4 Die Spargelstücke zufügen und alles weitere 3 Minuten pfannenrühren. Zuckererbsen und Frühlingszwiebeln zugeben und alles noch weitere 2 Minuten pfannenrühren.

5 Das Gemüse mit Sojasauce, Limettensaft, süßer Chilisauce würzen. Zum Schluss die Sesamsamen untermischen. Sofort servieren.

Stangensellerie, Zuckererbsen und Spargel ergeben eine köstliche Beilage.

Ein Püree aus Steckrüben und Möhren, das mit Honig bestrichen und dann überbacken wird, begeistert selbst Rüben-Skeptiker.

Zum Vorbereiten muss man die Fäden von dickeren Stangen normalerweise abziehen und die Stangen sorgfältig putzen und waschen. Anschließend kann man sie in Scheiben oder Streifen schneiden, würfeln oder hacken und in Suppen und Eintöpfe geben, als Gemüsebeilage schmoren, dämpfen oder braten. Stangensellerie bietet sich als Rohkost zum Dippen an oder als knackiger Begleiter zu würzigem Käse.

Wenn Sie junge Stangen als Beilage zu einer Käseplatte servieren möchten, entfernen Sie nicht das gesamte Grün von den Stangen, denn es sieht besonders attraktiv aus.

? ***Ich finde es ziemlich aufwendig, Stangensellerie vor der Verwendung abzufädeln. Gibt es eine zeitsparende Methode dafür?***

Ziehen Sie die gesamten Fäden vor dem Schneiden von langen Selleriestangen auf einmal ab. Noch besser ist es jedoch, fadenfreien Stangensellerie zu kaufen. Er lässt sich leicht zubereiten, vor allem wenn Sie größere Mengen benötigen, wie im dem Rezept links.

Steckrüben

? ***Wie kann man Steckrüben interessant zubereiten?***

Steckrüben führen zu Unrecht ein Schattendasein in unseren Küchen. Wie andere winterliche Kohlgemüse auch, genügen etwas Butter und Gewürze, um sie in köstliche Gerichte zu verwandeln.

Versuchen Sie einmal den folgenden kleinen Snack: Steckrüben dick schälen, in Scheiben schneiden, vorgaren und grillen oder im Backofen garen. Anschließend mit etwas Tapenade (Kräuterpaste) bestreichen.

Auch Speck passt hervorragend zu diesem Gemüse, z.B. so: Steckrübenwürfel vorgaren, abgießen und in Olivenöl mit gewürfeltem Frühstücksspeck und 1 TL Kreuzkümmelsamen pfannenrühren.

Durch langsames Garen im Backofen werden Steckrüben süß und weich. Am besten brät man sie neben einem Braten 1–1 1/2 Stunden im Ofen. Oder separat in etwas Olivenöl im Ofen garen und 10 Minuten vor Ende der Garzeit mit geriebenem Käse wie altem Gouda, Emmentaler, Greyerzer oder Parmesan bestreuen und überbacken. Sie können auch ein Steckrübengratin zubereiten, dabei genauso vorgehen wie bei einem Kartoffelgratin.

Steckrüben ergeben ein hervorragendes Püree, das man gut mit anderem Wurzelgemüse mischen kann (siehe unten). Dadurch wird das Aroma etwas abgeschwächt. Eine süßliche Note erhält das Püree durch das Bestreichen mit Honig und anschließendem Überbacken im Ofen.

Steckrüben-Möhren-Püree mit Piment

Für 6 Portionen
Vorbereitungszeit: 25 Minuten
Garzeit: 40 Minuten

500 g Steckrüben, grob gewürfelt
500 g Möhren, grob gewürfelt
75 g Butter
5 EL Sahne oder Crème fraîche
150 g Kartoffelpüree
1 TL gemahlenes Piment
Salz und schwarzer Pfeffer
2 EL Öl
2 EL Honig
1 TL abgeriebene Orangenschale

1 Zum Garen die Steckrüben und Möhren in einen großen Topf Wasser füllen und zum Kochen bringen. Steckrüben und Möhren hineinfüllen. Das Gemüse in 10–15 Minuten weich garen.

2 Gemüse abgießen, im Topf bei schwacher Hitze kurz abdämpfen, um die restliche Flüssigkeit zu verdampfen. Dann mit der Butter und der Sahne in die Küchenmaschine geben; alles zusammen pürieren.

3 In einer großen Schüssel das Kartoffelpüree mit dem Steckrüben-Möhren-Püree von Hand mischen. Mit Piment, Salz und Pfeffer würzen.

4 Backofen auf 220 °C vorheizen. Das Püree in eine ofenfeste Form füllen. Öl, Honig und abgeriebene Orangenschale mischen und erhitzen. Über das Püree verteilen. Im Ofen 20 Minuten überbacken.

Suppen

Wie kann ich eine versalzene Suppe retten?

Geben Sie etwas ungesalzenen Fond, Brühe, Milch oder Sahne dazu. Dadurch wird das Aroma milder und weniger salzig. Sie können auch eine große geschälte und halbierte Kartoffel in die versalzene Suppe legen und alles 20 Minuten köcheln lassen. Die Kartoffel zieht beim Garen einen Teil des Salzes aus der Suppe. Vor dem Servieren die Kartoffel herausnehmen.

Versalzene Suppen sind ein häufiges Problem, vor allem wenn Sie Suppenwürfel verwenden, die sehr salzhaltig sind. Auch bei einem hausgemachten gesalzenen Fond kann es passieren, dass die Suppe zu salzig wird, da sie zum Reduzieren etwas eingekocht werden muss, was das Aroma und die Salzkonzentration verstärkt. Am besten würzt man Fonds und Suppen erst am Schluss. Falls Sie einen Suppenwürfel verwenden, nehmen Sie nur die Hälfte der vorgeschriebenen Menge Wasser.

Wie kann ich eine zu dünne Suppe andicken?

Am einfachsten gelingt dies, indem Sie die Suppe im offenen Topf einkochen lassen, damit etwas Flüssigkeit verdampfen kann. Dies dauert jedoch eine Weile und kann dazu führen, dass das Aroma zu intensiv wird. Alternativ können Sie Suppen mit Beurre manié (Mehlbutter), Maisstärke oder Pfeilwurzelmehl wie eine Sauce andicken.

Wenn die Suppe gekochtes Gemüse enthält, können Sie dieses pürieren (durch ein Sieb streichen, zerdrücken oder in den Mixer geben) und zum Andicken wieder in die Suppe rühren. Alternativ etwas fein gehacktes Gemüse in die Suppe mischen, das schnell gart und ebenfalls püriert werden kann.

Ist es egal, ob ich Gemüse für eine Suppe in Öl oder Butter anbrate, und was kann ich tun, wenn die Suppe zu fett wird?

Jedes Öl oder Fett kann zum Anbraten der Zutaten für eine

Herzhafte Bohnen-Tomaten-Suppe

Für 6 Portionen
Vorbereitungszeit: 20 Minuten, plus Einweich- und Kochzeit für die Bohnen
Garzeit: 30–40 Minuten

250 g getrocknete Bohnen (z. B. schwarze Augenbohnen, Butterbohnen, Kichererbsen, Kidney- oder Pintobohnen)
2 El Sonnenblumen- oder Olivenöl
1 große Zwiebel, gehackt
1 große grüne Paprikaschote, in kleine Stücke geschnitten
1 Knoblauchzehe, zerdrückt
2 EL Mehl
1/2 TL Chilipulver, nach Belieben
1 Dose Pizzatomaten (400 g)
500 ml Gemüse- oder Hühnerbrühe
Für das Knoblauchbrot:
1 Baguette
30 g weiche Butter
1 Knoblauchzehe, zerdrückt

1 Die Bohnen nach der Anleitung im Kapitel Hülsenfrüchte vorbereiten. Dann die Sorten, die die längste Garzeit benötigen, in einen Topf mit 1 l frischem, ungesalzenem Wasser füllen und zum Kochen bringen. Die Hitze reduzieren und zugedeckt köcheln lassen, die restlichen Bohnen nach Garzeitentabelle zufügen. Wenn alle Bohnen gerade weich sind, abgießen.

2 Das Öl in einem mittelgroßen Topf erhitzen und die Zwiebel darin ein paar Minuten sautieren. Paprikaschote und Knoblauch zufügen und 2 Minuten anbraten. Mehl und Chilipulver zufügen und unter Rühren noch 1 Minute erhitzen.

3 Tomaten und Brühe zufügen, zum Kochen bringen und unter Rühren leicht andicken lassen. Die Bohnen dazugeben und zugedeckt 30 Minuten köcheln lassen.

4 Den Grill vorheizen. Das Brot in 2 cm dicke Scheiben schneiden, auf ein Backblech legen und auf einer Seite leicht grillen. Die Butter mit dem Knoblauch mischen. Das Brot wenden, die ungetoastete Seite mit der Knoblauchbutter bestreichen und unter dem Grill leicht anbräunen lassen.

5 Suppe auf Teller verteilen. Auf jede Portion 2 Knoblauchbrotscheiben legen. Sofort servieren.

Eine kunterbunte Bohnenmischung und frisch geröstetes Knoblauchbrot sind das Besondere an dieser deftigen, wärmenden Suppe.

Suppe verwendet werden. Butter oder Schmalz, Olivenöl oder anderes Pflanzenöl verleihen einer Suppe ein eigenes Aroma. Margarine ist aus Geschmacksgründen nicht empfehlenswert, ebenso wenig wie fettarme Brotaufstriche, die fast zur Hälfte aus Wasser bestehen.

Nach dem Anbraten können Sie das Gemüse mit etwas Mehl bestreuen. Dadurch wird überschüssiges Fett aufgesaugt und es entsteht eine Mehlschwitze. Die Suppe wird dadurch nicht so fett.

Falls sich auf der fertigen Suppe Fett an der Oberfläche absetzt, schöpfen oder gießen Sie es ab. Wenn Sie genug Zeit haben, können Sie die Suppe auch in den Kühlschrank stellen. Das erstarrte Fett lässt sich dann leicht abheben. Für eine fettfreie Suppe können Sie das Gemüse direkt in die Brühe geben, ohne es vorher anzubraten.

Können Sie mir ein paar gute Tipps für interessante Suppengarnituren geben?

Garnituren sollen eine Suppe besonders appetitlich erscheinen lassen und einen Kontrast oder eine Ergänzung zu ihrem Aroma bilden. Am einfachsten ist es, eine Suppe mit ein paar frischen Kräutern oder Gewürzen zu bestreuen, man kann aber auch knusprige Croûtons oder geriebenen Käse wählen – vorausgesetzt, es passt geschmacklich dazu. Hier sind ein paar Vorschläge:

Kräuterzweige wie Basilikum, Dill, Majoran, Minze, Petersilie oder Thymian wirken sehr dekorativ. In Streifen geschnittene Salatblätter oder Frühlingszwiebeln, in Würfel oder Scheiben geschnittenes rohes Gemüse wie Gurken, Paprika oder Tomaten. Ebenso bietet sich blanchiertes und dann in Streifen oder Scheiben geschnittenes Gemüse wie Weißkohl, Möhren, Zucchini, Lauch, Champignons oder grüne Bohnen an.

Ganze essbare Blüten wie die Blütenblätter von Borretsch, Kapuzinerkresse, Schnittlauch, Thymian oder Ringelblumen sind ebenso eine attraktive Garnitur. Nocken und Klößchen sind eine köstliche Garnitur.

Süße oder saure Sahne, Créme fraîche oder Joghurt lassen sich auf einer farbigen Cremesuppe zu einem attraktiven Muster ziehen.

In Streifen geschnittenes oder fein gewürfeltes gegartes Fleisch sowie Speck, Schinken oder Geflügel machen sich auf herzhaften Suppen gut.

Zu Fischsuppen passen in Streifen geschnittener Räucherlachs oder geräucherte Forelle oder Lachskaviar.

Worauf muss ich achten, wenn ich eine Suppe mit Eigelb binden möchte?

Beim Binden einer Suppe mit Eigelb (in der Fachsprache heißt das „Legieren") ist etwas Vorsicht geboten, da das Ei leicht gerinnen oder stocken kann. Um eine Suppe zu legieren, müssen Sie 1 oder 2 Eigelbe (oder ganze Eier) in einer Schüssel verquirlen und dann etwas heiße Suppe unterschlagen. Anschließend die Eiermischung zum Binden in die heiße Suppe rühren. Die Suppe nicht mehr aufkochen lassen!

Diese Methode ist für heiße und kalte Suppen geeignet (die nach dem Abkühlen noch weiter andicken). Für eine cremigere Suppe kann man die Eier noch mit Sahne mischen. Das griechische Rezept (siehe rechts) für die berühmte mit Ei gebundene Suppe basiert auf Hühnerfond und wird mit Zitrone aromatisiert.

Was kann ich tun, wenn ich rasch eine Suppe kochen will, aber weder selbst gemachten Fond noch Suppenwürfel zu Hause habe?

Sie brauchen weder Fond noch Suppenwürfel, solange die Suppenzutaten an sich schon für ein gutes Aroma sorgen. Kochen Sie z. B. eine Gemüsebrühe. Dafür Möhren, Sellerie, Lauch und Zwiebeln fein hacken. Zuerst in Butter dünsten oder einfach nur in Wasser kochen, eventuell noch Kräuter, Zitronenschale oder Wein zugeben. Für eine klare Suppe die Gemüsebrühe durch ein Sieb gießen; für eine dickere pürieren.

Fond ist eine gute Basis für Suppen. Es gibt Fonds im Tetrapack und im Glas, die man neben klarer Brühe, die ebenfalls eine prima Suppengrundlage ist, im Vorrat haben sollte. Selbst gemachter Fond hält sich im Kühlschrank 2–3 Tage. Er lässt sich auch sehr gut einfrieren.

Avgolémono

Für 4 Portionen
Vorbereitungszeit: 10 Minuten
Garzeit: 20 Minuten

1 l selbst gemachter Hühnerfond
Salz und schwarzer Pfeffer
60 g Langkornreis
2 große Eier
2 EL Zitronensaft
Zum Garnieren:
Zitronenscheiben und Thymian- oder Petersilienzweige

1 Den Fond in einem Topf zum Kochen bringen und mit Salz und Pfeffer würzen. Den Reis zufügen und 10–15 Minuten köcheln lassen, bis der Reis weich ist.

2 Eier und Zitronensaft in einer kleinen Schüssel verrühren. 150 ml heißen Fond untermischen, dann alles in die Suppe gießen. Sehr langsam unter ständigem Rühren erwärmen, bis die Suppe dick und cremig wird (nicht aufkochen lassen, da das Ei sonst stockt oder gerinnt).

3 Die Suppe auf Schüsseln verteilen und mit Zitronenscheiben und Thymian- oder Petersilienzweigen garnieren.

Um die Suppe mit Eigelb zu binden, zuerst Eigelb und Sahne mit etwas heißer Suppe anrühren, dann das Ganze rasch in die Suppe schlagen. Das macht die Suppe schön cremig.

Gazpacho, die berühmte kalte spanische Gemüsesuppe, ist ein gutes Beispiel für eine herzhafte Suppe, die ohne Fond oder Brühe zubereitet wird. Das Rezept dafür finden Sie auf der nächsten Seite.

Gazpacho

Für 4 Portionen
Vorbereitungszeit: 1 Stunde (oder 15 Minuten im Mixer), plus 30 Minuten Einweichzeit

1 dicke Scheibe Weißbrot, entrindet
2 große Knoblauchzehen, zerdrückt
2 EL Rotweinessig
4 EL Olivenöl
500 g reife Tomaten, abgezogen, entkernt und fein gewürfelt (Saft auffangen)
1 große rote Paprikaschote, fein gewürfelt
1 große grüne Paprikaschote, fein gewürfelt
1 rote Zwiebel, gerieben
1 große Salatgurke, fein gewürfelt
1/2 TL Salz
schwarzer Pfeffer nach Belieben
1 Basilikum- oder Majoranzweig
250 ml eiskaltes Wasser
Zum Garnieren:
50 g Croûtons, Paprikawürfel

1 Brot in kleine Würfel schneiden. In eine große Schüssel füllen. Knoblauch und Essig zufügen, alles mit der Gabel zerdrücken. Nach und nach Olivenöl zufügen und zu einer Paste verarbeiten. Tomatenfruchtfleisch und -saft untermischen.

2 Ein Viertel der Paprikawürfel beiseitelegen, den Rest mit Zwiebel und Gurke zur Tomatenmischung in die Schüssel geben. Salzen und pfeffern, Basilikum oder Majoran zufügen und mischen. Zugedeckt 30 Minuten ziehen lassen, damit sich die Aromen entwickeln können und das Gemüse Wasser zieht.

3 Die Suppe durch ein Sieb in eine zweite Schüssel streichen. Eiswasser untermischen; Suppe kalt stellen. Man kann die Suppe auch im Mxer pürieren. Für etwas mehr „Biss" das Gemüse nicht durch ein Sieb streichen oder pürieren.

4 Zum Servieren die Suppe in tiefe Teller füllen (oder wie in Spanien üblich in Trinkgläser) und mit Croûtons und Paprikawürfeln garnieren. Sie können die Suppe kurz vor dem Servieren noch mit zerstoßenen Eiswürfeln bestreuen.

? ***Wie bereitet man Cremesuppen am besten zu?***

Für eine Cremesuppe werden die Zutaten im Mixer oder mit dem Stabmixer püriert, mit einer Gabel fein zerdrückt oder durch ein Sieb gestrichen. Cremesuppen müssen nicht unbedingt Sahne enthalten. Man kann auch einen Fond oder eine Brühe mit Gemüsepüree mischen (dies eignet sich besonders bei stärkereichem Gemüse wie Kartoffeln oder Wurzelgemüse). Anschließend kann man die Suppe noch durch ein Sieb streichen, damit sie cremiger wird.

Suppen werden oft mit Mehl gebunden, entweder in Form einer Mehlschwitze oder mit einer Beurre manié (Mehlbutter).

Man kann Cremesuppen auch mit Sahne, Crème fraîche oder Schmand verfeinern. Dies sollte allerdings erst am Ende der Garzeit gemacht werden. Die Champignoncremesuppe im folgenden Rezept wird mit Mehl gebunden und zum Schluss mit Sahne verfeinert.

Champignoncremesuppe

Für 6–8 Portionen
Zubereitungszeit: 50 Minuten, plus 10–30 Minuten Ziehenlassen

500 ml Milch
2 Zwiebeln, gehackt
1 Möhre und 1 Stange Sellerie, in Scheiben geschnitten
1 Lorbeerblatt, 3 Petersilienstängel
1 Muskatblüte
5 schwarze Pfefferkörner
2 EL Butter
250 g Champignons, in Scheiben
500 ml Gemüsebrühe
1/2 TL Salz und schwarzer Pfeffer
30 g Mehl, 150 g Sahne
2 EL gehackte Petersilie

1 Die Milch in einen Topf gießen. 1 Zwiebel, Möhre, Sellerie, Lorbeer, Petersilie, Muskatblüte und Pfefferkörner zugeben, alles einmal aufkochen. Die Milch zugedeckt mindestens 10–30 Minuten ziehen lassen.

2 Nun 1 EL Butter in einem großen Topf zerlassen. Die zweite Zwiebel darin glasig dünsten. Die Pilze zufügen und 5 Minuten mitdünsten. Die Brühe zugießen. Alles aufkochen, dann zugedeckt 10 Minuten köcheln lassen. Suppe pürieren.

3 Restliche Butter in einem Topf zerlassen. Mehl zugeben und anschwitzen. Aromatisierte Milch durch ein Sieb zugießen. Unter Rühren kochen, bis die Suppe gebunden ist. 20 Minuten köcheln lassen. Pilzpüree unterrühren. Bei schwacher Hitze 2 Minuten kochen. Sahne untermischen. Die Suppe mit Petersilie bestreuen.

Die Champignonsuppe wird mit Sahne verfeinert und mit Petersilie garniert.

Sushi

? ***Ich möchte Sushi einmal gern selbst zubereiten. Die Häppchen sehen sehr kompliziert aus. Sind sie wirklich schwierig herzustellen?***

Nein, durchaus nicht. Die Grundlage aller Sushi ist Reis, der mit Mirin, einem gesüßten Reiswein, aromatisiert wird. Der klebrige Reis wird zu kleinen Portionen geformt und mit rohem Fisch und Meeresfrüchten oder süßsaurem Gemüse belegt. In Japan ist das Formen von Sushi eine hochgeschätzte Kunstfertigkeit, doch die Grundtechnik ist wirklich einfach.

Der geformte Reis wird normalerweise mit einer Füllung in Nori-Blätter (Algenblätter) gewickelt und dann in mundgerechte Stücke geschnitten. Diese Sushi-Art heißt Maki-Sushi.

Die fingerdick geformten Sushi ohne Noriblattumhüllung, wie im Rezept rechts beschrieben, sind jedoch leichter herzustellen und für Sushi-Anfänger bestens geeignet. Sie werden Nigiri-Sushi genannt.

Damit Sushi problemlos gelingen, sollten Sie japanischen Rundkornreis verwenden – er wird oft als Sushi-Reis bezeichnet. Dieser Reis hat einen hohen Stärkegehalt und klebt deshalb besonders gut. Falls Sie keinen Sushi-Reis bekommen können, ist Rundkornreis (Milchreis) eine mögliche Alternative.

Wichtig: Fisch und Meeresfrüchte für den Belag werden roh verzehrt – Frische ist daher oberstes Gebot.

? ***Ich war kürzlich in einer Sushi-Bar. Dort wurden nicht nur Sushi, sondern auch California Rolls angeboten? Was ist das?***

Bei der California Roll handelt es sich um eine moderne Maki-Sushi-Variante. Die äußere Schicht besteht nämlich aus Reis – das Noriblatt wird hineingewickelt (bei den Maki-Sushi ist das umgekehrt: Der Reis wird in das Noriblatt gerollt). Die Füllung bei der California Roll besteht aus Krabbenfleisch oder Surimi, Avocado und Gurke. Für Vegetarier lässt man das Krabbenfleisch weg und ersetzt es beispielsweise durch Paprika oder Möhre.

Von oben nach unten: Sushi mit Kalmar, Lachs, Garnelen und Lachskaviar. Mit scharfem grünem Wasabi, Sojasauce zum Dippen, hellrosa eingelegtem Ingwer und geriebenem japanischem Rettich servieren.

Einfache Sushi

Für etwa 24 Stück
Vorbereitungszeit: 30 Minuten, plus 30 Minuten Einweichzeit für den Reis
Garzeit: 12–15 Minuten

400 g japanischer Rundkornreis (Sushi-Reis)
2 EL Reisessig (ersatzweise 1 1/2 EL Weißweinessig)
2 EL Zucker, 1 TL Salz
2 EL Mirin (süßer Sake) oder trockener Sherry
1–2 EL Wasabi (Meerrettichpaste)
Für den Belag:
4 mittelgroße geschälte Garnelen
100 g Thunfisch, in Scheiben geschnitten
100 g Kalmare, in Scheiben geschnitten
100 g roher oder geräucherter Lachs, in Scheiben geschnitten
100 g Lachskaviar
Zum Servieren:
Wasabi (Meerrettichpaste), Sojasauce, eingelegter Ingwer und geriebener Mooli (weißer Rettich)

1 Den Reis in einen Topf geben. 4 cm hoch mit Wasser füllen. Reis 30 Minuten einweichen.

2 Essig, Zucker, Salz und Mirin mischen und in einem kleinen Topf zum Kochen bringen.

3 Die Garnelen am Rücken vom Kopf bis zum Schwanz aufschlitzen, entdarmen und in kochendem Wasser 2–3 Minuten garen, bis sie rosa werden. Zu einer Schmetterlingsform öffnen. Abtropfen und abkühlen lassen.

4 Den Reis zum Kochen bringen und 10 Minuten köcheln lassen, bis alles Wasser aufgesogen ist. In einer Holzschüssel mit der Essigmischung begießen. 10 Minuten durchrühren.

5 Den Reis in mundgerechte etwa 4 cm lange, 2 cm breite und 3 cm hohe Stücke formen. Mit Wasabi bestreichen.

6 Den Belag passend zurechtschneiden und auf den Sushi-Reis drücken. Pro Person ein Schälchen mit Sojasauce und Wasabi servieren. So kann jeder nach persönlichem Geschmack würzen. Eingelegten Ingwer und geriebenen Mooli noch dazu stellen.

Tagliatelle

Kann ich gefärbte Tagliatelle selbst herstellen?

Ja. Tagliatelle gehören zu den Pastasorten, die sich relativ einfach zu Hause herstellen lassen. Dafür wird der Pastateig ausgerollt und in 1 cm breite und 25–30 cm lange Streifen geschnitten. Für bunte Pasta werden die Farb- und Aromazutaten mit dem Ei vermischt, bevor man es für den Pastateig mit dem Mehl verknetet wie im Rezept unten.

Ich finde schwarze Tagliatelle super. Kann ich sie auch mit etwas anderem als mit Tintenfischtinte schwarzfärben?

Nein, einen anderen Farbstoff dafür gibt es nicht. Traditionell verwendete man Tintenfischtinte in Italien eher zum Färben und Aromatisieren von Risottos mit Tintenfisch oder Kalmar als für farbige Pasta. Schwarze Pasta ist eine relativ neue Erfindung, und das Färben funktioniert nur mit Tintenfischtinte. Geben Sie 2–3 TL Tinte zu den Eiern, und verkneten Sie die Mischung mit dem Mehl. Die Pasta erhält dadurch allerdings einen fischigen Geschmack, deshalb sollten Sie sie mit Fischsauce servieren. Tintenfischtinte gibt es im Fischgeschäft (vorbestellen).

Aromatisieren und färben Sie Nudeln mit Safran (oben links), Tomaten (oben rechts), Tintenfischtinte (unten links) oder Spinat (unten rechts).

Hausgemachte Spinat-Tagliatelle

Für 4 Portionen
Vorbereitungszeit: 30 Minuten
Garzeit: 5 Minuten

50 g Spinat
310 g Mehl
Salz
3 große Eier

1 Spinat waschen und abgießen. Tropfnass in einen Topf geben, erhitzen und zusammenfallen lassen. Abgießen und in einem Sieb ausdrücken, dann fein hacken.

2 Mehl und 1/2 TL Salz in eine Schüssel geben; in die Mitte eine Mulde drücken. Eier mit dem Spinat verquirlen, in die Mulde geben. Alles erst mit einer Gabel verrühren, dann mit den Händen zu einem festen Teig verkneten. Er darf nicht zu feucht werden; falls nötig, noch etwas Mehl zufügen.

3 Ein faustgroßes Stück Teig bei größtem Walzenabstand durch die Pastamaschine drehen. Teigstreifen in der Mitte zusammenklappen und noch 6- bis 7-mal durchwalzen.

4 Die Pastaplatte auf ein sauberes Küchentuch oder eine bemehlte Arbeitsfläche legen. Den restlichen Teig ebenfalls ausrollen.

5 Die Walzen der Pastamaschine enger stellen und jeden Teigstreifen einmal durchwalzen. Die Walzen erneut enger stellen und das Walzen wiederholen, bis die engste Einstellung erreicht ist. Lange Teigstreifen durchschneiden. Die dünnen Teigstreifen durch den Schneideeinsatz für Bandnudeln drehen.

6 In einem großen Topf Wasser mit 1 gutem TL Salz zum Kochen bringen. Tagliatelle darin in 2–3 Minuten bissfest garen.

VARIANTEN

Safran-Tagliatelle: Den Spinat durch 1/2 TL gemahlenen Safran ersetzen.

Tomaten-Tagliatelle: Den Spinat durch 2 EL Tomatenmark ersetzen.

Sauce mit Hühnerleber zu Tagliatelle

Für 4 Portionen
Vorbereitungszeit: 10 Minuten
Garzeit: 10–15 Minuten

250 g Hühnerleber
1 EL Olivenöl
30 g Butter
2 Schalotten, fein gewürfelt
100 g gekochter Schinken oder magerer durchwachsener Speck, gewürfelt
1 EL frischer oder 1 TL getrockneter Salbei
75 ml Hühnerfond
3 EL Weinbrand
Salz und schwarzer Pfeffer
4 Portionen Hausgemachte Spinat-Tagliatelle (Rezept siehe links)

1 Hühnerlebern von Verfärbungen und Fett befreien. Mit Küchenpapier trockentupfen, danach in kleine Stücke schneiden.

2 Das Olivenöl mit der Butter in einer Pfanne erhitzen. Die Schalottenwürfel darin in ein paar Minuten glasig braten. Schinken oder Speck sowie den Salbei zufügen und 1 Minute mitbraten. Hühnerlebern zugeben und unter gelegentlichem Rühren 2–3 Minuten mitbraten.

3 Den Fond unterrühren und alles einige Minuten köcheln lassen, bis die Flüssigkeit leicht eingekocht und angedickt ist. Den Weinbrand zufügen. Das Gericht abschmecken und vom Herd nehmen.

4 Nudeln kochen und abgießen. In eine vorgewärmte Schüssel füllen. Sauce über die Pasta geben und untermischen.

VARIANTEN

Für eine cremige Sauce 150 g Sahne zusammen mit dem Weinbrand in die Sauce geben.

Wenn Sie eine fleischlose Sauce wünschen, können Sie anstelle der Hühnerlebern Champignons (helle sind mild im Geschmack, braune bzw. Egerlinge haben ein kräftigeres Aroma) zugeben. Dafür die Pilze säubern und vierteln.

Welche Saucen serviert man am besten zu Tagliatelle?

Hierfür gibt es keine Regeln. Frische Tagliatelle und andere Eiernudeln werden häufig mit Tomatensauce serviert (siehe *Nudeln*). In Norditalien, wo mehr Milch- und Fleischprodukte verzehrt werden, serviert man Tagliatelle traditionell mit Sahne- oder Fleischsauce. Zwei gute Beispiele sind Champignonsahnesauce, die mit etwas Mehl angedickt wird, und eine Sauce mit Hühnerleber und Schinken (siehe links).

Tapioka

Was ist Tapioka, und was kann man daraus zubereiten?

Tapioka ist die Stärke aus der Wurzel der tropischen Cassava-Pflanze, die auch Maniok genannt wird. Diese Stärke muss entgiftet werden, bevor sie in den Handel kommt, denn frische Maniokwurzeln können eine toxische Substanz enthalten, die erst durch Erhitzen zerstört wird. Tapioka wird als Körnchen oder Flocken verkauft, man bekommt sie in Reformhäusern und großen Supermärkten.

Tapioka ist eine hochwertige, leicht verdauliche Stärke. Die Flocken haben ähnliche Eigenschaften wie Maismehl oder Pfeilwurzelmehl, man kann damit also gut Saucen andicken. Die Körner verwendet man wie Reis oder Gerste und gibt sie in Suppen und Eintöpfe.

Aus Tapioka lässt sich auch ein süßer Milchpudding herstellen, der nach dem Rezept rechts mit Zimt und Kokosmilch aromatisiert und zu einer ungewöhnlichen Crème Brûlée verarbeitet wird.

Was ist der Unterschied zwischen Tapioka und Sago?

Beide Zutaten ähneln sich, aber Sago wird aus der tropischen Sagopalme gewonnen. Die kleinen Kügelchen, die ebenfalls aus Stärke bestehen, sind sehr leicht verdaulich und werden daher auch häufig für Schonkost verwendet. Der Volksmund nennt die aufgequollenen Sagokugeln Froschaugen.

Crème Brûlée mit Kokos und Tapioka

Für 4–6 Portionen
Vorbereitungszeit: 10 Minuten, plus 2–3 Stunden Kühlzeit
Garzeit: 30 Minuten

300 ml Milch
50 g Tapiokaperlen
300 ml Kokosmilch (Dose)
1/2 TL gemahlener Zimt
60 g Zucker
300 g Sahne
2–3 EL brauner Zucker
Beeren zum Garnieren

1 Milch mit Kokosmilch, Tapioka und Zimt in einem Topf zum Kochen bringen und bei schwacher Hitze 10–15 Minuten köcheln lassen, bis die Tapioka weich ist. Zucker unterrühren. Mischung abkühlen lassen.

2 Grill vorheizen. Eine ofenfeste Form (1,25 l Inhalt) dünn buttern. Sahne steif schlagen, unter die Tapiokamischung ziehen.

3 Die Masse in die Form füllen. Mit braunem Zucker bestreuen und unter dem Grill karamellisieren. Aus dem Ofen nehmen, abkühlen lassen. Für einige Stunden kalt stellen.

4 Vor dem Servieren die Karamellschicht mit einem Löffel zerbrechen. Creme mit Beeren garnieren.

VARIANTE

Tapioka in 600 ml Milch mit 1/2 Vanilleschote garen. Schote herausnehmen, Zucker in die Tapiokamischung rühren, diese abkühlen lassen. Die Crème Brûlée wie im Rezept beschrieben fertigstellen.

Ich habe nicht immer Tapioka im Haus. Wodurch kann ich sie am ehesten ersetzen?

Versuchen Sie es beim Andicken mit Speisestärke. Kartoffelmehl sorgt für Bindung, lässt Flüssigkeiten aber beim Abkühlen glasig werden. Maisstärke lässt Flüssigkeiten cremig andicken. Sind im Rezept Tapiokaperlen vorgesehen, können Sie stattdessen Sago nehmen.

T

Tartes & Tarteletts

Tartes und Tarteletts kleben mir oft am Boden der Backform fest. Warum?

Es gibt zwei mögliche Erklärungen. Zuerst sollten Sie Ihre Formen überprüfen: Die Oberflächen billiger Formen können nach einiger Zeit zerkratzt sein, auch wenn es sich um beschichtete Modelle handelt. Dann klebt der Teig an. Die Investition in qualitativ hochwertige Backformen lohnt sich auf jeden Fall.

Zweitens sollten Sie Tartes und Tarteletts nicht zu lange in der Form abkühlen lassen. Währenddessen weicht der gebackene Teigboden nämlich durch (vor allem wenn der Belag saftig ist) und klebt am Formboden an. Lassen Sie Tartes und Tarteletts am besten nur ein paar Minuten in der Form abkühlen, und lösen Sie sie dann vorsichtig aus Form oder Förmchen. Auf einem Kuchengitter vollständig abkühlen lassen.

Erdbeeren auf knusprigen Tartelettböden, die mit Konditorcreme bestrichen sind.

Erdbeer-Tarteletts mit Konditorcreme

Für 20 Tarteletts
Vorbereitungszeit: 45 Minuten, plus 1 1/2 Stunden Kühlzeit
Backzeit: 20 Minuten

Für den Teig:
250 g Mehl
125 g kalte Butter in Stückchen
50 g Puderzucker, gesiebt, 2 Eigelb
Für die Konditorcreme:
1 großes Eigelb
25 g Zucker, 15 g Mehl
125 ml Milch, 15 g Butter
gemahlene Vanille oder Orangenblütenwasser, Kirschwasser, Rum oder Sherry
Für den Belag:
500 g kleine Erdbeeren
200 g Gelee aus Roten Johannisbeeren

1 Für den Teig das Mehl und die Butter in 1 Minute in der Küchenmaschine zu Streuseln verarbeiten. Puderzucker und Eigelbe zufügen. Kurz verkneten, bis sich der Teig vom Schüsselrand löst.

2 Den Teig mit den Handballen ein paar Mal durchkneten. In Butterbrotpapier wickeln, 1 Stunde in den Kühlschrank legen, damit er sich leichter ausrollen lässt.

3 Für die Konditorcreme das Eigelb mit dem Zucker hell-cremig schlagen. Mehl untermischen. Milch bis kurz unter den Siedepunkt erhitzen. Nach und nach in die Eiermischung rühren, bis eine glatte Creme entstanden ist.

4 Die Creme in einen Topf geben, bei mittlerer Hitze unter ständigem Rühren erhitzen. Falls Klümpchen entstehen, die Creme vom Herd nehmen und glatt rühren.

5 Butter und Vanille oder eine andere aromatisierende Zutat untermischen. Creme in eine Schüssel füllen, mit angefeuchtetem Backpapier bedecken, abkühlen lassen.

6 Die Hälfte des Teiges auf einer bemehlten Fläche dünn ausrollen. 10 Kreise (je 7,5 cm Ø) ausstechen. Ungefettete Tartelettförmchen damit auslegen. Mit einer Gabel die Teigböden mehrmals einstechen. Für 30 Minuten in den Kühlschrank stellen. Ofen auf 190 °C vorheizen.

7 Die durchgekühlten Tarteletts im heißen Ofen 10 Minuten backen. Herausnehmen. 1–2 Minuten in den Formen abkühlen lassen. Dann die Törtchen mit einem Messer lockern und dann aus den Formen lösen. Tarteletts auf einem Kuchengitter abkühlen lassen. Anschließend mit je 1–2 TL Konditorcreme bestreichen, diese mit Erdbeeren belegen.

8 Das Gelee durch ein Sieb in einen kleinen Topf streichen. Bei schwacher Hitze ohne Rühren 1–2 Minuten erhitzen, aber nicht aufkochen lassen. Kurz abkühlen lassen, dann die Beeren damit bestreichen. Trocknen lassen. Die Tarteletts sind 2 Stunden nach dem Füllen am besten.

Wie kann man eine Obsttorte oder Obsttörtchen am schönsten glasieren?

Durch eine Glasur erhält der Obstbelag einen schönen Glanz und kann nicht austrocknen. Viele Köche verwenden dafür ein Gelee oder eine Konfitüre aus derselben Obstsorte, aber auch ein kontrastierendes Aroma oder eine andere Farbe ist möglich. Aprikosenkonfitüre und Gelee aus Roten Johannisbeeren sind attraktive Allzweckglasuren.

Für helles Obst wie Äpfel oder Birnen eignet sich eine Glasur aus Aprikosenkonfitüre am besten: Für eine Tarte (23 cm Ø) etwa 100 g Aprikosenkonfitüre in einem Topf mit 1 EL Wasser verrühren. Unter Rühren 1 Minute kochen lassen. Durch ein Sieb passieren, etwas abkühlen lassen, auf das Gebäck streichen und trocknen lassen.

Eine Glasur aus Johannisbeergelee passt gut zu roten Beeren, wie das Rezept links für Erdbeer-Tarteletts beweist. Das Gelee sollte nicht aufkochen, denn dadurch verliert es seine schöne Farbe. Es wird beim Abkühlen im Topf recht schnell fest, daher sollten Sie es rasch verarbeiten oder noch einmal kurz anwärmen.

Was kann ich tun, wenn die Konditorcreme nicht andickt?

Konditorcreme oder Crème Patissier wird mit Eigelb und etwas Stärke angedickt, meist mit Mehl oder auch mit einer Mischung aus Mehl und Maisstärke. Bei der Herstellung von Konditorcreme ist es besonders wichtig, dass die Mischung einmal aufkocht. Die Stärke löst sich erst beim Kochen auf und sorgt dann für die feste, dickflüssige Konsistenz der Creme.

Gewusst wie

Tartes und Tarteletts lassen sich besonders leicht aus Formen lösen, die einen beschichteten Boden haben, den man von unten nach oben herausdrücken kann. Die Anschaffung lohnt sich für alle, die öfter Tartes bzw. Tarteletts backen.

Tarte- und Tartelettböden geraten mir oft sehr krümelig. Kann ich einen festeren Teig verwenden?

Sie könnten die Teigböden aus Pâte sucrée zubereiten. Das ist ein knuspriger, recht süßer Mürbeteig, der bevorzugt von französischen Konditoren verwendet wird.

Nach dem klassischen Rezept siebt man das Mehl auf eine Arbeitsfläche, gibt Butter, Zucker und Eigelb in die Mitte und knetet alles mit den Fingerspitzen zu einem glatten Teig. Im Rezept für Erdbeer-Tarteletts (links) wird eine etwas einfachere Methode angewandt.

Wie kann ich es vermeiden, dass der Teigboden von Obsttarte oder Obsttarteletts aufweicht?

Es gibt mehrere einfache Möglichkeiten. Sie können frisch gebackene Teigböden innen mit leicht verquirltem Eiweiß bestreichen. Es wird durch die Hitze des Teiges fest und versiegelt den Teigboden. Außerdem sollten Sie kleine bis mittelgroße Früchte oder Beeren verwenden und diese ganz lassen. Bei aufgeschnittenen Früchten läuft mehr Saft aus. Die Beeren am besten mit Küchenpapier säubern und nicht waschen. Zu guter Letzt sollten Sie die Tarteletts nicht länger als ein paar Stunden vor dem Servieren füllen.

Tee

Was ist der Unterschied zwischen schwarzem und grünem Tee?

Es gibt zwar viele verschiedene Teesorten, sie alle stammen jedoch von derselben Pflanze, Camellia sinensis (früher Thea sinensis). Die Unterschiede liegen in Anbauregion und Verarbeitung der Blätter.

• Schwarzer Tee ist in der westlichen Welt am beliebtesten. Er hat ein reiches, volles Aroma und ist rötlich bis dunkelbraun gefärbt. Die Blätter werden geerntet und in der Sonne angetrocknet. Dann werden sie zerkleinert und zum Fermentieren gebracht. Dadurch entwickeln sie ihre Farbe, ihren Geschmack und ihre adstringierende Wirkung. Die Blätter werden schließlich getrocknet, damit sie haltbar bleiben.

• Grüner Tee hat weniger Aroma und eine hellere Farbe als schwarzer Tee. Die Teeblätter für grünen Tee werden nach der Ernte gedämpft, damit die Farbe erhalten bleibt und der Fermentierungsprozess gestoppt wird. Dann werden sie gerollt und getrocknet.

• Oolongtee ist halb fermentiert und ein Mittelding zwischen schwarzem und grünem Tee. Es gibt ihn einzeln zu kaufen, er ist aber auch oft Bestandteil von Teemischungen.

Wie unterscheiden sich die einzelnen Teesorten?

Jede Teesorte hat ihre typischen Eigenschaften. Dies betrifft nicht nur die Art der Zubereitung, sondern auch die Tageszeit, an der ein Tee getrunken werden sollte.

• Assam aus Nordostindien ist kräftig und dunkel. Bei uns kennt man ihn überwiegend als Ostfriesen-Tee. Dieser wird traditionell mit Sahne (Wulkje) und Kandiszucker (Kluntje) gereicht. Doch auch mit Milch schmecken Assamtees sehr gut.

• Ceylon ist recht stark und hat eine schöne Bernsteinfarbe. Am besten schmeckt er mit Milch.

• Darjeeling gibt es in verschiedenen Geschmacksnoten und Preisklassen, je nachdem, aus welcher Region er stammt. Der „First flush", die erste Ernte, ist besonders köstlich, die zweite Ernte ist etwas reifer, und der Tee aus der Herbsternte ist noch etwas kräftiger. Gute Qualitäten gibt es im Teeladen. Darjeeling aus dem Supermarkt ist meist eine Mischung aus Tees der zweiten Ernte. Mit seinem köstlichen Aroma ist Darjeeling der perfekte Tee nach dem Mittagessen. Genießen Sie ihn möglichst pur, ohne Milch oder Zucker.

• Aromatisierte Tees wie Jasmintee oder der mit der Zitrusfrucht Bergamotte aromatisierte Earl Grey sind das Richtige für den Nachmittag oder frühen Abend. Man trinkt sie ohne Milch und Zucker.

• Lapsang Souchong, ein chinesischer geräucherter Schwarztee, schmeckt am Nachmittag sehr erfrischend. Er wird ohne Milch und Zucker getrunken.

• Gunpowder, ein chinesischer grüner Tee, und Oolong aus Taiwan oder China sind beide sehr leicht und sollten ohne Milch getrunken werden. Sie enthalten weniger Gerbstoffe und Koffein als schwarzer Tee und können daher auch nach dem Abendessen getrunken werden.

Wie kann ich Eistee selbst herstellen?

Eistee ist sehr einfach herzustellen, man sollte dabei jedoch zwei Regeln beachten: Verwenden Sie stets einen Tee von guter Qualität und keine Teebeutel oder Instant-Tee, und wählen Sie einen Tee, der ohne Milch getrunken wird, z.B. Earl Grey, denn man serviert Eistee mit Zitronen- oder Orangenscheiben.

Bereiten Sie den Tee wie gewohnt zu. Wenn er lang genug gezogen hat, abgießen, abkühlen lassen und für 1 Stunde in den Kühlschrank stellen. Den gekühlten Tee nach Belieben süßen und große Gläser mit zerstoßenem Eis füllen. 1–2 Zitronen- oder Orangenscheiben und ein paar Minzeblätter hineinlegen und den Tee darübergießen.

Kann ich Tee auch zum Kochen verwenden?

Tee ist eine gute Grundlage für Punsch, ob mit oder ohne Alkohol. Er verleiht aber auch herzhaften wie süßen Gerichten ein feines Aroma und eine schöne Farbe. Überraschend gut schmeckt Tee in Fleischgerichten und Pasteten.

Aromatisierte Tees passen z.B. in Eiscremes. Verwenden Sie restlichen Tee zum Einweichen von getrockneten Früchten, vor allem Pflaumen, für ein Kompott oder für ein Früchtebrot wie im Rezept rechts.

Tee ist weit mehr als ein aufmunterndes Getränk am Morgen oder Nachmittag. Als Durstlöscher ist selbst gemachter Eistee ein belebendes Sommergetränk.

Früchtebrot mit Tee

Für 1 Laib von etwa 1 kg
Vorbereitungszeit: 15 Minuten, plus Einweichen über Nacht
Backzeit: 1 1/2–1 3/4 Stunden

500 g gemischte Trockenfrüchte (Korinthen, Sultaninen, kernlose Rosinen, Kirschen, getrocknete Aprikosen, kandierte Ananas und Zitrusfruchtschalen)
250 ml starker Tee (z. B. Assam oder Ceylon), abgekühlt
250 g brauner Zucker
2 große Eier, verquirlt
250 g Mehl
5 g Backpulver
2 TL Lebkuchengewürz
1-2 EL heller Honig

1 Obst, Zitrusschalen und Tee in einer Schüssel mischen. Zugedeckt über Nacht durchziehen lassen.

2 Den Backofen auf 160 °C vorheizen. Eine Brot- oder Kastenform mit Backpapier auslegen. Den Zucker über die eingeweichten Früchte streuen und in etwa 5 Minuten auflösen lassen. Zwischendurch ein- bis zweimal umrühren.

3 Die verquirlten Eier untermischen. Mehl, Backpulver und Lebkuchengewürz in die Schüssel sieben und alles gut mischen. Die Fruchtmasse in die vorbereitete Backform füllen. Im heißen Ofen 1 1/2–1 3/4 Stunden backen. Für die Garprobe mit einem Holzspieß in das Brot stechen. Haftet beim Herausziehen kein Teig mehr daran, ist das Früchtebrot fertig gebacken. Mit Alufolie abdecken, falls die Oberseite zu stark bräunt.

4 Das Früchtebrot aus dem Ofen nehmen, noch warm mit Honig bestreichen. In der Form auskühlen lassen, dann herauslösen. Zum Aufbewahren in Alufolie wickeln.

VARIANTE

Anstelle der im Rezept angegebenen Trockenfrüchte können Sie getrocknete Äpfel oder Birnen (Kletzen) verwenden. Zum Schluss das Brot mit Apfel- bzw. Birnendicksaft bestreichen.

Thai-Küche

Was ist der Unterschied zwischen Thai-Currys und anderen asiatischen Currys?

In Asien gibt es zahllose Curryvarianten. Für manche verwendet man Gewürzmischungen (indische Küche), für andere (wie Thai-Currys) nur frische Zutaten wie Chilis, Korianderwurzeln, Galgant, Knoblauch, Ingwer, Zitronengras, Schalotten und Thai-Basilikum. Oft werden frische und getrocknete Zutaten aber auch gemischt. Ein Korma mit getrockneten Gewürzen kann z. B. eine besondere Note durch frischen Koriander, Minze und Thai-Basilikum erhalten. Ein typisches Thai-Curry, für das nur frische Kräuter und Gewürze verwendet werden, ist das Curry rechts unten. Sie können es auch mit Huhn, Schweinefleisch oder Garnelen zubereiten.

Was ist Tamarinde, und wie wird sie verwendet?

Der Saft des Fruchtfleischs der Tamarinde, die auch indische Dattel genannt wird, verleiht vielen asiatischen Currys und Gerichten ein fruchtiges, säuerliches Aroma. Gerichte, die keine Kokosmilch enthalten, werden häufig mit Tamarindensaft zubereitet. Im Allgemeinen nimmt man Tamarinde eher für Fisch-, Kokosmilch für Fleisch- und Geflügelgerichte.

Tamarinde ist in verschiedenen Formen im Asienladen erhältlich, meist als Tamarindenmark oder -paste, die vor der Verwendung in Wasser eingeweicht werden muss. Ebenso gibt es getrocknete Tamarinde, die eingeweicht werden muss, das Einweichwasser wird dann zum Kochen verwendet. In Thailand gibt es eine süße Tamarindensorte, die frisch als Snack verzehrt wird.

Tamarindenmark ist sehr sauer und sollte im Verhältnis 1:2 mit Wasser verdünnt werden.

Wenn Sie keine Tamarinde bekommen, können Sie stattdessen auch frisch gepressten Limetten- oder Zitronensaft verwenden. Probieren Sie doch einmal das Rezept für Fisch in Tamarindensaft auf S. 314 aus.

Frische Kräuter und Gewürze wie Koriandergrün und -wurzeln, Chilischoten und Kaffirlimettenblätter verleihen diesem Thai-Curry seine würzige Schärfe.

Thai-Gemüsecurry

Für 2 Portionen
Vorbereitungszeit: 20 Minuten
Garzeit: 15 Minuten

6 Thai-Auberginen oder 2 Zucchini
1 Möhre
1 TL Zucker
2 grüne Chilischoten, von den Samen befreit und grob gehackt
1 kleines Bund Koriandergrün mit Wurzeln, gründlich gesäubert, die Wurzeln abgeschabt
1 große Zwiebel, in nicht zu feine Würfel geschnitten
2 Knoblauchzehen, gehackt
1 TL Garnelenpaste
1 Stängel Zitronengras
2 dünne Scheiben Galgant
2 Kaffirlimettenblätter
3 EL Öl
500 ml Kokosmilch
20 grüne Bohnen, geputzt
2 EL Fischsauce

1 Die Auberginen schräg in 2 cm dicke Scheiben schneiden bzw. die Zucchini schälen und in Scheiben schneiden. Die Möhre schälen und schräg in Scheiben schneiden.

2 Zucker, Chilischoten, Koriandergrün mit Wurzeln, Zwiebel, Knoblauch, Garnelenpaste, Zitronengras, Galgant und Kaffirlimettenblätter im Mörser, in einer Kaffeemühle oder in der Küchenmaschine fein zerkleinern.

3 Öl erhitzen und die Gewürzmischung darin bei schwacher Hitze 5 Minuten braten, bis sich das Aroma entfaltet. Kokosmilch und Gemüse zufügen, alles aufkochen.

4 Die Fischsauce zugeben und alles bei schwacher Hitze 8 Minuten köcheln lassen. Das Curry abschmecken; heiß mit gekochtem oder gedämpftem Reis servieren.

Ich habe neulich küchenfertiges Wok-Gemüse gekauft und würde es gern mit einer Thai-Sauce zubereiten. Können Sie mir ein Rezept vorschlagen?

Es gibt keine Standardsauce für Thai-Wokgerichte. Im Prinzip wertet man nur chinesische Grundsaucen mit Chilischoten auf.

Die Grundwürze für chinesische Wokgerichte ist Sojasauce. In der Thai-Küche verwendet man stattdessen Fischsauce (Nam Pla). Sie ähnelt der Sojasauce, wird aber aus fermentiertem Fisch hergestellt. Nam Pla ist sehr salzig, etwa wie eine Sardellensauce, und ist im Asienladen und im Spezialitätenregal des Supermarkts erhältlich.

Wie in der chinesischen Küche, so wird auch in der thailändischen mit geröstetem Sesamöl, Knoblauch und Ingwer gewürzt. Mit einer Allzwecksauce nach dem Rezept rechts machen Sie aus jedem Wokgericht eine Spezialität mit Thai-Flair.

Thai-Sauce für Wokgerichte

Reicht zum Würzen von 500 g Gemüse, Fisch oder Fleisch
Zubereitungszeit: 5 Minuten

1 EL Sesamöl
2 TL Chilipaste
1 TL Palmzucker oder Rohrohrzucker
1/2 TL schwarzer Pfeffer
2 Knoblauchzehen, sehr fein gehackt
3 TL fein gehackter Ingwer
2 EL Fischsauce

1 Öl, Chilipaste, Zucker, Pfeffer, Knoblauch und Ingwer vermischen.

2 Etwas Öl zum Anbraten der Zutaten Ihres Rezepts in den Wok geben und die Gewürzmischung hineingeben. Aufkochen lassen und die Fischsauce zufügen, dann die restlichen Zutaten hineingeben und wie gewohnt zubereiten.

Fisch mit Tamarinde

Für 4 Portionen
Vorbereitungszeit: 15 Minuten, plus 30 Minuten Marinierzeit
Garzeit: 15 Minuten

500 g Kabeljaufilet
2 TL Salz
1 TL Cayennepfeffer
1 TL Kurkuma
2 Knoblauchzehen, fein gehackt
1 große Zwiebel, fein gewürfelt
2 EL Tamarindenmark (ersatzweise 2 EL Limettensaft)
1 Stängel Zitronengras, untere Hälfte angedrückt

1 Fisch in große Würfel schneiden. Salzen; 30 Minuten ziehen lassen.

2 Cayennepfeffer, Kurkuma, Knoblauch und Zwiebel im Mörser zerreiben. Mit Tamarinde, Zitronengras und 600 ml Wasser in einem Wok oder einem Topf aufkochen.

3 10 Minuten köcheln lassen. Das Fischfilet zufügen, in 3 Minuten gar ziehen lassen. Sofort servieren, dazu Basmati- oder Thai-Reis reichen.

Können Sie mir sagen, was Galgant ist?

Galgant ist eng verwandt mit der Ingwerwurzel, hat aber eine blassere, leicht rötliche Farbe. Man kann Galgant nicht roh essen, die Wurzel wird meist mit anderen Zutaten zu einer Paste zermahlen.

Es gibt zwei Sorten: Großer Galgant und Kleiner Galgant. Beide werden in der Thai-Küche verwendet, der kleine Galgant ist jedoch aromatischer. Galgant erhält man in Asienläden und in manchen Gemüseläden.

Und was sind Kaffirlimettenblätter?

Es handelt sich um die Blätter eines Limettenbaums, der in den tropischen Regionen Asiens wächst. Die Blätter sind wie eine Acht geformt, es wachsen immer zwei Blätter hintereinander.

Sowohl die aromatischen Blätter als auch die eher bittere Schale der Kaffirlimette werden in der Thai-Küche aufgrund ihres zitronig-frischen Aromas für zahlreiche Gerichte verwendet, vor allem in Kombination mit Huhn oder Fisch. Die Blätter schneidet man in feine Streifen oder zerbricht sie wie Lorbeerblätter.

Können Sie mir thailändische Süßspeisen empfehlen?

In Thailand wird Süßes gern als Snack tagsüber verzehrt; Desserts serviert man, wenn überhaupt, nur bei festlichen Anlässen.

Thailändische Süßspeisen basieren meist auf Reis, Sago und Mais und/oder Kokosmilch sowie Bananen, Jackfrucht und Orangen. Meist wird mit Palmzucker gesüßt. Dieser wird entweder zu Zylindern gepresst, von denen man die benötigte Menge abreibt, oder zu Blöcken, von denen man Stücke abbricht. Außerdem gibt es ihn als Sirup. Statt Palmzucker kann man Rohrzucker nehmen.

Reis mit Mango und süßer Kokosmilch

Für 4 Portionen
Vorbereitungszeit: 25 Minuten, plus mindestens 4 Stunden Einweichzeit
Garzeit: 20 Minuten

250 g Klebreis
1 TL Salz
140 g Palmzucker
500 ml Kokosmilch
2 große süße Mangos, geschält und in Scheiben geschnitten

1 Reis waschen und 1 cm hoch mit Wasser bedecken. Über Nacht oder mindestens 3 Stunden einweichen. Anschließend abgießen und das Salz untermischen. 20 Minuten über einem Topf mit kochendem Wasser dämpfen; beiseitestellen und warm halten.

2 Den Palmzucker mit etwas Wasser im Mikrowellengerät oder im Wasserbad erwärmen, bis er sich aufgelöst hat (nicht über direkter Hitze auflösen, da er schnell verbrennt). In einer Schüssel mit der Kokosmilch mischen.

3 Zum Servieren ein paar Esslöffel Reis in jede Schüssel geben, mit Mangoscheiben belegen und mit der gesüßten Kokosmilch beträufeln.

Tofu

Ist Tofu dasselbe wie Bohnenquark?

Ja. Tofu ist das chinesische Wort für Bohnenquark, der ab und zu auch Sojakäse genannt wird.

Wie auch immer man ihn nennen mag, Tofu ist ein eiweißreiches, leicht verdauliches Sojaprodukt. Vor allem für Vegetarier ist er eine wichtige Proteinquelle.

Gibt es verschiedene Tofusorten, und werden sie unterschiedlich zubereitet?

Tofu ist als großer weißer und weicher Block erhältlich, oder als festerer cremefarbener gepresster Block. Es gibt getrocknete, etwa 2 cm große Würfel oder 7 cm große Rechtecke und ultrahocherhitzten Tofu. Außerdem bekommt man in Asienläden runde, etwa 60 cm große braune getrocknete Tofublätter zum Einwickeln von Zutaten oder als Einlage für Eintöpfe und Suppen. Viele Supermärkte führen heute Tofu in der einen oder anderen Form, meist als weiche Blöcke, und im Asienladen sind meist fast alle genannten Formen erhältlich. In Reformhäusern und Naturkostläden gibt es außerdem oft geräucherten Tofu sowie Tofu mit Kräutern.

Tofu hat wenig Eigengeschmack und nimmt daher den Geschmack von Saucen, Gewürzen und anderen Zutaten – vor allem, wenn man ihn vor dem Garen mariniert – sehr gut an. Die Zubereitung von Tofu hängt von der Sorte ab. Getrockneten Tofu kann man als Fleischersatz in Pfannengerichte, Currys und Frühlingsrollen geben oder wie Fladenbrot füllen. Frischer Tofu passt zu Fleisch und Meeresfrüchten und kann auch als Ersatz für Fleisch verwendet werden. Oft wird er klein geschnitten und z. B. in eine Suppe gegeben. Man kann ihn auch zerdrücken und mit Gemüse mischen oder frittieren, wie im Rezept oben beschrieben. Räuchertofu verleiht Speisen, ähnlich wie Speck, ein herzhaftes Aroma, Kräutertofu passt in Marinaden.

Weichen Tofu kann man auch wie Quark für Süßspeisen verwenden.

Tofu-Gemüse-Laibchen

Für 4 Portionen als Vorspeise
Vorbereitungszeit: 25 Minuten, plus 30 Minuten Kühlzeit (nach Belieben)
Garzeit: 10 Minuten

300 g weicher weißer Tofu, gewürfelt
1 große gekochte Kartoffel, zerdrückt
4 grüne Bohnen, fein gehackt
2 EL fein geraspelte Möhre
1 Frühlingszwiebel, fein gehackt
2 EL Sesamöl
1 großes Ei, leicht verquirlt
1 TL Salz, 1/2 TL schwarzer Pfeffer
Maisstärke zum Bestäuben
Öl zum Frittieren

1 Die Tofuwürfel in einer Schüssel mit einer Gabel zerdrücken. Dabei austretende Flüssigkeit mit Küchenpapier entfernen.

2 Alle anderen Zutaten bis auf die Maisstärke und das Frittieröl mit dem Tofu vermischen. Falls die Mischung zu trocken und krümelig wird, 1–2 EL Wasser zufügen.

3 Die Tofu-Gemüse-Masse zu 4 gleich großen Laibchen formen und diese mit Maisstärke bestäuben. Die Laibchen entweder sofort frittieren oder vorher noch für 30 Minuten in den Kühlschrank stellen, damit sie fester werden.

4 Reichlich Öl in der Fritteuse, in einer tiefen Bratpfanne oder im Wok erhitzen. Die Laibchen darin goldbraun und knusprig ausbacken; anschließend auf Küchenpapier abtropfen lassen. Mit Tomatenscheiben und Chilisauce zum Dippen servieren.

Verfeinert mit knackigem gehacktem Gemüse, sind diese goldbraun frittierten Tofu-Laibchen ein köstlicher vegetarischer Snack für die ganze Familie.

Tomaten

Woran erkenne ich, dass Tomaten ein volles Aroma haben?

Tomaten sind ein Saisongemüse (oder, um genauer zu sein, eine Frucht). Inzwischen werden sie jedoch fast überall auf der Welt das ganze Jahr lang angebaut. Die Nachfrage geht inzwischen in Richtung am Strauch gereifter Tomaten, denn diese haben ein besseres Aroma als die unreif gepflückten.

Am besten heben Sie sich Rezepte, die ihren Geschmack hauptsächlich aus dem vollen Aroma reifer Tomaten schöpfen, für den Sommer auf, wenn Tomaten aus der Region Saison haben. Im Winter können kleinere Tomaten wie Kirschtomaten immer noch ausreichend Aroma für ein Sandwich aufbringen; für gegarte Wintergerichte verwendet man am besten Tomaten aus der Dose, Tomatenpüree aus dem Tetrapak, Tomatenmark oder getrocknete Tomaten.

Zum Füllen eignen sich am besten große Exemplare (z.B. Fleischtomaten). Wählen Sie reife Früchte, sie sind am aromatischsten.

Was ist der Unterschied zwischen Tomatenpüree, Passata, Tomatenmark und Concassé?

Tomatenpüree und Passata sind eigentlich dasselbe. Dafür werden die Tomaten durch ein Sieb gestrichen, damit die Kerne entfernt werden und ein glattes Püree entsteht. Tomatenpüree in Dosen gibt es in fast jedem Supermarkt. Passata ist die italienische Bezeichnung für fein oder grob passierte Tomatensauce. Sie wird im Glas oder im Tetra-Pack verkauft, meist aus Italien importiert und ist sehr praktisch für sämtliche Tomatensuppen und -saucen, sowohl gegart als auch roh.

Tomatenmark ist ein intensiv schmeckendes Tomatenkonzentrat. Es wird in Dosen oder Tuben verkauft und meist verwendet, um den Tomatengeschmack eines Gerichts zu verstärken, für ein kräftiges Aroma in Eintöpfen, aber auch in Hackfleischmassen zu sorgen oder eine Mayonnaise oder Sahnesauce zu färben und zu aromatisieren.

In einigen Feinkostläden ist Tomatenmark aus getrockneten Tomaten erhältlich. Es ist etwas körniger und süßer als klassisches Tomatenmark, wird aber genauso verwendet.

Concassé ist die Bezeichnung für gehacktes Tomatenfruchtfleisch ohne Kerne und Schale. Es ist in der Küche vielseitig einsetzbar und lässt sich einfach herstellen (siehe Kasten rechts). Verwenden Sie Concassé als Basis für Saucen, Salate und Salsas, oder geben Sie es in warme gewürzte Sahne als Sauce für Gemüse oder Pasta. Mit einer Kombination aus frischen Tomaten und Tomatenmark können Sie nach dem Rezept auf der nächsten Seite eine klassische Pasta- und Pizzasauce herstellen.

Welche Vorteile haben die vielen Tomatensorten?

Im Handel sind nicht nur viele unterschiedliche rote Tomatensorten, sondern auch gelbe oder fast schwarze Exemplare. Gelbe und „schwarze" Tomaten versprechen optisch außergewöhnlichen Geschmack. Das Aroma bleibt aber oft auf der Strecke, nämlich dann, wenn die Züchtung nur im Hinblick auf die Farbe, nicht aber auf Aroma und Konsistenz erfolgte. Sehr delikat können diese Tomaten aber sein, wenn der Züchter sich die Mühe gemacht hat, fast vergessene Sorten wieder aufleben zu lassen (auf dem Etikett der Verpackung steht dann oft Heritage Tomatoes).

Bei den roten Tomaten sind die kleinen Kirsch- und Datteltomaten sehr aromareich. Fleischtomaten enthalten im Verhältnis zum Fruchtfleisch nur wenig Kerne und Flüssigkeit. Freilandware ist geschmacklich der Treibhausware meist überlegen, doch es gibt auch Anbauer, die im Treibhaus Freilandbedingungen herstellen und dadurch aromatische Tomaten anbieten können.

Was sind eigentlich San-Marzano-Tomaten?

Bei San-Marzano-Tomaten handelt es sich um eine besonders aromatische Tomatensorte mit geschützter Herkunftsbezeichnung, die am Fuß des Vesuvs gedeiht. Diese Tomaten sind empfindlich und können nur von Hand geerntet werden. Deshalb kann man sie roh kaum transportieren, und so sind diese Tomaten fast nur in Dosen erhältlich. Diese sind recht teuer, doch das exquisite Aroma rechtfertigt den Preis.

Tomaten-Concassé zubereiten

Frisch gewürfeltes Tomatenfleisch passt in zahlreiche Suppen, Eintöpfe und Saucen. Vor dem Würfeln wird die Tomate von der zähen Haut befreit.

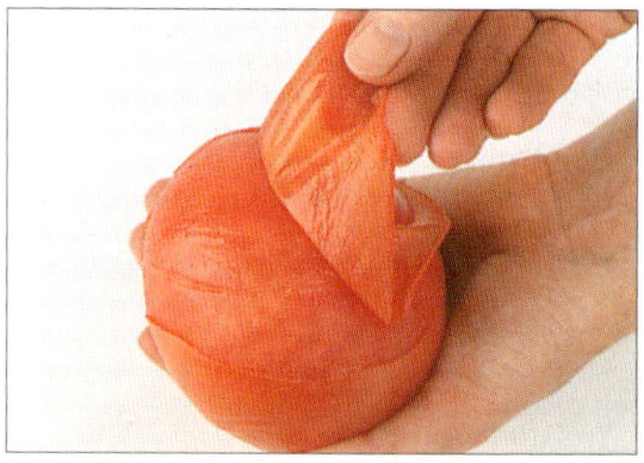

1 Die sehr reifen Tomaten in einer hitzebeständigen Schüssel mit kochendem Wasser begießen. 1–2 Minuten warten, bis die Schale aufplatzt. Abgießen und mit kaltem Wasser abschrecken. Die Schalen abziehen.

2 Die abgezogenen Tomaten quer halbieren und die Kerne mitsamt der Flüssigkeit herausdrücken.

3 Hälften mit den Schnittflächen nach unten hinlegen und würfeln.

Tomaten und Basilikum passen prima zusammen. Mit welchen anderen Aromen kann ich Tomaten noch kombinieren?

Womit Sie Tomaten würzen, hängt davon ab, wofür Sie sie verwenden wollen.

Sollen Tomaten roh gegessen werden, passen Olivenöl (das ja auch als Gewürz dienen kann) und in dünne Ringe geschnittene Frühlingszwiebeln. Mit Essig sollten Sie zurückhaltend sein, er könnte die feine Eigensäure der Tomaten überdecken. Ein Spritzer Zitronensaft oder etwas Orangensaft könnten das Tomatenaroma jedoch unterstreichen.

Weil Tomaten ja zu den Fruchtgemüsen zählen, vertragen sie sich geschmacklich wunderbar mit Obst. Tomatensalat mit Bananenscheiben oder Orangenfilets beweisen das vortrefflich; Tomaten mit Bananen sind aber, heiß serviert, auch eine sehr gute Beilage zu gebratenem oder gegrilltem Fleisch.

Für eine Salsa können sie Tomaten-Concassé (siehe links) mit winzigen Zwiebelwürfeln und saftigen Pfirsich- oder Aprikosenstücken und etwas Olivenöl kombinieren.

Napoletana-Sauce

Für 4 Portionen
Vorbereitungszeit: 20 Minuten
Garzeit: 20–30 Minuten

2 EL Olivenöl
2 Zwiebeln, gewürfelt
2 große Knoblauchzehen, zerdrückt
1 kg reife Tomaten, grob gehackt
4 EL Tomatenmark
je 1 EL gehackter Oregano und in feine Streifen geschnittenes Basilikum
1 Lorbeerblatt
1 TL Zucker
2 TL Salz
schwarzer Pfeffer

1 Olivenöl in einer Pfanne erhitzen. Zwiebeln und Knoblauch zufügen und unter gelegentlichem Rühren in 5 Minuten glasig dünsten. Tomaten, Tomatenmark, Oregano, Basilikum, Lorbeerblatt, Zucker, Salz und Pfeffer zufügen.

2 Die Mischung zum Kochen bringen, dabei ab und zu rühren. Anschließend alles bei schwacher Hitze in der geschlossenen Pfanne etwa 30 Minuten köcheln lassen, bis die Sauce etwas andickt.

3 Lorbeerblatt herausnehmen, Sauce mit Salz und Pfeffer würzen. Falls die Sauce zu dünnflüssig ist, noch ein paar Minuten offen köcheln lassen.

4 Die Sauce auf frisch gekochte Pasta geben und mit Parmesanspänen bestreuen.

VARIANTEN

Diese Tomatensauce können Sie auch gut als Grundlage zum Bestreichen von Pizzateig nehmen (z. B. statt der fertigen Tomatensauce im Rezept für Familienpizza auf S. 272).

Die Sauce schmeckt auch prima zu Kalbsschnitzel, Hähnchenbrust und Lammkoteletts.

Für ein Sommeressen die Sauce als Dip zu gegrilltem Fisch oder Meeresfrüchten (Garnelen, Tintenfisch, Fischspieße) reichen.

Frisch gekochte Pasta Ihrer Wahl wird zum sommerlichen Geschmackserlebnis mit dieser selbst gemachten Napoletana-Sauce und ein paar Parmesanspänen.

Fattoush aus dem Orient

Für 4 Portionen als Vorspeise
Zubereitungszeit: 15 Minuten

250 g feste Tomaten, gehäutet und grob gehackt
5 Frühlingszwiebeln, grob gehackt
1 kleine grüne Paprikaschote, entkernt und grob gehackt
1/2 Salatgurke, grob gehackt
1 Knoblauchzehe, gehackt
3 EL gehackte Petersilie
Saft von 1/2 Zitrone
3 EL Olivenöl
Salz und schwarzer Pfeffer
1 Pitabrot
Zum Garnieren:
schwarze Oliven, Petersilien- und Minzeblätter
Zum Anrichten:
Zitronenschnitze und Pitabrot

1 Die ersten sechs Zutaten mit Zitronensaft und Öl in die Küchenmaschine geben und nicht zu fein pürieren. Die Masse mit Salz und Pfeffer abschmecken.

2 Das Pitabrot leicht rösten, dann in Stücke brechen und diese auf Portionsschalen verteilen oder in eine große Schüssel geben. Gemüsepüree darauf verteilen.

3 Den Salat sofort servieren oder 1–2 Stunden zugedeckt kühl stellen und erst dann mischen.

4 Vor dem Servieren den Salat einmal behutsam mischen. Mit schwarzen Oliven und zerrupften Petersilien- und Minzeblättern garnieren. Zitronenschnitze und ofenfrisches Pitabrot dazu reichen.

Saftige Tomaten und geröstetes Pitabrot sind die Grundlage für den arabischen Gemüsesalat „Fattoush“, für den einige Zutaten grob püriert werden.

Wie kann man Tomaten am besten selbst trocknen?

Tomaten kann man im Ofen bei niedriger Temperatur über Nacht trocknen. Sie werden aber nie das Aroma von sonnengetrockneten Tomaten entwickeln. Falls Sie im eigenen Garten Tomaten haben, können Sie diese halbieren und auf Tabletts legen und die Tabletts dann in die Sonne stellen. Abends müssen Sie die Tabletts ins Haus/in die Wohnung holen, weil Tau zu Schimmel führen kann. Sollten Sie viele Eiertomaten übrig haben, können Sie diese nach dem unten stehenden Rezept im Backofen trocknen.

Im Backofen getrocknete Tomaten

Vorbereitungszeit: 45 Minuten
Garzeit: 6–8 Stunden im Umluftofen, 10–12 Stunden im Backofen

2 kg Eiertomaten

1 Den Boden des Backofens mit Alufolie belegen, um den später von den Tomaten abtropfenden Saft aufzufangen. Den Backofen auf 100 °C vorheizen.

2 Die Tomaten in kaltem Wasser waschen, dann gut abtrocknen. Längs halbieren und die Kerne sowie die sie umgebende Flüssigkeit mit einem Löffel herauslösen.

3 Die Tomaten mit den Schnittflächen nach unten direkt auf den Ofenrost legen. 6-8 Stunden im Umluftofen oder bis zu 12 Stunden im normalen Backofen trocknen.

4 Die Tomaten aus dem Backofen nehmen und auf Kuchengittern vollständig abkühlen lassen. Dann in ein Schraubdeckelglas oder in eine Frischhaltedose füllen und an einem kühlen, dunklen Ort aufbewahren.

5 Sie können die getrockneten Tomaten auch mit Olivenöl in ein sterilisiertes Schraubdeckelglas geben. Die Tomaten müssen immer mit Olivenöl bedeckt sein.

Ofengetrocknete Tomaten in Öl

Wenn Sie zu viele frische reife Tomaten übrig haben, können Sie diese im Ofen trocknen. Das Aroma lässt sich mit Knoblauchöl noch verfeinern.

1 Die gewaschenen Tomaten längs halbieren. Kerne und Flüssigkeit nach Belieben herausschaben, die Tomatenhälften auf ein Backblech setzen.

2 Die Tomatenhälften großzügig mit Knoblauchöl bestreichen. 6 Stunden backen, bis sie halb getrocknet sind.

3 Die Tomaten in sterilisierte Einmachgläser füllen und mit Olivenöl bedecken. Die verschlossenen Gläser kühl und dunkel aufbewahren.

? *Ich habe kürzlich wunderbar süße Cocktailtomaten aus dem Ofen gegessen. Wie macht man die?*

2 Rispen mit Cocktailtomaten in eine Form legen. 3 EL Olivenöl und 1 EL Zucker darübergeben. Bei 150 °C 2 $^1/_2$ Stunden schmoren.

Getrocknete Tomaten in Öl

Für 3 Gläser (je 250 ml Inhalt)
Vorbereitungszeit: 45 Minuten
Garzeit: 6 Stunden

2 kg Eiertomaten
125 ml Olivenöl, mehr für die Backbleche
6 große Knoblauchzehen, zerdrückt
schwarzer Pfeffer
Olivenöl zum Einlegen

1 Den Backofen auf 100 °C vorheizen. 3 Backbleche mit Alufolie belegen und diese mit Öl bepinseln.

2 Tomaten in kaltem Wasser waschen. Gut abtrocknen, dann längs halbieren, die Stielansätze herausschneiden und die Kerne mit einem Teelöffel herausschaben.

3 Die Tomaten mit den Schnittflächen nach oben auf die vorbereiteten Backbleche legen.

4 In einer kleinen Schüssel das Olivenöl mit dem zerdrückten Knoblauch mischen und über die Tomaten streichen. Mit reichlich Pfeffer bestreuen.

5 Tomaten 6 Stunden mehr trocknen als backen, bis sie runzlig und halb getrocknet sind. Die Tomaten auf sterilisierte Schraubdeckel- oder Einmachgläser verteilen; mit Olivenöl bedecken.

6 Die Gläser fest verschließen, dann etikettieren. Die Tomaten an einem kühlen, dunklen Ort aufbewahren.

VARIANTE

Wenn Sie vollständig getrocknete Tomaten für den Vorrat möchten, die Tomaten mit den Schnittflächen nach unten auf den Backofenrost legen. Im Umluftofen bei 80 °C 6–8 Stunden, bei Ober- und Unterhitze im 100 °C heißen Backofen 12 Stunden trocknen lassen. Die Tomaten auf Kuchengittern vollständig abkühlen lassen. In gut verschließbare Gläser oder Frischhaltedosen füllen; an einem kühlen, dunklen Ort aufbewahren.

Topinambur

? *Wie lassen sich Topinamburknollen am besten zubereiten?*

Topinambur wird oft zu Suppe verarbeitet, da die Knollen beim Garen zerfallen und sehr weich werden. Doch auch als Rohkost (mit Zitrone beträufelt), gedünstet und gebraten schmeckt Topinambur hervorragend; ebenso als Püree, Saft und frittiert.

Topinambur lässt sich leicht schälen, wenn Sie die Knollen ein paar Minuten in kochend heißes Wasser legen und dann kalt abschrecken. Anschließend können Sie die Haut mit einem Messer abziehen.

Tranchieren

? *Tranchiert man Fleisch besser auf einer Servierplatte oder auf einem Schneidebrett?*

Sie können beides verwenden, solange sie auf einem rutschfesten Untergrund stehen. Legen Sie ein angefeuchtetes Schwammtuch unter Brett oder Platte, dann wird das Ganze rutschfest.

Zum Tranchieren benötigen Sie ein Messer mit einer langen und sehr scharfen Klinge sowie eine Fleisch- oder Tranchiergabel mit Daumenschutz, damit nichts passiert, falls Sie einmal mit dem Messer abrutschen.

? *Gibt es Grundregeln, die man beim Tranchieren eines Bratens beachten sollte?*

Um gleichmäßige schöne Scheiben zu erhalten, sollten Sie das Fleisch stets quer zur Faser schneiden. Wenn Sie entlang der Fasern schneiden, werden die Scheiben unregelmäßig und fasrig. Ausnahme: Wenn Sie eine Lammkeule in Scheiben schneiden, ist es leichter, diese dicker und entlang der Faser aufzuschneiden.

Kaltes Fleisch lässt sich leichter in Scheiben (vor allem in dünne) schneiden als warmes. Wenn Sie Fleisch kalt servieren möchten, lassen Sie es vor dem Aufschneiden zunächst abkühlen, so bleibt es saftig und behält seine Farbe.

Warum soll man einen Braten vor dem Tranchieren stets ein paar Minuten ruhen lassen?

Gebratenes Fleisch sollten Sie je nach Größe 15–30 Minuten ruhen lassen, bevor Sie es tranchieren. Dafür den Braten in Alufolie wickeln und an einen warmen Ort legen – dafür bietet sich beispielsweise die bei ausgeschaltetem Ofen geöffnete Backofentür an. Während der Ruhephase kann der Fleischsaft von außen wieder nach innen gelangen. Dadurch wird das Fleisch schön zart. Außerdem lässt es sich dann leichter schneiden, und beim Schneiden läuft kein Fleischsaft heraus.

Lohnt es sich, ein elektrisches Messer zu kaufen?

Ein elektrisches Messer kann eine Menge Zeit sparen, wenn Sie häufig Fleisch tranchieren. Für das Aufschneiden eines Bratens am Tisch eignet es sich allerdings nicht.

Außerdem ist es recht schwierig, mit einem elektrischen Messer sehr dünne Scheiben zu schneiden, vor allem, wenn das Fleisch heiß ist. Große Vorsicht ist geboten, denn elektrische Messer sind sehr scharf und ziemlich gefährlich. Zum Aufbewahren immer mit dem Klingenschutz versehen!

Sie können ein elektrisches Messer auch sehr gut zum Schneiden von Kuchen und Torten verwenden.

Gibt es verschiedene Techniken, bestimmte Bratenstücke zu tranchieren?

Wenn das Fleisch vor dem Braten entbeint wurde, ist das Tranchieren überhaupt kein Problem. Egal wie dick Sie die Fleischscheiben schneiden, führen Sie das Messer immer quer zur Faser.

Wenn das Fleisch jedoch mit Knochen gebraten wurde, müssen Sie die Tranchiertechnik entsprechend anpassen. Verwenden Sie stets eine Fleisch- oder Tranchiergabel mit Daumenschutz für Ihre Sicherheit. Übrigens: Die Gabel hält fast immer das Bratenstück, nicht das Stück oder die Scheibe, die abgeschnitten wird. Rechts sehen Sie einige gängige Tranchiermethoden für verschiedene Fleischarten und -schnitte.

Keule tranchieren

Die Keulen von Lamm, Schwein und Kalb sollten alle auf dieselbe Weise tranchiert werden. Im Bild unten sehen Sie eine Lammkeule.

1 Keule mit der fleischigen Seite nach oben legen und ein flaches V aus der Mitte schneiden. Von beiden Seiten des V abwärts das Fleisch in Scheiben schneiden. Keule umdrehen, restliches Fleisch längs in Scheiben abschneiden.

2 Man kann eine Keule auch schräg in Scheiben schneiden, indem man am Knöchelende beginnt. Diese Technik wendet man üblicherweise bei einem Schinken an, sie funktioniert aber auch bei jeder anderen Keule.

Einen grossen Rippenbraten tranchieren

Ein großer Rippenbraten vom Rind wird am Knochen gegart, damit die Hitze auch ins Innere gelangt und sich das kräftige Aroma entfaltet. Sie können das Fleisch in einem Stück von der Rippe ablösen und dann tranchieren. Doch die folgende Methode ist weitaus eindrucksvoller.

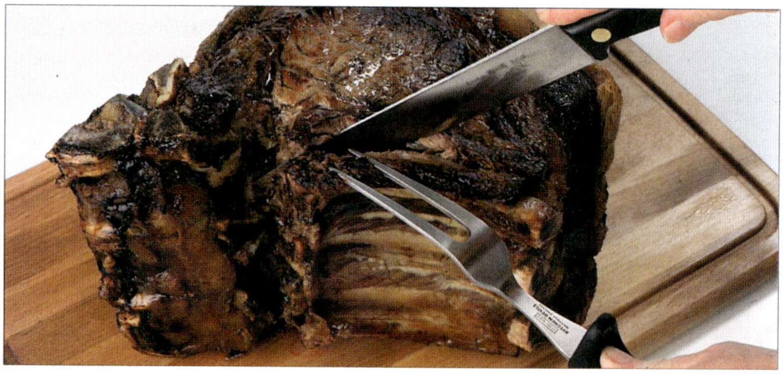

1 Den Braten auf die Seite legen und mit der Tranchiergabel fixieren. Das Fleisch entlang der Rippen 5 cm tief einschneiden.

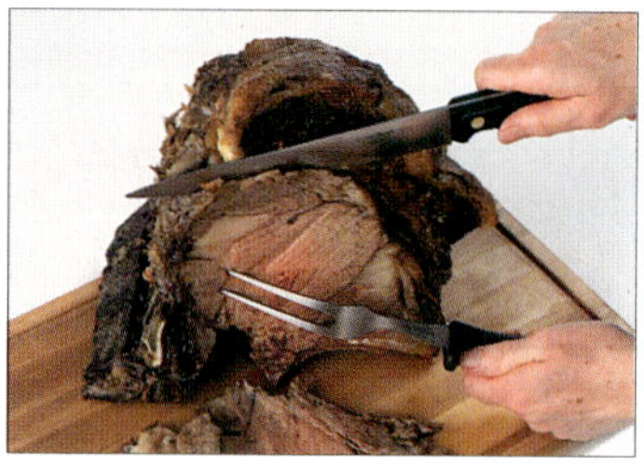

2 Den Braten so drehen, dass der Knochen anschließend nach unten zeigt. Das Fleisch mehrmals senkrecht einschneiden und die Scheiben auf einen vorgewärmten Teller legen.

3 Den Braten wieder auf die Seite legen und noch einmal 5 cm tief einschneiden. Umdrehen, weitere Scheiben abschneiden. So weiterverfahren, bis der Braten aufgeschnitten ist.

Lendenbraten tranchieren

Ein Lendenbraten von Lamm, Schwein und Kalb wird stets am Knochen gegart, damit das Fleisch nicht schrumpft und sein kräftiges Aroma behält. Vor dem Tranchieren sollten Sie das Fleisch jedoch von den Rippen lösen und dann in Scheiben der gewünschten Dicke schneiden. Im Bild sehen Sie eine Schweinelende.

1 Das Fleisch von der Wirbelsäule ablösen, dann das Messer leicht drehen und das Fleisch von den Rippen schneiden. Die Kruste in einem Stück abschneiden.

2 Nun können Sie das Fleisch in Scheiben schneiden. Die Kruste mit der Schere in die passende Anzahl Stücke schneiden, damit zu jeder Bratenscheibe ein Stück Kruste serviert werden kann.

Gewusst wie

Wenn Sie beim Tranchieren von Geflügel unschöne Löcher vermeiden wollen, die beim Einstechen mit der Fleischgabel entstehen, drehen Sie diese einfach um. So werden Sie feststellen, dass sich mit der Rückseite der Gabelzinken der Vogel gut festhalten lässt, ohne dass seine Haut verletzt wird.

Geflügel tranchieren

Hähnchen, Ente, Gans und kleine Truthähne werden alle auf dieselbe Weise tranchiert. Um die Brust eines kleinen Vogels in Scheiben zu schneiden, nimmt man die Brust am besten in einem Stück ab. Im Folgenden wird dies bei einem Hähnchen gezeigt.

1 Den Vogel auf die Seite legen und die Keule vom Rumpf abtrennen, die Keule dabei mit der Gabel anheben. Um die Keule zu halbieren, das Kniegelenk durchtrennen.

2 Die Brust quer durch die Schulter einschneiden, um Schulter, Flügel und einen großen Streifen Brustfleisch in einem Stück abzutrennen. Das Stück mit der Tranchiergabel hochheben und unterhalb mit dem Messer vom Brustkorb lösen.

3 Bei einem kleinen Hähnchen lediglich die restliche Brust in einem Stück abtrennen. Wenn das Hähnchen größer ist, können Sie die Brust, am Flügelende beginnend in Scheiben schneiden.

Truthahn tranchieren

Eine Babypute kann wie ein Hähnchen tranchiert werden (siehe oben), aber ein Truthahn über 4 kg lässt sich nicht so einfach hin- und herwenden. Man legt ihn am besten auf ein Schneidebrett und tranchiert ihn so:

1 Das Dressiergarn entfernen, dann das Fleisch um die Keule rundum bis zum Knochen einschneiden. Danach Knochen und Sehnen durchtrennen.

2 Die Keule vom Rumpf ablösen. Nun können Sie das Fleisch schräg in sehr dünne Scheiben schneiden.

3 Das Schultergelenk so durchtrennen, dass ein kleines Stück Brustfleisch an Schulter und Flügel bleibt. Auf der anderen Seite ebenfalls Schulter und Flügel abtrennen. Nun können Sie die Brust des Truthahns mühelos tranchieren.

4 Eine Putenbrust ist groß genug dafür, sie am Knochen in Scheiben zu schneiden. Zum Fixieren mit der Rückseite der Fleischgabel daraufdrücken. Oder die ganze Brust abtrennen und quer zur Faser in Scheiben schneiden.

Trockenobst

Wird jedes Trockenobst auf dieselbe Weise hergestellt?

Die meisten Früchte wie Äpfel, Aprikosen, Weinbeeren, Mangos, Pfirsiche und Birnen werden sonnengetrocknet oder bei geringer Wärme in Öfen. Ähnliche Ergebnisse können Sie auch zu Hause mit einem elektrischen Dörrgerät erzielen. Pflaumen werden überwiegend bei Hitze im Backofen getrocknet. Obst, das auf diese Weise dehydriert wird, heißt Backobst. Während des Trocknungsprozesses verlieren Früchte/Fruchtstücke 20–30 % ihres Wassergehalts.

Produkte aus biologischem Anbau werden oft ausschließlich an der Luft getrocknet.

Was ist der Unterschied zwischen Korinthen, Sultaninen und Rosinen?

Verschiedene Traubensorten ergeben verschiedene getrocknete Früchte. Korinthen sind getrocknete kleine kernlose blaue Trauben, Sultaninen getrocknete süße, kernlose weiße Trauben. Rosinen werden aus verschiedenen Traubensorten hergestellt, am süßesten und größten sind die Muskattrauben. Alle drei Sorten sind, luftdicht, kühl und trocken aufbewahrt, bis zu 9 Monate lang haltbar.

Wie bekomme ich Trockenobst zum Weiterverarbeiten weich?

Korinthen, Datteln, Feigen, Rosinen und Sultaninen werden meist trocken verwendet, man kann sie aber auch kurz in warmem Wasser, Tee oder Rum einweichen. Größere Trockenfrüchte wie Aprikosen, Pfirsiche, Pflaumen und Birnen werden kurz gekocht. Trockenmango und -papaya kann man für gut 1 Stunde in kaltes Wasser legen.

Aufbewahren

Angebrochene Packungen mit Trockenfrüchten wieder verschließen und in den Kühlschrank legen. Das Trockenobst innerhalb von 14 Tagen verbrauchen.

Muss man Trockenobst vor der Verwendung waschen?

Es ist ratsam, lose gekauftes Trockenobst zu waschen. Geben Sie es in ein Sieb, und spülen Sie es gründlich unter fließend kaltem Wasser ab.

Vakuumverpackte Trockenfrüchte müssen nicht gewaschen werden.

Wie kann ich Trockenobst schnell einweichen?

Wenn Sie sehr wenig Zeit haben, geben Sie das Trockenobst in einen Topf, bedecken es mit kochend heißem Wasser und weichen es 15 Minuten ein, bevor Sie es weiterverarbeiten.

Sie können das Trockenobst zum Einweichen auch mit kaltem Wasser bedecken und das Ganze im Mikrowellengerät auf der mittleren Stufe etwa 5 Minuten erhitzen.

Ich habe einmal köstliche getrocknete Wildaprikosen gegessen. Warum sind sie so anders als normale getrocknete Aprikosen, und was rechtfertigt den hohen Preis?

Die Aprikosen, die Sie gegessen haben, waren vermutlich Hunza-Aprikosen. Sie wachsen auf wilden Bäumen in der Region zwischen Kaschmir und Iran. Man lässt sie am Baum, bis sie vollständig getrocknet sind. Dann erst werden sie geerntet. Da sie nicht mit Schwefeldioxid behandelt sind, werden sie braun und entwickeln ein kräftiges, volles Aroma. Sie sind so teuer, weil sie relativ selten sind.

Eine Alternative sind die günstigeren ungeschwefelten sonnengetrockneten Aprikosen. Sie sind frei von Konservierungsstoffen und werden kastanienbraun, anders als die üblichen orangefarbenen Trockenaprikosen. Probieren Sie das Rezept oben rechts mit den Aprikosen aus, die Sie am liebsten mögen.

Meine Kinder essen sehr gern getrocknete Apfelringe. Kann ich die eigentlich zu Hause auch selber machen?

Das geht sogar sehr gut. Sie brauchen dafür frische makellose Äpfel ohne dunkle Stellen. Die Äpfel schälen, vom Kerngehäuse befreien und in 5 mm dicke Ringe schneiden. Die Apfelringe mit etwas Zitronensaft bepinseln, damit sie sich nicht braun verfärben, und auf ein mit Backpapier belegtes Backblech legen. Im Backofen bei 40 °C über Nacht trocknen lassen. Fertig sind die Apfelringe, wenn kein Saft mehr austritt, sie aber noch biegsam sind. Wichtig ist, dass das Trocknen langsam bei niedriger Temperatur vor sich geht, damit die Ringe nicht hart werden.

Sie können die frischen Ringe auch auf eine Schnur fädeln und an der Luft trocknen lassen. Bedenken Sie dabei aber, dass in der Luft Staub ist.

Kompott aus Trockenobst

Für 8–10 Portionen
Vorbereitungszeit: 10 Minuten, plus Einweichen über Nacht
Garzeit: 30 Minuten

je 125 g getrocknete Apfelringe, Aprikosen, Feigen, Pfirsiche, Birnen, Pflaumen und Datteln
150 g getrocknete Mangoscheiben
6–8 Sternanis
Saft und dünn abgeschnittene Schale von 1 Zitrone
25 g Zucker (nach Belieben)

1 Die getrockneten Apfelringe, Aprikosen, Feigen, Pfirsiche, Birnen und Pflaumen in eine große Schüssel geben. Mit 1,5 l kaltem Wasser begießen. Zugedeckt über Nacht einweichen lassen.

2 Das Trockenobst mit dem Einweichwasser in einen großen Topf füllen. Datteln, Mango, Sternanis, Zitronenschale und -saft sowie Zucker nach Belieben zufügen. Mischen und zum Kochen bringen.

3 Die Hitze reduzieren und alles zugedeckt 25 Minuten köcheln lassen. Vom Herd nehmen und das Kompott in eine hitzebeständige Schüssel füllen.

4 Heiß servieren oder abkühlen lassen. Das Kompott hält sich zugedeckt im Kühlschrank bis zu 7 Tage.

Truthahn

? ***Wie kann ich ausrechnen, wie schwer ein Truthahn für ein Festessen sein sollte?***

Rechnen Sie bei einem küchenfertigen Truthahn pro Portion 500 g bei einem bis zu 6 kg schweren Truthahn. Bei einem größeren Vogel können Sie 375 g pro Portion berechnen. Wenn Sie gern gebratenes Truthahnfleisch übrig behalten möchten, sollten Sie ruhig großzügig planen.

? ***Welche Füllungen außer Salbei und Zwiebeln passen gut zu einem Truthahnbraten?***

Es gibt unzählige Möglichkeiten. Für eine ungewöhnliche Füllung probieren Sie doch einmal eines der beiden folgenden Rezepte. Sie können einen Truthahnbraten auch mit zwei Füllungen servieren, wenn Sie die zweite Füllung separat zubereiten.

Sie können den Truthahn auch einfach mit Apfelwürfeln und vorgegarten Maronen (Esskastanien) füllen.

Wurst-Speck-Füllung

Für 1 Truthahn von 6 kg
Vorbereitungszeit: 10 Minuten
Garzeit: 5 Minuten

250 g Frühstücksspeck, fein gewürfelt
250 g Bratwurstbrät
250 g frische Brotkrumen
1 EL grobkörniger Senf
1 EL frischer Thymian
Salz und schwarzer Pfeffer

1 Den Speck in einer beschichteten Pfanne braten, bis er bräunt und das Fett austritt. Abtropfen und abkühlen lassen, dann fein hacken.

2 Das Brät in einer Schüssel mit Speck, Brotkrumen, Senf, Thymian, Salz und Pfeffer mischen.

3 Den Truthahn mit der Hälfte der Mischung füllen. Den Rest in eine gebutterte ofenfeste Form geben, mit Alufolie bedecken und am Boden des Backofens für etwa 30 Minuten mitgaren.

Zitronen-Hafer-Füllung

Für einen Truthahn von 6 kg
Vorbereitungszeit: 10 Minuten
Garzeit: 15 Minuten

250 g gegarte Hähnchenbrust, fein gehackt
abgeriebene Schale und Saft von 1 Zitrone
185 g frische Brotkrumen
50 g gehackte Haselnüsse
125 g Butter
125 g Hafergrütze
3 EL gehackter frischer Majoran
Salz und schwarzer Pfeffer
2 große Eier, verquirlt

1 Die gehackte Hähnchenbrust mit Zitronenschale und -saft, Brotkrümeln und Haselnüssen mischen.

2 Die Butter in einem Topf zerlassen und die Hafergrütze zufügen. Unter Rühren goldgelb anbräunen. Zu der Fleischmischung geben.

3 Die Masse leicht abkühlen lassen, dann Majoran, Salz, Pfeffer und Eier untermischen.

4 Den Truthahn mit der Hälfte der Mischung füllen. Den Rest der Mischung in eine gebutterte ofenfeste Form geben, mit Alufolie bedecken und am Boden des Ofens 30 Minuten mitgaren.

? ***Kann man einen kleinen Truthahnbraten auch für 2 Personen zubereiten?***

Ja, es gibt auch kleinere Bratenstücke vom Truthahn. Versuchen Sie einmal Truthahnbrust oder ganze Truthahnkeulen und -brustfilets. Sehr kleine Truthähne werden als Babyputen angeboten. Sie können mit einer der zuvor beschriebenen Füllungen zubereitet werden. Babyputen wiegen etwa 2–3,5 kg.

? ***Wofür kann ich übrig gebliebenes Fleisch von einem Truthahnbraten verwenden?***

Sobald der Truthahnbraten vollständig abgekühlt ist, das restliche Fleisch von den Knochen schneiden. Das Truthahnfleisch in Folie einwickeln oder in eine Frischhaltedose füllen und in den Kühlschrank stellen oder zusammen mit der restlichen Bratensauce bis zu 3 Monate lang einfrieren.

Es gibt sehr viele interessante Gerichte, die Sie mit übrigem Bratenfleisch zubereiten können. Die meisten sind mit nur geringem Zeitaufwand verbunden.

Sie können das Truthahnfleisch z.B. im Mixer mit halb so viel weicher Butter sowie Salz, Pfeffer, Muskatnuss oder -blüte und einem Schuss Madeira zu einem köstlichen Brotaufstrich verarbeiten. Die Masse in eine Pastetenform streichen und mit einer Schicht zerlassener Butter bedecken. Ein paar Stunden im Kühlschrank fest werden lassen, dann auf Brot streichen oder Sandwiches damit füllen. Der Aufstrich hält im Kühlschrank bis zu 1 Woche lang.

Gewürfeltes Truthahnfleisch kann man auch in eine weiße Sauce oder eine Béchamelsauce auf der Basis von Truthahnfond mischen, und mit leicht angebratenen Champignons und Zwiebeln können Sie daraus einen Auflauf zubereiten. Mit Käse und Kartoffelpüree oder einer Teigschicht bedecken und im Ofen backen, bis die Oberfläche bräunt.

Sie können auch ein Truthahnfrikassee zubereiten oder das Fleisch mit Sauce und Pasta in eine ofenfeste Form schichten, mit geriebnem Käse und Brotkrumen bestreuen und im Ofen überbacken.

Die einfachste Methode zur Resteverwertung ist allerdings, das Truthahnfleisch in Scheiben zu schneiden und als Brotbelag zu verwenden. Wenn Sie einen Truthahnbraten nach dem Rezept auf der folgenden Seite zubereiten, können Sie sicher sein, dass auch die Reste köstlich sind.

RESTE VERWERTEN

Gegarte Truthahnstücke in eine Marinade aus viel Olivenöl, etwas Balsamico, einer kleinen zerdrückten Chilischote sowie Sultaninen und gerösteten Pinienkernen legen. Mit grünem Salat servieren.

Servieren Sie den prächtigen Truthahn mit knusprigen Speckröllchen, Preiselbeersauce und Gemüse Ihrer Wahl.

Gefüllter Weihnachtstruthahn

Für 8–10 Portionen
Vorbereitungszeit: 15 Minuten
(ohne Zubereitung der Füllung)
Garzeit: 3–3 1/2 Stunden

1 Truthahn (4–4,5 kg)
Wurst-Speck-Füllung oder Zitronen-Hafer-Füllung (siehe S. 323)
125–185 g Butter
Salz und schwarzer Pfeffer
Für die Sauce:
die Truthahninnereien (ohne Leber)
1 Lorbeerblatt
einige Petersilienstängel
6 schwarze Pfefferkörner
1 TL getrockneter Thymian
1 Zwiebel, mit 1 Gewürznelke gespickt
4 EL Mehl, 4 EL Portwein

1 Ofen auf 180 °C vorheizen. Füllung in den Truthahn, restliche Füllung in eine ausgefettete ofenfeste Form geben; mit Alufolie bedecken.

2 Den Truthahn mit Küchengarn binden (dressieren) und mit der Butter einreiben. Einen großen Bräter so mit Alufolie auskleiden, dass die Folie etwas übersteht.

3 Den Truthahn in den ausgelegten Bräter legen und locker mit einem weiteren Stück Alufolie bedecken. Die Ränder zwischen Bräterrand und Folie stopfen. Den Truthahn im heißen Ofen 3–3 1/2 Stunden garen. Zur Garprobe einen Metallspieß in die dickste Stelle einer der Keulen stecken. Rinnt klare Flüssigkeit aus der Einstichstelle, ist das Geflügel gar. 30 Minuten vor Ende der Garzeit die obere Alufolie entfernen, damit die Haut bräunt.

4 Den gegarten Truthahn aus dem Ofen nehmen und 15–20 Minuten ruhen lassen, dann tranchieren.

5 Während der Truthahn gart, für die Sauce Innereien, Lorbeer, Zwiebel, Petersilie, Pfefferkörner und Thymian mit 1 l Wasser in einen Topf geben. Aufkochen und 1 Stunde köcheln lassen. Brühe durch ein Sieb gießen; beiseitestellen.

6 Während der gegarte Truthahn ruht, das meiste Fett aus dem Bräter gießen. Mehl in das verbliebene Fett rühren, den Bratensatz dabei losschaben. Das Mehl 1–2 Minuten rösten, dann Brühe und Portwein zugießen. 15 Minuten köcheln lassen, dann abschmecken. In eine vorgewärmte Sauciere füllen und zum Truthahn servieren.

Türkische Küche

Unser Döner-Mann würzt Döner mit Sumach. Was ist das?

Bei Sumach oder Sumak handelt es sich um die Samen des Essigbaums. Diese werden getrocknet und dann im Ganzen oder gemahlen verwendet.

Sumach schmeckt salzig-zitronig und wird in der türkischen Küche zum Säuern verwendet. Entweder wird das Pulver genommen, oder man weicht die ganzen Samen 30 Minuten ein, streicht sie durch ein Sieb und benutzt die gewonnene Flüssigkeit.

Ich suche ein Rezept für eine typisch türkische Vorspeise. Haben Sie eines für mich?

Eine klassische Kombination in der türkischen Küche ist Spinat und Joghurt. Für eine pikante Vorspeise 750 g Spinat putzen und waschen. In reichlich Salzwasser garen, dann in ein Sieb schütten, abtropfen lassen und gut ausdrücken. Abkühlenn lassen, dann grob hacken.

In einem Topf 2 EL Olivenöl erhitzen. 1 gehackte Knoblauchzehe darin andünsten, dann den gehackten Spinat zugeben und alles gut vermischen. Den Topf vom Herd nehmen.

In einer Schüssel 300 g (möglichst türkischen, ansonsten auf jeden Fall säuerlichen) Joghurt glatt rühren und mit Salz abschmecken.

In einer Pfanne 3 EL Butter zerlassen und 1 TL edelsüßes Paprikapulver hineinrühren. Den Spinat auf Teller verteilen. Joghurt darübergeben und alles mit der Paprikabutter beträufeln. Dazu passt Fladenbrot.

Sagen Sie mir doch bitte, was ist „Imam Bayildi"?

Imam Bayildi sind Auberginen mit einer sehr knoblauchträchtigen Tomatenfüllung. Übersetzt bedeutet der Name „Der Imam fiel in Ohnmacht". Der Legende nach verlor ein islamischer Geistlicher das Bewusstsein, nachdem seine Nase die kräftige Knoblauchnote des würzigen Gerichts wahrgenommen hatte. Üblicherweise wird Imam Bayildi mit Reis serviert.

Auberginen mit Hackfleischfüllung

Für 4 Portionen
Vorbereitungszeit: 45 Minuten
Garzeit: 50–60 Minuten

4 kleine Auberginen, halbiert
2–3 EL Olivenöl
250 g Rinder- oder Lammhackfleisch
1 Zwiebel, fein gewürfelt
2 Knoblauchzehen, fein gewürfelt
100 g grob geschroteter Bulgur
Salz, schwarzer Pfeffer
1 TL edelsüßes Paprikapulver
1 Messerspitze Cayennepfeffer
1 Bund glatte Petersilie, gehackt
je 4 Zweige Majoran, Thymian und Oregano, gehackt
100 g Schafskäse, grob gerieben
1 Dose Pizzatomaten (400 g)
150 ml trockener Rotwein
2 EL Tomatenmark
1 TL gerebelter Oregano

1 Auberginen bis auf einen 1 cm dicken Rand aushöhlen. Auberginenfleisch grob hacken. Backofen auf 180 °C vorheizen. Öl in einer Pfanne erhitzen; Hackfleisch darin krümelig braten. Zwiebel, Knoblauch und Auberginenfleisch zugeben; anbraten. Bulgur zugeben; kurz mitbraten. Vom Herd nehmen. Die Hackfleischmasse mit Salz, Pfeffer, Paprika, und Cayennepfeffer würzen, 200 ml heißes Wasser zugießen.

2 Kräuter und Schafskäse unterrühren. Auberginen mit Hackfleischmasse füllen; nebeneinander in eine ofenfeste Form setzen. Tomaten, Wein und Tomatenmark mischen, mit Salz, Pfeffer und Oregano würzen. Pürieren; zu den Auberginen gießen. Auberginen 50–60 Minuten backen, falls nötig mit Alufolie bedecken.

Auberginen, Hackfleisch und Schafskäse sind typische Zutaten der türkischen Küche. Servieren Sie das gefüllte Gemüse mit Tomatensauce.

Vanille

Was ist der Unterschied zwischen echter Vanille, Vanilleextrakt, Vanilleessenz und Vanillin?

Vanilleschoten sind die fermentierten unreifen Früchte einer Kletterorchidee. Die Schoten werden beim Trocknen schwarz. Sie können im Ganzen und aufgeschlitzt verwendet werden, oder man nimmt nur das herausgekratzte Mark. Extrakt und Essenz werden hergestellt, indem die Vanilleschoten in Alkohol eingelegt werden, um das Aroma (Vanillin) herauszuziehen. Für gemahlene Vanille werden getrocknete ganze Schoten fein gemahlen.

Vanillin kann synthetisch hergestellt werden. Steht Vanillin auf einer Packung, können Sie davon ausgehen, dass es sich um den künstlichen Aromastoff handelt. Vanilleschoten liefern das feinste Aroma, Extrakt oder Essenz ein sehr intensives, weshalb beides sparsam zu verwenden ist.

Vanilleschoten sind sehr teuer, wie kann ich ihr Aroma optimal nutzen?

Das stärkste Aroma liefern die winzigen Samen und das umgebende Fruchtfleisch. Daher sollten Sie die Schote aufschlitzen und das Mark herausschaben. Es aromatisiert z. B. Vanillesaucen und Eiscremes. Das Ziehenlassen einer aufgeschlitzten Schote in heißer Flüssigkeit ist eine gute Methode, um möglichst viel Aroma herauszuziehen. Anschließend können Sie die Schote abspülen, trocknen und noch zwei- bis dreimal verwenden.

Wie kann ich echten Vanillezucker selbst herstellen?

Stecken Sie eine ganze Schote in ein Glas mit Zucker; so nimmt der Zucker das Vanillearoma an. Den Zucker können Sie zum Süßen von Kaffee, heißer Schokolade oder Desserts verwenden – eben für alles, was Sie mit Zucker süßen möchten. Alternativ können Sie die Schote in Stücke schneiden und zusammen mit dem Zucker in den Mixer geben. Den Motor laufen lassen, bis Vanille und Zucker fein gemahlen sind.

Perfekt für Nudelfans, die nach einer Süßspeise suchen: Kleine Nudeln werden in Vanillemilch gegart und mit ingwerwürzigem Birnenkompott serviert.

Vanillenudeln mit Birnenkompott

Für 4 Portionen
Vorbereitungszeit: 20 Minuten
Garzeit: 20 Minuten

20 g Butter
3 feste Birnen, geschält und in dünne Spalten geschnitten
2 cm frischer Ingwer, fein gewürfelt
1 Stück dünn abgeschälte Zitronenschale
1 Gewürznelke
125 ml Birnensaft oder Apfelsaft
1 EL Honig
1 Vanilleschote
1 l Milch
2 EL Zucker
150 g Hörnchennudeln

1 Die Butter in einer Pfanne erhitzen. Birnenspalten und Ingwer darin unter vorsichtigem Rühren etwa 2 Minuten dünsten. Zitronenschale, Gewürznelke und Birnensaft zugeben; alles offen weitere 3 Minuten köcheln lassen.

2 Den Honig zugeben und unterrühren. Die Pfanne vom Herd nehmen; das Birnenragout abkühlen lassen und kalt stellen.

3 Für die Vanillenudeln die Vanilleschote aufschlitzen und das Mark herauskratzen. Vanillemark und Vanilleschote mit Milch und Zucker in einen Topf geben. Nudeln einrühren und alles langsam aufkochen. Die Vanillemilchsuppe offen 10–12 Minuten kochen lassen, bis die Nudeln bissfest sind.

4 Zitronenschale und Gewürznelke aus dem Kompott nehmen, Vanilleschote aus der Nudelsuppe entfernen. Die Vanillenudeln auf tiefe Teller verteilen. In jede Portion einen Teil der gedünsteten Birnen geben und die Suppe warm servieren. Die Vanillenudeln schmecken auch kalt sehr gut. Während des Abkühlens quellen die Nudeln weiter, sodass die Süßspeise dicker wird.

Können Sie mir ein Rezept für einen Vanillelikör oder etwas Ähnliches sagen?

Wenn Sie Vanilleschoten in eine Flasche Weinbrand oder braunen Rum geben, entsteht ganz von allein ein wunderbarer Vanillelikör. Dafür lohnt es sich durchaus, eine frische, noch unverwendete Vanilleschote zu verwenden. Den Vanillelikör kann man zum Kochen nehmen, unter geschlagene Sahne mischen oder über Obstsalat und Eiscreme geben – und natürlich kann man ihn auch pur genießen.

Warum brennt mir öfter Vanillepudding aus der Packung an, wenn ich ihn koche?

Meist liegt es daran, dass Sie das angerührte Puddingpulver zu früh in die heiße Milch gerührt haben. Geben Sie es erst hinzu, sobald die Milch aufgekocht ist und Sie den Topf vom Herd genommen haben. Anschließend unter kräftigem Rühren das angerührte Vanillepulver zugeben und unter ständigem Rühren einmal aufkochen lassen.

Spülen Sie den Topf, in dem Sie die Milch erhitzen, mit kaltem Wasser aus, dadurch brennt die Milch bzw. der Pudding nicht so leicht an.

Kann ich Vanillepuddingpulver auch selber mischen?

Kein Problem. Sie benötigen Speisestärke (Maisstärke) und Vanillearoma oder besser noch das ausgekratzte Mark von einer Vanilleschote oder die entsprechende Menge gemahlene Vanille. Rechnen Sie für 500 ml Milch etwa 40 g Speisestärke. Eine gelbliche Färbung des Puddings können Sie erreichen, indem Sie ein Eigelb unter den fertigen heißen Pudding schlagen.

Aufbewahren

Frische Vanilleschoten, die noch saftig und weich sind, wickelt man am besten in Frischhalte- oder Alufolie und bewahrt sie lichtgeschützt auf. In Zucker gesteckt, bleiben die Schoten ebenfalls lange frisch.

Vegetarische Ernährung

Wie kann ich ausreichend Eiweiß zu mir nehmen, wenn ich weder Fleisch noch Fisch esse?

Da pflanzliche Nahrungsmittel meist weniger Eiweiß enthalten als Fleisch und das Protein zudem in einer Form vorliegt, die vom Körper nicht ganz so leicht verwertet wird, liegt diese Frage durchaus auf der Hand. Eine ausgewogene vegetarische oder vegane Ernährung sollte jedoch genug Eiweiß liefern, vorausgesetzt, man nimmt jeden Tag so viel Nahrung zu sich, dass der Energiebedarf auch gedeckt ist.

Alle Aminosäuren (Eiweißbausteine), die der menschliche Körper benötigt, sind auch im Reich der Pflanzen zu finden. Allerdings meist nicht in einer Pflanze in der Kombination, wie sie unser Organismus benötigt. Deshalb müssen Vegetarier im Rahmen ihrer Ernährung auf eine gute Mischung achten: Getreide, Hülsenfrüchte, Wurzel- und Knollengemüse, Kohlgemüse, Blattgemüse, Nüsse, Samen und Kerne decken gemeinsam den Bedarf an verschiedenen Aminosäuren. Deshalb sollte man sie über den Tag verteilt essen. In vielen Landesküchen werden traditionell Hülsenfrüchte mit Getreide kombiniert, z.B. Linsensuppe mit Brot, Hummus und Pitabrot oder Linsen mit Reis.

Ich bin erst seit kurzem Vegetarier. Kann ich Fleischrezepte anpassen, indem ich das Fleisch durch vegetarische Eiweißquellen ersetze?

Ja. Es gibt z.B. viele Sojaprodukte wie Tofuburger oder Sojawürstchen, die nicht nur sehr reich an Eiweiß und Kalzium sind, sondern auch so hergestellt werden, dass sie fast wie Fleisch aussehen. Diese kann man in einigen Fleischrezepten als Ersatz verwenden.

Bedenken Sie jedoch, dass Fleisch, Geflügel und Fisch nicht nur hochwertiges Eiweiß enthalten, sondern auch wichtige Lieferanten von Eisen, Zink und Vitamin B_{12} sind. Sie sollten daher unbedingt darauf achten, dass Sie diese Stoffe in ausreichender Menge zu sich nehmen.

Gut zu wissen

Milch und Milchprodukte liefern wertvolles Eiweiß und Kalzium. Da die vollfetten Produkte viele gesättigte Fettsäuren enthalten, sollten Sie vorzugsweise fettarme Versionen wählen. Ob vollfett oder fettarm – der Eiweiß- und Kalziumgehalt ist gleich hoch.

Aprikosen, Brot, Frühstücksgetreide, Linsen und dunkelgrüne Blattgemüse enthalten relativ viel Eisen. Doch das Eisen aus Eiern, Milch und pflanzlichen Lebensmitteln wird vom Körper schlechter aufgenommen als Eisen aus Fleisch. Wenn Sie reichlich Vitamin C zu sich nehmen (z.B. Orangensaft trinken), fördert dies die Fähigkeit des Körpers, pflanzliches Eisen aufzunehmen.

Gute pflanzliche Quellen für Zink sind Paranüsse, Erdnüsse, Pinienkerne, Sesamsamen und Sonnenblumenkerne. Vitamin B_{12} wird inzwischen vielen Nahrungsmitteln, beispielsweise Frühstücksgetreide und Brot, zugesetzt.

Meine 12-jährige Tochter hat sich zur Vegetarierin erklärt. Wie kann ich sicherstellen, dass sie alle Nährstoffe bekommt, die ihr Körper während der Wachstumsphase benötigt?

Aufgrund des Wachstumsschubs im Teenageralter benötigen junge Menschen in dieser Zeit viel Energie und Nährstoffe. Mit einer gut durchgeplanten vegetarischen Ernährung lassen sich diese Bedurfnisse durchaus erfüllen. Problematisch wird es nur, wenn die Ernährung unausgewogen ist oder die Entscheidung für eine vegetarische Ernährungsweise mit einer Essstörung einhergeht, die im Teenageralter vorkommen kann. Vegetarische Kost ist mit ihrem hohen Ballaststoffanteil in der Regel sehr sättigend. Dies kann die Menge herabsetzen, die das Kind am Tag überhaupt essen kann, was zu einer reduzierten Energieaufnahme führt.

Kinder und Jugendliche benötigen pro Kilogramm Körpergewicht mehr

Eiweiß (in Gramm) als Erwachsene. Eine ausgewogene vegetarische Ernährung ist deshalb unbedingt notwendig. Für kleine Kinder sind Mahlzeiten aus einer Kombination von Getreide und Hülsenfrüchten am besten. Auch Sojaprodukte sollten auf dem Speiseplan stehen, da sie sehr eiweißreich sind.

Bei Kindern und Jugendlichen ist es besonders wichtig, dass die vegetarische Ernährung richtig abgestimmt ist und dass sie verstehen, welche Nahrungsmittel sie wählen sollten. Es gibt zahlreiche Bücher zu diesem Thema, die Sie auch zusammen mit ihrem Kind lesen sollten. In vielen Schulen gibt es auch fleischlose Pausensnacks oder Mittagessen.

Besonders große Sorgfalt ist geboten, wenn das Kind sich nicht nur vegetarisch, sondern vegan ernähren will. Das bedeutet, dass es auch Milch, Milchprodukte und Eier ablehnt. Diese Produkte decken jedoch einen Großteil des Kalziumbedarfs. Das Kind sollte unbedingt Sojaprodukte wie Sojadrinks und Tofu zu sich nehmen. Auch Nahrungsergänzungsmittel sind sinnvoll, um die Zufuhr an Kalzium, Vitamin B_{12} und Vitamin D zu gewährleisten.

? ***Zu einer vegetarischen Ernährung gehören anscheinend viel größere Mengen Brot, Nudeln und Reis, als ich vorher gegessen habe. Macht das nicht dick?***

Eine ausgewogene vegetarische Ernährung ist reich an Ballaststoffen und Kohlenhydraten. Dies entspricht den Empfehlungen der Ernährungsexperten. Kohlenhydrate machen nicht dick. Sie enthalten weniger Kalorien pro Gramm als Fett, daher können Sie auch mehr davon zu sich nehmen – über die Stränge schlagen sollten Sie dabei allerdings nicht. Kohlenhydrate aus Zucker liefern Kalorien, aber keinerlei wichtige Nährstoffe. Halten Sie sich also bei Süßigkeiten zurück, und bevorzugen Sie Lebensmittel, die reich an komplexen Kohlenhydraten sind.

Kohlenhydratreiche Lebensmittel machen weniger dick als die Saucen, die oft dazu gegessen werden. Verzichten Sie auf Sahnesaucen, und bevorzugen Sie fettarme Beilagen.

Eier mit Erbsen und Linsen

Für 4 Portionen
Vorbereitungszeit: 10 Minuten
Garzeit: 20 Minuten

1 EL Sonnenblumenöl
1 Zwiebel, fein gewürfelt
2 Knoblauchzehen, in Scheiben
2–3 cm frischer Ingwer, geschält und fein gehackt
2 EL Garam Masala
1 EL Tomatenmark
500 g Brokkoli- oder Blumenkohlröschen
Salz und schwarzer Pfeffer
450 ml Gemüsebrühe
50 g rote Linsen, abgespült
6 Eier
200 g TK-Erbsen
3 EL gehacktes Koriandergrün
abgeriebene Schale von 1 Limette
Zum Garnieren:
Limettenschnitze und Koriandergrün

1 Öl in einem Topf erhitzen. Zwiebel, Knoblauch und Ingwer hineingeben, 3 Minuten braten. Garam Masala und Tomatenmark unterrühren. Alles 1 Minute braten, dann Brokkoli bzw. Blumenkohl sowie Salz und Pfeffer zufügen. Brühe zugießen, aufkochen. Linsen zugeben. Bei mittlerer Hitze unter gelegentlichem Rühren 15 Minuten köcheln lassen.

2 Die Eier in einen Topf mit kaltem Wasser geben. Das Wasser aufkochen und die Eier in 6 Minuten (je nach Größe) darin wachsweich kochen. Eier abgießen, abschrecken und pellen.

3 Eier und Erbsen unter die Linsenmischung rühren. Alles zugedeckt 5 Minuten köcheln lassen, die Linsen sollen dabei zerfallen. Eier herausheben, Gemüse auf Teller verteilen. Limettenschale und Koriander mischen und auf das Gemüse streuen. Eier halbieren und je 3 Hälften auf die Gemüseportionen setzen. Mit Limettenschnitzen und Koriandergrün garnieren.

Hülsenfrüchte, Kohl und Eier liefern Vitamine und Mineralien, Eiweiß und Ballaststoffe – Nährstoffe, auf die Vegetarier besonders achten müssen.

Wachteln

Wachteln sind so winzig. Lohnt sich die Zubereitung wirklich? Schmecken sie wenigstens richtig gut?

Es lohnt sich auf jeden Fall, das zarte, delikate Wachtelfleisch einmal zu probieren. Meist wiegt einer dieser wohlschmeckenden Vögel wiegt 150 und 250 g. Wachteln sind zwar klein, haben aber, genau wie Tauben, eine sehr fleischige Brust.

Manche Menschen finden es allerdings mühsam und kompliziert, ganze gegarte Wachteln zu zerlegen und zu essen. Im Handel sind aber auch hohl ausgelöste Wachteln erhältlich, die bereits zum Füllen vorbereitet sind. Brustbein und Rippen, oft auch die Oberschenkelknochen, werden dafür entfernt.

Wie viele Wachteln muss ich als Hauptgang pro Portion rechnen – oder sind Wachteln als Hauptgericht gar nicht geeignet?

Eine gefüllte entbeinte Wachtel reicht für eine Portion, weil die Brust sehr fleischig ist. Bei ungefüllten Wachteln sollten Sie jedoch als Hauptgang zwei Stück pro Person servieren. Bereiten Sie lieber etwas mehr von dem Geflügel zu, denn Wachtelfleisch schmeckt auch kalt hervorragend.

Wachteln kann man im Ofen braten (siehe Rezept rechts), schmoren oder grillen – viele Hähnchenrezepte lassen sich auf Wachteln anwenden. Nach etwa 30 Minuten sind Wachteln durchgegart. Servieren Sie zu diesem Geflügel ein Püree aus Kartoffeln und Pastinaken oder Möhren oder auch einmal knusprige goldgelbe Kartoffelkroketten.

Wir essen gern Wachteln, mögen aber keine ganzen Vögel auf dem Teller. Wie zerlegt man dieses kleine Geflügel?

Wachteln zu zerteilen ist eine etwas knifflige Angelegenheit. Zunächst werden die Keulen abgelöst. Dafür die Keule jeweils festhalten und mit einem scharfen Messer zwischen Brust und Keule schneiden, die Keule zur Seite biegen und mit dem Messer das Gelenk durchschneiden. Zum Ablösen der Brustfilets die Wachtelbrust genau über dem Brustbein längs einschneiden, dann die Filets jeweils am Brustkorb entlang vorsichtig abschneiden.

Wenn Sie mögen, können Sie auch noch die Knochen aus den Oberschenkeln der Wachteln entfernen.

Die Wachtelstücke können Sie nach Belieben marinieren. Dann in der Pfanne braten und beispielsweise mit Wirsingstreifen in brauner Butter servieren. Sie können die Brustfilets auch als Einlage für eine Brühe (aus Keulen und Knochen) nehmen.

Wachteln mit Apfelfüllung

Für 4 Portionen
Vorbereitungszeit: 15 Minuten, plus 1–2 Stunden Einweichzeit
Garzeit: 30 Minuten

75 g kernlose Rosinen
2 EL Weinbrand
2 kleine Äpfel
1 TL Thymianblättchen
8 Wachteln
185 ml Apfelsaft
300 ml Geflügelfond
schwarzer Pfeffer

1 Die Rosinen in einer Schüssel mit dem Weinbrand begießen und 1–2 Stunden einweichen lassen, bis sie aufgequollen sind.

2 Backofen auf 220 °C vorheizen. Für die Füllung die Äpfel von den Kerngehäusen befreien und hacken. Äpfel, Thymian und Rosinen mischen. Wachteln mit der Masse füllen. In eine ofenfeste Form legen.

3 Apfelsaft und Fond über die Wachteln gießen, das Geflügel pfeffern. 30 Minuten im Ofen braten, dabei zwei- oder dreimal mit der Flüssigkeit begießen. Eine Servierplatte vorwärmen.

4 Die Wachteln auf der warmen Platte anrichten, zudecken und warm halten.Den Garsud durch ein Sieb in einen Topf schütten und auf die Hälfte einkochen. Über die Wachteln gießen; sofort servieren.

Wein & Sekt

Kann man Weißwein, Prosecco oder Sekt zum Kühlen kurz ins Gefriergerät legen?

Nicht länger als die 45 Minuten, die zum Kühlen nötig sind, aber den Geschmack des Weins nicht beeinträchtigen. Stellen Sie sich einen Wecker – bleibt die Flasche zu lange auf Eis, kann sie explodieren (Flüssigkeiten dehnen sich beim Gefrieren aus).

Weißwein schmeckt gut gekühlt frischer, und bei Sekt und Prosecco erleichtert das Kühlen das Öffnen. Der Korken knallt nicht, und der Sekt schäumt nicht so schnell über. Damit Weißwein oder Sekt nicht gleich wieder warm werden, die Gläser nur am Stiel anfassen und die Flasche bis zum Nachschenken in einen Kühler mit Eis stellen.

Gibt es eine schnelle Methode, Rotwein auf die richtige Temperatur anzuwärmen?

Nicht jeder Rotwein muss mit der heute üblichen Raumtemperatur serviert werden. In früheren Zeiten, als es noch keine Heizung gab, lag die durchschnittliche Zimmertemperatur deutlich niedriger als heutzutage. Das Anwärmen empfiehlt sich eigentlich nur für sehr tanninhaltige und körperreiche Rotweine. Die meisten normalen Tischweine kann man auch etwas kühler servieren. Ein leichter, fruchtiger Rotwein kann sogar vor dem Trinken richtig gekühlt werden.

Wenn Sie einen Wein zu kalt finden, brauchen Sie ihn lediglich in ein Glas zu füllen und den Kelch des Glases anschließend 1–2 Minuten mit den Händen zu umschließen, dann steigt die Weintemperatur ein wenig an.

Eignet sich Wein, Sekt oder Champagner als Aperitif?

Sekt, Prosecco und Champagner sind als Aperitif sehr beliebt – sie regen den Appetit an und prickeln angenehm auf der Zunge. Sie können die perlenden Getränke nach Belieben mit Fruchtsaft, -likör oder -sirup mischen, das senkt den Alkoholgehalt und ist sehr erfrischend.

All denen, die lieber stillen Wein trinken, können Sie einen fruchtigen, säurereichen Weißwein anbieten. Wählen Sie einen frischen, leichten Wein, beispielsweise Grünen Veltliner, Müller Thurgau oder Pinot Grigio. Ein leichter, gut gekühlter Rosé eignet sich ebenfalls prima als belebender Drink vor dem Essen.

Auch ein Riesling, mit seinem fruchtigen Aroma, der frischen Säure und der leichten Süße, ist ein hervorragender Aperitif.

Wermut und ähnliche weinhaltige Getränke sind etwas aus der Mode gekommen; aber auch ein Glas trockener Sherry regt wunderbar den Appetit an und passt erstaunlich gut zu einem ersten Gang aus Meeresfrüchten oder Suppe. Vor einem festlichen Abendessen im Winter reichen Sie am besten einen trockenen Amontillado- oder Oloroso-Sherry. Beide bestechen durch eine dunkle, nussige Geschmacksnote und sind wahre Gaumenschmeichler.

? Was bedeutet es, wenn auf dem Flaschenetikett „Méthode traditionelle" steht?

Die Méthode traditionelle ist das klassische Verfahren zur Champagnerherstellung. Dabei wird der Wein ein zweites Mal in der Flasche vergoren.

Bis 1994 nannte man diese Methode der Flaschengärung nur „Méthode champenoise", inzwischen ist diese Bezeichnung ausschließlich echtem Champagner vorbehalten. Gute – und auch weniger teure – Alternativen zu Champagner, also z. B. Sekt, Cremant und Spumante, tragen auf dem Etikett den Hinweis „traditionelle Methode", „Méthode classique/ traditionelle" bzw. „Metodo classico". Der Hinweis „Flaschengärung" kann irreführend sein: Oft handelt es sich in Wirklichkeit um das sogenannte Transvasieren, bei dem der Wein nach dem ersten Gären in Gärtanks umgefüllt wird.

? Stimmt es, dass Sekt, Prosecco und Champagner frisch bleiben, wenn man einen silbernen Teelöffel in den Flaschenhals hängt?

Es gibt keinerlei Beweise für diese Theorie. Verwenden Sie lieber einen speziellen Sekt- oder Champagnerverschluss. Er ist fast überall erhältlich, nicht teuer und außerdem ein schönes Geschenk für Freunde prickelnder Getränke.

? Wie viel Wein brauche ich für ein festliches Essen? Und macht es einen Unterschied, ob das Essen mittags oder abends stattfindet?

Es ist immer beruhigend zu wissen, dass man für alle Gäste genügend Wein vorrätig hat und nicht ständig fürchten muss, dass der Wein ausgeht. Das bedeutet jedoch nicht, dass Sie Geld zum Fenster herauswerfen oder den Wein vergeuden müssen. Manche Weinhändler nehmen ungeöffnete Flaschen auch wieder zurück. Angebrochene Weinflaschen können wieder verschlossen, sollten aber innerhalb einiger Tage getrunken werden.

Heutzutage sind die Menschen gesundheitsbewusster, daher wird heute wahrscheinlich bei einem Mittagessen weit weniger Wein konsumiert als noch vor 20 Jahren. Sie sollten dennoch 1–2 Glas pro Person rechnen (eine Flasche mit 750 ml ergibt 5–6 Gläser Wein). Angesichts der Speisenauswahl, die typischerweise mittags angeboten wird, liegt der Schwerpunkt wahrscheinlich eher auf Weißwein als auf Rotwein. Die niedrig- bis mittelpreisigen leichten Weine, die mittags bevorzugt getrunken werden, muss man vorher nicht unbedingt atmen lassen. Die Flaschen können bei Bedarf geöffnet werden.

Die Weinmenge für ein nobles Abendessen lässt sich leichter bestimmen, da meist zu jedem Gang ein anderer Wein gereicht wird. Rechnen Sie also pro Gast ein Glas (Rot- oder Weißwein) von jeder Weinsorte.

? Ich weiß nicht, welche Weine ich zu einem festlichen Essen servieren soll. Können Sie mir ein paar Anhaltspunkte geben?

Es gibt ein paar grundsätzliche Regeln: Servieren Sie zuerst immer den leichtesten Wein und danach die stärkeren, körperreichen Weine. Beginnen Sie z. B. mit einem leichten Weiß- oder Rotwein zur Vorspeise und einem schwereren Weiß- oder Rotwein (am besten im Eichenfass

Champagnerflasche öffnen

Schaumweine stehen in der Flasche unter hohem Druck. Damit beim Öffnen nichts passiert, sollten Sie ein paar Regeln beachten.

1 Champagner gut kühlen. Dadurch lässt sich die Flasche leicht öffnen, ohne dass es schäumt. Die eleganteste Methode besteht darin, die Flasche in einen silbernen Champagnerkübel mit Eiswürfeln zu stellen und 20 Minuten zu warten. Alternativ bis zu 2 Stunden in den Kühlschrank stellen. Im Tiefkühler hat ein edler Champagner nichts zu suchen!

2 Die Folie von der Flaschenöffnung entfernen. Drahtverschluss aufdrehen und abziehen. Den Korken dabei mit dem Daumen nach unten drücken, damit er nicht plötzlich herausfliegt.

3 Flasche gut festhalten und die Öffnung von sich selbst, anderen Menschen oder zerbrechlichen Gegenständen entfernt halten. Korken festhalten und die Flasche drehen. Korken langsam herausziehen, damit der Druck kontrolliert entweichen kann. So lange den Korken festhalten, bis sich die Flasche ohne lauten Knall öffnen lässt. Wenn Sie die Flasche dabei schräg halten – am besten mit einem Tuch – dürfte der Inhalt nicht überschäumen; tut er es doch, einen Finger in den Flaschenhals schieben; die prickelnde Flut versiegt sofort.

gereift) zum Hauptgang. Trockene Weine werden immer vor süßeren getrunken. Bieten Sie zum Käse und vor dem Dessert noch einen trockenen Wein an, außer, Sie möchten Portwein zum Käse reichen. In diesem Fall sollte der Käse nach dem Dessert serviert werden. Viele essen ohnehin den Käse lieber nach dem Dessert, auch wenn sie keinen Portwein dazu trinken möchten.

Zu Süßspeise oder Kuchen können Sie einen Dessertwein, beispielsweise eine Trockenbeerenauslese oder einen Eiswein, servieren. Auch Spätlesen von Riesling und Muskateller sind oft so süß, dass man sie als Dessertwein servieren kann. Der Wein sollte stets süßer als das Dessert sein, sonst erscheint er im Vergleich dünn und säuerlich. Viele süße Weine sind in Halbliterflaschen erhältlich.

Welche Informationen liefert das Weinetikett?

Die Etiketten, die vorn und oft auch hinten auf eine Weinflasche geklebt werden, sorgen für Authentizität und liefern Informationen über Anbaugebiet und Herkunftsland, den Namen und die Adresse des Abfüllers oder des Winzers, das Volumen des Weins in der Flasche und seinen Alkoholgehalt. Um die Auswahl zu erleichtern, befinden sich häufig auch weitere Angaben auf dem Etikett, etwa ob der Wein ausgezeichnet wurde oder nach welcher Methode er hergestellt ist, also z. B., ob er im Eichenfass reifen konnte.

Es heißt immer, man dürfe zu Fisch keinen Rotwein trinken. Stimmt das?

Es kommt sowohl auf den Fisch als auch auf den Wein an. Nur wenige Leute würden einen vollen, körperreichen Bordeaux als idealen Begleiter für eine delikate Seezunge bezeichnen. Am Gaumen reagieren die im Rotwein enthaltenen Tannine mit dem Fisch und erzeugen einen metallischen Geschmack. Leichtere Rotweine, beispielsweise ein Württemberger Trollinger, enthalten weniger Tannine und passen daher weitaus besser zu Fisch.

Am einfachsten ist es, sich an die alte Maxime zu halten, Rotwein zu rotem Fleisch und Weißwein zu hellem Fleisch und Fisch zu servieren. Achten Sie jedoch genau auf Schwere und Intensität der Aromen und süßliche und säuerliche Geschmackskomponenten: Zu herzhaft gewürzten Fischgerichten passt ein kräftiger, trockener Weißwein. Zu Gerichten mit säuerlicher oder süßlicher Note passt ein Wein mit leichter Süße, damit der Wein im Kontrast nicht zu dünn und schwach erscheint.

Gibt es Rot- und Weißweine, die besonders gut zu vegetarischen Gerichten passen?

Bei der Auswahl von Weinen als Begleiter für vegetarische Speisen sollten Sie versuchen, die Stärke und das Aroma des Weins den Aromen des Gerichts anzupassen. Besonders sollten Sie dabei auf Süße oder Säuregehalt achten. Viele Gemüse wie z. B. Möhren haben ein süßliches Aroma und harmonieren daher gut mit halbtrockenen Weinen. Tomaten wiederum sind säurereich und können daher einen kühlen, trockenen Weißwein wie Riesling als Begleiter vertragen.

Zu mediterranen Gerichten passen weiche Rotweine wie Chianti, Cabernet oder Merlot. Ein kräftiger Gewürztraminer oder ein aromatischer Shiraz passt gut zu scharfen oder würzigen Gerichten.

GEWUSST WIE

Reste aus angebrochenen Weinflaschen kann man in einen Eiswürfelbereiter geben und einfrieren. Die Würfel eignen sich zum Verfeinern von Suppen und Saucen – einfach gefroren hineingeben.

Wie kann ich Wein lagern, wenn ich keinen Keller habe?

Die beiden größten Feinde des Weins sind Hitze und Licht. Die ideale Lagertemperatur für Wein liegt zwischen 10 und 15 °C, größere Schwankungen sollten vermieden werden. Wer keinen Kellerraum hat, sollte Wein in einem kühlen, dunklen Vorratsraum oder einer entsprechenden Stelle in Haus oder Wohnung aufbewahren. Ein Weinkühlschrank könnte eine gute Lösung sein.

Mit Naturkorken verschlossene Flaschen am besten waagerecht legen, damit der Korken feucht bleibt. Trockene Korken schrumpfen zusammen, sie lassen Luft in die Flasche eindringen und Wein entweichen, was dem Wein nur schaden kann – davor schützt auch eine Bleikapsel nicht!

Um sehr hochwertige Weine zu lagern, sollte man Lagerraum in einem professionellen Weinkeller mieten.

Mit Naturkork verschlossene Weinflaschen sollten liegend aufbewahrt werden.

Ich werfe ungern etwas weg, aber bei angebrochenen Weinflaschen bin ich mir nie sicher: Wie lange hält Wein nach dem Öffnen?

Sehr alte Weine verderben schnell, nachdem man den Korken entfernt hat. Am besten sollten Sie diese noch am selben Tag trinken. Doch die meisten anderen Weinflaschen können Sie einfach wieder mit dem Korken verschließen, solange die Flasche mindestens noch halb voll ist – bei kleineren Resten gerät zu viel Luft in die Flasche, was das Aroma beeinträchtigt. Je mehr Luft in der Flasche ist, desto schneller verdirbt der Wein.

Die wieder verschlossene Flasche im Kühlschrank aufbewahren. Falls der Korken nicht mehr in die Flasche passt, mit einem scharfen Messer unten schräg Segmente vom Korken schneiden. Schwere Rotweine halten noch 3–4 Tage lang, leichtere Rot- und Weißweine 1–2 Tage. Allerdings sollte man die angebrochene Flasche 1 Stunde vor dem Servieren aus dem Kühlschrank nehmen.

Es gibt im Handel einige Utensilien, die die Haltbarkeit eines geöffneten Weins auf bis zu 1 Woche verlängern. Manche pumpen den Sauerstoff aus der Flasche und erzeugen ein Vakuum. Ein angebrochener Wein ist auch zum Kochen gut geeignet. Wenn er jedoch nach Essig riecht, müssen Sie ihn wegwerfen. Wein, den Sie nicht mehr trinken würden, sollten Sie auch nicht zum Kochen nehmen.

Käsefondue

Für 6–8 Portionen
Vorbereitungszeit: 30 Minuten
Garzeit: 20 Minuten

2 Knoblauchzehen, halbiert
500 ml trockener Weißwein
frisch geriebene Muskatnuss
schwarzer Pfeffer
je 200 g Emmentaler und Greyerzer, in kleine Stücke geschnitten
1 EL Maisstärke
3 EL Wein oder Wasser
3 EL Kirschwasser, nach Belieben
Zum Servieren:
2 Baguettes, in 2,5 cm große Würfel geschnitten

1 Einen Käsefonduetopf innen mit den Knoblauchzehen ausreiben, die Knoblauchzehen im Topf lassen. Den Wein zugießen und anwärmen. Den Knoblauch herausnehmen und den Wein mit Muskatnuss und schwarzem Pfeffer würzen.

2 Den Käse in den Topf geben und bei mittlerer Hitze unter Rühren schmelzen lassen. Die Hitze erhöhen. Umrühren, bis die Mischung Blasen wirft.

3 Die Stärke mit Wein oder Wasser anrühren und unterrühren, bis die Käsemischung glatt ist, leichte Blasen wirft und sich oben eine dünne milchige flüssige Schicht bildet. Das Kirschwasser einrühren.

4 Den Fonduetopf auf den Tisch über eine Wärmequelle stellen, die Brotwürfel separat reichen. Jeder spießt mit der Fonduegabel einen Brotwürfel auf und taucht ihn in das dickflüssige, heiße Käsefondue.

Wie wichtig ist die Qualität eines Weins, wenn ich ihn zum Kochen verwenden möchte?

Die Qualität eines Kochweins ist bei kalten Speisen wie einem Obstsalat, für den der Wein nicht erhitzt wird, von größerer Bedeutung als für Gerichte, die gegart werden oder für die der Garsud reduziert wird. Verwenden Sie jedoch keinen umgekippten Wein mit unangenehmem Beigeschmack, denn dieser verschwindet auch beim Kochen nicht.

Beim Kochen verdampft der Alkohol weitestgehend und das Aroma intensiviert sich; Sie sollten also wohlschmeckende Weine verwenden. Am besten nimmt man eher robuste Sorten, die nicht zu teuer sind. Wenn Sie allerdings mit hochwertigen, edlen Zutaten kochen, dann sollten Sie auch am Wein nicht sparen. Sie müssen nicht den hochpreisigsten nehmen, aber ein schlechter Billigwein kann Ihnen das ganze Gericht ruinieren – ein kostspieliger Fehler!

Zum Käsefondue nach dem Rezept links servieren Sie am besten einen trockenen Weißwein.

Weintrauben

Verderben Weintrauben schneller, wenn man sie wäscht?

Weintrauben sollten grundsätzlich gewaschen werden, aber erst direkt vor dem Servieren. Die Trauben werden durch ihr eigenes Gewicht stark zusammengedrückt, und einzelne Beeren können aufplatzen. Die austretende Flüssigkeit führt dazu, dass die Trauben schimmeln oder faulen. Wenn man Trauben wäscht, bleibt immer etwas Wasser zwischen den einzelnen Beeren, sie werden dadurch weich und verderben schneller.

Am besten kauft man immer nur wenig Trauben und prüft diese vorher auf Risse und faule Stellen. Lagern Sie die ungewaschenen Weintrauben im Kühlschrank, am besten in einem Sieb, damit die Luft zirkulieren kann und die Trauben trocken bleiben. Trauben, an denen die Beeren sehr eng aneinandersitzen, regelmäßig auf Fäulnis überprüfen. Die Trauben innerhalb von 2–3 Tagen verbrauchen.

Ich finde es sehr zeitraubend, die Kerne aus Weintrauben zu entfernen. Soll ich stattdessen nur noch kernlose Trauben verwenden?

Kernlose Weinbeeren sind wunderbar zum Rohessen, aber zum Kochen nicht immer die beste Wahl. Für manche Rezepte benötigt man säuerlich schmeckende Trauben, beispielsweise als Kontrast zu einer reichhaltigen Sauce. Zum Vorbereiten die Trauben längs halbieren und die Kerne mit einem kleinen scharfen Messer herauslösen. Für ein Champagnerhähnchen (siehe Rezept rechts) können Sie auch kernlose Trauben verwenden, sie müssen jedoch vorher geschält werden.

Zum Schälen die Weinbeeren an beiden Enden einstechen, in eine Schüssel geben und mit kochendem Wasser übergießen. 45 Sekunden warten, dann die Trauben mit einem Schaumlöffel aus der Schüssel heben und zum Abkühlen in kaltes Wasser geben. Anschließend die Schale mit einem kleinen Messer abziehen und das Fruchtfleisch halbieren.

Servieren Sie ein wenig Luxus: Zarte Hähnchenbrust, dazu eine Sahnesauce mit Champagner, Mandeln und Weintrauben.

Champagnerhähnchen mit Weintrauben

Für 4 Portionen
Vorbereitungszeit: 20 Minuten
Garzeit: 25 Minuten

200 g weiße kernlose Weintrauben
4 Hähnchenbrustfilets
1 EL Mehl
1/2 TL Salz
60 g Butter
2 Zwiebeln, in Scheiben geschnitten
125 ml Champagner oder Sekt
125 ml Hühnerfond
2 EL gemahlene Mandeln
1 Knoblauchzehe, zerdrückt
1/4 TL edelsüßes Paprikapulver
1/2 TL Kurkuma
3 EL Sahne
Zum Garnieren:
gehackte Petersilie

1 Von den Weintrauben die Schalen abziehen, die Beeren halbieren und beiseitestellen.

2 Um die Hähnchenbrustfilets rundherum zu bemehlen, diese am besten mit Mehl und Salz in einen Gefrierbeutel geben; diesen verschließen und kräftig schütteln.

3 Die Butter in einer großen beschichteten Pfanne bei mittlerer Hitze zerlassen. Die Zwiebeln darin unter gelegentlichem Rühren in etwa 5 Minuten glasig dünsten.

4 Hähnchenbrustfilets zufügen; auf jeder Seite in etwa 2 Minuten leicht goldgelb braten. Champagner/Sekt und Fond zugießen und zum Kochen bringen. Zugedeckt bei mittlerer Hitze 15 Minuten köcheln lassen, bis das Fleisch gar ist.

5 Die Hähnchenbrustfilets aus der Pfanne heben und auf eine Servierplatte legen; warm stellen.

6 In einer kleinen Schüssel gemahlene Mandeln, Knoblauch, Paprika, Kurkuma und Sahne mischen. In die Pfanne geben und unter ständigem Rühren aufkochen. 3 Minuten köcheln lassen, bis die Sauce leicht andickt. Trauben untermischen und heiß werden lassen.

7 Die Sauce über die Hähnchenfilets geben. Das Gericht mit Petersilie garnieren und sofort servieren.

Weizen

? *Ich habe gehört, dass Weizenkeime sehr gesund sind. Was mache ich in der Küche damit?*

Weizenkeime sind die Keimanlagen im Inneren der Weizenkörner. Sie enthalten noch sämtliche Nährstoffe des vollen Kornes. Man erhält sie roh oder geröstet; letztere haben ein nussigeres Aroma. In der Küche verwendet man Weizenkeime in erster Linie als Frühstücksgetreide. Man kann sie in Müsli mischen oder über frisches Obst und Joghurt streuen. Außerdem kann man sie für Streusel verwenden oder auf einen Brotteig streuen.

? *Vollkornbrot und Vollkorngebäck sind oft sehr mächtig. Woran liegt das?*

Vollkornbrot und Vollkorngebäck werden aus 100 % Vollkornmehl hergestellt, das aus dem ganzen Korn mitsamt Spelzen gemahlen wird. Deshalb enthält es auch viel mehr Nährstoffe als das weiße Mehl aus behandelten, entspelzten Weizenkörnern. Allerdings muss Vollkornmehl beim Backen weit mehr Flüssigkeit absorbieren, damit auch die Außenhülle des Getreides weich wird. Deshalb ist der Teig oft schwerer. Damit der Teig etwas leichter wird, müssen Sie das Rezept etwas anpassen.

Vollkornteig verwendet man am besten für einen Teigboden und nicht für eine Teigdecke, denn er entwickelt nicht die leichte, mürbe oder krümelige Konsistenz eines Weißmehlteigs. Um dies auszugleichen, rollen Sie einen Vollkornteig dünner aus als einen Weißmehlteig. Sie sollten ihn immer vor- oder blindbacken, wenn Sie ihn als Teigboden für einen Kuchen, eine Quiche oder eine Tarte verwenden möchten.

Für luftigeres Brot und Gebäck können Sie eine Hälfte Vollkornmehl durch weißes Mehl ersetzen. Im Rezept links unten werden ganze Weizenkörner unter den Brotteig geknetet, damit das Brot einen angenehmen Biss bekommt.

Vollkornbrot mit Weizenkörnern

Für 2 kleine Brote
Vorbereitungszeit: 1 1/2 Stunden, plus Einweichen über Nacht
Backzeit: 1 Stunde 20 Minuten

30 g Weizenkörner, über Nacht in kaltem Wasser eingeweicht
300 ml lauwarmes Wasser
15 g frische Hefe, oder
2 TL Trockenhefe plus 1 TL Zucker
375 g Weizenvollkornmehl
185 g Weizenmehl Type 405, mehr zum Arbeiten
2 TL Salz
Öl für die Brotformen

1 Die eingeweichten Weizenkörner abgießen und abspülen. In einem Topf mit reichlich kaltem Wasser zum Kochen bringen und zugedeckt in 40–50 Minuten weich garen. Abgießen und sofort mit kaltem Wasser abschrecken. Dann auf ein sauberes Küchentuch geben und gut darin abtrocknen.

2 Vom Wasser 150 ml abmessen. Die frische Hefe bzw. die Trockenhefe mit dem Zucker hineingeben und durch Rühren auflösen. Die Mehle mit dem Salz in einer großen Schüssel mischen. In die Mitte eine Mulde drücken und das Hefewasser mit dem restlichen Wasser hineingeben. Alles zu einem weichen Teig verarbeiten.

3 Den Teig auf einer leicht bemehlten Arbeitsfläche 8–10 Minuten kneten, bis er glatt und elastisch ist, dann die gegarten Weizenkörner untermischen.

4 Den Teig in eine dünn ausgeölte Schüssel legen. Mit Frischhaltefolie bedecken und an einem warmen Ort etwa 45 Minuten gehen lassen, bis er sein Volumen verdoppelt hat.

5 Den Backofen auf 230 °C vorheizen. Zwei Brotformen (je 500 g Inhalt) mit Öl ausfetten. Den Teig abschlagen und noch einmal kurz kneten, dann halbieren.

6 Die Teighälften zu Laiben formen und in die Formen geben. Zudecken und noch einmal 20 Minuten gehen lassen.

7 Die Frischhaltefolie entfernen, die Laibe 15 Minuten backen.

8 Die Ofentemperatur auf 200 °C reduzieren, die Brote weitere 10 Minuten backen. Einen Laib aus der Form nehmen. Daraufklopfen, dabei muss es hohl klingen. Sonst noch einige Minuten weiterbacken.

VARIANTEN
Anstelle der Weizenkörner können Sie 50–75 g Sonnenblumen- oder Kürbiskerne zum Teig geben.

Wok

? *Kann man jeden Wok auf jedem Herd verwenden, oder gibt es unterschiedliche Anforderungen?*

Gusseiserne Woks sind grundsätzlich am besten, weil sie die Hitze gleichmäßiger und schneller leiten als jedes andere Material. Man muss sie jedoch gut pflegen und mit Öl und Salz einbraten (siehe auch *Braten in der Pfanne*).

Traditionelle Woks haben einen gerundeten Boden und müssen so über der Hitzequelle platziert werden, dass sie nicht wackeln. Auf einem Gasherd ist das Kochen im Wok leichter als auf einem Elektroherd. Es gibt aber Kochfelder mit spezieller Wokmulde. Sie können inzwischen auch Woks kaufen, die an der Unterseite leicht abgeflacht sind. Diese kann man auf jedem Herd verwenden. Außerdem sind Elektrowoks im Handel, die ihre eigene Hitzequelle mitbringen.

? *Gibt es ein Geheimnis beim Garen im Wok?*

Ja, das Garen im Wok gelingt nur, wenn man ständig rührt (das sogenannte Pfannenrühren). Sie sollten aus dem Handgelenk heraus die Zutaten kontinuierlich in Bewegung halten.

Ein Woklöffel ist unten abgerundet und passt sich der Wokform ge-

Die Lachskoteletts werden zum Dämpfen mit Wirsingblättern bedeckt. Dadurch bleiben sie herrlich saftig und aromatisch.

nau an. Damit lassen sich die Zutaten beim Pfannenrühren einfach wenden. Ob Sie nun einen Woklöffel oder einen Spatel aus Holz verwenden, die Zutaten müssen die ganze Zeit über im Wok hin- und herbewegt werden. Die Garzeit beträgt bei dieser Methode für Fleisch und Gemüse selten länger als 5 Minuten, bei starker Hitze sogar noch weniger.

Kann ich Zutaten im Wok auch anders garen als durch Pfannenrühren?

Ja, im Wok können Sie Gerichte auch schmoren, kochen, dämpfen und frittieren.

Wenn man den gewölbten Deckel auf den Wok setzt, kann man im Wok sogar ein Hähnchen, eine Ente oder ein vergleichbar großes Bratenstück schmoren. Zum Dämpfen legen Sie zwei Essstäbchen aus Bambus über Kreuz über den Boden des Woks. Die Zutaten in einen tiefen Teller geben, diesen auf die Stäbchen setzen. Den Wok bis zu den Stäbchen mit Wasser füllen. Den Deckel aufsetzen und die Zutaten im Wasserdampf garen. Im Rezept rechts wird der Fisch mit Kohlblättern bedeckt, damit er nicht austrocknet.

Oft werden viele Zutaten nacheinander in den Wok gegeben und gebraten. Wie werden die, die zuerst hineinkamen, dabei nicht matschig?

Wichtig ist, dass Sie die neuen Zutaten nicht einfach zu den anderen in den Wok geben, sondern die fertig gegarten nach außen an den kühleren Wokrand schieben, damit am heißen Wokboden wieder Platz für neues Gargut ist. Weil der Wokrand schräg ist, rutschen die Zutaten nicht nach unten. Sollen Zutaten allerdings unbedingt knusprig bleiben – beispielsweise Streifen von Entenhaut, die zum Garnieren über das Gericht gestreut werden –, nehmen Sie diese besser heraus, damit sie nicht im Dampf weich werden.

Falls Ihr Wok sehr klein ist oder Sie für viele Personen kochen, können Sie auch die bereits angebratenen Zutaten jeweils aus dem Wok heben, auf Teller geben und beiseitestellen. Zum Schluss alles zurück in den Wok geben und das Gericht fertigstellen.

Die letztgenannte Methode können Sie auch anwenden, wenn Sie ein Wokgericht in einer gewöhnlichen Bratpfanne zubereiten.

Gedämpfte Lachskoteletts

Für 2 Portionen
Vorbereitungszeit: 8 Minuten
Garzeit: 20–25 Minuten

2 Lachskoteletts (je 200 g)
1 EL geriebener Ingwer
1 EL helle Sojasauce
1 EL Sesamöl
1/2 TL schwarzer Pfeffer
1 Tomate, geviertelt
2 große Wirsingblätter

1 Die Lachskoteletts mit reichlich Abstand in einen tiefen Teller legen. Geriebenen Ingwer, Sojasauce, Sesamöl und Pfeffer darübergeben und die Tomatenviertel danebensetzen. Die Kohlblätter locker über den Lachs legen.

2 Ein Paar Bambusstäbchen über Kreuz über den Wokboden legen und den Teller mit dem Fisch auf die Stäbchen setzen. Den Wok bis zu den Stäbchen mit Wasser füllen. Die Lachskoteletts zugedeckt bei starker Hitze 20–25 Minuten dämpfen, bis sie durchgegart sind.

Wurst und Schinken

Aufschnitt ist ein Segen für alle vielbeschäftigten Köche. Man kann Wurst, Schinken und Braten in dünnen Scheiben als Vorspeise oder mit Brot zum Abendessen reichen. Scheiben und Würfel davon verfeinern Salate oder warme Gerichte. Hier ein Überblick über die berühmtesten internationalen Aufschnittsorten.

Ob Fleischtheke im Supermarkt, Fleischerfachgeschäft oder feiner Lebensmittelladen – sie alle bieten eine riesige Auswahl an Aufschnittspezialitäten. Die Geschmackspalette reicht von mild (Leberwurst, Mortadella) über feurig-scharf (Chorizo) und würzig (Pastrami) bis süßlich (Schinken in Brotteig). Um Aufschnitt zu servieren, braucht es kaum Vorbereitung. Manche Würste werden aus gekochtem Fleisch hergestellt, andere aus rohem Fleisch, das gepökelt und getrocknet oder geräuchert wird.

Stark geräucherte oder luftgetrocknete Würste wie Salami sind im Ganzen nahezu unbegrenzt haltbar, Scheiben davon trocknen jedoch schnell aus. Leicht geräucherte Sorten wie Bierwurst und Mortadella halten sich weniger gut. Wenn Sie nicht gerade eine ganze Salami kaufen, sollten Sie Aufschnitt innerhalb von 1–2 Tagen ab Kauf verbrauchen. Bewahren Sie ihn gut verpackt im Kühlschrank auf.

Bierschinken
(Deutschland)

Bierschinken wird aus Schweinefleisch und Schinkenstücken hergestellt und mit Pfefferkörnern und Pistazien gewürzt.

Bierwurst
(Deutschland)

Grobes Schweinefleisch oder Schweine- und Rindfleisch werden zu Bierwurst verarbeitet. Diese wird mit Wacholderbeeren, Kardamom und häufig auch Knoblauch kräftig gewürzt.

Bologna
(multinational)

Diese geräucherte Wurst aus Rind- und Schweinefleisch wird ähnlich wie Mortadella (aus Bologna) hergestellt.

Bresaola
(Italien)

Diese Spezialität aus der Lombardei besteht aus luftgetrocknetem, zartem und magerem Rindfleisch, das hauchdünn geschnitten wird. Man serviert es mit Vinaigrette oder etwas Zitronensaft, Olivenöl, schwarzem Pfeffer und nach Belieben mit Parmesanspänen.

Cabanossi
(Polen)

Lange, dünne und würzige geräucherte Wurst wird in Polen Kabanos genannt. Die dickere, kürzere Version gehört traditionell in Linseneintopf.

Chorizo
(Spanien)

Paprikapulver sorgt für den scharfen Geschmack und die leuchtend rote Farbe dieser Wurst aus Schweinefleisch. Es gibt verschiedene Sorten, die häufig in Bohnengerichte, Suppen und spanischen Gemüseeintopf gegeben werden.

Coppa
(Italien)

Diese große, breite Wurst wird aus luftgetrocknetem rohen Schinken hergestellt, der mit reichlich Fett marmoriert ist.

Knoblauchwurst
(multinational)

Diese Wurst wird ähnlich wie Salami hergestellt und mit reichlich Knoblauch gewürzt.

Gyulai (Ungarn)

Für diese ungarische Wurst wird Schweinefleisch mit roter Paprika gewürzt.

Schinken
(multinational)

Schinken wird aus der hinteren Schweinekeule hergestellt. Das Fleisch wird gepökelt, dann geräuchert oder luftgetrocknet und auch gekocht.

Jagdwurst
(Deutschland)

Diese Wurst ähnelt dem Bierschinken und wird aus Schweinefleisch mit Würfeln aus Schweinespeck hergestellt.

Kielbasa
(Polen)

Die Kielbasa ist eine kräftig gewürzte Wurst aus Rind- und Schweinefleisch. Es gibt geräucherte und frische, gekochte und rohe Sorten. Sie ist eine wichtige Zutat für den polnischen Eintopf Bigos.

Landjäger
(Deutschland)

Diese Wurst ist entweder luftgetrocknet oder geräuchert und besteht aus Rindfleisch mit etwas Schweinefleisch. Sie wird mit Kümmel und Knoblauch gewürzt.

Leberwurst
(multinational)

Eine streichfähige Wurst aus Schweinefleisch und -leber, Zwiebeln und Gewürzen, die in einer dicken Wursthaut gedämpft wird.

Chorizo

Mettwurst

Gyulai

Cabanossi

Leberwurst

Loukanika
(Griechenland)

Die kleine, knubblige Loukanika wird aus gehacktem Lamm- und Schweinefleisch hergestellt, mit Koriander gewürzt und in Rotwein mariniert; eine beliebte Zutat für griechische Vorspeisenteller.

Mortadella
(Italien)

Mortadella ist um einiges größer als andere Würste. Sie besteht aus Schweinefleisch und enthält große Speckwürfel, ganze schwarze Pfefferkörner und grüne Pistazienkerne.

Pastrami
(multinational)

Für Pastrami wird Rindfleisch in einer trocknen Mischung aus Zucker, Gewürzen und Knoblauch gebeizt und anschließend geräuchert, weshalb sie außen dunkel ist. Bei uns wird auch Putenbrust zu Pastrami verarbeitet.

Pepperoni
(Italien)

Pepperoni besteht aus grob gehacktem Schweine- und Rindfleisch, gewürzt mit roten Paprikaschoten und Fenchel. Sie wird häufig auf Pizza serviert.

Plockwurst
(Deutschland)

Plockwurst oder Schinkenplockwurst ist eine große, grob gehackte Rohwurst aus geräuchertem Schinken. Es gibt außerdem die quadratische Pfefferplockwurst, die mit einer Schicht aus zerstoßenen Pfefferkörnern umhüllt ist.

Salami
(Italien und andere europäische Länder)

Es gibt zahllose Salamisorten. Alle werden aus grob gehacktem Schweinefleisch und Speck hergestellt. Manchmal ist auch Rind- oder Kalbfleisch, bei bestimmten Sorten auch Pferde- oder Eselsfleisch enthalten. Gewürzt wird z. B. mit Koriander, Fenchel, Knoblauch, Paprika, Pfeffer und Wein. Die Würste werden luftgetrocknet oder geräuchert, schwarz geräuchert oder weiß durch eine Schicht Edelschimmel oder mit einer Kruste aus Kräutern oder zerstoßenen Pfefferkörnern umgeben. Italienische Salami gilt als die feinste. In Norddeutschland wird eine solche Wurst oft Mettwurst genannt – nicht zu verwechseln mit Streichmettwurst.

Saucisson fumé
(Frankreich)

Das französische Äquivalent zur Salami wird aus geräuchertem oder getrocknetem Schweinefleisch, Speck und Knoblauch hergestellt. Am bekanntesten sind Saucisson Jésus und Rosette de Lyon.

Geräucherte Hähnchenbrust
(multinational)

Geräucherte Hähnchenbrust hat ein mildes, räucherspeckartiges Aroma. Sie schmeckt köstlich mit Mayonnaise auf Brot oder in Salaten. Es gibt auch geräucherte Putenbrust, die genauso verwendet wird. Beide Sorten sind auch gepresst oder gerollt erhältlich.

Teewurst
(Deutschland)

Sie besteht aus fein gehacktem Schweine- und Rindfleisch, das zu einer leberwurstähnlichen Farce gekocht wird. Ihre Hülle ist nicht essbar.

Wiejska
(Polen)

Eine Wurst aus reinem Schweinefleisch mit einem Hauch Knoblauch, die zu einer Hufeisenform gebunden wird. Sie wird meist in kleinen Stücken verkauft. Man kann sie kalt oder heiß servieren, gekocht, gegrillt oder geschmort.

Zungenwurst
(Deutschland)

Diese dunkelrote Blutwurst enthält reichlich Speck und Zungenfleisch von Schwein oder Rind.

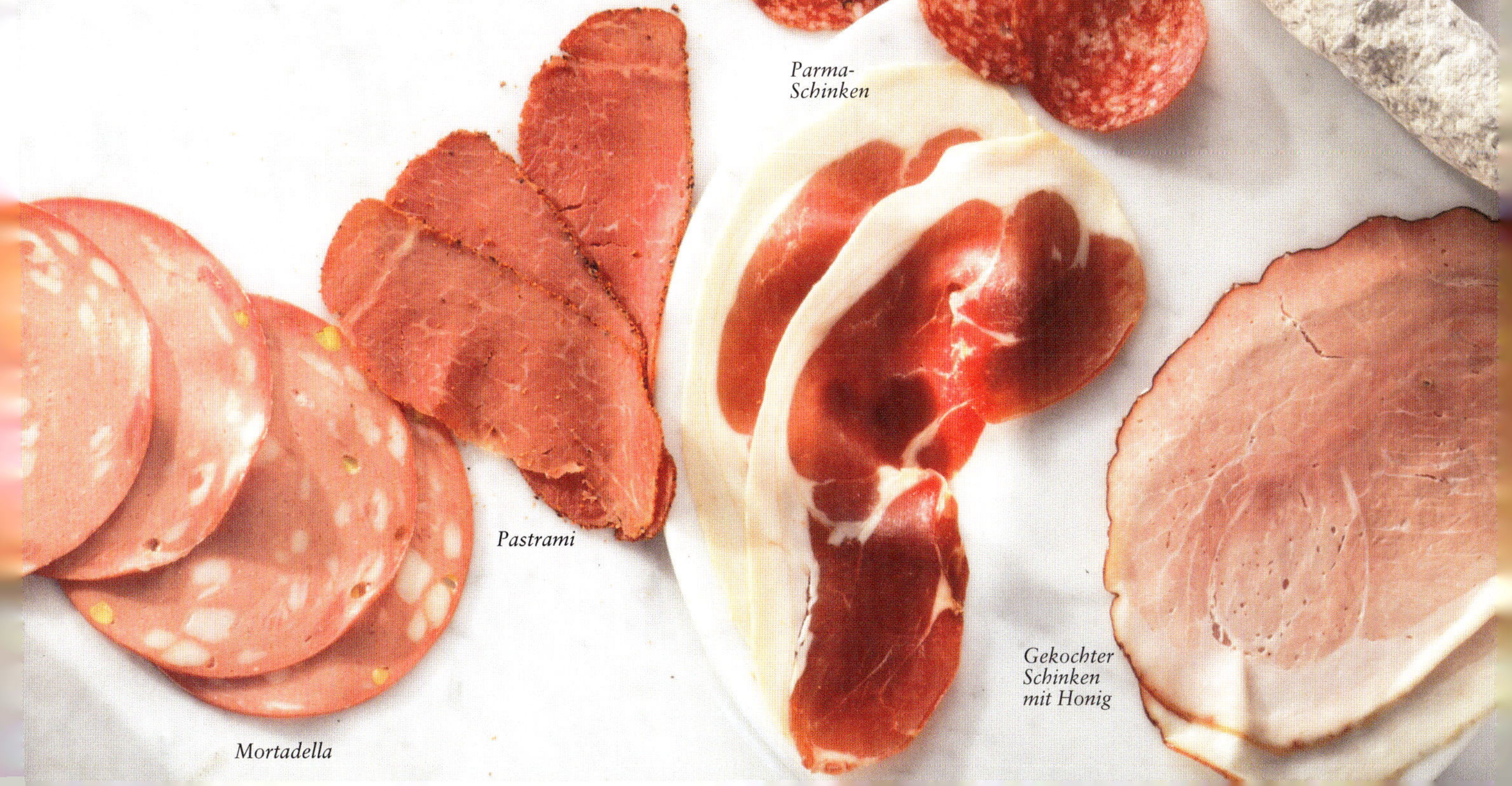

Zabaglione

Kann man Zabaglione im Voraus zubereiten und eine Zeitlang aufheben?

Nein. Das süße Dessert sollte unmittelbar vor dem Servieren zubereitet werden. Wenn man es länger als 5–10 Minuten stehen lässt, beginnt es sich in seine Bestandteile zu trennen. Die Süßspeise gerinnt außerdem beim Übergaren oder wenn die Masse beim Schlagen auf dem Wasserbad zu heiß wird. Die fertige Zabaglione sollte sofort in langstielige Gläser oder Dessertschälchen gefüllt und noch warm und schaumig serviert werden.

Was ist Sabayon? Ist es nur eine andere Bezeichnung für Zabaglione?

Sabayon ist die französische Variante der Zabaglione. Beide Desserts werden aus geschlagenem Eigelb, Zucker und Alkohol hergestellt (bei Sabayon üblicherweise Weißwein, manchmal auch Sherry oder Madeira). Sie werden jedoch unterschiedlich serviert. Zabaglione reicht man warm. Sabayon wird gekühlt, indem man die Schüssel in Eiswasser setzt und weiterschlägt, bis die Sauce kalt ist. Dann serviert man sie als Dessertsauce. Häufig gibt man auch geschlagene Sahne oder Aromen wie Vanille oder Zitrusschale zu.

Mir gefällt die Leichtigkeit von Zabaglione und Sabayon so gut. Kann man die Saucen nicht vielleicht auch pikant zubereiten?

Das ist durchaus möglich. Eine leichte Weinschaumsauce mit Kräutern passt beispielsweise hervorragend zu gekochtem weißem und/oder grünem Spargel.

Dafür den Spargel in wenig Salzwasser garen, dann herausheben und warm stellen. Vom Spargelkochwasser 100 ml abmessen. Mit der gleichen Menge Wein in eine Schüssel geben und auf einem heißen Wasserbad erwärmen. Nach und nach unter ständigem Schlagen mit dem Schneebesen 4 Eigelb zufügen. Nicht zu kräftig weiterschlagen, bis die Sauce schaumig und cremig ist.

Die Schüssel vom Wasserbad nehmen und die Zabaglione mit 2 EL gehacktem Kerbel und 2 EL Crème fraîche vollenden. Die Sauce mit Salz und nach Belieben mit weißem Pfeffer abschmecken und separat zum Spargel reichen.

Wenn es etwas herzhafter sein soll, können Sie den Spargel auf der Servierplatte noch mit brauner Butter begießen und mit gehobeltem Parmesan bestreuen.

Kleiner Tipp: Wenn Sie die Sauce mit Fischfond statt mit Spargelwasser und mit Dill statt mit Kerbel zubereiten, passt sie wunderbar zu gekochtem Fisch, beispielsweise zu Schellfisch oder Kabeljau.

Das warme, schaumige Dessert aus Marsala, Eigelb und Zucker wird erst in letzter Minute zubereitet. Man kann es mit gerösteten Mandelblättchen garnieren und mit Mandelplätzchen servieren.

Zabaglione

Für 4 Portionen
Vorbereitungszeit: 5 Minuten
Garzeit: 10–15 Minuten

4 große Eigelb
60 g Zucker
75 ml Marsala
Zum Garnieren:
geröstete Mandelblättchen

1 Die Eigelbe in einer Rührschüssel mit dem Zucker 1 Minute lang schaumig rühren. Nach und nach den Marsala untermischen, dabei etwas weniger kräftig schlagen.

2 Die Schüssel auf einen Topf mit köchelndem Wasser setzen. 10–15 Minuten kräftig schlagen, bis sie dick und cremig ist und leichte Spitzen zieht.

3 Sofort in Schälchen füllen und mit Mandelblättchen dekorieren. Die warme Zabaglione sofort servieren. Nach Belieben zuerst Löffelbiskuits oder anderen feinen Biskuit in die Schälchen füllen.

Zerealien

? ***Was ist der Unterschied zwischen Getreide und Frühstückszerealien?***

Zerealien ist ein anderes Wort für Getreide und bezeichnet die essbaren Körner oder Samen von Gräsern. Der Begriff ist abgeleitet von Ceres, der römischen Göttin des Ackerbaus. Mit dem Anbau von Wildgräsern vollzog sich der kulturgeschichtliche Übergang von Sammlern und Jägern zur ackerbautreibenden, sesshaften Gesellschaft. Welche Gräser dabei gezüchtet wurden, entwickelte sich gemäß der unterschiedlichen geographischen und klimatischen Zonen. Die wichtigsten Getreidesorten sind Weizen und Gerste, die in Ägypten, im Orient, in Europa, Indien und Teilen Asiens kultiviert werden. Reis wurde zum Hauptnahrungsmittel in Asien, Hirse wird in Afrika und Asien angebaut. Mais ist das Hauptgetreide in Nord- und Südamerika. In den jeweiligen Regionen gibt es die dementsprechenden Getreideprodukte, beispielsweise Nudeln, Tortillas, Couscous, Polenta, sowie Mehl und Brot aus der bevorzugten Getreidesorte.

Frühstückszerealien wurden in den USA erfunden. Es handelt sich dabei um bearbeitete Getreidekörner, die – im Gegensatz zu Haferschleim oder Milchreis – kein Kochen erfordern. Man isst sie überwiegend mit Obst und Milch oder Joghurt.

Zitrusfrüchte

? ***Ich habe gehört, dass Zitrusfrüchte immer gewachst werden. Warum ist das so, und ist dieses Wachs ungesund?***

Nach der Ernte werden die meisten Zitrusfrüchte gewaschen und verpackt. Da durch das Waschen der natürliche Schutzmantel der Schalen immer etwas beschädigt wird, werden die Früchte mit einer dünnen Wachsschicht überzogen, damit sie nicht austrocknen, länger haltbar sind und schöner aussehen. Das Wachs, das für Lebensmittel verwendet wird, ist für den menschlichen Genuss zugelassen.

Die gewaschenen Zitrusfrüchte (oder auch die bunten Schutzpapiere) werden außerdem mit Konservierungsstoffen behandelt, damit sie nicht schimmeln bzw. verderben. Diese Behandlung muss auf der Verpackung mit dem Vermerk „Schale nicht zum Verzehr geeignet" deklariert sein. Die Stoffe dringen nicht durch die Schale in das Fruchtfleisch, können aber mit den Händen auf das Fruchtfleisch übertragen werden.

Wenn Sie garantiert unbehandelte Zitrusfrüchte kaufen wollen, greifen Sie am besten auf Bio-Ware zurück. Diese Früchte sind weder konserviert noch gewachst, die Früchte dürfen auch während der Reifezeit nicht behandelt werden.

Konventionell angebaute Zitrusfrüchte sollten Sie vor der Verarbeitung (auch vor dem Entsaften) kräftig unter warmem Wasser abbürsten und nach dem Hantieren mit den Früchten die Hände waschen. Hüllpapiere nicht in Kinderhände gelangen lassen!

Zitrusfrüchte schälen und filetieren

Die dünnen weißen Trennhäutchen zwischen den einzelnen Segmenten von Orangen und Grapefruits sind oft ziemlich zäh – Gleiches gilt für die Haut, die die Zitrusfilets umgibt. Deshalb empfiehlt es sich für viele Zubereitungen, die einzelnen Segmente aus den Häuten zu schneiden.

Orangen vorbereiten

1 Mit einem sehr scharfen Messer von der Orange oben und unten eine dünne Scheibe abschneiden. Dann die Schale so abschneiden, dass die weiße Haut mit entfernt wird.

2 Die Orange über eine Schüssel halten, um den Saft aufzufangen. Seitlich von jedem Segment möglichst dicht an den Trennhäuten einschneiden und die Orangenfilets herauslösen. Die „leere" Orange über der Schüssel ausdrücken, um den Saft zu gewinnen, der für später aufbewahrt oder für das Gericht verwendet werden kann.

Grapefruits vorbereiten

1 Die Grapefruit quer halbieren. Mit einem gebogenen Grapefruitmesser innen zwischen Fruchtfleisch und Schale entlangfahren. Die Segmente mit einem kleinen Messer auslösen.

2 Die Trennhäute auf einmal herausziehen (in der Mitte anfassen). Das filetierte Fruchtfleisch bleibt in der Schale zurück. Man kann die Filetstücke beispielsweise zum Frühstück (eventuell übergrillt) in der Schale servieren, aber auch herausnehmen und z. B. einen würzigen Wildkräuter- oder Blattsalat damit garnieren.

ZITRUSFRÜCHTE IM ÜBERBLICK

Zur Familie der Zitrusfrüchte zählen eine Vielfalt an Früchten, die sich in Größe und Geschmack unterscheiden. Saft und Fruchtfleisch der vitamin-C-reichen, meist dickschaligen Früchte, lassen sich vielseitig einsetzen. Hier finden Sie einige Informationen, die Ihnen einen Überblick geben.

1 *Mandarine* **2** *Zitrone* **3** *Pomelo* **4** *Grapefruit* **5** *Rosa Grapefruit* **6** *Limette* **7** *Tangelo* **8** *Navelorange* **9** *Kumquat*

Orangen Zu den bekanntesten süßen Orangen gehören die saftigen Valencia-Orangen, die auch im Sommer erhältlich sind, und die größeren kernlosen Navel-Orangen, die es fast nur im Winter gibt. Die bitteren Pomeranzen werden ebenfalls nur im Winter verkauft. Aus ihnen wird überwiegend Marmelade gemacht. Die bittersüßen Blutorangen mit ihrem rotem Fruchtfleisch eignen sich zum Entsaften, können aber auch zum Kochen verwendet werden.

Easy Peelers Das ist der Fachausdruck des Obsthandels für kleine, weichschalige Zitrusfrüchte. Bei ihnen handelt es sich um verschiedene Zuchtformen der chinesischen Mandarinorange. Die Früchte werden im Handel unter den Namen Mandarine, Tangerine, Clementine und Satsuma geführt. Die zwei letztgenannten Sorten sind so gut wie kernlos und deshalb bei den Verbrauchern sehr beliebt.

Zitronen sind wegen ihrer universellen Einsetzbarkeit aus der Küche nicht wegzudenken. Ihr Saft verleiht Saucen für Fisch, Fleisch oder Geflügel ein angenehm säuerliches Aroma. Zitronen sind beliebte Zutat für Desserts wie Cremespeisen.

Limetten sind die tropische Variante der in subtropischen Zonen wachsenden Zitrone. Sie sind grün, etwas kleiner, aromatischer und saftigr als ihre gelben Verwandten.

Grapefruit Die beiden bekanntesten Sorten sind die hellfleischige Grapefruit mit dicker Schale und hellgelbem, säuerlich-bitterem Fruchtfleisch (das man vor dem Essen mit Zucker bestreuen kann), und die rotfleischige Grapefruit, die eine dünnere Schale und süßliches, rosa- bis rubinrotes Fruchtfleisch hat. Die Pomelo ist der größere Vorfahr der Grapefruit und eher selten im Handel. Ihr Fruchtfleisch schmeckt angenehm süß. Alle Sorten können in Salate, herzhafte Gerichte und Desserts gemischt werden.

Tangelo Die Tangelo ist eine Kreuzung aus Mandarine und Grapefruit. Sie hat eine charakteristische Glockenform und ein säuerlich-bitteres Aroma.

Kumquats haben eine zarte, süße, dünne Haut und herbes Fruchtfleisch. Sie können ungeschält (man sollte sie allerdings vorher waschen) gegessen werden.

Ugli-Frucht (nicht im Bild) Sie ist eine Kreuzung aus Grapefruit und Tangerine. Auffällig ist ihre dicke, verbeulte Schale, das Fruchtfleisch ist mehr süß als sauer. Uglis werden wie rotfleischige Grapefruits verwendet.

Wie erkenne ich besonders saftige Orangen und Zitronen?

Diese sind nicht immer leicht zu erkennen, doch in der Regel sind Zitrusfrüchte mit weicher, dünner Schale, die sich fest und schwer anfühlen, saftiger als leichtere Früchte mit dicker Schale.

Um möglichst viel Saft aus einer Orange oder Zitrone zu gewinnen, rollen Sie die Frucht vor dem Auspressen ein paar Mal mit der Hand auf der Arbeitsfläche hin und her.

Wenn die Zitrusschale hart geworden ist, können Sie diese in 30 Sekunden auf hoher Stufe im Mikrowellengerät etwas aufweichen.

Wie kann ich Zitrusschalen in der Küche verwenden?

Zum Aromatisieren und Würzen verwendet man nur die äußere, kräftig gefärbte dünne Schicht der Schalen von Zitrusfrüchte. Dieser Teil der Schale enthält reichlich ätherische Öle, die vielen Gerichten, Saucen, Kuchen, Desserts und Aufstrichen wie einem Zitronenaufstrich mit Honig (siehe Rezept rechts) ein intensiv fruchtiges Aroma verleihen.

Für einen besonders reinen Geschmack sollte die Zitrusschale so dünn abgeschält werden, dass daran nicht die geringste Spur von der darunterliegenden bitteren weißen Haut hängen bleibt. Am einfachsten geht das mit einem Zestenreißer oder mit einem Sparschäler. Sie können die Zitrusschale auch mit einer sehr feinen Küchenreibe abreiben.

Für feine, gleichmäßige Zitrusschalenstreifen die Frucht mit einer Hand festhalten und den Zestenreißer seitlich entlang ziehen.

Zitronenaufstrich mit Honig

Für etwa 750 g
Vorbereitungszeit: 20 Minuten
Garzeit: 25 Minuten

abgeriebene Schale und Saft von 4 großen Bio-Zitronen
4 große Eier, leicht verquirlt
100 g Butter, gewürfelt
250 g Zucker
2 EL dickflüssiger Honig

1 Alle Zutaten in einen Topf mit schwerem Boden geben. Bei mittlerer Hitze mit einem Holzkochlöffel ständig rühren, bis der Zucker sich aufgelöst hat. Dann noch 25 Minuten unter ständigem Rühren weiterköcheln lassen, bis der Zitronenaufstrich den Löffelrücken überzieht. Die Mischung dabei nicht aufkochen lassen.

2 Sobald der Zitronenaufstrich schön dick geworden ist, den Topf sofort vom Herd nehmen.

3 Den Zitronenaufstrich in sterilisierte, noch warme Schraubdeckelgläser füllen und diese fest verschließen. Kühl und dunkel lagern.

Wie kann man aus einer Zitrone mehr Saft gewinnen?

Die einfachste Methode ist, die Zitrone mit der flachen Hand auf der Arbeitsfläche hin und her zu rollen und dabei kräftig auf die Frucht zu drücken.

Falls Sie ein Mikrowellengerät besitzen, können Sie Folgendes ausprobieren: Die Zitrone auf einen Teller legen und im Mikrowellengerät bei einer Leistung von 600 Watt 30 Sekunden lang erwärmen.

Wenn Sie nur ein paar Tropfen Zitronensaft brauchen, bohren Sie einfach mit einer Messerspitze ein kleines Loch durch die Schale in die Frucht. Durch das Loch lässt sich die benötigte Saftmenge dann herausdrücken. Sie können die Zitrone auch mit einer Gabel einstechen. Anschließend die Frucht in Alufolie wickeln und bis zur weiteren Verwendung im Kühlschrank aufbewahren.

Zucchini

Müssen Zucchini immer geschält werden?

Junge Zucchini haben eine dünne, weiche Schale und müssen meist nicht geschält werden. Die dunkle grüne Schale von älteren Zucchini kann jedoch bitter schmecken und sollte daher entfernt werden.

Für eine attraktive Garnitur können Sie die Schalen auch nur teilweise entfernen: mit dem Sparschäler die Zucchinischale dünn von oben nach unten abschälen, dabei einzelne Schalenstreifen stehen lassen. Die Zucchini dann quer in hauchdünne Scheiben schneiden, die erste und letzte Scheibe wegwerfen und die restlichen Scheiben kurz in kochendem Wasser blanchieren. Sobald das Wasser wieder aufkocht, abgießen und das Gemüse sofort mit kaltem Wasser abschrecken.

Ich habe gelesen, dass man Zucchini vor dem Garen einsalzen soll. Ist das wirklich notwendig, und warum?

Salz zieht das Wasser aus dem Gemüse. Dieser Prozess wird auch Degorgieren genannt. Das Verfahren ist allerdings nur bei älteren Zucchini erforderlich, die viel Wasser enthalten. Jung geerntete Zucchini (bis zu etwa 10 cm lang) sind einfach nur schön saftig.

Auch wenn Sie Zucchini mit Flüssigkeit garen wollen, also durch Dämpfen, Pochieren, Schmoren oder Pfannenrühren, ist es überflüssig, sie vorher einzusalzen.

Größere Zucchini brauchen ebenfalls nicht eingesalzen zu werden, wenn Sie sie im Backofen garen wollen. Dabei wird ihnen schließlich ohnehin Flüssigkeit entzogen.

Ich brate Zucchinischeiben meist nur leicht an. Gibt es auch andere Zubereitungsmethoden?

Zucchini eignen sich für die verschiedensten Garmethoden. Sie können Sie längs halbieren und grillen, schräg in lange Scheiben schneiden und in einer ausgefetteten Grillpfanne braten oder längs halbieren, entkernen, mit einer Farce aus

Gemüse, Fleisch oder Getreide füllen und im Ofen backen.

In Italien werden Zucchini auch häufig in Ausbackteig frittiert. Oben und unten ein Stück abschneiden, dann die Zucchini in Stifte schneiden, mit Mehl bestäuben und in einen einfachen Ausbackteig aus Mehl und Wasser tauchen. Portionsweise 3–5 Minuten in 190 °C heißem Öl knusprig und goldgelb frittieren. Auf Küchenpapier abtropfen lassen und als Beilage zu gegrilltem Fisch oder zu Fritto misto (gemischten frittierten Meeresfrüchten) oder Fleisch- und Gemüsestücken, servieren.

Zucchini sind auch ein wesentlicher Bestandteil der klassischen französischen Ratatouille. Das Rezept unten links ist leicht, gesund und schmeckt köstlich.

Ratatouille

Für 4 Portionen als Vorspeise oder Beilage
Vorbereitungszeit: 20 Minuten
Garzeit: 25–30 Minuten

2 EL Olivenöl
2 Zwiebeln, gewürfelt
1 große Knoblauchzehe, zerdrückt
1 grüne Paprikaschote, geputzt und in Stücke geschnitten
1 kleine Aubergine, in 2 cm große Würfel geschnitten
4 Zucchini, in Scheiben geschnitten
500 g Tomaten, grob gehackt
Salz und schwarzer Pfeffer

1 Das Öl in einer großen Pfanne bei mittlerer Hitze heiß werden lassen. Zwiebel und Knoblauch darin unter gelegentlichem Rühren mit einem Holzkochlöffel in 5 Minuten glasig werden lassen.

2 Paprikaschote, Aubergine und Zucchini zufügen und alles zugedeckt 10 Minuten köcheln lassen.

3 Die Tomaten zugeben und unterrühren, das Ganze zum Kochen bringen. Die Hitze reduzieren und das Gemüse zugedeckt 10 Minuten köcheln lassen, bis es weich ist. Mit Salz und Pfeffer abschmecken.

4 Die Ratatouille warm als Beilage zu gebratenem oder gegrilltem Lammfleisch servieren oder in eine Schüssel füllen und abkühlen lassen, dann zudecken und in den Kühlschrank stellen. Kalt als Vorspeise mit warmem Baguette oder auf einem gemischten Vorspeisenteller servieren.

Zucker

? ***Wenn im Rezept feiner Zucker angegeben ist, kann ich dann normalen Haushaltszucker nehmen?***

Wenn es beim Kochen nur um wenig Zucker zum Würzen bzw. Süßen geht, können Sie jeden Zucker (durchaus auch ein Stück Würfelzucker) nehmen.

Haben Sie zum Backen nur groben Zucker im Haus, können Sie diesen für Rührteige und Cremes im Mixer oder portionsweise im Blitzhacker mahlen. Für Mürbeteig sollten Sie allerdings keinen gemahlenen oder Puderzucker nehmen, der gebackene Teig hat sonst zu wenig Biss.

? ***Kann man beim Kochen Süßstoff statt Zucker verwenden?***

In der Regel haben künstliche Süßstoffe eine viel höhere Süßkraft als Zucker und können daher nicht in gleicher Menge als Ersatz verwendet werden. Manche Zuckerersatzstoffe sind jedoch extra so konzipiert, dass man sie genau wie normalen Haushaltszucker verwenden kann. Richten Sie sich nach der Packungsanleitung.

? ***Muss man für Zuckersirup Zucker und Wasser immer im selben Verhältnis mischen?***

Nein. Je nach Rezept sind unterschiedliche Konzentrationen erforderlich. Ein dünner Sirup besteht aus drei Teilen Wasser und einem Teil Zucker, ein mittlerer Sirup aus zwei Teilen Wasser und einem Teil Zucker und ein schwerer Sirup aus gleichen Teilen Wasser und Zucker. Für einen einfachen, klaren Sirup wird der Zucker in Wasser unter Rühren bei schwacher Hitze aufgelöst. Dann lässt man die Mischung 1 Minute kochen und nimmt sie vom Herd (siehe S. 343).

Blüten- und Kräuterzucker herstellen

Mit Blüten oder Kräutern aromatisierter Zucker verleiht Kuchen und Desserts einen Hauch von Sommer. Geeignete (ungespritzte) Pflanzen mit angenehmem Aroma sind z. B. Lavendel, Zitronenmelisse, Ringelblume, Minze, Rosmarin, Rosenblüten und Veilchen.

1 Die Blütenblätter von größeren Blüten wie Rosen abziehen, kleinere Blüten ganz lassen. Staubblätter und grüne Blütenteile entfernen.

2 Die Blütenblätter in eine Tasse füllen und leicht zusammendrücken. Mischen Sie die Blüten oder Blätter mit der doppelten Menge Zucker.

3 Zucker und Blüten schichtweise in ein Schraubdeckelglas füllen. Das Glas gut verschließen und für 1–2 Wochen an einen warmen Ort stellen; gelegentlich schütteln. Dann die Mischung durchsieben, Blätter oder Blüten wegwerfen. Den Zucker in ein fest verschließbares Glas füllen; kühl und dunkel aufbewahren.

Wenn man einen Zuckersirup länger kochen lässt, verdampft mehr Wasser. Die Temperatur des Sirups steigt, und der Zucker verändert seine Farbe in Abstufungen von hellgelb bis dunkelbraun. Am Schluss wird er zu Karamell. Die verschiedenen Stadien eines Zuckersirups, die für bestimmte Rezepte nötig sind, werden im Folgenden beschrieben.

? ***Wie stelle ich fest, ob Zuckersirup das richtige Stadium hat?***

Am besten testet man Zuckersirup mit einem Zuckerthermometer. Zuerst das Thermometer zum Vorwärmen ein paar Minuten in einen Topf mit heißem Wasser geben. Herausnehmen, abtrocknen und in den Topf mit dem Zuckersirup halten. Der Messbereich sollte komplett eingetaucht werden, darf aber den Topfboden nicht berühren, sonst zeigt es falsch an. Bei einer geringen Menge Zuckersirup müssen Sie den Topf schräg halten, wenn Sie das Thermometer eintauchen.

Sobald der Sirup die gewünschte Temperatur erreicht hat (diese können Sie der folgenden Liste entnehmen; im Haushalt werden Sie nicht alle brauchen), den Topf vom Herd nehmen. Das Thermometer wieder in den Topf mit Wasser legen, damit es sich später leichter reinigen lässt.

Ein Zuckerthermometer ist zwar ideal, um die Temperatur von Zuckersirup zu kontrollieren, doch wenn Sie keines besitzen, können Sie auf die im folgenden beschriebene Weise ebenfalls leicht feststellen, welches Stadium der Sirup erreicht hat.

- Läuterzucker : 100 °C; zum Einmachen von Früchten. Test: Der Zucker hat sich gerade eben aufgelöst.
- Schwacher Faden: 105 °C; zum Kandieren von Früchten. Test: zwei Löffel Rücken an Rücken in den Sirup tauchen. Herausnehmen und auseinanderziehen; es bildet sich ein dünner Faden, der sofort zerreißt.
- Starker Faden: 109 °C; für Glasuren. Test: wie beim Schwachen Faden, der sich bildende Faden ist dicker.
- Schwacher Flug: 112 °C; für Baisermasse. Test: eine Drahtschlinge in den Zuckersirup tauchen. Im Ring bildet sich eine dünne Zuckerhaut, die beim Anpusten sofort wegfliegt.
- Starker Flug: 118 °C; für Fondant. Test: wie beim Schwachen Flug, beim Anpusten fliegen mehrere kleine Zuckerblasen.
- Ballen: 125 °C; für Süßigkeiten. Test: etwas Zuckersirup in eiskaltes Wasser tropfen lassen. Der Zucker lässt sich zwischen den Fingerspitzen zu einer Kugel formen.
- Schwacher Bruch: 138 °C; für Bonbons. Test: von einem Holzstäbchen etwas Sirup in kaltes Wasser tropfen lassen. Er erstarrt sofort, der Zucker ist hart und brüchig, aber noch etwas klebrig und lässt sich leicht zerbrechen.
- Starker Bruch: 145 °C; für Zuckerornamente. Test: wie beim Schwachen Bruch. Der Zucker wird hart, klebt nicht mehr und zerbricht nicht so leicht.
- Karamell: 155 °C: für gesponnenen Zucker und Krokant. Test: wie beim Starken Bruch. Der Zucker ist sehr hart und hellbraun.

? ***Wie kann ich Karamell zubereiten, ohne meinen Topf zu ruinieren?***

Da Karamell im Haushalt meist nur in eher geringen Mengen hergestellt wird, ist es wichtig, einen kleinen Topf zu verwenden, damit sich die Hitze besser kontrollieren lässt und der Karamell nicht anklebt. In einem großen Topf besteht die Gefahr, dass der Zucker schnell karamellisiert, verbrennt und am Topfboden anklebt.

Der Topf sollte außerdem einen schweren Boden haben: Bei einem dünnen Topfboden verteilt sich die Hitze meist nicht gleichmäßig, und der Karamell brennt mit ziemlicher Sicherheit an.

Wenn der Karamell doch einmal am Topfboden angebrannt ist, reinigt man den Topf am besten, indem man kaltes Wasser hineingibt. Den Topf bei schwacher Hitze zurück auf den Herd stellen und vorsichtig rühren: Der harte, schwarzbraune Karamell löst sich nach und nach wieder auf (so entsteht übrigens Zuckercouleur – E 150 –, der in der Lebensmittelindustrie als Farbstoff eingesetzt wird; (siehe *Zusatzstoffe*). Diesen Vorgang so oft wiederholen, bis der Topf wieder sauber ist.

Zuckersirup herstellen

Zuckersirup lässt sich zu verschiedenen Konzentrationen einkochen. Mit der dünnflüssigsten Variante süßt man Obstsalat, mit der dickflüssigsten werden Früchte kandiert. Für ein exaktes Ergebnis verwenden Sie am besten ein Zuckerthermometer.

1 Zucker und Wasser in einen Topf geben und sehr langsam erhitzen, dabei mit einem Holzkochlöffel rühren, bis der Zucker sich aufgelöst hat. Den Sirup nicht aufkochen lassen, bevor der Zucker aufgelöst ist, sonst wird der Sirup körnig. Den klaren Sirup sprudelnd kochen lassen und nicht mehr weiterrühren.

2 Mit einem feuchten Backpinsel alle Zuckerkristalle, die sich an der Topfwand bilden, sofort abwischen und wieder zurück in den Topf schieben. Sie verbrennen sonst, fallen zurück in den Sirup und verfärben ihn; sie können ihn sogar komplett ruinieren. Anschließend einen Topf mit heißem Wasser für Pinsel, Holzlöffel und Zuckerthermometer bereitstellen.

3 Die Siruptemperatur mit dem Zuckerthermometer oder nach einer der links aufgeführten Methoden kontrollieren. Sobald die richtige Temperatur erreicht ist, den Topf in eine Schüssel mit kaltem Wasser stellen, damit der Sirup nicht mehr weiterkocht.

Wie unterscheiden sich brauner und weißer Zucker?

Der handelsübliche braune Zucker ist weißer Zucker, der mit Rübensirup gefärbt wurde. Er ist genauso süß wie weißer Zucker, hat aber eine leichte Karamellnote.

Vollrohrzucker wird aus reinem Zuckerrohrsaft gewonnen, ist aromatisch, sehr dunkel und weniger süß als weißer Zucker.

Rohrzucker (Demerara-Zucker) ist hellbraun und schmeckt nach Karamell, auch seine Süßkraft ist geringer.

Ich habe in meiner Kindheit manchmal süße Zuckermäuse gegessen. Kann ich diese Süßigkeiten auch selbst herstellen?

Ja, und es ist nicht einmal schwer. Zuckermäuse lassen sich sehr schnell herstellen, sind lange haltbar und kommen vor allem bei kleineren Kindern sehr gut an. Tipp: Verwenden Sie die Mäuschen als Dekoration für eine Geburtstagstorte.

Niedliche Zuckermäuse

Für 8 Stück
Zubereitungszeit: 30 Minuten

500 g Puderzucker
1 großes Eiweiß
2 EL heller Zuckerrohr- oder Rübensirup
Lebensmittelfarbe (nach Belieben)
silberfarbene Zuckerkügelchen
Lakritzschnecken oder dünne Lakritzschnüre

1 350 g Puderzucker in eine Schüssel sieben. Das Eiweiß und den Rübensirup zufügen und alles mit einem Holzkochlöffel gut verrühren.

2 Nach und nach den restlichen Puderzucker untermischen, bis die Zuckermasse eine teigähnliche Konsistenz bekommt (Sie müssen nicht unbedingt den gesamten Zucker zufügen). Die Zuckermasse zum Einfärben auf kleine Schüsseln verteilen und jede Portion nach Belieben mit ein paar Tropfen Lebensmittelfarbe mischen.

3 Zum Formen der Mäuse die Zuckermasse in neun möglichst gleich große Stücke teilen, die neunte Portion beiseitestellen. Die anderen acht Stücke zu Kugeln rollen und jeweils ein Ende zu einer spitzen Schnauze formen.

4 Aus der restlichen Masse Öhrchen formen und diese mit etwas Wasser am schmalen Kopfende ankleben. Die Mäuse mit Augen aus silberfarbenen Zuckerkügelchen und Schwänzen aus Lakritzschnur verzieren.

5 Die Mäuse über Nacht auf Backpapier trocknen lassen. Sie lassen sich, luftdicht verpackt, bis zu 1 Monat lang aufbewahren.

Mit ihren Schwänzen aus Lakritzschnüren und ihren funkelnden Augen aus Silberperlen sehen diese bunt gefärbten Zuckermäuse so süß aus wie sie schmecken.

Zusatzstoffe

? *Mich verwirren die vielen Namen von Zusatzstoffen, und noch viel mehr die E-Nummern auf den Verpackungen. Können Sie sie mir erklären?*

Lebensmitteln werden im Lauf der Weiterverarbeitung eine ganze Reihe von Stoffen zugesetzt. Dazu gehören Konservierungsstoffe, Antioxidanzien, Emulgatoren, Stabilisatoren, Farb- und Süßstoffe. Einige verstärken den Geschmack der Lebensmittel, andere verbessern die Haltbarkeit oder erhöhen den Nährwert. Fast alle in Europa zugelassenen Stoffe haben eine sogenannte E-Nummer (das E steht für Europa, aber auch für Essbar). Außerdem gibt es noch zugelassene Lebensmittelzusatzstoffe ohne E-Nummer, beispielsweise Kautschuk und Schwefel.

Zu den zugelassenen Stoffen gehören in der Natur vorkommende Substanzen wie Pektine (E 440), die u.a. aus Äpfeln gewonnen und als Verdickungsmittel Einsatz finden, und Lezithin (E 322), das meist aus Sojabohnen stammt und als Emulgator/Stabilisator dient. Bei anderen zugelassenen Zusatzstoffen handelt es sich um synthetische „Kopien" natürlicher Substanzen. Dazu zählt Ascorbinsäure (E 300), synthetisches Vitamin C.

Darüber hinaus wurden auch rein synthetische Zusatzstoffe zugelassen.

Gut zu wissen

Auf verpackten Lebensmitteln müssen in den Ländern der Europäischen Gemeinschaft im Rahmen der Zutatenliste alle verwendeten Zusatzstoffe angegeben werden. Wegen ihres geringen Anteils findet man sie stets am Ende der Zutatenliste, und zwar immer mit dem Klassennamen (z.B. Farbstoff) sowie mit der E-Nummer. Der Farbstoff Lykopin beispielsweise kann mit diesem Namen oder als E 160d in der Zutatenliste deklariert werden.

Bei allen erlaubten Zusatzstoffen wird davon ausgegangen, dass sie nicht gesundheitsschädlich sind.

? *Gibt es Cochenillerot eigentlich noch? Womit kann man stattdessen Lebensmittel rot färben?*

Cochenille (Echtes Karmin; E 120) ist noch auf dem Markt, wird aber nur noch selten eingesetzt, weil es sehr teuer ist. Der Farbstoff wird aus drei verschiedenen Schildlausarten gewonnen – für 500 g Farbstoff braucht man mehr als 70 000 weibliche Läuse.

Echtes Karmin färbt sehr intensiv und lässt sich kaum ersetzen. Andere zugelassene rot färbende Substanzen, die Anthozyane (E 163), werden aus Gemüse und Obst gewonnen. Ihr Rot tendiert bisweilen leicht ins Blaue.

Dem Rot des Echten Karmins am nächsten kommt Azorubin (E 122), ein synthetischer Azofarbstoff. Menschen mit Asthma oder Ekzemen reagieren auf die Aufnahme von Azofarbstoffen wie Azorubin und den verwandten Farbstoffen Amaranth (E 123) und Ponceau (E 124a) oft mit Atemnot oder Hautausschlag.

? *Kann ich davon ausgehen, dass Bio-Lebensmittel keine Zusatzstoffe enthalten?*

Nein, das können Sie nicht. Allerdings sind für Bio-Lebensmittel nur wenige Zusatzstoffe zugelassen, dazu gehören Zitronen- und Milchsäure, Lezithin und Pektine. Der Zusatz von Farb- und Süßstoffen, Geschmacksverstärkern und Stabilisatoren ist bei Bio-Produkten grundsätzlich verboten. Eine Regelung für Bio-Fleisch und Fleischprodukte sowie Wein ist in Arbeit.

Außerdem legt die EG-Öko-Verordnung fest, dass Lebensmittelzusatzstoffe in Bio-Produkten nur dann erlaubt sind, wenn die Lebensmittel ohne die betreffenden Stoffe weder hergestellt noch haltbar gemacht werden können. Die Vorschriften der einzelnen Bio-Verbände sind oft um einiges strenger als die Verordnung der Europäischen Gemeinschaft. Wenn Sie mehr über dieses Thema wissen möchten, können Sie sich direkt bei einem der Verbände erkundigen.

Zwiebeln

? *Sind bestimmte Zwiebelsorten für einige Gerichte besser geeignet als andere?*

Ja. Rote Zwiebeln und die immer populärer werdenden Süßen Zwiebeln sind am mildesten und können roh oder kurz angebraten in Salate gegeben werden. Frühlingszwiebeln schmecken roh ebenfalls hervorragend. Sie passen auch gut in pfannengerührte Gerichte, sollten aber nur sehr kurz gegart werden, damit sie nicht matschig werden.

Mittelgroße braune Haushaltszwiebeln haben ein kräftigeres Aroma. Sie schmecken köstlich, wenn man sie schält und dann im Ganzen im Ofen brät (ab und zu begießen). So geröstete Zwiebeln schmecken wunderbar mild und süß.

Schalotten werden meist nur kurz angebraten und dann in Wein oder Fond gegart.

Zum Schmoren eignen sich Perlzwiebeln oder kleine weiße Zwiebeln am besten – sie sollten nicht größer als ein Golfball sein, damit sie gleichmäßig garen. Ein Rezept für geschmorte Zwiebeln mit Rosinen und Rosmarin finden Sie auf S. 346.

? *Oft sind bei mir Frikadellen gar, aber die Zwiebelwürfel darin noch hart. Warum ist das so?*

Ein Grund kann sein, dass Sie die Zwiebel nicht fein genug gewürfelt haben. Dann reicht die Hitze, die ins Innere der Frikadelle gelangt, nicht aus, um die Zwiebelwürfel zu garen. Bereiten Sie beim nächsten Mal Ihre Frikadellen mit fein gewürfelter Gemüsezwiebel zu. Deren Fruchtfleisch ist weicher und saftiger als das von Haushaltszwiebeln.

Wenn Sie ganz auf Nummer sicher gehen wollen, können Sie die Zwiebelwürfel in einer Pfanne mit etwas Butter oder Öl glasig werden lassen. Abkühlen lassen, dann wie rohe Zwiebelwürfel zur Hackfleischmasse geben und unterarbeiten.

Zwiebelpulver anstelle von rohen oder gedünsteten Zwiebeln sollten Sie lieber nicht verwenden. Sein Geschmack ist eher flach und manchmal auch etwas bitter.

Wie schneidet man Zwiebeln ohne Tränen?

Sehr häufig wird empfohlen, beim Zwiebelschneiden eine dicht abschließende Schwimmbrille aufzusetzen. Der Trick funktioniert recht gut, allerdings sieht man ziemlich albern damit aus. Zudem ist das Gesichtsfeld eingeschränkt, und es besteht die Gefahr, dass man nicht nur die Zwiebel, sondern auch sich selbst schneidet.

Befolgen Sie lieber einmal diesen Tipp: Nehmen Sie einfach einen großen Schluck Wasser in den Mund, bevor Sie Zwiebeln schneiden. Erst runterschlucken oder ausspucken, wenn das Gemüse fertig zerkleinert ist. Sie werden sehen: Die Augen haben nicht getränt – eine wissenschaftliche Erklärung für dieses Phänomen gibt es allerdings bislang nicht.

Warum schmecken gebratene Zwiebeln oft so bitter?

Gebratene Zwiebeln schmecken bitter, wenn sie bei zu starker Hitze gebraten und deshalb zu dunkel geworden sind, aber auch, wenn sie nicht ganz durchgegart wurden. Nicht jeder, der kocht, weiß, dass eine mittelgroße in Ringe geschnittene Zwiebel gut 10 Minuten langsam unter Rühren gebraten werden muss. Erst dann karamellisiert der enthaltene Fruchtzucker, und das Fruchtfleisch wird schön weich. 2 oder 3 zerkleinerte Zwiebeln brauchen 20–30 Minuten.

Auch für das Kochen mit Zwiebeln gilt: Wenn Sie die Zwiebeln nur 5 Minuten anbraten und dann schon Flüssigkeit zugeben, werden die Zwiebelstücke im fertigen Gericht halbgar und glitschig sein.

Gewusst wie

Es kann ziemlich mühsam sein, sehr kleine Zwiebeln, insbesondere Perlzwiebeln, zu schälen. Wenn man diese aber in einer Schüssel mit kochend heißem Wasser begießt, 1 Minute ziehen lässt und dann abgießt, lassen sich die Schalen viel leichter abziehen.

Zwiebeln, die mit Rosinen, Rosmarin und Lorbeerblättern in einer Mischung aus Olivenöl, Essig und Wasser geschmort wurden, passen mit ihrem süßsauren Aroma hervorragend zu gebratenem Fleisch oder Geflügel.

Geschmorte Zwiebeln mit Rosinen und Rosmarin

Für 4–6 Portionen als Beilage
Vorbereitungszeit: 10 Minuten
Garzeit: 40–45 Minuten

12–18 kleine weiße Zwiebeln, geschält
3 EL Olivenöl
3 EL Rotweinessig
Salz, 1 TL Zucker
2 Lorbeerblätter
6–8 kleine Rosmarinzweige
2 EL Rosinen
1 TL Balsamico-Essig
schwarzer Pfeffer

1 Die Zwiebeln nebeneinander in einen Topf legen. Das Öl zufügen und die Zwiebeln 5–8 Minuten sanft braten. Den Topf ab und zu rütteln, damit sie rundum Farbe annehmen.

2 Wasser zugießen, bis die Zwiebeln fast bedeckt sind. Essig, Salz, Zucker, Lorbeerblätter, 4 Rosmarinzweige und die Rosinen zufügen. Deckel halb auflegen, die Zwiebeln 10 Minuten köcheln lassen. Den Deckel abnehmen, die Hitze erhöhen.

3 Zwiebeln knapp unter dem Siedepunkt 25–35 Minuten garen, Topf zwischendurch rütteln, um die Zwiebeln zu wenden. Sie sind fertig, wenn sie glasig aussehen und sich beim Einstechen weich anfühlen. Die Schmorflüssigkeit ist dann zu einer dunklen Sauce eingekocht.

4 Mit Balsamico-Essig und Pfeffer würzen, mit den restlichen Rosmarinzweigen garnieren und servieren.

Register

Bei Hauptstichwörtern sind die Seitenzahlen fett. Wenn es zu einem Stichwort eine Abbildung gibt, ist die Seitenzahl kursiv geschrieben. Das Register enthält keine Rezepte. Eine Rezeptübersicht finden Sie auf den Seiten 6–9.

A

B

C

D

E

F

G

L

M

N

O

T

U/V/W

Y/Z

BILDNACHWEIS

Alle Fotos **Reader's Digest** außer:
DiAgentur/Keystone: 18
mauritius images/Photononstop: 145
ISIFA/IFA-Bilderteam: 331

IMPRESSUM

Titel der australischen Originalausgabe
Your Cooking Questions Answered

Deutsche Ausgabe
Redaktionsbüro Cornelia Klaeger, München
(Redaktion und Recherche: Regine Brams, Cornelia Klaeger; Übersetzung: Julia Nunes; Satz: Regina Rechter)

Reader's Digest
Redaktion: Joachim Wahnschaffe (Projektleitung)
Grafik: Gabriele Stammer-Nowack
Bildredaktion: Christina Horut
Prepress: Andreas Engländer
Produktion: Andreas Schabert

Ressort Buch
Redaktionsdirektorin: Suzanne Koranyi-Esser
Redaktionsleiterin: Dr. Renate Mangold
Art Director: Susanne Hauser

Operations
Leitung Produktion Buch: Norbert Baier

Reproduktion: Meyle + Müller GmbH, Pforzheim
Druck und Binden: Qualibris (Jean Lamour), Malesherbes, Frankreich

UK 0847/IC

Printed in France

ISBN 978-3-89915-388-0

Besuchen Sie uns im Internet: www.readersdigest.de